DOCTEUR LOUIS CATAT

VOYAGE
A MADAGASCAR

(1889-1890)

PARIS
LIBRAIRIE HACHETTE ET CIE
79, BOULEVARD SAINT-GERMAIN, 79

1895

VOYAGE

A MADAGASCAR

UNE GRANDE ROUTE A MADAGASCAR.

LE CHEMIN D'ANDASIBE. — DESSIN DE MARIUS PERRET, GRAVÉ PAR ROUSSEAU.

DOCTEUR LOUIS CATAT

VOYAGE
A MADAGASCAR

(1889-1890)

PARIS
LIBRAIRIE HACHETTE ET CIE
79, BOULEVARD SAINT-GERMAIN, 79

1895

Droits de traduction et de reproduction réservés.

MADAGASCAR
1893
Échelle de 1:5,000,000

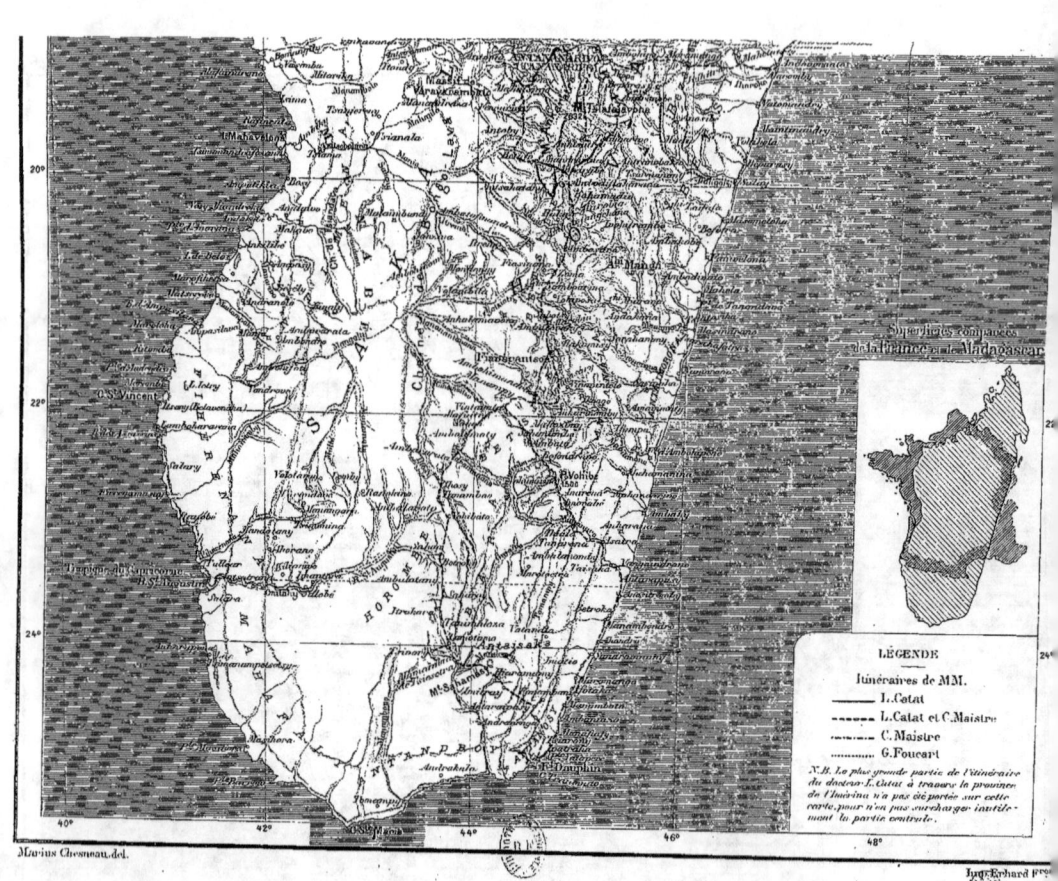

FEMMES BETSIMISARAKA. (VOIR P. 39.)

AVANT-PROPOS

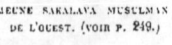

JEUNE SAKALAVA MUSULMAN DE L'OUEST. (VOIR P. 249.)

Vers la fin de l'année 1888, j'étais chargé par le Ministère de l'instruction publique d'une mission scientifique à Madagascar. C'était un grand honneur pour moi et en même temps une lourde tâche; une exploration est chose difficile, surtout à notre époque.

Les voyageurs, nos devanciers, ont clos l'ère des grandes découvertes; ils ont dessiné de main de maître l'esquisse de notre terre, dont tous les détails, le coloris, les teintes, ont été fixés par les explorateurs, les naturalistes, les savants qui sillonnent le monde. Sans doute, quelques ombres nuisent encore à l'harmonie de ce magnifique tableau; les régions polaires et le centre mystérieux de l'Afrique couvrent de leurs ténèbres de trop larges espaces; mais les nombreux voyageurs qui vont à la recherche de l'inconnu y porteront bientôt la lumière et, dans peu d'années, la géographie n'aura plus de grands progrès à réaliser.

Madagascar avait déjà une histoire dans nos tentatives de colonisation au XVIIe siècle, cependant cette grande île était imparfaitement connue. Sa position avait été déterminée par les marins en station dans ses parages, ses côtes visitées en partie par les traitants; des anciens colons et des missionnaires avaient même pénétré fort loin dans l'intérieur. Quoi qu'il en soit, on ne possédait sur ce petit continent que des notions vagues, dénaturées et incomplètes.

Vers 1867, l'attrait de l'inconnu et l'amour de la science amenèrent dans la grande île africaine un Français, voyageur célèbre et grand naturaliste : M. A. Grandidier. Pendant cinq ans, il parcourut

Madagascar, visita les côtes et les lagunes du littoral, sillonna les hauts plateaux de l'intérieur, franchit les chaînes de montagnes et en détermina l'orientation malgré leurs réseaux inextricables; il fouilla aussi les profondes forêts, étudiant la faune et la flore qui vinrent étonner le monde savant par leur étrange nouveauté.

Dès lors, l'histoire physique et géographique de Madagascar était presque terminée; les principaux documents en avaient été rassemblés par M. Grandidier. Que restait-il à faire? Glaner les épis oubliés dans cette riche moisson, chercher des régions inconnues, visiter des peuplades ignorées, éclaircir quelques petits faits encore obscurs, compléter en un mot cette belle œuvre si brillamment commencée.

Certes, cette mission présentait de sérieuses difficultés. Une découverte importante, un but précis à atteindre, une entreprise bien déterminée me tentait davantage, je l'avoue franchement; mais un travail incessant, minutieux, délicat et qui nécessitait des connaissances étendues dans les différentes branches des sciences physiques et naturelles me paraissait insurmontable. Cependant j'acceptais, bien résolu à tout tenter pour réussir, je voulais essayer quand même; je savais une grande énergie indispensable au voyageur car, si le succès peut quelquefois lui faire défaut, la volonté ne doit jamais l'abandonner.

Maintenant, mon voyage est accompli. Ai-je réussi? Je ne sais. Néanmoins si j'ai pu mener à bien une telle entreprise, si j'ai pu produire un travail utile, arriver à un résultat certain, je le dois à mes chers collaborateurs, à mes amis: G. Foucart, ingénieur des Arts et Manufactures, et C. Maistre, dont le concours ne m'a jamais fait défaut. Je le dois aussi à tous ces protecteurs naturels des explorateurs, et ils sont nombreux en France, ces hommes qui ont su se faire un grand nom dans les sciences géographiques. Qu'il me soit donc permis de remercier sincèrement MM. X. Charmes, Milne Edwards, Grandidier, Hamy, Maunoir, Gauthiot, Duveyrier, de Saint-Arroman, qui, à des titres divers, m'ont aidé et soutenu dans l'accomplissement de ma mission et m'en ont facilité les préparatifs.

Puissions-nous avoir répondu à la confiance de ceux qui nous avaient envoyés.

Je poussais rapidement les préparatifs du voyage. Du reste, ils étaient restreints et ne nous prirent que peu de temps. Je n'entrerai pas ici dans une nomenclature fastidieuse; l'énumération des objets indispensables au voyageur a été faite plusieurs fois, et sans grand profit, je crois; les convenances personnelles, la nature du pays à visiter, ses habitants, le but à atteindre, doivent seuls guider l'explorateur. Néanmoins, j'affirmerai, sans crainte d'être démenti, que toujours le bagage du missionnaire est trop considérable. J'achetai quelques objets de campement, une tente dont nous nous sommes rarement servis — la hutte misérable de l'indigène vaut la meilleure des tentes, — quelques ustensiles nécessaires à la vie journalière, des armes de guerre, ce qui était superflu. Il serait à désirer qu'il en soit toujours ainsi. J'apportai quelques modifications à notre matériel scientifique en vue des services à rendre et des fatigues à supporter dans un voyage à dos d'homme. Quoi qu'il en soit, les chronomètres et les théodolites ne résistèrent pas aux épreuves multipliées auxquelles ils furent soumis. Un appareil de photographie et ses plaques, des albums à dessiner, quelques médicaments complétaient notre bagage. Dans l'ignorance où je me trouvai des objets d'échange usités chez certaines peuplades du Sud et de l'Ouest de Madagascar, je ne m'embarrassai d'aucune pacotille; par la suite je n'eus qu'à me féliciter de cette prudence, j'ai trouvé facilement dans le pays ce qui était nécessaire. Dans bien des cas, l'explorateur fera sagement en agissant ainsi; il s'exposerait à prendre en Europe des marchandises de troc qui dans la suite ne lui seraient d'aucune utilité. Chez les peuplades sauvages, les modes changent souvent, les parures sont sujettes à des variations fréquentes; d'une saison à l'autre, une étoffe, une perle, vivement désirée et prisée fort cher, sera plus tard regardée avec dédain. Ces alternatives bizarres dans le goût de ces races barbares ne doivent pas étonner les Occidentaux.

AVANT-PROPOS.

Vers la fin de janvier, je rassemblais notre matériel; malgré toutes mes réductions et mes économies, j'étais encore effrayé par le nombre des caisses qu'il nous fallait emporter. Nous étions prêts à partir. Je faisais mes adieux à ma famille, à mes amis, à la France, et, le cœur serré par une émotion que comprendront tous ceux qui ont quitté leur patrie, pour marcher vers l'inconnu, je m'embarquais à Marseille avec mes compagnons le 12 février 1889 sur l'*Amazone*, courrier de la côte orientale d'Afrique.

La traversée se fait généralement en vingt-six ou vingt-huit jours, mais de nombreuses escales viennent interrompre la monotonie de ce long trajet. Le 4 mars, nous apercevions pour la première fois les côtes malgaches au nord de Nosy-Be, et le 8 mars, nous débarquions à Tamatave.

Et maintenant avant de commencer le récit de notre voyage, je crois utile d'exposer à grands traits la configuration générale de Madagascar et d'indiquer sommairement les principales tribus que l'on y rencontre. Ces quelques notions élémentaires sur la géographie de l'île et sur ses habitants permettront au lecteur, peu familier peut-être avec ces questions malgaches, de nous suivre avec plus d'intérêt dans nos excursions. Encore me faudra-t-il compter sur l'entière bienveillance de ceux qui voudront bien me lire. Je n'ignore pas que pour les récits de voyage le public est toujours disposé favorablement; mais il y a généralement dans de tels ouvrages des aventures émouvantes, des exploits cynégétiques, des batailles rangées dont l'attrayante narration pourrait compenser, s'il en était besoin, de légères qualités absentes. Pour moi, rien de pareil. On ne trouve ni lions, ni tigres, ni gros pachydermes à Madagascar, les anthropophages n'y ont jamais existé, et, je le confesse humblement, je ne suis pas écrivain. J'avais bien chez certaines tribus une réputation de science solidement établie, j'étais même accusé de sorcellerie, quand ces sauvages me voyaient au campement consigner mes notes sur mon journal de voyage, eux qui ne connaissaient ni le papier ni l'écriture; aussi je pouvais facilement me passer des suffrages des Bara et des Antandroy. Mais ici-bas tout n'est que relatif, et je n'aurai pas cette orgueilleuse prétention vis-à-vis de mes compatriotes.

Madagascar, vestige probable d'un continent disparu, est comprise entre 12° et 25° 39′ de latitude sud et 40° 55′ et 48° 07′ de longitude est de Paris; elle appartient donc par sa position géographique au système africain. Son étendue considérable, 600 000 kilomètres carrés environ, la place à côté de Bornéo et de la Nouvelle-Guinée, parmi les plus grands corps insulaires du globe. Sa largeur moyenne est de 450 kilomètres, sa plus grande longueur du cap d'Ambre au cap Sainte-Marie est de 1 680 kilomètres. L'île présente la forme d'un ovoïde allongé et irrégulier dont la petite extrémité regarde le nord, le grand axe étant orienté N.-N.-E. — S.-S.-O. Au levant ses côtes sont battues par les flots de la mer des Indes; au couchant, elle est séparée de l'Afrique, sa colossale voisine, par un bras de mer, le canal de Moçambique, large tout au plus de 400 kilomètres.

Considérée dans son ensemble, l'île de Madagascar présente une structure géologique assez simple. Elle est formée en effet par un vaste noyau de roches éruptives dont les axes de soulèvement sont sensiblement parallèles à la direction générale de l'ovoïde. Sur ce massif qui occupe plus des deux tiers de l'île sont venues s'appuyer à l'occident des couches neptuniennes également parallèles à la direction générale. Il faut mentionner aussi quelques terrains stratifiés que l'on trouve sur la côte est dans le pays des Antanosy, au sud du 24ᵉ parallèle. Mais ces terrains sédimentaires du Sud-Est sont très peu étendus et on peut les négliger pour dire que l'île est divisée en deux parties d'inégales étendues. A l'ouest, dans toute la longueur du pays Sakalava, des bandes de terrains stratifiés, s'enfonçant plus ou moins vers l'intérieur, forment des plaines élevées, des hauts plateaux séparés les uns des autres par des ondulations, des collines dont l'orientation N.-N.-E. — S.-S.-O. est à peu près constante. A l'est et au centre, on ne trouve que le terrain primitif avec ses émergences de gneiss et de granit qui traversent un soubassement micaschisteux. Les assises superficielles de ces roches anciennes sont décomposées, le temps et les agents atmosphériques ont rendu plus friables les couches superficielles de ces roches, puis les ont transformées finalement en argile d'une couleur rouge plus ou moins foncée, teinte due aux minerais de fer qui existent en grande quantité dans toutes ces régions. Cette tonalité rougeâtre qui impressionne vivement le voyageur dès son arrivée dans le pays donne à l'île de Madagascar cette nuance caractéristique. J'ajouterai que l'on rencontre des soulèvements plus récents d'origine basaltique dont les axes d'émergences semblent pour la plupart perpendiculaires à la direction générale [1].

La minéralogie de Madagascar est très variée et semble fort riche. Des coulées considérables traversent, en maints endroits, les roches primitives. Le quartz, le feldspath, le mica, se rencontrent à chaque instant. Les métaux, le fer, le cuivre, le plomb, sont extraits de minerais nombreux et variés; l'or, dont on exploite quelques gisements (alluvions ou quartz aurifères), semble se trouver principalement sur le versant du canal de Moçambique dans l'Ouest et le Sud.

Le système orographique de Madagascar est très compliqué, et sans entrer dans de longs détails, je ne saurais en donner une idée. Lorsque du haut d'une montagne élevée on observe les régions avoisinantes, et que s'offrent au regard des sommets irréguliers, des grosses masses rocheuses, des mamelons aux croupes arrondies, des collines ravinées, d'immenses blocs déchiquetés, tous ces accidents de terrain paraissent être les lames monstrueuses d'un océan en furie qui se seraient subitement solidifiées. On peut reconnaître cependant dans ce chaos une chaîne de montagnes principales, parallèle à la côte est; elle s'appuierait au sud sur les masses rocheuses du mont Ivohibe en pays Bara et se terminerait au nord non loin de Mandritsara. Cette arête principale de l'île sépare les eaux tributaires de la mer des Indes de celles qui vont se jeter dans le canal de Moçambique. A l'est ces montagnes sont flanquées d'une chaîne parallèle plus rapprochée de la côte orientale. A l'ouest, de nombreux contreforts, quelquefois plus élevés que la chaîne principale, forment par leurs inextricables réseaux, le grand massif central, qui, partant au sud du pays Bara, comprend la province des Betsileo et des Antimerina, s'abaisse au nord pour former les grandes plaines du Mahajamba et se relève de nouveau à la partie septentrionale de l'île où il va constituer le massif d'Ambre. A l'occident de ce massif central, se trouvent les hauts plateaux des pays Sakalava dont les étages successifs qui s'élèvent en gradin de l'ouest vers l'est sont séparés les uns des autres par quatre ou cinq chaînes secondaires parallèles à la principale.

Des extrémités nord et sud de la grande chaîne dont je viens de parler, se détachent des chaînons secondaires plus ou moins importants dont la direction variable vient terminer au cap d'Ambre et au cap Sainte-Marie la ligne de partage des eaux.

Ce système montagneux divise ainsi Madagascar en deux versants soutenant une ligne de faîtes beaucoup plus rapprochée de la côte orientale; il forme une sorte de toit à plans inclinés inégaux; celui qui regarde la mer des Indes a une pente très rapide, tandis que celui qui vient se terminer dans le canal de Moçambique offre une déclivité beaucoup moins prononcée.

Il ressort de cette disposition que les fleuves les plus considérables de l'île se trouvent sur le versant occidental. Les principaux sont le Sophia et le Mahajamba, le Betsiboka dont le grand affluent l'Ikopa irrigue les rizières de Tananarive, le Manambolo, le Tsiribihina et son affluent le Mania; enfin au sud, l'Onilahy ou rivière de Saint-Augustin. Tous ces fleuves occidentaux prennent naissance, ainsi que leurs nombreux affluents, dans le massif granitique du centre.

Les cours d'eau tributaires de la mer des Indes sont moins considérables, il convient cependant de citer en allant du nord au sud le Manangoro, l'Ivondrona, le Mangoro, le Mananara et le Mandrare.

Comme c'est la règle dans tous pays granitiques, l'île est très riche en eaux vives; les fleuves, les

---

[1]. C'est également suivant cette orientation perpendiculaire au grand axe de l'ovoïde que l'on trouve des volcans éteints, en grand nombre surtout dans le nord et le nord-ouest de l'Imerina.

AVANT-PROPOS.

rivières, qui serpentent dans les grandes plaines et les belles vallées du littoral, les ruisseaux innombrables qui bondissent dans les vallons encaissés des hauts plateaux, constituent un riche réseau d'irrigation, alimenté largement par la masse d'eau considérable qui tombe sur les régions élevées pendant la saison des pluies, et que des infiltrations dans un sol compact ne peuvent amoindrir. Par contre, on ne rencontre pas de voies fluviales proprement dites à Madagascar. Les grands cours d'eau ne sont pas navigables, ou du moins ne présentent que des sections peu importantes susceptibles d'être utilisées. On comprend qu'il n'en pourrait être autrement, car la pente trop rapide du versant de la mer des Indes précipite leur cours interrompu trop souvent par les assises rocheuses des chaînes côtières, et, du côté du canal de Moçambique, si leurs eaux sont plus calmes sur les plateaux, elles sont brisées dans les rapides qu'il faut descendre pour arriver aux étages inférieurs.

Le développement des rivages de l'île dépasse 5 000 kilomètres, mais sur une étendue aussi considérable, Madagascar ne possède qu'un petit nombre de rades et de ports susceptibles d'abriter convenablement les navigateurs. On ne rencontre de bons mouillages que sur la côte nord-ouest de la baie Baly à la baie d'Antombona; les principaux sont : l'estuaire du Betsiboka ou baie de Bombétoke, baie de Passandava, etc., et la belle rade que nous possédons au sud du cap d'Ambre, la baie de Diego-Suarez. La côte orientale, et le littoral du sud-ouest ne possèdent que des rades foraines qui n'offriraient pas aux marins un abri convenable pendant les tempêtes et les cyclones assez fréquents dans ces parages. La rade de Tamatave, l'anse de Fort-Dauphin et la baie de Tuléar sont néanmoins assez fréquentées. Sur ces côtes inhospitalières on remarque un fait intéressant, je veux parler de ces lagunes littorales si nombreuses à Madagascar. En effet,

M. LE DOCTEUR CATAT.

les fleuves, les rivières qui descendent en si grand nombre des hautes vallées de l'intérieur ne peuvent librement déverser leurs eaux dans l'Océan, les lames et la grande houle de la mer des Indes apportent constamment sur la côte des dépôts arénacés considérables formant des dunes sablonneuses, véritables digues qui enserrent la région littorale et qui s'appuient d'ailleurs sur les végétations coralliennes qui hérissent les bas-fonds côtiers. Des nappes d'eaux s'amassent ainsi formant des marais, des étangs, des lacs, qui donnent à cette zone maritime un aspect particulier. Lorsque la masse liquide d'une lagune est trop considérable ou que le fleuve qui l'alimente éprouve une crue subite, les eaux rompront violemment cette barrière de sable et se creuseront des estuaires momentanés que le prochain cyclone ou la mousson de la saison suivante viendront combler de nouveau. En temps ordinaire, un équilibre relatif s'établit entre les eaux de la lagune et celles de l'Océan par des infiltrations souterraines.

Presque tous les ouvrages et les relations de voyage qui ont traité de Madagascar nous l'ont montrée sous un jour trompeur. Sa végétation luxuriante avait particulièrement frappé les voyageurs, qui sans pousser plus loin leurs investigations et leurs recherches, avaient longuement dépeint les côtes boisées, les forêts magnifiques qu'ils avaient aperçues sur les premières montagnes qui s'offraient à leur regard et concluaient en généralisant leurs observations à la fertilité étonnante de la grande île africaine. Cette idée trop optimiste que l'on se faisait de l'île madécasse s'explique aisément par la disposition particulière des zones forestières et des contrées boisées qui entourent Madagascar d'une ceinture verdoyante. Dès 1867 M. Grandidier avait relevé cette disposition des bois; j'ai pu, dans le courant de mon voyage, confirmer cette observation en la complétant dans ses détails, dans les parties du sud et du nord-est de l'île; ces bandes boisées, qui sont généralement au nombre de deux surtout sur le versant de la mer des

Indes, sont séparées par de larges vallées; elles cachent les hauts sommets des montagnes voisines sous un manteau de verdure. La largeur de ces bandes forestières est variable, assez étroite vers le sud et le sud-ouest, leur profondeur dépasse 100 kilomètres dans la province d'Antongil et dans les districts voisins où la végétation atteint sa plus grande vigueur.

Dès que l'on a traversé cette ceinture boisée et que l'on s'avance vers l'intérieur, la grande végétation cesse tout à coup. Les hauts plateaux du centre de l'île, les grandes plaines de l'Ouest et du Sud sont en partie déboisés, de chétifs buissons, des arbustes rabougris ont remplacé les arbres séculaires des forêts du littoral; les monts élevés sont alors d'immenses masses rocheuses, et l'argile rougeâtre de leurs flancs est à peine recouverte par un maigre gazon.

Une vue générale de ce grand corps insulaire le présente donc sous des aspects différents, aussi convient-il de remarquer que, à côté de terrains propices aux cultures, de grandes forêts, de beaux plateaux que l'homme pourrait rendre aisément productifs, il existe de nombreuses régions stériles, des districts rocailleux, des sols ingrats, des contrées inhabitables, véritables déserts, dont la traversée n'a pas été sans nous offrir de sérieuses difficultés.

Presque tout entière située au nord du tropique du Capricorne, Madagascar est rangée dans les contrées chaudes. Mais cette classification n'est exacte que pour les régions côtières et les provinces d'altitude peu considérable. Son climat est très variable, il change dès que l'on s'élève vers les plateaux du Centre pour devenir presque tempéré dans l'Imerina et le Betsileo. A Majunga et à Tamatave, les chaleurs de l'hivernage sont pénibles à supporter en cette saison, la température à l'ombre dépasse souvent 30 et 35 degrés centigrades; par contre, sur les rivages méridionaux, dans les environs de Fort-Dauphin notamment, cette température maxima est rarement atteinte. Dans le massif Central le thermomètre n'atteint jamais de semblables hauteurs, il descend pendant la saison sèche jusqu'à + 3 et 4 degrés. J'ai vu dans les montagnes de l'Ankaratra des gelées blanches et j'ai ressenti souvent un froid très vif pendant les matinées brumeuses des mois de juin et juillet en pays Betsileo.

On a maintes fois reproché à Madagascar son climat meurtrier, on n'a pas craint de l'appeler le cimetière des Européens. Certes, si l'on compare ces régions avec les pays d'Europe et avec ceux qui sont situés sous des zones tempérées où la culture atteint tout son développement, où les conditions hygiéniques générales sont satisfaisantes, on pourra admettre que la salubrité de Madagascar laisse à désirer. Mais une comparaison plus équitable tenant compte de la climatologie générale, de la situation géographique, de l'état des terrains, enlèvera bien vite à Madagascar cette réputation imméritée; elle est au contraire beaucoup plus saine que la plupart de nos colonies.

Les grandes maladies épidémiques, si redoutables dans les pays intertropicaux, ne se sont jamais montrées à Madagascar; la variole seule fait quelques ravages dans la population indigène. La *malaria*, cette fièvre de Madagascar si tenace, ne se fait sentir que sous les formes ordinaires; si tous les Européens à leur arrivée dans le pays payent tribut aux miasmes paludéens ils s'acclimatent rapidement et peuvent séjourner indéfiniment dans le pays. La fièvre malgache n'est dangereuse que pour un petit nombre d'individus, chez lesquels une disposition spéciale, un état morbide antérieur, des conditions de vie déplorables, annihilent toute résistance.

Les fièvres existent dans toutes les provinces, engendrées en plus ou moins grande quantité par les miasmes palustres qui se développent dans les marais et les rizières; bénignes en général dans l'intérieur des terres et sur les hauts plateaux, elles frappent plus durement dans les zones chaudes du littoral, où les lagunes nombreuses et surtout les nappes d'eau souterraines, situées entre la couche arénacée supérieure et le sous-sol argileux, offrent au développement des germes paludéens les conditions les plus favorables. C'est du reste cette plus grande fréquence de la fièvre sur les côtes de l'île qui avait fait supposer autrefois que l'île de Madagascar était inhabitable pour des Européens.

Au XVIIe siècle, de Flacourt et ses successeurs évaluaient à quelques centaines de mille le chiffre total de la population madécasse. Depuis cette époque jusqu'à ces dernières années, les voyageurs et les géographes qui se sont occupés de cette question ont beaucoup varié dans leurs évaluations, et il faut arriver jusqu'à l'année 1869 pour avoir une notion assez précise du nombre d'habitants de Madagascar, estimé par M. Grandidier à quatre ou cinq millions. Néanmoins cette évaluation me semble encore faible et, d'après les calculs approximatifs qu'il m'a été possible de faire, je serais porté à croire que le nombre total des habitants de cette grande île dépasse 7 500 000.

Le peuple malgache n'est pas homogène, et ses origines sont variées. Malheureusement des documents font encore défaut pour reconnaître d'une manière certaine les diverses races qui l'ont formé. Du moins, il existe sur ce point de grandes probabilités, qui reconnaissent pour base un idiome spécial adopté en partie dans toute l'île, des usages et des coutumes, des légendes et des traditions, enfin, que les caractères ethnographiques et anthropologiques des indigènes viendront changer en certitude. On ne peut dès à présent émettre que des hypothèses plus ou moins plausibles sur les premiers habitants de l'île, les Vazimba; cette race primitive semble avoir disparu presque complètement. Je ne mentionnerai, que pour en nier l'existence, la fameuse tribu des Pygmées décrite dans l'ouvrage de Flacourt en 1631.

Actuellement il est incontestable que la plus grande partie de la population malgache a été constituée par des immigrations asiatiques et polynésiennes. A ces noyaux se sont réunis de nombreux contingents amenés soit par les hasards de la navigation, soit par les besoins de leur commerce sur les rivages de la grande île. Ces gens venaient quelquefois de fort loin. C'est ainsi qu'il est facile de reconnaître chez un grand nombre de naturels le type africain, le type arabe ou sémite, et même le type européen.

A une époque plus récente, il y a environ trois cents ans, une immigration assez importante, venue selon toute probabilité de la presqu'île de Malacca, ou de l'archipel Malais, a encore ajouté un autre élément à la population malgache, je veux parler des Antimerina ou Hova. Dans le principe, cette tribu étrangère a été mal accueillie par les races autochtones, elle a dû se réfugier dans l'intérieur de l'île, sur les hauts plateaux où un climat plus dur, une terre moins fertile, des conditions d'existence plus mauvaises, la mettait dans une situation défavorable. Cependant cette tribu issue d'une race supérieure devait triompher bien vite de ces difficultés. Il est juste d'ajouter qu'ils ont été puissamment aidés par l'appui de l'Angleterre, heureuse de soulever à Madagascar des embûches aux visées françaises; la vérité m'oblige aussi à dire qu'ils ont été également soutenus par la France qui, trompée par ses agents, trompée par des relations fantaisistes, a jusqu'à ce jour soutenu les Antimerina à Madagascar. Cette politique illogique incombe tout entière à l'administration des Affaires étrangères et aux premiers résidents généraux que notre gouvernement a envoyés dans la grande île africaine. Les missionnaires protestants et catholiques ont puissamment contribué eux aussi à agrandir la puissance des Antimerina. Les premiers faisaient le jeu de l'Angleterre; les seconds, aveuglés par leur croyance, s'imaginaient qu'en adulant les vainqueurs les vaincus viendraient à eux.

Grâce à toutes ces circonstances, les Antimerina ont rapidement interverti les rôles. De parias qu'ils étaient, ils se sont faits conquérants, et, après avoir agrandi considérablement leur territoire, soumis à leur domination les tribus de la côte orientale et du sud des hauts plateaux, réduit en vasselage les peuplades du Nord et du Nord-Ouest, ils ont fait reconnaître leur suprématie dans l'île presque tout entière. Aujourd'hui les deux tiers des territoires de Madagascar sont administrés plus ou moins directement par le Gouvernement de Tananarive.

Il est assez difficile, au milieu de ces mélanges, de ces croisements qui augmentent sans cesse par des alliances entre tribus voisines, et par des apports étrangers fort nombreux venus plus particulièrement de la côte de Moçambique, de discerner entre elles les diverses peuplades de Madagascar. Cependant en s'appuyant surtout sur leur lieu d'habitat, leurs coutumes particulières, leurs vêtements et leurs parures, leurs usages ethniques en un mot, on peut diviser les populations madécasses en trois groupes principaux.

Le premier groupe qui a pour type le Sakalava est celui dans lequel on retrouve le plus fréquemment les caractères africains. Ce groupe comprend toutes les tribus Sakalava qui habitent le versant occidental de l'île depuis le cap d'Ambre jusqu'à l'embouchure de l'Onilahy. On a multiplié comme à plaisir les divisions de cette grande famille Sakalava dont le type est cependant bien tranché et bien caractéristique. Parmi les principales de ces subdivisions il me faut citer les Mahafaly, les Fierenana, les Menabe, les Boeny et les Antankarana, mais ces noms désignent plutôt des provinces que des divisions ethniques bien tranchées. Il faut ajouter à ce premier groupe malgache qui comprend la totalité des habitants des rivages du canal de Moçambique, des tribus fort peu connues jusqu'à présent, qui, cantonnées au sud du plateau central et au sud-est, doivent être rattachées aux grandes familles Sakalava. Ces tribus du Sud que je rangerai donc dans le premier groupe ethnique malgache sont : les populations Bara, les tribus Antandroy, et les peuplades Antaisaka.

Le deuxième groupe ethnique de Madagascar comprend les tribus qui habitent le massif central ; elles sont au nombre de deux : au nord les Antimerina, au sud les Betsileo.

Le troisième groupe ethnique de Madagascar est formé des populations de la côte orientale. Parmi elles, il convient de citer, en allant du nord au sud, les populations Betsimisaraka et les peuplades Antanosy, plus éloignées des rivages de la mer des Indes; il faut mentionner dans ce même groupe les Antsihanaka, les Bezanozano et les Tanala.

Ces dix tribus dont je viens de parler et que j'ai classées en trois groupes n'occupent pas, comme on serait tenté de le croire, des contrées nettement délimitées. Une certaine partie de ces peuplades, sans avoir à proprement parler des habitudes nomades, se déplace volontiers et, chassée par de turbulents voisins ou refoulée par les empiétements d'une tribu plus forte, va loin de son lieu d'origine chercher des emplacements plus favorables pour édifier ses villages, faire paître ses troupeaux de bœufs et cultiver ses rizières. Il en est de même de certains groupes d'individus qui, tentés par l'appât du gain, en voulant fuir un sort trop misérable, quittent leur village et s'en vont chercher fortune ailleurs, souvent sans esprit de retour; c'est ainsi que dans le premier cas le voyageur rencontrera par exemple sur les bords de l'Onilahy des Tanala et des Antanosy établis en grand nombre; ces derniers ont quitté leur patrie, le pays de Tolanara, lorsqu'il fut occupé en partie par les Antimerina en 1845. Dans le second cas, il ne faudra pas s'étonner de rencontrer des bandes nombreuses d'Antaimoro sur les bords du Betsiboka, et des indigènes de Fort-Dauphin dans les environs de Tamatave. Les Antimerina se rencontrent également en plus ou moins grand nombre dans beaucoup de régions de l'île, soit pour aller faire du commerce, soit pour satisfaire aux obligations de leur politique. C'est ainsi qu'ils ont construit des villages fortifiés, des postes militaires qui relient leur pays à leurs établissements côtiers, et qu'ils ont fondé de véritables colonies sur les rivages les plus éloignés, emmenant avec eux en plus ou moins grand nombre des Betsileo, des Betsimisaraka et d'autres représentants des races soumises. Il faut donc tenir compte de ces émigrations de groupes d'individus et de peuplades entières, pour s'orienter dans ce mélange inextricable d'individus, de familles, de tribus et de races que l'on trouve partout à Madagascar.

De cette diversité d'origine du peuple malgache, découlent tout naturellement des variétés plus nombreuses encore dans les différents types individuels; aussi conçoit-on l'étonnement du voyageur qui vient de débarquer dans l'île, à l'aspect de ces physionomies étrangement dissemblables; ici l'Africain à la peau noire d'ébène, à la toison laineuse, côtoie le Malais au teint jaune, aux cheveux plats et lisses; plus loin un bel Océanien à la barbe abondante, aux cheveux dressés marchera au côté d'un vrai sémite. Néanmoins, après un examen superficiel, on aura vite classé ces types disparates en trois catégories qui correspondent justement aux trois groupes dont j'ai parlé plus haut [1].

Il est évident que cette classification des peuplades madécasses n'est pas d'une exactitude absolument rigoureuse et que, en présentant au lecteur chaque type différent de toutes les tribus de Madagascar, j'éviterai toutes chances d'erreur. Quoi qu'il en soit, si je maintiens ces trois grandes divisions dans les peuplades de Madagascar, c'est parce qu'elles correspondent à des groupements naturels, à des usages

---

[1]. Il ne faut pas oublier aussi que l'esclavage, cette institution barbare si répandue à Madagascar, surtout chez les Antimerina, vient encore augmenter cette confusion de types individuels dans la grande île africaine.

communs que tout voyageur à Madagascar aura vite fait d'observer. C'est ainsi par exemple que j'ai placé les Bara à côté des Sakalava. Je reconnais que ces deux tribus ont un type général quelque peu différent, mais les traits généraux sont les mêmes, les coutumes sont identiques ou absolument analogues, pour toutes ces raisons il me semble juste de placer le Bara à côté du Sakalava tout autant qu'il faut l'éloigner du Betsimisaraka. Les deux premiers groupes ethniques et surtout le second qui comprend les Antimerina et les Betsileo sont absolument nets. Cependant pour le troisième qui comprend les populations du littoral de la mer des Indes et auxquelles j'ai rattaché les tribus Antanosy, il n'offre pas la même homogénéité à cause justement de l'adjonction de ces Antanosy. Cette tribu, sous bien des rapports, se différencie complètement des autres peuplades madécasses.

Le premier groupe ethnique de Madagascar que j'appellerai le groupe Sakalava comprend des Malgaches à cheveux crépus, d'une stature élevée; leur vigueur se devine aux attaches puissantes de leurs muscles; le front est bas et fuyant, le nez écrasé, les lèvres charnues. La barbe est rare. Ils ont la peau noire, cependant cette teinte présente chez certains indigènes des tons plus clairs. Ce groupe ethnique de Madagascar est celui qui présente le plus des caractères africains; ils aiment beaucoup les parures de verroterie, les colliers de perles, les boucles d'oreilles, les bracelets. Ce groupe ethnique est le plus guerrier des Malgaches, il fournit presque à lui seul les populations insoumises aux Antimerina. Les hommes se roulent autour des reins une pièce d'étoffe qu'ils nomment *salaka* ou *simbo*, puis ils se drapent dans un *lamba* de cotonnade; les femmes s'habillent d'un sac percé aux deux bouts qu'elles nomment *simbo* et se serrent affreusement la poitrine dans une sorte de camisole ajustée qu'elles appellent *akanjo*.

Le deuxième groupe est caractérisé surtout par les Antimerina. Les caractères malais dominent. Dans un corps d'apparence chétive, aux membres grêles mais bien proportionnés, l'Antimerina possède une force musculaire assez considérable, sa taille moyenne est inférieure à la nôtre. Son visage ovale présente des traits réguliers, les pommettes sont saillantes il est vrai, mais les yeux noirs et vifs ne sont pas bridés, le nez est moins aplati et les lèvres moins épaisses que chez les autres groupes de l'île, aussi la physionomie n'a-t-elle rien de désagréable, elle est même fort belle chez certains individus. Son teint est olivâtre, cette coloration plus ou moins foncée varie beaucoup, pour s'atténuer chez certaines personnes jusqu'à disparaître presque complètement. Son système pileux est bien développé, il a la barbe fournie, les cheveux noirs, lisses ou ondulés très abondants.

Mais c'est encore au moral que ce groupe des Antimerina possède, sur les autres Malgaches, une réelle supériorité. Ses facultés intellectuelles sont nombreuses, son intelligence est vive et développée, et il fait preuve en mainte circonstance d'un grand talent d'imitation. L'Antimerina d'un naturel gai et enjoué est un peu fataliste, l'adversité ne l'atteint pas. Poli, obséquieux même avec les étrangers, ses manières sont douces et affables, il pratique largement les lois de l'hospitalité. Il obéit aveuglément aux ordres de ses chefs, et respecte religieusement les lois du royaume. Apre au gain, désireux de s'entourer d'un confort inconnu aux populations barbares, il serait excellent travailleur si un système de gouvernement illogique ne paralysait ses efforts. Malheureusement à ces brillantes qualités s'ajoutent les vices ordinaires des peuples primitifs, la duplicité et la mauvaise foi, l'hypocrisie, la cruauté, le pillage et le vol; ce dernier est considéré comme une action méritoire lorsqu'il s'exerce au détriment de l'étranger. En dehors de ces défauts innés, l'Antimerina a pris au contact des Européens un orgueil sans limites.

Les Malgaches du troisième groupe qui, parmi les habitants actuels de l'île, paraissent être les plus anciens, sont de taille plus élevée et de constitution plus robuste que les Antimerina. Les traits du visage sont également plus accentués; le nez aplati, les lèvres fortes, les yeux légèrement bridés; les cheveux noirs et épais sont lisses chez les Antanosy, ondulés ou crépus chez les autres tribus, la barbe est peu abondante. Enfin la coloration de la peau varie du jaune brun au noir. C'est chez ces tribus que l'on rencontre les plus fortement accusés, les caractères polynésiens.

Cette division des Malgaches en trois groupes que l'on pourrait appeler : groupe africain, groupe malais, groupe polynésien, sans être absolument à l'abri de toute critique, repose néanmoins sur des bases scientifiques indiscutables. Ce n'est pas ici dans un récit de voyage que je puis développer comme elle le mériterait cette division ethnographique. Je prendrai un seul exemple entre les nombreuses données et les observations variées qu'il m'a été possible de faire pendant mes deux longs séjours à Madagascar. Parmi les caractères ethniques que peut présenter une peuplade, le type de l'habitation est sans contredit l'un des plus importants. C'est ainsi que nous voyons le premier groupe se loger dans des maisons édifiées au ras du sol en *raphia* ou en *bararata* et couvertes de feuilles de *ravenala* ou de *satrana*.

Le deuxième groupe habite des maisons édifiées en terre, ou loge dans des habitations construites en planches ou en madriers et couvertes en *bozaka*.

Le troisième groupe loge dans des maisons bâties sur pilotis et couvertes en feuilles de *ravenala*. Il me serait facile de multiplier ces exemples en choisissant les vêtements, les parures, les armes, les instruments de travail, mais j'ai hâte d'entrer dans mon sujet. D'ailleurs, j'aurai dans la suite maintes occasions de revenir sur ces questions concernant la géographie de Madagascar et la description de ses habitants.

NOS FIDÈLES A TANANARIVE.

RADE DE TAMATAVE.

CHAPITRE I

Arrivée à Tamatave. — Débarquement des voyageurs et des marchandises. — La musique du gouverneur. — Formalités de douane. — Monnaie coupée et balances. — Le commencement de la saison sèche. — Commerce, importations et exportations. — Embarquement des bœufs. — Voies de communication à Madagascar. — Les borizana et les filanjana. — Départ de Tamatave. — Rainivoavy et Jean Boto. — Ivondrona. — Pirogues malgaches. — Ambodinisiny. — Légende de Darafély. — La cruche géante. — Ankarefa. — Vavony. — Les lagunes littorales. — Végétation côtière. — Andovoranto. — Tanimandry. — Ligne télégraphique de Tamatave à Tananarive. — Le marais de Tanimandry.

PORTEUR.

Dans la nuit du 8 mars, nous avions quitté Sainte-Marie de Madagascar, par un gros temps, et le lendemain de très bonne heure, nous arrivions en vue de Tamatave.

Les côtes sont basses, mais vers l'intérieur, les terres se relèvent, les mamelons, les collines s'étagent en gradins et dans le lointain se montrent les premières montagnes; tout disparaît sous un manteau de verdure, dont les teintes vives des premiers plans s'estompent peu à peu pour aller se confondre sur les cimes lointaines avec les brouillards du matin. Tamatave se distingue difficilement du large; je devine plutôt que je n'aperçois du maisons peu élevées, cachées derrière les cocotiers et les grands arbres les rivage, la masse circulaire du fort Antimerina, la pyramide rouge de la pointe Tanio, seul signal qui guide le marin dans son atterrissage. A mesure que nous approchons, les détails s'accusent plus fortement, des toits brillent au soleil dans les massifs de verdure piquetés de noir çà et là par les chaumes sombres des cases indigènes. Bientôt les pavillons des consulats et des maisons de commerce se déploient pour saluer l'arrivée du courrier de France. Mais nous avons dépassé un îlot boisé, Nosy-Alanana, l'île aux prunes, l'*Amazone* franchit la passe et jette l'ancre devant Tamatave.

La rade formée par une légère incurvation de la côte, que prolonge au sud-est un promontoire sablonneux, n'a qu'une étendue peu considérable, elle va de la pointe Tanio au nord, aux récifs d'Hastie qui la limitent vers le sud, du côté du large elle est imparfaitement protégée par des bancs madréporiques, sur lesquels la grande houle de la mer des Indes déferle constamment. Cette rade foraine ne présente qu'un abri insuffisant; la tenue est médiocre et lorsque vient le mauvais temps il faut se hâter de fuir ces parages dangereux, du reste les débris du *Dayot* près de la côte, ceux de l'*Oise* et de l'*Èbre* sur les brisants, les épaves d'un trois-mâts et les carcasses de quelques boutres conseillent la prudence. Mais nous avons hâte de débarquer et après avoir pris congé de nos compagnons de route avec lesquels une longue traversée de vingt-huit jours avait fait naître d'excellents rapports, et serré la main à M. Massé, commandant l'*Amazone*, je prends passage avec mes amis dans une embarcation qui nous conduit rapidement au débarcadère. Il ne faut entendre par cette expression que l'endroit de la plage où l'on débarque habituellement passagers et marchandises. Il y a quelques années, lors de l'occupation de Tamatave, un warff avait été construit par nos troupes, mais après leur départ, il avait été détruit par les indigènes, qui trouvaient là une concurrence sérieuse. Maintenant comme autrefois, les caisses et les ballots sont transportés du navire à la plage dans des chalands qui viennent s'échouer sur le sable, de nombreux porteurs viennent alors s'emparer de ces objets, les charger sur leur dos, et en poussant des cris assourdissants les déposer en terrain ferme, non sans pouvoir éviter quelquefois des chutes malheureuses. Pour les personnes le mode de débarquement est analogue; c'est ainsi que portés sur les épaules de deux vigoureux noirs, nous sommes amenés enfin à fouler le sol malgache.

Notre première visite fut pour M. Jore, chargé par intérim de la Résidence de France; il se mit fort gracieusement à notre disposition et je ne saurais trop le remercier de l'affabilité et de l'obligeance qu'il nous a montrées pendant tout notre séjour.

Nous dépêchons lestement quelques courses, et après nous être assurés d'un gîte convenable au grand hôtel de Tamatave, nous nous empressons, nouveaux venus, d'aller visiter la ville.

Tamatave, situé en partie sur la pointe d'Hastie, tend chaque année à s'accroître du côté de l'ouest dans la direction du chemin qui conduit à Tananarive, la ville est construite sur un sol sablonneux, où l'on trouve partout et peu profondément une eau saumâtre et malsaine, les fièvres y sont communes; les températures élevées de la saison chaude et les pluies diluviennes qui tombent à chaque instant, contribuent encore à l'insalubrité de Tamatave.

En quittant le débarcadère, les bâtiments de la douane, et les hangars des services maritimes qui l'avoisinent, on arrive au quartier européen. La première voie dans laquelle on s'engage qui est parallèle à la plage porte le nom d'Avenue n° 1, c'est là que se trouvent la Résidence de France, plusieurs consulats étrangers, les principales maisons de commerce, les magasins des détaillants, la mission catholique avec une église et une école. L'Avenue n° 2, parallèle à la première, n'a que des bâtiments de moindre importance; ces deux voies principales sont reliées par des rues perpendiculaires qui vont d'une rive à l'autre de la pointe. En suivant l'Avenue n° 1, vers l'ouest, on rencontre, après avoir dépassé le quartier européen, le village indigène, puis le fort Antimerina et l'on s'engage sur la route de Tananarive; vers l'est cette avenue conduit à l'extrémité de la pointe où se trouvent quelques cases habitées par des familles originaires de notre colonie de Sainte-Marie. Les matériaux de construction manquent dans les environs de Tamatave, les maisons sont construites en bois, apporté en majeure partie par des navires venant de la Réunion ou de Norvège; pour quelques habitations cependant on s'est servi de matières plus durables, de nombreux incendies ont d'ailleurs généralisé l'emploi des couvertures métalliques.

Je remis au lendemain ma visite au village indigène et aux autorités Antimerina; cette promenade dans les rues de Tamatave où l'on ne foule qu'un sable mouvant nous avait harassés de fatigue; pour avancer de deux pas il faut en faire trois, le recul est considérable.

Dans la soirée, la musique du gouverneur Rainandriamampandry vint à la Résidence nous faire entendre les meilleurs morceaux de son répertoire; les exécutants étaient peu nombreux : deux clarinettes, un cornet à piston, un tambour et trois grosses caisses; en revanche ils faisaient un bruit infernal; ils nous jouèrent, si j'ose m'exprimer ainsi, l'air de la Reine, celui du Premier ministre, du

DE TAMATAVE A TANIMANDRY.

AVENUE N° 1, A TAMATAVE.

gouverneur et des divers officiers de Tamatave, des morceaux variés et terminèrent la séance en écorchant d'une étrange façon la *Marseillaise*. Le lendemain, je faisais débarquer notre matériel et procédais à l'accomplissement des quelques formalités nécessaires.

Comme garantie de l'emprunt que le gouvernement malgache a dû émettre après la dernière guerre, il a abandonné aux sociétés financières qui ont souscrit jusqu'à concurrence du paiement des intérêts et annuités le produit des douanes du royaume. Ce service, sous le contrôle du Comptoir national d'Escompte, fonctionne assez régulièrement à Tamatave, Vatomandry, Mananjary, Fenoarivo, Vohemar, Mojanga où le comptoir a des agents européens; mais dans les autres provinces, les gouverneurs et leurs subalternes prélèvent des sommes assez rondes sur les produits des douanes ou entrent en arrangement avec les destinataires ou expéditeurs. Souvent même ils diminuent les droits pour attirer les transactions dans leur gouvernement, se faire bien coter en haut lieu par un gros chiffre d'affaires et augmenter d'autant leurs petits bénéfices. Les marchandises sont frappées d'un droit *ad valorem* de 10 pour 100 perçu en argent ou en nature. L'importation des armes et munitions de guerre est prohibée ainsi que celle du rhum et autres liqueurs alcooliques, mais cette dernière interdiction est purement théorique; il est défendu d'exporter sans autorisation spéciale les bois de construction.

Le village indigène n'offre à Tamatave rien de caractéristique; des cases groupées sans ordre en fort mauvais état où les roseaux et les feuilles d'arbres employés d'habitude par les constructeurs malgaches sont remplacés parfois par des tôles usées, des douves de barriques et des débris de caisses, abritent une population flottante de soldats et de porteurs.

Le marché se trouve non loin de là en revenant vers le quartier Européen, les habitants des villages voisins y apportent leurs produits, on y trouve de la viande de boucherie, des volailles, du poisson, des légumes, des denrées indigènes. Les marchands accroupis sous un petit toit de chaume supporté par quatre piquets débitent leurs marchandises amoncelées pêle-mêle devant eux, et qui n'est pas toujours de la première fraîcheur. Les approvisionnements que l'on trouve au marché sont insuffisants pour les besoins des Européens, ils doivent y suppléer, principalement pour les légumes, par des envois continuels de la Réunion ou des achats fréquents aux maîtres d'hôtel des paquebots de passage, aussi la vie est-elle fort chère à Tamatave.

Au sud du Bazar sont groupées les habitations des Indiens Malabars. Ce sont eux qui détiennent le petit commerce de détail et servent d'intermédiaires entre les grandes maisons européennes et la population indigène. Ces marchands indiens que l'on trouve sur toute la côte d'Afrique et dans les îles voisines, en si grand nombre à Zanzibar, commencent à envahir Madagascar; se contentant d'un petit bénéfice, ils réalisent au bout de l'année un chiffre d'affaires important et font une concurrence sérieuse aux autres établissements. C'est dans le voisinage des boutiques malabares que s'exercent les industries indigènes, la ferblanterie notamment pour laquelle les Malgaches paraissent très bien doués. En rejoignant l'Avenue n° 1 nous sommes arrêtés au passage par les changeurs. Ces modestes industriels jouent ici un rôle important : accroupis sur une natte, ils ont devant eux un étalage de toutes sortes de monnaies qu'ils vendent ou achètent suivant les cas pour un certain poids de morceaux d'argent usités dans le pays. Je m'approchai de l'un d'eux pour me faire initier à l'art si difficile de payer ses dettes à Madagascar.

Il est probable que la piastre mexicaine a été connue et acceptée par les Malgaches depuis de longues années et que, comme dans beaucoup de pays d'Orient, elle a formé la base du système monétaire; aujourd'hui, bien que cette pièce d'argent n'ait plus cours, on compte par piastres, en malgache *ariary*. Maintenant dans toutes les parties de l'île, où les indigènes se servent de l'argent dans leurs échanges, les pièces de cinq francs de l'Union latine sont acceptées, les Malgaches préfèrent celles dont l'exergue est en relief, en particulier celles frappées à l'effigie de Louis-Philippe qu'ils nomment *farantsay*. Ils prétendent qu'elles contiennent plus de métal. L'or n'a pas cours et n'est accepté qu'exceptionnellement dans les centres commerciaux de la côte. Les Malgaches font eux-mêmes l'appoint divisionnaire, en sectionnant la pièce de cinq francs en morceaux menus et irréguliers; à l'aide d'une balance de fabrication indigène — *mizana* — ils apprécient la valeur des plus petits fragments. Pour parfaire une somme quelconque ils se servent de poids en fer poinçonnés par le gouvernement, correspondant aux subdivisions principales de la pièce de cinq francs. Ces poids, au nombre de huit, permettent d'obtenir par des dispositions additives ou soustractives, quarante-quatre combinaisons principales et qui ont chacune une dénomination particulière. L'une des grandes difficultés de ce système monétaire, déjà si compliqué, réside dans la pesée; le Malgache, défiant par nature, exige qu'elle soit faite avec des soins minutieux et délicats; *avadio* (change), répète-t-il souvent. Il faut alors exécuter une double pesée en règle. Bien souvent, pour abréger cette opération fastidieuse, je donnais le bon poids, néanmoins je devais attendre que mon vendeur prenne dans sa main les petits morceaux d'argent, les soupèse, les frotte, les examine un à un pour s'assurer de leur bonté[1]; encore les donnait-il à ses parents et amis présents qui se livraient au même examen. Dans des villages de l'intérieur, il fallait plus d'une demi-heure pour peser le prix d'une poule, quatre sous de notre monnaie; l'opération nécessitait beaucoup plus de temps quand le propriétaire du volatile avait une nombreuse famille.

POIDS MALGACHES POUR L'ARGENT.

			Grammes.				Grammes.
Loso,	1/2	piastre	13,5	Ilavoamena,	1/48	piastre	0,56
Kirobo,	1/4	—	6,52	Erinambatry,	1/72	—	0,37
Sikajy,	1/8	—	3,26	Varifitoventy,	1/96	—	0,28
Roavoamena,	1/12	—	2,25	Varidimiventy,	1/144	—	0,18

1. On falsifie souvent l'argent coupé en y mêlant des fragments de plomb ou d'un métal quelconque argenté. On reconnaît la fraude en frottant le morceau soupçonné contre un corps dur : les angles s'émoussent et le métal intérieur apparaît.

VUE GÉNÉRALE DE TAMATAVE.

Comme on le voit d'après le tableau précédent, la piastre de monnaie coupée pèse davantage que la pièce de cinq francs, aussi les Malgaches prennent-ils souvent un *voamena* pour le change, sans compter les morceaux d'argent faux qu'ils glissent subrepticement dans le tas.

Le lendemain, j'accompagnais M. Jore au fort Antimerina pour rendre visite au gouverneur. La batterie, c'est l'expression consacrée, est un ouvrage de fortification circulaire, construite grossièrement en terre, briques et débris de coraux. Ses murs protégés par un fossé extérieur entourent un vaste espace dans lequel nous pénétrons par un passage couvert. Là, sont entassés sans ordre quelques maisons en bois, résidence du gouverneur et de ses aides de camp, des cases pour les soldats de service, des hangars où sont abritées trois pièces de campagne; au centre de la cour s'élève un mât à l'extrémité duquel flotte le pavillon antimerina blanc à coin rouge. Rainandriamampandry vient à notre rencontre, il a fort bonne mine dans ses vêtements européens malgré son âge, ses yeux vifs, sa parole animée justifient sa nomination déjà ancienne au gouvernement de Tamatave, le plus important de l'île; il fut le principal agent plénipotentiaire lors de la signature du traité franco-malgache en 1885. Notre entrevue fut courtoise; après une conversation rendue pénible par une interprétation difficile, nous prenions congé du gouverneur. Depuis quatre jours que nous sommes arrivés, la pluie est presque continuelle, ce sont des averses diluviennes avec quelques rares éclaircies et l'on nous affirme que c'est le commencement de la saison sèche; la température est élevée, nous avons eu ce matin, 12 mars, à huit heures, 30 degrés à l'ombre. Nous nous occupons activement de nos préparatifs de départ, nous ferons route pour la capitale dès les premiers beaux jours; en attendant, nous utilisons nos loisirs par de fréquentes promenades dans la ville et dans ses environs.

La population totale de Tamatave dépasse certainement huit mille habitants, sans tenir compte des porteurs qui viennent à certaines époques grossir considérablement ce chiffre. L'élément malgache comprend les fonctionnaires, les soldats et quelques marchands antimerina, des Betsimisaraka, et autres gens de la côte. Les Européens sont peu nombreux, les Français, en majorité, sont environ une centaine. L'élément blanc le plus important est fourni par les îles de la Réunion et de Maurice. Je n'ai pu me procurer des données précises, les inscriptions à la Résidence de France sont très peu nombreuses, mais il est probable que le nombre des sujets français, blancs ou gens de couleur venus de la métropole, de nos colonies de la Réunion et de Sainte-Marie dépasse quinze cents personnes. Les Anglais viennent ensuite avec les Mauriciens et les Indiens Malabars, enfin les États-Unis, l'Allemagne, l'Italie sont représentés par un petit nombre d'individus. De tous les centres commerciaux de Madagascar, Tamatave est le plus important. Malgré les conditions défavorables dans lesquelles il se trouve placé, sa position vis-à-vis les Mascareignes, actuellement le débouché presque unique des produits malgaches et sa proximité relative de Tananarive ont seuls développé son commerce.

Dans ce mois, les prix courants du marché de la place de Tamatave étaient les suivants :

Caoutchouc du Nord (à l'acide), p. 61 00 les 100 livres.
Caoutchouc du Sud (au sel et au citron), p. 32 à 35 les 100 livres.
Cire, p. 18 à 18.25 les 100 livres.
Cornes de bœufs, p. 3 les 100 pièces.
Gomme copal, p. 30 à 38 les 100 livres.
Peaux de bœufs, p. 7.50 les 100 livres contre espèces.
Peaux de moutons, p. 15 à 16 les 100 peaux.
Pétrole, p. 1.75 la caisse.
Rabanes fines délaissées, p. 10 les 100 pièces.
Raphia, p. 3.20 à 3.50 les 100 livres.

Riz malgache, p. 1.80 les 100 livres.
Riz bengale, p. 3.25 à 3.50 la balle de 75 kilos.
Saindoux, p. 11 à 12 les 100 livres.
Sel de Marseille (très abondant), p. 0.70 à 0.75 les 100 livres.
Sucre, p. 6 à 7 les 100 livres.
Toile américaine, grande largeur, les 1 000 yards, 1ʳᵉ marque, p. 80 à 82.
Toile américaine, grande largeur, 2ᵉ marque, p. 76 à 78.
Toile américaine, grande largeur, inférieure, p. 73 à 74.
Toile américaine, petite largeur, qualité supérieure, p. 56.
Toile américaine, petite largeur, qualité inférieure, p. 54 à 56.

Rhum de Maurice, p. 13.50 à 13.75 la barrique en gros.

Ces prix sont tous donnés en piastres et centièmes de piastre.

Voici d'après des données officielles [1] les chiffres relevés tant aux importations qu'aux exportations des différentes marchandises manipulées à Tamatave.

DÉTAIL DE LA VALEUR DES IMPORTATIONS POUR L'ANNÉE 1890.

	Francs.		Francs.		Francs.
Ameublement	10 703,38	Capsules de chasse	1 109,90	Étain pour soudure	2 423,85
Absinthe	19 493,03	Charbon de terre	282,10	Fer en barres	8 003,83
Accordéons	7 167 »	Châles en laine	5 808,25	Faïence	32 822,55
Acide sulfurique	46 »	Chaussures	32 226,65	Flanelles	46 189,39
Amer Picon	5 061,75	Chaux	334 »	Fer-blanc	11 260,45
Alcool pur	3 424,60	Chapeaux	23 495,75	Fer feuillard	175 »
Alpaca	156,75	Chocolat	735,05	Farines	22 768,33
Allumettes	3 608,35	Ciment	1 799,30	Grains secs	6 288,45
Articles pour fumeurs	473,50	Confiserie	9 334,20	Graines potagères	919,75
Articles non dénommés	1 009,30	Couvertures de laine	8 767,05	Gin	750 »
Ancres et chaînes	2 525 »	Conserves alimentaires	71 978,86	Harnais, sellerie, etc.	536,80
Autruches	1 125 »	Cuivre pour navires	6 115,85	Huile d'olive	7 788,55
Beurre	3 827,95	Cuirs salés	2 189 »	Huile de lin	3 779,50
Bâtiments en fer	5 000 »	Coupons (toile bleue)	29 967,15	Huile de coco	3 101,25
Bière	13 565,72	Coaltar	130 »	Huile de pistaches	5 514,31
Bijouterie fausse	1 083,75	Draperie	15 663,50	Horlogerie	2 273 »
Bimbeloterie	21 862,89	Droguerie, produits pharmaceutiques	34 587,13	Indiennes et mouchoirs	231 702,10
Biscuits	5 563,70			Instruments de musique	1 774,15
Bois (sapin)	11 688,45	Dames-jeannes vides	12 042,95	Indigo	4 572,35
Bougies	6 550,05	Encre et fournitures de bureau	1 768,55	Jouets d'enfants	3 465,65
Bonneterie	10 666,75			Liqueurs	10 077,00
Bouchons	1 801,53	Eau minérale	1 251,50	Librairie	8 019,70
Brai pour bouteilles	22,50	Eau-de-vie commune	15 699,05	Lingerie	16 492,33
Briques	635 »	Étoupe	1 074,45	Laine filée	927,20
Café de Bourbon	233,80	Épices	1 064,05	Lampisterie	863,45
Caoutchouc	5 224 »	Étoffes de laine	1 265 »	Mercerie	58 298,86

[1]. *Journal officiel* du 21 juin 1891.

EMBARQUEMENT DES BŒUFS. (DESSIN DE TH. WEBER.)

	Francs.		Francs.		Francs.
Mousseline	8 398,99	Plants divers	34,50	Son	75 »
Marmites	23 386,55	Pianos et harmoniums	1 541,73	Tar	172,70
Miroirs	1 739,90	Pommes de terre	2 928,40	Tabac	10 177,83
Machines à coudre	3 297,50	Porter	8 111,70	Thé	4 924,25
Machines diverses	4 985,45	Pâtes alimentaires	825 »	Toile à voile	772 »
Moleskines	4 952,87	Paniers en osier	160 »	Toiles blanches	185 563,60
Oignons	2 655,15	Poissons salés	105 »	Toiles écrues	2 067 551,70
Ornements d'église	805 »	Plomb à giboyer	1 268,15	Toiles roses	9 441,83
Outils divers	6 631,69	Quincaillerie	51 704,25	Tissus coton fantaisie	49 438,75
Papeterie	26 560,52	Raisins secs pour vin	91,50	Tringles d'encadrement	600 »
Patnas	74 878,80	Rhum	311 560,20	Vermout	21 107,96
Passementerie	2 315,55	Riz	16 737,55	Verrerie	8 338,82
Parfumerie	9 598,55	Sucre blanc	19 882,16	Vêtements confectionnés	9 976,50
Parasolerie	20 039,80	Soieries	6 583,15	Vins	109 067,23
Perles en verre	6 341,70	Serge	631,83	Verre à vitre	497,15
Papiers peints	2 947,30	Savon	20 898,22	Vinaigre	209,50
Peinture	9 395,75	Saindoux	1 905,45	Wisky	3 117,50
Pétrole	19 800 »	Sel	35 580,17	Zinc et tôle galvanisée	26 512,99

En résumé, l'importation de l'année a été de :

Sous pavillon français	1 591 354,58	Sous pavillon autrichien	9 833,72
Sous pavillon anglais	720 725,77	Sous pavillon italien	18 127,94
Sous pavillon allemand	188 375,25	Sous pavillon malgache	47 232,95
Sous pavillon américain	1 545 419 »		4 121 069,21

DÉTAIL DE LA VALEUR DES EXPORTATIONS.

Bœufs vivants	169 550 »	Crin végétal	27 412,10	Rabanes couleurs	12 748,55
Amidon	700 »	Cuirs (peaux de bœufs)	588 467,15	Rabanes fines	5 025 »
Articles divers	836,50	Gomme copal	32 540,45	Riz en paille	2 802,25
Café	2 034,60	Vanille	1 320 »	Raphia	145 062,20
Caoutchouc	1 011 339,97	Miel	750 »	Sacs vides	637,50
Cigares	500 »	Maïs	652,50	Saindoux	615 »
Chapeaux de paille	3 000 »	Peaux de moutons	16 105,45	Sucre	61 446,17
Cire	235 224,50	Porcs vivants	340 »		2 353 948,77
Cornes de bœufs	17 564,33	Rabanes ordinaires	17 557,55		

En résumé, l'exportation a été de :

Sous pavillon français	718 755,57	Sous pavillon américain	593 348,70
Sous pavillon anglais	841 597,45	Sous pavillon malgache	18 850 »
Sous pavillon allemand	181 397,05		2 353 948,77

Comme on peut le voir dans le tableau ci-dessus des exportations du port de Tamatave — tableau qui donne une idée très exacte, sinon en quantité, du moins en qualité, des exportations générales de Madagascar, — on constate que les premières places sont tenues par le caoutchouc, le raphia, brut ou tissé, la cire, enfin les cuirs et bœufs vivants. La grande terre de Madagascar fournit aux îles voisines leur provision de viande fraîche.

Des vapeurs, rarement des voiliers, transportent très souvent de Tamatave à la Réunion et à Maurice des bœufs vivants.

L'embarquement de ces animaux n'est pas sans présenter quelques difficultés avec les moyens primitifs dont les indigènes disposent à Tamatave; cependant la façon de procéder à cette opération est sans doute imparfaite mais très originale et vaut la peine d'être racontée. Au jour convenu le troupeau que l'on doit embarquer est amené sur le rivage et parqué dans un enclos spécial. Alors des Malgaches choisissent un bœuf et lui attachent une première corde aux cornes, une seconde à l'une des jambes postérieures, et s'attelant quatre ou cinq à chaque bout, traînent la bête jusqu'au rivage et la poussent à la mer. L'animal récalcitrant montre alors toute son aversion pour ce genre d'exercice et ce bain forcé qu'on veut lui faire prendre, il fait des bonds désordonnés, envoie des ruades dans toutes les directions, pousse des charges furieuses qui souvent font lâcher prise à ses conducteurs qui ne le maintenaient qu'à grand'peine, car, par précaution, dès la première tentative de résistance, ils ont laissé prudemment une grande longueur de corde entre eux et le bœuf irrité. Cependant après une course folle, on a ramené le fugitif; alors fatigué par ses vaines tentatives, les cris et les hurlements qu'il entend de toute part, les coups qu'il reçoit, les tiraillements incessants dont il est l'objet, il finit par se laisser pousser à l'eau. L'animal est aussitôt entraîné près d'une pirogue ou d'un chaland auquel on l'amarre fortement par les cornes. Après deux ou trois opérations semblables, l'embarcation qui a complété son chargement conduit les malheureuses bêtes le long du navire sur lequel on les embarque par les moyens ordinaires. Souvent dans le trajet un bœuf se noie, un autre devient la proie des requins si communs dans la rade, mais tous ces petits malheurs n'empêcheront pas de longtemps de continuer à embarquer des bœufs par la méthode indigène.

A Madagascar, il n'existe aucune voie de communications; si l'on se sert des mots routes, chemins, etc., ils ne désignent qu'un sentier, une piste, suivis par les hommes lorsqu'ils se rendent d'un point à un autre et plus ou moins frayés selon le nombre des piétons qui les fréquentent. Ces sentiers n'ont pas toujours une direction rationnelle; s'ils montent sur les collines élevées, s'ils suivent les crêtes des coteaux pour éviter les fondrières des vallons voisins, ou si d'autres fois ils descendent dans les vallées encaissées, empruntent même le lit d'un torrent pour tourner des roches abruptes, souvent on se demande pourquoi ils serpentent capricieusement dans la campagne, augmentant comme à plaisir la longueur des étapes. Le Malgache est insouciant et ne fera aucun travail qui ne lui rapporte un bénéfice immédiat ou certain; s'il rencontre un obstacle sur sa route, il ne songera pas à l'enlever, un arbre mort est tombé en travers du chemin il l'enjambe; s'il est trop gros il fait un circuit; plus loin, un éboulement des terres argileuses ou quelques broussailles lui occasionneront un nouveau détour; souvent même sans motifs apparents, il choisira une autre route, et si les voyageurs qui viennent après lui suivent sa trace, une nouvelle dérivation de la voie sera créée. Pour traverser les grandes rivières, on se sert de pirogues; mais les cours d'eau de moindre importance sont franchis à gué bien entendu, et si l'on rencontre dans les environs de la capitale ou sur les chemins fréquentés un pont primitif, un tronc d'arbre jeté en travers des ruisseaux, ce sont des exceptions. On trouve parfois des pirogues malheureusement trop peu nombreuses. Enfin l'indigène ne verra aucun inconvénient à barrer le chemin pour prolonger ses champs et, si l'endroit lui paraît favorable, il y établira ses rizières. Alors l'infortuné voyageur devra cheminer péniblement sur les petites digues qui limitent les champs de riz, au risque d'être précipité maintes fois par ses porteurs dans la vase et l'eau croupie. Cette absence de voies de communications est regardée non sans raison par le gouvernement antimerina comme un obstacle sérieux aux envahissements de l'étranger, et il s'est toujours appliqué à perpétuer cet état de choses dont le maintien n'offre d'ailleurs aux indigènes aucune espèce d'inconvénient, étant donnés les moyens de transport dont ils font usage.

Dans l'île les marchandises de toute nature sont portées à dos d'homme et pour éviter les fatigues de ces chemins abominables, les riches et les gens de qualité ainsi que les Européens se servent du *filanjana* ou *fitacon*, le palanquin malgache. Une classe spéciale du peuple a monopolisé ce travail : ce sont les *borizana* (corruption du mot français bourgeois); exempts de corvées, ils sont contents de leur sort, et accomplissent avec beaucoup d'entrain leur pénible métier. Les *borizana* qui se recrutent en majeure partie dans la caste des esclaves et dans l'Imerina viennent de différentes provinces, et ce sont leurs occupations bien plus que leur origine qui en ont fait une corporation ayant ses usages et ses coutumes. Le porteur gai et enjoué, exubérant même, a perdu cette sorte de réserve et de timidité qu'inspire souvent aux autres Malgaches la présence du blanc; il discute les prix, ne se retire jamais satisfait de son salaire et, fidèle à la tradition, empêche d'oublier à Madagascar les récriminations de nos automédons d'Occident. Malgré ses criailleries et son bavardage incessant, le *borizana* met un certain amour-propre à remplir la tâche qui lui est confiée. Les porteurs de marchandises abandonnent rarement leur charge, en ont soin et, sauf le cas de force majeure, la rendent en bon état. Ceux qui portent le *filanjana* sont pleins d'attentions pour le voyageur, et montrent une adresse étonnante pour le tirer des mauvais pas. Ces bonnes dispositions que l'on remarque chez les porteurs, souffrent cependant quelques exceptions. Ainsi n'est-il pas rare de voir sur la route de Tananarive un porteur chargé d'une volumineuse caisse en bois, son compagnon le suit avec une enveloppe en zinc, le reste du convoi porte le contenu fractionné en petites charges, c'était quelque marchandise craignant l'humidité et qu'on avait emballée avec beaucoup de soins, mais les porteurs que gênait ce colis encombrant l'ont divisé. Cependant tout arrivera intact à Tananarive, les objets seront remis en place, l'enveloppe de zinc ressoudée et la caisse de bois clouée à nouveau avec beaucoup d'adresse. Alors le *borizana* se présentera heureux et satisfait au destinataire qui n'aura garde d'attribuer à un emballage défectueux la détérioration de ses marchandises. D'autres fois les porteurs sont arrêtés par des bandes armées qui s'emparent de gré ou de force de leurs charges; enfin, le fait est assez rare, des *borizana* ont disparu avec les paquets qui leur avaient été confiés. Il arrive aussi des incidents plus ou moins désagréables avec les porteurs du *filacon*. Tout d'abord on est abasourdi par leur caquetage; leur conversation, que j'ai comprise lorsque mes progrès en malgache me l'ont permis, roule sans cesse sur leurs bonnes fortunes et sur les voyages qu'ils ont accomplis, ils n'omettent aucun détail et ne craignent pas les répétitions. Puis lorsqu'on traverse un bois ou quelques fourrés, ils vous heurtent violemment la tête contre les branches peu élevées et vous font faire dans quelques rizières ou amas d'eau une chute malheureuse. Tout cela doit être compté dans les désagréments d'un voyage à Madagascar; malheureusement, chose plus grave, des Européens ont été abandonnés sur la route et ont eu mille peines pour continuer leur chemin.

UN « BORIZANA » OU PORTEUR.

A l'encontre des Chinois, les Malgaches se servent pour porter leurs charges d'un morceau de bois rigide, et emploient pour cet usage une forte tige de bambou qu'ils nomment *bao* longue d'environ 1 m. 70; aux deux extrémités du *bao*, ils attachent solidement la charge avec des cordes de *raphia*, puis ils soulèvent le tout et le tiennent en équilibre tantôt sur une épaule, tantôt sur l'autre. La charge moyenne d'un *borizana* est de 40 à 50 kilos; mais ces hommes portent beaucoup moins lorsqu'ils suivent un *filanjana* ou quand ils doivent faire de longues étapes. Lorsque les marchandises à transporter sont encombrantes et ne peuvent se diviser en petits paquets, les porteurs se réunissent, et deux, trois, quatre hommes, souvent davantage sont nécessaires pour porter ces volumineux colis fixés au milieu d'un long bambou dont ils supportent les extrémités; dans ce cas, les difficultés que les porteurs rencontrent dans le chemin sont si grandes qu'ils mettent plusieurs semaines pour aller de Tamatave à Tananarive (390 kilomètres). On m'a raconté que le transport d'un piano de la côte à la capitale avait duré deux mois et demi et nécessité 40 porteurs, encore le malheureux piano avait-il séjourné onze jours au fond d'une rivière. Lorsqu'un commerçant a besoin de faire transporter des marchandises, il organise un convoi qu'il place sous la direction d'un autre *borizana* connu avantageusement et responsable des porteurs et de leurs charges. Ces commandeurs s'acquittent assez bien de leur mission. Les porteurs de marchandises exercent longtemps leur rude métier; appuyés sur leurs sagaies, pliant sous leur lourde charge, ils cheminent incessamment entre Tananarive et Tamatave; la pression répétée du *bao* malgré le poli qu'ils lui donnent et la graisse dont ils le frottent, développe sur leurs épaules des callosités énormes et souvent des plaies repoussantes. Ce sont des *borizana* agiles et encore jeunes qui s'emploient au *filanjana* : ce travail nécessite un certain entraînement et une éducation spéciale. L'appareil est formé de deux brancards de bois résistant, longs de 3 mètres environ et reliés au tiers de leur longueur par deux traverses en fer; dans la partie médiane, une armature métallique soutient une forte toile figurant une chaise avec dossier; deux courroies fixées aux traverses soutiennent un morceau de bois sur lequel le voyageur peut reposer les pieds. La manœuvre de l'appareil est simple, les hommes ont chacun un brancard sur la même épaule et marchent d'un pas cadencé. Le porteur qui a la tête engagée dans l'intérieur des brancards tient fortement le poignet de son compagnon en lui passant le bras sous le coude. En terrain peu accidenté, ces hommes marchent une vitesse moyenne de 5 kilomètres à l'heure, mais cette vitesse augmente souvent dans de notables proportions dans les petits trajets, surtout, où les *borizana* courent dès qu'ils en trouvent l'occasion, et quelquefois avec une vitesse telle que le voyageur éprouve de justes appréhensions en songeant aux conséquences d'une chute possible. A de fréquents intervalles et à un signal convenu, les porteurs pour changer d'épaule font passer les brancards au-dessus de leur tête. Le mouvement est exécuté sans s'arrêter. Dans les grands trajets les hommes inoccupés trottinent devant le *filanjana* et viennent relayer leurs camarades, ils saisissent au vol les brancards qui leur sont lancés avec violence par ceux qu'ils viennent remplacer. Cette manœuvre, qui se fait ainsi sans diminuer la vitesse et sans changer l'allure, fait éprouver au voyageur quelques secousses quand les porteurs sont au trot, ou qu'un maladroit ne saisit pas avec assez d'adresse le brancard que lui lance son compagnon. On est assez confortablement assis sur le *filanjana* et ce mode de locomotion semble dans le principe commode, sinon agréable; avec l'habitude on arrive très vite à se faire à cette façon de voyager. Je me hâte d'ajouter que pour ce qui me concerne, ayant fait, la première année de mon séjour à Madagascar, un véritable abus de cette chaise à porteurs, j'arrivais vite à la prendre en horreur et, sans y renoncer complètement, à n'y avoir recours dans la suite que quand je ne pouvais m'en dispenser.

Les femmes antimerina se font porter dans un *fitacon* spécial; c'est une sorte de panier rectangulaire peu profond et fixé à deux branches de *raphia*. Un *filanjana* coûte ordinairement 3 piastres. Pour franchir de petites distances quatre hommes suffisent, mais pour de longues étapes il faut un plus grand nombre de porteurs, six, huit, douze, etc., qui se relaient à de courts intervalles et sans interrompre leur marche. Ce système de transport des voyageurs et des marchandises à Madagascar semble tout naturel à l'indigène qui dispose de nombreux esclaves et d'une grande autorité sur le personnel qu'il emploie, mais il n'en est pas de même pour l'Européen qui paie fort cher ses porteurs et est toujours exploité par eux. Pour aller de Tamatave à Tananarive, un *borizana* demande trois piastres, et pour aller de la capitale à la côte deux piastres et demie, sans compter les cadeaux qu'il faut faire en chemin; ces prix sont variables suivant la plus ou moins grande quantité des porteurs disponibles, ce tarif monte souvent à trois, quatre et cinq piastres; dans certaines circonstances, à l'instar des peuples civilisés, les *borizana* se mettent en grève et refusent de partir si l'on n'augmente pas leur salaire, ils sont souvent encouragés et soutenus par leurs maîtres ou les chefs indigènes. Les tarifs des transports vont sans cesse en augmentant : aujourd'hui le transport d'une tonne de marchandises de Tamatave à Tananarive revient à 375 francs, presque un franc le kilomètre.

Le samedi 16 mars, la pluie cesse et le ciel paraît vouloir se montrer plus clément, nous passons la journée à recruter nos porteurs et à organiser notre convoi. Pour des nouveaux venus dans l'île, cette opération est assez délicate, mais grâce aux bons soins de la maison Alibert, nous réunissons bientôt un nombre d'hommes suffisant. Nous expédions aussitôt nos plus gros bagages avec 30 porteurs, et le 18 mars nous nous préparons à les suivre sur la route de Tananarive.

La patience est utile au voyageur sous toutes les latitudes, à Madagascar elle est indispensable. Il nous fallait user, abuser même, j'oserai dire, de cette vertu passive, avant d'avoir commencé notre première étape.

Un esclave antimerina, Rainivoavy, que de bonnes références nous avaient fait choisir pour commander le convoi, avait réuni dès la première heure un nombreux personnel, porteurs de filanjana et porteurs de bagages. Il nous avait même remis une liste, calligraphiée par lui, contenant le nom de chaque borizana, celui de son maître et le village qu'il habitait. Encore novice, je m'imaginais qu'il n'y avait plus qu'à répartir les charges, monter en filanjana, et faire route immédiatement pour la capitale. Quelle erreur était la mienne! Les hommes prennent nos paquets, les examinent et les palpent dans tous les sens, les soupèsent avec soin et, après quelques minutes de réflexion,... s'accroupissent sur le sable. Aussitôt commencent des conversations oiseuses, des discussions sans fin, quelques esprits forts prononcent des discours dont certains passages, très intéressants sans doute, sont vivement soulignés par les auditeurs. C'était le premier *kabary* auquel j'assistais. Cette séance dure depuis trois heures et sans le secours de quelques personnes obligeantes n'aurait pris fin, je crois, qu'à une époque indéterminée. Enfin tout s'explique, les porteurs, sachant que nous ne voulions pas faire la route en six jours comme c'est la coutume, mais y consacrer deux semaines, temps nécessaire à nos observations et à nos recherches, réclamaient une augmentation. Je proposais de les nourrir à mes frais au delà du sixième jour ou de leur donner à forfait quatre piastres au lieu de trois et demie, m'engageant à ne pas rester plus de quinze jours en chemin. La séance est reprise, le commandeur vient nous annoncer que ma seconde proposition est acceptée. Les hommes toucheraient quatre piastres, salaire divisé suivant la mode malgache en un *karama* de trois piastres et demie payable à notre arrivée à Tananarive et en un *vatsy* de 2 fr. 50 payable d'avance, cette somme est destinée à permettre au porteur d'acheter ses vivres pendant la route. Rainivoavy gagna beaucoup dans mon estime en me conseillant de ne payer le *vatsy* qu'à la fin de la première journée de marche; c'est plus prudent, me dit-il.

Les charges furent reprises, et après des modifications nombreuses dans l'arrangement et la disposition, furent enveloppées dans des feuilles de *ravenala* qui devaient les protéger de la pluie et de l'humidité pendant le trajet; les paquets sont ensuite confiés aux porteurs qui les attachent à leurs bao, non sans avoir préalablement en signe de consentement poussé un petit grognement qui en malgache correspond au mot *oui*. Ce premier *kabary* nous avait fait perdre toute la matinée, à dix heures et demie seulement notre convoi se mettait en marche.

Nous sortons bientôt de la ville, dépassons le fort antimerina, un petit bouquet de manguiers que mes hommes m'indiquent du doigt; c'est à l'ombre de ces arbres que les plénipotentiaires français et malgaches tenaient leurs conférences, préliminaires du traité de 1885. Nous laissons vite derrière nous quelques cases disséminées, futur faubourg de Tamatave. Peu de minutes après, nous traversions une petite rivière, le Manangaresa, et nous entrions dans la plaine ondulée de Bétainomby. La campagne est monotone, une herbe peu fournie, qui nourrit les troupeaux de bœufs venus de l'intérieur pour attendre ici leur embarquement, a de la peine à recouvrir le sol sablonneux; des buissons, des arbustes poussent au hasard; çà et là une flaque d'eau noirâtre croupit entre deux ondulations de cette bande sablonneuse. Mais nous avons tourné vers le Sud, direction que nous allons suivre jusqu'à Andovoranto, la végétation devient fort belle, nous allons marcher pendant quelques jours dans la zone boisée de la côte.

Notre colonne s'allongeait indéfiniment, et malgré mes recommandations chacun marchait à sa guise. En avant, en arrière, de tous côtés trottinent nos porteurs de bagages, quelques-uns se reposent déjà à côté de leurs charges. Notre cuisinier-interprète marche à l'extrême avant-garde. Nous avons confié ces importantes fonctions à Jean Boto, noir de Sainte-Marie qui s'est offert dès notre arrivée à nous suivre pendant nos excursions. Il avait acquis, paraît-il, de grandes connaissances pratiques rapportées de ses voyages précédents; il connaissait tous les villages de la côte et les ravitaillements qu'on en pouvait tirer. Du reste, comme citoyen français, notre compatriote par conséquent, nous pouvions compter sur lui. Jean Boto, qui dit *nous* en parlant des blancs, parle assez couramment le français, il nous tutoie lorsqu'il nous cause, mais dit *vous* à ses collègues noirs qui peuvent comprendre quelques mots de français. Dans la suite, comme interprète il nous rendit des services, ce qui ne nous fit pas regretter son enrôlement; malheureusement ses connaissances culinaires n'existaient qu'à l'état de souvenirs confus et lointains; à ses côtés cheminent allégrement trois borizana chargés tout spécialement de porter avec beaucoup de soins les instruments scientifiques d'un usage journalier. Ces malheureux, malgré mes supplications muettes mais expressives — je ne pouvais encore me permettre des manifestations plus bruyantes et plus articulées, — n'épargnaient aucun heurt aux boussoles et aux thermomètres, aux magnétomètres et aux théodolites. De plus ils se tenaient prudemment hors de la portée de la voix lorsque pour une cause quelconque j'avais besoin de leurs services. Le commandeur Rainivoavy surveillait notre petit monde, il portait un fusil et sa sagaie, une plus lourde charge lui aurait enlevé de son prestige. Nos *filanjana*, précédés de la longue file des *borizana* de relai, venaient ensuite. J'avais donné à Foucart, le plus léger d'entre nous, au seul point de vue du poids matériel, une surcharge. C'était le chronomètre que je voulais soustraire, dans une certaine mesure, aux nombreuses perturbations dont il était menacé. Cette boîte assez volumineuse faisait un singulier effet derrière le dos de mon compagnon. Maistre fermait la marche et pourchassait les traînards, en même temps qu'il exécutait les nombreuses observations que nécessitait le tracé de notre itinéraire.

Vers midi nous arrivons à Ivondrona. Ce village, important autrefois, ne compte plus maintenant qu'une centaine de cases; les usines sucrières qui avaient été établies dans le voisinage avaient prospéré, malheureusement, par suite d'un état de choses bien différent, elles ont perdu de leur valeur. Les rendements, que le gouvernement antimerina, aujourd'hui propriétaire, retire de cette industrie, sont peu considérables. La rivière l'Ivondrona sur les bords de laquelle nos porteurs nous déposent en sortant du village, est le premier cours d'eau important que nous rencontrons. Il se comporte d'ailleurs comme c'est la règle à Madagascar, et va former de grandes lagunes dont nous ne voyions qu'une partie. A notre gauche, est l'embouchure du fleuve avec son déversoir maritime, et les canaux qui la font communiquer avec les lacs de Nosy-Ve et de Sarobakina.

Trois pirogues où nous nous embarquons tous, vont nous conduire sur l'autre bord. Ces pirogues que l'on trouve en plus ou moins grand nombre sur les fleuves traversés par cette route fréquentée, transportent d'une rive à l'autre des voyageurs et des marchandises pour quelques morceaux d'argent. Le prix est à débattre; il est très variable, suivant la richesse supposée du client, son caractère et ses besoins. Comme toujours on est finalement exploité.

Pour fabriquer ces pirogues qui atteignent souvent 10 mètres de longueur sur 1 mètre de largeur, les indigènes vont chercher à quelque distance vers l'Ouest un géant de la forêt, le *varongy* ou le *longonpotsy* principalement, abattent l'arbre, le façonnent, le creusent en employant la hache et le feu et traînent leur ouvrage, non sans peine, à la rivière la plus proche. La pirogue, sans quille, sans aucun ornement est terminée aux deux extrémités par deux parties effilées semblables, ces appendices sont percés d'un trou où l'on engage la palanque qui fixe au large l'embarcation, ou bien la corde qui retient l'esquif au rivage. Des planches qui maintiennent l'écartement des parois servent de bancs, et une dizaine de pagayes complètent l'armement. Assis à l'arrière, un Betsimisaraka dirige la pirogue en se servant avec beaucoup d'adresse de sa pagaie. Il en a distribué d'autres aux porteurs, et ce nombreux équipage travaille avec ardeur. Pendant la traversée qui dure à peine une demi-heure, les hommes qui se servent de leur aviron primitif comme les Africains, frappent en cadence les flancs arrondis du bateau et chantent à pleins poumons.

VILLAGE SUR LA ROUTE DE TANANARIVE.

Nous débarquons sous des grands arbres, traversons vite un taillis touffu et entrons dans le village d'Ambodinisiny.

D'après une légende betsimisaraka, cette contrée était habitée il y a bien longtemps par le géant Darafély. Il y vivait très heureux avec ses deux épouses, Rasoabe et Rasoamasay. C'était un génie bienfaisant, Hercule malgache, il avait délivré la province des monstres terribles qui la désolaient, il avait été assez puissant pour couper en menus morceaux le grand serpent de Tanifotsy. Néanmoins, les travaux extraordinaires d'un de ses voisins vinrent troubler son repos en blessant son amour-propre. Darafély déclara la guerre à son confrère, et dans une lutte héroïque il réussit à le précipiter dans les flots, non sans perdre toutefois la main droite que, dans un dernier effort, le vaincu lui arracha. Quelque temps après, Darafély mourut des suites de cette opération. La dextre puissante du géant forma l'île Fonga, et le lieu témoin de la lutte fut appelé Matitanana. Rasoabe et Rasoamasay, les veuves inconsolables de Darafély, versèrent des torrents de larmes qui changèrent en lacs immenses les forêts désertes où elles étaient venues cacher leur profonde douleur.

C'est dans le village d'Anbodinisiny que se trouve l'amphore colossale qui sans aucun doute était la coupe familière de Darafély.

Cette cruche en terre commune de fabrication indigène n'offre rien de particulier, si ce n'est ses grandes dimensions, et les cassures et fêlures qu'elle présente. Ce récipient sacré que l'on voit non loin du village à demi enfoncé au milieu d'une petite clairière est encore aujourd'hui un objet vénéré des indigènes. Fixés sur une perche, deux crânes de bœufs achèvent de se pourrir; ces modiques offrandes que des mains pieuses ont placées près de la cruche pour mériter les faveurs de Darafély, gênaient par leurs émanations Foucart qui, en explorateur consciencieux, se hâtait de faire un relevé artistique de l'amphore sainte.

En quittant Ambodinisiny, nous marchons pendant deux heures et demie pour arriver à la tombée du jour à Ankaréfa. Les soixante cases qui forment ce village sont bâties en terrain marécageux sur les bords de la lagune dont nous venons de suivre la rive orientale. Jean nous conduit dans une maison dont nous prenons possession; je suis satisfait de notre première installation dans un village malgache. En général cette opération est peu compliquée, à la condition toutefois d'avoir dans son bagage tout ce qui est nécessaire : arrivé au village, il suffit de choisir une habitation qui, par son aspect et ses dimensions, semble mériter cette faveur, d'y entrer, et de prier les propriétaires d'en sortir. Ils s'exécutent le plus souvent de fort bonne grâce. L'indigène emporte chez un voisin la marmite où cuit le riz de la famille, sa femme le suit avec quelques cuillers, un soupçon de vaisselle et une natte tressée, le lit conjugal; en une minute, le déménagement est terminé, la place est libre. L'on étend même sur le plancher de la case ainsi prise d'assaut, des nattes propres sur lesquelles l'étranger dormira, et disposera ses bagages. Le lendemain matin, le propriétaire viendra présenter ses hommages au voyageur et attendre avant le départ — c'est la coutume — un peu d'argent, non pas pour le payer, l'hospitalité ne se vend pas, mais pour reconnaître sa gracieuseté.

Les porteurs se logent où ils peuvent, quelquefois très nombreux sur cette route où passent continuellement de longs convois de marchandises, ils achètent l'asile qu'on veut bien leur donner pour un morceau d'argent presque imperceptible à l'œil nu.

Le 19 mars, une petite étape nous conduit au village de Vavony.

Le chemin que nous suivons depuis Tamatave et qui doit nous mener à Andovoranto est tracé sur cette bande de terrain de largeur variable, qui est comprise entre le rivage de la mer et la ligne des lagunes littorales. Depuis l'embouchure de l'Ivondrona, ces nappes d'eau se succèdent presque sans interruption. Les grands lacs de Nosy-Ve et Sarobakina, de Mangoaka, de Rasoamasay et de Rasoabe, que nous avons aperçus, sont prolongés fort loin dans le sud jusqu'à l'embouchure du Matitanana notamment, par d'autres lacs, des étangs, des marais, des chenaux qui constituent une véritable voie maritime, utilisée depuis longtemps. Il est vrai que ce canal naturel n'est pas toujours navigable; dans la saison sèche, on trouve en certains endroits plus de boue que d'eau, néanmoins cette route lacustre remplacerait avantageusement un cabotage presque impraticable, sur ces côtes inhospitalières où la violence des courants et la forte houle de l'Océan Indien rendent la petite navigation particulièrement dangereuse. Cette ligne de lagunes, qui d'après les relevés de M. Grandidier aurait une longueur totale de 485 kilomètres, ne nécessiterait pour devenir une véritable route maritime que des travaux peu importants. Il suffirait de couper les isthmes, les *ampanalana* qui séparent sur certains points les lagunes, et qui obligent à traîner les pirogues sur le sable pour les faire passer d'un étang dans le marais voisin. Ce travail avait reçu un commencement d'exécution il y a quelques années, mais sur l'ordre du gouvernement de Tananarive on a dû renoncer à continuer cette entreprise. Les traitants se servent néanmoins de cette route des lagunes pour transporter leurs marchandises le long de la côte; ils réalisent ainsi une notable économie. Pour les voyageurs une navigation en pirogues est plus pénible que les *filanjana*, car si elle leur procure l'avantage de tuer quelque gibier d'eau, elle les expose aux insolations et augmente les chances de contracter les fièvres; de plus, les vents violents qui s'élèvent parfois vers le déclin du jour font chavirer aisément ces embarcations conduites par des gens presque toujours inexpérimentés.

La bande de terrain sur laquelle nous marchons varie beaucoup de largeur. Dans certains endroits ce n'est qu'une plage sablonneuse, digue éphémère qui empêche les eaux de la lagune de se jeter dans l'Océan. Ailleurs c'est un talus gazonné de quelques centaines de mètres. Plus loin cette zone s'élargira notablement et mesurera, par places, plusieurs kilomètres de profondeur; alors le sentier se déroule dans une jolie contrée, nous traversons des bois, de petites forêts où la végétation côtière atteint tout son développement. La route est du sable fin, et de tous côtés au milieu de l'herbe verte, s'élancent des bouquets d'arbres, c'est le *vakoa* (*Pandanus*) au tronc rugueux, dont les feuilles penniformes sont hérissées de pointes aiguës, l'élégant *badamier*, le *vaovotaka* (*Brehmia spinosa*), dont les fruits arrondis renferment sous une écorce résistante une pulpe goûtée des indigènes, et les gracieux palmiers aux nombreuses variétés, et tous ces arbres des zones chaudes couverts d'orchidées parasites. Puis nous entrons dans une clairière dont le tapis de verdure ondoyante est soulevé çà et là par des massifs de fougères. A droite réapparaît la lagune dont la nappe liquide miroite au soleil; l'eau disparaît sous les plantes aquatiques, les rives en sont cachées par les joncs et les roseaux, et dans les chenaux marécageux les *pandanus*, solidement ancrés par leurs racines fourchues, semblent défier la violence des

LA CHUCRE D'AMBOUNIZEY. (DESSIN DE RIOU.)

vents. Derrière les lacs, nous apercevons de petites collines, sur lesquelles les *ravenala* déploient leurs éventails; dans le lointain se profilent indécises les sombres cimes de la chaîne côtière. Mais nous rentrons dans le taillis où bientôt un sourd grondement nous annonce l'approche de l'Océan. Soudain le rideau de verdure qui nous enveloppait se déchire, nous gravissons les dunes et cheminons à travers les *filao* (*Casuarina equisetifolia*) aux membres tordus, nous voici sur le sable du rivage; là nos porteurs nous secouent violemment pour éviter les lames qui viennent mourir à leurs pieds.

C'est en traversant cette jolie contrée que nous arrivons au coucher du soleil à Vavony. Nous sommes passés ce matin à Tranomaro, peut-être important autrefois mais qui ne compte aujourd'hui que quatre cases délabrées, à Tampolo, à Antranokoditra, et à Ampanotoamaizina cette après-midi.

Le village de Vavony se trouve à l'extrémité méridionale du lac de Rasoabé. Comme dans ceux que nous avons vus précédemment, les cases, une cinquantaine à peu près, sont disposées de chaque côté du chemin, l'unique rue de la localité. Ces maisons paraissent assez propres comme toutes celles de cette partie de la côte, et celle qui nous sert de logis représente le type habituel des constructions betsimisaraka. Rectangulaire, elle mesure 4 mètres de large sur 6 mètres de long. Son toit de chaume à deux versants est soutenu à la partie supérieure élevée de plus de 4 mètres par un faîtage reposant sur deux poteaux placés au milieu des pignons. Des poteaux d'angles reliés par des traverses et quelques autres perches de bois léger constituent la charpente. Pour faire les parois et les cloisons, on se sert des côtes des feuilles du *ravenala*, maintenues juxtaposées par des baguettes minces mais résistantes qui les traversent. Des claies glissant entre deux bâtons et fabriquées de la même manière, obstruent les ouvertures, portes primitives que l'on ménage sur les grandes faces. Le plancher, qui est formé d'écorces d'arbres, généralement recouvert de nattes, est établi sur des pieux fichés dans le sol, il en est distant de 50 à 60 centimètres. Cette surélévation du plancher des cases s'observe sur toute la côte orientale. Dans un coin est une sorte de caisson carré rempli de terre foulée, l'âtre malgache dans lequel sont enfoncées des pierres pour placer les marmites, *toko*. Au-dessus du foyer, quatre pieux verticaux supportent un ou deux châssis de bois, les *salaza*; ils sont destinés à recevoir la viande et le poisson sec dont un boucanage sérieux assurera la conservation. Il ne faut pas chercher de cheminées, la fumée s'échappe quand elle veut et où elle peut. Aussi la partie inférieure de la toiture est bien vite recouverte d'un enduit noir fort brillant, il en est de même de quelques objets qui s'y trouvent suspendus et en général de tout le mobilier auquel cette teinte noirâtre donne un aspect vieillot. Il faut noter que cette fumée ne préserve nullement de la piqûre des moustiques qui vivent en légions sur les bords de ces marécages, il est vrai qu'elle éloigne de l'habitation tous les représentants de la famille des arachnides et ils sont nombreux à Madagascar. Je n'ai jamais vu une toile d'araignées dans toutes ces cases enfumées.

L'ameublement est des plus simples. Pas de table, aucun siège, je n'ose donner ce nom à des sortes de planches à découper la viande sur lesquelles on m'invitait à m'asseoir. Le plus souvent le lit n'est qu'une simple natte de jonc, il est rare que cette natte soit rembourrée de quelques poignées de roseaux. Un peu partout, des *sobika*, espèces de corbeilles, sacs ou paniers tressés fort artistement et qui renferment le riz, les patates, le manioc, les provisions de la famille. Les habitants de la côte se servent pour faire cuire le riz de marmites en fonte d'origine européenne. Ces marmites, dont je vois plusieurs échantillons, ont la forme de calottes sphériques, munies sur leur pourtour de deux poignées en gros fil de fer. Les marmites à pieds, creuses, à couvercles et resserrées à leur partie supérieure ne sont pas d'un placement facile. Les indigènes ont de la peine à les poser sur les pierres du foyer et quand le riz est cuit, en renversant la marmite, la masse pâteuse a de la difficulté à sortir par l'ouverture plus étroite. La feuille fraîche de *ravenala* sert de plat, coupée en deux ou trois morceaux, elle remplace les assiettes; des feuilles de *vakoa*, pliées en cornets, font d'excellentes cuillères. Cette vaisselle incassable et qui ne demande aucun soin tant son renouvellement est facile et occasionne peu de frais a été remplacée peu à peu sur les routes fréquentées par de la poterie commune, assiettes blanches et plats à fleurs d'origine allemande principalement.

Sur cette côte où l'on ne trouve pas d'argile plastique, les Betsimisaraka ont remplacé les vaisseaux de terre des autres tribus par un récipient assez original. Ils vont chercher dans la forêt voisine un long bambou et y introduisent une sagaie qui perfore imparfaitement les cloisons intérieures et respecte la dernière qui sera le fond de cette cruche improvisée. Le maniement de ces ustensiles est peu pratique et une longue expérience est nécessaire pour les manier adroitement. C'est ainsi que pendant notre repas du soir, voulant servir mes amis, je m'emparai d'un de ces bambous qui avaient bien trois mètres et demi de long, je voulais du premier coup m'attaquer aux difficultés. Mal m'en prit, non seulement je remplis plus que de raison les gobelets que l'on me tendait, mais encore ne tenant nul compte de la puissance hydraulique du jet liquide, j'arrosai mes infortunés compagnons qui protestèrent violemment.

Le lendemain, je continue ma route sur la bande sablonneuse pendant que Maistre et Foucart suivent en pirogue la lagune de l'Imasoa. A Andavakamenarana mes compagnons me rejoignent, et vers dix heures et demie nous arrivions à Andovoranto.

Nous étions dans une petite ville, centre commercial assez important. On y remarque une mission protestante, une école malgache; plusieurs maisons de commerce de Tamatave y ont des représentants. Dans les rues il y a quelques boutiques dont beaucoup ont pour propriétaires des Indiens Malabars. Le gouverneur de Tanimandry, dans la circonscription duquel se trouve Andovoranto, y possède une maison entourée d'une enceinte palissadée qu'il vient habiter quelquefois, lorsqu'il peut quitter Tanimandry, sa résidence officielle.

Généralement, pour se diriger sur Tananarive, on prend à Andovoranto des pirogues qui remontent le fleuve Iaroka pendant quelques kilomètres, puis un de ses affluents, et on arrive après cinq heures de navigation dans l'ouest au village de Maromby d'où repart la route de la capitale. Cette voie fluviale, habituellement suivie, abrège considérablement cette partie du chemin et surtout évite aux voyageurs la traversée si pénible des marais de Tanimandry. Néanmoins, obligés de poursuivre nos travaux, nous choisissons ce dernier itinéraire.

Nous traversons près du bord de la mer l'embouchure étroite de l'Iaroka. Une demi-heure après nous pénétrons dans les murs en terre de Tanimandry. Ce village, qui compte 200 cases, n'est qu'un poste militaire antimerina, fondé en 1863 par la reine Rasoherina lorsqu'elle vint visiter ces régions. Les habitants antimerina et betsimisaraka sont presque tous des soldats, établis avec leurs familles dans des maisons groupées sans ordre autour du *rova*. On appelle ainsi la palissade faite avec des bois pointus qui entoure la demeure du souverain, des princes, des hauts dignitaires et des gouverneurs. Mais ce mot désigne aussi par extension non seulement l'enceinte fortifiée, mais encore l'ensemble des constructions qui s'y trouvent renfermées. Ces cases ne diffèrent d'ailleurs des autres que par leurs dimensions un peu plus grandes, elles sont habitées par le chef et sa famille, ses aides de camp et ses esclaves. Devant elles et en dedans de la palissade un vaste emplacement reste libre, il est réservé aux assemblées populaires et sert pour les revues des troupes. C'est au centre de cette cour du *rova* qu'est planté le mât où flotte le pavillon royal. Tanimandry est le chef-lieu de la province gouvernée par Rahaga douzième honneur.

Depuis que nous avons traversé l'Iaroka, la nature du sol est différente. Ce n'est plus un terrain sablonneux, l'argile apparaît recouverte par places par une couche noirâtre d'humus. Aussi nous voyons dans les environs du poste d'assez belles cultures de manioc, de patates douces, de songes, de cannes à sucre. Des manguiers, des orangers, des citronniers et des bananiers poussent en abondance. Nous trouvons le contraste d'autant plus frappant que dans les villages traversés jusqu'alors, les cultures étaient presque nulles. Le riz, base de la nourriture des indigènes, croît très difficilement dans le voisinage immédiat de la mer, mais dès demain, après quelques heures de marche dans l'intérieur, nous aurons à traverser de nombreuses rizières.

Le premier aide de camp du gouverneur vint nous voir et nous apporta deux poules comme cadeau de bienvenue. C'était une entrée en matière, il désirait surtout des remèdes pour le préserver de la fièvre et de la vieillesse dont il ressentait les inconvénients. Une petite dose de quinine et beaucoup de

DANS LES BOIS. (DESSIN DE G. VUILLIER.)

bonnes paroles parurent le satisfaire; bien qu'il me fût impossible de lui donner des médicaments pour réparer les ravages des ans et que j'eusse de la peine à lui faire comprendre qu'à Madagascar comme ailleurs la vieillesse n'est pas la moindre des maladies, il me prodigua ses remerciements. A cette première consultation en succédèrent beaucoup d'autres. Ma réputation allait grandissant pendant que diminuait ma provision de quinine, j'allais passer en revue toute la garnison. L'arrivée de M. Estève, directeur du service télégraphique à Tamatave, vint heureusement mettre un terme à mes occupations philanthropiques et nous procura le plaisir de terminer la soirée avec un compatriote.

M. Estève venait à Tanimandry pour rechercher les causes d'une interruption insolite dans son service. C'était tout simple, des indigènes avaient renversé quelques poteaux dans les environs et coupé le fil dans plusieurs endroits; ces engins les gênaient, faisaient avoir de mauvaises récoltes et attiraient la foudre dans leur voisinage [1].

Deux années avant notre arrivée, sur les ordres du résident général, une ligne télégraphique avait été posée entre Tananarive et Tamatave sous l'habile direction de MM. Deschamps et Estève, chefs de services dans ces deux villes, et de leurs agents. Ce n'est qu'au prix de mille peines, en surmontant de grandes difficultés et en courant de sérieux dangers, que l'on avait pu terminer heureusement cette entreprise si utile aujourd'hui. Malheureusement les orages si fréquents sur les hauts plateaux, la grande tension électrique de l'air dans ces contrées, la chute des arbres dans les forêts, des poteaux eux-mêmes, mal assujettis dans ce sol compact, la rupture du fil usé par les émanations salines des côtes et beaucoup d'autres causes naturelles font que la transmission des dépêches s'opère le plus souvent irrégulièrement; puis viennent s'ajouter encore les perturbations non moins fréquentes dues à la malveillance et à l'hostilité des habitants. Entre Tananarive et Tamatave, existent deux stations intermédiaires confiées à des employés indigènes, l'une est à Béforona où nous passerons dans quelques jours, l'autre à Tanimandry. C'est là que M. Estève nous offre pour cette nuit une gracieuse hospitalité.

Le 21 mars, de très bonne heure, nous quittons Tanimandry. L'étape est pénible, d'après ce que nous assurent les hommes. J'envoie tout mon monde en avant et je sors le dernier par l'étroite ouverture que l'on dénomme pompeusement la porte de l'Ouest.

Tout semble nous promettre une journée assez bonne, le soleil se montre de temps en temps, mais il a de la peine à balayer de gros nuages amoncelés au levant, l'air est lourd. Les dernières cases disparaissent, nous traversons des champs de cannes, des plantations de manguiers et d'orangers, puis nous arrivons dans les hautes herbes et dans les grands roseaux qui précèdent les taillis.

La caravane est dans l'ordre ordinaire : en tête, les bagages avec le commandeur Rainivoavy, puis nos trois *filanjana*. Pour aller à notre première étape, le village de Ranomafana, il y a deux routes : l'une, la plus longue, suit la ligne télégraphique, elle est passable, nous a-t-on dit; la seconde, qui traverse le marais, est plus courte, mais bien plus pénible. J'ai eu ce matin avant de partir un grand *kabary* avec mes hommes pour savoir quel chemin nous devions suivre. L'on s'est décidé pour la route du marais; les porteurs auraient certainement plus de peine, m'avaient-ils dit, mais pendant un temps plus court et ils se reposeraient plus vite. Ce raisonnement des *borizana* était assez juste et nous n'étions pas fâchés, d'un autre côté, de voir ce fameux marais et de nous rendre compte de la difficulté de sa traversée.

Bientôt nous entrons dans la forêt; l'air ne circule pas au milieu de ces frondaisons élevées, l'humidité nous pénètre. Le sol est solide, argile et sable recouverts de débris organiques, puis il devient mou et disparaît sous les grandes herbes. On semble danser sur un plancher mouvant. Mais nos porteurs

---

[1]. De telles croyances sont répandues dans toutes les populations par les Anglais pasteurs protestants pour surexciter les passions et pousser les indigènes à briser le matériel de la ligne télégraphique française qui va de Tamatave à Tananarive.

ont de la peine à marcher sur ce terrain détrempé, ils trouvent difficilement la bonne voie et s'enfoncent de plus en plus au milieu des roseaux; c'est un bois et nous marchons dans l'eau. Nous sommes arrêtés par un étang profond: il y a un pont, mais un pont malgache: deux ou trois troncs d'arbres posés côte à côte et soutenus par des branchages mis en travers sur les herbes, le tout est recouvert par 80 centimètres d'eau. Ces jours derniers il a plu, et partout les rivières sont débordées, les marais grossis, les plaines inondées. Je fais avancer les bagages. Ce n'est pas sans quelque émotion que je considère nos instruments, nos malles, nos provisions. Nous traversons cette nappe d'eau à la file indienne, chaque homme va bien lentement, cherchant avec précaution où il doit poser le pied; à voir nos porteurs l'un derrière l'autre, ayant de l'eau à peine jusqu'aux genoux, on croirait qu'ils passent à gué quelque rivière; il n'en est rien: ils marchent sur des arbres invisibles et véritables équilibristes ils manœuvrent sur ce point d'appui bien glissant, ayant à leurs côtés plus d'un mètre d'eau et au-dessous une vase infecte et profonde. Tout cependant est arrivé sans accident de l'autre bord: le porteur d'une des caisses a fait un faux pas, mais par un miracle d'adresse il a pu se relever. Foucart et Maistre passent à leur tour, je marche le dernier et je suis bientôt de l'autre côté. Là, nous entrons dans le grand marais; ce que nous avions vu jusque-là n'était qu'une sorte de préface nous initiant aux beautés de la grande traversée qu'il nous restait à faire.

Le marais de Tanimanïry est orienté N.-N.-E. — S.-S.-O. et peut avoir, dans l'endroit où nous l'avons traversé, 1 200 à 1 300 mètres: c'est là du reste sa largeur moyenne, augmentant un peu dans la région sud, où elle atteint 2 kilomètres et demi. Il y a partout de grands arbres formant une véritable forêt lacustre: ces arbres élancés, bien droits, dont quelques-uns atteignent plus de 20 mètres de hauteur, ont un feuillage vert foncé s'étalant en touffes horizontales et offrant à l'œil un aspect pittoresque. Aux pieds des arbres, des roseaux, des touffes de grandes herbes, des plantes aquatiques aux fleurs blanches et jaunes et aux larges feuilles étalées, puis au milieu de tout cela, dégageant une odeur infecte, l'eau noirâtre et croupissante, recouverte çà et là de membranes ferrugineuses aux couleurs irisées. Flottant comme de larges taches d'huile, elles font un vif contraste avec la teinte noire du marais. Quelques rares oiseaux voltigent autour de nous, des papillons et des libellules viennent se poser sur les fleurs et montrent leurs ailes aux belles couleurs; et pour animer la scène, tous les crapauds et les grenouilles des environs nous donnent un concert des plus variés: il serait impossible d'analyser ces cris, il y en a sur tous les tons et sur tous les rythmes; je ne puis dire qu'une seule chose, c'est qu'il y a beaucoup de musiciens.

La route serpente dans la forêt, cherchant autant que possible des endroits où la vase est moins épaisse, mais ce moins n'est que relatif, très relatif même. Comme le pont que nous avons passé tout à l'heure, le chemin est constitué par une ligne de troncs d'arbres, mais ici on les voit et nos hommes peuvent poser assez facilement le pied sur ces passerelles flottantes; de temps en temps l'un d'entre eux glisse et enfonce dans la vase; ses trois compagnons soutiennent le filanjana pendant que le malheureux se relève péniblement et reprend sa place. D'autres fois il n'y a qu'un seul arbre, les porteurs se mettent alors l'un derrière l'autre et vous soulèvent ainsi; dans ce genre de locomotion on a, je crois, la sensation qu'aurait quelqu'un porté par un acrobate sur une corde lisse.

Chose remarquable, les hommes sont toujours très gais: arrive-t-il un accident à l'un d'eux, ses camarades se moquent de lui et font pendant plus de dix minutes des gorges chaudes de sa mésaventure; cependant ils ont pour le soutien l'étranger beaucoup de prévenances, je dirai même de dévouement: je ne sais, pendant cette traversée qui m'a paru longue, combien ils ont déployé d'adresse et de force; à chaque instant je chérissais l'endroit où j'allais tomber et prendre mes ébats dans la vase; j'ai failli plusieurs fois réaliser mon rêve, mais je suis sorti sain, sauf et sec de l'aventure.

Après avoir passé une dernière nappe d'eau qui borne le marais du côté de l'ouest et avoir failli une dernière fois prendre un bain, je rejoignais mes compagnons qui m'attendaient sur une petite hauteur.

Depuis la traversée de la première nappe, il s'était écoulé cinquante-cinq minutes.

Nous venions d'achever ainsi la première partie de la route de Tamatave à Tananarive, ce segment du chemin qui, suivant une direction nord et sud, longe le bord de la mer entre le rivage et la ligne des lagunes que nous venions de traverser si péniblement. Il nous restait à parcourir, en marchant droit vers l'est, la deuxième partie du sentier qui allait nous conduire du niveau de la mer à Tananarive, à 1 250 mètres d'altitude sur un parcours de 250 kilomètres environ.

Ce chemin, cette montée plutôt, de la côte à la capitale des Antimerina est la partie la plus pénible du voyage de Tamatave à Tananarive. Soit à l'aller, soit au retour, il faut, pendant presque une semaine, souvent davantage, endurer les fatigues les plus pénibles pour effectuer ce voyage. Il est fort difficile à faire malgré tout le confortable dont on peut s'entourer et malgré les conditions favorables au milieu desquelles les riches et les puissants peuvent se placer.

Voici, à titre de document, un fragment d'une lettre du R. P. Jouen adressée aux missions catholiques et dans laquelle il raconte un voyage que fit à la côte Est la reine Rasoherina, au mois de juin 1867.

« Il y avait longtemps que Rasoherina, dit le P. Jouen, désirait faire une excursion dans l'intérieur de son royaume. Sa tante Ranavalona lui en avait donné l'exemple en 1843. C'en était assez pour la confirmer dans sa résolution. A cette nouvelle, nous proposâmes au premier ministre de tenir un Père à la disposition de la reine, si elle le trouvait bon, afin de soigner les nombreux cas de maladie que devaient nécessairement faire éclater les fatigues d'un long voyage.

« La reine vous remercie, nous écrit-il, dans le style ordinaire des administrateurs hova : Sa Majesté va changer d'air et s'amuser. Pour vous, restez au milieu de vos enfants, continuez de leur enseigner la sagesse et de leur donner de l'esprit ; tout cela est bon, et c'est votre affaire. »

« Le départ fut arrêté pour le mois de juin 1867. Les préparatifs s'en firent avec une promptitude et une habileté remarquables. Des ponts furent jetés sur toutes les rivières et sur les moindres cours d'eau. Des abîmes furent littéralement comblés ; de nouvelles routes s'ouvrirent comme par enchantement jusque sur le sommet des montagnes, pour préserver Sa Majesté des miasmes de quelques marais qu'il lui aurait fallu traverser. La fameuse forêt d'Analamazaotra vit tout à coup ses effrayants précipices convertis en voies presque carrossables, pour laisser circuler librement la souveraine de Madagascar.

« Le terme du voyage devait être Andovoranto, grand village de la côte Est, situé sur le bord de la mer, à vingt-cinq lieues de Tamatave et soixante-dix de Tananarive.

« Enfin, tout étant prêt pour le départ, chemins, tentes, provisions, etc., on se mit en marche le jeudi 10 juin vers les 7 heures du matin. Une salve générale de tous les canons de la ville annonça aux échos d'alentour que la reine de Madagascar quittait sa capitale pour n'y rentrer que trois mois après. Jamais sortie ne fut plus triomphale ; Rasoherina partait précédée ou suivie de près de soixante mille hommes. En voyant défiler cette immense caravane, dont les esclaves à eux seuls devaient former plus d'un tiers, on ne pouvait se défendre d'un sentiment pénible. Combien parmi ces pauvres gens qui ne reverraient pas leur foyer domestique ! Combien succomberaient le long de la route à la fatigue, au froid, à la faim, aux fièvres ! C'est ce qui nous avait si vivement portés à solliciter de la reine, bien moins l'honneur de l'accompagner, que la consolation d'administrer des secours religieux à tant de malheureux dont il était aisé de prévoir la fin. Mais il avait été décidé en conseil qu'aucun blanc, à l'exception de M. Laborde, consul intérimaire de France après la mort de M. de Louvières, ne ferait partie du cortège royal ; il fallut donc se résigner à ce dur sacrifice. Nous y suppléâmes de notre mieux en priant un de nos Pères de Tamatave de se rendre à Andovoranto, pour y saluer la reine, et en même temps procurer à nos néophytes, et spécialement aux malades, tous les soins que pourrait réclamer leur état.

« Jamais secours n'arriva plus à propos. Déjà la mortalité régnait dans presque tout le camp, occasionnée surtout par les pluies torrentielles qui suivirent le départ. Ces pluies, qui ne cessèrent de tomber jour et nuit durant plus de quinze jours, eurent bientôt défoncé les routes formées pour la plupart de terres rapportées; le passage de la forêt en particulier devint presque impraticable; ce n'était partout que torrents et chutes d'eau roulant dans les ravins, et détruisant en un clin d'œil les travaux de plusieurs mois. Qu'on se figure ces cinquante à soixante mille hommes piétinant dans ces bourbiers infects où ils enfonçaient jusqu'à mi-jambe. Les grands et les riches s'en tiraient encore, grâce à leurs palanquins et à leurs robustes porteurs. Mais que dire de cette immense multitude d'enfants, d'esclaves, de pauvres femmes, obligés de suivre à pied, avec de lourds paquets sur la tête?

« Ils arrivaient au lieu du campement, tout ruisselants d'eau et de sueur; pas un vêtement de rechange, pas une tente pour s'abriter, pour toute nourriture quelques bouts de canne à sucre ou de manioc, et pour lit, la terre nue, ou plutôt un sol froid et fangeux. Il est aisé de comprendre avec quelle effrayante rapidité durent se produire et se développer, sous de telles influences, les germes de maladies. La petite vérole vint encore aggraver la situation. J'ai eu l'occasion, en descendant à Tamatave, de rencontrer à son retour les débris de cette immense caravane. On n'avait pas besoin de s'enquérir des diverses haltes qu'elle avait faites; on les reconnaissait aux nombreuses fosses, à peine recouvertes, qui jonchaient le sol. Jamais je n'ai vu rien de plus hideux ni de plus infect : l'odeur exhalée par ces agglomérations se faisait sentir à plusieurs lieues. Ce qu'il y a d'étonnant et de vraiment providentiel, c'est que la peste ne soit pas venue mettre le comble à tant de misères.

« Enfin après un mois de marche, dans les circonstances que je viens de décrire, on se trouva à Andovoranto, terme si désiré et si chèrement acheté. »

PORTEURS DE PEAUX DE BŒUFS.

LA CARAVANE APRÈS LE DÉPART DE TANANARIVE.

CHAPITRE II

A travers les dunes sablonneuses. — La tribu des Betsimisaraka. — Ranomafana. — Ampasimbe. — La forge malgache. — Beforona. — Première zone forestière d'Analamazaotra. — Ampasimpotsy. — Moramanga. — Province de l'Ankay. — Passage du Mangoro. — Vallée de Sabotsy. — La deuxième forêt. — Ankeramadinika. — Dans l'Imerina. — Arrivée à Tananarive. — Panorama de la capitale. — Place d'Andohalo. — Aviavy et vieux canons. — Quartier d'Ambatovinaky. — Tombeau du premier ministre. — Maisons de Tananarive. — La population. — Marché du Zoma. — Industries antimerina. — Costumes européens. — L'élément étranger à Tananarive. — Une audience au Palais. — Départ de Tananarive.

ENFANTS MALGACHES.

APRÈS avoir dépassé le petit hameau de Bemasoana, nous arrivons sur les bords de l'Iaroka. Il nous faut de nouveau traverser le fleuve pour rejoindre sur la rive gauche la route de la capitale.

L'Iaroka, grossi par quatre mois de pluies continuelles, roule en rapides des eaux jaunâtres chargées des matières terreuses entraînées des hauts plateaux. Nous effectuons le passage dans de mauvaises pirogues au confluent de l'Ambavaroka. Le fleuve mesure en cet endroit plus de 200 mètres de largeur.

La route continue à travers une contrée mamelonnée. Des monticules sablonneux se succèdent sans ordre; ce sont d'anciennes dunes fixées maintenant par la végétation. Dans les bas-fonds, les eaux qui ne peuvent s'infiltrer dans un sous-sol compact, forment des marais et des fondrières, où nous nous embourbons quelquefois, malgré les circuits et les détours que nous faisons pour les éviter. Des plantes herbacées poussent en abondance sur le sommet de collines arrondies, dont les flancs sont couverts de bruyères et de fougères, tandis que dans les dépressions, au milieu d'une multitude de plantes aquatiques, s'élèvent en touffes serrées les ravenala et les raphia. Ces arbres, que l'on rencontre surtout le long des ruisseaux, deviennent rares sur les versants, plus rares encore sur les sommets.

Le raphia (*Raphia Madagascariensis, Sagus raphia*) est un palmier au port gracieux. Son tronc, généralement peu élevé, est couvert d'aspérités, anciens points d'attache des feuilles tombées. A l'extrémité du stipe s'évasent en bouquets de belles feuilles qui, composées d'un grand nombre de filaments insérés à angle droit sur une nervure médiane, atteignent parfois 5 et 6 mètres de longueur. Cet arbre que l'on rencontre partout à Madagascar, excepté sur le massif central, est utilisé par les indigènes en maintes circonstances. Ainsi les nervures de ses grandes palmes donnent des perches solides et résistantes très employées pour la construction des cases, pour la fabrication des filanjana et pour les gros ouvrages de vannerie. Le bourgeon terminal du jeune raphia est comestible, analogue au chou palmiste; c'est un aliment fort goûté. Mais le produit le plus important que l'on retire de cet utile végétal est une fibre textile, solide et résistante. Ces fibres ténues sont employées à de nombreux usages. Brute, la matière textile est envoyée par paquets dans les centres commerciaux de la côte pour être expédiée en Europe. En 1890, le seul port de Tamatave en exportait pour 145 000 francs. Travaillées par les indigènes, les fibres du raphia servent à la fabrication des rabanes, des vêtements grossiers employés principalement par les Betsimisaraka, des cordes, etc. Les fibres de ce palmier sont souvent mélangées dans les tissus indigènes aux fils de soie et de coton.

Le ravenala (*Urania speciosa*) est appelé communément par les Européens « arbre du voyageur ». Le tronc lisse et souvent fort élevé de cet arbre, de la famille des bananiers, est surmonté d'un magnifique éventail de larges feuilles vertes. Au nombre d'une vingtaine, longues de deux mètres environ sur près de 30 centimètres de large, ces feuilles sont supportées par de longs pétioles qui, se rapprochant peu à peu, rayons d'une roue gigantesque, viennent s'encastrer les uns dans les autres. Cet arbre offre une silhouette singulière, qui se réduit à une simple ligne lorsqu'on le regarde par la tranche, et, lorsqu'on le voit de face au contraire, déploie un éventail colossal, joli surtout quand le vent ne l'a pas déchiqueté. On explique le nom d' « arbre du voyageur » parce que l'eau conservée à la base des feuilles et dans les replis des pétioles provenant en grande partie de la condensation de l'humidité de l'air sur ces larges surfaces, servirait, paraît-il, à secourir le passant altéré. Cette explication n'est certes pas applicable à Madagascar; le ravenala se trouve toujours dans les marais et dans le voisinage des cours d'eau; on ne le rencontre jamais dans les contrées arides. Cet arbre singulier, qui donne à toute la région betsimisaraka un aspect si particulier, croît sur la majeure partie du versant oriental de l'île, mais il ne dépasse pas 600 mètres d'altitude. Comme le raphia, il rend de grands services dans la construction des cases, il est employé à de nombreux usages domestiques que j'énumérais dans le paragraphe précédent. J'ajouterai que l'on confectionne avec les jeunes feuilles une sorte de soupe fort mauvaise et d'une digestion pénible, si ce n'est pour des estomacs indigènes.

Depuis quelques heures nous avons à supporter une pluie fine qui augmente bientôt d'intensité, et c'est au milieu d'une averse diluvienne que nous traversons le village de Maromby. Nos porteurs reçoivent stoïquement ce baptême continu en baissant la tête et en arrondissant le dos. Leurs chapeaux antimerina s'affaissent piteusement et leurs chemises de rabane deviennent luisantes sous la pluie.

A travers les larges gouttes qui strient obliquement l'atmosphère obscurcie par d'épais nuages, je distingue difficilement les gros mamelons qui nous environnent. C'est toujours la même contrée, mais le terrain a changé de nature : le sol sablonneux est remplacé par une argile rougeâtre que l'eau délaye et rend glissante. Les hommes ont de la peine à marcher.

Vers deux heures nous nous arrêtons au village de Manambonitra. Rainivoavy vient me prévenir qu'il nous est impossible d'aller plus loin : la crue subite d'un ruisseau que nous devons traverser en sortant du village met un obstacle à toute marche en avant.

Après avoir contrôlé cette affirmation, je suis forcé de me rendre à l'évidence, nous coucherons à Manambonitra.

Cet arrêt forcé est mis à profit pour nous sécher, ce dont nous avons grandement besoin, et pour passer en revue nos bagages. Les découvertes sont navrantes; malgré toutes les précautions que nous avons pu prendre, beaucoup d'objets sont détériorés par l'eau et l'humidité, partout des moisissures et des efflorescences aux couleurs variées.

Cela ne nous présage rien de bon si le mauvais temps continue, et on nous assure qu'il pleut continuellement dans les régions forestières que nous allons traverser.

Les Betsimisaraka, qui habitent la vaste contrée que nous venons de traverser, formaient autrefois une confédération redoutée. Au commencement du xviiie siècle, conduits par des Européens et des mulâtres, ils gagnèrent à leur cause toutes les tribus éparses de Mahanoro à la baie d'Antongil et constituèrent alors une puissante nation. Malheureusement les divisions des tribus et la rivalité des chefs les affaiblirent, et Radama Ier, roi des Antimerina, conquit leur pays vers 1820.

Le Betsimisaraka a le visage arrondi, les pommettes légèrement saillantes; ses yeux ne sont pas bridés. Son teint est généralement foncé, mais, comme chez les autres tribus de Madagascar, il présente de nombreuses variétés. Les cheveux, crépus ou ondulés, sont épais. Les hommes les portent coupés courts; au-dessus du front des enfants on laisse souvent un petit toupet proéminent en avant, touffe de cheveux qu'ils se tirent consciencieusement lorsqu'ils nous rencontrent, et nous gratifient du *finaritra*, bonjour betsimisaraka. Les femmes ont des coiffures assez compliquées : tantôt ce sont des nattes finement tressées et réunies en boucles derrière la tête et au-dessus des oreilles; tantôt les cheveux, partagés par des raies multiples, forment sur l'occiput, de chaque côté du front et au-dessus des oreilles, six chignons volumineux. C'est cette dernière coiffure qui est généralement adoptée. Les indigènes s'habillent d'une chemise à manches courtes, faite d'un tissu grossier de raphia; au-dessous ils ont une ceinture d'étoffe roulée autour des reins et descendant entre les jambes, d'où elle remonte se nouer à la taille : c'est le *salaka*. Quand ils ne se livrent pas à des travaux exigeant la liberté des mouvements, ce qui leur arrive souvent, ils se drapent dans une pièce de cotonnade, le *lamba*, vêtement national de Madagascar. Les femmes mettent un jupon et une sorte de camisole toujours trop courte qui leur serre affreusement la poitrine; par-dessus elles portent aussi le lamba, mais un lamba particulier. C'est une espèce de sac plus ou moins ample, ouvert aux deux bouts; elles le remontent sous les bras et l'y maintiennent fixé par des torsions savamment combinées et incessamment renouvelées. C'est même là une de leurs principales occupations. Comme ornement elles possèdent des boucles d'oreilles de cuivre ou d'argent, quelquefois des colliers et des bracelets de verroterie. Cette population est douce et paisible, les actes d'énergie sont rares. Les Betsimisaraka supportent patiemment leurs gouverneurs antimerina et n'ont résisté que bien peu aux charges accablantes qu'il leur faut supporter et aux mesures vexatoires dont ils sont parfois victimes. Ces indigènes entrent volontiers au service des blancs établis sur la côte et seraient d'assez bons travailleurs s'ils n'abusaient par trop des liqueurs alcooliques.

Le rhum malgache et le *betsa-betsa*, infusion d'herbes aromatiques dans le jus de canne fermenté, font de grands ravages sur la côte orientale.

Le 22 mars, nous quittons Manambonitra au lever du soleil. Rainivoavy a pu trouver deux pirogues sur lesquelles nous passons, à l'est du village, l'important cours d'eau qui nous avait arrêtés la veille. En temps ordinaire, ce n'est qu'un ruisseau, mais dès qu'il a plu, il grossit rapidement : c'est un fleuve après les grandes averses. Ce fait est très fréquent à Madagascar.

Sur ces pentes rapides, dans ce terrain argileux, au fond de ces vallons encaissés, les eaux pluviales ont rapidement transformé le ruisseau le plus modeste en torrent impétueux, et même en rivière aux majestueuses allures. En sens inverse, on observe un changement aussi brusque et la crue ne dure guère plus longtemps que la pluie qui l'a produite.

Comme la veille, la route serpente dans une contrée mamelonnée. Ce sont des montées et des descentes continuelles, des glissades et, sur le sol boueux, des chutes répétées qui font la joie de nos porteurs. Suivant le cérémonial quotidien nous leur avons donné quelques morceaux d'argent avec lesquels ils ont acheté le manioc cuit que l'on trouve tout préparé dans les villages échelonnés le long du chemin. Les hommes affirment que ce petit cadeau supplémentaire leur donne du cœur au ventre, c'est l'expression malgache. Ils ne manquaient jamais, je dois le reconnaître, de mettre à part quelques beaux morceaux de cette racine filandreuse et de nous l'offrir, disposés avec beaucoup de goût, au fond de leurs chapeaux.

Vers neuf heures, arrêt à Ranomafana. Ce misérable village doit son nom à des sources chaudes, situées non loin de là, dans le lit même d'une petite rivière. L'inondation générale de la vallée ne nous permet pas d'approcher de ces eaux thermales dont la température dépasse 65 degrés centigrades.

Pendant que Maistre va emplir une bouteille d'eau minérale en vue d'une future analyse, nos porteurs se réconfortent l'estomac, creusé par les fatigues de la route. Comme dans presque tous les villages, des marchands de manioc attendent la pratique avec des marmites pleines de racines cuites à l'eau et encore fumantes. Pour un imperceptible morceau d'argent que je lui ai donné, un borizana en achète une ample portion, et la répartit entre ses camarades après avoir mis à part quelques beaux morceaux, qu'il vient m'offrir dans son chapeau. C'est une des nombreuses applications que le Malgache donne à son couvre-chef, voulant imiter l'Européen au moins dans une partie de son costume : il considère son chapeau comme un objet de toilette indispensable, s'en couvre avec coquetterie, s'imagine préserver ainsi son teint des ardeurs dévorantes du soleil. Mais il n'attache, non sans raison, à ces divers rôles de sa coiffure qu'une médiocre importance; il l'emploie le plus souvent à de tout autres usages. Non seulement c'est un plat dont on se sert souvent, mais encore le chapeau devient entre les mains habiles de son propriétaire un filtre destiné à épurer l'eau croupissante des marais. Pour obtenir ce résultat on fait flotter le chapeau et on l'enfonce doucement. Alors, l'eau débarrassée des débris organiques et des nombreux animalcules qui habitent les marécages de Madagascar pénètre à travers les étroits interstices de la paille.

Néanmoins, l'indigène, rendu défiant par l'expérience, se contente, la plupart du temps, de se rafraîchir la bouche et s'empresse de cracher le liquide.

Entre Ranomafana et Bedara, où nous arrivons deux heures après une pluie épouvantable, nous observons des émergences rocheuses de gneiss et de micaschiste, des coulées de basalte, et çà et là sur les croupes gazonnées de gros rocs verdâtres de porphyre granitoïde qui, témoins des siècles passés, ont résisté à la décomposition argileuse. Nous rencontrons, allant en sens inverse, un long convoi de porteurs de peaux de bœufs. Les malheureux, pliant sous leur pesante charge, rendue plus lourde encore par l'eau dont elle est imbibée, se traînent péniblement, appuyés sur leurs sagaies, et se hâtent à petits pas, pressés de gagner un abri où ils vont attendre des temps meilleurs avec la patience qui les caractérise. Ils se reposent fréquemment.

Ces haltes me firent trouver l'emploi de petites excavations que j'avais remarquées en grand nombre le long du sentier. En effet, lorsque les porteurs veulent s'accroupir et déposer leurs charges sur le sol, ils descendent dans ces trous, puis, lorsqu'ils se remettent en marche, ils en sortent facilement par une pente douce, ayant repris sans aide leur fardeau. Le sentier, après nous avoir fait traverser les villages d'Ambatoharana et de Mahéla, nous conduit à Ampasimbé. Comme les hameaux précédents ce village est situé dans le voisinage d'une petite rivière, dans une vallée fertile et pittoresque. Parmi les cultures diverses qui nous environnent, une plantation de caféiers nous frappe par sa belle venue.

L'après-midi est employé à réparer le filanjana de Foucart. Dans les dislocations successives que cette chaise à porteurs a dû subir dans nos étapes précédentes, l'entretoise antérieure s'est rompue et les brancards n'étant plus maintenus, compriment désagréablement les jambes de notre ami. Rainivoavy, qui est décidément un homme de ressources, connaît un forgeron dans le village. Sous la conduite de notre commandeur, nous allons pataugeant péniblement dans les rues d'Ampasimbé — il y en a trois — à la recherche de l'artisan. Bientôt nous le trouvons accroupi près de sa forge, sous un abri de feuillage. Il se met au travail, nous l'aidons tous, et ce n'est pas sans peine que le dommage est réparé.

La forge malgache est absolument analogue à celle que l'on trouve dans la presqu'île de Malacca et dans l'archipel Malais. Un feu de charbon de bois est activé par un soufflet formé de deux troncs d'arbres creusés et placés verticalement côte à côte. Dans ces deux tubes, on fait mouvoir alternativement des tiges de bois garnies à leur partie inférieure d'une rondelle entourée d'étoffe. Dans le bas des deux troncs d'arbres, deux petits bambous sont enfoncés; ils vont en se réunissant aboutir à une pierre percée d'une ouverture unique et placée devant le foyer. En manœuvrant l'appareil on produit un jet de

VUE PRISE SUR LA ROUTE D'ANDOVORANTO A TANANARIVE.

vent continu. Une grosse pierre sert d'enclume; quelquefois c'est une masse de fer; l'outillage est complété par une pince faite grossièrement, et par des petits marteaux aussi mal fabriqués. Le forgeron malgache ne ménage pas ses coups; cela est nécessaire, car il obtient en se servant de ses marteaux légers une action d'autant plus faible qu'il a l'habitude de tenir l'outil non à l'extrémité du manche, mais près du fer. Néanmoins avec des instruments aussi imparfaits l'ouvrier indigène, pour lequel le temps ne compte pas, obtient quand il veut des résultats satisfaisants.

Nous nous arrêtons à Ampasimbé; le soir, grand vacarme : ce sont les porteurs qui exercent leur force et leur agilité sur un malheureux bœuf que l'on conduit à la mort. L'un d'eux saute sur le dos de l'animal, s'y cramponne de toutes ses forces et essaye de s'y maintenir. Il est vite jeté à terre par le bœuf agacé qui fait des bonds énormes et prend sa course au milieu du village. Mais bientôt le voilà arrêté dans sa fuite par une longue corde attachée à une de ses jambes de derrière et par les coups innombrables qu'il reçoit. Un autre porteur succède au premier, et quand il est à bas, ses compagnons continuent ces exercices; la *corrida* ne se termine que lorsque tous les hommes, plus ou moins contusionnés, ont tenté l'aventure. On attache ensuite l'animal harassé au poteau du supplice; le lendemain il sera immolé. Cette préparation toute spéciale que l'on fait subir à la viande de boucherie pourrait expliquer dans une certaine mesure l'arrière-goût de venaison que les Européens, à leur arrivée dans le pays, trouvent toujours au bœuf indigène.

En quittant Ampasimbé, nous entrons dans une contrée d'un aspect différent. Les mamelons sont remplacés par des collines aux flancs plus abrupts, aux sommets plus élevés. Les vallées sont plus profondes, les pentes plus raides. Par une série de montées et de descentes, le sentier s'élève peu à peu; à la sortie du village le baromètre indiquait 400 mètres d'altitude. Sur ce terrain mouvementé, on commence à distinguer une tendance à l'orientation du nord-nord-est au sud-sud-ouest de la chaîne côtière, que nous allons franchir prochainement. En maints endroits, l'argile est traversée par des pointements rocheux; sur les flancs des petites montagnes qui nous environnent apparaissent par places de gros rochers. Les rivières et les ruisseaux précipitent leur cours, ce sont de véritables torrents; leurs eaux, limpides quand il n'a pas plu — ce qui est rare, — se brisent sur les gros cailloux roulés entraînés des terrains élevés par les grandes crues. Parfois, coupées par des assises rocheuses, elles tombent en jolies cascades. A mesure que nous nous élevons, la végétation change également. Les ravenala ont déjà disparu et les raphia deviennent rares; nous entrons dans la première zone forestière qui entoure Madagascar d'une verte ceinture. Cependant nous ne sommes pas encore dans les grands bois, mais les arbres en bouquets ou disséminés, les fourrés de broussailles et d'arbustes, les massifs de bambous, nous en annoncent l'approche. Souvent dans les grandes clairières, sur les pentes gazonnées, au milieu des hautes herbes et des roseaux, les gros troncs d'arbres que l'indigène n'a pu abattre se dressent à demi carbonisés. La hache et le feu reculent loin vers l'ouest la limite des pays boisés d'autrefois. Nous traversons maintenant des terrains défrichés en partie. Le déboisement probable de Madagascar, déboisement lent mais continu, a sans doute modifié beaucoup l'aspect de l'île, et nous nous proposons d'étudier avec soin cette question intéressante dans nos prochains itinéraires.

A peu de distance d'Ampasimbé on arrive, après une montée longue et pénible, dans une petite forêt. Là, au milieu des arbres, est le hameau de Madilo. Puis, sortant du taillis, nous passons une rivière sur les bords de laquelle des raphia cachent encore les cases de Marozevo. Avant midi nous entrons à Beforona.

Depuis la côte, c'est le village le plus important que nous ayons rencontré. Dans un modeste rova habite un officier antimerina qui commande le poste; il a sous ses ordres quelques subalternes et une vingtaine de soldats. Une case un peu plus spacieuse que les autres sert de temple, une école est à côté. Beforona est situé au milieu d'une petite plaine marécageuse; les fièvres y sont particulièrement redoutables.

C'est aujourd'hui dimanche, nous profitons de l'occasion pour nous livrer à quelques travaux sédentaires; ce n'est pas chose aisée, le calme et la tranquillité nécessaires nous font défaut. Les porteurs mis en gaieté par le rhum et le betsa-betsa betsimisaraka dansent et chantent toute la nuit.

Le lendemain matin, nous nous remettons en marche dans un terrain détrempé, nous traversons des marais et des rizières, ce qui pour le voyageur est à peu près la même chose à cette époque de l'année, et nous passons un grand nombre de ruisseaux dont le sentier emprunte souvent le lit. Dans nos circuits nous guéons treize fois un torrent qui s'obstine à nous barrer la route. Mais nous dépassons le village d'Ambavanihasy, et nous pénétrons peu après dans la grande forêt.

La partie boisée que traverse le chemin de Tamatave à Tananarive est interrompue quelquefois par de grands espaces défrichés où l'on a construit des villages, lieux de repos nécessaires pour les nombreux porteurs qui suivent cette voie fréquentée. Les habitants de ces hameaux ont empiété sur la forêt. Aidés par les indigènes de passage, ils ont exploité par places les abords de la route, coupant çà et là les arbres qui leur étaient nécessaires pour leur commerce ou leur industrie. Néanmoins, dans les cantons respectés, la végétation est assez belle. Les arbres, trop serrés, poussent en hauteur et, ne pouvant se développer librement, vont droit vers le ciel chercher un peu de soleil. Sous les voûtes sombres de leur feuillage, où s'attachent des lianes puissantes bizarrement contournées, poussent des fougères arborescentes et des palmiers nains, au milieu des roseaux et des arbustes qui forment des fourrés épais. Les essences sont variées, et plusieurs seraient l'objet d'un commerce important si l'exploitation n'en était presque impossible. Quoi qu'il en soit, dans cette région les arbres n'atteignent jamais une grosseur remarquable et la végétation ne se développe pas avec la vigueur et la beauté que nous avons pu voir l'année suivante dans la province d'Antongil et dans le pays de Tolanara. En

FILANJANA DANS LA FORÊT. (DESSIN DE RIOU, GRAVÉ PAR BARBANT.)

revanche, si la forêt d'Analamazaotra ne mérite pas tous les éloges que certains voyageurs lui ont donnés, le chemin est bien digne de sa mauvaise réputation.

Dans les bourbiers où ils enfoncent jusqu'à mi-corps, sur les roches glissantes où ils ont peine à marcher, dans les torrents bondissants où ils sautent d'une pierre à l'autre, les porteurs accomplissent des prodiges de force et d'adresse. Nos filanjana décrivent dans des plans variés tous les angles connus : tantôt nous avons la tête en bas, et pour ne pas tomber en arrière il faut nous cramponner vigoureusement ; tantôt, à une descente dans une position inverse, nous évitons difficilement une chute en avant ; d'autres fois, violemment secoués, nous inclinons brusquement d'une manière inquiétante. Ce sont de longues et pénibles ascensions à travers bois. Le chemin est encaissé entre les deux parois verticales d'une tranchée de 5 à 6 mètres de hauteur. Là les porteurs ont taillé dans l'argile de petits escaliers éphémères qu'ils renouvellent incessamment, abaissant peu à peu le niveau du sentier. Les eaux pluviales qui descendent avec violence dans ces couloirs en augmentent encore la profondeur et y causent de fréquents éboulements. Le filanjana ne peut se manœuvrer aisément, et malgré l'étonnement des borizana qui trouvent probablement que nous dérogeons, nous mettons pied à terre et nous pataugeons sur les côtés du couloir, en faisant des efforts parfois infructueux pour ne pas glisser dans le fond rempli d'une boue rougeâtre et gluante.

Malgré toute notre bonne volonté nous avançons lentement, heureux quand une racine nous offre un léger point d'appui, maudissant le sort quand dans nos pénibles exercices nous la heurtons violemment. Les murs d'argile sont dominés par des rochers qui reposent à peine sur un peu de terre minée par les eaux ; souvent des racines sont au-dessus de nos têtes et les quelques points d'attache qui les retiennent encore aux parois menacent à chaque instant de se rompre. Les mauvais passages se succèdent et se ressemblent. Ils sont indescriptibles, dans une montée que les Malgaches appellent *Fitomanianomby*, « la Montée qui fait pleurer les bœufs ».

Un silence presque absolu règne dans la forêt. Nous n'entendons qu'une fois les hurlements mélancoliques des *babakoto* et nous ne voyons que rarement des perroquets noirs et des pigeons verts. Les oiseaux étaient beaucoup plus communs sur la côte et dans la région des dunes ; c'étaient le *goaka*, corbeau noir et blanc de Madagascar, le *vorompotsy*, aigrette blanche, beaucoup de *coa*, que nous retrouverons sur les hauts plateaux, et de nombreux oiseaux aquatiques. Les insectes sont aussi faiblement représentés, si ce n'est un *Sphærotherium*, gros myriapode vert foncé qui se tient accroché aux pentes argileuses.

Dans une petite vallée dominée au nord par un gros roc qui élève à plus de 180 mètres une muraille à pic, nous traversons le village d'Anévoka. Quelques heures après, nous étions à Analamazaotra.

Après une nuit passée dans ce village, nous suivons une route un peu moins accidentée que celle de la veille. Il faut traverser un grand nombre de ruisseaux, affluents du Ranombary, rivière du nord qui, avec le Ranolahy, va se jeter dans l'Iaroka, à quelques kilomètres à l'ouest d'Andovoranto. Jusqu'à l'Irihitra nous avons gué des cours d'eau qui allaient au sud se jeter directement dans l'Iaroka.

Nous nous arrêtons, au milieu du jour, à Ampasimpotsy. Le fond de la vallée où est construit ce village est recouvert d'une couche de sable dont la blancheur tranche sur l'argile fortement colorée des environs. Cette couche arénacée est peu épaisse et semble provenir de dépôts modernes. Les 40 cases qui composent le village, disposées de chaque côté de la route, sont assez propres, elles ont cependant la mauvaise réputation de loger un nombre considérable de petits animaux dont la morsure est à craindre et nos hommes qui nous donnent ce détail ont hâte de nous conduire à Moramanga.

Au delà d'Ampasimpotsy nous entrons de nouveau dans la forêt, et, par des chemins aussi exécrables que le jour précédent, nous nous élevons peu à peu. Maintenant il y a de nombreuses clairières, et la forêt cesse tout à fait à l'est du hameau de Behena. C'est près de cette limite que nous franchissons les derniers sommets de la chaîne côtière à une altitude de 990 mètres. De ce point élevé la vue s'étend fort loin dans l'est et dans l'ouest. Derrière nous, les montagnes boisées que nous venons de franchir s'abaissent peu à peu pour aller se confondre fort loin dans l'horizon brumeux. Devant nous s'étend une grande plaine parsemée de petites collines : c'est la grande vallée du Mangoro. Ce fleuve important du versant oriental de Madagascar coule du nord au sud; c'est beaucoup plus bas seulement après avoir fait un coude à l'est qu'il se dirige vers l'Océan Indien en se frayant un passage dans les défilés de la chaîne littorale. Il se jette près de Mahanoro. Dans le lointain, de hautes montagnes se détachent nettement sur le ciel : ce sont les monts d'Ankeramadinika, arête faîtière soutenant à l'est le massif central, dernière marche du gigantesque escalier qu'il nous faut monter pour arriver dans l'Imerina. Plus près de nous est Moramanga, où nous descendons en suivant un sentier tracé sur un contrefort de la montagne.

Moramanga est un gros village important; c'est le marché principal des produits de la région. Le gouvernement de Tananarive y a depuis peu de temps établi un poste militaire et en a fait le chef-lieu politique de la province d'Ankay. La ville s'étend surtout en longueur. Les cases en raphia sont construites avec soin; la plupart sont divisées en plusieurs pièces et possèdent des portes et des fenêtres que l'on ferme par une large planche. On aperçoit sur certaines maisons des velléités d'ornementation. Jean nous a trouvé un logis confortable, une case située à l'entrée de la ville au milieu d'une cour entourée d'un petit mur d'argile. A l'intérieur les cloisons et le toit sont recouverts de nattes; il y a même dans la chambre qui nous est destinée une table et deux chaises.

La population de Moramanga est d'environ un millier d'habitants, mais elle augmente notablement à certaines époques, surtout aux jours de grands marché. Dans cette ville, au milieu des Antimerina fonctionnaires, soldats ou commerçants, et des nombreux borizana, population flottante d'origine très variée, se trouvent quelques représentants de la tribu des Bezanozano établis dans le bassin du Mangoro. Ces indigènes portent ici le nom d'Antankay. Nous avons quitté le pays des Betsimisaraka à l'ouest de Beforona, et jusqu'à Ankeramadinika nous serons en territoire bezanozano, mais sur cette route le voyageur n'aura guère l'occasion de faire des études ethnographiques intéressantes au milieu des représentants de toutes les tribus qu'il rencontrera à chaque instant.

La longue et unique rue de Moramanga présente une grande animation. Bien que ce ne fût point le jour du marché, qui se tient le jeudi, des commerçants en grand nombre avaient établi leur boutique en plein vent et débitaient leur marchandise accroupis à l'ombre de vastes parasols en coton écru ou en rabane bariolée. Devant eux étaient étalés sur une butte de terre battue quelques articles européens : cotonnades blanches ou teintées, couteaux, miroirs, aiguilles, boutons, du sel, du manioc et divers produits indigènes.

Près de notre case est l'habitation du gouverneur Ratrema 11e honneur. Il vint nous voir dans l'après-midi et nous fit apporter comme cadeau de bienvenue la poule réglementaire. Pour reconnaître sa gracieuseté, je lui proposai de faire sa photographie; il accepta avec empressement.

Dans notre logis confortable nous pensions bien trouver le repos nécessaire après nos fatigues des marches précédentes. Nos espérances furent déçues, Maistre et Foucart sont aussi malheureux que moi; nous n'avons pu fermer l'œil, dévorés toute la nuit par les puces. Cet insecte désagréable vit en légions à Madagascar, et ses morsures, qui partout ailleurs ne sont qu'un léger désagrément, deviennent ici par leur multiplicité un réel danger. Il est rare qu'après deux ou trois nuits d'insomnie, les fièvres ne viennent pas vous surprendre. Les puces pullulent dans les cases des indigènes et surtout dans les maisons en terre des habitants du massif central; leur nombre dépasse les limites de l'imagination. Ces animalcules ne sont pas les seuls, tant s'en faut, que l'on rencontre dans l'île, d'autres aptères y sont dignement représentés. Dans les régions basses du littoral, ces insectes sont remplacés par des nuées de moustiques et de maringouins. Malgré la petitesse de ces adversaires, il faut lutter vaillamment, et dans bien des cas on préférerait affronter d'autres dangers.

Nous quittons Moramanga le 27 mars par une fraîche matinée. Les hommes s'enveloppent dans leurs lamba, que dans les marches précédentes ils portaient roulés autour des reins sous leur chemise de rabane. Grelottant, ils trottinent à côté de nos filanjana.

MARCHANDS DE MANIOC. (DESSIN DE PARIS, GRAVÉ PAR BAZIN.)

A cette altitude nous trouvons un autre climat; les matinées sont particulièrement froides et humides, ce n'est pas encore la température de l'Imerina, mais nous ne ressentons plus les chaleurs lourdes de la côte.

Dans la plaine du Mangoro le chemin est beau. Au milieu des herbes il y a bien par places quelques bas-fonds marécageux, mais dans cette grande vallée, plaisir inconnu jusqu'alors, nous marchons en terrain plat et nous pouvons porter nos regards sur de lointains horizons.

Nous arrivons bientôt après à Andakana, c'est un village construit sur les deux rives du Mangoro, à 14 kilomètres de Moramanga. En cet endroit, le fleuve, large de 80 mètres environ, a un cours assez rapide, ses eaux jaunâtres vont se briser sur les quelques îlots que nous voyons en amont et en aval.

BŒUFS DE MADAGASCAR.

Nous faisons passer sur l'autre rive nos bagages dans des pirogues qu'il nous faut disputer assez chaudement aux borizana qui les prenaient d'assaut. Nous passons ensuite et malgré mes regards attentifs je ne vois pas de caïmans, qui pourtant, paraît-il, vivent en grand nombre dans le fleuve.

En quittant Andakana, le sentier longe pendant quelque temps la rive droite du Mangoro et s'élève bientôt par des rampes assez rapides sur le flanc occidental de la vallée, et sur les premiers contreforts du mont Ifody.

Dans la vallée du Mangoro l'argile rouge est souvent recouverte par une couche d'humus noirâtre généralement peu épaisse, où croissent en abondance des joncs et des roseaux, des fougères, des bruyères et une herbe bien fournie. Les Bezanozano, au nord de Moramanga principalement, y font paître de grands troupeaux de bœufs.

Le bœuf de Madagascar (*Bos zebu*) est un bœuf à bosse voisin des zébus de l'Inde et de l'Afrique orientale. Haut sur jambes, portant de longues cornes, il est en général doux et paisible. La chair en est bonne et devient excellente lorsque l'animal est bien nourri. La protubérance qu'il porte sur les épaules atteint pendant l'engraissement de fortes proportions; c'est, paraît-il, un mets recherché. Les vaches sont mauvaises laitières, et quand elles sont séparées de leur veau elles ne donnent plus de lait. Dans certaines régions de l'île, vivent à l'état sauvage quelques troupeaux de ces zébus que les Malgaches appellent *omby hala*. Je n'ai jamais pu rencontrer une autre variété de bœufs sauvages, sans bosses ceux-là, désignés sous le nom de *omby manga*. Depuis quelque temps déjà des races européennes ont été introduites dans l'île et paraissent s'y acclimater fort bien. Le bœuf est une des grandes richesses de Madagascar et l'élevage de ces animaux prendra certainement plus tard un grand développement.

Au delà du village de Zomakely nous faisons l'ascension du mont Ifody. Les flancs sont dénudés; un petit bois regardé par les indigènes comme un lieu sacré couvre son sommet. Sur l'autre versant, une descente rapide nous amène dans une jolie vallée où, après une marche lente et pénible à travers les marais et sur les petites levées de terre qui séparent les champs de riz, nous traversons une rivière sur un tronc d'arbre branlant et mal équarri. Nous arrivons ensuite au sommet d'une colline dans le village de Sabotsy.

Nous sommes là sur les premiers contreforts de la chaîne de partage des eaux. Dans les petites vallées que laissent entre eux ses chaînons prennent naissance de nombreux ruisseaux affluents de droite du Mangoro. De Sabotsy nous dominons un de ces vallons; le fond en est bien cultivé, mais les collines qui l'environnent sont arides et désolées.

Le lendemain, nous arrivons en quelques heures à Ambodinangavo, et à l'est de ce village nous commençons à monter une rampe rapide, où le chemin se confond souvent avec le lit d'un ruisseau qui vient des hauteurs.

Nous sautons de pierre en pierre et nous nous hissons péniblement sur les plus gros rochers.

A gauche la route est dominée par le sommet du mont Angavo; et, pendant que nos hommes essoufflés reprennent haleine, Maistre et moi, nous en faisons l'ascension (1 270 mètres). Là une vue magnifique nous fait oublier nos peines. Malheureusement elles n'étaient pas terminées, et nous reprenons notre marche dans un chemin épouvantable; c'est une nouvelle édition de la route d'Analamazaotra. Les couloirs boueux, les roches glissantes, les rampes abruptes, se succèdent. Nous traversons la deuxième ceinture boisée de l'île. Cette forêt, accrochée aux sommets de la grande chaîne de partage des eaux, n'a que quelques kilomètres d'épaisseur. Elle cesse brusquement en avant du village d'Ankeramadinika. A midi nous atteignons le point culminant de la route, près du mont Ambatobe (1 460 mètres). Une heure après, nous sommes à Manjakandriana.

A l'ouest de la deuxième ceinture forestière on entre dans la province de l'Imerina. Les maisons en terre ont remplacé les cases en roseaux. Le pays devient très peuplé, nous sommes dans les environs de la capitale.

Mais, sans nous attarder longtemps sur ce territoire des Antimerina, que nous allons visiter en détail dans notre premier voyage, nous avons hâte d'arriver à Tananarive.

Dans cette description rapide du chemin de Tananarive à Tamatave, chemin bien connu de tous les Européens qui ont voyagé à Madagascar, j'ai essayé de montrer au lecteur ce qu'était la grande route *lalana be*, qui relie à la côte le pays des Antimerina. Si j'ai insisté sur les difficultés de tous genres que l'on y rencontre, ce n'est certes pas pour m'en plaindre, un voyageur aurait mauvaise grâce à maudir les obstacles qu'il vient bénévolement chercher dans les pays lointains. Mais il n'en est pas de même des Européens et des créoles qui, appelés par leurs situations ou leurs affaires dans l'île africaine, sont obligés de suivre ces sentiers exécrables, accompagnés parfois de leurs femmes et de leurs enfants. Cette route dangereuse pour les voyageurs et si coûteuse pour les transports est cependant la plus fréquentée de Madagascar. Continuellement entre Tamatave et Tananarive, marchant dans un sens ou dans l'autre, plus de 900 borizana sont échelonnés sur le chemin; ils transportent environ deux tonnes et demie de marchandises.

Notre route traverse encore plusieurs villages, très rapprochés les uns des autres, et arrive au pied de la montagne sur laquelle est construite Tananarive, où nous faisons notre entrée le 30 mars. Encore une petite ascension à faire, courte mais difficile, dans des ruelles étroites et sinueuses. Emportés dans une course folle, nous distinguons à peine les maisons et les édifices, qui fuient devant nos yeux. Nos hommes, heureux d'arriver au terme du voyage, veulent faire sans doute une belle entrée dans la capitale. Ils prennent leur trot le plus allongé, bondissent sur les blocs énormes de granit qui forment le pavage des rues, montent et descendent des escaliers et, après mille détours, nous déposent sains et

VALLÉE DE SABOTSY.

saufs à la porte de l'*Hôtel de l'Europe*, où nous éprouvons l'agrément, qui ne nous paraît pas médiocre, de retrouver quelques-uns des raffinements de la civilisation.

Avant la fondation du royaume antimerina, Tananarive (*Antananarivo*) n'était qu'un village construit au sommet d'une colline rocheuse dominant à l'ouest la plaine de Betsimitatatra. Les premiers rois antimerina, tentés par la position inexpugnable alors de ce hameau, y établirent leur résidence habituelle et à mesure que leur puissance grandissait, ils voyaient s'accroître leur capitale. Bientôt de nombreux villages se groupèrent autour de la demeure royale, puis ils se réunirent peu à peu par de nouvelles constructions. Leurs noms désignèrent alors les différents quartiers de la ville des *mille villages* qui est aujourd'hui une grande cité, la plus importante de Madagascar, avec ses palais, ses édifices publics et ses faubourgs.

La colline sur laquelle est bâtie la ville proprement dite s'étend du nord au sud sur une longueur d'environ trois kilomètres et sur une largeur moyenne d'un millier de mètres. C'est un gros massif de gneiss et de granite s'élevant à 150 mètres au-dessus de la plaine et recouvert le plus souvent par une couche d'argile rougeâtre qui atteint quelquefois une grande épaisseur. Du côté de l'orient, cette colline est rattachée aux monticules voisins par quelques contreforts, partout ailleurs elle se trouve isolée au milieu des rizières de la vallée supérieure de l'Ikopa. Les versants sont très escarpés à l'ouest, au sud et à l'est; dans la partie méridionale, en certains endroits les rochers sont à pic et même en surplomb. Dans la partie septentrionale les pentes sont moins rapides, deux ramifications partent des hauteurs et vont, en s'abaissant peu à peu, se perdre dans la plaine. Le point culminant de la ville, où est bâti le palais de la Reine, est à 1 420 mètres d'altitude. Ce sommet se distingue de fort loin dans la province de l'Imerina.

Lorsqu'on approche de Tananarive, l'aspect en est très pittoresque : partout les pentes sont couvertes de maisons d'un rouge sombre groupées sans aucun ordre, conséquence inévitable de la disposition du terrain. Des bâtiments modernes, de construction soignée, apparaissent par places. Dans les hauts quartiers, quelques vieilles maisons de bois aux teintes foncées font ressortir plus vivement encore dans cette tonalité rougeâtre la blancheur des palais. A l'ouest de la ville, sur les bords du petit lac Anosy, le panorama est particulièrement curieux; c'est là que je vais conduire le lecteur, pour essayer de lui décrire ou plutôt de lui énumérer les principaux quartiers et les édifices remarquables.

A nos pieds se trouve le lac Anosy. C'est une propriété royale; il a été creusé en partie par ordre du gouvernement pour fournir, par un déversoir artificiel, la force motrice nécessaire à des moulins à poudre, construits non loin d'ici et qui sont abandonnés aujourd'hui. Il est alimenté par un canal de dérivation de l'Ikopa. Au milieu de la nappe d'eau, sur un terre-plein circulaire relié au rivage par une digue en pierres sèches, sont édifiées des maisons en bois, palais d'été de la famille royale, qui servent maintenant de poudrière. Sur les bords du lac, une légion de blanchisseurs et de blanchisseuses jacassent à l'envi; à leurs côtés, des gamins armés d'une ligne de pêche rudimentaire prennent quelquefois des petits poissons rouges, seuls habitants des eaux; encore sont-ils d'importation européenne.

De l'autre côté du lac Anosy est la plaine de Mahamasina, le Champ de Mars de Tananarive. Ce vaste carré d'environ 300 mètres de côté sert quelquefois à la manœuvre des troupes, aux revues de l'armée; là se tiennent les grandes assemblées. Vers le centre on remarque une construction circulaire soigneusement maçonnée : ces murs enserrent la pierre sainte sur laquelle le souverain se tient debout lors de son couronnement. Cette pierre, qui consacre ainsi la toute-puissance royale, a, par ce pouvoir mystérieux de rendre saint, *maha masina*, donné son nom à l'emplacement qui l'environne. En temps ordinaire le court gazon de Mahamasina nourrit les bœufs que l'on amène journellement dans la ville et quelques ânes ou chevaux, bien rares encore dans le pays.

Derrière Mahamasina, le terrain s'élève brusquement et l'on voit se dresser presque verticaux les flancs de la grande colline de Tananarive, qui décrit un gigantesque arc de cercle dont nous occupons le centre et où nous allons suivre du regard, de droite à gauche, le panorama de la ville. Auparavant, en tournant la tête vers le sud, nous remarquons sur un plan plus rapproché un monticule arrondi et isolé : c'est la montagne d'Ambohijanahary. Des maisons qui s'entassent à ses pieds et sur ses flancs forment le faubourg d'Imerintsiafindra. Le sommet du mont est dénudé, aucune construction n'y est élevée; on ne doit pas bâtir en face du palais de la reine. Des lignes noires parallèles rayent les hauteurs de ce mamelon; ce sont des fossés profonds creusés dans l'argile par ordre du roi Radama, qui voulait niveler le sommet du mont. Cette entreprise gigantesque n'a pu être continuée. Ambohijanahary est rattaché par une petite crête au massif rocheux de Tananarive.

En suivant cette crête, nous abordons l'extrémité méridionale de la ville. Sur le sommet se trouve le quartier d'Ambohipotsy, au milieu duquel se dresse la flèche d'un temple protestant. Les flancs abrupts de ce versant sont par exception recouverts d'une argile blanchâtre; et les roches superficielles, décomposées en partie, qui apparaissent par places, sont extraites pour fournir des matériaux de construction plus faciles à travailler, sinon plus durables, que le granit.

Continuant à parcourir du regard la ligne des crêtes, nous arrivons, après avoir dépassé le quartier d'Ambohimitsimbina, à l'ancien palais de Ramboasalamy, qui sert aux réceptions et aux fêtes offertes aux étrangers par le gouvernement antimerina; et, tout à côté, à l'ensemble des bâtiments royaux ou *rova*, au milieu desquels se découpe vigoureusement sur le ciel le grand palais de Manjakamiadana, flanqué de ses quatre tourelles et surmonté de son toit aigu, où plane au sommet le *voronmahery*, le faucon malgache, emblème préféré des rois antimerina. Caché par ce grand édifice, est le palais de Masoandro, où habite la reine. Au nord du Manjakamiadana, nous apercevons un édifice de proportions plus modestes : c'est le Tranovola, « palais d'argent », où le premier ministre donne ses audiences. Au-dessous du rova, la paroi rocheuse est verticale, en cet endroit on précipitait autrefois dans la plaine, à plus de 100 mètres de profondeur, certains condamnés à mort.

VUE GÉNÉRALE DE TANANARIVE. (DESSIN DE TAYLOR, GRAVÉ PAR MAYNARD.)

LE PALAIS DE LA REINE.

A gauche du rova on distingue, au milieu des maisons nombreuses du quartier d'Ambohijafy, plusieurs constructions importantes, habitations des principaux officiers de l'armée et de la cour et des grands fonctionnaires. Vient ensuite le palais du premier ministre. Cette vaste construction de forme carrée, ornée aux angles de clochetons, est surmontée d'une grande coupole vitrée. Au nord de ce palais, la colline s'abaisse peu à peu en même temps qu'elle se divise en deux branches, aux versants moins rapides, couverts partout de nombreuses habitations. Dès l'origine de la ramification occidentale dans le quartier d'Ambodinandohalo, on voit les constructions de la mission catholique, que dominent les deux tours de la cathédrale. C'est au-devant de la cathédrale que s'alignent, braqués sur un précipice, une vingtaine de canons sans affûts. Les Antimerina se figurent que ces batteries constituent une défense sérieuse. En réalité elles ne servent qu'à tirer des salves lors des fêtes. A gauche de la cathédrale est le quartier d'Ambatovinaky, avec son église norvégienne et son temple britannique. Puis de nombreuses maisons s'échelonnent en étages successifs et viennent se cacher dans les massifs de verdure qui bordent dans notre voisinage le lac d'Anosy, tandis que, au second plan, apparaissent les hauteurs de la ramification orientale. C'est le quartier de Faravohitra. A l'extrémité se dresse la tour carrée d'un temple.

Enfin, à l'extrême gauche du panorama, le quartier d'Ambohitsorohitra, où se trouvent les bâtiments de la résidence de France.

Si la ville de Tananarive est intéressante à contempler, une promenade dans les rues de cette cité est dénuée d'agréments. Ses voies tortueuses, coupées par des marches élevées, obstruées souvent par de gros blocs de granit, sont pavées par places de pierres anguleuses; parfois la roche massive sert de chaussée, mais le plus souvent on marche sur l'argile ravinée, maintenue sur les pentes trop raides par d'insuffisants barrages. Pour l'Européen, l'usage du filanjana est presque toujours indispensable, s'il veut sortir sain et sauf de ces périlleuses excursions.

Deux rues principales partent du rova. L'une descend vers l'est et après avoir contourné le Palais de Justice, petite construction en pierre de style grec, possède une chaussée pavée avec soin. Ce travail de voirie qui ne s'étend malheureusement que sur une petite longueur, une centaine de mètres, représente le seul progrès réalisé récemment. Bientôt après la rue reprend son aspect primitif et après avoir traversé le quartier d'Ambohitantely, où elle est rejointe par la route de Tamatave qui gravit par des pentes fort raides et des escaliers géants les flancs escarpés de la montagne. Le chemin se dirige ensuite vers le nord en suivant les hauteurs de Faravohitra, puis il descend dans les faubourgs d'Ankadifotsy pour aller à Antanimena traverser les rizières de la plaine et conduire dans les villages voisins.

La deuxième rue principale que nous allons suivre est celle de l'ouest, c'est la plus fréquentée, le boulevard élégant de Tananarive. Tout d'abord en quittant le palais elle passe au milieu des habitations des grands dignitaires et le long des vieilles maisons de bois, rares échantillons des anciennes constructions. Il y a quelque cinquante ans, Tananarive était divisée en deux parties. L'une comprenait les faubourgs et les villages qui couvraient les flancs des collines et certaines parties de la plaine voisine, l'autre, la cité proprement dite, était construite sur les hauteurs de la grande colline, groupant ses nombreuses cases autour des bâtiments royaux. Cette ville haute était environnée, surtout du côté de l'est, de fossés profonds; le versant occidental, presque à pic, rendait superflu ce système de défense; des portes massives donnaient accès dans les rues principales. On remarque encore maintenant quelques vestiges de ces fortifications, et des postes de soldats occupent aujourd'hui dans les voies fréquentées les emplacements des anciennes portes.

Dans cette enceinte primitive on ne pouvait édifier que des maisons de bois; dans les constructions d'alors la pierre, les briques et la terre étaient exclues. Les quelques maisons qui subsistent encore sont d'un joli aspect avec leurs murailles sombres, leurs toits de chaume très aigus et les derniers chevrons des pignons qui dépassent le faîte de deux longues pointes acérées.

Continuant notre marche nous arrivons devant le palais du premier ministre et pendant quelque temps nous longeons une muraille qui soutient la grande terrasse sur laquelle s'élève ce vaste édifice. Après quelques détours sur une pente assez rapide, nous débouchons ensuite sur la place d'Andohalo.

Cet espace triangulaire qui se trouve au point où les deux bras de la colline se divisent est la seule plate-forme de quelque étendue que l'on rencontre dans la ville, encore le terrain descend-il légèrement vers le nord. La place d'Andohalo, comme la plaine de Mahamasina, sert aux assemblées populaires, aux grands kabary; c'est là que le peuple se réunit pour entendre la lecture des messages de la reine et la promulgation des lois; les députations des provinces y attendent avec leurs tributs l'ordre de monter au Palais. Autour de la place le terrain s'étage en amphithéâtre, aussi une foule considérable peut-elle s'y entasser, augmentée encore de nombreux spectateurs groupés sur les terrasses des maisons qui environnent Andohalo. Généralement c'est un lieu de réunion pour les oisifs et les curieux : aussi dans ce nouveau *forum* beaucoup de Malgaches se réunissent pour se raconter les nouvelles du jour. Accroupis sur l'herbe, ils demeurent de longues heures dans cette position qu'ils semblent affectionner particulièrement. Dans la partie centrale de la place, on voit au ras du sol une roche noirâtre qui a ses attributions sacrées comme celle de Mahamasina. Sur cette pierre, le souverain, après une absence de Tananarive, et particulièrement en revenant de son voyage annuel d'Ambohimanga, remerciait le Ciel de pouvoir rentrer en paix dans sa capitale. Au sud de la place se tient un petit marché fréquenté surtout par les soldats de garde au Palais qui viennent s'y approvisionner.

En descendant de la place d'Andohalo l'on arrive bientôt devant la Mission catholique. L'église fort spacieuse est séparée de la chaussée par un lac minuscule; c'est un endroit sacré auquel il est défendu de toucher, ce qui a gêné beaucoup les Pères dans la construction de leur cathédrale. A gauche est une maison de pierre construite à l'européenne, résidence de Mgr Cazet, évêque de Madagascar, à droite les habitations des Pères. L'emplacement accordé à la mission est vaste; il descend jusque sur la plaine de Mahamasina; malheureusement le terrain est en grande partie d'une déclivité telle que maints endroits ne peuvent être utilisés. De l'autre côté du chemin se trouve l'école des Frères.

En quittant la Mission catholique le chemin est dominé à l'est par des constructions importantes. A l'ouest il est bordé par un précipice de 120 mètres de profondeur. De ce côté, sur un petit remblai de roches et d'argile, où poussent quelques *aviavy* centenaires, rares représentants de la végétation arborescente dans les hauts quartiers, gisent sur le sol vingt-cinq canons de fonte qui servent à tirer des salves dans les grandes solennités. D'autres canons aussi délaissés se trouvent encore dans les différents quartiers de la ville haute et sont employés aux mêmes usages. Près du Palais une de ces bouches à feu donne dans la matinée le signal d'exécuter les corvées de la reine, et à neuf heures du soir annonce le couvre-feu.

Le long des chemins que nous suivons sont situés les principaux établissements français et les magasins les plus achalandés; les maisons anglaises et les maisons des missionnaires protestants se sont groupées de préférence sur l'autre branche de la colline, dans le quartier de Faravohitra. En continuant notre route nous traversons les quartiers d'Imarivolanitra et d'Ambatavinaky, nous descendons une rampe assez rapide où le sol est particulièrement mouvementé; après chaque orage cette partie de la voie nécessite quelques réparations urgentes, que l'on fait tant bien que mal, mais qui sont loin d'être

LES VIEUX CANONS.

suffisantes. Près d'un temple protestant deux voies secondaires viennent aboutir à notre rue. L'une au sud descend vers la plaine de Mahamasina, l'autre au nord va dans la vallée que laissent entre elles les deux ramifications de la colline, au quartier d'Analakely. Puis la rue principale sur un terrain plus uni nous conduit au grand marché du Zoma; non loin de nous, sur la gauche, est l'emplacement de la résidence générale de France. En quittant le Zoma, nous traversons le quartier populeux d'Isotry et, après avoir dépassé le tombeau de la famille du premier ministre, on arrive dans les rizières sur la route qui conduit à Majunga.

Ce monument funéraire fut édifié sous le règne de la reine Ranavalona Ire. M. Laborde, qui en fut l'architecte, résidait depuis longtemps déjà à Madagascar, chargé des intérêts de la France, dans les dernières années de ce long règne il s'est rendu populaire dans l'Imerina par les nombreux services qu'il n'a cessé de rendre et les industries variées qu'il a créées dans le pays, toutes choses qui lui donnèrent, et à juste titre, un grand ascendant à la cour. Le tombeau fut construit pour Ramiharo, le ministre puissant de Ranavalona Ire, père de Rainilaiarivony le premier ministre actuel. Le soubassement de l'édifice est formé d'un massif carré de maçonnerie de 20 mètres de côté, au-dessus une immense dalle monolithe recouvre le caveau de la famille, cette dalle est entourée d'arcades, deux colonnes élevées se dressent au nord du monument.

8

A ces deux voies principales viennent aboutir un nombre considérable de rues de moindre importance, ce ne sont que des sentiers tortueux et si étroits que souvent on a de la peine à y passer.

Depuis longtemps Tananarive a perdu l'originalité de ses constructions primitives, les maisons de bois des anciens Antimerina, bâties d'après un style uniforme; les grands palais d'alors, qui étonnaient par leurs dimensions autant que par la grosseur des matériaux employés, ont disparu peu à peu, ou sont cachés sous une enveloppe moderne, qui laisse à désirer parfois sous le rapport de l'élégance. Partout la brique ou l'argile battue. Quelquefois la pierre est maintenant employée, et les constructeurs ont bâti des maisons de types fort variés, copies toujours mal comprises de nos habitations. En général, une maison confortable de Tananarive possède deux étages; les murs en brique cuite ou crue, selon la richesse du propriétaire, soutiennent une toiture de tuiles; une ou deux varangues supportées par des piliers sont établies sur les côtés de la maison. Des portes assez bien faites et des fenêtres vitrées ornent la construction, surmontée toujours d'un paratonnerre. Le peuple habite des cases plus modestes : quatre murs de terre recouverts d'un toit de chaume. Ces maisons, pour ne pas exposer leurs habitants aux vents froids et violents de l'est, ont leurs ouvertures — imparfaitement closes par des volets primitifs — pratiquées dans le mur occidental. Cette coutume que nous observerons toujours dans les villages de l'intérieur est ici tombée en désuétude; l'usage des vitres se répand de plus en plus et cette règle inflexible gênait par trop les nouveaux architectes dans leurs conceptions modernes. Les constructions importantes sont entourées d'une cour plus ou moins vaste, limitée par un mur de pierre ou d'argile; c'est dans cette enceinte que se trouve, à côté de l'habitation principale, la demeure des esclaves ou des gens de service. Les maisons plus ordinaires sont réunies dans un enclos par groupes de trois, quatre ou même davantage; d'autres fois elles s'entassent à côté les unes des autres, ne laissant entre elles que d'étroites ruelles. Ces emplacements ont été conquis en entamant le rocher et en rejetant les déblais sur les pentes pour niveler un peu le sol. Presque partout la ville offre ainsi une succession de terrasses établies sur les flancs escarpés des collines.

On peut évaluer à 100 000 le nombre des habitants de Tananarive. Il faut encore ajouter à cette population sédentaire une population flottante fort nombreuse. Beaucoup d'indigènes sont continuellement en voyage.

Les habitants sont en grande majorité des Antimerina. Si l'on rencontre quelques représentants des autres tribus, ils appartiennent presque tous à la classe des esclaves ou des affranchis. C'est dans la capitale que résident les grands dignitaires du royaume, les nobles et les gens riches de la province, les officiers et les meilleures troupes, puis des Antimerina marchands ou industriels avec leurs esclaves ou leurs serviteurs. L'indigène libre qui cultive la terre habite de préférence les nombreux faubourgs et les villages des environs. Une partie notable de la population est formée par les esclaves des ministres, des princes et des grandes familles : c'est dans cette catégorie que se recrutent principalement les borizano, porteurs de filanjana ou porteurs de marchandises.

Malgré cette grande agglomération d'habitants, la ville est relativement saine. En l'absence des précautions les plus élémentaires de l'hygiène, la position élevée de Tananarive, les vents violents qui dessèchent l'atmosphère pendant plusieurs mois de l'année, les grosses pluies de l'hivernage qui nettoient les hauts quartiers et entraînent dans les parties basses les immondices de toute nature, enfin l'abondance et le bon marché de la nourriture qui rendent la vie facile, contribuent à maintenir la ville dans d'assez bonnes conditions de salubrité.

L'eau est fournie en assez grande quantité par des sources qui jaillissent au pied des collines et sur les flancs des coteaux, mais il faut la transporter dans les différents quartiers, ce qui nécessite des ascensions continuelles et un travail pénible. Aussi l'Antimerina ne se montre-t-il pas prodigue pour sa personne et sa maison de cet élément essentiel de propreté, il économise le précieux liquide et ne s'en sert que pour sa cuisine et sa boisson. Certaines sources donnent une eau de bonne qualité; les autres, ce sont les plus nombreuses, laissent à désirer sous ce rapport, elles se perdent dans des mares stagnantes. Ce sont des femmes esclaves qui vont chercher l'eau. Matin et soir elles assiègent en troupes

LA MONTÉE, DE TANIMANDRY A TANANARIVE.

UN COIN DU ZOMA.

nombreuses les abords des fontaines et y remplissent des cruches de terre aux formes arrondies, d'une contenance de 10 litres environ. Elles les portent sur le sommet de la tête posées sur des petites couronnes de paille, et remontent ensuite en longues files les chemins escarpés de la ville.

A Tananarive, le vendredi est le jour du grand marché. Dès le lever du soleil, toutes les routes qui conduisent à la capitale amènent une foule considérable. Les rues de la ville sont toute la journée remplies de personnes affairées; la population, calme et nonchalante habituellement, semble à cette occasion remuante et agitée. C'est que le Zoma ou marché est non seulement le centre d'approvisionnements de toute nature le plus important de la ville, mais qu'il est encore pour le Malgache un lieu de prédilection où il va volontiers apprendre les nouvelles, discuter les prix des marchandises, s'enquérir des besoins industriels ou commerciaux, chercher de l'ouvrage, enfin rencontrer les amis des villages voisins.

L'institution de ces marchés si nombreux à Madagascar est un trait caractéristique de la vie sociale de l'Antimerina. Il a répandu cette coutume en même temps que son influence dans un grand nombre de provinces. Ces sortes de foires se tiennent dans les villes, dans les villages importants, souvent aussi en pleine campagne au milieu des hameaux disséminés. Les populations trouvent dans ces assemblées un moyen de communications incessantes et peuvent écouler leurs produits et y trouver en même temps les objets qui leur sont utiles. Il est nécessaire d'attendre, il est vrai, le jour du marché, de venir quelquefois de fort loin; mais pour l'indigène ces déplacements et la perte du temps qu'ils entraînent ne comptent pour rien. Les noms des jours de la semaine où sont ouverts ces marchés servent à les désigner.

En approchant du Zoma par la grande rue qui descend d'Ambatovinaky on a de la peine à se frayer un passage dans la foule pressée, des convois arrivent de toutes les directions et partent chargés de produits divers. Il faut se garer à chaque instant des marchandises transportées et pendant que l'on évite une longue pièce de bois qui s'avance menaçante, une botte d'herbes sèches vous frotte vigoureusement ou de grands paniers pleins de volatiles effarés tombent sur vos épaules. Les maisons voisines du Zoma sont occupées par des revendeurs qui profitent de la circonstance pour étaler dans la rue leurs marchandises disparates, ou faire une vente aux enchères qui ne manque jamais d'attirer une cohue. Là, se trouvent les objets les plus divers, vieux habits, étoffes défraîchies, conserves avariées, vaisselle d'occasion et spiritueux frelatés. Puis ce sont les vendeurs de bambous de charge; les borizana, leurs clients, viennent essayer la force et la légèreté de ces bois au grand détriment des passants inattentifs.

Sur le marché, l'animation est très grande, chacun va et vient bruyamment, fait ses offres et ses demandes, vante sa marchandise ou discute longuement la valeur des objets. Des appels, des cris, des vociférations se croisent dans un vacarme assourdissant. Cependant les disputes sont rares. Parfois une grande poussée se produit dans la foule : c'est un voleur que l'on surprend en flagrant délit. Ce malheureux a dérobé quelque chose à un étalage ou a coupé le coin du lamba d'un passant, délit plus grave encore, car c'est là que, dans un nœud de l'étoffe, celui-ci enserre ses morceaux d'argent. Le criminel est entraîné à l'écart et lapidé incontinent. Le Malgache ne pardonne pas le vol commis à son préjudice.

La partie haute du Zoma est couverte de petits abris; un toit de chaume supporté par quatre pieux s'élève au-dessus d'un terre-plein carré qui dépasse légèrement le niveau du sol. Là se tient accroupi le vendeur, surveillant les marchandises amoncelées devant lui. On a de la difficulté à circuler dans les étroites rigoles qui séparent ces boutiques rudimentaires, et souvent, bravant les malédictions, il faut enjamber les étalages. Puis ce sont des amoncellements de poterie, cruches de toutes les formes, jarres à eau, plats en terre rouge et blanche, assiettes à pied vernissé, marmites à riz de toutes les dimensions. Il serait trop long d'énumérer tout ce que l'on trouve dans ce grand marché.

Chaque partie de la place a son affectation spéciale; l'on parcourt successivement le quartier des marchands d'étoffes indigènes et européennes, des chapeliers, cordonniers, vanniers, marchands de meubles neufs et d'occasion, de literie, d'instruments de musique, etc.

Le marché des produits alimentaires est toujours bien fourni. On y voit du riz en grande quantité, du manioc, des patates, des fèves, du maïs, des pommes de terre, des choux, presque tous nos légumes de France et différentes plantes indigènes comestibles.

Lorsque l'on quitte le Zoma, une petite ruelle affreusement ravinée conduit vers le nord sur la place d'Analakely. Une annexe importante du grand marché y est établie pour la vente des animaux vivants. C'est également sur cette place que l'on trouve les madriers destinés aux charpentes et les planches pour la menuiserie. Ces pièces de bois viennent de loin et sont d'un transport difficile, aussi le Malgache a-t-il recours à certaines ruses pour diminuer ses maux. Les planches réunies par paquets d'une demi-douzaine ont une assez belle apparence, mais sans grand examen on reconnaît bien vite la supercherie. Ces planches taillées à la hache dans les arbres de la forêt voisine — un tronc fendu en longueur fournit deux planches — sont amincies patiemment par l'ouvrier qui respecte les bords et les extrémités des plateaux mais creuse la partie centrale dans de fortes proportions. Toutes les pièces de bois vendues sur les marchés sont travaillées de la même façon, elles sont ainsi moins lourdes à transporter, mais se réduisent à rien quand le rabot y a passé. En regagnant la ville par une rue latérale on passe devant des tas de gerbes de *herana*, jonc triangulaire employé pour les toitures et contre des paquets de claies de *zozoro*, plante analogue mais plus forte qui dans les cases pauvres sert de portes ou de cloisons; plus loin on longe des meules d'herbes sèches et des piles de petits fagots. Dans l'Imerina le bois manque complètement; pour cuire les aliments il faut acheter au marché du bois apporté des contrées forestières de l'est. Aussi pour remplacer ce rare combustible la grande majorité de la population se sert des herbes coupées sur les coteaux dénudés de l'Imerina.

Selon l'abondance ou la rareté des produits mis en vente les cours du Zoma sont soumis à quelques fluctuations. Je crois utile de mettre sous les yeux du lecteur certains prix, notés lors de mon dernier passage à Tananarive à la fin de l'année 1890. Ces renseignements serviront à établir sans qu'il soit besoin d'y revenir dans la suite les conditions exceptionnelles de bon marché où sont livrées à Madagascar les productions du pays; encore faut-il remarquer que partout, dans l'intérieur de l'île, ces prix diminuent dans de notables proportions pour devenir dérisoires dans les provinces méridionales où l'argent n'a plus cours.

MARCHÉ DE TANANARIVE DU 31 OCTOBRE 1890.

	Francs.		Francs.
Riz décortiqué blanc, les 16 kilogr.	2 70	Canard	0 40
Riz décortiqué rouge, les 16 kilogr.	1 50	Canard de Barbarie	0 50
Riz brut, les 16 kilogr.	0 65	Pigeon, la paire	0 50
Bœuf gras, vivant	63 30	Œufs, la douzaine	0 20
Mouton vivant	3 30	Choux	0 25
Cuisse de bœuf entière	15 60	Paquet anamamy (morelle)	1 15
Rosbif entier	1 »	Paquet anatsonga (chou de Chine)	0 90
Filet de bœuf entier	0 80	Paquet anamahalo (cresson de Para)	0 80
Gigot de mouton entier	1 »	Farine malgache (blé), les 50 kilogr.	41 65
Jambon entier	1 45	Peaux de bœufs, les 50 kilogr.	22 50
Lait, le litre	0 15	Peaux de mouton, la pièce	0 65
Poulet petit	0 20	Bois de charpente, de menuiserie	Divers.
Poulet gros	0 35	Bois à brûler, le petit paquet	0 20
Poule grasse	1 »	Herana pour toiture, les 12 pièces	0 20
Dinde	1 45	Paillote de zozoro, les 4 pièces	0 25

Parmi les principales marchandises étrangères qui ont à supporter des frais considérables de transport pour être amenées à Tananarive, citons :

	Francs.		Francs.
Farine européenne, les 50 kilogr.	32 10	Indiennes américaines, les 24 yards	13 75
Sel, les 50 kilogr.	23 75	Indiennes anglaises, les 24 yards	10 40
Toiles écrues, les 40 yards .... Maximum.	19 50	Indiennes allemandes, les 24 yards	10 »
Toiles écrues, les 40 yards .... Minimum..	12 90	Patnas, les 6 yards	1 35
Toiles blanches, les 40 yards ...... Maximum.	18 65	Flanelle couleur, 1 yard	0 20
Toiles blanches, les 40 yards ...... Minimum..	13 30		

Il me faut encore citer avec plus de détails, parmi les cotonnades écrues et de couleur qui se vendent au marché, les suivantes :

Antarctic, 40 yards	3 75	Calvert, 40 yards	3 66
Augusta, 00 yards	3 62 1/2	Buck Head	3 87 1/2
Bangor A, 30 yards	2 60	*Toiles blanches.*	
D° F. 40 yards	2 60		
Bennington F.	3 87 1/2	F. Destienne, 6 cour. 40 yards	3 87 1/2
Cabot	3 87 1/2	D° 5 — » —	3 87 1/2
Clifton Mills	3 87 1/2	D° 5 — 24 —	3 87 1/2
De Witt mufg co	3 84	D° 6 — » —	3 87 1/2
Garfield X	3 84	D° 4 B. 40 —	3 87 1/2
Great Falls	3 84	D° 5 B. » —	3 87 1/2
Kelilambana	2 60	D° Mamba » —	3 87 1/2
Kintana	3 87 1/2	Andriamasinavalona 4 B. 40 yards	3 50
Kintana (R. Sarrante) XXX	3 87 1/2	Lalouette et Dupré D° » —	3 62 1/2
Leyman Mills	3 52	J. Andrianisa D° » —	3 50
Massachussetts	2 60	Lion Ibrahim Ismaël D° » —	2 50
Our Level Best	2 60	Buquet et Bonnet D° » —	3 50
Pelzer A	2 60	I. Dupuy 4 B. 40	3 71
D° W	2 60	A. Wilson D° » —	3 66
Ranavalona	2 60	R. Sarraute D° » —	3 73
Madagascar	2 60	D° N° 882 » —	2 54
Mangasoatra	2 60	D° N° 882 24 —	1 54
Miaramila	2 60	D° N° 880 » —	1 54
Mpamono Voag	2 60	D° N° 884 » —	1 54
Lohomby B		P. Aitken 4 B. » —	1 54
Toamasina Kelilambana, 24 yards	1 00	Proctor Bros » » —	3 50
D° Kelilambana	1 00	Tafondro Procter Bros » —	2 50
Lambrano, 16 yards	1 33	Sogafotsy » 40 —	3 00
D°	1 33	Sambokely » 24 —	1 37 1/2

Les prix de ces cotonnades sont marqués en piastres (de 5 francs) et en centièmes de piastre.

L'industrie la plus importante de Tananarive est la fabrication des lamba de soie ou de coton. Ce sont les femmes qui font ce travail. Avec de la soie du pays ou de provenance étrangère, elles tissent des lamba de luxe qui atteignent souvent un prix fort élevé, plusieurs centaines de francs. Ces lamba sont rayés de couleurs vives, où un violet criard prédomine malheureusement trop souvent. Des dessins habilement tissés, de manière à paraître des deux côtés de l'étoffe, représentent des fleurs, des feuilles, des motifs divers.

Avec du coton obtenu en effilant des calicots d'importation on fabrique des lamba moins coûteux. Il existe de nombreux genres de lamba. Parmi les principaux, citons : le *lamba-mena* en soie indigène, tissu d'un rouge sombre avec bordures noires; le *lamba-piraka* est analogue, mais ses extrémités sont semées de petites perles d'un alliage d'argent ou d'étain; ces vêtements sont portés dans les grandes cérémonies nationales, ils servent aussi à envelopper les morts. Une variété nommée *arindrano*, qui présente un fond de cotonnade blanche traversée de bandes noires, est portée le plus souvent par la classe bourgeoise. Quelques-uns de ces lamba de soie ou de coton, tissés d'après des modèles anciens, ont une valeur réelle; mais aujourd'hui les artistes désireux de vendre leurs produits aux Européens de passage ont abandonné peu à peu les anciennes modes pour imiter les papiers peints et surcharger leurs soieries de dessins d'un goût douteux.

Dans les autres industries, et elles sont nombreuses, puisque tous les corps de métiers y sont représentés, on chercherait vainement une production originale. Ainsi des objets d'or et d'argent travaillés avec patience par les indigènes, des broches, des boucles d'oreilles, des bracelets, des chaînes, ne sont que des imitations de nos bijoux d'Occident. L'Antimerina est devenu habile dans les professions que lui ont enseignées les blancs.

En même temps que sous l'influence des étrangers l'aspect général de la ville s'est modifié, la population a subi des changements corrélatifs dans ses habitudes extérieures. Là encore, la cause principale de cette évolution a été la faculté d'imitation que possède l'Antimerina à un si haut degré. Suivant sa richesse, l'habitant se fera construire une maison comme celle du *vazaha* (du blanc, de l'étranger), voudra vivre comme lui, cherchera à prendre au moins l'apparence de ses mœurs et de ses coutumes, ira dans ses temples ou dans ses églises et surtout adoptera son vêtement. Aussi peut-on voir dans les rues de la capitale les costumes les plus variés. Les riches sont mis avec recherche, chapeau haut de forme, redingote et pantalon noirs, cravate voyante, bottines vernies; quelques-uns portent de préférence un complet de haute fantaisie. Chez les bourgeois moins fortunés, ces vêtements européens perdent graduellement leurs parties constituantes. La veste manque généralement la première, puis le gilet. L'indigène conserve le pantalon, les brodequins, et il se drape dans le lamba traditionnel; il appartient alors à la petite noblesse ou au monde commerçant. La jeunesse des écoles a une prédilection marquée pour le caleçon, les bas de laine et les souliers de toile; certains mondains cachent ces dessous avec une sorte de robe de chambre en flanelle à grands carreaux. Enfin, dans le peuple, les artisans et les petits propriétaires qui ne peuvent s'acheter des chaussures ont le pantalon de laine ou tout au moins la chemise de couleur. Les borizana eux-mêmes portent le chapeau de paille, transformation première du costume malgache, apporté depuis longtemps déjà à Tananarive et sur la côte betsimisaraka. Seuls, au milieu de toute cette population, les soldats amenés des parties reculées de l'Imerina et quelques esclaves attachés à la culture des rizières portent le vrai costume antimerina.

Les femmes recherchent aussi les modes européennes; mais les prix élevés des confections importées ont restreint le nombre des élégantes de Tananarive. Cependant certaines dames de la haute noblesse ont des toilettes tapageuses, et dans la bourgeoisie, les robes de soie, les chapeaux voyants, les souliers de luxe, se remarquent fréquemment. L'usage du corset commence à se répandre dans la grande société.

Mais c'est aux jours de fêtes et dans les cérémonies qu'on observe surtout ce goût du riche Antimerina pour les vêtements des *vazaha*. Je me rappelle avoir rencontré dans la rue d'Ambatovinaky une noce qui sortait du temple où le pasteur venait de donner la bénédiction nuptiale aux jeunes époux. En tête du cortège, le filanjana de la mariée, qui, parée d'une élégante robe de satin blanc et coiffée à l'européenne, portait une chaste couronne d'oranger! Son noble époux la suivait en frac, cravate blanche, un bouquet à la boutonnière, puis la famille et de nombreux invités; tous mis à la dernière mode et qui n'eussent pas été déplacés sur nos boulevards parisiens [1].

Je ne m'étendrai pas davantage sur les habitudes extérieures de l'habitant de Tananarive. Sans doute, il a conservé quelques-unes des anciennes coutumes de ses pères, mais elles sont dissimulées sous des dehors factices et nous les retrouverons plus apparentes chez les populations des campagnes en parcourant la province de l'Imerina.

Jusqu'à ces dernières années l'élément européen était surtout représenté à Tananarive par les missions religieuses. Des pasteurs anglais s'y établirent les premiers vers 1820, y convertirent au protestantisme la majeure partie de la population et aujourd'hui les cultes des églises indépendantes méthodistes et anglicanes sont célébrés dans de beaux temples où se pressent de nombreux adeptes. Plus tard en 1855 des missionnaires français, les R. P. Jésuites vinrent enseigner le catholicisme et depuis ils ont rallié à leur cause une forte minorité. Ils possèdent à Tananarive une jolie cathédrale, des églises, des établissements importants où des sœurs de Saint-Joseph de Cluny et des Frères des écoles chrétiennes les aident dans leur tâche difficile. Enfin, en 1866, le personnel des missions a été augmenté par des pasteurs luthériens venus de Norvège. De sorte qu'à l'heure actuelle tous les habitants sont instruits dans les principes du christianisme, qu'ils professent à leur manière, comme nous le verrons ultérieurement.

ÉLÉGANTES DE TANANARIVE.

Cependant l'évangélisation n'a pas été la seule préoccupation des missionnaires; sous leur influence, d'immenses progrès ont été accomplis, l'instruction surtout y a gagné. Aussi voyons-nous dans la ville s'élever autour de l'église et du temple de nombreuses écoles où se distribue une instruction élémentaire et aussi des collèges où se forment les instituteurs indigènes; comme ceux de Faravohitra de la mission anglaise et d'Ambohipo des R. P. Jésuites. De plus, les besoins de l'enseignement amenèrent les missionnaires à créer dans leurs maisons des industries telles qu'imprimerie, menuiserie, forge où leurs élèves puisèrent les notions d'une instruction technique variée. Enfin des établissements charitables furent ouverts, entre autres l'hôpital anglais d'Analakely et les maisons de refuge pour les lépreux, construites par les Pères à quelques kilomètres à l'est de la ville. Toutes ces sociétés religieuses ont

---

1. La vérité m'oblige à dire que ces riches Antimerina y seraient quelque peu remarqués. Leur attitude pleine de suffisance, leur pose, leur maintien sont d'un ridicule achevé; malgré leur orgueil à se parer de nos habits de cérémonie, ces primitifs ne se dépouilleront jamais pour un observateur exercé de leur port simiesque qui, malgré leurs efforts, les dénonce partout.

des postes secondaires dans la province de l'Imerina et du Betsileo et dans d'autres territoires, même sur les côtes les plus lointaines, où, dès 1540, des tentatives avaient été faites par des prêtres catholiques.

Pendant que les missionnaires répandaient ainsi chez les Antimerina l'instruction et les initiaient d'autre part aux principales industries, ils contribuaient dans une large mesure à étendre les connaissances que nous possédions sur Madagascar. Les règles encore mal assises de la langue antimerina étaient étudiées dans des ouvrages importants, comme les dictionnaires du P. Abinal et du R. Richardson. De son côté, la géographie s'augmentait de leurs travaux et en même temps que le P. Roblet faisait avec soin la carte des provinces centrales, des pasteurs protestants parcouraient le pays, notamment dans le sud où les R. R. Richardson et Nilsendlund traversaient des régions jusque-là inexplorées. Des légendes et des traditions étaient aussi recueillies par le P. Callet et maintenant encore la mission anglaise publie dans une revue annuelle des articles scientifiques intéressants et variés. Enfin un jésuite, le P. Collin, vient d'arriver à Tananarive pour y diriger un observatoire appelé à rendre les plus grands services.

Voilà pour l'élément religieux. Quant à la colonie laïque étrangère, qui ne se composait autrefois que des consuls ou quelques officiers et ingénieurs employés par le gouvernement antimerina, elle est devenue assez importante dans ces dernières années, car elle compte environ deux cents individus dont plus des deux tiers sont Français. Il est vrai que cette augmentation est due en grande partie au personnel de la Résidence de France, aux services qui y sont rattachés, et surtout à la garde d'honneur du résident général, composée d'une soixantaine d'hommes d'infanterie de marine; seules troupes que les traités nous permettent d'entretenir à Madagascar en dehors de nos territoires coloniaux, Nosy-Bé, Sainte-Marie et Diego-Suarez.

Les autres Européens établis dans la capitale sont presque tous des représentants des grandes maisons de Tamatave. Ils ont des magasins assez bien approvisionnés et font le gros commerce; le détail est entre les mains de quelques créoles de Maurice et de la Réunion et des marchands indigènes.

C'est dans le quartier d'Ambohitsorohitra, comme je l'ai dit plus haut, que s'élèvent les bâtiments de la résidence générale. On y accède par une ruelle qui se détache de la grande rue du Zoma. Sur un vaste terrain loué par le premier ministre au gouvernement français les maisons s'étagent en trois gradins successifs. Une partie de la plate-forme supérieure est occupée par deux maisons en briques destinées aux bureaux et aux logements des fonctionnaires. Le résident général habite provisoirement celle de l'ouest en attendant la construction prochaine de l'hôtel qui lui est destiné et qui doit s'élever en avant de ces deux bâtiments. La deuxième terrasse est une cour servant de champ de manœuvre aux soldats de l'escorte. Leur caserne y est construite sur l'un des côtés. Enfin le terrain en contre-bas est réservé aux maisons des officiers et des interprètes français et aux jardins qui s'étendent jusqu'au lac d'Anosy.

Le 1er avril, j'étais présenté au premier ministre par M. Le Myre de Vilers, qui après lui avoir expliqué le but de notre mission lui demandait de favoriser nos voyages dans l'île. Cette audience me faisait entrer pour la première fois dans le palais de la reine et me mettait aussi en présence de la plus grande personnalité de Madagascar.

Rainilaiarivony, premier ministre et commandant en chef, est de par la loi l'époux obligé de Sa Majesté Ranavalo Manjaka III, il exerce le pouvoir suprême depuis plus de vingt-sept ans. Rainilaiarivony est un homme d'une soixantaine d'années, de taille peu élevée et d'apparence délicate; ses traits sont réguliers, son teint foncé et ses cheveux ondulés attestent son origine bourgeoise. Sous des dehors modestes et sous une apparente bonhomie il cache un esprit souple et délié, une fourberie peu commune et surtout une volonté inébranlable. Depuis 1864 il a vu se succéder au trône les reines Rasoherina, Ranavalona II et Ranavalona III et cependant, par une politique extrêmement habile et tout asiatique, il a su conserver la toute-puissance.

C'est dans le Tranovola, la deuxième construction du rova royal, que me reçut le premier ministre.

L'ensemble des bâtiments royaux est groupé sur une terrasse à peu près carrée d'une centaine de mètres de côté et soutenue par une muraille maçonnée, sur laquelle un petit mur à hauteur d'appui sert de clôture. Dans le prolongement de la grande rue et du côté du nord, on arrive par une dizaine de marches à la porte principale du rova. Cette entrée est un portique flanqué de colonnes et surmonté d'un *voronmahery* de bronze; au-dessous de l'oiseau royal est encastré dans la pierre un grand miroir. Quelques soldats défendent l'accès du rova; ces troupes du palais ne sont guère supérieures aux soldats loqueteux que l'on rencontre dans les autres postes de la ville, et ne s'en distinguent que par leurs uniformes bizarres, vieilles tenues d'Europe où dominent les vestes rouges [1].

Après avoir franchi la porte, on pénètre dans une cour assez vaste, pavée, à peu près, de gros blocs de granit; à gauche, les tombeaux de Radama Ier et de Rasoherina, puis le Tranovola, en face du grand palais de Manjakamiadana.

Les tombeaux de Radama Ier et de Rasoherina, devant lesquels il faut se découvrir — ainsi le veut la tradition, — sont des massifs de maçonnerie surmontés de petites maisons sans portes ni fenêtres, dans lesquelles on a déposé des vivres et des vêtements pour l'usage du mort. Des objets précieux et de grosses sommes d'argent sont enfouis au-dessous dans le caveau.

Le grand palais de Manjakamiadana fut construit par M. Laborde sous le règne de Ranavalona Ire. Cet édifice mesure 35 mètres de long sur une largeur un peu moindre et une élévation d'une quarantaine de mètres. Le toit, très rapide, a plus des deux cinquièmes de la hauteur totale. Le palais comprend trois étages, tous entourés de galeries, qui sont formées de sept travées avec arches cintrées sur le grand côté, de cinq sur le petit. Quatre tours carrées s'élèvent aux angles. Construites en pierre ainsi que la muraille extérieure, elles sont de date récente. Ce revêtement de maçonnerie a fait perdre à l'ancien bâtiment son cachet primitif. Le vieux palais, en effet, entièrement édifié en bois, est remarquable par les dimensions colossales des diverses pièces de charpentes, presque toutes d'un morceau, dont il est composé. Il a fallu un travail

RAINDIANANABÉ.

énorme pour amener au sommet de la colline ces bois volumineux. Un toit élevé recouvre l'édifice; sur chaque face il est orné de trois étages de mansardes et surmonté d'un *voronmahery* gigantesque. Les fenêtres sont petites et peu nombreuses; elles se distinguent difficilement derrière les vérandas. Au milieu du palais un immense pilier, traversant tous les étages, s'élance jusqu'au faîte, qu'il soutient après avoir pris son point d'appui dans une grande salle du rez-de-chaussée où, tous les ans, se célèbre le *Fandroana*, la fête du bain de la reine. Cette énorme colonne de soutien, qui doit avoir près d'un mètre de diamètre et qui occupe le centre de la pièce, est dissimulée derrière une boiserie qui la fait paraître encore plus volumineuse.

Le *Tranovola*, « Maison d'argent », fut construit pour le prince Rakoto, fils de Ranavalona Ier. Il doit son nom à une ancienne maison royale qui avait le même emplacement et dont les clous et les serrures étaient en argent. Le Tranovola, quoique dans des proportions réduites, est absolument analogue au Manjakamiadana; il n'a que deux étages. Mais son architecture est plus soignée, il a conservé son originalité première. Rainilaiarivony donne ses audiences dans la vaste salle du rez-de-chaussée. Cette

---

[1]. Cependant les Antimerina sont bien fiers de ces « gardes de la Reine », malheureux en guenilles la plupart du temps et qui revêtent les jours de grande cérémonie de vieux uniformes anglais étrangement disparates. Ces soldats qui sont 200 à peine sont appelés les *Invincibles*! Sur le papier et dans les discours ils sont plus de 50 000.

pièce, élevée de plafond, est étrangement meublée. A gauche de la porte, une table et quelques fauteuils réservés au premier ministre et à ses secrétaires; dans le reste de la salle, plongé dans une demi-obscurité, apparaissent les objets les plus curieux : sur des tables ou des consoles, des pendules, des vases de Sèvres, des orgues de Barbarie, des boîtes à musique, des jouets mécaniques. Les murs, peints en haut de couleurs sombres, tapissés en bas d'un papier reproduisant les campagnes d'Afrique du maréchal Bugeaud et des épisodes de la guerre de Crimée, sont ornés de glaces, dans les intervalles desquelles les portraits de la reine Victoria, de Napoléon III et de l'impératrice Eugénie s'étalent à côté de nombreuses lithographies coloriées.

A l'est du grand palais et derrière le Tranovola se trouve une maison de pierre de construction plus récente : c'est le palais de *Masoandro*, la résidence de Ranavalona III. Ce bâtiment, qui ne rappelle en rien l'ancienne architecture malgache, est mieux disposé sous le rapport du confort que les édifices voisins, et l'ameublement plus moderne est de meilleur goût. On remarque encore, au sud des grands palais, plusieurs petites constructions; ce sont des tombeaux des anciens rois ou quelques cases bâties sous les règnes précédents, soit pour abriter les idoles, soit pour loger le souverain, qui, suivant un ancien usage, tenait à faire construire sa propre demeure dans l'enceinte du rova. Enfin, du côté oriental, sont les jardins, et vers le sud la chapelle de la reine.

Quelques jours après notre arrivée à Tananarive, nous avions loué, non loin de la résidence, une maison modeste mais assez confortable, où nous pouvions nous livrer librement à nos occupations variées. Le propriétaire, un vieil Antimerina nommé Rainimananabe, avait consenti, moyennant 10 piastres par mois, à nous louer son immeuble.

Le temps passait vite. Des promenades multipliées dans la ville et dans les environs occupaient tous nos instants.

Pour les étrangers ces nombreux déplacements nécessitent un personnel considérable, mais qui à la vérité n'est pas ruineux. Car à Tananarive un borizana reçoit par mois 10 francs auxquels on ajoute un *loso* (2 fr. 50) pour sa nourriture mensuelle, et cette solde suffit à l'indigène pour pourvoir à tous ses besoins et entretenir son ménage.

Cependant avril touche à sa fin. Les pluies et les orages ont diminué de fréquence. La saison sèche commence dans ces hautes régions, aussi nous préparons-nous à partir.

Rainivoavy nous a rassemblé cinquante-quatre porteurs, et avec notre fidèle Jean Boto nous quittons la capitale le 29 avril pour aller visiter la province de l'Imerina.

C'est par une reconnaissance préalable du pays des Antimerina que nous voulons commencer nos voyages à Madagascar.

MAISONS DU LAC ANOSY.

UN FANATAOVANA.

CHAPITRE III

La province de l'Imerina. — Aspect général. — Ankadivavala. — Le massif de l'Ankaratra. — Ankisatra. — Passage de l'Onive. — Sarobaratra. — Tsinjoarivo. — Un *fanataovana*. — Habitants du Vakinankaratra oriental. — Hameau de Bemasoandro. — Les *Vazimba*. — Soandrarina. — Le Vontovorona. — Antsirabe. — Vallée de l'Amboavato. — Les pierres levées. — Ambohiponana. — Village d'Isandra. — Le volcan de Tritriva. — La légende du Lac.

FEMME PORTANT SON ENFANT.

La province de l'Imerina ou Ankova comprend tout le nord du massif central de l'île dont la partie méridionale est occupée par la tribu des Betsileo. Le pays des Antimerina, divisé en dix gouvernements politiques, n'a pas de limites très précises, on peut cependant évaluer sa superficie à 25 000 kilomètres carrés et sa population à un million d'habitants.

Le sol de l'Imerina est étrangement mouvementé et la dénomination de région des hauts plateaux par laquelle on désigne quelquefois cette contrée n'est pas très exacte — quoique consacrée par l'usage, — les espaces plats sont rares au milieu de ce terrain accidenté. En effet la grande chaîne de partage des eaux, que nous avons traversée à Ankeramadinika et qui à cette hauteur limite l'Imerina du côté de l'Orient, vient plus au sud, abandonnant sa direction générale, pénétrer dans le centre de la province et y former les monts Ankaratra, les plus hauts sommets de Madagascar. De là, cette ligne de faîte revient peu à peu vers le sud de l'Ankova reprendre son orientation primitive. Ainsi la région est soulevée par les plus hautes montagnes de l'île et par les chaînons secondaires et les nombreux contreforts qui s'en détachent dans toutes les directions.

D'innombrables ruisseaux prennent naissance dans ce pays montagneux. Les uns vont devenir les grands fleuves du versant occidental, les autres se jettent dans le Mangoro, tributaire de la mer des Indes.

Malgré cette richesse en eaux vives, la végétation de l'Imerina est loin d'être luxuriante. Si, parfois, en plongeant dans les vallées, l'œil est réjoui par le spectacle d'une fécondité due à l'intervention de l'industrie humaine, il n'a plus devant lui que l'aridité et la désolation quand il se relève sur les coteaux couverts d'une herbe courte et rare que percent çà et là des blocs de granite. Peu souvent quelques chétifs buissons enfoncent leurs racines dans ce sol lavé par les pluies et privé de terre végétale; on ne voit pas un arbre à plusieurs kilomètres à la ronde.

Tel est l'aspect général du pays des Antimerina. En le parcourant, nous verrons que les deux caractéristiques de ces régions : l'état bouleversé du terrain et l'absence presque totale de végétation active et spontanée, sont plus fréquemment exagérées qu'amoindries.

Dans la journée du 29 avril une petite étape nous avait conduits, en dehors des environs immédiats de Tananarive, au village d'Ambohimana. Le 30, au matin, nous nous mettons en route dans la direction des monts de l'Ankaratra et à la tombée de la nuit nous arrivions aux pieds des hauts sommets, au hameau d'Ankadivavala.

Nous sommes là dans une contrée presque déserte qui contraste vivement avec le pays peuplé que nous avons traversé en quittant Tananarive. De loin en loin on aperçoit sur les mamelons dénudés quelques huttes d'argile. Ankadivavala, avec ses huit maisons sales et misérables, est le plus gros village de la région.

La case la moins exiguë, celle dont nous prenons possession, est l'église. Cela nous vaut la visite de tous les indigènes qui viennent en foule protester de leurs bons sentiments, de leurs fermes croyances, et nous demander par suite force cadeaux pour soutenir leur foi. Nous les renvoyons, non sans peine, surtout un jeune néophyte qui, chargé d'appeler les fidèles à la prière, voulait une montre pour lui permettre de sonner la cloche aux heures convenables. Débarrassés de tous ces mendiants [1], nous pouvons enfin prendre quelque repos, de courte durée, hélas! Le sonneur s'est vengé en venant plusieurs fois nous demander avant l'aube s'il était l'heure de tinter l'angélus.

Dans la journée, pendant que mes compagnons étudiaient dans les environs la faune et la flore qui ne paraissaient leur promettre qu'une récolte peu abondante, j'allais visiter la montagne.

Le massif de l'Ankaratra est formé au centre de l'Imerina, comme je l'ai dit plus haut, par une incurvation vers l'ouest de la ligne de partage des eaux. Ces sommets élevés de 2000 à 2700 mètres sont échelonnés du nord au sud sur une longueur d'environ 50 kilomètres. Séparés par des vallées peu profondes, ils ont l'apparence de ballons; les pentes argileuses et peu rapides sont gazonnées, les émergences rocheuses sont rares, si ce n'est sur les plus hautes cimes. Aussi ces monts, les plus élevés de Madagascar, qui s'étagent peu à peu au-dessus des collines, déjà d'une altitude considérable (1600 mètres, en moyenne), du pays des Antimerina, n'ont pas l'aspect imposant des monts rocheux et des mornes déchiquetés qui surgissent dans les plaines du sud Betsileo. La structure géologique du massif de l'Ankaratra apparaît difficilement sous l'épaisse couche d'argile qui recouvre toute la contrée. Aux pieds des monts, le gneiss fondamental est traversé en maints endroits par des éruptions granitiques, sur les flancs ce sont des coulées de basaltes, de roches trachytiques formant principalement les crêtes et les cimes élevées.

Le soir, je regagnais le village où je trouvais mes compagnons. Leurs patientes recherches n'avaient pas été vaines. Ils rapportaient une gerbe de fleurs, échantillons modestes et rares de la végétation herbacée de l'Ankaratra.

Rainivoavy me présente deux guides qui nous conduiront demain sur le Tsiafajavona, le plus haut sommet de l'Ankaratra. Ces indigènes consentent à nous accompagner si nous promettons de n'emporter ni graisse de porc, ni oignons. Ainsi le veut la coutume. Le dieu de la montagne frapperait des plus affreux malheurs le mortel assez téméraire pour enfreindre cette défense. Aussi les guides ne veulent pas s'exposer à ces châtiments terribles et, s'ils se contentent de notre parole, ils obligent nos porteurs

---

1. Le primitif est toujours quelque peu mendiant vis-à-vis du civilisé. L'Antimerina possède au plus haut point cet attribut des races inférieures.

à faire une lessive générale de leurs vêtements qui pourraient être maculés de graisse. Les hommes passent donc une partie de la nuit occupés à cette besogne; le lendemain matin, drapés dans leurs *lamba* blancs, ils apparaissent superbes parmi les habitants sales et déguenillés d'Ankadivavala. Ces Antimerina ne vont pas souvent sur le Tsiafajavona.

La matinée est fraîche et brumeuse, + 11°. Les basses températures que l'on observe pendant les premières heures du jour dans les régions élevées du centre de l'île sont mal supportées par les indigènes. Insuffisamment protégés par des vêtements de toile ou de cotonnade, ils ne peuvent se garantir

VILLAGE DES ENVIRONS DE TANANARIVE.

du froid et se renferment dans leurs maisons pour éviter les brouillards de la saison sèche. Il faut des circonstances graves pour leur faire quitter le logis. Les guides s'étonnent de notre curiosité. Elle est maudite par les hommes qui grelottent dans leurs *lamba* humides.

Dès l'aube nous quittons Ankadivavala (1 730 mètres). Gravissant pendant deux heures des rampes douces, nous nous élevons peu à peu sur les premiers épaulements du massif, puis nous trouvons sur notre route les arêtes des contreforts qui constituent aux grands sommets de l'Ankaratra un piédestal gigantesque, ce qui nous oblige à une série interminable de montées et de descentes. Le brouillard est devenu intense. Ici l'herbe est jaunie par les premiers froids, çà et là un chétif aloès croît sur un tertre gazonné, il prend dans la brume des formes étranges. Quelques flaques d'eau croupissent dans des ravins sans issues. Pas un oiseau, pas un insecte, nul bruit dans ces solitudes. Mais nous avons franchi les mamelons rapprochés, nous atteignons maintenant les versants des grands monts. A 10 heures, au sortir du brouillard, le faîte de l'Ambohijamba se découpe tout à coup devant nous dans un ciel sans nuages. En quelques minutes, la cime en est atteinte (2 460 m.), il ne nous reste plus qu'à contourner le Tsiafakafo pour aborder enfin la rampe plus rapide qui nous mènera sur le Tsiafajavona. Encore un effort sur les roches glissantes qui apparaissent maintenant par places. Nous sommes au sommet (2 640 m.); il est 12 heures 30. La vue devrait s'étendre fort loin de l'endroit où nous sommes, si le géant de l'Ankaratra, ainsi que son nom l'indique, n'avait pas, pour les gens de la plaine, son sommet perdu dans la brume. Sur nos têtes, un soleil radieux; à nos pieds, le cône émerge du brouillard et des petits nuages blancs, qui se pelotonnent et s'accrochent aux flancs de la montagne, dérobent à nos regards les cimes avoisinantes. Cependant, vers l'ouest, à travers une déchirure de ce voile nuageux, nous voyons scintiller au loin la nappe argentée du lac Itasy. Avant de quitter le Tsiafajavona, deux amas de pierres attirent notre attention, nous voulons nous en approcher, mais les guides viennent nous supplier de n'en rien faire. Les tombeaux des Vazimba sont *fady*, il est défendu d'y toucher et personne ne veut nous renseigner sur leur origine.

Le mot *fady* joue un grand rôle à Madagascar; il détermine ce qui est sacré, défendu, inviolable ou frappé d'interdit; ce qualificatif, absolument analogue au *tabou* des Océaniens, s'applique aussi bien aux personnes qu'aux choses; soit à tout jamais, soit au contraire pour un temps limité. Selon que le *fady* est bon ou mauvais, l'individu qui en est frappé bénéficie d'un caractère sacré, n'est pas astreint à une loi du royaume, est exempt de certaines obligations ou bien au contraire voit toujours peser sur lui une destinée malheureuse, reste soumis toute sa vie à une pénible tâche ou doit supporter dans l'avenir une privation quelconque. C'est le *fady* originel; il peut être aussi accidentel. Prononcé alors, soit par une puissance divine qui dans une révélation fortuite ou provoquée fera connaître sa volonté, soit par les rois ou les chefs de tribu, qui usent fort adroitement de ce moyen pratique et commode de gouverner leurs sujets[1].

Le 3 mai, nous quittons le village d'Ankadivavala et marchant vers le sud nous longeons les flancs de l'Ankaratra. Les mamelons s'élargissent, leurs sommets aplatis et de même élévation semblent former devant nous un plateau continu où l'herbe jaunie ondoie au gré du vent. Apparence trompeuse; maintes fois des ravins s'ouvrent sous nos pas. Il faut descendre un escarpement rapide, s'embourber dans une fondrière et remonter par un versant abrupt sur le coteau suivant. Pas un village. De loin en loin une maison isolée abrite les gardiens des troupeaux de bœufs que nous rencontrons quelquefois. Les cultures sont rares, des champs de maïs et de manioc, peu de rizières, cependant dans les vallons abrités, plusieurs chenevières.

Le chanvre est cultivé dans les régions élevées (1 500 à 2 000 m.) qui environnent l'Ankaratra, principalement au nord et à l'ouest du massif montagneux, parties abritées des grands vents du sud-est. La plante textile, récoltée avant la fin de la saison des pluies, est décortiquée en cassant la tige et en tirant les fibres à la main sans rouissage préalable; parfois les indigènes font bouillir les brins pour faciliter l'opération. Le procédé malgache du filage, qui s'applique aussi bien au chanvre qu'à la soie, au coton, est des plus primitifs : il consiste à tordre les fibres en les frottant de la main sur la cuisse. Lorsque les brins se lient facilement par la torsion comme la soie, le coton, le fil obtenu est enroulé sur un fuseau, *ampela*, simple baguette traversant près de son extrémité un disque de bois. Pour le chanvre et le raphia, l'ouvrier se contente souvent de nouer les fibres tordues les unes au bout des autres, il obtient un fil court et plein de rugosités. Le fil de chanvre ainsi préparé est souvent blanchi par une coction prolongée avec des cendres de roseaux ou avec une bouillie de farine de riz. Du tissu grossier ainsi fabriqué avec le fil de chanvre on confectionne les *lambarongony*, vêtements presque exclusifs des populations

---

1. Il est à remarquer en effet combien souvent, à Madagascar, les roitelets et les chefs des différentes tribus usent et abusent du *fady* aussi bien contre leurs sujets que contre les étrangers. Les Antimerina sont absolument prodigues de ce système administratif venant en maintes circonstances paralyser les efforts de tout étranger qui tente d'introduire chez ces primitifs un perfectionnement quelconque. Le *fady* est là, il ne faut l'enfreindre, mieux vaut laisser les choses en état. On comprend sans peine qu'avec un pareil état de choses, tout effort, toute tentative faite par un étranger, qui ne plaît pas au gouvernement antimerina, doive échouer misérablement. La superstition des indigènes est plus puissante que tous les raisonnements, elle résiste à toutes les pressions, la force seule peut en triompher.

pauvres de l'Imerina. Un *lambarongony* large de 1 m. 30, long du double, vaut environ trois *kirobo* (3 fr. 75), son tissage a nécessité à une ouvrière assidue un mois de travail.

Au hameau d'Andraraty, nous quittons le versant occidental pour descendre dans le bassin du Mangoro. Là, les collines sont moins larges, les vallées plus spacieuses; les ruisselets, devenus maintenant de petites rivières, irriguent dans les bas-fonds quelques champs de riz; sur les hauteurs on distingue des habitations.

Le 4 mai, nous arrivons à Ankisatra, village situé dans une plaine ondulée où coule la rivière de l'Onive; avec ses vingt maisons, c'est un des centres les plus importants de l'est du Vakinankaratra.

Le chef du pays, un petit vieux tremblotant, vient nous souhaiter la bienvenue :

« *Manao ahoana hianareo, tompoko e?* Comment allez-vous, messieurs?

— *Trarantitra tompoko e.* Parvenez à la vieillesse, messieurs.

— *Aza marofy.* Ne soyez pas malades. »

Toute une série de locutions aussi nombreuses que variées, employées en pareil cas. Il commence ensuite un long discours pour nous annoncer ses cadeaux. Il est heureux de voir des étrangers s'arrêter dans son village, veut leur prouver son amitié. Ce qu'il leur offre si généreusement c'est d'abord pour obéir aux ordres de la Reine et du premier ministre dont il n'est que l'humble serviteur, mais c'est aussi pour montrer son plaisir et ses bonnes dispositions aux *vazaha*. Il s'excuse de ne pouvoir donner davantage, car il voudrait traiter ses hôtes comme de grands chefs. Puis il nous présente sa famille, ses aides de camp, ses serviteurs et nous raconte sa vie. C'est très long. Enfin les cadeaux arrivent. Le vieux a demandé à Boto si nous saurions reconnaître convenablement ses avances, et sur sa réponse affirmative, il a fait grandement les choses. On apporte un cochon de belle taille, trois poules et un panier d'écrevisses de l'Ankaratra.

Alors je répète les petites formules d'usage en terminant par :

« *Misaotra anareo tompokolahy.* Nous vous remercions, monsieur. »

C'est la coutume et je lui donne en échange de ses présents trois fois leur valeur en argent, c'est encore la coutume.

Partout à Madagascar il en est ainsi. A son arrivée dans un village, le voyageur reçoit quelques cadeaux accompagnés d'une allocution variable pour la forme, toujours la même quant au fond. Ces échanges mutuels sont surtout très fréquents dans l'Imerina et au Betsileo; là on n'attend plus les étapes, on vous arrête sur la route.

La plus grande case du village nous est réservée, elle est construite en argile comme presque toutes celles que l'on trouve dans l'Imerina et le Betsileo. Le terrain plastique de ces régions fournit aux indigènes des matériaux précieux pour la construction de leurs habitations.

Une maison antimerina est de forme rectangulaire, le grand côté est orienté nord et sud, elle comprend généralement un rez-de-chaussée divisé en deux pièces inégales et un grenier. Une porte et une fenêtre sont ménagées sur la face occidentale; sur le pignon du nord s'ouvrent deux autres fenêtres superposées : l'une éclaire la plus grande pièce du rez-de-chaussée, l'autre donne du jour au grenier. L'escalier de terre par lequel on accède à l'étage a des marches très élevées, c'est un vrai casse-cou par suite de la faible résistance et de l'usure des matériaux dont il est composé; il s'appuie sur le pignon du sud, soit en dedans, soit en dehors. Les dimensions de ces maisons sont parfois très petites; la longueur moyenne est de six mètres, la largeur de quatre; on peut à peine se tenir debout au milieu du grenier, la hauteur totale de la maison ne dépasse pas quatre mètres; toutes les ouvertures sont minuscules et il faut se tourner de côté pour passer la porte. Cependant depuis quelque temps on construit dans les gros villages de la province des habitations plus vastes et sur des modèles quelque peu différents.

Pour bâtir une maison on dispose sur l'emplacement choisi une couche d'argile réduite en boue épaisse et suffisamment pétrie, haute de trente centimètres, large de cinquante. L'argile qui, ramollie par l'eau, possède une grande force de cohésion, devient très dure en séchant. Après quelques jours on ajoute sur cette première couche une seconde et, quand elle est assez durcie pour supporter les suivantes, on continue peu à peu jusqu'à la hauteur voulue. Les murs, la cloison et l'escalier massifs sont ainsi terminés. Pendant la construction, on a battu les couches demi-sèches au moyen de grandes palettes de bois pour donner à la surface extérieure plus de dureté en même temps que le poli désirable. Un enduit composé de terre argileuse délayée soigneusement et mélangée de bouse de vache recouvre enfin les murailles au dehors comme au dedans. Mais tout n'est pas terminé, le plus difficile reste à faire, car l'indigène est obligé d'aller chercher au loin ou d'acheter pour un prix élevé les quelques planches qui vont clore la porte et les fenêtres, et les perches qui formeront le plancher de l'étage ou soutiendront la couverture de chaume en *heraná* ou en *bozaka*.

L'intérieur des maisons antimerina n'a rien de séduisant. La petite pièce où l'on entre d'abord est destinée aux porcs et aux moutons, les poules, les canards et les oies s'y réfugient également en compagnie des jeunes veaux. Ce n'est pas toujours aisé de traverser sans aventures cette sorte de vestibule pour pénétrer, par une petite porte percée au milieu de la cloison, dans la chambre principale où se tiennent les propriétaires. Pour que les animaux ne fassent pas des promenades trop fréquentes dans ce local, la porte de communication a son seuil très élevé ; aussi faut-il se hausser pour le franchir, mais en même temps, comme l'entrée a moins de hauteur que la moyenne de la taille humaine, on se cogne la tête au linteau et l'on arrive contusionné dans la chambre du nord réservée aux humains. A la longue, l'expérience instruit. Le mobilier est très sommaire, des rouleaux de nattes, des cruches à eau, des pots pour faire cuire le riz, des *sobika* qui contiennent les provisions, deux ou trois calebasses et quelquefois une caisse en bois pour serrer les vêtements ; des nattes sont étendues sur le sol d'argile, elles ne s'enlèvent jamais ; quand elles sont sales et usées, on les recouvre par un tissu plus neuf [1]. A l'angle nord-ouest se trouve le foyer disposé sur une plate-forme où sont enfoncées les trois pierres qui supportent les marmites. Un lit grossier occupe l'angle nord-est, le bois est simplement recouvert de nattes fines ou d'un mince matelas de roseaux. Le grenier abrite la récolte de l'année, parfois cependant il sert de cuisine et de salle à manger. Ces maisons d'argile forment avec les cases de bambous, de *ravenala* ou de roseaux des régions basses, et les maisons de bois que nous verrons surtout dans le Betsileo et le Tanala, les trois types d'habitations construites à Madagascar suivant des règles générales qui souffrent peu d'exceptions.

Tandis que les cases de bois et de roseaux sont souvent bien tenues, confortables et propres, la maison d'argile est sale et misérable. Construite dans des contrées plus froides, elle doit abriter non seulement l'indigène, mais encore la plupart de ses animaux domestiques. Aussi résulte-t-il d'une telle cohabitation de nombreux inconvénients. De plus pour se préserver des vents frais de la saison sèche l'indigène pratique des ouvertures peu nombreuses et très étroites qui ne laissent passer qu'une quantité insuffisante d'air et de lumière. La faune entomologique se développe dans les maisons d'argile avec une intensité remarquable ; dans les anfractuosités des murs et leurs crevasses profondes, sous les nattes pourries amoncelées les unes sur les autres, la vermine grouille et pullule.

L'Antimerina ne va pas chercher loin l'argile qui lui est nécessaire. A proximité de sa maison on trouve toujours une fosse large et peu profonde, qu'il utilise d'ailleurs pour renfermer ses bœufs dès qu'ils rentrent au village à la tombée de la nuit. Ces sortes d'écuries creusées dans le sol n'ont aucun écoulement. Aussi la terre constamment piétinée, l'eau de pluie et d'autres éléments que je n'énumérerai pas, y forment bientôt un mélange vaseux et infect dans lequel les pauvres animaux sont plongés jusqu'au ventre. Dans cette position pénible, ils attendent avec impatience le lever du jour pour sortir de ce bain de boue et aller paître et se reposer sur les coteaux voisins.

Dans les environs d'Ankisatra, il y a quelques cultures de riz, de manioc et d'un légume introduit

---

1. On conçoit aisément qu'avec un tel système, qui par la force des choses accumule sur le sol de toute case antimerina un amoncellement de nattes sales et usées, cachées en même temps que recouvertes par un tissu plus neuf sur lequel on repose, combien la vermine peut se développer tout à loisir dans cette sorte de litière que l'on n'enlève jamais. Aussi lorsque l'on connaît cette particularité, l'on n'éprouve aucun étonnement de constater la présence d'insectes aussi répugnants que désagréables qui dans ces cases antimerina vivent innombrables.

DANSE DES RAMANANA. (DESSIN DE PARIS.)

récemment à Madagascar, je veux parler de la pomme de terre. Ce tubercule pousse assez bien dans les régions élevées du centre de l'île, et commence à se répandre dans l'Imerina et le Betsileo et dans quelques autres territoires qui avoisinent au sud le massif central. Malheureusement les procédés de culture par trop primitifs et surtout la nature du sol font dégénérer le plant au bout de peu d'années. On rencontre aussi dans ces hautes régions et principalement dans les alentours de Tananarive quelques jardins où croissent nos principaux légumes : choux, carottes, salades; mais l'indigène ne goûte pas encore ces végétaux comestibles et ne les cultive généralement que pour les vendre aux Européens. En passant au règne animal, je signalerai un habitant des eaux vives de l'Ankaratra et des ruisselets qui descendent des hautes montagnes de l'Est : c'est l'écrevisse, crustacé que nous n'aurons plus l'occasion de revoir dans les autres parties de l'île. L'écrevisse de Madagascar (*Astacodes Madagascariensis*) est différente de celle d'Europe, sa carapace est garnie de piquants et d'aspérités en grand nombre; la tête, arrondie à l'extrémité, est presque aussi volumineuse que l'abdomen et elle arrive souvent à une forte taille. On en compte plusieurs variétés.

Pendant notre séjour à Ankisatra, nos hommes sont dans l'abondance et jouissent d'un repos complet. Aussi, contents et heureux de cette vie qui leur plaît fort, ils manifestent bruyamment leur gaieté. Chaque soir, groupés devant notre case, ils chantent bien avant dans la nuit. Les porteurs sont assis, sauf un seul qui, resté debout, psalmodie un thème; les autres font avec leurs voix un accompagnement monotone, dont les temps forts sont accentués par des battements de mains. D'autres fois, le chanteur principal improvise un récitatif et tout le monde reprend le refrain en chœur. En général, comme la plupart des productions musicales des populations primitives, les airs sont mélancoliques et les paroles peu significatives. Le chanteur énumère les étapes d'une route connue et fait suivre les noms des villages d'un qualificatif plus ou moins bien choisi, chaque couplet est terminé par le refrain : appel ou salutation. Quelques chants cependant ont une signification assez originale. Voici une des chansons préférées des *borizana* antimerina :

VELOMA AHO RE! MASINA AHO RE!

I	I
Hatr'any Imamo aho	Depuis Imamo
Ka hatr'any Mandrarahody aho	Jusqu'à Mandrarahody
Hatr'any de Mandrarahody aho	De Mandrarahody,
Ka hatr'any amoron Itasy	Jusqu'aux bords du lac Itasy
Isy manan-tsaina afatsy hianao	Mes pensées n'étaient que pour toi,
Fa hianao mandrian'ny saiko!	Car c'est en toi que mon esprit repose!
Veloma aho re! masina aho re!	Vivez! soyez béni jusqu'au revoir!
II	II
Tranon 'iza irony audrefan' irony?	A qui appartient cette maison, là, à l'ouest?
Tranon-d'Rasakalava	C'est la maison du Sakalava,
Ka tsy misy mpitoetra (*bis*)	Elle est inhabitée,
Trano vaki-vovonana! (*bis*)	C'est une maison au faîte dégarni!
Veloma aho re! masina aho re!	Vivez! soyez béni jusqu'au revoir!
III	III
Tranon 'iza irony andrefan-d'Rova?	A qui appartient cette maison à l'ouest du palais?
Tranon-d'Rainit simba	C'est la maison de Rainitsimba
Mitemitra taratasy (*bis*)	Aux salles tapissées de papier
Misary soavaly! (*bis*)	Représentant des chevaux [1]!
Veloma aho re! masina aho re!	Vivez! soyez béni jusqu'au revoir!
IV	IV
Tsangam-bato d'Ratsiva	La pierre levée de Ratsiva
Avaratra Soanierana	Qui est au nord de Soanierana

1. Pour l'Antimerina, le comble du luxe est d'avoir sa maison tapissée d'un papier peint sur lequel sont représentés des chevaux. Cela tient probablement à ce que dans le Tranovola, maison célèbre entre toutes par son aménagement et son mobilier luxueux, existe une chambre où le premier ministre donne ses audiences aux résidents et aux consuls étrangers, et que cette chambre, bien connue de tout Malgache, est tapissée d'un papier représentant dans nos guerres d'Afrique les exploits du maréchal Bugeaud, et qu'il y a beaucoup de chevaux.

Tsy tapak' olona mandalo (bis) Na tapaka aza, mahalana! (bis) Veloma aho re! masina aho re!	Et devant laquelle des passants circulent sans cesse Si quelquefois il n'y en a pas, c'est pour peu de temps! Vivez! soyez béni jusqu'au revoir!
V	V
Ny tranonay sy ny liako Irano anati-vero Lalana an-kodivirana (bis) Tsy midosy tsy am-bavavarana! (bis) Veloma aho re! masina aho re!	Notre maison à moi et à ma maîtresse Est une maison isolée dans les herbes, Le chemin y conduisant est tortueux; D'ailleurs on n'aperçoit la maison que lorsque on est Vivez! soyez béni jusqu'au revoir! [devant la porte.
VI	VI
Hianao Ranona [1], vaton-doso Manolotra ariary, Tsy mikapa, raha tsy amin'ny tonany! (bis) Tsy mijoja raha tsy amin'ny vanony! (bis) Veloma aho re! masina aho re!	Toi, femme indéterminée, tu es comme le poids de Parent proche de la piastre [loso Qui n'agit que suivant la justice Qui ne fait rien qui ne soit juste. Vivez! soyez béni jusqu'au revoir!
VII	VII
Hianao Ranona mizana-be Tsy mandainga Mahalala ny be anesorana (bis) Mahalala ny kely ampiana (bis) Veloma aho re! masina aho re!	Toi, indéterminée, tu es comme une grande balance Qui ne trompe pas, Qui montre l'excédent à enlever, Le déficit qui doit être ajouté! Vivez! soyez béni jusqu'au revoir!
VIII	VIII
Ny hazon'ny Ambohimanga Miroborobo faniry Tsy nafafy tsy nampariaka (bis) Mitsinjo zaza manjaka! (bis) Veloma aho ré! masina aho re!	Les arbres d'Ambohimanga Sont très touffus, Ils n'ont été ni plantés ni semés, Ils regardent le souverain régner. Vivez! soyez béni jusqu'au revoir!
IX	IX
M'ko veloma lay andohatapenaka Fizahay sy maditra Ho eny Ambadin'Isotry (bis) Mitsinjo rano madio! (bis) Veloma aho re! masina aho re!	Je vous dis au revoir, ô Andohatapenaka, Car moi et ma maîtresse Nous allons à Ambodin'Isotry Regarder l'eau limpide. Vivez! soyez béni jusqu'au revoir!
X	X
M'ko veloma ny any Ambodin'Isotry Fizahay sy maditra Ho an Isoraka (bis) Ny any Soraka tsara rivotra maraina (bis) Veloma aho re! masina aho re!	Je vous dis au revoir, ô Ambodin'Isotry, Car moi et ma maîtresse Nous allons à Soraka, L'air du matin est bon à Soraka. Vivez! soyez béni jusqu'au revoir!

Voici l'air de cette chanson antimerina, une des plus belles qu'ils aient et certainement la plus connue dans toute l'île.

Les nombreux couplets qui suivent sont analogues aux deux dernières strophes. Ils racontent les pérégrinations éventuelles du héros de la complainte et de sa maîtresse dans tous les quartiers de Tananarive, qualifiés par ce qu'ils ont de remarquable.

Depuis notre départ de Tananarive, en marchant vers le sud, nous avons traversé une région dont la constitution géologique est partout la même : le gneiss et le granite recouvert par l'argile rouge, et qui présente un relief sensiblement uniforme sinon dans l'altitude, du moins dans la disposition générale : ballons successifs, collines arrondies aux pentes peu rapides. Au village d'Ankisatra, on observe non pas un changement radical, mais quelques variations importantes. En effet dans l'est, les émergences rocheuses deviennent fréquentes, des coulées de quartz viennent nombreuses diviser les roches granitiques, on voit des filons de mica et d'autres minéraux accidentels, de grosses masses quartzeuses; puis les collines changent de forme, les arêtes s'avivent, les cimes se dressent plus élancées, sur les flancs des montagnes de gros blocs rocheux élèvent leurs murailles verticales. Du côté de l'ouest, l'aspect de la contrée est encore plus différent : là, dans un sol volcanique, des coulées éruptives récentes traversent les anciennes roches déjà disloquées par des soulèvements basaltiques; là, se dressent

---

1. *Ranona* : une telle, une, indéterminée. Le chanteur remplace Ranona par un nom de femme à son choix.

les cônes isolés des volcans éteints; leurs cratères profonds sont devenus des lacs et dans les coulées qui rayent leurs flancs, la lave s'effrite peu à peu pour aller, emportée par les eaux et les vents, couvrir les vallées d'une noire poussière. Encore plus à l'ouest, à la frontière de l'Imerina, le pays moins accidenté laisse deviner dans de larges vallons les commencements des grands plateaux sakalava.

Nous allons donc nous diriger vers l'Orient en suivant à peu près le cours de l'Onive, pour visiter d'abord la région des quartz jusqu'à Tsinjoarivo. Nous reviendrons ensuite vers l'ouest pour aller, traversant de nouveau la ligne de faîte au Vontovorona, descendre sur le versant occidental dans le territoire volcanique; enfin, par un grand circuit vers le nord, nous rentrerons à Tananarive en longeant la frontière des pays sakalava.

En même temps que cet itinéraire allait nous montrer l'Imerina dans ses grandes lignes géographiques, il nous ferait traverser les contrées les plus intéressantes de la province au double point de vue de ses produits et de ses habitants.

Le 7 mai, nous partons pour l'est. A trois kilomètres d'Ankisatra, nous arrivons sur les bords de l'Onive qu'il nous faut traverser à gué; la rivière a soixante mètres de large, mais heureusement n'est pas très profonde. Quelques préparatifs sont nécessaires pour le passage. Nos porteurs se retirent un peu à l'écart et procèdent à un déshabillage général; c'est du reste vite fait; bientôt, de tous leurs vêtements, il ne leur est resté que le chapeau. Revenant vers nous avec le geste pudique, mais non les charmes de la Vénus de Médicis, ils nous remettent les costumes qu'ils viennent de quitter, puis rechargent le *filanjana* sur leurs robustes épaules. Vers le milieu de la rivière, l'eau leur vient jusqu'au menton et ils sont obligés de nous soulever à la force des poignets. Pour nous, les jambes horizontales et les bras remplis de la défroque que toute la troupe nous a confiée, nous demeurons au-dessus du niveau de l'eau, sinon toujours, au moins généralement. Une fois sur la rive, chacun se secoue; quelques instants suffisent pour réparer le désordre des toilettes.

A côté du village d'Andranovohitra, où nous arrivons une heure après, nous voyons sur le flanc d'un coteau une carrière de pierre exploitée. Une centaine d'indigènes tirent de toutes leurs forces sur des câbles de chanvre enroulés autour d'une large dalle de granite. Ils traînent avec difficulté la lourde pierre; sans leviers ni rouleaux, ils font bien peu de chemin. Un personnage important, sans doute le chef du hameau, encourage les travailleurs du geste et de la voix. Cette dalle, qui doit couvrir un tombeau non loin d'ici, vient d'être extraite par un procédé assez ingénieux. Le carrier malgache n'est pas embarrassé pour avoir les grandes plaques de pierre employées dans la construction des monuments funéraires. Sur une roche dont la surface régulière paraît lui convenir il entasse de la bouse de vache desséchée en couches plus ou moins épaisses, puis il y met le feu. Il surveille jour et nuit le travail d'éclatement qui se produit; en frappant la roche il est averti par le son de la profondeur atteinte et modère la flamme dans un endroit, l'active dans un autre suivant les indications, il répand même de l'eau, si cela est nécessaire, sur la roche surchauffée. C'est ainsi qu'à la longue il obtient une dalle répondant aux dimensions exigées.

Vers midi nous étions à Sarobaratra. Non loin de ce village se trouve un des principaux gisements aurifères exploités par le gouvernement antimerina. Le district de Sarobaratra est particulièrement aride et désolé. J'ai dit que dans ces régions de l'est d'Ankisatra les pointements rocheux étaient fréquents: ici c'est la règle, l'argile est l'exception. Sarobaratra est au milieu d'un hémicycle de hautes montagnes; en allant vers l'est on gravit par des rampes rapides des masses quartzeuses dont les sommets déchiquetés profilent sur le ciel des contours sinueux. Ces collines apparaissent dénudées; çà et là, une touffe d'herbe croît dans une anfractuosité du rocher ou des mousses s'attachent sur ses parois rugueuses. Le sol est caillouteux, la roche friable et décomposée se brise au moindre choc. Les ruisseaux qui descendent de ces monts pendant la saison des pluies entraînent dans les espaces inférieurs des cailloux et des blocs de quartz et vont plus loin déposer peu à peu dans les vallées les sables et les graviers. Ce sont ces dépôts que l'on exploite pendant la saison sèche.

Le gouvernement antimerina avait toujours défendu la recherche de l'or à Madagascar; des peines très sévères étaient édictées contre ceux qui fouillaient le sol. Mais depuis quelques années, Rainilaiarivony, comprenant les avantages qu'il pourrait retirer de l'exploitation des mines, a rapporté ces mesures prohibitives. Maintenant, dans l'ouest, en pays sakalava et dans l'intérieur de l'île, on exploite des gisements aurifères. Les mines situées en dehors de l'Imerina et du Betsileo sont concédées, moyennant une certaine redevance, à des Européens; les autres sont exploitées directement par le gouvernement de Tananarive. C'est un ingénieur français, M. Rigaud, qui dirige les travaux; il est assisté de plusieurs de nos compatriotes. En général, l'industrie minière paraît devoir prendre, dans la suite, un certain développement; les documents me font encore défaut pour établir d'une manière même approchée, aussi bien la richesse relative des filons et des alluvions aurifères que le rendement total des différents centres exploités.

Le jour suivant, nous arrivions au village de Tsinjoarivo. Là nous avons atteint la frontière orientale de l'Imerina. La limite du pays des Antimerina est nettement tranchée de ce côté; car la zone forestière la plus éloignée de la côte que nous avons traversée à Ankeramadinika où elle recouvrait les flancs et les sommets de la grande chaîne faîtière, ne pénètre pas comme celle-ci dans l'intérieur de la province; elle suit au contraire la direction générale du nord-est au sud-ouest, le long d'un chaînon secondaire, qui, par une coupée étroite, livre passage à Tsinjoarivo à la rivière de l'Onive. La zone boisée élève donc à l'orient de l'Imerina une muraille sombre à laquelle nous venons nous heurter ici, sans aucune transition.

SAROBARATRA.

Le village de Tsinjoarivo n'échappe pas lui aussi à une division si brusque : ses cinquante cases sont inégalement groupées sur deux collines voisines. A l'ouest, au milieu des herbes, un hameau qui ne diffère en rien de ceux que nous avons vus précédemment, tandis qu'à l'est des maisons en bois se dissimulent dans les premiers arbres de la forêt; près d'elles est un *rova* royal, résidence d'été des souverains antimerina. Ce *rova* occupe le sommet d'un mamelon élevé. De nombreuses maisons en bois y sont construites sur une terrasse circulaire et rappellent à peu près, mais dans de plus vastes proportions, celles qui couvrent, à Tananarive, l'îlot du lac Anosy. La position du *rova* est bien choisie : adossé à la forêt, il domine au loin vers l'est les espaces nus de l'Imerina; à ses pieds, l'Onive, au cours ralenti jusqu'alors, précipite ses eaux qui s'engouffrent dans les passes étroites des rochers et disparaissent dans des tourbillons d'écume.

Chaque année, la reine, observant fidèlement les traditions que lui ont léguées ses prédécesseurs, quitte sa capitale pour aller en villégiature dans une des résidences royales de l'Imerina, à Ambohimanga et à Tsinjoarivo. A ces déplacements annuels s'ajoutent quelquefois, mais à intervalles beaucoup plus éloignés, des voyages lointains, dans le Betsileo, sur la côte orientale ou dans toute autre région des provinces soumises, quand les besoins de la politique [1] exigent que le souverain vienne par sa présence raffermir dans leur fidélité des peuplades quelque peu hésitantes. Tandis que Tsinjoarivo a été choisi probablement à cause de sa situation pittoresque, de ses ombrages et de sa verdure,

[1]. Souvent aussi les besoins de cette politique antimerina (qui consiste à ne jamais répondre et à toujours gagner du temps) exigent que la reine ou son premier ministre s'éloignent de Tananarive pendant de longs jours. Alors, ils gagnent du temps par ces voyages périodiques. Quelquefois même, comme en Occident, ces souverains feignent d'être malades; toujours pour ne pas répondre et gagner du temps.

Ambohimanga est un lieu sacré que les souverains antimerina sont obligés d'aller visiter chaque année avant le Fandroana, le jour de l'an malgache. Ce village, à quinze kilomètres au nord de Tananarive, est situé sur une colline remarquable par les nombreux arbres qui couvrent ses flancs et au milieu desquels apparaissent, sur le versant septentrional, les maisons et les bâtiments royaux. La petite forêt qui fait tache dans les campagnes environnantes est justement célèbre; ses arbres — fait rare dans l'Imerina — n'ont été ni plantés ni semés, comme le proclament bien haut les chansons populaires. Avec Ambohimanambola, Amparafaravato, autres villages des environs de la capitale, Ambohimanga est la troisième des villes saintes dont l'accès est interdit aux Européens; on y conserve des idoles respectées, dieux tutélaires des rois et du peuple antimerina. Andrianampoinimerina, père de Radama Ier qui a réuni sous un même sceptre les petits États de l'Imerina et fondé le royaume actuel des Antimerina, est enterré à Ambohimanga à côté de Ranavalona I, sa petite-fille, dont l'ombre persiste à éprouver pour les étrangers l'aversion violente qui a caractérisé son long règne. C'est donc sur les tombeaux de ses illustres ancêtres que la reine vient offrir des sacrifices et bénir leur mémoire, avant le commencement de la nouvelle année.

Les souverains sont accompagnés, dans leurs déplacements à Madagascar, d'une suite nombreuse, qui en certaines circonstances dépasse 20 à 30 000 personnes. Le premier ministre, les grands officiers, les juges et les fonctionnaires du Palais marchent avec la reine qu'ils ne peuvent jamais abandonner; puis c'est la foule des aides de camp, des officiers subalternes, des chefs de moindre importance; c'est encore une armée nombreuse où toutes les meilleures troupes sont réunies. En même temps une immense quantité de porteurs sont réquisitionnés pour le matériel du cortège royal et de l'armée. Toutes les populations sont appelées pour cette corvée; des hommes portent les tentes, les poteaux, l'ameublement du palais royal ambulant, puis les provisions de bouche de toute nature, les munitions, même les canons et leurs affûts qui ne pourraient suivre autrement. Le cortège est encore grossi par les nombreux marchands qui tâchent d'écouler leurs marchandises à la foule; beaucoup de grands officiers leur font concurrence et leurs nombreux esclaves vont en avant établir sur le chemin des marchés provisoires où ils vendent le riz du maître aux soldats affamés. La marche du cortège royal est réglée suivant un cérémonial déterminé à l'avance. Généralement la multitude de porteurs et les soldats marchent en tête, le souverain vient ensuite avec son escorte et les grands officiers. On a préalablement choisi un emplacement pour établir le *rova* ambulant où doit s'arrêter la reine. Un carré est entouré d'une palissade plantée à la hâte, à l'intérieur se trouvent les tentes royales; cette première enceinte est comprise dans un vaste espace quadrangulaire dessiné par les tentes des soldats et des officiers; enfin tout à fait à l'extérieur les abris des porteurs et des esclaves; quatre allées sont tracées au cordeau dans le camp aux quatre points cardinaux. Des gardes nombreux veillent toute la nuit. Cet aménagement des campements royaux est presque invariable, il doit être terminé pour l'arrivée de la reine. Pendant les étapes qui sont très courtes, les chefs des villages et les habitants des contrées traversées doivent venir saluer le souverain, lui présenter le *hasina* (offrande donnée à la reine pour reconnaître sa souveraineté) et marquer, par des chants et des danses, le bonheur qu'ils éprouvent. Lorsqu'il faut traverser une profonde rivière, on y construit des piles de pierres sèches sur lesquelles on jette de longs madriers recouverts de terre; la reine passe la première sur le pont, puis de l'autre côté de la rivière, assise sur son trône, elle regarde son cortège qui défile pendant de longues heures. On conçoit sans peine le grand concours de peuple que nécessitent ces voyages, aussi sont-ils très appréhendés des habitants des campagnes qu'ils ruinent pour longtemps, soit par les obligations qu'ils leur imposent, soit par les réquisitions multiples qu'ils occasionnent.

Notre personnel, moins nombreux sans doute que celui qui accompagne les rois antimerina dans leurs déplacements, n'avait pas été sans nous causer quelque embarras pour la nourriture et le logement dans les petits villages de l'Imerina; pour nous qui manquions de palais portatif, les cases de tout un hameau étaient à peine suffisantes. En outre, nous voulions visiter pendant les mois suivants la plus grande étendue possible de la partie moyenne de l'île, réservant le Nord et le Sud pour des époques ultérieures.

C'est pour obvier à cet inconvénient et surtout satisfaire à ce desideratum, que nous prenons, mes amis et moi, la résolution de nous séparer et de suivre, à partir de Tsinjoarivo, des itinéraires différents qui doivent nous ramener à un point commun trois mois plus tard; le rendez-vous choisi est Tananarive.

Foucart va, continuant son chemin vers l'est, descendre dans le bassin inférieur du Mangoro où il parcourra par des routes nouvelles le territoire des Betanimena. Maistre a pour objectif les districts sakalava limitrophes de l'Imerina; il compte aller jusqu'à Ankavandra et plus à l'ouest encore si cela lui est possible. De mon côté, fidèle à l'itinéraire primitif, je vais poursuivre seul un monotone voyage à travers le pays des Antimerina.

Les préparatifs ne sont pas longs; chacun aura ses bagages personnels et les hommes qui en sont chargés; on partage fraternellement les provisions. Certaines choses qui ne se prêtent pas facilement à une division par trois, nous obligent à avoir recours au système des compensations qu'il faut aussi employer pour nous assigner respectivement le commandeur et Jean Boto. Ainsi Maistre, heureux possesseur de la marmite, aura un porteur, Rainitavy, qui sait quelques mots de français; Rainivoavy suivra Foucart, qui, privé d'interprète, possédera notre bibliothèque malgache, grammaire et dictionnaire, augmentée de la casserole; Jean Boto reste avec moi, mais je n'ai que le moulin à café.

Le 11 mai, après nous être souhaité mutuellement bon voyage et bonne santé, ce qui n'est pas superflu même à Madagascar, nous quittons Tsinjoarivo, mes amis et moi, chacun par une route différente.

Deux routes se présentaient pour gagner Antsirabe et les régions volcaniques de l'ouest : l'une, directe, me faisait traverser à nouveau les districts quartzeux de Sarobaratra et la partie supérieure du bassin de l'Onive; l'autre, plus longue, s'inclinait vers le sud, suivait la frontière de l'Imerina le long des contreforts boisés d'Ambohitompoina qu'elle abandonnait ensuite, pour franchir au Vontovorona la chaîne de partage des eaux, et descendre enfin sur le versant oriental de l'île. Je choisis la seconde qui devait me montrer des pays différents et peut-être plus variés d'aspect.

Cette détermination fit la joie de mes hommes dont les pieds étaient gravement endommagés par les étapes précédentes; ils préféraient l'argile aux pierres tranchantes.

La première journée de marche fut pénible. En sortant du village de Tsinjoarivo, il fallut traverser à gué, luttant contre un courant déjà rapide, les deux bras de l'Onive, en amont des chutes; puis gravir, au sud de la rivière, des coteaux élevés. Les montées et les descentes se succédèrent alors plus rapides et plus nombreuses que par le passé. Les hommes se lassaient, les bagages avançaient lentement. Dans le sud du Vakinankaratra les maisons sont rares, nous risquions fort de ne pas trouver un abri pour la nuit. Sans doute pour conjurer le mauvais sort qui nous menace, les porteurs vont tous, en prononçant une évocation magique dont le sens m'échappe, déposer une pierre sur un amas de cailloux qui nous barre le chemin. C'est un *fanataovana*. Dans l'intérieur de l'île et sur la côte betsimisaraka, on trouve souvent le long des routes des fanataovana, amoncellement de pierres, mottes de terre, menus branchages, grossis incessamment par les passants qui jettent sur le tas ce qui leur tombe sous la main. Le Malgache assure que cette offrande peu coûteuse faite au dieu des voyageurs lui vaut dans la suite une route facile, un gîte prochain et éloigne les dangers Ce dieu a certainement peu de puissance, car malgré la grosseur et le nombre de pierres que mes hommes n'ont cessé de déposer sur les fanataovana, il n'a jamais tenu la première de ses promesses.

Le soleil est déjà couché depuis longtemps, lorsque Boto qui marche en tête du convoi me signale une case. Les hommes se mettent à courir, et par leurs cris de joie effrayent les habitants; ceux-ci réfugiés dans le grenier refusent de nous abandonner leur maison. On parlemente; ces Antimerina ont peur du vazaha qui vient certainement chercher des travailleurs pour les mines, cette corvée les épouvante. Je les rassure et mes paroles conciliantes me font ouvrir les portes. Pendant que mes dix-huit borizana s'entassent sur les caisses à l'étage inférieur, je me hisse dans la soupente où sont les maîtres du logis. La famille est peu nombreuse, un vieillard entouré de ses petits-enfants. Nous échangeons les compliments requis par la politesse antimerina et nous nous lions d'amitié; quelques cadeaux la cimentent. Les paysans du Vakinankaratra sont misérables et paraissent d'une autre race que les Antimerina du

Nord ; ce sont d'ailleurs de braves gens. Invité à partager le riz familial, je m'assois devant le toko pour prendre mon repas que je crois inutile de compléter par quelques sauterelles frites, les délices de mes hôtes. J'aime mieux me souvenir que, possesseur du moulin à café, je puis prendre une infusion aromatique. Pendant la conversation, l'ancêtre s'obstine à me qualifier toujours de *rangahibe* ; cette appellation respectueuse dont les Malgaches se servent souvent doit se traduire par « honorable vieillard ». Mais il est tard et chacun s'étend sur sa natte. Avant de me livrer au sommeil, je m'approche d'une tige de fer piquée dans l'âtre ; elle supporte une cupule où, dans une graisse infecte, brûle péniblement un chiffon de coton ; c'est la lampe malgache, le *fanaovanjiro*. Je me hâte d'écrire mon journal à sa lumière tremblotante.

Dans les deux jours qui suivirent, continuant vers le sud-ouest, nous traversons encore une contrée où des montagnes de quartz font le désespoir des porteurs ; c'est la région aurifère d'Analambato. Le 13 mai, nous couchons dans les deux cases du hameau de Bemasoandro, au pied du mont Iankina. Nous avons rejoint les premiers épaulements de la chaîne de partage des eaux en un point où des sommets élevés, bien différents des monts agglomérés du massif de l'Ankaratra, surgissent isolés et séparés les uns des autres par de profondes vallées et des coteaux de faible altitude. Hier nous montions sur le Botraro (1 990 mètres), aujourd'hui sur l'Iankina (2 060 mètres), dans deux jours nous atteindrons le Vontovorona (2 010 mètres), c'est le pic le plus occidental.

Un Antimerina, le propriétaire de la hutte où je loge à Bemasoandro, m'avait accompagné sur l'Iankina ; il devait sacrifier aux mânes des Vazimba. Au sommet de la montagne un tas de pierres, qui rappelait assez par sa forme la fanataovana, est dédié à la mémoire de ces Vazimba redoutés. Entre les cailloux sont enfoncés des bâtonnets qui supportent des têtes de coqs, des pattes de poules ; des chiffons se balancent à l'extrémité de petites perches ; des crânes de bœufs sont placés sur les pierres les plus élevées. Rainisafitsimidrantany, c'est le nom de mon propriétaire, sort avec précaution de dessous son lamba crasseux une tête de mouton fraîchement coupée et la plante sur un bâton disponible, puis il frotte avec de la graisse de bœuf la grosse pierre du sommet ; enfin pour terminer ses pieux exercices, il ajoute au tas, du côté du soleil couchant, quelques douzaines de cailloux. Maintenant il s'est rendu favorable l'âme du Vazimba, cachée non loin de là sous une touffe d'herbe ; il reste à l'interroger et à lui demander un remède pour la fièvre qui le consume. L'Antimerina s'éloigne un peu du tombeau et va près d'un gros bloc de phonolithe. Cette large dalle est une pierre *parlante* ; posée sur base étroite, elle résonne furieusement sous les coups répétés que lui assène mon propriétaire, elle lui transmet les prescriptions du Vazimba. Rainisafitsimidrantany est radieux.

« Eh bien, es-tu guéri ?

— Oui, mais je ne dois plus jamais manger de canards, c'est fady. »

Et, s'éloignant pour remercier la pierre parlante, il répand un peu d'huile de ricin sur la paroi rocheuse et y colle une mèche de ses cheveux.

Dans l'Imerina on trouve sur des montagnes élevées, au faîte des grands rochers ou dans des vallons solitaires, les tombeaux des Vazimba. Ces constructions informes, simples amas de pierres grossières, ne sont pas des monuments funéraires ; elles indiquent plutôt aux populations craintives les lieux choisis par les âmes des défunts pour leur résidence habituelle. Les légendes antimerina, seuls documents que l'on possède pour émettre quelques hypothèses plausibles sur les Vazimba, nous représentent ces hommes comme les premiers habitants des régions élevées du centre de Madagascar. Dépossédés de leurs territoires, quelques-uns quittèrent le pays, d'autres se mélangèrent aux vainqueurs, le plus grand nombre fut mis à mort. Ce sont les premiers chefs antimerina qui chassèrent définitivement les Vazimba ; ces tribus aborigènes, sauvages, ignorantes et mal armées, confinées d'autre part dans un isolement complet, ne pouvaient résister à des ennemis bien supérieurs à elles par des connaissances puisées au dehors. Des descendants des Vazimba existent encore d'après M. Grandidier au Menabe sur les bords du Manambolo en pays sakalava ; et d'après le P. Abinal quelques-uns se trouveraient exempts de tout mélange, dans le nord-est et le nord-ouest de l'Imerina. Je n'en ai jamais rencontré. Quoi qu'il en soit, les Antimerina sont persuadés que dans un avenir plus ou moins lointain les Vazimba rentreront en maîtres dans l'Ankova gardé maintenant par les âmes des ancêtres vaincus. C'est pour cette raison qu'ils tâchent d'apaiser les esprits vindicatifs qui, cachés dans des endroits déserts, lancent les fièvres, les mauvais sorts et toutes sortes de maléfices aux descendants des usurpateurs. Ces âmes néfastes sont nobles ou roturières; nobles — les Zanakandriana, — elles habitent de préférence les hauteurs, il leur faut de riches présents, un crâne de bœuf, par exemple, pour apaiser leur courroux; roturières,

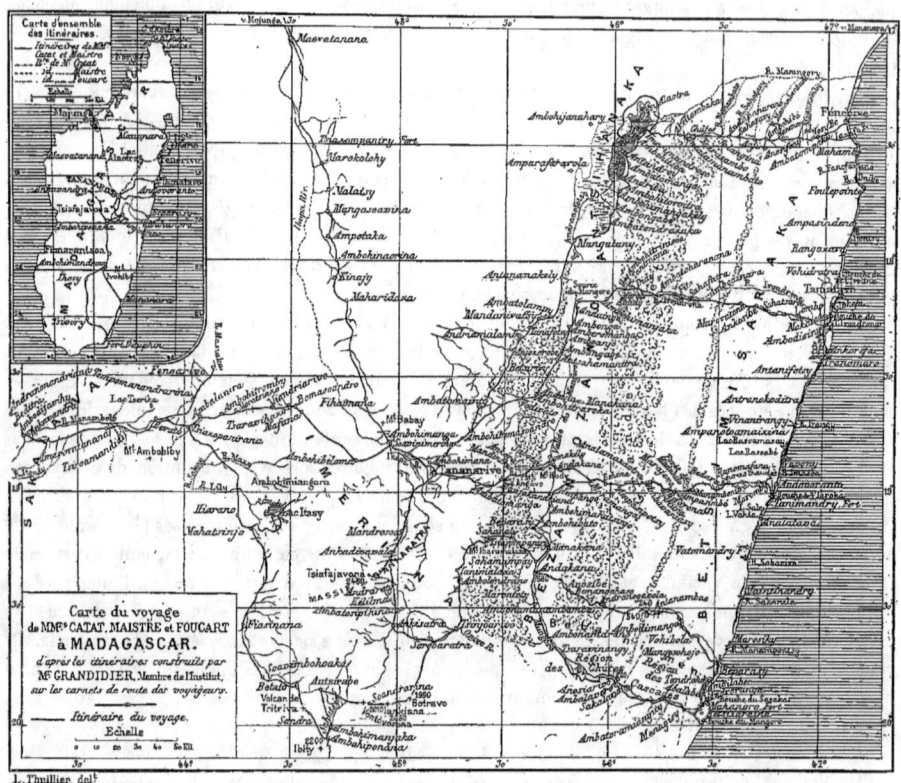

elles se tiennent aussi sur les montagnes, dans une anfractuosité de rochers, mais descendant souvent dans les vallées ou sur le bord des eaux pour ennuyer les vivants. Cependant ces ombres consentent parfois à rendre quelques services, guérissent surtout les malades quand on reconnaît humblement leur puissance; en retour elles exigent une privation constante. C'est ainsi que Rainisafitsimidrantany était débarrassé d'une fièvre violente par un Vazimba, sans doute de basse extraction puisqu'il s'était contenté du crâne de mouton, tout en lui défendant pour l'avenir la viande d'un palmipède inconnu de son temps. Le canard domestique est d'importation relativement récente à Madagascar.

La partie du Vakinankaratra — district méridional de l'Imerina — que nous venons de traverser est particulièrement pauvre et peu peuplée. Les habitants, disséminés dans des maisons isolées dans la campagne et souvent fort éloignées les unes des autres, cultivent surtout le manioc. Dans un terrain situé à proximité de leurs cases et labouré à la bêche assez profondément, ils enfoncent dans la terre meuble de jeunes tiges coupées sur des plants déjà forts, l'arbuste se développe par bouture. En trois années, rarement moins, le manioc atteint en moyenne une hauteur de 1 m. 50, développement nécessaire pour arracher utilement les racines charnues. Pour se ménager chaque année une récolte assurée, l'indigène a plusieurs champs plantés à des époques différentes. Au manioc s'ajoutent la pomme de terre, la patate, le maïs; il y a peu de rizières. Les champs, comme presque partout dans l'Imerina, sont entourés d'un fossé dont le déblai forme un mur de clôture garni à son sommet de plantes épineuses, principalement le nopal et une euphorbe (E. splendens), aux fleurs écarlates ou jaune pâle. Comme dans l'Ankaratra, nous avons rencontré des troupeaux de bœufs, mais en plus petit nombre; en revanche nous voyons des moutons et des chèvres. Le mouton de Madagascar, généralement à tête noire, appartient à la variété stéatopyge que l'on trouve en Asie et en Afrique; sa queue énorme est pleine de graisse; il habite les régions élevées. Cet animal ne donne pas de laine; la chair en est coriace, elle possède toujours un goût peu agréable. On trouve bien aussi des chèvres à Madagascar, mais en petite quantité; j'en remarque ici une variété particulière, au pelage roux, au poil court, aux petites cornes rejetées en arrière que je n'ai jamais rencontrée ailleurs; les chèvres du Betsileo et du pays Sakalava sont différentes. Enfin pour terminer l'énumération des quadrupèdes domestiques, je devrai avec le chien et le chat mentionner le porc, si commun chez les Antimerina et les Betsileo. Cet intéressant animal est soumis à des vicissitudes sans nombre sur le sol madécasse; tantôt il est proscrit, tantôt il est choyé; il occasionne des haines entre des peuplades voisines et en supporte parfois les conséquences; dans une même ville on le voit se vautrer, maître de la rue, dans certains quartiers, tandis que d'autres il est ignominieusement chassé. Dans l'Imerina il est surtout commun sur les confins occidentaux justement en face d'un pays où il ne peut pénétrer sans s'exposer à de grands malheurs. D'une manière générale on peut dire que le porc a suivi l'Antimerina dans ses conquêtes; ainsi, il est entré au grand scandale des habitants dans certains ports sakalava et, malgré tous les fady des Antanosy, il a foulé le sol de la pointe de Tolanara. Il est vrai qu'en 1885 lorsque les Hova évacuèrent Fort-Dauphin qui venait d'être bombardé par un de nos croiseurs, les Antanosy révoltés pillèrent le port et massacrèrent tous les porcs qu'ils purent rencontrer.

Le 15 mai, j'arrivais à Soandrarina. Ce village, situé sur la route de Tananarive à Fianarantsoa, m'apparut avec ses soixante cases comme un centre important après le souvenir que m'avaient laissé les hameaux de Botraro et de l'Iankina. Soandrarina est dans une zone de transition comprise entre les contrées rocheuses et pauvres de l'Est et les régions argileuses et bien cultivées de l'Occident; autour du village quelques collines aux larges bases, presque des plateaux ondulés vont, s'élevant insensiblement, entourer le Vontovorona, qui surgit tout à coup et dresse son pic isolé à deux kilomètres du village. Cette zone de transition caractérisée par des espaces relativement plats sur une certaine étendue et que nous avons traversée antérieurement à la hauteur d'Ankisatra, se prolonge vers le sud, jusque près d'Ambodifiakarana. C'est entre ce village et Soandrarina que l'on trouve seulement les plateaux de l'Imerina. La route de Fianarantsoa les traverse.

A Soandrarina, une journée de pluie me retint prisonnier. J'en profitais pour visiter les collections de plantes et d'animaux, recueillis depuis Tananarive; elles n'avaient nullement souffert grâce au beau temps sec et persistant que nous avions eu jusqu'alors. L'averse d'aujourd'hui n'est qu'un intermède de la saison sèche qui va durer encore cinq mois dans l'Imerina. Je me livre à mes travaux dans une chambre aux dimensions minuscules et qui ne semble pas construite à l'échelle humaine. Elle est éclairée par une petite fenêtre mince, d'un volet en bois que j'ai bien envie de fermer pour me soustraire à la curiosité gênante des naturels; seule, la crainte d'une prompte asphyxie me retient. A l'étroite ouverture apparaissent une foule de têtes, avec des yeux grands ouverts. Ce sont les habitants du pays qui, me privant d'air et de lumière, viennent m'examiner et me mettre au courant des usages d'une autre civilisation. Depuis ce matin, le public reste aussi nombreux et quelques amateurs gardent longtemps les bonnes places.

Dans la salle voisine, des indigènes sont occupés à fabriquer avec de la corne des cuillers et des petits vases. Après l'avoir chauffée, ils découpent la matière ramollie en minces lamelles qu'ils appliquent à chaud sur des empreintes creusées dans un bloc de bois suivant les formes à reproduire; ils polissent ensuite les différentes pièces ainsi obtenues au moyen de grossiers racloirs de fer. Ces cuillers, fourchettes, gobelets, boîtes diverses, seront portés à Tananarive et vendus à quelque vazaha. Avec ces objets en corne, les lamba de soie ou de coton et les tabatières faites d'un morceau de bambou, d'une petite calebasse ou d'une patte d'écrevisse, sont le plus souvent tous les produits qu'un Européen peut emporter comme échantillon de l'industrie antimerina.

Mais la pluie a cessé et je peux enfin sortir de la case que l'occupation de mes hôtes emplit d'une fumée âcre et nauséabonde. Les promenades dans les rues de Soandrarina sont fatigantes, aussi je vais m'asseoir sur un bloc de pierre en pensant à ceux qui vont dans les pays lointains chercher le calme et la tranquillité. Mon voisin est un bœuf à bosse, qui sans doute se plaît peu dans le domicile qu'on lui a choisi, car il pousse des mugissements continuels. Si ces protestations sont motivées par un instinct confus de la propreté, elles sont alors légitimes bien que par trop bruyantes. En effet, l'animal n'est pas, comme nous l'avons vu à Ankisatra, enfermé avec ses congénères dans une grande fosse, le parc à bœuf habituel de l'Antimerina; il a pour gîte un trou boueux de deux mètres de profondeur où il peut à peine se remuer; il est à l'engraissement. Dans quelques mois, mon voisin, gras et replet, ira à Tananarive et à l'occasion de la fête du Fandroana sera offert à la reine.

PLACE DE SOANDRARINA.

Le lendemain, nous marchons vers l'ouest et franchissons au Vontovorona la ligne de partage des eaux. La contrée change peu à peu, les ondulations s'accentuent mais les roches deviennent plus rares, le quartz a disparu et parfois une lave celluleuse nous annonce les régions volcaniques. Des hameaux se voient en grand nombre, des villages importants sont entourés de cultures étendues. Après avoir dépassé le village d'Ambohidranandriana, nous traversons, à mi-chemin d'Antsirabe, l'Andranotobaka, petite rivière qui va grossir au sud l'Amboavato, affluent du Mania. Sur les bords de ce cours d'eau, on remarque beaucoup de maisons abandonnées, privées de leurs toitures, elles offrent un aspect lamentable; les murs ravinés par les pluies tiennent à peine, souvent ces masures s'écroulent et quelques tas de terre sont les derniers restes de ces anciens hameaux. Le grand nombre de ces ruines qui existent dans tout l'Imerina, le plus souvent au milieu des villages habités, ont pu faire croire à la dépopulation de l'Ankova; elle se serait manifestée surtout après le règne de Ranavalona I. Cependant j'estime que cette dépopulation est peut-être plus apparente que réelle dans les tribus où l'alcoolisme n'est pas encore très répandu, chez les Antimerina principalement, les Antanosy, et les Antaisaka, tandis que celles qui sont abruties par l'ivrognerie, les Sakalava, les Betsileo et surtout les Betsimisakara éprouvent une diminution continue dans leur population appauvrie. Sans doute dans certaines circonstances, après des guerres cruelles, un règne sanguinaire, des incursions de peuplades ennemies, une tribu peut être décimée, mais elle réparera ses pertes si sa vitalité est bien prouvée par les familles nombreuses, les enfants qui pullulent comme chez les Antimerina et les Antaisaka. Presque toutes les ruines que l'on trouve en pays antimerina s'expliquent facilement. Lorsque l'indigène voit que sa maison devient vieille, que les murs se fendillent, que les pignons se lézardent, il ne songe nullement à faire les réparations nécessaires; il se contente de bâtir à côté de son ancienne demeure une habitation nouvelle et ne se donne pas la peine de démolir son logis d'autrefois.

A l'ouest de l'Andranotobaka, nous descendons une forte rampe et nous traversons avant d'arriver dans une belle vallée le petit village d'Ambohimasina. Puis un petit ruisseau, le Sahatsio, nous barre encore le chemin; là les hommes me demandent de leur permettre de s'arrêter. Désireux d'entrer à Antsirabe débarrassés de la poussière de la route, ils procèdent à des ablutions répétées. Ces Borizana de Tananarive sont propres et diffèrent beaucoup sous ce rapport des Antimerina des campagnes qui ne se lavent jamais.

De l'autre côté du Sahatsio se trouve un plateau quelque peu étendu, où s'élève Antsirabe. Ce village compte cent cases environ, c'est la plus grande agglomération que nous ayons rencontrée depuis Tananarive, et la contrée environnante contraste singulièrement par ses cultures nombreuses avec les régions du bassin de l'Onive. Depuis le hameau d'Ambohidranandriana le fond des vallées est occupé par des rizières artistement installées et pour arriver à un tel résultat, les Antimerina ont dû exécuter des travaux considérables. En effet, sur les bords des rivières et dans les plaines suffisamment étendues, l'eau et le terrain nivelé nécessaires pour la culture du riz se trouvent aisément; mais il n'en est pas de même sur les flancs des coteaux et dans les vallons élevés. Dans ce cas — et c'est le plus fréquent — le cultivateur est obligé d'amener souvent de fort loin l'eau indispensable, par des canaux de dérivation et d'aménager au-dessous le sol incliné en une série de terrasses étagées et séparées par des levées de terre. Il peut ainsi inonder les plates-formes, avoir dans les champs de l'eau stagnante ou courante, puis les dessécher selon les besoins du moment. L'Antimerina s'acquitte fort bien de cette tâche et il montre un talent vraiment remarquable pour créer des rizières dans un pays généralement mal disposé pour ce genre de culture.

Les connaissances agricoles de l'indigène s'expliquent du reste, le riz est sa nourriture préférée, son bonheur nécessaire est suffisant.

Il y a plusieurs variétés de riz dans l'île. La variété dite blanche est la plus estimée, et la seule habituellement récoltée dans les régions de l'intérieur. Voici, en quelques mots, comment les Malgaches du Plateau Central obtiennent ce céréale qui leur occasionne le plus souvent un double travail de semis et de transplantation. Vers le mois de novembre, les rizières sont labourées à la main. Deux ou trois hommes se réunissent et d'un effort commun divisent en grosses mottes le sol durci par six mois de sécheresse. Ils se servent à cet effet de longues bêches nommées *angady* qui, soulevées et abaissées avec force, s'enfoncent dans la terre par leur propre poids. Le travail terminé, on ouvre les canaux et l'eau qui envahit ce terrain fraîchement remué, le pénètre et le ramollit. Lorsque le champ est ainsi suffisamment préparé, des femmes repiquent dans le sol détrempé les jeunes plants qui, ensemencés quelques semaines auparavant dans un petit enclos spécial, s'y élevaient en masses touffues. La plantation est terminée pour le commencement de la saison des pluies, époque éminemment favorable à la végétation. D'ailleurs, pendant cinq mois, l'indigène couvrira sa rizière d'une couche d'eau assez abondante et toujours renouvelée pour fournir au développement du précieux végétal les éléments nécessaires. En mars le riz est mûr, il plonge toujours dans un pied d'eau. C'est dans ce marais que le Malgache ira moissonner avec des couteaux grossiers sa récolte portée ensuite sur le coteau voisin. Là, au milieu d'une aire battue, se dresse une pierre sur laquelle on frappera à coups redoublés les petites gerbes pour séparer le grain de la paille. Le riz est conservé dans de grands paniers serrés soit dans les cases, soit dans des fosses circulaires creusées dans l'argile et fermées par une pierre plate. Quelquefois, dans les terrains humides, ces silos sont remplacés par une construction conique qui rappelle, en petit, certains fours à chaux. Avant d'être accommodé, le grain subira encore une dernière manipulation; il sera décortiqué au pilon et nettoyé par le van. Après la récolte, les champs sont desséchés. L'emploi des engrais est très

ESCLAVES VANNANT DU RIZ. (DESSIN DE SLOM.)

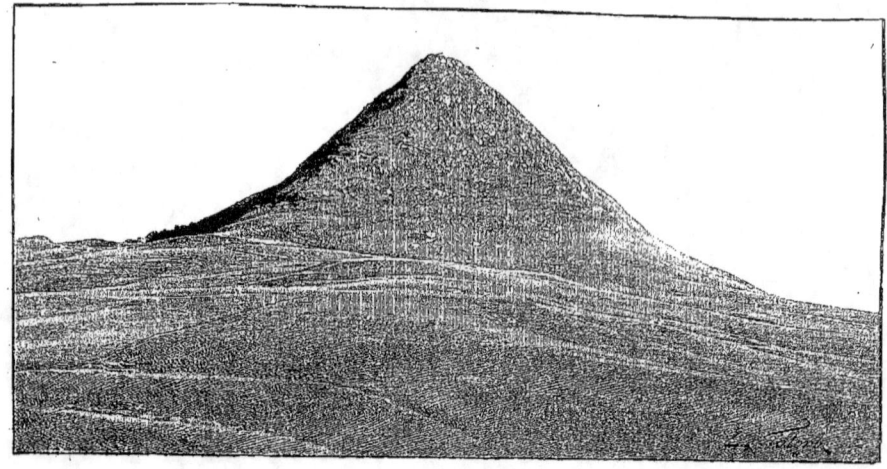

PIC DE VONTOVORONA.

rare, la paille sert de combustible. Le limon déposé par les eaux et les détritus organiques amenés des hauteurs par les pluies de l'hivernage entretiennent suffisamment la fécondité des rizières.

Dans l'Imerina, les principaux centres de production du riz sont dans les environs de Tananarive, la plaine de Betsimitatatra et les vallées de l'Andromba et du Fisaona, et, dans les environs de Betafo et d'Antsirabe, les vallons arrosés par les eaux de l'Andrantsay et de l'Ambavato. Ces trois régions paraissent les mieux cultivées de la province; le poids de la récolte est, dans les meilleures années, de cinquante fois celui de la semence. L'Imerina produit le riz nécessaire à la consommation de ses habitants, qui n'utilisent d'ailleurs qu'une partie des terrains propices à ce genre de culture. En effet les Antimerina ne peuvent songer à exporter cette marchandise de peu de valeur et qui est incapable de supporter jusqu'à la côte un onéreux transport à dos d'hommes.

Antsirabe doit son nom à des dépôts que laissent des eaux thermales. C'est à l'ouest du village, dans une dénivellation du terrain, que jaillissent les sources. Les premières que l'on rencontre à la naissance de ce petit vallon sont à une température de 37° centigrades; elles ont été captées et dirigées dans une maisonnette pour y être utilisées. Ce sont les missionnaires norvégiens établis à Antsirabe qui ont fait avec beaucoup de soins ces modestes travaux, premiers essais peut-être d'une station balnéaire à Madagascar. Qui sait ce que l'avenir nous réserve! Plus loin, on voit sourdre d'autres sources froides ou chaudes; parmi ces dernières quelques-unes, qui dépassent 46° centigrades, alimentent deux ou trois réservoirs où viennent se baigner les infirmes du voisinage. Les eaux thermales d'Antsirabe, très riches en sels alcalins, sont surtout bicarbonatées sodiques; elles ont formé dans la vallée une couche assez épaisse de dépôts calcaires. Les indigènes retiraient autrefois par l'évaporation de ces eaux des sels de soude et de potasse; cette industrie est abandonnée aujourd'hui; à ce mélange salin peu agréable au goût, ils préfèrent le sel commun qui leur vient d'Europe. En revanche, l'extraction des pierres à chaux continue; les travertins et les tufs calcaires qui environnent les sources fournissent de bons matériaux.

La chaux n'est pas commune à Madagascar et il est très difficile de s'y procurer surtout dans l'intérieur cet élément essentiel de toute construction solide et durable. Je n'ai rencontré de pierres à chaux de formation sédimentaire que dans les environs de Mojanga, entre les villages d'Ambatolampy et de Morompa; partout ailleurs, il faut avoir recours à des dépôts marins ou à des noyaux calcaires que l'on trouve dans les roches massives. C'est ainsi que sur les côtes orientales, mieux partagées sous ce rapport, on utilise les roches coralliennes qui forment partout des récifs étendus, tandis que dans le centre de l'île il faut se contenter des cipolins qui existent par exemple dans le sud-est de Tananarive ou des tufs calcaires d'Antsirabe. Pour faire la chaux, les Antimerina se servent de fours en briques; le combustible employé est généralement la tourbe que l'on trouve en abondance dans certains vallons marécageux, surtout à l'est de l'Imerina. C'est avec la même matière que l'on cuit les briques nécessaires pour les constructions modernes de la capitale et des agglomérations importantes de la province. Les Antimerina fabriquaient autrefois des briques et des tuiles de qualité inférieure, ils leur donnaient souvent des dimensions fort variables, ce qui rendait impossible tout travail régulier. Aujourd'hui, ils ont appris à se servir de moules où ils compriment l'argile ramollie, de sorte que leurs produits sont devenus plus uniformes et plus solides.

Il y a dans le village d'Antsirabe un certain nombre de prisonniers. Les condamnés aux fers que j'avais déjà vus à Ivondrona où ils cultivent les plantations de cannes à sucre du premier ministre, et à Tananarive où ils entretiennent tant bien que mal[1] les voies publiques, sont employés ici à l'extraction des pierres à chaux. La peine des fers punit dans l'Imerina les crimes et les délits; sous l'influence des Révérends, on l'a même appliquée pour réprimer l'ivresse publique. Voici en quoi elle consiste. Le condamné, homme ou femme, porte au cou et aux chevilles des anneaux de fer rivés, un maillon ou une barre allongée part de chacun d'eux et va se fixer sur une maille unique à mi-hauteur du corps. C'est la grande chaîne. Le patient ne peut se mouvoir qu'avec peine, il marche à petits pas et doit toujours soutenir ces fers d'un poids considérable; malgré les chiffons ou les bracelets de cuir dont il entoure ses chevilles, il est blessé constamment par les anneaux inférieurs. Quelquefois pour une faute moins grave ou moyennant rançon, les barres sont supprimées; les anneaux du cou et des chevilles restent seuls, c'est la petite chaîne. Enfin, chez les condamnés de caste noble, les attaches rigides sont remplacées par des ficelles de chanvre; pour eux le fer est fady. Comme tout fonctionnaire du gouvernement antimerina,— et l'on me pardonnera ce rapprochement, il n'est peut-être pas inexact dans certains cas, — le condamné aux fers doit subvenir lui-même à tous ses besoins. Aussi ces malheureux emploient le temps dont ils peuvent disposer à faire dans le village quelques petits travaux pour gagner leur nourriture ou à implorer la charité publique.

Le 19 mai, je quittais Antsirabe et descendais la vallée de l'Amboavato. Avant de continuer vers l'ouest mon itinéraire à travers les pays volcaniques, je voulais visiter Ambohiponana, dernier village important du sud de l'Imerina. La route est fort belle; nous sommes dans une vallée ou plutôt dans une vaste plaine allongée du nord au sud et bornée au levant et au couchant par de hautes montagnes. La terre est noirâtre et semble fertile, les cultures sont étendues; à droite et à gauche du chemin, des habitations rapprochées. L'Amboavato que nous côtoyons parfois reçoit de nombreux ruisseaux qui descendent des hauteurs et tombent dans la plaine en jolies cascades. Cette contrée est une des plus pittoresques et des plus riches que j'ai vues dans l'Ankova.

Vers le milieu du jour, je passais au village d'Ambohimanjaka, et deux heures après j'étais sur la rive droite de l'Amboavato. Devant nous, adossée au flanc occidental

LÉPROSERIE D'ANTSIRABÉ.

1. Plutôt mal que bien.

CONDAMNÉS AUX FERS.

de la vallée, s'élève une petite colline ; le village fortifié d'Ambohiponana en occupe le sommet. Pendant qu'un de mes hommes va prévenir les autorités de l'arrivée du vazaha, j'examine avec attention une pierre levée magnifique qui se dresse sur les bords de la rivière. Le monolithe, qui s'élève à quatre mètres au-dessus du sol, présente une section rectangulaire assez uniforme de 0 m. 60 sur 0 m. 45 ; la taille en est grossière.

Des pierres levées, *vatotsangana*, *vatolahy*, se trouvent partout dans l'île, principalement dans les régions du massif central chez les Antimerina et les Betsileo et sur le versant oriental chez les Antanosy et les Betsimisaraka. Ces menhirs isolés ou groupés représentent aux yeux des Malgaches non une divinité que l'on doit adorer, mais le souvenir d'un événement important, d'une conquête, d'un jugement célèbre, d'un vœu solennel ; ce sont des monuments érigés pour rappeler à la postérité les actes des ancêtres et souvent aussi pour garder la mémoire des morts dont les restes perdus au loin n'ont pu revenir dans le tombeau de la famille. Cependant à ces évocations du passé, le peuple madécasse, si superstitieux, a bien vite ajouté un culte véritable ; il honore la pierre pour les vertus qu'il lui suppose, pour les pouvoirs qu'il lui prête sur l'univers entier. Il la prie, lui fait des offrandes, qui consistent presque toujours en onctions graisseuses sur les parois ou en appositions sur le sommet de quelques cailloux de quartz ; si le vatolahy ne répond pas à ses désirs, il lui exprime d'une façon tangible son mécontentement et son mépris. Par exemple, un indigène est en procès ; avant de se rendre au kabary et d'entendre la sentence des juges, il va près de la pierre levée voisine de son habitation, la frotte d'un peu de graisse tout en lui expliquant son affaire avec beaucoup de déférence, il lui promet dans la suite une onction plus étendue s'il sort vainqueur du litige en instance. A-t-il perdu son procès, en regagnant sa demeure il passe dédaigneux devant le menhir, l'injurie, crache et siffle avec accompagnement d'une mimique expressive qui chez le Malgache est l'indice du plus profond dégoût ; quelquefois même il revient sur ses pas et frappe le monolithe. Une autre fois, c'est un voyageur qui rencontre une pierre levée sur sa route ; il s'arrête, ramasse des cailloux, les jette sur le sommet ; si quelques projectiles demeurent sur la pierre, c'est d'un bon présage pour le chemin futur, surtout si leur nombre s'accorde avec les chiffres heureux ; mais au contraire si tous les cailloux, mal dirigés, retombent sur le sol, un sort funeste menace l'indigène, qui se hâtera de regagner sa demeure en attendant des jours plus favorables.

Dans l'Imerina, les pierres levées sont généralement isolées. Quelques-unes atteignent des dimensions considérables — la plus grande que j'ai rencontrée mesurait 6 m. 60 au-dessus du sol; — les autres, et c'est le plus grand nombre, ne dépassent guère la taille humaine; il en est même de plus petites, dressées au milieu des champs, elles deviennent les dieux Termes des cultivateurs. Ces monolithes sont bruts, quelquefois éclatés grossièrement par le feu ou arrondis suivant les arêtes vives par des coups de masse. Les pierres taillées d'origine toute récente et rares encore ne sont l'objet d'aucun culte. Le plus souvent elles rappellent un mort ou quelque fait important; parfois on y a tracé un dessin grossier ou gravé une inscription.

PIERRE LEVÉE A AMBOHIPONANA.

Ces monuments mégalithiques si curieux à Madagascar n'éprouvent chez les autres tribus que de faibles changements dans la forme et la disposition générale. Partout ils sont vénérés de la même manière et représentent à peu près les mêmes idées. Néanmoins nous verrons dans la suite quelques variantes : chez les Betsileo, les anciennes pierres polies entourées de bois sculptés; chez les Bara, les larges dalles; chez les Manambia, les menhirs enfermés dans une enceinte de cailloux superposés; chez les Antanosy, les hauts monolithes érigés à côté les uns des autres à proximité d'un pieu aigu surmonté d'un oiseau.

Les Malgaches et surtout les Antimerina ne se contentent pas d'honorer les pierres qu'ils ont dressées eux-mêmes, ils entourent encore de leur vénération et de leurs respects certains rochers, doués sans doute de propriétés miraculeuses. Les uns, détachés de la montagne par une puissance divine, sont venus naturellement dans la plaine réclamer les hommages des humains; les autres, d'humeur moins vagabonde, se sont fait remarquer par leurs formes et leurs aspects, il faut aller les prier; il en est d'autres enfin qui ont été choisis directement par les chefs et les souverains, désireux d'asseoir sur cette base solide leur royauté naissante. Ainsi, nous avons vu à Mahamasina et à Andohalo les pierres sacrées; elles donnent l'investiture aux rois antimerina. Sur le mont Iankina, c'était notre guide qui demandait à un roc fameux de lui guérir sa fièvre. En sortant de Tananarive pour aller à Ankadivavala, nous passions non loin d'une pierre célèbre qui donne aux femmes par son simple contact toute la fécondité qu'elles désirent; la surface du rocher, lisse et noirâtre, indique suffisamment qu'il a de nombreuses clientes.

Ambohiponana est un gros village de 500 habitants, c'est en même temps un poste militaire destiné à limiter, dans cette partie reculée de la province, les incursions des Sakalava. Le chef m'offre l'hospitalité dans sa maison, une vieille case en bois, qui se distingue par sa construction soignée et son ancienne architecture des mauvaises habitations d'argile dont elle est entourée. Le seuil de la porte est à 80 centimètres du sol, une pierre enfoncée dans la terre en permet l'escalade, mais il faut toujours se livrer à une gymnastique effrénée pour gagner ses appartements. Le dessous du toit est noir et luisant; des matières charbonneuses pendent au-dessus de nos têtes en longues stalactites et nous couvrent de moment à autre d'une épaisse couche de poussière. Mon hôte est fier de ce résultat qui est une preuve de sa noblesse et de l'ancienneté de sa famille; la reine, me dit-il, appelle ses bons sujets « ma vieille suie ».

Le lendemain de mon arrivée, doit avoir lieu à Ambohiponana la revue de la garnison grossie par les milices venues des villages voisins. Dès l'aube, un tambour a battu le rappel sur la place; les troupes

REVUE DES TROUPES A AMBOHIDRANA. (DESSIN DE J. LAVÉE.)

CRATÈRE DE TRITRIVA.

arrivent peu à peu. Sans doute les effectifs ne sont pas au complet; on m'annonce trois cents hommes, il en vient une quinzaine. Mais il y a quelques malades et beaucoup de gens retenus par le service de la reine; le plus grand nombre a versé entre les mains du chef de détachement — c'est un colonel — le voamena nécessaire pour être dispensé d'exercice. Les soldats se rangent sur une seule ligne; cinq sont armés de fusils, six ont des sagaies ou des bâtons, les autres... ne portent rien. Les officiers passent sur le front des troupes, puis prononcent à tour de rôle de longs discours; cela dure cinq heures. Commencent ensuite les manœuvres, marches cadencées, alignements; un sergent mauvais conducteur de l'aile droite est condamné à recevoir douze coups de verge; la sentence est exécutée par un officier supérieur. On se sépare après une allocution finale du grand chef.

Quelques soldats sont ainsi disséminés dans les villages frontières de l'Imerina, principalement du côté de l'ouest sur les confins du pays sakalava, mais ils sont toujours peu nombreux et mal armés. Le gouvernement antimerina réserve ses meilleures troupes pour occuper les postes fortifiés des pays conquis et surtout pour tenir garnison à Tananarive et dans les villes importantes placées directement sous son autorité.

La crête des collines qui limitent à l'ouest la vallée de l'Amboavato s'élève brusquement près du village d'Ambohiponana, pour former le massif rocheux du mont Ibity (2200 m.). La montagne a l'aspect déchiqueté du Botraro et de l'Iankina; ses flancs rocailleux sont dénués de végétation, l'herbe ne croît plus sur ces hauteurs. Seule, une plante épineuse d'apparence fort bizarre pousse çà et là accolée aux rochers : sur un tronc ligneux informe et ratatiné qui semble plaqué sur la pierre ainsi qu'une boule de terre glaise qu'on aurait jetée avec force, une petite fleur jaune se montre timidement au milieu de longs piquants acérés.

Le 21 mai, après avoir franchi la chaîne de l'Ibity, nous arrivons en une demi-journée de marche au village d'Isandra, situé au pied du volcan de Tritriva qui dresse dans l'ouest son cône tronqué.

Je trouve le village sens dessus dessous; l'état de siège est proclamé et les habitants sont dans des transes continuelles. Une bande de Sakalava est venue hier matin; les brigands ont pris des femmes et des enfants, cinquante bœufs, et sont partis dans l'ouest avec leur butin. Radrahona, chef du village, qui me donne ces détails en m'entraînant dans sa maison, ajoute : « J'ai bien envoyé, vers midi, des soldats à la poursuite des fahavalo, mais ils n'ont rien vu et quelques-uns ne sont pas rentrés; ils ont été grossir, sans doute, le nombre de nos ennemis ».

Le brigandage est très répandu à Madagascar et dans une même contrée, suivant l'endroit dans lequel il s'exerce, il prend deux noms différents. Ainsi des vols de bœufs, des rapts de femmes et d'enfants viennent-ils à se produire dans les villages frontières, on accuse immédiatement les *fahavalo* (les ennemis, les gens des peuplades voisines); d'autre part, le méfait est-il commis dans l'intérieur de la province, on l'impute aux *tontakely* (bandes de voleurs). La dénomination de fahavalo semblerait donc désigner les guerriers des tribus hostiles aux Antimerina, qui viendraient dans leurs provinces ou chez leurs alliés faire de fréquentes razzias. Cela arrive bien quelquefois, mais c'est l'exception. Presque toujours les fahavalo qui dévastent les confins occidentaux de l'Imerina et du Betsileo et les grands territoires du nord-ouest de l'île sont des bandes constituées par des esclaves fugitifs, des soldats insoumis, ou des gens qu'une peccadille quelconque oblige à quitter leurs foyers; ces bandits se réunissent et, sous la conduite d'un chef qu'ils ont choisi, pillent indistinctement les villages qu'ils peuvent surprendre et vont vendre, à droite ou à gauche, les produits de leurs expéditions. Toutes les tribus envoient des recrues aux fahavalo : dans le Nord, les Antimerina s'unissent aux Sakalava, tandis que dans le Sud ce sont des Betsileo qui font cause commune avec les Bara. Pendant que les pays frontières sont mis ainsi en coupe réglée par les fahavalo, les villes de l'intérieur et les routes fréquentées sont les théâtres ordinaires des exploits des tontakely. Ces voleurs de grand chemin, fort nombreux surtout à Tananarive, exercent leur métier lucratif pendant les premières heures de la nuit, au contraire des fahavalo qui opèrent généralement en plein jour. Ils sont très audacieux, car ils se sentent couverts par des chefs influents qui leur assurent généralement une impunité absolue. Sous ces deux formes, le vol est devenu une véritable industrie, et le Malgache, déjà si porté au larcin, a trouvé là un moyen fort commode mais quelque peu violent de se procurer le bien d'autrui.

Pendant la journée, quelques soldats veillent à la sécurité du village d'Isandra; la nuit, la moitié des habitants est réquisitionnée. A huit heures, le tambour bat la générale, des factionnaires sont postés le long du mur d'enceinte et de nombreuses patrouilles circulent dans les deux rues du village. Radrahona donne le mot d'ordre à ses soldats et vient ensuite me prier de défendre à mes hommes de sortir de leurs cases. L'obscurité, me dit-il, ne permet pas de distinguer les amis des ennemis. Devant la justesse de cette observation, je m'empresse de prévenir les porteurs d'avoir à se conformer aux ordres de l'autorité, et je me prépare à goûter un repos que les Sakalava n'oseront pas interrompre.

Mais hélas! si les fahavalo ne vinrent pas troubler mon sommeil, cette nuit n'en fut pas moins mauvaise, car les Antimerina se chargèrent de les remplacer avantageusement. En effet les soldats veulent montrer à l'ennemi que le village est bien défendu, qu'ils ne dorment pas et qu'ils sont sur leur garde; ces misérables, non contents de répéter sans cesse : « *Zovy?* » qui? qui est là? « *Tandremo tsara!* » Veillez bien! poussent des cris stridents, des appels désespérés, des rugissements épouvantables; c'est à qui hurlera le plus fort; il en est ainsi jusqu'au matin. Radrahona, qui tient à me prouver ses bonnes intentions, a placé près de ma maison une garde d'élite, recrutée parmi les crieurs éprouvés : elle doit me convaincre par un tapage infernal que je puis dormir tranquille!

Le lendemain, je faisais l'ascension du Tritriva. Cette montagne volcanique se trouve à 2 kilomètres dans l'ouest d'Isandra; les flancs gazonnés sont à pentes rapides et dans les zigzags qu'il nous faut suivre pour en gravir les rampes, tantôt nous marchons sur l'argile parsemée de scories en menus fragments, tantôt nous traversons des coulées de laves qui, descendues dans la plaine, ont formé des amas considérables. Ces tufs, qui constituent les premiers épaulements du mont, présentent cependant une déclivité moins prononcée. Bientôt nous arrivons sur la crête elliptique qui termine la montagne, elle s'élève obliquement vers l'ouest où se trouve le point culminant, 1 820 mètres. Lorsque l'on a franchi cette arête, sorte de rempart qui environne une dépression profonde, l'abîme cratériforme apparaît au milieu de cette coupe gigantesque. Le cratère-lac est ovalaire, des parois rocheuses l'entourent d'une muraille à pic, sauf vers le sud où un talus escarpé permet de descendre avec peine jusqu'au niveau de l'eau. Près des bords et tout autour du lac, je n'ai pu trouver le fond à 98 mètres, la plus grande profondeur que pouvait atteindre ma corde de raphia. On dirait qu'à Tritriva nous sommes dans un cirque dont une éruption soudaine aurait changé la piste en abîme insondable.

Les hommes qui m'avaient accompagné sur le sommet de la montagne ont refusé de me suivre dans ces espaces inférieurs; ils ont peur d'une bête monstrueuse qui se cache dans les eaux du lac. Le guide envoyé par Radrahona est plus audacieux, il reste à mes côtés et pendant que je travaille il me raconte la légende de Tritriva.

« Là-bas, dans l'Ouest, au pied de la montagne sont deux villages voisins : dans l'un habitait un jeune homme renommé par sa force et son adresse; dans l'autre, demeurait une jeune fille remarquable par sa beauté.

« Les deux jeunes gens étaient fiancés; ils s'étaient juré un éternel amour. Cependant ils ne pouvaient se marier. Leurs familles divisées par des haines violentes n'avaient jamais voulu consentir à l'union qu'ils demandaient. Ni les prières, ni les larmes, ni les supplications de ces malheureux enfants n'avaient pu toucher les parents inflexibles.

« Désespérés et las de la vie, les jeunes fiancés gravirent la montagne de Tritriva. Ils s'attachèrent ensemble dans leurs *lamba* de soie et se jetèrent dans le lac sans fond.

« Depuis ce jour chaque fois que dans le village de la malheureuse fiancée une jeune fille venait à mourir, la moitié des eaux du lac de Tritriva était teintée de rouge. Chaque fois que dans le village du fiancé désespéré un jeune homme trépassait, toutes les eaux du lac devenaient rouges.

« Andrianampoinimeriana qui régnait alors à Tananarive comprit la volonté du Destin. Dans un *kabary* solennel, il ordonna à tous ses sujets de ne plus résister aux désirs de leurs enfants et de les laisser suivre leurs goûts et leurs inclinations. »

Cette loi a été bien accueillie; on a même dépassé les limites d'une si gracieuse permission. A Madagascar, les garçons sont très libres, les filles aussi.

Le soir, au village d'Isandra, j'assiste à un combat de coqs. Les Antimerina, les Betsileo quelque peu, et beaucoup plus rarement les Betsimisaraka sont amateurs de ce genre de sport.

Les indigènes choisissent dans leurs volatiles domestiques des poulets qui leur semblent, par leurs formes et leurs allures, indiquer une force et une aptitude favorables au combat. Ils les nourrissent, les entretiennent avec beaucoup de soins. Puis lorsque ces coqs sont parvenus à l'âge adulte, leur propriétaire fait savoir dans le village qu'il tient un coq de combat prêt à soutenir des luttes sérieuses. Un autre indigène, propriétaire lui aussi d'un jeune coq élevé dans les mêmes conditions, se présente avec son volatile. Au jour convenu, les animaux sont mis en présence. Excités par leurs propriétaires, par un genre de vie tout spécial, ils engagent la lutte. On fait cercle autour d'eux. Ce sont d'abord des parents et des amis des deux propriétaires; des oisifs, des curieux, habitants du village et qui ne veulent pas laisser passer, sans y assister, cette rare occasion de se distraire dans le village. Les spectateurs engagent des paris minimes à la vérité, mais qui sont l'occasion de longues et d'interminables discussions lorsque le combat a pris fin et que les propriétaires des deux animaux combattants les ont séparés avec peine et les ont ramenés ensanglantés dans leur demeure respective.

Les Antimerina sont très amateurs de ces combats de coqs. Alors qu'un poulet ordinaire se vend couramment quatre sous de notre monnaie, le prix d'un coq de combat est d'environ une piastre. Cette somme est encore plus considérable s'il s'agit d'un animal réputé par ses victoires antérieures et qui jouit par conséquent d'une grande renommée de bravoure et de force.

Les combats de coqs sont les seules luttes d'animaux provoquées par les Malgaches. On a parlé de luttes de taureaux, luttes soutenues par l'homme contre cet animal irrité, analogues à ce que seraient les courses de taureaux des pays espagnols. C'est inexact. A Madagascar, il n'y a rien de pareil et la bravoure des indigènes leur fait absolument défaut, pour cela aussi bien que pour autre chose.

Avant d'immoler un bœuf, des borizana, des enfants, s'amusent à agacer l'animal. Ils sautent sur son dos, se cramponnent à sa bosse graisseuse, mais il n'y a là rien qui ressemble à une course de taureaux.

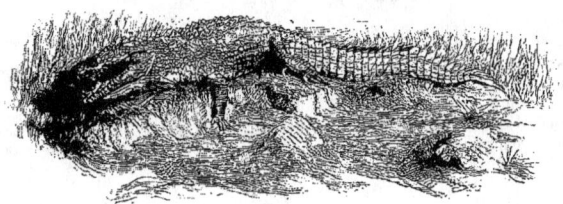

CROCODILE.

VILLAGE DE MAHATSINJO.

CHAPITRE IV

Départ d'Isandra. — Betafo. — Une pierre levée. — Les sources chaudes de Betafo. — Vallée de l'Andrantsay. — Dans les grandes herbes. — Village de Mahatsinjo et pic d'Ambalavato. — Sur les bords du lac Itasy. — Village de Mananzary. — Chutes de l'Ikopa à Farantsana. — Voyage de Maistre en pays sakalava. — Retour à Tananarive. — Le Mangoro. — Types et costumes des Betanimena. — Anosibe. — Entrée à Ambodimanga. — Les copaliers. — Mahanoro. — La vanille et le café. — Les cascades du Mangoro. — Le caoutchouc. — La région des chutes. — Les modes à Ambalavero. — La région des îles. — Beparasy.

PIERRE LEVÉE A BETAFO.

Le 23 mai, nous quittons Isandra et faisons route pour Betafo. Tout le monde est dispos et a goûté un repos bien mérité après l'ascension du mont Tritriva et surtout après l'insomnie de la nuit précédente.

L'étape est courte d'Isandra à Betafo; nous laissons vite derrière nous dans le nord-est le pic de Tritriva. Il existe sur un contrefort adossé, dans le nord, au massif principal, un petit cratère bien dessiné; dans le lointain nous voyons encore d'autres cirques volcaniques, qui émaillent la petite chaîne du Tritriva de larges trous béants, parfois rendus plus sombres encore par une épaisse couronne d'arbustes et de plantes élevées. Près du village d'Iavonarivo, que nous laissons à gauche, nous nous élevons rapidement, et c'est au point culminant d'une colline ravinée que nous découvrons les environs de Betafo et le mont Iavoko, qui domine le village de sa masse imposante, dont le contour, échancré à l'est du sommet principal, laisse voir encore un cratère. Nous descendons dans la plaine de Betafo.

Dans les régions que nous venons de traverser, le Vontovorona, Antsirabé, Isandra et Tritriva, nous avions bien rencontré au milieu de l'argile rouge de nombreuses roches volcaniques; mais, malgré les coulées de laves et les teintes noires des scories et des ponces, le pays conservait encore sa teinte rougeâtre caractéristique et monotone. Ici, la plaine est formée d'une terre noire friable et poussiéreuse, d'où émergent des roches et des graviers noirs et brillants; l'argile se distingue encore sur les sommets, mais dans la plaine on la chercherait vainement. Sur les petites éminences dont la vallée est parsemée, s'entassent par petits groupes des maisons réunies dans des enclos : murs d'enceinte et maisons sont édifiés en pierres jointes par un mortier d'argile; quelques-unes sont couvertes en lave.

Cependant cet aspect nouveau du pays cesse bientôt, ces constructions en pierre aux murs noircis, ce sol noirâtre, disparaissent rapidement, et en approchant de Betafo nous foulons encore l'argile rouge. A dix heures, nous arrivons au marché d'Alatsinaina. C'est un vaste emplacement limité aux quatre angles par des pierres levées de dimensions considérables; elles sont sculptées grossièrement; l'une d'elles porte des inscriptions que je transcris fidèlement; ces inscriptions qui ornent les faces du monolithe étaient les premières que je voyais à Madagascar, et elles étaient bien caractéristiques de l'origine de ces pierres destinées surtout à rappeler aux vivants des événements importants et à perpétuer la mémoire d'un homme riche et puissant désireux en élevant ce monument (la plus simple expression de toute architecture) de passer à la postérité.

1° Côté est :

Rainimanda Ambohijafy. Izaho efa nitety ny lafin tany efatra tao Antomboka, nikomandy XI taona ary tao Anonobe IX taona ary ny tafika nahako dia maro kanefa noho ny fitondran'Andriamanitra dia tongo eto Antanindrana hiany aho. »

« J'ai parcouru les quatre côtés de la Terre. J'ai été gouverneur d'Antomboka (Diego-Suarez) onze ans, gouverneur d'Anonobe neuf ans, et les expéditions dont j'ai fait partie sont nombreuses. Cependant par la grâce de Dieu je suis revenu des pays lointains ici. »

Alatsinaina ity tsy niba miova fa ny zanak'olona no manao toavahiny. Ela tokoa ny ela ka ny vato tamy Ambolotara no tonga miresaka ety alatsinaina.

« Les enfants des hommes sont comme des voyageurs : le passé est bien loin et les pierres de là-bas, Ambolatara (nom d'un village), viennent parler ici sur la place du Lundi. »

2° Côté ouest :

Akory ratsizay tompokoé! Rainimandanarivo XIV v^{ita} lehibe III tamy ny Vakin'Ankaratra ny tenanay no nijaraka taminareo fa ny anaranay mbola mitsangana eto afovoanareo hiany Koa faby izahay raha mijery zato fahavorianareo ka mahaiza mivarotra fandroa maty antoka. Ary aza manambaka ny adala fa jereo Andriamanitra jereo ny mahitsy. Ka tandremo ny marina fa izay manao soa tsy mba maty antoka ary isay malemy fanahy trarantitra.

« Comment allez-vous, messieurs, (dit, sous-entendu) Rainimandanarivo XIV honneur, troisième chef des Vakin Ankaratra. Notre corps s'est séparé de vous, mais votre nom se dresse encore ici au milieu de vous et nous sommes heureux de vous voir ici réunis en grand nombre. Sachez vendre de peur de vendre[1] à perte et ne trompez pas le simple; mais voyez Dieu, voyez l'équité et observez la justice, car ceux qui font le bien ne sont pas frustrés et ceux qui sont doux atteignent la vieillesse. »

3° Autour de la pierre :

Izaho no ambato amelankafatra nitsangana tamy ny 1888, 8 Alahamady.

« Je suis la pierre aux recommandations dressée en 1888, le 8 d'Alahamady. »

La place du marché d'Alatsinainy est séparée de la ville par un petit lac, nappe d'eau croupissante de minime étendue. Après quelques minutes d'une marche difficile sur une levée argileuse, nous entrons dans le village. Betafo compte environ 150 cases, huttes de roseau, maisons d'argile, groupées autour d'un rova, fort rudimentaire, dont les murs renferment la maison du gouverneur Ramiralio, 11° honneur, et sa petite armée de cinquante soldats; à Betafo, se trouve comme à Antsirabé un dépôt de condamnés aux fers, mais il est moins important que dans cette dernière ville. Mes hommes me logent dans une belle maison à l'ouest du village. Betafo est l'agglomération la plus importante du Vakin'Ankaratra occidental; c'est le centre autour duquel se pressent dans cette vallée fertile de l'Andrantsay de nombreux villages; les rizières s'étagent partout en gradins pressés sur les bords des cours d'eau, qui jail-

---

[1]. Recommandation tout à fait caractéristique de l'Antimerina, ce sémite de l'Extrême-Orient.

lissent nombreux des roches noires; le terrain, propice aux cultures, est couvert partout de belles plantations et me fait oublier rapidement l'aridité et la désolation du Vakin'Ankaratra oriental. Une mission norvégienne existe à Betafo, et les RR. PP. Jésuites viennent d'y fonder tout récemment un établissement. Je vais voir les Pères Berbizier et Caussèque, qui me donnent de bonnes nouvelles de Maistre, de passage à Betafo la semaine dernière. Mon compagnon a été obligé d'aller plus au nord chercher une voie de pénétration dans les pays sakalava.

Les Pères, qui me donnent l'hospitalité, me conduisent en dehors de la ville visiter des sources chaudes qui, comme à Antsirabé, ont la réputation de guérir de nombreux malades; mais je doute fort que de si courtes ablutions puissent remettre sur pied mes porteurs qui grelottent la fièvre. Au moins prendront-ils un bain chaud. Je suis le Père Berbizier qui veut bien me conduire aux eaux chaudes. Le chemin est parfois impraticable, toujours difficile, nous marchons constamment sur les petites levées qui séparent les rizières et maintiennent le niveau des eaux à la hauteur voulue. Après trois quarts d'heure de marche et d'exercices gymnastiques variés, nous arrivons sur le versant d'une de ces petites éminences si communes dans cette plaine de Betafo; sous de gros blocs de rochers et au fond d'une anfractuosité, on voit sourdre une source pouvant débiter 6 à 10 litres d'eau par minute; cette eau dégage à l'air libre quelques vapeurs sans saveur et sans odeur, sa température est de + 54° centigrades; les indigènes viennent en grand nombre laver leur linge dans le petit ruisseau qui murmure entre les cailloux; après avoir coulé quelques instants au milieu de rochers, cette eau de lessive est recueillie dans une sorte de baignoire taillée dans la roche; c'est là que les malades viennent se baigner et trouver sinon un soulagement à leurs maux, du moins la propreté qui le plus souvent leur fait absolument défaut.

LE GOUVERNEUR DE BETAFO.

Devant la porte de la maison où je logeais à l'ouest du village, était le tombeau d'une noble Antimerina. C'est un des plus beaux spécimens de ce genre que j'ai rencontrés sur ma route et je profite de l'occasion pour décrire au lecteur les rites funéraires des Antimerina.

Une des principales coutumes des peuplades madécasses invoquée pour affirmer, sinon en totalité du moins en partie, leur origine asiatique, est sans contredit le culte des ancêtres et par suite les hommages et les honneurs rendus aux défunts. C'est donc chez les Antimerina (et les Betsileo), où se trouve dans sa plus grande pureté le type malayo-polynésien, que nous allons voir la mémoire des morts honorée par des cérémonies dans lesquelles l'indigène fait preuve d'une munificence et d'une largesse insolites et par des tombeaux construits avec plus de soin et de recherche que la demeure des vivants. Au contraire, les tribus sakalava, bara et antaisaka, chez lesquelles un fort contingent africain est venu s'adjoindre au type polynésien primitif, se contentent souvent de déposer dans un vallon désert, au fond de quelque caverne, le mort couché dans un tronc d'arbre creusé ou enveloppé d'une natte et recouvert de pierres; mais encore cette inhumation sommaire est-elle précédée ou suivie de rites plus ou moins compliqués dont je parlerai dans la suite. C'est aussi pour la même raison que les peuplades à cheveux lisses (Antimerina, Betsileo, Antanosy) ou ondulés (Antaimoro, Antsihanaka) recherchent la compagnie des morts, construisent les tombeaux près des habitations, au milieu des champs, dans les endroits publics ou le long des routes fréquentées; tandis que les autres tribus à cheveux crépus ou laineux éprouvent toujours pour les trépassés une crainte superstitieuse, entourent le lieu de leur sépulture, quelquefois leurs noms et leurs propriétés, d'un *fady* inviolable.

Il est d'usage chez les Antimerina de prendre de leur vivant toutes les dispositions nécessaires pour les funérailles à venir et de régler minutieusement les détails de l'enterrement et des fêtes qui l'accompagneront. Dans ce testament, l'indigène indique l'endroit où se trouve l'argent caché pour ce jour solennel, le nombre de ses bœufs à immoler en son honneur. Son tombeau de famille est prêt, il peut mourir tranquille, on exécutera ses dernières volontés.

Lorsqu'un Antimerina vient à trépasser, sa famille, ses amis arrivent en foule dans sa maison où sont déjà réunis ses proches qui l'assistent dans les derniers moments et hâtent souvent le dénouement fatal en faisant ingurgiter au moribond force poignées de riz pour montrer qu'on ne le laissait pas mourir dans le besoin et l'abandon. Tout le monde pleure et chante, se lamente et vocifère; pour noyer le chagrin on commence à boire. Le corps du défunt reste peu de temps dans la case, un jour et deux nuits, rarement davantage, à moins que l'inhumation ne doive coïncider avec une fête publique ou tomber dans une journée néfaste, ce qui donne lieu alors à des usages spéciaux. Le cadavre est lavé et enseveli dans des étoffes rougeâtres de soie indigène (*lambamena*), des cordelettes maintiennent les tissus serrés; suivant la richesse du mort, le nombre de linceuls employés est plus ou moins considérable, on en met toujours le plus possible. Près du corps est étendue une natte où les visiteurs déposent quelques morceaux d'argent; la somme ainsi recueillie sera partagée entre les parents attristés et le mort lui-même qui emportera au tombeau, dans sa bouche ou dans ses lamba, la même monnaie qui lui échoit en partage; cette offrande de la dernière heure apaisera peut-être son courroux et l'empêchera de venir troubler les vivants; son ombre deviendra favorable et bienfaisante.

Dans la journée qui précède l'enterrement, le vacarme redouble; tous les instruments de musique disponibles dans le village sont réquisitionnés. Le plus proche parent commence une chanson funèbre, il est accompagné par toute la famille; parents, amis, esclaves, mêlent à l'envi leurs plaintifs accents. Cependant l'on s'anime peu à peu, la douleur et quelques libations agissent sur les esprits troublés. Les épanchements deviennent plus bruyants, trop tendres parfois. Les cris ont succédé aux lamentations; dans les chants, le rythme est plus vif, la phrase musicale plus gaie; pour résister au chagrin, les survivants sentent le besoin de se rapprocher. Alors la veillée des morts est peu convenable.

Les Antimerina ne se servent pas de cercueil si ce n'est que dans des occasions exceptionnelles, pour les rois et les princes; dans ces cas, la bière en argent massif (piastres fondues) ou en bois précieux montre la richesse et la puissance du défunt. Donc au matin, le corps enveloppé dans ses *lamba* de soie, ficelé dans ses bandelettes et réduit ainsi en l'état de momie, est porté au tombeau par ses proches sur une civière, le *farafara*. Pendant qu'on le descend dans le caveau et qu'on le met dans la place qui lui est destinée, les scènes de désolation se renouvellent plus violentes. Le père ne veut pas quitter son fils, l'épouse éplorée désire suivre son mari dans la tombe, les enfants menacent de se tuer, les esclaves réclament leur bon maître, chacun selon sa parenté ou le lien qui l'unissait au défunt formule un vœu différent; tous se souhaitent morts pour ne pas être séparés de celui qu'ils ont perdu. Les gens de l'enterrement répètent sans cesse : *Maty aho! maty aho!* « Je suis mort! » C'est peut-être exagéré et cependant ils sont bien fatigués et paraissent toujours abattus.

LE LAC ITASY. (DESSIN DE WEBER, GRAVÉ PAR RUFFE.)

Je devais partir le 25 de Betafo pour continuer ma route dans l'ouest, mais la fièvre fait de trop grands ravages dans ma petite troupe; mon fidèle Boto lui-même est atteint. Un repos de vingt-quatre heures devient nécessaire et nous ne partirons qu'après-demain. Malgré tous mes soins, je dois abandonner deux de mes porteurs, Rainiboto et Rainizanaka, qui rentrent à Tanararive, où ils porteront mon courrier. Jean est à peu près remis le 26, grâce à une dose colossale de quinine, et ce même jour, un peu avant midi, je donne le signal du départ.

A 2 kilomètres de Betafo, nous franchissons par un col de 1 500 mètres d'altitude les collines volcaniques qui limitent au nord la vallée de l'Andrantsay, et en descendant sur le versant ouest, près du hameau d'Ihadilanana, nous passons à gué une petite rivière au cours torrentueux; deux heures après, nous arrivons à Soavina.

C'est un village fortifié, comme tous ceux que nous voyons depuis le Vontovorona. Le chef, un nommé Abraham Ratsimiharo, commande quelques dizaines de soldats. C'est un brave homme, et pour une paire de lunettes que je lui ai donnée, il ne sait quels cadeaux me faire. Quand je sors dans le village, sa musique me suit partout. Trois grosses caisses, cinq tambours, deux clarinettes m'accompagnent constamment; c'est une aubade continuelle, toujours la même. Je suis confus et bien gêné. Enfin la nuit vient mettre un terme heureux à ce charivari. Au jour, avant mon départ, la musique guette ma sortie et je suis suivi de nouveau dans une course matinale. Abraham Ratsimiharo m'attend pour prendre le café, ce premier repas du voyageur, dit-il. Abraham m'a invité à déjeuner. Sa case est la plus belle du village; elle est très confortablement meublée. Dans une cour intérieure se trouve un tombeau en pierre sculptée, un des plus jolis que j'aie vus jusqu'à présent. L'épouse de mon hôte est une grosse femme fort réjouie.

Abraham, un vieux *rangahybe*, au dire de Jean, est un brave homme; il est enchanté de la visite que je lui fais. Je me confonds en remerciements pour sa musique, et je donne une nouvelle paire de lunettes, dont Mme Abraham Ratsimiharo se pare immédiatement. Après l'échange de ces politesses mutuelles, je monte au premier étage, où le déjeuner est servi; il me faut passer tout d'abord devant un buffet à tiroirs d'où sortent d'étranges sons; on y a enfermé deux vieilles boîtes à musique qui jouent simultanément *la Fille du régiment* et *les Cloches de Corneville*, pendant qu'un petit lapin blanc posé sur une étagère voisine frappe avec entrain, mais sans mesure aucune, sur un minuscule tambour. Abraham, qui aime à s'entourer de toutes ces choses bruyantes, me les montre avec orgueil; c'est un lettré : il a lu, dans des livres, que les Antimerina aiment la musique, et tient à me le prouver. Nous passons à table : c'est un repas qui commence par un verre d'anisette qu'une abondante addition d'eau a transformée en lait épais; cet affreux breuvage me rappelle l'*anisao* de l'Amérique du Sud. Puis vient une longue série de plats copieux sinon succulents, suivis enfin, après de fortes rasades d'absinthe et de bitter, de la tasse de café promise et convoitée. Du pain de Tananarive figurait au menu; cet aliment rare à Madagascar était pour moi une agréable surprise après les nombreuses semaines pendant lesquelles j'avais dû m'en passer et essayer, mais en vain, de le remplacer par le riz si cher au Malgache et pour lequel j'ai toujours éprouvé une répugnance invincible.

En prenant congé du chef hospitalier de Soavina, nous continuons vers l'ouest dans la direction de Vinaniampy, qui est la limite extrême vers l'ouest de la province de l'Imerina. L'étape est longue, et vers le milieu du jour, de l'autre côté du mont Nanasana, nous nous arrêtons au village d'Ambohimanambola, à une altitude de 1 490 mètres.

Mais dès que nous sommes signalés dans ce village, chacun s'arme, et nous voyons la population tout entière, massée sur les murs de terre qui forment l'enceinte, prête au combat. On nous prend sans doute pour des fahavalo, auxquels on veut opposer une vigoureuse résistance. Les portes sont fermées, et devant les manifestations hostiles nous devons nous arrêter. Un des notables vient à notre rencontre; les explications que nous lui donnons le rassurent bientôt et il ne nous manque plus pour entrer dans Ambohimanambola que l'assentiment du chef du village, qui, du reste, vient lui-même, quelques minutes après, nous l'octroyer généreusement. Nous sommes ici à trois journées de marche seulement de Tananarive, néanmoins le pays est peu sûr, et la suprématie du gouvernement de l'Imerina est purement nominale en réalité. On se ressent du voisinage des pays sakalava, et ces confins de la province de l'Imerina échappent en partie à la domination des Antimerina; ils ne dépendent de personne : c'est l'anarchie et non l'indépendance.

Après quelques heures de repos, nous reprenons notre marche dans le nord-nord-est; j'ai hâte d'arriver aux bords du lac Itasy. Dans la campagne, le sol est toujours formé par l'argile rouge, les émergences rocheuses deviennent rares; toujours pas d'arbres; cependant l'aspect de la contrée n'est plus le même que celui que nous avons vu les jours précédents. En effet, le gazon maigre, les petits roseaux qui ont peine à couvrir le sol de leur paille jaunie et cassante, sont remplacés maintenant par de grandes herbes, le *vero*, graminée puissante de plus de 2 mètres de haut. La file des porteurs disparaît tout entière dans ces taillis d'un nouveau genre, et quand surtout d'une roche élevée je puis dominer la plaine ondoyante des hautes herbes, je découvre devant moi une ligne noirâtre et tortueuse, c'est la file des porteurs qui marche et trace dans les hautes herbes un sillon sinueux, tel un gigantesque serpent. La marche est pénible, surtout par une chaleur étouffante; nous arrivons seulement pour la nuit au hameau d'Ambovona.

Le 28 mai, après une longue étape dans les grandes herbes, nous arrivons à Andrantsaimahamasina; c'est un poste fortifié comme les villages voisins, mais les travaux de défense qui l'entourent sont encore plus soignés et plus multipliés. C'est d'abord un fossé large et profond, aux parois verticales, taillé dans l'argile à grands coups d'*angady*; le déblai est rejeté à l'intérieur; sur cette masse de terre sont plantés, depuis de longues années déjà, des cactus nopals aux fleurs jaunes. Ces arbustes épineux s'enchevêtrent de mille manières et forment un fourré impénétrable, que nul ne tenterait de franchir. Puis c'est encore un mur intérieur, sorte de banquette sur laquelle on a disposé, de distance en distance, de petits tas de cailloux de quartz aux arêtes tranchantes. Ce sont des approvisionnements de projectiles pour les soldats de garde, qui, armés de fronde, feraient pleuvoir sur les assaillants une grêle de cailloux lancés avec force.

Les hommes sont très adroits pour lancer ces balles primitives; leur fronde est une corde tressée de fibres textiles du raphia; longue de 1 m. 60, elle porte en son centre un œil double de peau molle et flexible qui doit contenir la pierre, une des extrémités se termine par un œil plus petit dans lequel se place le petit doigt de la main droite, l'autre extrémité effilée glisse dans la main droite lorsque le frondeur après avoir fait tourner suffisamment la corde abandonne le projectile à son mouvement centrifuge.

Une haute montagne se dresse à l'ouest du village : c'est le mont Vohibe. J'aurais vivement désiré en faire l'ascension, pour découvrir du côté du couchant des contrées environnantes, mais je dois renoncer à mes exhortations, mes porteurs antimerina refusent absolument de me suivre en pays sakalava.

Le 29, nous atteignons dans le nord-est le village d'Ambohiperenana, et le 30, celui d'Antoby, où nous trouvons le R. P. Caussèque, qui est venu de Betafo, par un chemin plus court, surveiller un nouvel établissement qu'il veut fonder dans ce village. Ici nous quittons la zone des villages frontières, théâtre habituel des incursions des Sakalava et des fahavalo, pour rentrer dans une zone plus tranquille; les cultures sont plus soignées; les villages, plus nombreux et plus propres, couronnent toujours les cimes, mais ne sont plus enserrés dans de nombreuses circonvallations. Les principaux centres de cette région sont les villages de Fenoarivo et de Mahatsinjo, où nous arrivons le 2 juin. Au nord de Mahatsinjo, nous rentrons dans une nouvelle contrée volcanique, et le pic d'Ambolavaky avec son cratère vient encore nous rappeler Tritriva. Autour de lui sont rangés d'anciens cônes de laves en grand nombre; nous approchons du lac Itasy, qui se trouve dans la contrée la plus volcanique de l'ouest.

C'est le mardi 4 juin, dans la soirée, que nous couchons pour la première fois sur les bords du lac Itasy, au village de Mananzary. Dans la journée, nous avions contourné les rives orientales du lac sur les versants de laves du mont volcanique de Kasige, et nous avions passé, en amont d'une petite chute formée par une chaussée basaltique bien caractérisée, la rivière torrentueuse du Lily, qui est le déversoir du lac Itasy; cette rivière, large à la sortie du lac d'une centaine de mètres, va, après un cours de 50 kilomètres, se jeter dans le Sakay, affluent de droite du Tsiribihina.

Mananzary est un village de vingt maisons situé sur le sommet d'une montagne qui domine l'est du lac.

BŒUF-CHEVAL ET PORTE FORTIFIÉE. (DESSIN DE RIOU, GRAVÉ PAR BAZIN.)

Ce village est entouré de quelques hameaux, disséminés sur les nombreux contreforts de cette colline principale. Les maisons de Mananzary sont construites en roseaux et en bois; la plus grande, qui occupe avec les tombeaux des anciens chefs de la contrée le centre du village, est bâtie sur une plate-forme ombragée d'*amiana*, grands arbres à feuilles urticantes, mélangés aux majestueux *amontana*.

De ce point élevé on jouit de la vue du lac Itasy, qui étend au loin sa nappe d'eau tranquille entourée d'une épaisse ceinture de grands roseaux triangulaires, dont les feuilles divisées en longs filaments servent à confectionner des nattes fines et des chapeaux indigènes très soignés, principale richesse de la contrée. Lorsqu'on s'approche du lac, il faut d'abord franchir, dans cette épaisse forêt de roseaux de plus de 3 mètres de haut, une distance de plusieurs centaines de mètres, puis on arrive sur une sorte de pelouse d'un beau vert qui partout vous sépare de l'eau libre. Malheur à l'imprudent qui s'aventurerait sur ce tapis trompeur! Cette couche d'herbe, ces plantes aquatiques aux racines chevelues, forment un plancher mouvant qui cède à la moindre pression; il y a au-dessous plusieurs mètres d'une vase molle et visqueuse qui, dans bien des endroits, interdisent au visiteur audacieux l'accès du lac, l'accès de l'eau libre. Mais, dans la saison des pluies, ces marais boueux qui entourent le lac disparaissent sous une couche d'eau abondante. A cette époque les rives sont formées par les premières assises rocheuses des montagnes et des collines qui enserrent le bassin de toutes parts; les plantes aquatiques, le plancher mouvant, les boues, ont disparu et sont recouverts par les eaux; la superficie du lac a doublé en même temps que changeait son contour. L'Itasy du mois de février est un lac immense; celui de juillet, un étang boueux dont l'eau disparaît presque entièrement derrière la forêt de roseaux sous les feuilles étalées des nénuphars blancs et jaunes. L'Itasy atteint surtout en son centre et près des plus hauts sommets qui bordent ses rives au nord-ouest une grande profondeur; ses eaux sont poissonneuses; malheureusement, les crocodiles y pullulent. Le caïman, ou mieux le crocodile de Madagascar, serait assez dangereux au dire des indigènes. Il s'éloigne parfois de l'eau et va dans les marais et dans les roseaux attendre la proie qu'il convoite, les bœufs et les porcs qui viennent se désaltérer sont ses victimes habituelles, mais ce saurien ne dédaigne pas la chair humaine. On me raconte que ces jours derniers une femme et son enfant ont été enlevés au bord du lac par ces hideux reptiles. Il existe deux espèces de crocodiles à Madagascar : l'une, plus grande, à la tête large, aux membres plus épais, habite principalement le lac Itasy et le lac Alaotra, les grandes nappes d'eau de l'intérieur; on rencontre ainsi cette espèce qui est appelée *Crocodilus robustus* par les naturalistes dans les cours supérieurs des grands fleuves du plateau central, surtout vers le sud, en pays betsileo. La seconde espèce ou *Crocodilus madagascariensis* a la mâchoire plus allongée, les membres plus grêles, elle est de plus petite taille que la première; le *Crocodilus madagascariensis* habite de préférence le voisinage de la mer, les embouchures des cours d'eau; l'estuaire du Betsiboka en est particulièrement infesté.

Je restai plusieurs jours à Mananzary pour étudier la topographie du lac Itasy et de ses environs, mais je dus abréger mon séjour : beaucoup de mes hommes étaient malades et exténués par la fièvre palustre, qui dans ces régions est particulièrement redoutable, et, le 10 juin, je quittai Mananzary pour retourner à Tananarive.

Sur les bords du lac Itasy, de l'Itasihanaka, comme disent les naturels, je fis connaissance pour la première fois avec une bête de somme particulière et toute spéciale, je crois, à l'île de Madagascar; je veux parler du bœuf-cheval.

Des Européens ont amené à grands frais dans l'île, il y a quelque vingt ans, de rares échantillons de la race chevaline; il y en a même beaucoup maintenant à Tananarive et aux environs, et les naturels, désireux d'imiter les vazaha dans leurs usages et dans leurs habitudes, ont résolu, eux aussi, d'avoir des montures : mais les chevaux étaient trop chers, ils demandaient trop de soins, et l'on devait les faire venir à grands frais; il fallut donc chercher dans le pays un animal capable de suppléer, pour l'usage et surtout l'apparence, à la plus noble conquête que l'homme ait jamais faite.

Le bœuf à bosse, *Bos zebu*, pouvait sans doute porter un cavalier : encore fallait-il l'habiller en cheval; là était le point délicat. Les Malgaches eurent vite trouvé. On prend un animal jeune encore, remarquable dans le troupeau par ses belles allures, sa vivacité et sa robe brune, puis on lui fait subir une série d'opérations chirurgicales toutes plus désagréables les unes que les autres; on lui coupe la queue, on lui taille les oreilles en pointe, les cornes sont enlevées, ainsi que la loupe graisseuse que l'animal porte sur le garrot, la peau du cou est retranchée. Le bœuf est devenu un cheval : c'est un *ombysoavaly*.

Malgré ces mutilations, dont ils guérissent parfois avec peine, ces animaux rendent de réels services; ils franchissent au trot de grandes distances et portent de lourds fardeaux. Les mauvais sentiers ne les rebutent pas.

Avant d'arriver au lac Itasy, j'avais visité successivement le centre, l'est, le nord et le sud-ouest de la province de l'Imerina; il me restait à voir le nord avant de rentrer dans la capitale. Ainsi je cherchais un chemin qui pût me ramener à Tananarive en me faisant traverser la région septentrionale du pays des Antimerina.

En neuf jours, je décrivis une courbe dont la convexité était tournée vers le nord-ouest et dont le centre était marqué presque exactement par la capitale. Je visitai ainsi le gros village d'Ambohibeloma, auprès duquel se trouve la jolie chute de l'Ombifotsy, puis le village d'Andramatoakapila, sur les bords de l'Ikopa, le grand affluent du Betsiboka. Je remontai ensuite cette grande rivière jusqu'aux chutes de Tafaina, chutes plus considérables encore que celles que je vis plus tard en amont dans les environs de Soavinimerina, au petit village de Farantsana.

A Soavinimerina, je rentrais dans les environs immédiats de Tananarive, dans la région populeuse, riche et bien cultivée; l'étape suivante, je me trouvai à Fenoarivo, ancien village célèbre par des portes massives dont les ruines se voient encore; enfin, le 18 juin, j'étais de retour à Tananarive, dans la maison de Rainimanambe, qu'un ami obligeant avait bien voulu me louer pour la seconde fois.

A mon arrivée dans la capitale, je trouvai des nouvelles de mes deux compagnons. Maistre, dans sa marche à l'occident, s'était avancé jusqu'à Ankavandra et avait atteint le Manambolo, le grand fleuve du Ménabe. Je transcris ici un fragment d'une lettre dans laquelle, en me rassurant sur les suites de sa périlleuse entreprise, il me résumait son exploration dans l'ouest :

« En vous quittant à Tsinjoarivo, le 10 mai, je me dirigeai vers Ambohiponana, où j'arrivai le 13. J'avais l'intention de descendre le Manandona, affluent du Tsiribihina, et d'aller jusqu'à la mer. Malheureusement on ne fait pas toujours ce que l'on veut. Au moment de mon arrivée, les Sakalava étaient en guerre avec les Antimerina et il me fut impossible de trouver un seul homme pour m'accompagner dans l'ouest. Obligé de remonter vers le nord, j'ai suivi la ligne des Antimerina qui gardent la frontière. Le 20 mai, j'étais à Mahatsinjo, un peu au sud-ouest du lac Itasy, bien résolu cette fois à aller au moins jusqu'à Ankavandra. Quatre jours après, j'arrivai à Bevato et le lendemain à Tsiroamandidy. Là, j'étais forcé d'attendre plus de quinze jours un laissez-passer du gouvernement, les gouverneurs des postes-frontières ayant l'ordre de ne laisser passer aucun étranger s'il n'est muni d'une autorisation spéciale. J'ai employé ce temps à faire quelques excursions dans les environs; le pays est d'ailleurs peu intéressant, couvert de hautes herbes atteignant 5 ou 6 mètres de haut et à travers lesquelles il faut se frayer un sentier. Les bords des rivières et des ravins font seuls exception et sont couverts d'une belle végétation. J'ai été jusqu'au Manambolo, qui coule à 6 kilomètres environ au nord de Tsiroamandidy. Au bout de quinze jours, n'ayant rien reçu de Tananarive, je suis revenu à Bevato, et de là j'ai pu aller au nord-nord-est, jusqu'au village sakalava de Fenoarivo, à deux journées de marche. Fenoarivo est sur le bord de la rivière Masiaka. Cette rivière assez importante est indiquée sur certaines cartes comme étant le cours supérieur du Marambitsy, qui va se jeter dans la mer au sud de Mojanga; sur la carte du R. P. Roblet elle est considérée comme allant se jeter dans la rivière Sakay, affluent du Kitsamby et par conséquent du Tsiribihina. Ces deux opinions sont inexactes : la rivière Masiaka est un affluent de l'Ikopa et a son confluent avec le fleuve un peu au sud de Maevatanana; c'est du moins ce que m'ont affirmé tous les indigènes à Marandaza, Fenoarivo et dans les autres villages que j'ai traversés. Le cours inférieur de cet affluent est d'ailleurs indiqué sur la carte du R. P. Roblet.

« A Fenoarivo, j'ai reçu enfin la lettre du gouvernement antimerina et je suis revenu à Tsiroamandidy : là presque tous mes porteurs m'ont abandonné en apprenant que j'allais à Ankavandra; j'ai été obligé, pour continuer mon chemin, de me joindre à une troupe de Sakalava. De Tsiroamandidy à Ankavandra nous avons mis quatre jours; sauf le petit village d'Imarovatana, le pays est absolument désert. La nuit, nous étions obligés de camper au milieu des grandes herbes ou au fond d'un ravin. A mesure que l'on s'avance vers l'ouest, les ravins deviennent de plus en plus boisés, mais le haut des coteaux a toujours le même aspect. La veille de mon arrivée à Ankavandra, j'ai rencontré toute la population antimerina d'Andranonandriana qui émigrait vers Tananarive. Les Sakalava avaient attaqué ce poste quelques jours auparavant et les Antimerina avaient été obligés de l'évacuer.

« Ankavandra est un grand village de 300 à 400 cases; il possède un fort antimerina, qui est comme perdu en pays sakalava. Je suis resté huit jours à Ankavandra sans pouvoir aller plus loin. Tout le pays était en guerre, depuis Beditsa, qui a été attaqué deux jours après mon

PORTE DE FENOARIVO.

arrivée, jusqu'à Imanandaza. J'ai pu cependant traverser le Manambolo à l'ouest d'Ankavandra et me rendre au petit village d'Ambodifariby, sur la rive droite du fleuve; comme je risque d'être immobilisé ici pendant longtemps par les hostilités, je compte rentrer bientôt à Tananarive; mon retour se fera par Bevato, Ambohibeloma et Soavinimerina [1]. »

Maistre rentrait, en effet, le 9 juillet; quelques jours auparavant, j'avais été rejoint par Foucart; avant que je passe à l'expédition que nous préparions vers des parages plus lointains et moins connus que le pays d'Imerina, il va nous raconter le voyage qu'il avait fait dans la vallée du Mangoro.

---

1. Comme on le voit par cette lettre de M. C. Maistre, le gouvernement antimerina (à cette époque cependant notre protégé) faisait tout son possible pour paralyser l'action de tout explorateur français à Madagascar. Combien d'ennuis les Antimerina et leurs gouverneurs et les différents officiers civils et militaires ne m'ont-ils pas causés au cours du voyage! Jamais les *fahavalo* et les peuplades des tribus indépendantes ne m'ont tracassé ainsi. Cependant les autorités françaises ne cessaient de me répéter de bien respecter les lois des Antimerina dans le cours de mon voyage, mais de recourir à la force si cela était nécessaire seulement en territoire indépendant du gouvernement antimerina. Or, si chez les Antimerina mes projets de voyage étaient toujours contrariés, il n'en était pas de même chez les tribus indépendantes.

VOYAGE A MADAGASCAR.

EXPLORATION DE G. FOUCART

Le but principal du voyage que j'entreprenais dans l'est était de reconnaître le cours inférieur du Mangoro. Ce fleuve, un des plus importants du versant oriental, coule pendant plus de 200 kilomètres du nord au sud entre les deux chaînes de montagnes parallèles à la mer, puis, passant à travers une brèche qui interrompt la première, il fait un coude à l'est et va se jeter dans l'océan Indien près de Mahanoro. Je devais donc, en quittant mes compagnons, me rendre dans cette ville et remonter ensuite la vallée du Mangoro jusqu'au point où elle est traversée par la route de Tamatave à Tananarive.

J'avais d'abord l'intention d'aller à Mahanoro en longeant l'Onive, affluent de droite du Mangoro, qui passe à Tsinjoarivo où il forme, au fond d'un ravin, des rapides et des chutes qui dominent la maison de la reine. D'après les renseignements que je pris, la largeur de la forêt rend cette route difficile, et la rareté des villages diminue aussi bien les ressources qu'elle offre au voyageur que l'intérêt qu'elle peut présenter pour lui. Je me décidais donc à faire un crochet en remontant d'abord au nord, puis en marchant au sud-est pour traverser le Mangoro et gagner la côte.

Le 11 mai au matin, je partais avec quatorze hommes. Rainivoavy, qui était avec nous depuis notre arrivée à Tamatave, était le commandeur de cette petite troupe. Un porteur, Rainivokata, à qui une humeur vagabonde, assez fréquente chez les Malgaches, avait fait abandonner pour nous suivre la profession sédentaire de ferblantier qu'il exerçait à Tananarive, avait été promu à la dignité de cuisinier; je n'étais qu'imparfaitement renseigné sur ses talents culinaires, restés jusqu'alors à l'état latent, mais, du moins, j'étais assuré que mon modeste attirail de cuisine serait bien entretenu. Un autre cumulait les fonctions de domestique attaché à ma personne avec celles de collecteur de plantes et d'insectes; malheureusement, il considérait le filet à papillons que je lui avais confié plutôt comme un insigne honorifique que comme un instrument de travail; il me fallut bien souvent stimuler, par des moyens énergiques, son zèle insuffisant pour les sciences naturelles.

Une longue étape à travers une campagne aride, d'un aspect monotone, me conduisit à Tanimalaza. Parmi les douze cases que renferme le mur en terre couronné de cactus épineux constituant l'enceinte du village, je choisis la moins sale; elle est petite et ne possède, pour l'éclairer comme pour évacuer les produits de la combustion, qu'une ouverture étroite; dès qu'on allume le feu destiné à préparer le repas du soir, la fumée qui me pique les yeux et me prend à la gorge me force à déguerpir; je suis obligé d'aller manger dehors. Puis, je m'installe dans la case pour la nuit, non sans exciter de timides protestations parmi les moutons et les chèvres qui avaient habituellement la libre jouissance du sol de la maison. Quant au propriétaire, à sa femme et à ses sept enfants, ils couchent sur un lit élevé de trois mètres auquel on accède par des échelons placés sur les montants qui le soutiennent. Au milieu de mon premier sommeil, je vois, à la lueur d'une torche de paille, l'ascension de toute la famille allant goûter le repos.

Pendant les deux jours suivants, je continue à marcher dans l'Imerina sur un terrain peu accidenté. Je franchis cependant, à l'altitude de 1 680 mètres, une chaîne de collines qui ne s'élève que faiblement au-dessus du niveau général, mais qui marque la ligne de partage des eaux entre les deux versants de l'île. Les ruisseaux que je traverse maintenant sont des affluents secondaires de l'Ikopa qui va se jeter dans le canal de Moçambique. Arrivé à Tsiajanpaniry, village bâti à côté du mont Iharamalaza, énorme bloc de granit dont la roche est à nu sur une face, je me dirige vers l'est et je me retrouve bientôt dans le bassin du Mangoro.

Jusque-là, le pays conserve le même aspect; mais à partir de Miantsoarivo, que je quittai le matin du 14 mai, j'entre dans une région boisée. Au commencement, les hauteurs restent encore dénudées ou tapissées seulement d'herbes et de maigres broussailles; les arbres emplissent les bas-fonds et les petites vallées. Peu à peu, l'aire de la haute végétation s'étend, gagne les collines et, bientôt, je suis en plein dans la forêt. Le terrain est accidenté, le sentier très mauvais. On marche bientôt sur un sol rougeâtre et glissant, tantôt dans le lit d'un ruisseau qui descend des sommets, bruissant au milieu des cailloux et bouillonnant sur les grosses pierres. En quelques points, des couloirs étroits et sinueux ont été taillés dans les massifs d'argile et se creusent constamment par le passage des hommes et par l'action des eaux sauvages ; à peine a-t-on la place de se glisser dans la tranchée dont les murailles croulantes se bombent sous la poussée des racines et dont le fond est rempli d'une boue épaisse. La lumière arrive rare et tamisée par un fouillis inextricable de branchages, de fougères arborescentes et de lianes. Des arbres morts sont tombés dans tous les sens et obstruent la route ; leurs troncs à demi pourris et les arbres vivants sont couverts de plantes parasites, d'orchidées et de mousses pendantes d'un vert pâle, comme décoloré par l'obscurité.

La forêt est divisée en deux parties par une large vallée. Sur les bords du ruisseau qui l'arrose se trouve le petit village de Sahanaly où je passe la nuit. Il est à une altitude d'environ 870 mètres ; je suis, après bien des montées et des descentes, à 350 mètres plus bas que la veille.

Le 15 mai au matin, nous reprenons notre marche sous bois dans les mêmes conditions que le jour précédent. Au bout de trois heures, nous rencontrons un large ruisseau ; chose extraordinaire : un pont le franchit ! C'est même un pont suspendu formé par des perches et des lianes attachées aux arbres voisins ; leurs rameaux s'étendent horizontalement, à une si petite hauteur au-dessus du rudimentaire tablier à claire-voie et s'y enchevêtrent tellement qu'il reste peu de place pour passer. J'arrive sans trop de peine de l'autre côté, mais deux hommes qui portent une caisse s'accrochent avec leur fardeau dans les branchages ; ce n'est qu'après de longs efforts, en les tirant en avant, en les poussant par derrière, qu'on parvient à les dégager.

A peu de kilomètres de là, le terrain descend rapidement et, à mi-côte (850 mètres), nous sortons de la forêt. A nos pieds s'étend du nord au sud la vallée du Mangoro. Sur la rive gauche, se dressent les montagnes dont les contreforts presque continus viennent mourir au bord du fleuve. Les sommets, bien découpés, sont boisés, tandis que les pentes, couvertes de hautes broussailles, laissent seulement à nu l'arête des croupes. Sur

M. MAISTRE.

la rive droite, où je suis, la végétation est moins puissante une fois qu'on a franchi la limite de la grande forêt. A peine quelques arbustes et des goyaviers chargés de fruits sur lesquels mes porteurs se précipitent comme s'ils n'avaient pas mangé depuis huit jours, ce qui ne les empêche pas, une heure après, de se repaître plus solidement avec le riz habituel au village de Sahamampay où nous nous arrêtons. L'après-midi, par un bon chemin, nous suivons le Mangoro en le descendant et nous trouvons bientôt des pirogues pour le traverser devant un petit village de la rive gauche. Naturellement il s'appelle Andakana, ainsi que tous ceux où des embarcations attendent des voyageurs pour le passage d'un cours d'eau. Le nom est l'indication de ce fait, de même qu'ailleurs il est la traduction de telle autre circonstance locale ; et comme elles se reproduisent en des points différents, il en résulte des appellations identiques qui ne contribuent pas à mettre de la clarté dans les renseignements fournis par les indigènes.

A Andakana, comme dans les autres villages où j'ai séjourné depuis mon arrivée sur le versant oriental, je retrouve les cases légères en bois et en roseaux que nous avons déjà vues dans notre trajet de la côte à la capitale. Celle où je me suis installé est spacieuse et propre ; des nattes, avec des dessins formés par l'entrelacement régulier de joncs teints en noir, cachent les parois et les planches d'écorce. A côté de là, quelques indigènes ayant pour unique instrument l'*antsibe* ou cognée élèvent une nouvelle habitation dont la structure est encore bien apparente. Cette structure reste la même dans tout le pays que je vais visiter. Les cases varient par les dimensions, mais sont toujours rectangulaires et couvertes par un toit à deux versants ; des montants reliés par des traverses en constituent la carcasse ; faibles et plus ou moins nombreux sur les grands côtés, ils sont au nombre de cinq et plus solides sur les pignons ; ceux du milieu, plus hauts et plus gros que les autres, sont bien fixés dans le sol et se terminent à la partie supérieure par des tenons dans lesquels s'enfourche le faîtage qui supporte toute la toiture. Ce mode de soutien de la couverture est général dans les cases malgaches. Même dans les maisons de l'Imerina, construites en terre et en briques, le faîtage ne repose pas sur les murs, quoiqu'ils soient épais et résistants, mais sur deux poteaux placés à l'intérieur au milieu des pignons.

En quittant Andakana, le 16 mai, nous gravissons les montagnes de la première chaîne. Elles sont couvertes de bois beaucoup moins épais que ceux de l'autre rive du Mangoro et coupés par des clairières. Le sentier qui passe par les villages d'Ambodihava et d'Andohasafary est suivi par un certain nombre de porteurs. Ceux qui vont comme nous vers la mer sont chargés de peaux de bœufs, ceux qui viennent de là ont des marchandises variées et surtout du sel. Nous avons en effet rejoint, depuis que nous avons passé le Mangoro, une voie assez fréquentée allant de Mahanoro à Tananarive.

Dans l'après-midi, l'animation, toute relative d'ailleurs, de la route augmente et dénote le voisinage d'une agglomération d'une certaine importance. J'aperçois bientôt de nombreuses cases qui s'étagent sur les flancs d'une colline formant une île allongée au milieu d'une rivière assez large. C'est Anosibe, me dit-on, ville où résident une garnison et des officiers antimerina.

En quelques minutes je suis sur les bords de la rivière, le Mamavo, que je traverse à gué et je gravis un escalier grossièrement taillé dans l'argile pour atteindre la rue principale qui suit la crête de la colline. Une grande foule y était réunie pour un *kabary* ; un personnage, affublé d'un costume à peu près européen, et qui était, à ce que j'appris plus tard, le sous-gouverneur de la ville, nommé Ramiakatra, s'en détacha et se mit à parlementer avec Rainivoavy pendant que je choisissais un logis ; bientôt mon commandeur vint me dire que je ne pouvais pas rester dans la ville et, comme j'insistais pour y demeurer, l'officier antimerina se retrancha derrière les ordres de son supérieur absent. Pour mettre fin à une discussion qui menaçait de s'éterniser, je me décidai à aller m'installer dans un faubourg situé sur la rive gauche du cours d'eau.

Comme cette réception pouvait, surtout au début de mon voyage, produire un mauvais effet sur mes hommes, j'écrivis aussitôt au gouverneur que j'irais le voir le lendemain matin et visiter la ville. Il me fit répondre qu'il me recevrait.

Assis sur les bords du Mamavo, je passai les dernières heures du jour à regarder le spectacle animé qu'offre le va-et-vient continuel des passants entre l'île et les maisons de la rive où j'étais ; en l'absence d'un pont, hommes, femmes et enfants pataugent dans l'eau et se retroussent beaucoup plus haut que le genou. A cette altitude, la température est douce et les habitants d'Anosibe semblent prendre plaisir à ces bains réitérés ; ils en sont quittes, une fois arrivés sur le bord, pour se secouer et réparer rapidement le désordre de leur toilette.

Celle-ci est du reste assez simple. Les femmes s'enveloppent dans un grand fourreau en rabane qui tombe jusqu'aux pieds en formant jupon ; il est attaché à la ceinture par une ficelle au-dessus de laquelle le haut du fourreau est rabattu. La poitrine est étroitement serrée dans un *canezou* en cotonnade blanche fermé par des boutons et si court qu'il existe toujours, entre sa partie inférieure et le jupon, un intervalle laissant voir la peau. Au-dessus de ces vêtements, les élégantes ont un second fourreau en coton blanc à dessins de couleurs ou à grands carreaux blancs et bleus ; il est mobile et se maintient avec les bras, comme le lamba des Antimerina. Les bijoux sont rares ; les seuls qu'on voit sont des anneaux ou de grandes boucles d'oreilles en cuivre.

L'habillement des hommes est encore moins compliqué. Au-dessus du *sadika*, pièce d'étoffe entourant les reins, ils portent une camisole descendant jusqu'aux genoux et pourvue de courtes manches ; généralement elle est en rabane ayant la teinte jaune naturelle des fibres de raphia. Comme coiffure, les hommes, surtout ceux d'un certain âge, ont un bonnet en paille dont la forme varie suivant les localités ; le plus souvent c'est une calotte hémisphérique ; à Anosibe et dans les environs, ces bonnets se terminent par deux cornes. Heureusement qu'à Madagascar cet ornement n'a aucune signification symbolique.

Le costume que je viens de décrire n'est pas particulier à la province de Bezanozano où se trouve Anosibe. Au moins dans la partie que j'en ai visitée, les habitants ne se distinguent ni par leur façon de se vêtir, ni par leur type Betanimena au milieu desquels s'est effectué ensuite mon voyage. Comme eux, ils ont la peau foncée, mais pas noire, des cheveux fournis et crépus. Les yeux sont grands, le nez est court, la bouche bordée de grosses lèvres entre lesquelles apparaissent des dents blanches. Le corps bien développé a des formes robustes et quelquefois assez belles.

M. FOUCART.

Les hommes ont peu de barbe et portent les cheveux courts. Pour les femmes, la coiffure est beaucoup moins variée que chez les Antimerina : la plus répandue consiste en six touffes de cheveux placées deux au-dessus des yeux, deux au niveau des oreilles et deux derrière la tête. Consolidée avec de la graisse et quelquefois de la terre, la coiffure peut durer un mois ou six semaines, mais il faut du temps, de la patience et le concours d'une main amie pour l'établir convenablement. Au moment de mon arrivée, une voisine armée de brosses de différentes dimensions avait commencé à coiffer la fille du propriétaire de ma case et, bien après mon repas du soir, l'artiste capillaire n'avait pas encore mis la dernière main à son œuvre.

Le lendemain, j'attendis qu'un épais brouillard, qui emplissait toute la vallée, se fût dissipé et, vers dix heures, je me préparai à aller à Anosibe ; mes hommes avaient profité des loisirs de la veille pour enlever de leurs vêtements les maculations laissées par le passage de la forêt ; tous étaient enveloppés dans des *lamba* d'une éclatante blancheur ; à leur tête marchait Rainivoavy qui avait sorti je ne sais d'où, car le mince bagage qu'il portait en route ne semblait pas pouvoir contenir un objet aussi volumineux, un immense chapeau de paille tout neuf. Un porteur, que ses camarades avaient surnommé *mpanasary* — le portraitiste — parce qu'il était ordinairement chargé de mon appareil photographique, nous accompagnait avec ses ustensiles.

Après avoir passé la rivière aux sons d'une trompe dans laquelle soufflait une sentinelle postée sur une haute plate-forme, je gravis la colline et je suivis la grande rue jusqu'à son extrémité sud où se trouvait le poste du *rova*. Le gouverneur Andriantoanina vint m'y recevoir et me fit entrer dans sa case où je m'assis à côté de lui. Aussitôt un serviteur, mettant genou à terre, déposa devant nous deux tasses raccommodées avec du fil de fer, et contenant un liquide fumant ; nous trinquâmes avec cette boisson qui n'était autre que du café au lait, et certainement le plus sucré que j'aie jamais bu. Ces politesses terminées, je me plaignis vivement de l'accueil peu hospitalier qu'on m'avait fait la veille ; le gouverneur me répondit d'une façon évasive, comme le font toujours les Antimerina. Ces explications n'étaient pas suffisantes, mais je ne pouvais que m'en contenter.

Pour faire diversion, le gouverneur me demanda une consultation pour sa femme malade. Aux yeux des Malgaches, tout blanc est un savant médecin, et je n'en étais plus à faire mes débuts dans la thérapeutique ; il faut dire que cet exercice, peut-être illégal, de la médecine est grandement facilité par la vie errante que mène le voyageur ; changeant de gîte tous les jours, il reçoit les remerciements du client auquel il donne un remède, mais n'est pas là pour écouter ses reproches, si le traitement n'a pas produit d'effet. On me conduisit au premier étage où je trouvai une vieille femme assise sur ses talons, qui refusa obstinément de répondre à mes questions. Rainivoavy fut plus heureux et j'appris, par son intermédiaire, qu'elle avait la fièvre et mal aux dents, comme le manifestait du reste suffisamment une énorme fluxion. Un peu de quinine pour la première maladie, un cataplasme de riz bien chaud pour la seconde, et ma réputation fut sauvée.

Je proposai ensuite au gouverneur de le photographier avec son état-major; il voulut auparavant changer de costume, et quittant une sorte de courte robe de chambre en drap vert avec laquelle il m'avait reçu, il endossa une redingote noire ornée sur les manches de sept galons d'or et mit un gibus, non moins galonné, qui, par suite sans doute de la rupture d'un ressort, persistait à prendre une forme hélicoïdale, malgré les efforts de son possesseur. Les principaux officiers, revêtus de costumes d'un goût analogue, formèrent aussi un groupe devant mon objectif.

J'allai ensuite faire un tour en ville; dans la grande rue manœuvrait la garnison forte de 250 hommes environ; elle possédait un armement, plus varié que dangereux, consistant en fusils à pierre ou à piston, en sabres, en sagaies; quelques soldats même faisaient l'exercice avec des morceaux de bambou.

La ville d'Anosibé, qui est de fondation assez récente, est l'un des chefs-lieux de la province de Bezanozano. Elle se compose de 180 cases environ, disposées sur plusieurs rangées parallèles, de part et d'autre de la grande rue qui suit la plus grande longueur de l'îlot. Quelques-unes contiennent des boutiques bien approvisionnées d'objets indigènes et de quelques articles européens. Les habitants ont un air d'aisance qui contraste vivement avec la misère des villages environnants.

Depuis l'époque de mon passage, Anosibé a été le théâtre d'événements tragiques. Ramiakatra, qui n'occupait alors que le second rang, avait eu de l'avancement et avait été nommé gouverneur; il exerça ses fonctions avec tant de dureté que, malgré la longue habitude que possèdent les tribus soumises de tout supporter des Antimerina, ses administrés se lassèrent; au commencement de 1891, une députation, composée des notables du pays, alla porter à Tananarive les doléances de la population; elle attendit plusieurs semaines pour obtenir une audience, mais enfin Rainilaiarivony la reçut et, comme les ministres de tous les pays, répondit par de bonnes paroles aux plaintes formulées. De retour à Anosibé, les envoyés furent fêtés; on leur offrit un repas en dehors de la ville; mais la réunion fut troublée par Ramiakatra, qui, avec quelques-uns de ses soldats les plus dévoués, envahit la salle du festin et massacra les délégués, leurs femmes et leurs enfants. L'affaire fit trop de bruit pour que le gouvernement pût différer le châtiment de son agent; aussi envoya-t-on immédiatement de la capitale un *tsimandoa* accompagné de quelques soldats qui tuèrent Ramiakatra et ses complices sans autre forme de procès.

Généralement, on montre moins d'énergie; le fonctionnaire qui a soulevé des plaintes est appelé à Tananarive où on instruit son procès; le gouvernement lui fait rendre tout l'argent qu'il a pris et se garde bien d'en restituer la moindre partie aux malheureux administrés; quand le gouverneur est complètement ruiné, on l'acquitte, pour maintenir sauf le principe d'autorité, et on lui donne un nouveau poste. S'il a dépassé la limite des exactions permises, on l'envoie commander une garnison dans l'ouest ou dans le sud, au milieu d'une région bien insalubre où il ne tarde pas à mourir de la fièvre. Quelques forts ont ainsi la spécialité de servir à une élimination honorable des fonctionnaires compromettants.

Comme les habitants des provinces soumises aux Antimerina savent qu'ils ne gagneront rien au renvoi d'un gouverneur, puisqu'on en nommera un nouveau qui n'aura d'autre désir que de s'enrichir rapidement à leurs dépens, ils supportent d'habitude avec plus de patience que ceux d'Anosibé les mauvais traitements. Avec le système en vigueur depuis de longues années, ils sont actuellement réduits à la plus grande misère. S'ils apprennent un métier, on les appelle aussitôt dans la ville la plus voisine pour l'exercer gratuitement, en théorie, au profit de la reine, le plus souvent, dans la pratique, au profit du gouverneur; s'ils n'en connaissent pas, on leur fait transporter des marchandises pour le gouvernement ou pour ses agents; s'ils trouvent à s'employer dans une usine ou dans une plantation, on les convoque pour une période de service militaire en leur laissant entendre qu'en versant quelques piastres, ils en seront dispensés; à l'occasion, le gouverneur ne se gêne nullement pour empocher les piastres et incorporer ensuite celui qui les a données.

La journée était assez avancée quand je quittai Anosibe. En partant, nous traversons un joli bois rempli d'arbustes fleuris qu'illuminent, en jouant gaiement parmi les branches, les rayons obliques du soleil à son déclin. Je voudrais être tout entier à ce spectacle, sur lequel le voyageur n'est pas blasé quand il a parcouru l'Imerina ainsi que je le faisais quelques jours auparavant, mais, sous peine de se donner une entorse, il faut abaisser les yeux vers la terre; pendant plus d'un kilomètre, en effet, nous marchons en sautant de pierre en pierre dans le lit d'un ruisseau; comme souvent, il n'existe pas d'autre sentier : les Malgaches trouvent inutile d'en tracer un quand les eaux sauvages ont ouvert un passage en exerçant, même imparfaitement, leur action érosive sur le sol accidenté des régions montagneuses.

Nous quittons enfin cette voie humide et nous arrivons au village de Bemangahazo, dont les sept cases sont disposées sur les côtés d'un triangle; au milieu est fichée en terre, saillant de quinze centimètres, une petite pierre, précieuse sans doute par les vertus qu'elle possède, puisqu'elle est soigneusement protégée par un treillage de bambou. Ce monument, que je ne commettrai pas l'exagération d'appeler mégalithique, est

PIEUX DRESSÉS A ANDRANOGAVOLA.

couvert d'offrandes consistant en de petites boîtes carrées, adroitement façonnées avec des feuilles et remplies de graisse.

On a lu précédemment la description des pierres plantées qu'on rencontre dans l'Imerina. Celles du pays betanimena sont différentes, sinon par le respect qu'elles inspirent et par la signification, du moins par la forme et par la grandeur. Tandis que les pierres des Antimerina, souvent taillées et sculptées, atteignent parfois des dimensions considérables, celles que j'ai vues sur le versant oriental sont toujours brutes et dépassent rarement un mètre de hauteur.

Quelquefois, comme à Bemangahazo, un bloc, entouré d'une grosse barrière, est isolé au milieu d'un village ou loin des habitations, sur le bord du sentier. Plus souvent se dressent alternativement sur une même ligne, à l'ombre d'un arbre, des pierres et des poteaux en bois plus élevés, coupés carrément par le haut; le nombre de ces pierres est variable, mais ne dépasse jamais cinq. Plaqués sur elles ou flottant lourdement au sommet des pieux où ils sont pendus, des torchons imbibés de graisse et d'une couleur indécise attestent aux yeux des passants le culte dont le fétiche est l'objet.

On rencontre aussi des pieux en bois au milieu des villages, mais ils sont pointus et servent à accrocher des têtes de bœufs au moment de certaines fêtes, notamment de celles qu'on célèbre à l'occasion de la circoncision. Dans la partie du pays où je suis, ils sont presque toujours bifurqués. Tels sont ceux dont j'ai fait le croquis à Andranogavola, où je couchai le lendemain de mon passage à Bemangahazo, après une journée de marche dépourvue d'intérêt. Faut-il attribuer leur état de délabrement actuel à la disparition des anciennes croyances? Je ne sais; mais ce que je peux dire c'est qu'elles n'ont pas été remplacées par d'autres. Chez les Betanimena, je n'ai trouvé nulle part, si ce n'est dans le voisinage de la côte, la moindre trace de religion d'importation, catholicisme ou protestantisme.

Le 19 mai, le sentier que je suis, tantôt déroulant sa ligne rouge, dans la verdure, tantôt disparaissant momentanément dans l'eau brunâtre d'un marais, continue à serpenter à travers les montagnes. En général, le sol est boisé, mais de vastes espaces, qui s'étendent constamment, ont été dénudés par le feu pour être rendus propres à la culture. Cette méthode expéditive en vaudrait une autre si on en pouvait limiter exactement les effets au terrain dont on a besoin, mais l'incendie allumé ne s'arrête pas. Tel indigène qui n'a qu'une poignée de riz à semer, ravage ainsi tout un canton; il ne veut brûler que quelques herbes et la flamme vole jusqu'à la forêt voisine. L'aspect qu'offrent ces bois où a passé le feu est lamentable : çà et là, vrais squelettes végétaux, des arbres restent debout, dressant leurs troncs, carbonisés ou blanchis par le temps; l'eau, que n'élimine plus la puissante évaporation des feuillages, s'accumule à leurs pieds et forme des marécages.

Peu à peu, à mesure que j'avance, l'altitude diminue; la végétation change et prend un caractère plus tropical. Les *ravenala*, avec leurs longues feuilles en éventail, font leur apparition (325 mètres); rares et isolés d'abord, ils deviennent bientôt plus nombreux et se pressent les uns contre les autres dans la vallée du Manampontsy où j'arrive bientôt. Je passe sur la rive droite de cette rivière et je vais m'installer au village d'Imanakana.

Le lendemain, quelques heures de marche sur la rive droite de la rivière, à travers de hautes herbes mouillées par la rosée nocturne, nous conduisent à Antanambao. C'est un village assez important. J'entre du reste dans la zone côtière, bien plus peuplée que le pays parcouru depuis le Mangoro.

Quarante cases, dont plusieurs ont une varangue et un étage, composent Antanambao. Au milieu de la place, sous un vaste grenier à riz monté sur colonnes, une balustrade entoure un plancher où les habitants se réunissent à l'abri du soleil pour causer, rêver ou dormir. Près de là, un grand bâtiment en bois sert d'école. Au moment de ma visite, le maître, perché sur une estrade devant un pupitre, fait l'appel des élèves. L'école est mixte; les filles sont à gauche, à droite les garçons.

Je suis tout étonné de voir parmi ces derniers, à côté de bambins depuis peu sortis de nourrice, de grands et solides gaillards ayant barbe au menton, et pourtant à en juger du moins par les syllabaires, tracés sur de longues et minces planchettes, que tiennent en mains les élèves, je ne suis pas dans un établissement consacré aux hautes études. En m'informant plus tard sur cette particularité, j'ai appris que, dans les localités pourvues d'une école, les jeunes gens sont obligés de la fréquenter jusqu'à ce qu'ils en soient dispensés par les Antimerina. Les gouverneurs trouvent là encore une source de petits profits; ils ne libèrent l'élève que moyennant le versement préalable d'un nombre de piastres proportionné à ses ressources ou à celles des siens; si le candidat ne peut pas les réunir ou s'il ne veut pas se dessaisir de l'argent qu'il possède, il attend, quelquefois pendant plusieurs années.

Il serait injuste de ne pas ajouter que, dans la pratique, les inconvénients de cette application, peut-être intempestive, de l'instruction obligatoire sont grandement atténués par la rareté des écoles. Pendant tout mon voyage chez les Betanimena, je n'en ai vu que deux.

La forme et la nature du terrain se modifient sensiblement à partir du point que nous avons atteint. Les collines mollement arrondies ont succédé aux raides escarpements de la zone forestière. Le sable remplacera bientôt l'argile fortement colorée qui constitue la plus grande partie du pays que je visite et qui lui a fourni son nom : *Be*, grande; *tany*, terre; *mena*, rouge. Mais avant d'entrer dans la région des dunes fixées par la végétation, il nous faut franchir quelques élévations sur les flancs desquelles brillent des cristaux appartenant à diverses variétés de quartzites; et comme ils ont l'éclat du verre, ils en ont aussi les arêtes coupantes, malheureusement pour mes hommes qui, avec leurs pieds nus, ne goûtent que médiocrement les nouveaux caractères géologiques de la route. Ils ont négligé de se munir de semelles de cuir, maintenues par une lanière passant entre le pouce et le doigt voisin, dont ils se servent ordinairement dans ces occasions; aussi avancent-ils péniblement; l'un d'eux, en tombant, se blesse assez fortement pour ne plus avoir pu, depuis ce moment, suivre la colonne qu'en traînard; la vue d'une charge qui va se répartir sur l'épaule des valides ne contribue pas à les rendre moins moroses. Mais, vers la fin de l'étape, en arrivant au sommet d'un mamelon plus haut que les autres et qui limitait notre horizon, subitement, tout change et leur physionomie s'éclaire. *Ranomasina! Ranomasina!* — la mer! la mer! — s'écrient-ils d'une commune voix, tout comme les dix mille à l'aspect du Pont-Euxin, et, étendant les bras, ils me montrent bien loin, par delà les dernières ondulations du terrain, l'Océan Indien qu'une ligne à peine perceptible distingue du ciel. Sans avoir des motifs aussi légitimes que les compagnons de Xénophon, ils manifestent bruyamment une joie semblable. Il en est de même chaque fois qu'après une longue route les porteurs aperçoivent pour la première fois la mer ou Tananarive; la côte ou la capitale, c'est sinon la fin d'un voyage, du moins la perspective de quelques jours de repos, d'une vie large et facile, des plaisirs variés que le *borizana* ne peut pas toujours se procurer en route. Dans les circonstances actuelles, le contentement de mes porteurs a besoin de se dépenser en mouvement. Ils me hissent, sans me consulter, sur le *filanjana* abandonné depuis longtemps et, oubliant cailloux aigus et pieds endoloris, ils bondissent plutôt qu'ils ne courent sur la pente rapide en bas de laquelle apparaît un village. Devant la première case, un indigène, qui transporte quelques canards dans deux grands paniers à claire-voie s'équilibrant aux extrémités d'un bambou et qui ne se gare pas assez vite, reçoit dans sa charge vivante un des brancards de mon véhicule animé d'une telle force vive qu'il est renversé avec elle; mes deux porteurs de devant tombent par-dessus et, naturellement, en vertu de l'inertie, je vais m'étaler sur le groupe. C'est ainsi qu'aux cris d'angoisse des palmipèdes auxquels se joignent les injures qu'échangent leur propriétaire et mes hommes, je fais mon entrée à Ambodimanga. La collision a fait une victime; je la mange à mon dîner, accommodée avec ces légumes que les colons nomment pois du Cap, probablement parce qu'ils ont la forme de gros haricots. Sous cette appellation plus ou moins justifiée, on les cultive sur la côte orientale, particulièrement vers le sud, et ils constituent un important article de commerce; on en expédie de grandes quantités à Maurice et à la Réunion.

Le 21 mai, toute la journée, nous longeons le Manampotsy dont le cours, souvent divisé en plusieurs bras par des îles, est parsemé de rochers formant de petites chutes. Nous traversons beaucoup de ses affluents qui coulent dans des vallées remplies de bambous, de roseaux et de *ravenala*. Après avoir couché à Mangazohazo, je continue ma route au milieu de la même végétation touffue à laquelle viennent bientôt s'ajouter des orangers chargés de fruits aux vives couleurs. Simple régal pour les yeux : les oranges possèdent une peau tellement épaisse que la pulpe comestible du centre se réduit presque à un point mathémathique sans dimensions appréciables.

Vers midi, j'arrive à Ankonhaona, sur les bords de la lagune où viennent déboucher le Manampotsy et, au sud, deux autres rivières. Plusieurs patrons de pirogues se proposent pour nous faire passer; toutes les embarcations me paraissant au même degré dépourvues de confortable, aucun motif ne pourrait dicter mon choix, si je ne procédais par une voie d'adjudication au rabais, non sans être troublé par les vociférations des concurrents; le vainqueur de cette épreuve nous aide à arrimer les bagages et, sous sa conduite, mes porteurs se mettent à pagayer avec entrain au milieu des nénuphars et des plantes aquatiques aux larges feuilles; après une demi-heure de navigation, nous sommes à Beparasy.

Au moment de mon passage, le village se composait d'environ 150 cases, mais, en temps normal, il doit en contenir beaucoup plus. Moins d'un an auparavant, en effet, il avait été totalement détruit par un incendie qui avait trouvé un aliment facile dans les constructions légères surchauffées par plusieurs mois de soleil à la fin de la saison sèche. Seuls, les greniers à riz avaient été épargnés, grâce à la sage précaution que prennent toujours les Betanimena de les établir à une grande distance des habitations. Bien qu'elle eût été aussi durement éprouvée et qu'une partie vécût encore dans des installations provisoires, la population de Beparasy paraissait jouir d'une certaine aisance. Les habitants sont commerçants ou agriculteurs. Une sucrerie fonctionnait avant l'incendie; il ne restait d'autre vestige de matériel qu'un chariot, ustensile assez rare à Madagascar pour que sa rencontre soit digne d'être notée. Sur le versant oriental, le terrain plat, entre les lagunes et la mer, est le seul qui permette d'employer des véhicules à roues.

Comme tous les villages malgaches, Beparasy doit son nom à une particularité locale, généralement bien choisie. Celui-ci veut dire *beaucoup de puces*; nombreuses partout, elles ne l'étaient pas là sensiblement plus qu'ailleurs, mais peut-être avaient-elles été décimées par la catastrophe de l'année précédente!

La langue de sable qui s'étend entre Beparasy et Mahanoro, où nous devons arriver en une journée, est couverte d'une herbe courte et serrée sur laquelle la marche n'est plus qu'une promenade. A droite la lagune, aux eaux tranquilles et silencieuses, s'allonge parallèlement à la côte; à gauche la mer, dont par intervalles, quelques bosquets dérobent la vue, laisse toujours entendre le murmure cadencé de ses flots. Sur le trajet, quelques grands villages : l'un d'eux, Tandroho, tire son nom et son importance d'un bois de copaliers long de plus d'un kilomètre, qui croît dans le voisinage.

Le copalier (*Hymœnea verrucosa*), grand et bel arbre appartenant à la famille des légumineuses, a des feuilles épaisses et luisantes. La gomme qu'il sécrète suinte en grosses larmes du tronc et des branches qu'on incise pour la recueillir; celle qui s'accumule entre les racines, dans la terre, est plus dure et, par suite, plus recherchée pour la fabrication des vernis, mais son nettoyage exige beaucoup de main-d'œuvre. La gomme copal, achetée aux indigènes qui la récoltent, par les traitants, est triée chez eux et classée en différentes catégories d'après sa teinte et sa dureté. Elle se vend sur la côte de 80 à 250 francs les 100 kilogrammes. Sans valoir celle qui vient des Indes hollandaises, sans valoir surtout la résine originaire des forêts fossiles de la Nouvelle-Zélande, elle est fort estimée dans le commerce européen.

Des colons m'ont affirmé que les Malgaches brûlent quelquefois les copaliers, afin de faire refluer dans les racines une grande quantité de gomme. Étant capables de toutes les barbaries en matière d'exploitation des produits naturels, ils sont peut-être aussi coupables de celle-là, mais je n'ai jamais vu cette pratique en usage.

Un peu plus loin est le village d'Ambilabe. La lagune au bord de laquelle il est bâti est très poissonneuse. La pêche est organisée collectivement par les habitants qui ont établi de grands barrages en branchages entrelacés, avec des nasses dans les ouvertures. Le poisson est consommé sur place ou envoyé au marché de Mahanoro après avoir été fumé sur le *salaza*. Il semble ne demander qu'à se laisser prendre. Je vois des enfants qui s'amusent à pêcher : ils entrent dans l'eau jusqu'au cou et, agitant les bras, ils forment un cercle qu'ils resserrent peu à peu, tandis qu'au centre l'un d'eux s'empare des animaux affolés au moyen d'un morceau de cotonnade remplissant l'office de filet. Le succès d'un procédé aussi primitif suppose chez les poissons une certaine dose de simplicité.

J'arrive enfin à Mahanoro. Comme plusieurs autres villes du littoral, celle-ci se divise en deux parties, l'une administrative et militaire, l'autre commerçante. Comprenant seulement une centaine de cases que domine le *rova*, la première est bâtie dans une île escarpée formée par le Mangoro et un bras sans courant du fleuve : c'est elle qui s'appelle proprement Mahanoro. La seconde se compose d'environ 500 cases groupées sur la terre ferme, dans une plaine et se nomme Androranga. C'est là que je m'installe pour quelques jours.

Beaucoup de petits commerçants, indigènes ou hova, sont établis à Androranga. Quant au grand négoce, il est entre les mains de blancs, pour la plupart originaires de l'île Maurice. Trois colons représentent dans la ville et aux environs l'élément français; ce sont des créoles de la Réunion.

Les produits d'exportation qui se concentrent à Mahanoro sont les peaux de bœufs, arrivant de la province centrale, le *raphia*, le caoutchouc et la vanille venant de la zone côtière ou de la région moyenne. Les marchandises importées consistent surtout en cotonnades blanches, écrues ou imprimées, en sel et en rhum. Quinze ou vingt navires visitent annuellement la rade, aussi mauvaise que toutes celles de la côte orientale. Le reste du commerce se fait par Tamatave, en suivant le chemin de terre ou la voie de lagunes.

En l'absence de statistiques, il est impossible de se rendre un compte exact de l'importance totale de ce commerce. Les douanes, qui appartiennent aux Antimerina, ne sont soumises à aucun contrôle; les renseignements qu'ils pourraient fournir seraient forcément erronés, le droit de 10 pour 100 sur la valeur des marchandises ayant, avec les agents chargés de le percevoir, une élasticité sur laquelle il est inutile d'insister.

DANS LA VALLÉE DU MANGORO.

Tous les colons de Mahano m'ont reçu avec une grande cordialité. Les Mauriciens ont conservé notre langue, nos usages et, parmi eux, j'ai pu me croire au milieu de compatriotes, comme je l'étais en effet, avec ceux de nos nationaux que j'ai rencontrés.

Un des principaux officiers antimerina de l'administration, Louis Raviro, ancien élève de nos écoles à Tananarive, qui parle et écrit le français, s'efforça de rendre mon séjour utile et agréable. Le gouverneur Rainisolofo, que j'allai voir, me reçut dans le belvédère qui surmonte son palais, et d'où on a, sur la mer, une vue admirable, s'étendant jusqu'à Marosiky. J'eus avec lui une intéressante conversation sur les voies de communication à Madagascar et il y manifesta des idées tout à fait exemptes des préjugés qu'ont habituellement les Antimerina sur cette matière. L'entretien fut interrompu par des toasts qu'il porta en l'honneur du président de la République et du Résident général ; j'y répondis naturellement en buvant à la santé de la reine et du premier ministre. A chaque fois, c'était un plein verre de vermout à vider. Si cette lutte de courtoisie diplomatique avait duré, j'aurais craint de n'y pas longtemps représenter dignement la France, mais la journée s'avançait et le gouverneur désirait me rendre ma visite ; il arriva bientôt à mon domicile, m'apportant, suivant la coutume, d'amples cadeaux de victuailles : dindons, poulets, canards, riz, ananas, bananes formaient la charge de deux porteurs. Mes hommes, qui comptaient bien m'aider à absorber ces provisions, furent, autant que moi, sensibles à cet honneur.

Aux environs de Mahanoro existent un certain nombre de plantations exploitées par les principaux commerçants de la ville. L'un d'eux, qui possédait une vanillerie sur la rive gauche du Mangoro, m'invita à m'y arrêter avant de me remettre en route pour l'intérieur. J'acceptai et, en une matinée, je m'y rendis avec lui ; notre trajet en pirogue, par le petit bras du fleuve, fut agrémenté par les chants pleins de caractère dont les pagayeurs s'accompagnent pour frapper l'eau avec ensemble et régularité.

Autrefois et jusqu'à ces derniers temps, la culture du caféier était en faveur sur la côte. Les plants poussaient rapidement et, en peu d'années, les arbres donnaient une forte récolte de graines. Cette prospérité n'a été que passagère ; après quelques périodes de production abondante, les plantations ont périclité ; elles ont été achevées par un champignon, l'*Hemileia vastatrix*. Aujourd'hui, dans la région du Mangoro, il n'existe plus une seule plantation de café.

Cet insuccès s'explique aisément : sur la côte, le terrain est bas et humide, le climat est chaud ; sous ces diverses influences, le développement des arbustes est rapide, mais il s'arrête aussitôt que le sol, qui ne reçoit pas d'amendements, est épuisé. Remarquons aussi qu'il faut, pour le caféier, une température ne descendant pas au-dessous de 10° et n'excédant guère 30°. A Madagascar, la seconde de ces conditions se rencontre plutôt dans la région moyenne que près de la mer. Aussi voit-on les petites plantations cultivées par les indigènes à une certaine altitude autour des villages, notamment sur la route de Tamatave à Tananarive, donner, avec une grande continuité, de bons produits ; elles sont d'ailleurs soigneusement entretenues et bien fumées. C'est en s'inspirant de ces exemples qu'il faudrait reprendre les essais.

Sur la côte orientale et particulièrement dans le voisinage de Mahanoro, la vanille a remplacé le café. On n'en compte pas moins d'une vingtaine de plantations au bord du Mangoro sur une longueur de quelques kilomètres. En moyenne, chacune renferme 6 000 pieds.

Le vanillier est une orchidée à feuilles alternes et charnues portées sur un pétiole. Le fruit est une capsule allongée qui, convenablement préparée, constitue la vanille du commerce.

Plante parasite, le vanillier a besoin d'un autre végétal pour se développer ; à Madagascar, on emploie comme supports nourriciers des pignons d'Inde (*Jatropha curcas*) ; ces arbustes sont disposés par rangées parallèles espacées d'environ deux mètres ; les branches sont ramenées dans un même plan pour former une haie. Les boutures de vanillier, composées de trois yeux, sont mises en terre et la plante, en se développant, s'accroche par des racines aériennes aux branches des arbres ; les pieds sont couverts de débris de bananiers destinés à entretenir une humidité constante.

Dans les pays où le vanillier pousse spontanément, la fécondation des fleurs se fait par l'intermédiaire d'un insecte ; à Madagascar, il est nécessaire d'assurer artificiellement cette fécondation au moyen d'une opération pratiquée sur chaque fleur; c'est ce qu'on nomme le *mariage* de la vanille. Quelques semaines après, le fruit est mûr; on le cueille quand l'extrémité commence à jaunir.

Il reste alors à préparer la vanille pour en développer le parfum. Trois méthodes sont employées : l'eau chaude, la vapeur et l'étuve sèche. La première, qui est la plus ancienne et la plus répandue, consiste à réunir les gousses et à les tremper pendant un temps très court dans de l'eau sur le point de bouillir; on les expose ensuite au soleil et on les fait sécher lentement en les enduisant quelquefois légèrement d'huile d'acajou; cette dessiccation doit être surveillée de près pour enlever les gousses qui, en se gâtant, communiqueraient aux autres une mauvaise odeur.

Les gousses provenant de bonnes espèces et préparées avec soin se couvrent au bout d'un certain temps de petits cristaux de vanilline qui en constituent le principe actif, dans une proportion de 2 pour 100. La vanille est alors dite *givrée* et a plus de valeur. On lui donne souvent artificiellement le même aspect au moyen de l'acide benzoïque; les préparateurs se livrent avec d'autant moins de retenue à cette falsification qu'ils sont persuadés que le givre naturel n'est autre chose que cette substance; je n'ai pas pu leur enlever cette illusion. J'ajouterai, pour rassurer ceux qui ne toucheraient plus qu'avec défiance dans l'avenir, aux crèmes et aux glaces à la vanille, que l'acide benzoïque, après s'être transformé dans l'économie en acide hippurique, est éliminé sans produire d'action nocive.

Les vanilleries rapportent au bout de deux ans et n'exigent pas, pour leur entretien, beaucoup de main-d'œuvre. La préparation du produit, léger et peu encombrant, ne demande que du soin dans certains tours de mains et pas de matériel coûteux. Il n'est donc pas étonnant que les plantations de vanilliers se multiplient. Je crois, néanmoins, que les colons auraient tort de se livrer exclusivement à cette culture. On pourrait, dans tous les cas, en essayer d'autres, par exemple celle du cacaoyer qui fournit une matière dont la consommation va toujours croissant. Autant que j'ai pu en juger par des individus isolés, il semble bien réussir aux environs de Mahanoro, mais on ne trouve encore aucune plantation sérieuse de cet arbre; c'est qu'il ne rapporte qu'au bout de cinq ou six ans. Les colons, qui, malheureusement, pensent plus au présent qu'à l'avenir, n'aiment pas les placements à si longue échéance.

De la plantation où je passai quelques jours, on se rend en une heure à l'embouchure du Mangoro, après avoir traversé le village du Betsizaraina, qui était autrefois le siège du gouvernement transféré aujourd'hui à Mahanoro. Le fleuve a plus d'un kilomètre de largeur; dans le lit peu profond s'étendent de longs bancs de sable que le courant déplace. Sans trop de risques d'échouement, on peut pourtant remonter le Mangoro en pirogue, ainsi que je l'ai fait, jusqu'à 15 ou 16 kilomètres de la mer, en aval de l'île Nosindrava où, à la fin des guerres entre les Antimerina et les Betsimisaraka, les principaux chefs de cette tribu ont été attirés par leurs ennemis, sous prétexte de parlementer et ont été massacrés. A partir de ce point, la navigation devient très difficile : des rochers et de nombreux îlots, mettant obstacle aux eaux, produisent des rapides, des tourbillons et des petites chutes. C'est ce qu'on nomme les cascades du Mangoro. Pour les franchir, il faut des pirogues d'une construction spéciale, courtes, solides, ayant l'arrière et l'avant très relevés. On remonte par certains passages connus des habitants du pays, en appuyant des perches sur le fond et en raclant les pierres avec le dessous de l'embarcation. La descente par les rapides est moins longue et moins pénible, mais plus périlleuse. A peu de kilomètres plus haut, toute navigation prolongée devient impossible; elle s'arrête à l'endroit où se jette dans le fleuve un petit affluent de droite, le Sandakarina.

Un métis français-betsimisaraka, qui se préparait à remonter le Mangoro jusqu'à ce point pour aller échanger des marchandises dans un village, près de la rivière, m'avait proposé de suivre avec lui cette voie. Si j'avais confiance dans ses talents nautiques, j'en avais moins dans l'adresse de mes hommes qui auraient dû conduire la pirogue contenant les bagages. Je préférai donc prendre la route terrestre; nous nous donnâmes rendez-vous pour le soir à Ambodipaka.

En quittant Menagisy, village qui fait face aux cascades, je m'aperçois bien vite que la seconde partie de mon voyage présentera plus de difficultés que la première. Tandis qu'en allant à Mahanoro je suivais un chemin assez fréquenté, désormais je ne rencontrerai plus, pour relier de rares groupes d'habitations, que des sentiers envahis par des herbes et des arbustes, et encore devrai-je souvent les abandonner, parce qu'ils s'écartent de la direction que je veux garder.

Mais je suis encore dans la région côtière où les villages sont populeux et ont entre eux des communications assez actives. Aussi fais-je de fréquentes rencontres. Tantôt c'est un soldat qui rejoint un des forts voisins : habillé à la légère d'une rabane en loques, couvert d'un vieux chapeau de paille, il a suspendu à son fusil, qu'il porte horizontalement sur l'épaule, un paquet contenant le reste de son équipement et, de l'autre côté, pour l'équilibrer, une marmite, un sac de riz, une calebasse armée d'un long manche pour puiser de l'eau, une touffe de piment et enfin, s'il est fortuné, une poule vivante attachée par les pattes. Tantôt c'est un antimerina ; qu'il soit fonctionnaire ou simple commerçant, qu'il s'avance seul et à pied ou qu'il soit accompagné de nombreux esclaves le portant en *filanjana*, celui-ci passe fier, sans tourner la tête vers l'Européen, tandis que le Betanimena vous salue toujours gaiement d'un *finaritra* [1] (bonjour). Parfois deux indigènes, qui marchent en sens contraire, s'arrêtent, déposent à terre le fardeau dont ils sont chargés et se mettent à causer ; à les voir ainsi absorbés dans une conversation interminable, on les prendrait pour de vieilles connaissances ; il n'en est rien ; souvent ils ne se sont jamais rencontrés. D'après l'usage du pays, l'un des deux dit à l'autre d'où il vient, où il va, l'objet de son voyage, ce qu'il a remarqué d'intéressant en route ; pour bien se graver ses renseignements dans la mémoire, le second les répète au narrateur qui approuve ou rectifie chaque circonstance. Ce résumé achevé, le second entame le récit de ce qui lui est personnel et en écoute ensuite attentivement la répétition. C'est ainsi que se transmettent les nouvelles. Le moyen n'a que l'inconvénient d'être un peu long, mais le temps n'a pas grande valeur chez les Betanimena [2].

Vers la fin de l'après-midi, j'arrive à Ambodipaka, après avoir passé le Sandakarina qui prend sa source au sud-ouest du village et qui n'a qu'un cours peu étendu. Mon métis, entouré d'une nombreuse clientèle indigène, est en plein dans ses affaires qui ne se concluent pas sans que, de part et d'autre, on dépense beaucoup de paroles. Il a apporté dans sa pirogue plusieurs pièces de ces cotonnades à dessins de couleurs sur fond blanc qu'on nomme *patna* et une barrique de rhum. Le chef du village n'a voulu autoriser l'ouverture des opérations commerciales que moyennant le versement préalable, à son profit, de quatre litres de ce liquide. Etoffe et boisson s'échangent contre du riz, du *raphia* et du caoutchouc, ce dernier produit en petite quantité.

Autrefois, les bois voisins de la mer fournissaient beaucoup de caoutchouc ; un vicieux mode d'exploitation les a presque épuisés. Sur le versant oriental, le caoutchouc provient d'une liane ; non seulement les indigènes la coupent au pied et abandonnent les parties qu'ils ne peuvent atteindre aisément, mais encore ils enlèvent souvent les racines qui contiennent une certaine quantité de suc ; la plante est ainsi détruite sans grand profit.

Le latex, qui s'écoule des tronçons de lianes posés verticalement dans un baquet, est coagulé à l'aide du jus de citron ou quelquefois, mais rarement, avec l'acide sulfurique. Le caoutchouc est ensuite façonné en boules, forme sous laquelle on l'exporte, particulièrement aux États-Unis. Suivant les points, il se vend, sur la côte orientale, de 260 à 450 francs les 100 kilogrammes. Il aurait certainement une plus grande valeur si les indigènes ne dépréciaient leur propre marchandise en y mélangeant, pour en augmenter le poids, de la terre et d'autres impuretés. La ruse est trop grossière pour tromper personne.

---

1. Il m'a été donné dans tous mes voyages à Madagascar de vérifier l'observation faite en pays betsimisaraka par mon ami Foucart. Le blanc est toujours accueilli chez toutes les peuplades de Madagascar sinon avec respect, du moins avec une certaine bienveillance. On le salue toujours. Chez les Antimerina, au contraire, l'Européen, le Français en particulier, est toujours mal vu, mal considéré ; c'est à peine si on lui cède la place nécessaire pour passer. Est-ce parce que les Antimerina ont tant de haine pour les étrangers et pour les Français en particulier alors que les autres peuplades leur font presque toujours bon accueil, que la France semble vouloir faire des efforts coûteux pour faire des Antimerina la tribu maîtresse de Madagascar au détriment des autres peuplades dont on paraît ignorer l'existence ? (*Note du D' Catat.*)

2. La remarque faite par G. Foucart en pays betanimena est le plus souvent très exacte. Quelquefois, cependant, j'ai été grandement surpris de la rapidité avec laquelle un fait important, une nouvelle intéressante, ainsi colportée de bouche en bouche le long d'une route quelque peu fréquentée, se communiquait d'un point à un autre, le second point éloigné quelquefois du premier de plusieurs centaines de kilomètres. (*Note du D' Catat.*)

Les commerçants de Mahanoro vont généralement vers le Sud pour s'approvisionner de caoutchouc. Dans la direction que je suis, ils dépassent rarement Ambodipaka et ils n'ont pu me donner de renseignements que jusqu'à deux jours de marche au delà de ce village.

Le 1er juin au matin, nous regagnons le bord du Mangoro ; en marchant à la file indienne, nous nous engageons, pour le remonter, dans l'étroit passage qu'il laisse à découvert, durant la saison sèche, entre ses eaux et l'épaisse végétation de la rive. Encombré de roches micaschisteuses presque entièrement décomposées, semé de cailloux roulés de toutes les formes et de tous les calibres, ce passage est barré par des racines bizarrement contournées contre lesquelles on trébuche, par des branches contre lesquelles on se cogne. On n'avance pas vite, mais comme, à quelques pas, commence le fourré qui s'étend bien loin et qui ne se laisserait pas pénétrer, on n'a pas à choisir.

Le Mangoro a encore 400 à 500 mètres de largeur. L'eau coule parmi les blocs épars, saute en bouillonnant par-dessus les roches disposées en file, ou glisse, limpide, sur les parois unies des pentes qu'elle descend, de distance en distance des îlots couverts de buissons ; d'abord bas et visiblement submergés à l'époque des crues, ils s'élèvent peu à peu comme le terrain environnant qui devient de plus en plus accidenté. L'après-midi, après avoir passé devant le Saharony, montagne aplatie dominant les collines de la rive droite et à laquelle, un peu plus loin, fait pendant le Vohibe, nous arrivons en face d'un de ces îlots plus haut et plus grand que tous ceux que j'ai encore vus ; il divise le Mangoro en deux bras, dont l'un est presque à sec. En le traversant, nous gagnons un petit village Ambatoramiangity, qui est juché au sommet et qui, en dehors de sa position, n'a rien de remarquable.

Le lendemain, nous revenons sur la rive droite où nous rejoignons bientôt un sentier frayé. Il est moins abrupt que les chemins de la veille et j'en suis heureux ; mais comme compensation, je ne vois plus rien, pas même le ciel. Je suis au milieu des *longoza* (*Amomum danielli*). Ces plantes herbacées, dégageant une forte odeur de cannelle, ont environ quatre mètres de hauteur ; d'une courte tige partent des feuilles longues et étroites qui se recourbent gracieusement au-dessus de la tête du passant en formant une voûte que ses regards ne peuvent pas percer. On marche ainsi pendant des heures dans un couloir de verdure dont on est obligé de suivre les sinuosités capricieuses, sans bien se les expliquer. L'horizon est trop borné pour qu'on recueille beaucoup d'impressions de voyage.

De temps à autre nous revenons près du fleuve où s'échelonnent très distancés quelques misérables villages. Devant trois ou quatre cases désertes, je vois, débouchant sur la rive gauche, un grand cours d'eau venant du nord-ouest. A droite, pas de gros affluent avant l'Onive. Le point où le Mangoro reçoit cette rivière — sur les bords de laquelle, bien plus haut, est situé Tsinjoarivo, d'où je suis parti — est entouré de marais. Afin de les éviter, je passe pour une demi-journée de l'autre côté du fleuve.

A partir de Sahandileny, où je m'arrêtais le 4 juin vers le soir, la nature du terrain se modifie. Au milieu de roches amphiboliques décomposées s'intercalent de nombreux filons de basalte. Plus loin reparaît le gneiss recouvert d'une puissante couche d'argile. Çà et là des blocs intacts sont restés en place ou ont été transportés par les eaux dans les bas-fonds. Les collines s'accentuent et prennent des formes moins amollies ; d'une épaisse végétation d'herbes et d'arbustes émergent de hauts *raphia* évasant en bouquets leurs énormes feuilles penninerves, toutes déchiquetées par le vent.

Sur la côte, les fibres de ces palmiers ne manquent pas d'acheteurs. Ici, il n'en vient jamais. Aller vendre la marchandise aux exportateurs exigerait un effort dont les Betanimena semblent incapables. Ils disposent donc en abondance de matière première pour le tissage. Les rabanes qu'ils fabriquent sont unies ou ornées de minces raies bleues, très espacées, obtenues par des fils de chaîne trempés à plusieurs reprises dans une lessive de feuilles d'indigotier. La plante est commune et fournit la seule teinture qui soit d'un usage courant. Faute de débouchés, les rabanes sont à bas prix ; mes hommes en profitent pour renouveler économiquement leur garde-robe.

Peu après Sahandileny, nous nous éloignons du Mangoro en montant rapidement. Le second jour, vers midi, nous atteignons l'altitude de 400 mètres à Imarivato. Quoique l'étape ait été courte, quand Rainivoavy me propose de m'y arrêter, je n'élève aucune objection. Depuis la veille, j'ai la fièvre, et j'aspire à ne plus bouger, les yeux clos et les oreilles tranquilles. Souhait difficilement réalisable! Chacun vient me donner son avis, m'indiquer son remède. Rainikoto veut me masser, méthode infaillible, selon lui, pour me rendre frais et dispos. Je n'ai pas grande confiance et je préfère prendre un peu de quinine. Pendant que je la prépare, le propriétaire de la case où je suis logé, souriant d'un air incrédule, m'annonce que la drogue ne produira aucun effet; il connaît la cause de ma maladie et pourrait, si j'y consentais, m'en guérir; il m'a vu, en arrivant, mettre dans un bocal d'alcool un lézard que j'avais ramassé en route; c'est au meurtre dont je me suis rendu coupable qu'est due la fièvre. Pour la chasser, il fau-

MOULIN A BETSABETSA.

drait faire au lézard des funérailles dont le vieillard est prêt à me fixer tout le cérémonial. Je me suis guéri en train de tenter l'expérience.

Le lendemain, je repars à peu près remis. Par des bois clairs et espacés, un chemin accidenté me conduit vers la fin de la journée au village de Sakalava dont les vingt-cinq cases sont proches du Mangoro.

Ma soirée s'y écoule avec moins de monotonie que d'habitude. J'assiste à un grand concert. L'orchestre se compose de deux gros tambours, d'un petit et de quatre flûtes. Les musiciens jouent en marchant et font halte dès qu'un morceau est terminé. Comme intermède quelques danses avec chants et battements de mains. Pour finir la fête, les instrumentistes tournent, par deux fois, autour de mon logis en frappant et soufflant avec un redoublement d'énergie destiné à me faire honneur.

Rassasié de bruit, sinon d'harmonie, je me couche. A peine mes paupières sont-elles fermées que je sursaute, réveillé par un vacarme formidable. C'est un chœur, mais je n'arrive pas d'abord à deviner la nature d'un accompagnement dont la note unique et variant seulement d'intensité se répète sans trêve. J'entr'ouvre donc, avec toute la discrétion que réclame la légèreté de mon costume, la porte glissante de ma case : à la clarté de la lune j'aperçois, près de là, deux femmes tenant par ses extrémités un long et gros morceau de bambou sur lequel plusieurs de leurs compagnes tapent en cadence à tours de bras avec des bâtons. Les coups pleuvent dru, tombant simultanément sur la tige sonore ou se succédant, rapides, d'après les exigences d'un rythme étrange que les musiciennes suivent avec un ensemble qui témoigne de leur entente de la mesure, autant que de la vigueur de leurs biceps. D'autres femmes, assises en rond autour des premières, chantent à tue-tête une complainte aux innombrables couplets. En vain j'espère que les mains fatiguées par les trépidations lâcheront les instruments, que les gorges desséchées ne laisseront plus passer la voix; grâce à de fréquentes permutations dans les rôles, la symphonie des gourdins se continue, implacablement, une grande partie de la nuit. Si je n'en avais eu qu'une audition, passe encore; mais les nuits suivantes, dans d'autres villages, j'entends de semblables sérénades.

Ambalavero, village de médiocre importance, où je m'arrêtai quelques heures le 7 juin, mérite néanmoins une mention, parce que ses habitants se montrent, contrairement aux populations environnantes, assez industrieux. Non seulement ils tissent des rabanes et entrelacent habilement les joncs pour façonner des nattes, mais encore ils cuisent la terre; les plats, les marmites et les autres ustensiles qu'ils fabriquent ont d'ailleurs peu de solidité, comme la plupart des poteries de Madagascar. Chez les Betanimena, leur usage est l'exception; pour servir les aliments, on emploie des feuilles de *ravenala* ou de *longoza*; pour les préparer, des marmites en fonte de provenance européenne ou américaine. Ce sont les seuls objets d'importation qui pénètrent jusque-là, mais aucune case n'en est dépourvue.

Au moment de mon passage, plusieurs habitants sont occupés à la fabrication du *betsabetsa*. Ils se servent, pour extraire le jus de la canne à sucre, d'un moulin assez primitif : sur de solides supports est fixé un morceau de bois creusé d'une rigole terminée par un bec; au-dessus, ils font rouler un tronc d'arbre auquel ils donnent à la main un mouvement de va-et-vient en le tenant par des taquets dont il est muni. Les fragments de canne interposés sont soumis à une pression trop faible pour qu'on recueille à l'extrémité du bec la totalité du suc qu'elles contiennent. La matière première est assez abondante pour compenser le rendement insuffisant de l'appareil.

Il existe, en effet, à côté de presque tous les villages de petites plantations de cannes. Elles sont mal entretenues, mais l'espèce est très saccharifère; les plants durent longtemps et subissent un nombre considérable de coupes avant qu'on soit obligé de renouveler les souches.

Sur la côte, des plantations plus importantes ont, à diverses époques, été établies par des colons qui possédaient des sucreries. La plupart de ces usines ont périclité au moment de la guerre franco-hova et la fabrication n'a été reprise qu'en quelques points.

J'ai aussi noté à Ambalavero des parures dont je n'ai pas vu d'autres exemples. Partout ailleurs dans la vallée du Mangoro, les indigènes, quand ils ont les oreilles percées, y mettent un petit anneau de cuivre. Là, l'anneau est d'un grand diamètre et passe dans une ouverture pratiquée au centre d'une rondelle en bois qui garnit le lobule de l'oreille démesurément dilaté. Cet ornement est commun aux deux sexes.

Au delà d'Ambalavero, le Mangoro reçoit un affluent, le Volove, que nous devons remonter loin de son débouché, pour le guéer. Depuis le point d'où je suis parti le matin le fleuve a changé complètement d'aspect. Au lieu des rapides et des cascades qu'il forme, presque sans interruption, dans la zone côtière, ce sont maintenant, séparées par des intervalles où l'eau coule tranquille, des chutes brusques et successives. La première, en amont de Sakalava, est peu élevée. La seconde, voisine d'Anosiarivo, où je passe la nuit, est plus imposante; il est difficile d'en approcher et ce n'est qu'en escaladant des rochers rendus glissants par la buée que je peux voir d'ensemble la masse des eaux se resserrer d'abord dans un couloir étroit et sinueux, puis descendre avec fracas une pente au bout de laquelle elle fait un saut vertical de cinq mètres. Le lendemain, après avoir dépassé le confluent d'une large rivière de gauche, le Manambondry, j'aperçois une autre belle chute dont le seuil est coupé par des roches en saillie formant, sur une même ligne, trois déversoirs nettement séparés.

En aval de chaque chute, le Mangoro s'élargit en un vaste bassin que remplit une multitude d'îlots verdoyants. Ailleurs, des îles plus grandes le divisent en plusieurs bras. La rive se coude fréquemment, se creuse d'anses profondes. La suivre dans ses détours, sur un terrain tourmenté qu'hérissent les pierres

CHUTES DU MANGORO A ANOSIARIVO.

et les buissons, serait se condamner à n'avancer que bien lentement. Nous gagnons donc les hauteurs voisines où la marche est plus facile malgré les montées et les descentes.

Pendant deux jours, nous passons par les altitudes les plus variées. Quelquefois nous traversons des nuages qui nous enveloppent de brume et imbibent nos vêtements, puis les dépassant et planant au-dessus d'eux, nous allons un instant nous sécher au soleil en franchissant quelques crêtes. Bois et clairières, cimes battues par les vents et vallons encaissés se succèdent. A côté des pentes arides, sur lesquelles la pluie glisse en les ravinant profondément, des dépressions sans écoulement sont transformées en marécages qui disparaissent sous la végétation. Dans certains d'entre eux, de multiples générations de plantes aquatiques, en enchevêtrant leurs racines vivantes ou mortes, ont formé à la surface de l'eau dormante un lacis épais assez résistant. A condition de ne pas s'arrêter, on peut marcher sur cette prairie flottante; à chaque pas qu'on fait, on la voit remuer et onduler à une grande distance.

Une population douce, mais paresseuse, trop peu énergique pour tenter de sortir de l'état de misère et d'abrutissement où la maintiennent les Antimerina, occupe les rares villages de cette région montagneuse. Rapporter leurs noms, renfermant parfois plus de syllabes que les localités qu'ils désignent ne contiennent de cases, offrirait peu d'intérêt et ne me serait pas toujours possible. Le 10 juin, arrivant dans un groupe d'habitations qui ne me semble pas d'une moindre importance que les autres, je m'informe de son nom. — *Tsy misy* (il n'y en a pas), me dit-on. A la vérité ces deux mots constituent la réponse coutumière, celle que tout Malgache, pour s'éviter de la peine, fait d'abord à une demande quelconque; mais cette fois, elle est définitive.

Ce village anonyme est le théâtre d'une vive explication avec mes hommes. Depuis plusieurs jours, je remarquais qu'ils étaient escortés de gens du pays auxquels ils confiaient mes paquets. Comme il arrive souvent que les *borizana*, afin de se reposer, prennent ainsi des suppléants qu'ils paient avec une partie de l'argent qu'ils reçoivent, je ne m'étais pas inquiété de cette augmentation de personnel, mais à la fin presque tous mes porteurs avaient des aides et voyageaient en touristes, les bras ballants, poussant devant eux la troupe auxiliaire qui donnait des preuves non équivoques de mécontentement. Rainivoavy, que j'interroge à ce sujet, me dit, assez embarrassé, que les indigènes qui nous accompagnent sont payés, mais une courte enquête m'apprend qu'ils ont tout simplement été réquisitionnés. Faisant sonner bien fort les hautes relations que j'avais à Mahanoro dans le monde administratif antimerina, le commandeur a exigé la corvée pour mon compte et les Betanimena, avec la simplicité qui les caractérise, ont obéi sans demander plus d'explication.

Mes remontrances ont produit leur effet et, au départ, tout est rentré dans l'ordre. Nos compagnons involontaires ont disparu et chacun, maugréant, a repris son fardeau. L'élégant Rainivoavy, lui-même, qui ordinairement n'a en main que la sagaie, insigne de ses fonctions, s'est chargé d'une marmite et d'un sac de riz; et comme sa garde-robe, malgré un volume restreint, renferme des ressources inépuisables, il a endossé un costume de circonstance : au-dessus d'une vieille camisole en rabane toute déchirée, il a roulé son *lamba* en ceinture et, sur la tête, il s'est planté un chapeau de paille dont les bords effrangés s'affaissent piteusement. La transformation ne dure pas longtemps : constatant bientôt que je ne suis pas apitoyé par le spectacle qu'il m'offre, il repasse le ballot à un camarade et dissimule ses guenilles sous la blancheur de son *lamba* qu'il drape en plis harmonieux.

Ce soir-là, nous couchons à Ambohimanarivo, et, le lendemain, nous redescendons dans la vallée en suivant le cours d'un petit ruisseau jusqu'à son embouchure à Tsaravinany. En quittant ce village, nous nous engageons entre de raides escarpements broussailleux et le Mangoro, sur la berge, qui paraît assez praticable, mais qui ne l'est pas longtemps. Il nous faut bientôt recommencer la gymnastique au milieu des pierres et des racines. Au bout de trois heures d'exercices variés, un gros rocher presque poli, qui a sa base dans l'eau, nous barre la route; comme il est impossible de le tourner, j'envoie deux hommes en arrière à la recherche d'une pirogue. Au bout de trois autres heures, ils reviennent m'annoncer l'arrivée d'une embarcation. Celle-ci se montre enfin, avançant lentement et pour cause; tout un côté manque et le conducteur, à califourchon sur cette ruine, plonge dans l'eau jusqu'à mi-jambes. Le pagayeur avec un passager, et dans une position combien commode, c'est tout ce qu'elle peut porter. En une douzaine de voyages, tout le monde est sur l'autre rive avec les bagages. Chacun a accompli des prodiges d'équilibre pour ne pas chavirer; nous tenions d'autant moins à prendre un bain, malgré la douceur de la température, que, pendant notre longue attente, nous avons vu plusieurs crocodiles s'ébattre au fil de l'eau ou se vautrer au soleil sur des îlots sablonneux. En nous remettant en marche, nous passons devant l'embouchure d'un gros affluent de droite, le Ranomainty, et parvenus, à la nuit close, en face de celle du Sandramora, petit ruisseau sur le bord duquel est le village d'Ambonandrano, nous en hélons les habitants déjà endormis pour qu'ils nous envoient une pirogue. Celle qui vient nous chercher est, heureusement, moins délabrée que l'autre.

Au réveil, je constate, non sans un certain plaisir, que le Mangoro a de nouveau changé d'allure. Au lieu de décrire, comme plus bas, des sinuosités continuelles, de descendre par bonds, des gradins plus ou moins élevés, il coule directement du nord au sud dans un lit souvent divisé en deux par de longues îles basses, mais débarrassé d'obstacles. Les berges de terre sont presque verticales; on se croirait sur les bords d'un canal.

En même temps, la vallée s'est élargie. Sur la rive où nous sommes, entre le fleuve et les montagnes qui, de loin en loin seulement, envoient jusqu'à lui des ramifications, s'étend une vaste terrasse. Là ne poussent que des herbes et des arbustes, tandis que de grands arbres, formant les limites de la forêt, couronnent les hauteurs. Au bord de l'eau, c'est un gazon court et serré, émaillé par places de fleurettes aux teintes vives, que nous foulons aux pieds.

Pendant plusieurs jours le paysage conserve le même caractère, la route reste aussi dégagée. Aucune difficulté matérielle n'arrête plus la marche, mais nous en rencontrons d'un autre genre. Les villages s'espacent; plus d'un se réduit à trois ou quatre cases et les cases elles-mêmes se réduisent à des dimensions tellement minuscules qu'elles sont peu logeables. Les indigènes voient avec terreur s'arrêter notre troupe, dont l'appétit, avivé par de longues étapes, menace d'épuiser leurs maigres provisions. Nous ne trouvons à acheter que du riz et souvent en quantité insuffisante. A Ambonamanambamba, village placé à deux kilomètres du Mangoro, près d'une rivière qui prend sa source au mont Iharamalaza et dont je fixe bien la position pour que, si jamais un voyageur délicat s'aventure dans ces parages, il l'évite soigneusement, à Ambonamanambamba donc, je me réjouis, en arrivant, de la présence inespérée de quelques poules; malgré des offres généreuses, leur propriétaire refuse absolument de m'en céder une; c'est assurément son droit, mais ce qui est abusif, c'est de me vendre, au prix fort, des œufs qui ont déjà été couvés. Pour être renouvelée des romans picaresques, la vieille facétie de l'omelette craquant sous la dent ne m'en paraît pas de meilleur goût. Quand j'étais dans le voisinage de la côte, je n'avais jamais manqué de provisions. Non seulement on m'en vendait, mais encore on m'en donnait, ce qui n'était pas plus économique, puisque, à ces cadeaux, il fallait répondre au moins par l'équivalent en argent. A peine étais-je installé quelque part que le *tampon-tanana* (chef du village), assisté d'une délégation de notables, arrivait dans ma case et, tandis qu'on déposait à mes pieds plusieurs volatiles attachés par les pattes, une corbeille de riz, des bananes, du manioc et d'autres victuailles, il m'adressait un long discours dans lequel il brodait d'éloquentes variations sur le thème uniforme fourni par la politesse malgache. Les cadeaux suffisaient généralement à alimenter mon personnel et, souvent même, ils m'embarrassaient par leur abondance. Maintenant qu'ils m'auraient été utiles, les orateurs venaient les mains vides; je n'avais plus que les discours.

La pauvreté du pays que je traverse ne doit pas être attribuée exclusivement à l'inertie de ses habitants. Sans aucun doute, avec plus de travail, les Betanimena en tireraient meilleur parti, mais la stérilité trop fréquente du sol s'oppose à ce que la population qu'il nourrit actuellement si mal vive jamais bien largement et devienne beaucoup plus dense. On a dit souvent qu'à Madagascar la zone moyenne participe des avantages du littoral et du massif central; dans le bassin du Mangoro, elle en réunit plutôt les inconvénients.

A l'absence de ressources que nous offrent les points d'arrêt, est venu s'ajouter, pendant la marche, l'ennui du mauvais temps. Un épais brouillard emplit la vallée, limitant la vue à cinquante pas. Il ne se dissipe en partie que pour se résoudre en une pluie fine et persistante; c'est accompagné par elle depuis trois jours que, le 15 juin, j'atteins Sahamampány où je m'étais déjà arrêté un mois auparavant en sortant de la forêt. De là j'envoie à Tananarive, par deux porteurs, les collections que j'ai recueillies; un éclopé se joint au convoi. Les premiers viendront nous rallier à Moramanga dans une semaine.

Le lendemain, nous repartons en longeant la rive. Les montagnes viennent maintenant jusqu'au bord de l'eau et leurs croupes se prolongent dans le Mangoro en éperons granitiques qui y forment autant de cascades. Dans les vallées que nous coupons serpentent, parmi les bois touffus, de nombreux ruisseaux. Le plus important est l'Isahana qui arrose Manakana, où nous nous arrêtons l'après-midi. Les vingt cases de ce village sont bâties à côté d'un énorme rocher dont une face dénudée s'élève presque à pic. Les habitants de Manakana sont plus civilisés que mes hôtes des jours précédents; en revanche, l'état sanitaire du village paraît mauvais, conséquence probable du voisinage de la forêt qui envoie jusque-là ses effluves pernicieuses. Plusieurs indigènes, grelottants de fièvre, viennent me demander de la quinine qu'ils désignent par le nom de *fanafody fotsy* (remède blanc). Ailleurs ils auraient tâché, par des opérations compliquées, d'enfermer le mal dans une calebasse, puis auraient jeté ce récipient, après l'avoir soigneusement bouché, dans le fleuve, persuadés que s'il arrive intact jusqu'à la mer, le malade sera guéri. Ils préfèrent un fébrifuge; j'ai affaire à des esprits forts.

A Manakana, nous sommes sinon dans l'abondance, au moins à l'abri du besoin. En échange de mes médicaments, on m'a donné une poule, mais sa transformation en fricassée demeure longtemps hypothétique; pour le moment, elle se promène encore avec ses compagnes; Rainivokata la suit, brandissant un jonc flexible terminé par un nœud coulant qu'il tente vainement de lui passer autour du cou; qu'il avance avec des ruses habiles ou qu'il bondisse brusquement, d'un vigoureux coup d'aile la poule alerte se sauve en gloussant dès qu'il l'approche, et elle se réfugie sous le plancher des cases quand la poursuite devient trop acharnée; il faut la déloger de là et recommencer la chasse. Enfin elle est prise au piège et Rainivokata rattrape le temps perdu en l'accommodant rapidement. Absorbé par l'élaboration d'un plat devenu inaccoutumé, il a abandonné aux mains subalternes de Rainikoto la cuisson de l'ample ration de riz qui en est l'accessoire obligé. C'est du reste peu compliqué, mais en dépit de la simplicité de la méthode, le riz préparé à la malgache est bien meilleur que transformé, comme chez nous, en une bouillie molle et gluante par une coction exagérée. Sur trois des cinq pierres du foyer, on cale une marmite dans laquelle on met, avec le riz, de l'eau et du sel; après l'avoir couverte, le cuisinier s'assied près du feu, armé d'une gaule longue de trois mètres. Ce n'est pas pour remuer le riz, on n'y touche pas pendant les vingt minutes au bout desquelles, cuit à point, resté ferme et blanc, il est prêt à être servi, c'est pour chasser les chiens qui, à l'aspect des préparatifs d'un festin, envahissent la case et, au risque de se brûler, renverseraient la marmite si un bon coup de trique ne les faisait fuir en gémissant plaintivement. Faméliques, les côtes saillant sous la peau, le poil hirsute taché de flaques d'une boue rougeâtre, ils errent autour des habitations quêtant une pitance qu'on ne leur donne jamais. A eux de se débrouiller comme ils peuvent. A Madagascar, les fonctionnaires ne sont pas payés, les militaires ne sont pas nourris. Pourquoi les chiens seraient-ils plus favorisés?

Comme j'ai le temps avant mon rendez-vous de Moramanga, je me détourne un peu de ma route pour aller visiter un centre important du voisinage. C'est encore un Beparasy, celui-ci juché dans les montagnes, tandis que le premier était au niveau de la mer. En une journée dont une partie se passe dans les mauvais sentiers de la forêt, nous atteignons cette ville d'une soixantaine de cases, bâtie sur une petite éminence entre une rivière, le Sahanalakoho, et un ruisseau qui alimente des rizières. Beaucoup d'Antimerina l'habitent et y font du commerce; un gouverneur y réside. A peine arrivé, je reçois de lui en cadeau une paire de poulets. Comme un accès de fièvre m'empêche de sortir, je lui envoie une carte avec quelques mots pour m'excuser de retarder ma visite; en allant le voir le lendemain, je remarque qu'il l'a à la main, tant que dure notre entretien, et la regarde attentivement à l'envers. Cette attitude me laisse des doutes, non sur ses talents administratifs, mais sur l'étendue de son instruction.

Le 19 juin, nous regagnons les bords du Mangoro par une pente plus douce qu'en venant; nous passons sur la rive gauche et, le lendemain, après avoir traversé un large affluent, le Sahamarirano, nous sommes pris par une pluie battante; au bout de deux heures nous nous estimons heureux qu'Ampango nous offre un abri. Les cases ont les chevrons des extrémités très allongés et figurant des cornes; ce sont donc des cases antimerina : c'est dire qu'à l'intérieur elles sont dégoûtantes. Celle où je loge est, comme les autres, remplie de rats. Dès qu'on reste une minute en repos il en sort de tous côtés. Rainikoto vient me montrer, navré, son chapeau qu'il a déposé un instant dans un coin et dont le ruban graisseux est plus qu'à moitié dévoré. Les provisions destinées au repas du soir sont fortement ébréchées, quoiqu'on fasse bonne garde.

Pour mettre à l'abri de pareilles attaques la viande et les fruits, les indigènes ont inventé un ustensile de ménage assez ingénieux. Qu'on se figure, pendu par une corde au lattis du toit, dans la position qu'il a quand on le tient ouvert, un parapluie, qui serait entièrement en bois; à l'extrémité du manche, trois ou quatre broches servent à attacher les victuailles. Les rats peuvent descendre par la corde jusque sur le plateau supérieur et s'y promener, mais, arrivés au bord, ils rencontrent une surface lisse dont la concavité, tournée vers le sol, ne leur permet pas d'atteindre la tige centrale et les friandises accrochées au bout. C'est une autre application du principe qui fait donner, dans le même but, la forme d'un entonnoir renversé aux chapiteaux des colonnes supportant les greniers à riz.

Avec la meilleure volonté du monde, je ne pouvais pas me suspendre, pour dormir, à l'appareil qui se balançait au milieu de ma case. Comme à l'ordinaire, je m'étends donc sur mon lit pliant en toile; ce lit était un peu court et, grâce à l'inclinaison que le fabricant avait donnée à une de ses extrémités pour remplacer un oreiller, quand j'avais fait quelques mouvements, mes pieds sortaient à l'autre bout. Les voyant poindre, et croyant peut-être que leur blancheur, encore inconnue à Ampango, dénote une succulence particulière, les rats qui grouillent aux environs viennent les grignoter. Je me recroqueville en chien de fusil, mais le sommeil amène une détente suivie de nouvelles morsures. J'enfile mes brodequins dont les clous défient la dent des rongeurs, mais je ne suis pas plus tranquille; deux rats qui folâtraient dans une soupente au-dessus de mon lit tombent par une des nombreuses fissures du plancher et me dégringolent sur la figure.

Après une nuit agitée, je gagnais en quatre heures la ville de Moramanga. Le surlendemain, j'y étais rejoint par les hommes que j'avais envoyés à Tananarive; ils m'apportaient une lettre du docteur Catat qui me rappelait. Reprenant donc la route ordinaire et connue, je rentrai, le 27 juin, dans la capitale.

Le pays Betanimena que je venais de parcourir, présente, comme on l'aura remarqué, des caractères trop variés pour qu'il soit possible d'en donner une vue d'ensemble. Si, sur la côte, j'avais admiré la fertilité du sol et l'exubérance de la végétation, si parfois, dans l'intérieur, j'avais traversé des vallées que le travail de l'homme transformerait aisément en belles rizières, bien souvent aussi j'avais rencontré des terrains stériles et impropres à toute culture. Quant aux forêts qui renferment incontestablement de grandes richesses, l'état actuel des voies de communication les rend inexploitables. Le Mangoro n'étant, d'une façon continue, ni navigable ni flottable, ne peut pas servir au transport du bois.

Pour les habitants, ils sont doux et sociables; jamais je n'ai eu à me plaindre d'eux. Ils n'ont pas de grands défauts, mais ils possèdent peu de qualités, et les uns comme les autres viennent de leur indolence. Ce sont des êtres passifs. Ils vivent dans une certaine abondance sur le littoral, misérablement à l'intérieur par le seul fait de circonstances dont ils profitent quand elles sont favorables, et qu'ils acceptent avec résignation quand elles sont mauvaises, sans chercher à les modifier. Chez eux, l'agriculture se borne à faire pousser, par des méthodes rudimentaires, le riz nécessaire à la subsistance; ils ne se donnent même pas la peine de cultiver les légumes et les fruits qui rendraient leur nourriture plus variée. Ils ne sont pas davantage pasteurs : les bœufs sont rares et, seules, les volailles sont assez répandues. En dehors de la fabrication de quelques tissus, ils n'exercent nulle industrie. Produisant peu et se contentant des ressources, quelquefois bien faibles, du territoire qu'ils habitent, ils ne font aucun commerce. Sans doute, la pauvreté dans laquelle ils croupissent presque partout est due en grande partie à l'état de dépendance où ils ont été réduits par les Antimerina. Tout en le constatant, il faut reconnaître que les Betanimena ne font aucun effort pour en sortir et pour améliorer leur situation.

En terminant le récit de mon voyage dans la vallée du Mangoro, je veux donner quelques notions commerciales sur les ports de Mahanoro et de Vatomandry [1].

VATOMANDRY.

Les villes de la côte, comme par exemple Vatomandry, font, sur une petite échelle, le même genre d'affaires que Tamatave. Elles ont beaucoup moins de rapports maritimes directs avec l'étranger. Les marchandises sont souvent importées et exportées par Tamatave; elles font le trajet jusqu'à cette ville soit par des boutres caboteurs, soit par des pirogues en suivant les lagunes, soit par la voie de terre.

Vatomandry a eu temporairement, il y a quelques années, une assez grande importance. Pendant la guerre avec les Antimerina, Tamatave était bloqué par les navires français; comme ils étaient trop peu nombreux pour surveiller toute la côte, le commerce extérieur se faisait par Vatomandry. Certains bâtiments ont gardé l'habitude de fréquenter ce port, mais ils la perdent peu à peu.

Aujourd'hui les seuls établissements importants de Vatomandry sont deux maisons américaines et quelques maisons anglaises. Les négociants français y font peu d'affaires.

Le commerce général qui s'élevait en 1888 à.................................. 553 760 fr. 15
n'a été en 1890 que de.. 425 714   61
soit en deux ans une diminution de.. 128 045   54
ou 23,1 pour 100 du chiffre ancien.

---

[1]. Mon compagnon de voyage, M. G. Foucart, était plus spécialement chargé, pendant notre mission, des renseignements commerciaux, industriels et agricoles. Il a recueilli de nombreux documents dans cet ordre d'idées et il les a publiés en un volume intéressant et instructif : *Le commerce et la colonisation à Madagascar*, Paris, 1894; Challamel, éditeur.

Les importations qui se font par Vatomandry et dont le montant s'est élevé, en 1890, à 280 038 fr. 40, n'offrent, ni par leur nature, ni par leur proportion, rien de particulier. Il n'en est pas de même des exportations, qui sont, entre elles, dans un rapport différant notablement de ce qu'on constate à Tamatave.

Le raphia y tient la place la plus importante : 73 314 francs (1890).

MAHANORO.

Mahanoro, ou plutôt Androranga — car le premier nom appartient à une ville administrative et militaire d'une cinquantaine de cases, — est une agglomération de 3 000 à 4 000 habitants. Les commerçants non indigènes ne sont pas plus d'une douzaine; ce sont pour la plupart des Mauriciens; deux Français, originaires de la Réunion, se trouvent néanmoins parmi eux.

Les marchandises importées sont principalement les cotonnades, le sel et le rhum. On exporte, directement ou indirectement par d'autres points, du raphia, des rabanes façonnées en sacs pour le sucre, du riz, de la gomme copal, du caoutchouc et de la cire, ces deux dernières matières en petite quantité.

A Mahanoro, comme dans la plupart des petites villes de la côte, les commerçants sont aussi planteurs. Dans la région du Mangoro, ils récoltent surtout la vanille, et quand les plantations, assez récentes, seront en pleine production, les gousses préparées formeront un important article d'exportation. Evidemment, Mahanoro deviendra, d'ici à quelques années, le principal centre de la vanille, mais, en raison de sa grande valeur et de son faible poids qui lui permettent de supporter des frais de transport par terre, elle s'écoulera probablement par les ports voisins.

En dehors de son établissement principal qui est à Androranga, chaque commerçant possède ordinairement un petit dépôt de marchandises européennes dans sa plantation; il les échange avec les indigènes contre des produits du pays. De temps à autre, il envoie un agent, d'ordinaire un métis européen-betsimisaraka, avec quelques marchandises dans les villages situés sur les bords du Mangoro. Ces marchandises, destinées à être troquées contre du riz ou du caoutchouc, sont transportées en pirogue, mais, à cause des rapides et des chutes, cette navigation s'arrête forcément à une petite distance de la côte. J'ai pu constater les conséquences d'un tel arrêt, car, en remontant le fleuve, je me suis bientôt trouvé dans des villages que ne visitent jamais les commerçants et où les produits européens sont presque inconnus.

G. FOUCART.

GROUPE DE FEMMES MALGACHES.

FAMILLE ANTIMERINA.

CHAPITRE V

Coup d'œil historique sur la peuplade des Antimerina. — Agissements britanniques. — Les gouverneurs de l'île Maurice. — Le piège de sir Robert Farquhar. — Civilisation apparente des Antimerina. — Quelques réflexions sur ce qui suivit notre expédition de 1885. — Ce que vaut un protectorat à Madagascar. — Légende sakalava sur les origines des Antimerina. — Organisation politique et sociale de cette tribu. — Les grands dignitaires. — Gouvernement, armée, finances, justice. — Ce qu'il faut faire à Madagascar. — Pas de protectorat.

NOBLE ANTIMERINA.

MAINTENANT que j'ai parcouru en détail la province de l'Imerina, il est temps, avant de continuer le récit de mon voyage, de m'y arrêter quelque peu et de parler, dans les lignes qui vont suivre, de ses habitants.

La peuplade des Antimerina qui occupe le plateau de l'Ankova, cette terrasse la plus élevée du plateau central de Madagascar, nous permet d'observer et de comprendre l'histoire politique de Madagascar tout entière, depuis de longues années, elle nous explique les visées de l'Angleterre, le piège qu'elle nous a tendu et dans lequel nous sommes si naïvement tombés, elle nous explique, surtout, la politique néfaste, autant qu'absurde, suivie à Madagascar par notre administration des affaires étrangères.

Il me faut, pour esquisser l'histoire naturelle et politique de cette peuplade, remonter quelque peu en arrière.

Le lecteur est certainement au courant de nos tentatives de colonisation à Madagascar au XVIe et au XVIIe siècle et qui échouèrent toutes si malheureusement. Depuis lors, de longues années s'écoulèrent sans que l'on songeât davantage à Madagascar et il faut arriver après 1815 pour retrouver, dans la grande île, de nouvelles tentatives françaises de colonisation. C'est alors que commence l'action que nous voyons se continuer de nos jours encore, et qui aura deux solutions dernières, l'abandon de l'île par la France ou son annexion pure et simple à notre domaine colonial.

Ce n'est qu'une affaire de temps. La question capitale pour la France, à mon avis du moins, est de savoir si, pour arriver à l'une ou l'autre de ces deux solutions, il lui faut dépenser des centaines de millions et faire périr quelques-uns de ses enfants.

Donc après 1815, c'est-à-dire après notre grand démembrement colonial, des Français, de la Réunion principalement, quelques autres de la Métropole mais moins nombreux, tentèrent de fonder des établissements coloniaux à Madagascar, en même temps qu'ils relevaient l'influence française dans cette grande île. Mais l'Angleterre veillait, elle avait chargé spécialement de ce soin le gouverneur de la nouvelle colonie, qu'elle venait de nous prendre près de Madagascar : l'île Maurice. La vérité m'oblige à dire que ce gouverneur et ses successeurs se montrèrent très habiles. Ces hommes savaient nous prendre, ils savaient que nous n'admettons pas une opposition brusque et franche, mais que nous nous laissons facilement duper, surtout en matière coloniale, pourvu que l'on fasse appel à nos sentiments humanitaires.

Le gouverneur d'alors de l'île Maurice, sir Robert Farquhar, entreprit donc la tâche plus ou moins difficile de venir faire échouer nos projets de colonisation à Madagascar. Cet homme, très intelligent et qui connaissait bien les peuples malgaches, mit en œuvre un plan fidèlement suivi par ses successeurs. Ce plan très simple consistait en ceci : parmi les différentes tribus de Madagascar en choisir une, plus ou moins malléable, plus ou moins docile, plus intelligente que les autres, l'aider, la soutenir aussi bien contre ses ennemis du dedans que contre ses ennemis du dehors, y propager l'influence anglaise, soit par des agents politiques, soit surtout par des missionnaires. Il fallait aussi habiller cette tribu à l'européenne en même temps qu'elle deviendrait prépondérante à Madagascar, il fallait surtout la rendre intéressante. Puis, quand cette tribu, habillée, éduquée, drapée dans un semblant de civilisation, aurait acquis une organisation sociale, plus ou moins rudimentaire, il fallait la travailler, la pétrir au mieux des intérêts anglais, finalement la soulever contre la France.

Ce plan était très bon, je viens de l'analyser dans ses grandes lignes, il est le nœud de la question malgache qui peut se résumer ainsi à Madagascar : l'Antimerina opposé à la France par l'Angleterre.

Maintenant, il me faut ajouter, et je le fais avec beaucoup de tristesse, que ce plan de Robert Farquhar a complètement réussi et non seulement nous nous y sommes laissés empêtrer jusqu'alors, mais encore nous ne paraissons pas devoir en sortir dans l'avenir ; du moins tant que les affaires étrangères présideront à l'administration de Madagascar. La grande île africaine est bien loin, peu de gens connaissent le pays à fond, beaucoup y ont été cependant, mais qu'ont-ils vu ?

Ils n'ont vu que cette petite peuplade antimerina. Ils n'ont vu que le travail de l'Angleterre. Tananarive n'était, il y a quelque cinquante ans, qu'un petit village, et les chefs de cette bourgade n'étaient, comme partout ailleurs dans l'île, que de pauvres *lehibe* [1]. Cependant, grâce à l'appui de l'Angleterre, à ses cadeaux, à son or, ces *lehibe* de Tananarive étaient devenus d'abord rois des Antimerina : il me faut citer Andrianpoinimerina et Radama. Par la force des choses, Tananarive était donc devenue une grande ville, d'autant plus que l'Angleterre ne voyait à Madagascar que l'Antimerina et que les missionnaires protestants, la bible d'une main, le pavillon britannique de l'autre, ne fréquentaient que cette peuplade. C'est justement ce qui explique que nos premiers colons et voyageurs, entraînés par l'exemple, continuèrent à ne voir à Madagascar que les Antimerina. Le plan de Robert Farquhar réussissait donc admirablement, mais ce n'était pas tout.

Cependant que les années succédaient aux années, on voyait, au grand déplaisir de l'Angleterre, des tentatives de colonisation française se montrer encore à Madagascar. Sous Napoléon III, principalement, on vit une compagnie se fonder ayant à sa tête Lambert, qui avait su se mettre dans les bonnes grâces d'un roi antimerina, Radama II. Mais l'Angleterre veillait toujours, ses agents et ses missionnaires n'avaient pas travaillé pendant de longues années la tribu des Antimerina pour voir un de ses chefs se jeter dans les bras de la France. Radama II venait contre-carrer le projet de Robert Farquhar, Radama II

---

1. Chef de village ; en général : chef, personnage important.

LA TRIBU DES ANTIMERINA.

FAMILLE ANTIMERINA.

devait mourir, ce ne fut pas long. Les agents anglais travaillèrent avec ardeur le parti antimerina que l'on appelait à Tananarive « le vieux », par opposition au jeune parti qui, avec le roi Radama II, semblait se jeter dans les bras de la France. Une conspiration s'organisa, les partisans de Radama II furent massacrés, le roi fut étranglé. Le principal chef des conjurés d'alors est aujourd'hui premier ministre des Antimerina, il s'appelle Rainilaiarivony, l'âme damnée de l'Angleterre. Je renvoie le lecteur désireux de s'instruire aux nombreux ouvrages qui traitent de l'histoire des commencements du royaume antimerina [1]. Je passe rapidement sur nos premières hostilités avec les Antimerina, à la suite desquelles nous obtenions le protectorat de la côte nord-ouest. A ce moment, l'Angleterre devait avoir une vive appréhension en nous voyant négliger les Antimerina et nous occuper des Sakalava. Mais notre ennemie héréditaire eut vite repris son assurance lorsqu'elle assista à notre expédition récente de 1883.

A cette époque, par suite de circonstances que je ne puis raconter dans un récit de voyage, une expédition française fut dirigée contre Madagascar. A ce moment il eût été très facile de négliger les Antimerina, de les laisser grelotter sur les hauts plateaux et de nous établir bien tranquillement sur les points de la côte les plus à notre convenance et rebelles à leur domination. Mais, au lieu de cela, nous étions tellement enlisés dans le plan Farquhar, nous étions tellement bien pris, tellement dupés par les menées anglaises que nous ne voyions à Madagascar, lors de notre expédition, que les Antimerina seuls. Nous leur demandons de nous céder Diégo-Suarez qui ne leur appartient pas et, comme comble de la naïveté, nous reconnaissons le souverain antimerina comme chef de l'île entière. Je suis Français, je puis critiquer mon gouvernement, mais non me réjouir des bêtises qu'il fait. Si j'étais Anglais, je me gaudirais fort de voir la France tomber si naïvement dans le piège que lui ont tendu les gouverneurs de Maurice, piège que nous appellerons pour le léguer à l'histoire le piège de Robert Farquhar. Mais, ô lecteur! ce n'est pas tout et vous allez voir dans la suite avec quelle ardeur nos fonctionnaires et nos gouvernants continuent à faire à Madagascar le jeu de l'Angleterre, au grand détriment des intérêts de notre pays.

Après 1883, forte de notre protectorat, la France établit donc des fonctionnaires à Madagascar. Toujours fidèles à nos engagements, nous considérons le traité comme nous liant absolument, et nous l'exécutons à la lettre. De leur côté, les Antimerina s'en moquent comme de leur premier *lamba* et bien entendu ne l'exécutent pas. Nous avons donc fait cette expédition de 1883 en pure perte [2]. Comme c'est la règle, toute expédition qui se termine par un protectorat est une opération désastreuse.

---

1. En particulier aux deux livres suivants : R. P. Abinal, *Vingt ans à Madagascar*, et Henry d'Escamps, *Histoire et géographie de Madagascar*.
2. Il est juste d'ajouter qu'elle aboutissait à un protectorat. Combien donc faudra-t-il d'hommes tués et de millions gaspillés pour montrer à la France que les protectorats ne valent rien? D'ailleurs les protectorats nous ont été con-

En effet, depuis dix ans que voyons-nous? C'est un pays de protectorat. Par conséquent nous respectons l'autorité antimerina. Dans notre naïveté, nous traitons avec eux de puissance à puissance, comme, dans tout protectorat aussi, les fonctionnaires français ne sont que des agents consulaires accrédités auprès de ce qu'on appelle la cour d'Emyrne. A côté d'eux, et avec tout autant de puissance, je dirai même avec plus d'influence sur le gouvernement antimerina, se trouvent des consuls anglais, allemands, italiens, américains, de sorte que nous avons combattu et dépensé des millions en 1883, pour avoir, déguisés sous le nom de résident et vice-résident, des consuls et des vice-consuls auprès du gouvernement antimerina. Ce n'était pas la peine de dépenser tant d'argent pour arriver à ce piètre résultat.

De plus, pendant dix ans, les résidents généraux français de Madagascar emboîtaient le pas au premier titulaire du poste et ne voyaient dans l'île que les Antimerina seuls. Pour ces fonctionnaires, les tribus insoumises n'existaient pas, il n'y avait pas moyen de prendre Madagascar, si l'on ne flattait les Antimerina. Conséquences logiques : la reine Ranavalona III est nommée grand cordon de la Légion d'honneur, l'assassin de Radama II, Rainilaiarivony, est nommé commandeur. On ne sait quels cadeaux faire aux Antimerina. Chaque année, un peu avant le 22 novembre, des présents arrivent de France; des pendules, des objets d'art, des vases de Sèvres, vont s'entasser au Palais d'argent. Dans quelques mois, lorsque je reviendrai de ma campagne du nord, avant de partir pour Fianarantsoa, je verrai monter, pour le palais de la reine, une grosse caisse que tous les Malgaches salueront dans la rue, comme c'est l'usage. Elle contient un manteau royal en velours rouge bordé d'hermine. Ce magnifique vêtement vient de la rue Royale et coûte 11 000 francs.

Malgré toutes ces largesses, les Antimerina se montrent récalcitrants à notre protectorat; on a beau dire en France que tout va bien à Madagascar, je constate que tout va mal, pour la France bien entendu.

Les affaires étrangères continuent leur système de cadeaux. Cela ne mord pas. En 1892, on donnera aux Antimerina une batterie de canons de campagne : quelle dérision! Dans mon voyage à Madagascar je me rends bien compte de ce système de colonisation absurde et inepte qui a nom : protectorat. Nos fonctionnaires continuent à faire le jeu des Anglais, ils sont pris et font prendre la France de plus en plus dans le piège de Robert Farquhar; pendant que notre résident général obtient à grand'peine le droit de s'asseoir au Palais d'argent, les agents britanniques, accrédités officiellement auprès du gouvernement antimerina, continuent à guider cette peuplade au mieux de leurs intérêts; pour nous, nous continuons à faire des cadeaux. Le guillotiné par persuasion est un personnage qui n'est jamais sorti du domaine de la fantaisie; c'est, je crois, dans ce même domaine qu'il faut reléguer le roi nègre conquis et protégé par persuasion.

Telles sont fortement abrégées les réflexions que m'inspirait à cette époque l'essai de nos tentatives de colonisation à Madagascar. Avant de reprendre mon récit, qu'il me soit encore permis de communiquer au lecteur quelques pensées que me suggère ma connaissance de ce pays malgache et de la politique aveugle que la France y a inaugurée. Je vais parler de l'avenir et je ne crains pas d'être démenti. Il serait très désirable au contraire que je le fusse. Qui vivra verra, a dit la sagesse des nations. Au moment où j'écris ces lignes (décembre 1893), qui ne seront publiées probablement que dans deux ans, je crois pouvoir affirmer à l'avance qu'une expédition se fera dans quelques années pour venir forcer les Antimerina à respecter le traité de 1885. Je crois pouvoir affirmer, d'autre part, que cette expédition coûtera fort cher. Quel en sera le résultat? je ne suis pas prophète, je ne puis que donner une opinion probable qui a, néanmoins, grande chance de se réaliser. Après cette expédition onéreuse et qui nécessi-

---

seillés par l'Angleterre dans nos entreprises coloniales, pour les faire échouer et nous dégoûter à jamais d'en tenter de nouvelles. Ce nouveau piège tendu par l'Angleterre où, conduits comme toujours par les affaires étrangères, nous avons donné tête baissée, est d'autant plus redoutable que par un heureux hasard qui ne se représentera jamais, notre premier protectorat semble avoir réussi. Il n'en fallait pas plus pour que nous généralisions le principe des protectorats sans tenir compte des peuples, des pays, des circonstances.

tera un grand nombre d'hommes, car forcément l'administration des affaires étrangères aura intérêt à grossir, comme à plaisir, la puissance des Antimerina pour bien démontrer que, si elle n'a pas réussi, c'est parce qu'elle avait à faire à forte partie; après cette expédition, dis-je, qui réussira, cela va sans dire, que fera-t-on?

Il semble être indiqué de ne pas continuer cette politique néfaste de protectorat dans laquelle les Anglais nous ont engagés. Il semble tout indiqué d'abandonner enfin ces Antimerina, nos ennemis à Madagascar. Il semble tout indiqué de nous mettre du côté des tribus insoumises, de diviser pour régner, enfin de mettre la main sur la grande île africaine.

Voilà ce qu'on devrait faire, mais voilà selon toute probabilité ce qu'on ne fera pas. Je crois que l'administration des affaires étrangères ne voudra pas amoindrir son prestige en abandonnant Madagascar à d'autres. Et je crois que, après la future expédition, toujours fidèle au mot d'ordre de Robert Farquhar, le ministre des affaires étrangères d'alors viendra dire aux représentants de notre pays, qu'il faut continuer à protéger une race (les Antimerina), et le gouvernement, à cette époque, peut-être proche, viendra, j'en suis convaincu, après cette expédition, faire ratifier au parlement non une annexion, mais un protectorat.

Ainsi, deux expéditions qui vont nous coûter très cher en hommes et en argent vont nous conduire à ce résultat de proclamer les Antimerina la race supérieure de Madagascar, de conquérir l'île à leur profit, de dépenser notre argent, de faire tuer nos soldats pour leur plus grand bien, pendant que des consuls anglais viendront comme par le passé conseiller ces indigènes, les soutenir dans leur lutte contre nous.

On a dit bien souvent que les entreprises coloniales étaient mauvaises pour la France, je commence à me rallier à cette opinion, j'attends pour l'adopter complètement le prochain protectorat que nous établirons à Madagascar. Dans les fastes de l'histoire, jamais on n'aura vu un peuple agir avec tant de légèreté, dépenser tant d'argent, verser peut-être tant de son sang pour arriver à un si petit résultat : un protectorat à Madagascar après deux expéditions onéreuses.

Mais, laissons là ces réflexions que je n'ai pu m'empêcher de communiquer au lecteur; je le prie seulement de retenir le plan Farquhar.

Cette ingérence de l'Angleterre, dans cette petite peuplade de Madagascar, va nous expliquer, d'une façon très logique, la civilisation apparente des Antimerina que l'on ne comprendrait guère au point de vue ethnographique, qu'en les tenant entre tous les Malgaches pour une race vraiment supérieure; ce qui n'est pas. Dans l'avant-propos de cet ouvrage, j'ai déjà dit quelques mots de l'histoire ethnique des Antimerina; je les ai rangés dans le deuxième groupe (le groupe malais), à côté des Betsileo, j'ai donné leur type le plus commun, je renvoie le lecteur à ce chapitre.

Ces indigènes sont au nombre d'environ 800 000, ils sont plus généralement connus en France sous le nom de Hova. Dans cet ouvrage je n'emploie jamais pour les désigner cette appellation, en effet elle n'est pas correcte, elle désigne une classe spéciale du peuple, intermédiaire entre les nobles et les esclaves, ce qu'on pourrait appeler la bourgeoisie. L'appellation Antimerina est la plus exacte, la plus conforme aux habitudes malgaches, c'est la seule qu'on doit employer. Dans l'île entière, cette dénomination d'Antimerina est connue et comprise. Mais elle n'est pas exclusivement adoptée. On peut dire au contraire que chaque tribu, chaque peuplade, a un mot spécial pour désigner les Antimerina. Ainsi les Betsileo les appellent Ambaniandro (ceux qui sont sous le jour) et les peuplades du premier groupe, c'est-à-dire les différentes tribus Sakalava, les Bara, les Antaisaka, les Antandroy, et les Antanosy même les appellent Amboa-Lambo (chien cochon). Il est très difficile de donner les origines des Antimerina ; les voici résumées assez exactement d'après la tradition sakalava, tradition que j'emprunte au livre du R. P. Abinal [1].

« Les Amboa-Lambo sont venus d'au delà des mers. Le navire qui les portait se brisa sur les côtes de Madagascar.

---

1. *Vingt ans à Madagascar*, par le R. P. Abinal.

« Ces naufragés s'établirent d'abord près de l'Océan sans se mêler aux habitants du pays. La fièvre faisait parmi eux de nombreuses victimes, cependant ils se multipliaient peu à peu et occupaient la contrée. Les indigènes en furent jaloux et leur suscitèrent d'abord de minces querelles, qui se changèrent plus tard en combats meurtriers.

« Les Amboa-Lambo furent vaincus et presque exterminés.

« Or un jour, après une sanglante défaite, ils prirent le parti de se retirer vers l'intérieur de l'île; leur nombre était fort réduit alors; il n'y avait peut-être pas cent hommes en état de porter les armes. Ils partirent donc vers le désert, avec leurs femmes et leurs enfants, à la recherche d'une terre plus paisible et d'un climat plus salubre. Ils trouvèrent l'un et l'autre vers le centre du pays; ils se fixèrent dans cette région et s'y multiplièrent rapidement. Plus tard, ils firent la guerre à leurs voisins pour s'emparer de leurs troupeaux et de leurs terres.

« Des hommes sages, venus aussi d'au delà des mers, ont aidé les Amboa-Lambo dans ces combats où ils ont été vainqueurs [1].

« Ces Amboa-Lambo sont venus à Madagascar après les Silama (Arabes musulmans) et ils ont été les amis des Karany (Indiens).

« Tel est le fond du récit sakalava; on voit assez qu'il ne manque ni de patriotisme ni de couleur locale; son origine est d'ailleurs fort ancienne parmi les tribus de l'Ouest.

« La mention des hommes sages, venus d'au delà des mers, qui ont aidé les Amboa-Lambo dans leurs combats, aurait bien pu être ajoutée à une date postérieure, pour signaler le concours prêté par les Anglais à Radama Ier.

« L'arrivée des Antimerina, après celle des Silamas ou Arabes que l'on fixe assez communément à la fin du VIIe siècle, est pour nous tout à fait certaine, mais rien ne l'indique clairement.

« Ces Karany ou Indiens, avec lesquels les Antimerina auraient lié amitié, sont probablement des trafiquants venus à la côte ouest à une date assez récente. Il est peu probable qu'ils aient ensuite quitté Madagascar. Nous pensons plutôt qu'ils se sont fondus avec les Amboa-Lambo ou avec quelqu'une des tribus du littoral. »

Dès que l'on examine de près et que l'on observe attentivement cette tribu des Antimerina, on s'aperçoit bien vite qu'elle ne diffère guère en somme des autres tribus de Madagascar. Ces primitifs ont conservé comme les autres la langue, les usages, les habitudes de leurs pères sauvages; mais par suite d'une éducation qu'on lui a donnée, par suite d'imitation d'usages étrangers (l'Antimerina imite parfaitement), cette peuplade des hauts plateaux a pris au contact prolongé des Européens un vernis de civilisation bien plus apparent que réel, bien plus superficiel que profond; mais, masquée par cette couche rudimentaire, elle semble cependant toute différente des autres peuples malgaches ses voisins. Dans les chapitres précédents, en parcourant le pays j'ai raconté les vrais usages, les antiques coutumes, chaque fois que j'en avais l'occasion. Il me reste à dire quelques mots de leur organisation sociale et politique actuelle, usage nouveau qu'ils tiennent, je m'empresse encore de le dire, en entier, des étrangers, des Anglais principalement. Mais ces usages nouveaux, ces coutumes étrangères sont toujours suivis par l'Antimerina avec un ridicule achevé : on rirait bien de voir ces nègres jouer à la grande nation si l'on n'était pas arrêté par un certain sentiment de tristesse. Ce sentiment qui nous empêche de nous amuser franchement de ces nègres orgueilleux, singeant les grandes nations, est de penser que nous, les premiers, nous nous sommes laissé prendre et duper dans la plus large mesure. Le gouvernement des Antimerina est un gouvernement absolu, les volontés du souverain sont des lois pour les sujets. Ce monarque est sacré; quels que soient ses traits, il est beau, il n'est pas fait comme les autres. De la part de tous les Antimerina nobles et roturiers, riches et pauvres, hommes libres, esclaves, la personne du souverain est l'objet d'un véritable culte. Le monarque antimerina, grâce à nous, est devenu une majesté, les Anglais lui ont joué un hymne national, chant sacré à rythme lent que les Antimerina appellent *Sidikina* parce

---

[1]. Cette phrase de la légende sakalava est particulièrement remarquable.

TYPES ANTIMERINA.

LA TRIBU DES ANTIMERINA.

qu'ils ont entendu les Anglais parler de ce *God save the Queen*. A côté du souverain homme ou femme choisi dans la familile des anciens rois, on trouve un autre chef nègre qui ne porte pas le nom de roi (Mpanjaka), mais celui de premier ministre. Ce ministre, qui n'a pas de mots malgaches pour se désigner, s'appelle « Prime minister *sy* [1] commander in chief ». Le premier ministre est assisté d'autres ministres dirigeant les divers départements.

Voici quelle était en 1891 la composition du gouvernement antimerina, la liste des grands chefs qui fréquentaient au Palais d'argent. Je copie textuellement cette liste publiée en 1891, lors de mon premier voyage à Tananarive, par la *Friend's foreign mission Association*.

NY FANJAKANA MALAGASY.
Le gouvernement malgache [2].

Ranavalomanjaka III, Mjanjaka ny Madagascar, sy Mpiaro ny Lalan'ny Taniny, etc., etc., noho ny fitahian And^{tra} sy ny sitrapon'ny vahoaka Mpanjaka Tamy ny 22 novembre 1883.

Ranavalomanjaka III, reine de Madagascar, par la grâce de Dieu [3] et la volonté du peuple, et protectrice des lois du royaume, etc., etc. Couronnée *ou sacrée* le 22 novembre 1883.

Rainilaiarivony, premier ministre sy commandant en chef, etc., etc.

Rainilaiarivony, premier ministre et commandant en chef, etc., etc.

Kabinetra [4], cabinet.

Rainitsimbazafy, 15 tra. O. D. P. [5] *Lehiben'ny mpanao raharaha momba ny Ati-tany.*

Rainitsimbazafy, 15 H^r. Officier du palais, ministre de l'intérieur.

Rainisoa (Ravanomanana) 15 tra. Lehiben'ny D. P. M. [6].

Rainisoaravanomanana 15 H^r. Chef des aides de camp du premier ministre.

S. A. R. Ratsimamanga 15 tra. Printsy D. P. M.

S. A. R. Ratsimamanga 15 H^r. Prince aide de camp du premier ministre.

S. A. R. Razafimanantsoa. Printsy Lehiben 'ny Fitsarana.

S. A. R. Razafimanantsoa. Prince-ministre de la justice.

Ratsimisampy, Andriambaventy.

Ratsimisampy. Grand juge.

Rainimanantoanina. Andriambaventy.

Rainimanantoanina. Grand juge.

Ramahatra, 15 tra. Lehibe amy ny Miaramila.

Ramahatra, 15 H^r. Ministre de la guerre.

Razanakombana, 15 tra. O. D. P. Lehibe amy ny raharaha momba ny lalana

Razanakombana, 15 H^r. O. D. P. Ministre des lois.

---

1. Sy est le seul mot malgache intercalé dans cette appellation anglaise, c'est notre conjonction *et* : premier ministre et commandant en chef.

2. Le gouvernement antimerina ne manque jamais en toute circonstance de s'intituler gouvernement malgache. Il prétend, pour tout le monde, personnifier Madagascar. Il est triste de dire que ces prétentions que pourtant rien ne vient justifier sont admises sans conteste par le gouvernement français, au grand contentement de nos bons amis les Anglais.

3. Il est très intéressant de voir ces sauvages qui, il y a cinquante ans à peine, adoraient de petits morceaux de bois, dire aujourd'hui que leur souverain est reine par la grâce de Dieu. Il ne leur manque que d'ajouter : par la volonté du peuple.

4. Le mot Kabinetra est entre plusieurs centaines un exemple des mots nouveaux donnés aux Antimerina par les missionnaires et les agents britanniques.

5. Ces trois lettres sont les initiales des trois mots français : Officiers du Palais.

6. D. P. M. sont les trois initiales des mots suivants : Decany prime Minister. Decany (y à la fin d'un mot ne se prononce généralement pas en malgache) est encore de ces mots baroques empruntés par les Antimerina à notre langue. Il vient de : aide de camp. Chacun des grands dignitaires antimerina a un grand nombre d'aides de camp. Ces officiers ont pour principale mission de faire la cuisine de leurs supérieurs, de porter leurs bagages, de pourvoir à leurs besoins. Cette position de *decany*, très recherchée et qui existe en grand nombre dans l'armée antimerina, vient augmenter encore le nombre des non-combattants de cette force dérisoire. Sans compter que ces aides de camp primitifs trouvent un protecteur naturel dans la personne de leur maître et seigneur.

Radadanohatra, 15 tra.
Radadanohatra, 15 H[r] ou Ratsimanohatra.
Rainiasitera, 15 tra. Lehibe amy ny Mainty Enindreny.
Rainiasitera, 15 H[r]. Chef de la caste noire (littéralement : chef des noirs de 6 mères!).
Andriamifidy. Lehibe amy ny raharaha momba ny Vahiny.
Andriamifidy [1]. Ministre des affaires étrangères.
Ramaka, 15 tra. D. P. M.
Ramaka, 15 H[r]. Aide de camp du premier ministre.
Rainibemanantsoa, 14 tra. D. P. M.
Rainibemanantsoa, 14 H[r]. D. P. M.
Rajoelina, 13 tra. Zanaky ny P. M.
Rajoelina, 13 H[r]. Fils du premier ministre.
Rainitsimba, 11 tra. D. P M.
Rainitsimba, 11 H[r]. D. P. M.
Rainimalanjaona, 11 tra. O. D. P.
Rainimalanjaona, 11 H[r]. Officier du palais.
Ratsarahoela.
Ratsarahoela.
Ravelojaona.
Ravelojaona.
Rajahonah. D[r].
Rajahonah. Docteur.
Rainimahatafandry. D. P. M. Mpanao raharaha amy ny Vahiny.
Rainimahatafandry. D. P. M. Employé au Ministère des affaires étrangères.

Mpanao raharaha Isan-Toko Avry.

Membres du gouvernement chargés de l'administration intérieure du royaume.

Ny amy ny militera : { *Ramahatra, 15 tra.* / *Radadanohatra, 15 tra.* }

Pour la guerre : { Ramahatra, 15 H[r]. / Radadanohatra, 15 H[r]. }

Ny Ati-Tany : Rainitsimbazafi, 15 tra. O. D. P.
Pour l'intérieur : Rainitsimbazafy, 15 H[r]. O. D. P.

Ny Vahiny : { *Andriamifidy sy.* / *Rainizafimanga, 10 tra. D. P. M.* }

Pour les affaires étrangères : { Andriamifidy. / Rainizafimanga, 10 H[r]. }

Fitsarana : { S. A. R. Razafimanantsoa. *Printsy lehiben ny Fitsarana.* / *Rainimanantoanina, Andriambaventy,* / *Ratsimiseta, 13 tra. O. D. P.* }

---

1. Andriamifidy, le Ministre des affaires étrangères des Antimerina, est le plus pauvre des fonctionnaires du Palais. Malgré un titre pompeux qu'il possède depuis notre traité de 1885, juste au moment où les Antimerina s'engageaient envers nous à ne pas avoir de fonctionnaires chargés des relations extérieures, Andriamifidy ne peut guère voler l'argent de ses concitoyens. Pour vivre il a quelques petits métiers. C'est ainsi que le jour du *fandroana*, lorsque les étrangers viennent assister à la cérémonie, il s'empresse au-devant d'eux et les débarrasse de leurs parapluies et de leurs cannes, en sortant il reçoit quelques pourboires. Ce sont les seuls émoluments de ce grand fonctionnaire antimerina. Dans mes souvenirs, Andriamifidy revient toujours devant mes yeux sous les apparences d'un concierge. Il porte constamment une calotte de velours noir dont le gland de soie vient chatouiller son oreille gauche.

LA TRIBU DES ANTIMERINA.

Pou. la justice : { Son Altesse Royale Razafimanantsoa. Prince ministre de la justice.
Rainimanantoanina. Grand juge.
Ratsimiseta, 13 H^r. O. D. P.

Lalana : *Razanakombana, 15 tra. O. D. P.*
Pour les lois : Razanakombana, 15 H^r. O. D. P.

Volam-panjakana : { *Rainandrianary Andriambaventy.*
Rainimalanjaona, 11 tra. O. D. P.

Trésor public [1] : { Rainandrianary. Grand-juge.
Rainimalanjaona, II H^r. O. D. P.

Sekoly [2] : *Rakoto sy Radoara.*
Instruction publique.

Mpiambin'Andriana : { *Randrianary, 12 tra.*
Rafaralahisifotra, 12 tra.
Ramandiamanana, 12 tra.
Raobera, 12 tra.
Rainoboto, 12 tra.

Gardes de la reine
ou
Chefs des gardes royales : { Randrianary, 12 H^r.
Rafaralahisifotra, 12 H^r.
Ramandiamanana, 12 H^r.
Raobera, 12 H^r.
Rainoboto, 12 H^r.

Mpitan-Defona : *Rainiarivo, 12 tra.*
Chefs des corps des Sagayeurs : Rainiarivo, 12 H^r.
Tsimandoa : *Rainizafy, 12 tra.*
Chefs des courriers de la reine : Rainizafy, 12 H^r.
Masombika : *Rainilaionina, 9 tra.*
Chef des Moçambiques : Rainilaionina, 9 H^r.

Ny Mpanolo. Tsaina.
Conseillers du gouvernement.

Rainisoa, 15 tra. D. P. M. [3].
Rainisoa, 15 H^r. D. P. M.
S. A. R. Ratsimamanga, 15 tra. Printsy.
S. A. R. Ratsimamanga, 15 H^r. Prince.
Radilofera. Zanaky ny premier ministre.
Radilofera. Fils du premier ministre.
Rasanjy, 14 tra. Secrétaire privé du premier ministre.
Rasanjy, 14 H^r. Secrétaire privé du premier ministre.
Randriantsilavo, 14 tra. O. D. P.
Randriantsilavo, 14 H^r. O. D. P.
Renibemanantsoa, 14 tra. D. P. M.
Renibemanantsoa, 14 H^r. D. P. M.
Marc Rabibisoa, 13 tra. D. P. M. sy secrétaire particulier.
Marc Rabibisoa, 13 H^r. D. P. M. et secrétaire particulier.

---

1. Ces fonctionnaires qui sont chargés des finances de l'État jouissent de la plus douce des sinécures, puisque le Trésor public n'existe pas.
2. Sekoly vient de : École.
3. Ces conseillers du gouvernement n'ont absolument rien à faire pour beaucoup de raisons, d'abord parce qu'il n'y a pas de gouvernement, et ensuite parce que si on leur demandait leur avis, ils se garderaient bien de le donner.

Rasoa Rainiharisoa, 12 Hr. Secrétaire particulier, etc., etc., etc.

Ny Andriana.
Chefs de la noblesse.

Zanakandriana : S. A. R. Ratsimamanga, 15 Hr. Prince.

Zazamarolahy. Rasehenolahy.

2e Caste.

Andriamasinavalona : Ravelonanosy.

3e Caste.

Zanatompo : Razakavahy.

4e Caste.

Zanakambony : Rasoamanana.

5e Caste.

Andriandranando : Andriamamonjy.

6e Caste.

Zanadralambo et Andrianjaka : Rabedasy.

7e et 8e Castes.

Voilà fidèlement reproduits et littéralement traduits les noms des principaux dignitaires antimerina, leurs fonctions, les titres pompeux dont les Anglais se plaisent à les affubler; appellations grotesques que l'Annuaire du protectorat publiait à Tananarive par les soins du résident général de France, copiées et reproduites d'après les presses évangéliques. Je laisse au lecteur le soin de conclure, je lui laisse le soin de se former une idée de cette peuplade antimerina sauvage comme les autres, mais où les tentatives anglaises ont mélangé avec une rare patience les apparences d'une civilisation avancée avec un fond de barbarie. C'est donc cet état de choses que nous voulons continuer à Madagascar. Nous voulons donc que comme par le passé ce gouvernement ridicule subsiste, s'accroisse même en puissance. Nous voulons donc que comme par le passé toujours, les agents britanniques viennent conseiller ce peuple protégé par nous au prix des plus grands sacrifices. Avec un protectorat, nos millions dépensés, nos soldats ensevelis à Madagascar, toutes nos pertes en un mot auront servi à perpétuer un état de choses néfaste aux intérêts français. Les Anglais continueront à avoir la haute main sur les Antimerina! En serait-il de même dans une colonie française? L'administration des colonies n'a pas comme celle des affaires étrangères l'habitude de se laisser mener par les agents britanniques. Madagascar doit être colonie française. Elle le sera un jour, mais à quel prix!

Voici succinctement le fonctionnement normal du gouvernement antimerina. Le premier ministre est tout-puissant, il nomme à son caprice qui bon lui semble pour occuper les charges fictives de la cour à Tananarive. Il est plus vrai de dire qu'il les vend au plus offrant et dernier enchérisseur. L'acheteur doit cependant être *persona grata* et surtout être de bonne paye. Puis à côté de ce gouvernement central, chaque province est administrée par un gouverneur nommé par le premier ministre. Voici encore d'après le même Annuaire de Tananarive la liste des gouverneurs de provinces mise au courant en 1891 :

Rainandriamampandry, 15 tra. . . . . Toamasina (Tamatave).
Rakotovao, 10 tra. . . . . Vatomandry.
Randreza, 10 tra. . . . . Mahasoa (Soamandrakisay).

[1]. S. A. R. Ce sont les initiales des trois mots français : Son Altesse Royale. Il est vraiment très curieux de voir nos résidents généraux gratifier du titre d'Altesse Royale des nègres que nous nous acharnons à combler d'honneurs et de présents.

LA TRIBU DES ANTIMERINA.

Rahaga, 12 tra.... . . . . Tanimandry (Andovoranto).
Rantoandro, 10 tra. . . . . Mahavelona (Vohimarina).
Rainizanamino, 9 tra. . . . .
Ramiaramanana, 9 tra. . . . . Tsarasaotranitompony.
Rainizanahoera, 11 tra. . . . . Vohimasina (Fenoarivo).
Rainiketamavo, 10 tra. . . . .
Rainingavelo, 12 tra. . . . . Saomianina.
Rainimandranto, 11 tra. . . . .
Rabesandratana, 13 tra. . . . . Maroantsétra.
Rainivoavy, 12 tra.. . . . .
Raharinosy, 12 tra. . . . . Vohijanahary.
Andrianantony, 12 tra. . . . . Anonibe (Ambohitsara).
Rainisoa Rabetontonana, 11 tra. . . . .
Rafaralahitsimandresy, 12 tra. . . . . Iharana.
Ramanandray, 11 tra. . . . .
Ratovelo, 13 tra. . . . .
Ramambazafy, 13 tra. . . . . Mojanga (Majunga).
Rafaralahidimy, 10 tra. . . . . Maevatanana (Ambodiroka).
Rainimarobandro, 8 tra. . . . . Antongodrahoja.
Rainijaobelina, 10 tra. . . . . Mahabo (Avar).
Rainivoanjo, 12 tra. . . . . Marovoay.
Andriantsiferana, 10 tra.. . . . . Malatsy.
Andrianaivotraika, 7 tra. . . . . Kinajy.
Andriantseno, 9 tra. . . . . Morokoloy.
Andriambelo, 8 tra. . . . . Ampotaka.
Rafaralahitsaroana, 8 tra. . . . . Androva.
Rainisoa, 7 tra. . . . . Ambodiamontana.
Ratsimihala, 9 tra. . . . . Ankoala.
Rainitandra, 10 tra. . . . . Beseva.
Rainibemolaly, 8 tra. . . . . Amparihibe.
Ramiandravola, 11 tra. . . . . Amberolia.
Rakotovao, 13 tra. . . . . Anorontsanga.
Rabesihanaka, 12 tra. . . . .
Rainizanaka, 10 tra. . . . . Ambodimadiro.
Rainilaikely, 10 tra. . . . . Ankaramy.
Randrianary, 9 tra. . . . . Ampasimbitika.
Rainimanambahy, 8 tra. . . . . Andranomalaza.
Razafindrazaka, 12 tra. . . . . Mahabo.
Ratiaray, 11 tra. . . . . Andakabe (Amorondava).
Rajafimbelo, 12 tra . . . . Manja.
Andriamarovony, 12 tra. . . . . Faradofay (Fort-Dauphin).
Ralaimandanona, 12 tra. . . . . Vangaindrano.
Rajaona, 11 tra. . . . . Mahamanina.
Rabenjamina, 11 tra. . . . . Vohipeno.
Andriamanisa, 10 tra. . . . .
Radavidra, 12 tra. . . . . Mananjara.
Rakoto, 11 tra. . . . .
Rainisolofo, 12 tra. . . . . Mahanoro.

Rainiketabao, 14 tra.	Fianarantsoa.
Rainimakaola, 11 tra.	
Rainizafy, 10 tra.	Kalamavony.
Rabanona, 11 tra.	Fanjakana.
Andrianaivo, 9 tra.	Mahazony.
Andriamaro, 11 tra.	Ambohimandroso.
Rananambahoaka, 10 tra.	
Ramaniraka, 14 tra.	Tompoamanandrariny (Ihosy).
Rainitsara, 11 tra.	Midongy.
Rasamimanana, 10 tra.	Malainbandy.
Ranidrampy, 8 tra.	Tremo.
Rakotovao, 9 tra.	Janjina.
Ratsima, 7 tra.	Ambohinoma.
Razafintsalama, 13 tra.	Fierenana.
Rabeony, 12 tra.	Ambatondrazaka.
Andriamikato, 11 tra.	
Razakasoa, 11 tra.	Amparafaravola.
Ramanitra, 10 tra.	Befandriana.
Rainizaly, 10 tra.	
Rainitsizafy, 14 tra.	Mandritsara.
A. Ramanitra, 11 tra.	
Rafaralahinantsa, 11 tra.	Marotandrano.
Rainialy, 11 tra.	Ankavandra (Miadanarivo).
Rainisoahita, 9 tra.	Manandaza.
Rainisoatsifa, 9 tra.	Analabe.
Rainibenaivo, 10 tra.	Bevato.
Rakotovao, 10 tra.	Tsiroamandidy.
Ratrema, 11 tra.	Moramanga.
Rainimanarivo, 11 tra.	
Ramiakatra, 10 tra.	Belanona (Anosibe).
Ratsimba, 10 tra.	Betafo (Vakin 'Ankaratra).
Rainijaonary, 11 tra.	Nanatonana.
Rainisoavahia, 12 tra.	Ambositra.
Rasoamanana, 11 tra.	
Rainizanama, 11 tra.	Ambohinamboarina.
Radaniela, 11 tra.	
Ratsarahoela, 10 tra.	Soavinandriana.
Ravanarivo, 13 tra.	Ambohimanga (Atsimo).

Ces gouverneurs de provinces, de villes, de villages, sont indépendants les uns des autres et reçoivent directement leurs ordres du premier ministre de Tananarive. Avec ces gouverneurs sont d'autres officiers, dont le premier, qui a le titre de commandant en second (*lefitra*), a pour principale mission non de suppléer au gouverneur, mais de l'espionner, et de rendre compte de ses faits et gestes au gouvernement central.

Telle est dans ses grandes lignes l'administration générale des Antimerina : à la tête, à Tananarive, un autocrate, le premier ministre; à l'extérieur, des gouverneurs qui dépendent exclusivement de lui. J'ajouterai pour être complet que dans chaque village, dans chaque hameau, il y a un chef de l'agglomération nommé *lehibe*, *Sakaizambohitra* ou encore *Antily*. Ces petits chefs de villages ne sont que les vestiges des anciens chefs de villages qui existaient autrefois dans toutes les tribus de l'île. Ces agents subalternes, placés sous l'autorité du gouverneur de la province ou du commandant de la ville principale dont ils sont proches, font exécuter les ordres des gouverneurs et des commandants.

Telle est la description la plus simple que je puisse donner du pouvoir exécutif des Antimerina.

Le pouvoir législatif ainsi que le pouvoir judiciaire n'existent pas; les Anglais ont bien fait des lois que j'ai vues à Tananarive imprimées et réunies dans une brochure par Parret, un de nos bons amis anglais de Madagascar, mais ce recueil de lois ne signifie rien, pas plus que le reste : le bon plaisir du premier ministre est la seule loi; d'ailleurs tous les juges, les *Andriambaventy* sont à vendre, on achète leurs arrêts en piastres ou en bœufs. Si l'affaire en vaut la peine, le premier ministre se réserve de juger en dernier ressort. Ce sont ses petits bénéfices.

Quoique je ne veuille pas m'étendre beaucoup sur cette organisation sociale et politique actuelle des Antimerina, elle n'en vaut pas la peine vraiment. Il me faut expliquer une coutume récente qui permettra de comprendre au lecteur désireux de s'instruire différents termes très souvent employés dans les livres qui traitent de Madagascar. Je veux parler des honneurs. Le gouvernement antimerina nomme officier qui le veut bien pourvu qu'il paye; il a adopté une classification, une hiérarchie qui s'applique à tout, aussi bien dans le civil que dans le militaire. C'est ce qu'on appelle l'honneur, *voninahitra*, qui à Madagascar se mesure par degrés. Ainsi un simple soldat aussi bien qu'un homme libre serait un honneur qu'on écrit 1 tra; un caporal deux honneurs, un sous-lieutenant quatre honneurs, un lieutenant cinq honneurs, un capitaine six honneurs, un commandant sept honneurs, un lieutenant-colonel huit honneurs, un colonel neuf honneurs, un général de brigade dix honneurs, un général de division onze honneurs, un général d'armée douze honneurs, un maréchal treize honneurs, un très grand gouverneur quatorze honneurs, un prince quinze honneurs, le premier ministre a seul seize honneurs. Pour être un personnage de quelque importance, il faut dépasser la douzaine.

Le système financier chez les Antimerina est aussi des plus simples. Il n'y a pas d'impôts. Il n'y a pas de revenus pour le gouvernement. Les finances de l'État s'identifient avec la fortune personnelle du premier ministre. Les revenus des douanes existent bien, mais seulement depuis 1885. Depuis lors, grâce à notre naïveté, les Antimerina tirent de cette source d'assez beaux bénéfices, et sous ce beau régime de protectorat, les Français payent tout aussi cher que les autres. Davantage même, car ils sont sous la coupe et la surveillance directe des résidents français, tandis que les Anglais et les autres étrangers, absolument indépendants, dans un pays de protectorat, des agents du pays protecteur, peuvent, sous la sauvegarde de leurs consuls, agir à leur guise. Lorsque le gouvernement antimerina a besoin d'argent, il appelle à Tananarive quelque gouverneur influent et l'oblige à verser une somme importante. Le gouverneur s'exécute et, lorsqu'il retournera dans sa province, il se fera rembourser avec usure par ses administrés.

L'armée antimerina a été constituée pour la première fois par le roi Radama Ier. Ses successeurs et leurs ministres y ont apporté de notables perfectionnements. L'organisation militaire des Antimerina, incomplète sans doute et qui laisse encore beaucoup à désirer sous tous les rapports, a suffi néanmoins pour leur assurer un avantage marqué sur les bandes armées que peuvent leur opposer les autres tribus. Dans un édit pompeux, Rainilaiarivony établit en 1879 le service militaire obligatoire pour tout homme libre, sa durée devait être de cinq années. Après cette période active, l'Antimerina n'était plus enrôlé que pour une guerre nationale. Je transcris là l'édit de Rainilaiarivony, c'est la théorie; mais la pratique est bien autre chose. Ainsi tout homme libre se rachète facilement pour un *voamena* (quatre sous), qu'il n'a qu'à verser au 7 tra ou au 8 tra chargé du recrutement, seuls les pauvres sont enrôlés. Il est très difficile d'en estimer l'effectif; d'après mes calculs, ce que j'ai vu et ce que j'ai appris, la province de l'Imerina peut fournir à peu près 6 000 hommes en prenant tout. Mais il convient d'ajouter à ces troupes antimerina les contingents que fourniraient les provinces soumises des Betsileo et des Betsimisaraka; ces contingents auxiliaires, qui viendraient peut-être doubler ce nombre de 6 000, n'en viendraient pas, comme on pourrait le croire, augmenter la valeur. Bien au contraire, les Antimerina sont tellement aimés des autres tribus de l'île que lorsqu'ils lèvent des contingents chez leurs alliés, ils doivent les enchaîner ou les surveiller de très près pour les empêcher de fuir, de sorte que, en cas de guerre nationale, les Antimerina pourraient opposer à l'envahisseur 6 000 hommes de leurs troupes, et s'ils levaient des contingents auxiliaires ils n'auraient plus que 4 000 combattants; il y aurait 2 000 de leurs soldats au moins, occupés à garder leurs peu utiles auxiliaires. J'estime donc après des observations minutieuses, des renseignements précis, de longues recherches, à cinq ou six mille combattants, le nombre des troupes que les Antimerina pourraient nous opposer si nous nous décidions à faire une expédition militaire à Madagascar. Mais je m'empresse d'ajouter que les troupes seraient fortement soutenues par quelques aventuriers anglais, quelque Willoughby ou Scherwington, comme ceux que nous avons trouvés devant nous en 1885.

Je termine ce rapide exposé de l'organisation politique des Antimerina. Je ne me suis attaché qu'aux grandes lignes, j'ai surtout voulu montrer au lecteur que cette peuplade de Madagascar, absolument analogue aux autres tribus de l'île, ne devait qu'aux étrangers seuls la réputation imméritée dont elle jouit; cette réputation est le résultat d'un grand travail, d'une longue élucubration anglaise que nous sommes venus consolider comme à plaisir. Il est triste de reconnaître qu'il y a quelque vingt ans l'Antimerina était comme l'Antandroy; grâce à d'autres, mais à nous surtout, il est devenu quelqu'un ; nous nous sommes efforcés, comme à plaisir, à faire sortir du néant cette peuplade sauvage, au lieu de leur opposer quelque autre tribu, moins travaillée qu'eux par l'or et les agents anglais; nous avons fait croire au monde que c'était une race supérieure, la seule, l'unique à Madagascar. C'est faux, absolument faux.

Dans le cours de mon voyage, chargé d'une mission scientifique, par goût aussi bien que par devoir, je me suis appliqué surtout à relever les côtés scientifiques des choses observées. Pour les peuplades également, l'ethnographie et l'anthropologie me plaisaient et m'occupaient bien davantage que la politique. Quoi qu'il en soit, si j'ai cru dans ce chapitre, comme je le ferai dans la conclusion, à la fin de mon ouvrage, communiquer au lecteur quelques réflexions sur la politique malgache, c'est que j'ai cru, en faisant cela, répondre à des questions qu'on ne manquerait pas de me faire. J'ai cru aussi que ma faible voix aurait peut-être quelque influence, si minime qu'elle soit. Il était donc de mon devoir de la faire entendre. Il faut pour la France prendre Madagascar, ce sera, je crois, pour l'avenir une bonne opération. Il faut l'annexer purement et simplement, la remettre ensuite à un ministère compétent; mais ce qu'il faut se garder de faire, c'est de la laisser plus longtemps gérer par l'administration des affaires étrangères. Depuis dix ans cette administration a montré ce dont elle était capable à Madagascar. L'expérience est faite, elle est concluante. Madagascar aux colonies, ou abstention et abandon. C'est plus pratique et moins coûteux.

Faire peut-être encore une expédition nouvelle dont le coût ajouté à celui de l'expédition de 1885 formera un nombre respectable de millions, faire peut-être encore périr beaucoup de braves soldats, tout cela pour arriver à un nouveau protectorat, tout cela pour nous plonger davantage dans le piège de Robert Farquhar, pour élever plus haut les Antimerina, cette fois en faire une véritable puissance, ce serait par trop absurde. Et puis encore, après ce nouveau protectorat établi, il faudrait dans dix ou vingt ans refaire une troisième expédition.

Enfin il me reste à dire quelques mots de l'esclavage, institution barbare et inhumaine si répandue à Madagascar.

Tout d'abord, il faut distinguer parmi les esclaves ceux qui sont étrangers au pays, qui y sont importés principalement de la côte d'Afrique située en face de Madagascar, et de l'autre côté du canal de Moçambique et ceux d'origine madécasse qui peuvent appartenir à toutes les tribus, hormis cependant à celle des Antimerina. Je n'ai jamais vu d'esclaves de race antimerina pure, et cela se comprend. Parmi les diverses peuplades de l'île, l'institution de l'esclavage existe en droit mais non en fait : chez les Antandroy, les Bara, les Antanosy, les Antaisaka, l'esclavage n'existe pas ; chez les Sakalava et les Betsimisaraka, les Antanala et les Bezanozano, ainsi que chez les Antankarana, si l'esclavage existe en fait, il est très exceptionnel. Mais c'est chez les Betsileo et surtout chez les Antimerina, c'est-à-dire chez les peuplades du premier groupe, que l'on trouve des esclaves en grand nombre; ceux-ci sont presque tous d'origine malgache, alors que chez les Sakalava et les Antankarana, les rares esclaves qui s'y trouvent sont presque tous d'origine étrangère, ce sont des Makoa. J'écarterai donc tout d'abord les tribus insoumises des Antandroy, des Antanosy, des Antaisaka, des Bara, qui ne connaissent pas l'esclavage; quant aux autres tribus rebelles aux Antimerina et qui possèdent quelques rares esclaves d'origine étrangère, comme les Sakalava par exemple, il me suffira de dire que dans ces tribus, si l'on trouve quelques rares esclaves il est vrai, la vérité oblige à reconnaître que la plupart du temps leurs maîtres ne sont pas des Malgaches, mais presque toujours des Arabes, des *Silama*, comme disent les Malgaches, des *Karany*, c'est-à-dire des Indiens, sujets britanniques. Je n'ai vu que très exceptionnellement deux ou trois fois en cinq ans des Malgaches de la côte Ouest posséder des esclaves makoa. Je m'empresse d'ajouter que ces Sakalava propriétaires d'esclaves étaient depuis longtemps devenus musulmans, ils s'étaient faits Silama. L'étude de l'esclavage à Mada-

TOMBEAU ANTIMERINA.

gascar avec ses détails répugnants doit donc être faite exclusivement chez les peuplades du premier groupe, c'est-à-dire un peu chez les Betsileo, beaucoup chez les Antimerina. Je sais bien que depuis longtemps déjà, de nombreuses personnes se sont plu à nous parler de l'esclavage à Madagascar comme d'une institution familiale; à en croire ces admirateurs des Antimerina, l'esclave d'un homme de cette tribu est devenu quelque peu l'enfant de sa maison.

Cette peinture fausse que l'on a tracée de l'esclavage à Madagascar peut reconnaître deux principales causes.

La première est de vouloir quand même placer au-dessus de tout Malgache l'Antimerina, c'est de vouloir quand même fermer les yeux sur ses défauts et ses vices, alors que l'on n'a pas assez de voix pour célébrer les vertus qu'il n'a pas. La deuxième cause est plus simple, quoique tout aussi importante. La voici en deux mots : les gens qui ont été à Madagascar fonctionnaires, missionnaires et colons après être débarqués à Tamatave, sont montés à Tananarive en filanjana, portés par huit borizana esclaves. Tout le long de la route, pendant six ou sept jours, quelquefois plus, ils ont été en contact avec ces hommes qui, esclaves à la vérité, ont des occupations particulières, font partie d'une corporation qui a ses lois, ses règlements, ses privilèges même. Ces borizana qui forment parmi tous les esclaves une classe privilégiée ont montré au voyageur pendant toute la route une gaieté, un entrain qui lui feront dire des choses fausses ; ce voyageur, généralisant ce qu'il aura vu, croira que tous les esclaves à Madagascar sont aussi heureux que les porteurs de Tananarive et de Tamatave. Cet homme, après avoir fait avec huit borizana le voyage de Tamatave à Tananarive, après avoir traversé Beforona, Ampasimbe, Moramanga, prétendra ne plus rien ignorer des choses de Madagascar et en particulier connaître très bien le sort des esclaves madécasses.

J'ai le regret de venir contredire encore cette affirmation par trop optimiste en faveur de l'esclavage à Madagascar.

Sans doute, parmi tous les esclaves que possèdent les Antimerina qui habitent Tamatave, Tananarive et les lieux voisins, les porteurs de filanjana et de bagages jouissent d'un sort moins malheureux que ceux qui sont disséminés dans la province de l'Ankova. Sans doute ces porteurs ont un sort très doux; toujours en chemin, ils échappent à la surveillance continuelle du maître, ils ne lui apportent qu'une petite part de leurs bénéfices, puisqu'ils ont dépensé la plus grande partie de leur argent dans leurs étapes successives. Il ne faudrait pas croire cependant qu'il n'y a que des esclaves borizana à Madagascar; pour s'en convaincre, il faut seulement visiter à fond la grande île africaine, ce que n'ont jamais fait ces voyageurs qui viennent nous dire qu'à Madagascar l'esclavage est une institution familiale.

A Madagascar comme ailleurs, l'esclavage est une institution barbare et qui répugne à tout sentiment humain quelque peu élevé. Pour m'en tenir au pays des Antimerina, il est une classe d'esclaves beaucoup plus nombreux que les borizana; ces hommes, avec lesquels l'Européen de passage à Madagascar ne se trouve jamais en contact, sont disséminés dans les petits villages, chargés de cultiver les rizières, de remuer la terre. Ils naissent dans la peine, ils meurent oubliés dans ces cases de terre de l'Imerina, et personne ne pense à leurs souffrances. Ces esclaves de la glèbe, que chaque Antimerina agriculteur possède en plus ou moins grand nombre, sont traités comme des bêtes de somme. J'ai déjà dit que l'Antimerina était avant tout un commerçant âpre au gain; ses aptitudes au négoce s'appliquent malheureusement à l'esclave de la terre et à sa famille (famille est peut-être une expression mal choisie quand on parle de l'esclave antimerina). Le maître lui procure des femmes, il le marie de force à peine nubile; ce que l'Antimerina veut c'est que ses esclaves lui rapportent de nombreux enfants. Puis, quand ces petits êtres auront quelques années, il les conduira au marché pour s'en défaire malgré les supplications de la mère éplorée, du père désespéré. Ces garçons auront de la chance s'ils trouvent un acquéreur dans la capitale; dans ce cas, s'ils sont robustes, ils deviendront peut-être borizana, leur sort sera plus doux et ils seront enviés. Moins favorisés au contraire seront les autres garçons qui ne trouveront d'acquéreurs que dans la province de l'Imerina et qui iront travailler la terre comme leurs parents. Dans leur malheur, ces pauvres petits pourront cependant de temps en temps, si la distance n'est pas trop longue et si la culture du riz et le bon plaisir de leur maître leur permettent, venir embrasser leur mère. Les filles, elles, qui se vendent en général beaucoup plus cher que les garçons, sont (qu'on me pardonne ce détail) toujours réservées pour la reproduction. Un garçon d'une dizaine d'années se vend en moyenne de 200 à 400 piastres, un adulte ne vaudra qu'une centaine de piastres, un vieillard ne trouverait pas d'acquéreur pour une somme très modeste. Une petite fille atteint un prix fort élevé, les jeunes filles bien formées dépassent souvent 1 000 piastres sur le marché du Zoma.

Que de fois pendant mon séjour à Madagascar j'ai vu des scènes véritablement atroces, que cause cet esclavage si répandu à Madagascar. C'est ainsi que les Antimerina possédant dans beaucoup d'endroits à Madagascar des postes militaires, ont besoin pour ceux d'entre eux qui vont y résider, fonctionnaires civils ou militaires, de se faire suivre d'un nombre d'esclaves plus ou moins grand. Un Antimerina par exemple avait été nommé gouverneur d'Andakabe, il partit pour ce poste éloigné de la côte Ouest avec quelques-uns de ces esclaves adultes qui devaient porter ses bagages, mais comme cet officier savait qu'il resterait de longues années à Andakabe, il avait acheté au marché de jeunes esclaves garçons et filles pour l'accompagner dans sa nouvelle résidence; il les prenait jeunes, me disait-il, pour pouvoir les habituer plus facilement à son service. Il avait aussi des jeunes filles pour faire des enfants qu'il vendrait aux négriers africains avec un grand bénéfice; le jour du départ de cet officier, les mères de ces jeunes enfants lui firent un cortège de pleureuses jusqu'à sa sortie de Tananarive. Ces esclaves d'origine malgache, en si grand nombre dans la province des Antimerina, ont tous une origine analogue : ce sont des Betsileo, des Betsimisaraka, des Sakalava, des Antanosy, ramenés par les armées antimerina, lorsque, sous des règnes précédents, elles ont soumis quelques provinces. Ces esclaves se sont mélangés, le type originel est perdu depuis longtemps, ils se distinguent seulement de leurs maîtres antimerina par des caractères africains plus accusés.

Voilà pour les esclaves d'origine malgache; pour les esclaves d'origine africaine, la question est beaucoup plus embrouillée. Pour la présenter convenablement, il me faudrait entamer un chapitre spécial, il me faudrait parler de ces boutres négriers qui, partant tous d'un point commun qui est Zanzibar, viennent sur les côtes malgaches prendre des bœufs vivants, en charger leurs boutres qu'ils conduisent ensuite sur la côte voisine d'Afrique; là, ces négriers arabes échangent leur cargaison de bœufs contre une cargaison de chair humaine. Ces esclaves africains conduits à Madagascar sont vite achetés par des négociants arabes ou indiens qui les revendent avec un bénéfice énorme aux Malgaches. Ce commerce est absolument officiel, il est même très répandu. Il est triste de dire, et cependant c'est la vérité, que quelques Européens s'y adonnent sur la côte de Madagascar. Cependant ce trafic maritime est nominalement interdit. Des croiseurs français, anglais et allemands sillonnent le canal de Moçambique et les environs de Zanzibar pour y mettre un terme. Les Français et les Allemands font à ces négriers une chasse loyale et correcte, franche et désintéressée. Les Anglais, eux, agissent d'une façon toute particulière : un croiseur anglais vient-il à s'emparer d'un boutre chargé d'esclaves, qu'il conduit le navire au consulat le plus voisin dont le bateau arborait le pavillon, puis il embarque la noire marchandise qu'il se garde bien de ramener à son point de départ en lui rendant la liberté. Nos voisins, toujours pratiques, conduisent ces esclaves dans une de leurs colonies, où ils les font entrer comme engagés pour une longue période d'années; inutile d'ajouter que l'état-major du bâtiment capteur touche par tête d'engagé forcé une prime payée par la colonie. J'en aurais encore long à dire sur cette répression de la traite par les puissances européennes le long de la côte orientale d'Afrique, mais je ne veux pas sortir de mon sujet. J'y rentre donc en constatant avec peine qu'à Madagascar, pendant que d'un côté la France dépense son argent et emploie une partie de sa marine pour diminuer la traite des nègres et combattre l'esclavage, d'un autre côté dans la grande île africaine elle dépense encore plus d'argent et emploie ses fonctionnaires à protéger sinon l'esclavage chez les Malgaches en général et les Antimerina en particulier, du moins, ceux qui l'admettent.

FEMME ANTIMERINA.

Quoi qu'il en soit du résultat de l'expédition que la France paraît devoir entreprendre à Madagascar, il faut espérer au moins que dans le traité imposé par nous aux Antimerina on supprimera radicalement cet esclavage que nous n'avons pas craint de supprimer brutalement dans toutes nos autres colonies. Cette suppression que nous avons faite chez nous au nom du progrès universel de l'humanité, mais contre nos intérêts, hésiterons-nous à la faire à Madagascar au détriment des Antimerina seuls ?

Ne pas supprimer l'esclavage à Madagascar et protéger entre toutes les tribus malgaches celle qui justement l'admet le plus et le pratique le mieux, ce serait véritablement renier notre passé civilisateur et humanitaire.

Et pourquoi, je me le demande, ne supprimerait-on pas l'esclavage à Madagascar? Quelques enfants sakalava iraient retrouver leurs parents, il est vrai; quelques propriétaires antimerina perdraient de l'argent, c'est encore exact, mais ces considérations suffisent-elles pour obliger la France à renoncer à des idées libérales qu'elle n'a cessé d'avoir et de montrer au monde entier.

Il est vrai que presque tout ce qui se passe à Madagascar est incompréhensible pour moi, je l'avoue sans détour. Cette grande île africaine est habitée par des tribus différentes. Les unes sont hostiles aux Français, les autres ont pour eux, sinon de la sympathie, du moins de l'indifférence; parmi ces tribus, il en est qui ont demandé notre appui, notre protection, qui nous ont appelé en un mot, nous offrant leur territoire; il en est d'autres, au contraire, qui nous ont combattus, qui nous combattront encore, qui nous détestent cordialement. On reconnaît, n'est-ce pas, les Antimerina? Et c'est justement ces Antimerina que l'on veut faire plus grands qu'ils ne le sont, que l'on veut protéger au détriment des autres tribus. Nous négligeons nos amis, ou tout au moins des neutres, pour ne servir que nos ennemis. Si cela se réalise, si de nouveau un protectorat français est établi à Madagascar au profit des Antimerina, je comprendrai encore moins l'action de la France à Madagascar. Il me faudrait pour l'expliquer invoquer des raisons, des intérêts particuliers, invraisemblables peut-être, que j'ignore complètement et que je me refuse, tout à fait même, de chercher.

UN JEUNE ANTIMERINA.

OBSERVATOIRE D'AMBOHIDEMPONA.

CHAPITRE VI

Retour à Tananarive. — Commencement de la saison sèche. — Retour de Foucart et de Maistre. — Collège et observatoire d'Ambohipo. — Ambohiboka ou village des lépreux. — La lèpre à Madagascar. — Fête du 14 juillet 1889. — Les réjouissances populaires. — Préparatifs de voyage. — La route de Radama. — Départ de Tananarive. — Ambatomena et ses tombeaux. — Un *tsikafara*. — Chez les Bezanozano. — A Didy. — Un campement dans la forêt. — Les *Dimatika*. — Aperçu général de la vallée du Mangoro et de ses prolongements. — Dans les défrichements. — Culture du riz chez les Betanimena. — Descente de l'Ivondrona en pirogues. — Arrivée à Tamatave.

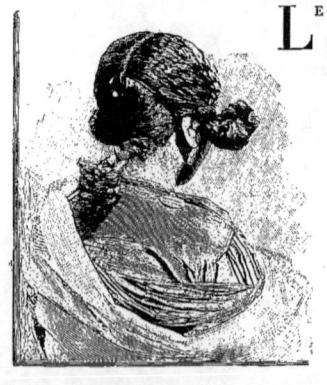

COIFFURE BEZANOZANO.

L E 11 juin 1889, nous rentrions pour la seconde fois dans la capitale des Antimerina, et le même jour, la demeure hospitalière de Rainimananabe nous rouvrait ses portes.

La température des hauts plateaux est particulièrement agréable à cette époque de l'année. Avec le mois d'avril a commencé la saison sèche, la bonne saison dans la presque totalité de l'île, la saison où les nuits sont fraîches, où, sur le massif central et principalement sur les hauts sommets, les matinées sont souvent brumeuses. Malheureusement cette froidure n'est que relative, elle est absolument impuissante à détruire les miasmes qui, dans les trois ou quatre mois de pluies continuelles qui précèdent, ont pullulé dans les marais et les fondrières, dans les nombreux petits lacs formés pour un temps par ces averses diluviennes, dans toutes les rizières débordées; aussi, à la fin de la saison des pluies, lorsque tous ces principes délétères sont recouverts par une épaisse nappe d'eau, se produit-il une sorte d'apaisement dans les ravages de la *malaria*; mais bientôt avec la sécheresse ces amas d'eau disparaissent et les boues et les vases, mises à découvert avant une dessiccation complète, deviennent des générateurs féconds du miasme paludéen; de cette façon, contrairement à ce qu'on pourrait prévoir, avec le retour des beaux jours et avec un abaissement notable de la température, apparaît toujours une recrudescence sérieuse de la fièvre paludéenne.

C'est à cette cause que je devais imputer les nombreux malades que j'avais comptés parmi mes porteurs à mon arrivée à Tananarive, et, chose plus grave encore, les mauvaises nouvelles que je venais de recevoir de notre ami Foucart. Il avait pleinement réussi dans sa difficile exploration de la vallée méridionale du Mangoro et avait atteint, en suivant le cours de ce fleuve, le village de Moramanga, où, exténué par la fatigue et brisé par de continuels accès de fièvre, il attendait quelque temps pour se remettre en route. Je lui écrivis de ne pas prolonger son séjour sur ces rives malsaines et de venir à Tananarive se reposer quelque peu. Vers la fin de juin, il était de retour parmi nous, mais la *malaria*, trop fidèle compagne, l'avait toujours suivi, ne lui laissant ni trêve ni repos. Maistre était aussi de retour de son expédition aventureuse du versant ouest de l'île, du pays sakalava avoisinant le village d'Ankavandra. Le 1er juillet 1889, nous étions tous réunis à Tananarive, où je résolus de demeurer encore un mois ou deux, tant pour étudier à nouveau les Antimerina dans leur capitale que, surtout, pour permettre à mes compagnons et à moi-même de recouvrer par un repos bien mérité les forces et la santé.

Il existe à l'est-sud-est de Tananarive, à une distance de deux milles environ, une colline élevée, montagne véritable, désignée sous le nom d'Ambohipo. C'est près de cette haute colline que les Pères Jésuites ont un établissement scolaire important, petite école normale où des professeurs dévoués et savants forment avec patience les futurs maîtres d'école ou assistants qui aideront les Pères de la province dans leur mission civilisatrice.

Le collège d'Ambohipo est vaste, il est bien situé, au centre d'une grande propriété, dernière parcelle d'une concession considérable que les Pères avaient obtenue, dans ce lieu, du roi Radama II. Au nord du collège, sur une élévation voisine désignée plus particulièrement sous le nom d'Ambohidempona, s'élève l'observatoire de Tananarive.

Dans ma première visite à l'observatoire d'Ambohidempona, le directeur, le R. P. Collin, habitait une hutte misérable en planches mal assemblées; là cependant il avait réuni un grand nombre d'instruments dont il se servait avec habileté, malgré une installation des plus défectueuses; il partageait son temps entre ses observations météorologiques et la surveillance incessante qu'il lui fallait accorder à la construction de son observatoire. Aussi celui-ci fut-il bientôt terminé, et il constitue aujourd'hui l'un des bâtiments modernes les plus curieux de Tananarive.

A l'extérieur, l'observatoire affecte la forme d'un T à branches inégales, la branche horizontale orientée nord et sud étant de beaucoup la plus grande; la petite branche qui regarde l'Est est terminée à son extrémité orientale par une coupole qui abrite une lunette astronomique. Ce monument, en briques et granite, est d'un aspect agréable; soigneusement construit, il fait honneur à l'architecte et surtout au directeur des travaux qui par un labeur incessant a su triompher de mille difficultés. Véritable contraste des plus piquants, cet établissement scientifique, représentation ultime d'une civilisation avancée, semble une amère dérision au milieu de ce peuple primitif.

Le R. P. Collin, homme aussi savant et distingué qu'aimable et bienveillant, nous fit très gracieusement les honneurs de son observatoire. Sans entrer dans des détails fastidieux sur l'aménagement intérieur de l'observatoire, je me contenterai de laisser au R. P. Collin lui-même la parole et je vais transcrire fidèlement l'énumération complète que me fit de ses instruments le savant astronome. Cette énumération édifiera amplement le lecteur et lui montrera, sans qu'il soit besoin d'ajouter d'autres détails, que l'observatoire de Tananarive est digne de figurer par son matériel et surtout par le personnel qui le dirige si habilement parmi nos plus importants établissements scientifiques d'outre-mer.

Baromètre. — Depuis le mois de janvier 1889, le baromètre dont on se servait était un Fortin construit par Poggi, de Florence, et étalonné à l'observatoire Ximénien de cette ville. En juin 1890, nous reçûmes du Bureau central météorologique de France deux baromètres à mercure Tonnelot, à large cuvette et compensés, n°s 407 et 408; l'erreur instrumentale de ce dernier étant presque nulle, nous l'avons choisi de préférence à tout autre. Une série de 70 observations simultanées nous a fourni l'erreur du Fortin-Poggi et de tous les autres baromètres à mercure, en usage dans les divers postes de l'intérieur de l'île. Dans toutes les réductions à 0° opérées avec les Tables publiées par le Bureau central, nous avons ajouté l'erreur instrumentale.

Barographe anéroïde Richard. — Cet instrument nous a donné d'assez bons résultats. Toutes les observations barométriques à lecture directe, faites d'ordinaire cinq fois par jour, après avoir été réduites et corrigées, sont comparées avec les lectures directes du diagramme, aux mêmes heures. La différence n'est pas toujours constante. On a donc pris comme terme de correction la moyenne de l'erreur diurne, qui a été ajoutée ou retranchée, suivant que la lecture du diagramme comparée avec le baromètre Tonnelot 408 était ou trop faible ou trop forte.

Psychromètre. — Le psychromètre employé est celui d'August, construit par Tonnelot. Les Tables qui ont servi à déterminer la tension en millimètres corrigée des variations de la pesanteur, ainsi que l'humidité relative, sont celles de M. Renou.

Psychrographe Richard. — Le psychrographe Richard se trouve à côté du psychromètre, sous l'abri. Les lectures des diagrammes ont été corrigées par les lectures directes, comme il a été expliqué plus haut pour le barographe.

Évaporomètre Piche. — L'évaporomètre Piche est placé sous l'abri, à côté des thermomètres maxima et minima.

Abri. — L'abri se compose, d'après les conseils que nous suggéra M. Renou, secrétaire du Bureau central, de 4 madriers enfoncés en terre, et s'élevant à 1 m. 80 au-dessus du sol; sur ces madriers repose un toit formé d'une couche compacte de *Cyperus latifolius* de 25 centimètres d'épaisseur. Les bords du toit sont plus bas que l'horizon; l'arête est orientée suivant le méridien; il est donc impossible que les rayons du soleil qui, deux fois par an, passent à notre zénith, puissent pénétrer dans l'intérieur. Tout alentour le sol est gazonné. De plus, les instruments sont enfermés à clef dans un cadre entouré d'un treillis métallique, à l'abri des voleurs et des curieux.

Pluviomètre. — Le pluviomètre dont nous avons fait usage jusqu'au mois de septembre, était un décupleur placé au sud, loin des bâtiments, et exposé aux brises fréquentes de l'Est. L'expérience nous a prouvé que cet instrument n'était pas sans défaut; les faibles quantités de pluie, ou même les rosées abondantes des climats tropicaux mouillaient simplement les parois supérieures du cylindre, sans que la partie inférieure ne reçût la moindre goutte de liquide. Ce défaut d'humectation des parois est entièrement supprimé dans le pluviomètre du modèle de l'Association scientifique; l'eau s'écoule directement de l'entonnoir dans le vase. Nous avons donc établi au sud-ouest, à une certaine distance de l'observatoire, ce dernier pluviomètre qui donne de bien meilleurs résultats.

Les pluviomètres placés au nord, au sud et à l'ouest de la ville, sont du même modèle; celui de l'observatoire est indiqué par la lettre E. Ces quatre instruments sont placés sur un quadrilatère qui embrasse la plus grande partie de Tananarive. De l'observatoire aux pluviomètres nord et sud, la distance est d'environ 2 kilomètres; la station de l'ouest est éloignée de 2 500 mètres de notre pluviomètre.

Les observations pluviométriques du nord sont extraites de l'ANTANANARIVO MAGASINE, 1890.

Évaporomètre à air libre. — Suivant les indications que voulut bien nous donner à ce sujet M. Antoine d'Abbadie, membre de l'Institut, nous avons fait construire une grande cuve en zinc de 1 mètre carré de surface sur 60 centimètres de profondeur, enfermée dans une caisse de bois; les bords sont taillés en biseau comme les bagues des entonnoirs des pluviomètres; sur l'un des côtés de la cuve, se trouvent au bas deux tuyaux coudés, dont l'un est surmonté d'un tube de verre gradué en centimètres cubes avec dixièmes, à intervalles assez distants pour pouvoir apprécier à vue d'œil le centième; à l'autre coude est fixé un thermomètre qui indique la température de l'eau. Sur une autre paroi est soudé un siphon intermittent qui communique avec le liquide; ce siphon a pour but de vider automatiquement une certaine quantité d'eau, dans le cas de pluie torrentielle. Enfin, sur un troisième côté, est placé en contre-bas un robinet destiné à laisser écouler l'eau du bassin, lorsqu'on veut le nettoyer. L'appareil est élevé de 1 m. 60 au-dessus du sol et repose sur un pilier en maçonnerie. L'on comprend déjà que cet instrument sert à la fois et d'évaporomètre et de pluviomètre. Tous les jours, au moment des cinq observations, on lit directement la hauteur du niveau du liquide dans le tube gradué; cette lecture notée servira de point de repère pour l'observation suivante. La différence exprimera la quantité d'eau évaporée s'il y a diminution de liquide, ou de pluie tombée s'il y a augmentation. Ces différences sont ensuite transformées en millimètres de hauteur de liquide évaporé ou de pluie, au moyen de Tables calculées pour l'instrument. Dans les colonnes des observations de cet appareil, les chiffres en caractères gras indiquent la hauteur de pluie, les chiffres ordinaires la hauteur d'eau évaporée.

Un des inconvénients de l'instrument consiste en ce qu'il n'indique pas d'une manière exacte la hauteur de pluie; car, dès qu'elle cesse de tomber, l'évaporation recommence si l'air n'est pas trop saturé d'humidité; dès lors, les chiffres relevés au moment de l'observation sont parfois inférieurs à la quantité d'eau accusée par le pluviomètre décupleur qui se trouve à côté. Ce défaut disparaîtrait en grande partie si l'instrument était rendu enregistreur; nous avons essayé ce procédé, en transformant l'évaporomètre en appareil de Haldat; la colonne d'eau de la cuve fait équilibre à une colonne de mercure dont la partie libre reçoit un flotteur qui communique au moyen d'un levier les variations du niveau à un long style, lequel les amplifie en même temps qu'il écrit sur un diagramme d'enregistreur Richard les données de l'évaporation et de la pluie. Le flotteur, étant en plomb, nous a donné jusqu'ici des résultats peu satisfaisants; nous reviendrons sur cette étude. Il est facile d'atténuer les effets du vent qui agite la surface de l'eau, en étranglant les extrémités des tubes conducteurs du liquide. Nous n'avons guère à redouter que les oiseaux viennent s'abreuver à la cuve, à cause de l'absence d'arbres sur notre montagne.

Actinomètre. — Deux thermomètres conjugués dans le vide, l'un à cuvette nue, l'autre à cuvette noire, sont placés sur la balustrade de la terrasse, orientée suivant le méridien.

La mesure des constantes de l'instrument étant assez problématique, nous nous contentons de donner les résultats de la lecture directe.

Actinographe Violle. — L'instrument sort de la maison Richard; les deux boules de l'appareil qui servent à la radiation et à l'absorption du calorique solaire, sont l'une en cuivre doré, l'autre peinte en couleur noire. L'appareil constamment exposé au soleil est placé aussi sur la balustrade de la terrasse. Les diagrammes sont corrigés par les lectures de l'actinomètre.

Héliographe Campbell. — L'héliographe brûleur Campbell indique le nombre d'heures et de minutes pendant lesquelles le soleil a brillé sur l'horizon durant la journée. Il est aussi placé sur la balustrade et est constamment exposé au soleil dont les rayons, passant à travers une boule de verre, déterminent la combustion d'un papier-carton placé au foyer de cette lentille. Cet instrument ne donne pas des résultats très satisfaisants. Les rayons du soleil levant et couchant ne sont pas assez puissants pour carboniser le papier; l'expérience nous a prouvé que l'appareil fonctionne seulement, lorsque le soleil se trouve à 6° environ au-dessus de l'horizon.

Héliographe Jordan. — L'héliographe photographique Jordan est placé à côté de l'instrument précédent; il enregistre d'ordinaire beaucoup plus de clarté solaire.

Néphoscope. — Le néphoscope sert à déterminer la direction des nuages; il se trouve aussi sur la balustrade.

Anémomètre Robinson. — L'anémomètre Robinson à coupes hémisphériques sort des ateliers de M. Alvergniat; dès le début, nous avions installé des fils électriques qui aboutissaient à un compteur placé dans une des chambres de l'observatoire; les orages fréquents, et la visite inopportune de la foudre qui a suivi ces fils conducteurs, nous ont fait abandonner ce procédé par mesure de prudence; cinq fois par jour, on lit avec une lunette le cadran du compteur directement actionné par le moulinet; ces quantités transformées en mètres donnent la vitesse du vent, d'une observation à l'autre. Jusqu'ici, même par des vents assez forts, le cadran des millions de tour n'a opéré une révolution complète que

VILLAGE D'AMBOHIBOKA. (GRAVURE DE DEVOS, D'APRÈS UNE PHOTOGRAPHIE.)

très rarement, durant la nuit; du reste, il est facile de déduire cette donnée d'après la force elle-même du vent.

Géothermomètres. — Un thermomètre coudé à 45° a été enfoncé en terre afin de connaître à 30 centimètres de profondeur la chaleur du sol et la propagation du calorique à travers ce milieu. L'instrument est placé à l'ombre d'un petit arbuste; la couche terrestre végétale est assez légère, le sol est surtout argileux. Au mois de mars, un deuxième thermomètre fut installé à 50 centimètres dans le sol; il est renfermé dans un bambou, la cuvette entourée de coton; pour faire la lecture, on tire le bambou de son trou, on lit rapidement à travers une rainure pratiquée dans le support lui-même, et on remet l'instrument en place. En juin, un troisième thermomètre fut enfermé dans un bambou et descendu à la profondeur de 1 mètre.

Il est assez facile de vérifier le zéro de ces instruments en suspendant à côté de l'un de ces thermomètres un étalon dont on a auparavant entouré la cuvette de coton, et en lisant rapidement les deux appareils.

Température du lac d'Ambohipo. — Deux fois par jour, à sept heures du matin et à six heures du soir, un thermomètre est plongé dans les eaux du lac d'Ambohipo situé à 2 kilomètres au sud-est de l'observatoire, afin de connaître la température de l'eau. La cuvette étant pendant quelques minutes immergée dans l'eau, à 10 centimètres de profondeur, on fait directement la lecture de la température.

Ambohidempona était souvent pour nous un but de promenade agréable et utile; cela nous permettait de ramener à un point de départ unique nos observations prises un peu partout dans l'Imerina, et c'était un vrai profit pour nous que les longues causeries intéressantes et instructives que nous avions toujours avec l'obligeant directeur.

UN LÉPREUX D'AMBOHIBOKA.

Un autre point des environs de Tananarive avait aussi nos visites fréquentes, c'était Ambohiboka, petit village construit par les Missions françaises pour abriter les lépreux chassés et parqués dans ces huttes misérables par une coutume cruelle sans doute, mais, à coup sûr, indispensable.

La lèpre fait de nombreux ravages à Madagascar, surtout sur le massif central et sur le versant oriental. Les populations de l'Ouest sont presque indemnes de cette hideuse maladie, en revanche elles ont l'éléphantiasis des Arabes, infirmité inconnue à ma connaissance chez les Antimerina et les Betsimisaraka. Les lépreux malgaches ne sont soumis à aucun traitement; on se contente de prendre envers eux des mesures d'isolement assez étroites, mais la contagiosité de la maladie et sans doute aussi l'hérédité font que la lèpre n'est pas près de s'éteindre dans la grande île; encore faudrait-il invoquer, pour expliquer sa fréquence chez ce peuple, la saleté repoussante, les mauvaises conditions hygiéniques, et surtout la misère physiologique dans laquelle sont plongés tous les individus atteints.

A Madagascar, la lèpre est aussi fréquente dans l'intérieur qu'elle est rare sur les côtes; malheureusement pour la facilité de la contagion on met souvent sur le compte de diverses maladies cutanées ou spécifiques, plus fréquentes encore, des lésions qui lui sont exclusivement imputables et qui contribuent dans une large mesure à l'extension du fléau.

Cependant nous arrivons à la date du 14 juillet, et chez tous les *vazaha* et particulièrement dans notre voisinage à la Résidence générale on poussait activement les préparatifs de la célébration du centenaire de 1889 et de notre grande fête nationale.

Les Malgaches, oisifs par habitude, célèbrent avec joie toutes les fêtes des étrangers qui viennent s'établir dans l'île; c'est leur paresse innée et non une idée plus élevée qui leur fait, selon la coutume anglaise, observer strictement le repos du dimanche.

Enfin le grand jour arriva, les cris et les danses vinrent nous avertir dès la première heure que les réjouissances populaires battaient leur plein et que tout le peuple était en liesse. Le grand centre de la fête était à la Résidence générale. Dans la cour de la caserne, nos soldats d'infanterie de marine avaient établi, au grand amusement des Malgaches, des jeux variés auxquels tout le monde prenait part avec une fraternité vraiment touchante : des *borizana* essayaient inutilement d'arriver au sommet de nombreux mâts de cocagne où des cadeaux brillants accrochés à la cime tentaient leur convoitise; des *voninahitra* de grades élevés leur succédaient, mais sans plus de succès; leurs pénibles efforts excitaient les lazzis d'une foule compacte, pressée en rangs serrés autour des concurrents, et qui remplissait la cour de cris et de gaîté, en même temps que les *lambas* de fêtes sortis pour la circonstance jetaient sur le tout des tons clairs et bariolés du plus réjouissant aspect.

Aux terrains supérieurs, un calme plus digne était observé; cependant les drapeaux déployés de la France et des Antimerina mêlaient leurs couleurs éclatantes sous la vive clarté d'un soleil tropical. Dans la soirée, la gaîté devint encore plus expansive.

Quoi qu'il en soit des divertissements variés que nous offrait la capitale, il fallait songer bientôt à reprendre dans quelque pays nouveau pour nous le cours de nos explorations. L'état de santé de Foucart n'était pas sans me causer de grandes inquiétudes. Sans être dangereusement malade, notre ami, toujours rongé par la fièvre, qui ne l'avait pas quitté depuis son retour de Moramanga, n'était plus en état de continuer le voyage, et je dus prendre, avec beaucoup de peine, la résolution de le laisser à Tananarive aux bons soins de M. le Résident général et du docteur Baissade, médecin de la marine, pendant que je continuerais mon voyage avec Maistre, dont l'état de santé était encore des plus satisfaisants.

Il nous restait trois ou quatre mois de la belle saison, croyions-nous, et c'était le temps que nous voulions employer pour visiter le nord de l'île et pousser, si possible, vers l'ouest, pour revenir ensuite à Tananarive pour la mauvaise saison des pluies.

J'ai déjà exposé, dans les premiers chapitres de ce récit, combien la route de la capitale au grand port de l'est présente de difficultés, combien elle est pénible, je dirai presque impraticable. Or j'avais entendu raconter une légende qui mentionnait un chemin direct et sûr pour se rendre de Tananarive à Tamatave; il avait été employé, paraît-il, par Radama Ier lorsqu'il conduisit, en 1820, ses troupes victorieuses dans le pays des Betsimisaraka. Il n'était nullement question, dans ce récit populaire, de la route suivie, non plus que des villages traversés; mais la voie était bonne et directe, assurait la légende.

En explorateur consciencieux, il nous restait à vérifier l'exactitude de ce dire. J'étais d'autant plus désireux de le faire que j'en doutais davantage; l'expérience de notre première route d'Analamazaotra m'avait rendu singulièrement sceptique sur la bonté et la commodité de ce qu'il est convenu d'appeler des routes à Madagascar; d'un autre côté, le système orographique du versant oriental de Madagascar et la constitution géologique des terrains venaient encore augmenter ma défiance.

Quoi qu'il en soit, le samedi 3 août, Maistre et moi, nous quittions Tananarive, nous dirigeant vers l'est à la recherche de la fameuse route de Radama, ne possédant sur elle que des renseignements bien vagues. Mais nous comptions sur le hasard et sur notre bonne étoile; nous ne devions pas être déçus.

Nos paquets sont déjà préparés depuis plusieurs jours et nos hommes porteurs de *filanjana* sont avertis. Le recrutement a d'ailleurs été plus facile, nos connaissances antérieures nous viennent en aide largement, et, avec notre petit convoi au complet, nous sortons de bonne heure de Tananarive, toujours précédés de notre fidèle Jean Boto. Nous avons fait nos adieux à notre ami Foucart, que la fièvre retient bien malgré lui et oblige à ne pas nous accompagner. Il devait bientôt rentrer en France;

LE 14 JUILLET A TANANARIVE. (GRAVURE DE PRIVAT, D'APRÈS UNE PHOTOGRAPHIE.)

TOMBEAUX ANTIMERINA A AMBATOMENA.

l'état de sa santé ne lui permettait plus, du moins pendant un temps assez long, de nous suivre dans nos excursions à travers ce pays malgache qu'il ne quittait qu'à regret. A notre arrivée à Tamatave le mois suivant, nous apprenions son départ.

En quittant Tananarive, nous suivons un chemin que j'ai déjà pris deux fois pour aller à l'hôpital des lépreux, des *boka*, comme on les appelle dans le pays. Nous passons ensuite à Soamanandriana. Près de ce village se trouve la fontaine de la Reine, où l'on va puiser l'eau lustrale pour la fête du Bain, le *Fandroana*. Cette fontaine avait été captée autrefois par les soins de M. Laborde. Les eaux, amenées par des conduites, alimentaient les parties hautes de la ville; malheureusement les Antimerina en ont négligé l'entretien, et maintenant on ne trouve plus que quelques rares vestiges de ce premier essai de travaux publics dans la province.

Nous nous arrêtons au milieu du jour à Andranosoa, où nous constatons avec peine l'absence de Jean; il nous rejoint cependant avec quelque retard; il a suivi, après avoir dépassé Soamanandriana, le chemin des *boka*, au lieu de prendre à droite par le marché d'Alatsinaina. En continuant notre marche, nous arrivons dans la soirée à Ambatomena.

Ambatomena est un village d'une cinquantaine de maisons en terre, environnées de quelques paillotes en torchis; elles sont toutes situées sur le sommet d'une petite éminence. Nous descendons dans la maison du chef du village, Daniel Rakoto; près de sa case s'élèvent deux beaux spécimens de tombeaux antimerina. Notre hôte est un Antimerina fort intelligent, il parle couramment le français et l'anglais; il est demeuré un an à Maurice, a visité la Réunion, il a même été en Angleterre et a gardé un souvenir très précis du port de Liverpool. Il vient de commander sur la côte ouest à Andakabe. Nous avons avec lui une conversation des plus intéressantes. Nous lui exposons nos projets et nous lui disons, bien entendu, que nous voulons à tout prix retrouver la route de Radama. Nous nous lions d'amitié; comme toujours à Madagascar, quelques cadeaux la cimentent, et comme conclusion, Daniel nous donne un guide pour nous conduire.

Dans l'étape du lendemain, nous traversons à gué le Mananara, affluent de droite du Betsiboka. Nous sommes encore ici sur le versant ouest de l'île, mais vers dix heures nous gravissons les flancs du Sompatra et nous passons à 200 mètres environ de son sommet arrondi. Il tombe une pluie fine, un gros brouillard froid et humide nous enveloppe, mais nous descendons bientôt des rampes glissantes et nous voici maintenant dans le bassin du Mangoro. Nous venons de franchir, au Sompatra, la ligne de partage des eaux, et de passer sur le versant oriental de l'île. Au delà du hameau de Fenoarivo, à l'ouest d'Ambohidratrimo, la configuration du pays est très mouvementée; ce sont de gros mamelons aux pentes rapides; de profondes vallées les entourent de toutes parts, et devant nous à 2 kilomètres environ, se déroule sinueux le rideau sombre de la forêt. C'est la deuxième zone forestière, la plus petite, celle que nous avons traversée à Ankeramadinika en venant de Tamatave par le chemin ordinaire.

Le lundi 5 août, après avoir passé l'Antaranambo, petite rivière, affluent de droite du Mangoro, nous nous engageons, comme la veille, dans un pays composé d'une série indéfinie de petits mamelons séparés par de profondes vallées, mais nous éprouvons plus de difficultés dans notre route vers le nord-est, car le fond de toutes ces vallées est formé de boue noire et infecte où nous enfonçons jusqu'à mi-corps. Il nous faut faire des prodiges de force et d'adresse pour nous tirer de ces mauvais pas. Vers midi, après avoir traversé quelques dizaines de ces tourbières, nous arrivons dans un piteux état à Vodivato, petit village adossé à l'ouest de la première zone forestière. Le 6 août, en deux heures d'une marche des plus accidentées, nous traversons le bois et entrons cette fois dans la grande vallée du Mangoro, au village de Manakana.

Dans le pays des Bezanozano, il n'y a pas de monuments mégalithiques; les pierres levées ne se rencontrent que sur les confins du plateau de l'Ankova, elles ne dépassent pas la rive gauche du Mangoro. Les indigènes ont ici peu de signes extérieurs de religiosité, moins qu'ailleurs peut-être. Ils possèdent, comme les Betsimisaraka et presque tous les peuples des côtes du reste, les pieux dressés et les crânes de bœufs. Ces pieux, qui portent le nom générique de *tsikafara*, sont des pièces de bois grossièrement équarries de 2 ou 3 mètres de hauteur et terminées par une ou deux pointes aiguës sur lesquelles, après avoir tué un bœuf, on vient planter son crâne encore sanglant. Ces pieux, plantés verticalement, dépassent rarement la hauteur que je viens d'indiquer, au contraire ils sont souvent beaucoup plus petits. Les crânes de bœufs ornés de leurs cornes sont tous tournés généralement vers l'orient, où, d'après la croyance des peuples de l'est, se trouvent toujours les ombres des ancêtres. Ces *tsikafara* sont élevés le plus souvent pour rappeler un vœu qui a été exaucé; ils servent encore à rappeler un événement mémorable; ou bien, quand ils sont érigés aux alentours d'un tombeau, ils rappellent la richesse du mort.

J'ai décrit rapidement la physionomie des Bezanozano; comme dans toutes les tribus de Madagascar, on ne voit que quelques individus purs de tout mélange; il y a beaucoup de métis, surtout du côté de l'est, par suite de la venue des Antimerina dans le pays; plusieurs de ces types avec leurs cheveux en « vadrouille », leur barbe inculte, me rappelaient jusqu'à un certain point les facies des Néo-Calédoniens et des Néo-Hébridais.

Nous traversons obliquement la vallée du Mangoro et le petit cours d'eau qui à cette hauteur constitue le fleuve, puis nous arrivons au village d'Ambohimanjaka. A l'est de ce village, situé sur le versant oriental de la vallée du Mangoro, nous trouvons un immense marais qui constitue les sources de la rivière Ivondrona.

De grands roseaux couvrent le marais, véritable lac pendant la saison des pluies, nappe boueuse pendant la saison sèche. Par places, l'eau plus profonde est cachée sous un tapis de verdure, émaillé des fleurs jaunes et blanches des nénuphars, au milieu desquelles viennent s'ébattre des milliers de canards et de sarcelles.

Dès notre entrée dans le marais, nous étions péniblement affectés par l'odeur qui se dégageait de la vase et de l'eau verdâtre dans lesquelles nous marchions; à ces senteurs se mêlait sans les améliorer l'odeur musquée de nombreux crocodiles. A mesure que nous avancions, l'eau devenait plus profonde, et bientôt il était impossible de continuer.

Cependant, des Bezanozano étaient venus à notre rencontre; ils consentent après de longs pourparlers à nous amener deux petites pirogues. C'était peu pour nos 50 porteurs et tout notre matériel; aussi

UN « TSIKAFARA ».

plusieurs voyages furent nécessaires. On allait lentement au milieu des roseaux; M. Maistre à l'avant-garde activait la marche de la flottille; pour ma part, je veillais à ce qu'aucun bagage ne fût abandonné.

Il nous fallut deux jours entiers pour effectuer cette traversée et arriver à Didy, misérable village bezanozano. Là nous sommes reçus par Raininosy, maître d'école antimerina, qui nous avait été recommandé par Daniel Rakoto, chef d'Ambatomena. Nous devenons vite bons amis.

Nous perdons, à Didy, la journée du 14 août, à faire nos préparatifs pour traverser la grande forêt.

J'ai dit que nous étions dans la saison sèche : or depuis notre départ de Tananarive la pluie, fidèle compagne, ne nous a pas quittés, une pluie fine et persistante qui tombe drue et serrée, véritable brouillard qui nous pénètre jusqu'aux os et nous transit de froid. Nous avons ressenti les premiers effets de ce météore aqueux bien avant le Sompatra, maintenant il ne nous quitte plus, nous traversons des nuages et nous sommes encore par 1 150 mètres d'altitude. Cette persistance, je devrais dire cette durée indéfinie de la saison des pluies sur le versant oriental de l'île s'explique aisément et reconnaît pour cause la grande forêt sur laquelle une atmosphère humide plane constamment. Tandis que sur les hauts plateaux presque partout dénudés et sur la région de la côte ouest il s'établit deux saisons bien tranchées : l'été, saison des pluies qui dure de novembre en avril au centre de l'île, de décembre en mars sur la côte ouest; l'hiver, saison sèche qui prend les autres mois de l'année. Sur la côte est, sur tout le littoral et en particulier dans la zone forestière, l'été empiète toujours sur l'hiver qui se trouve ainsi déplacé et amoindri;

NOTRE MAISON A DIDY.

dans la forêt il pleut presque toujours, les beaux jours sont rares, ils ne se rencontrent guère que pendant les mois d'août et de septembre.

Le village de Didy est formé de deux ou trois hameaux construits sur les gros mamelons qui limitent à l'est le marais; nous sommes dans le plus important. C'est là que notre ami Raininosy nous a fait préparer une grande case, demeure princière, qui nous fait oublier les misérables huttes des villages précédents. Malheureusement ce palais a un grave défaut avec lequel il faut compter. A l'inverse des autres cases de Didy qui sont édifiées en roseaux, en ravenala et en bambous, ce *lapa* est construit en torchis, sorte de construction composite, bois et terre, genre mixte adopté par beaucoup d'Antimerina, lorsque loin de leurs pays ils se bâtissent des maisons. Dans ces émigrations, il est vrai, ils adoptent presque toujours les usages et les coutumes des tribus dans lesquelles ils se trouvent, ils se les assimilent très vite, en se pliant eux-mêmes à ce nouveau genre de vie; mais ils subsistent néanmoins quelques-unes de leurs habitudes antérieures, quelques traces de leur industrie. Cette remarque est générale et s'applique à toute l'île. Dans le cas qui nous occupe, un détail en apparence bien minime nous fit faire cette observation. La case de l'Antimerina Raininosy était faite en torchis. Sur une sorte de carcasse en bois, charpente rudimentaire de facture bezanozano, Raininosy avait fait appliquer un enduit d'argile plastique qui lui rappelait par l'aspect extérieur qu'elle donnait à l'habitation les maisons de son pays d'origine. De plus, fidèle aux traditions, une bande de volatiles plus ou moins domestiques prenait ses ébats dans une de deux pièces de la case. Dans ce réduit, tous les genres d'oiseaux étaient représentés, mais les poules dominaient, comme il est de bonne règle dans toute basse-cour d'un homme civilisé. Or l'argile s'était fendillée en maints endroits et dans tous les interstices des murailles de la maison de Raininosy d'innombrables légions de poux de poules avaient pris naissance. Ces animalcules pullulaient, ils étaient envahissants, au grand désespoir de Maistre. Je dois avouer que moi non plus je n'échappais pas à leurs atteintes; mais enfin était-ce une accoutumance plus réelle ou une fatigue plus grande qui m'en faisait moins vivement ressentir les invasions, mes plaintes étaient moins vives et mes imprécations moins acerbes. Je demande pardon au lecteur d'entrer dans de si petits détails, mais il me faut bien parler de nos pires ennemis à Madagascar.

La question la plus importante pour notre voyage prochain, je veux parler de la traversée de la grande forêt, est de nous procurer un guide connaissant la fameuse route de Radama, qui, j'en ai bien peur, doit être, depuis le temps fort long où elle a été ouverte, transformée en un bien modeste sentier. Si nous ne trouvions pas de guide dans le village il nous serait absolument impossible de continuer. J'expose à Raininosy mes vives préoccupations en même temps que mon désir, et mon ami se met de suite à la recherche de l'homme nécessaire. Il me revient peu de temps après avec le vieil esclave que Daniel Rakoto nous a confié à Ambatomena pour nous amener jusqu'ici ; ce pauvre vieux, le *rangahy be*, comme l'appellent nos hommes, le Canaque, comme nous le désignons moins poliment Maistre et moi à cause de son faciès et de son habitus extérieur, souffre d'une cystite invétérée et n'a consenti qu'à grand'peine à accepter bénévolement ce supplément de besogne ; il m'a fallu lui promettre de le débarrasser de sa longue maladie et de lui donner par suite de bons *fanafody* : un peu de thé dans de l'eau, à prendre quelques gouttes tous les matins, lui feront grand bien dans un mois au plus. A cette époque nous serons depuis longtemps arrivés au bord de la mer et je dois avouer qu'alors je me soucierai fort peu de la santé de notre Canaque. Tout est bien convenu et la question du guide résolue à notre entière satisfaction, nous comptons bien partir demain 17 août et nous engager de bonne heure dans la forêt sur la route de Radama. Cet après-midi se passe à compléter nos vivres : je fais acheter par notre commandeur Rainivoavy une assez grande quantité de riz que j'ai pu me procurer fort heureusement dans ce pauvre village. Nos porteurs le pilent et le vannent. Le chef du village m'a bien assuré que j'avais tort de prendre ce supplément de bagages, qu'il savait pertinemment par son grand-père, ancien soldat de Radama, que cette route était superbe et que nous allions pouvoir la parcourir facilement ; il ajoutait d'ailleurs qu'il avait sacrifié une poule noire à notre intention et que, à l'inspection des entrailles, il avait jugé que nous ne mettrions pas plus de quatre journées de marche pour arriver à Fito à la lisière occidentale de la forêt. Mais nous avions suffisamment d'hommes pour porter les charges de riz dont

NOTRE AMI RAININOSY.

j'avais cru prudent de me munir, j'y avais même ajouté une charge de sel et une autre de viande de bœuf desséchée en lanières, sorte de conserve malgache, bien mauvaise d'ailleurs, mais d'une bonne conservation. Je remerciais néanmoins le chef du village de ses renseignements et de son sacrifice en lui faisant bien remarquer que je ne doutais pas un seul instant de ses affirmations, mais que si nous nous arrêtions en route pour une cause quelconque, il était prudent d'agir ainsi. Je n'ai d'ailleurs jamais ou presque jamais douté de la parole d'un Malgache ; je n'y ai jamais cru, c'est plus sûr et plus simple. Maistre et moi nous avions résolu de marcher à pied dans la forêt, nos seize porteurs de filacon allaient être ainsi disponibles et pourraient soulager un peu nos porteurs de bagages en même temps qu'ils porteraient les charges de vivres. Nous avions donc pour ce voyage présumé de quatre journées de marche six jours de vivres. Tous ces préparatifs terminés, je laissais aller Maistre faire le lever topographique du marais de Didy et de ses environs, pendant que moi-même je visitais soigneusement le village pour compléter dans une large mesure mes documents sur ces populations bezanozano. Entre autres choses curieuses, je pus assister à la toilette capillaire des élégantes de Didy ; j'ai parlé plus haut des caractères généraux des Bezanozano. Dans cette tribu, les femmes se coiffent le plus souvent comme les femmes betsimisaraka dont la tribu des Bezanozano dérive d'ailleurs. Cette coiffure, toujours assez compliquée, est constituée essentiellement par des tresses ou nattes en plus ou moins grand nombre, de 10 à 20 en moyenne; ces tresses sont serrées à leur origine, mais à leurs extrémités libres, les cheveux sont réunis très lâchement, puis la tresse est roulée sur elle-même, l'extrémité libre restant toujours en dehors de manière à former une sorte de crêpé plus ou moins volumineux. La surface du cuir chevelu est divisée pour former ces tresses en un certain nombre de quadrilatères plus ou moins réguliers divisés en deux séries d'égal nombre de chaque côté d'une raie médiane. On conçoit que pour édifier une pareille coiffure un temps considérable soit nécessaire, aussi les femmes de ces tribus de l'Est se font-elles coiffer fort peu souvent, une fois par lune environ, et l'on devine aisément, sans que j'insiste, les inconvénients d'un tel système, surtout quand chaque crêpé est recouvert, comme dans les tribus du Sud et de l'Ouest, et cela pour l'empêcher de se déformer, d'une couche de graisse de bœuf d'un centimètre d'épaisseur. Au bout d'une semaine de coiffure un odorat des moins exercés avertit de fort loin de l'approche des femmes ainsi parfumées.

Pour ces coiffures à crêpé, à boules cotonneuses, une aide est toujours nécessaire, ce sont de vieilles matrones expertes en cet art qui se chargent le plus volontiers de ce soin. On peut trouver à Madagascar, on voit même souvent des peignes en bois, en corne ou en métal, et le voyageur qui va de Tamatave à Tananarive s'aperçoit toujours que cet instrument de propreté fait partie du nécessaire de voyage de ses *borizana*; il remarque, en effet, que chacun de ses porteurs a dans la poche du dos de sa chemise de raphia, son peigne, sa cuillère et sa tabatière, et, piquée au fond de son chapeau, une épingle ou une aiguille. On pourrait en conclure prématurément que le peigne est pour le Malgache, homme ou femme, porteur le plus souvent d'une coiffure compliquée, un objet indispensable et nécessaire à leur usage. Il n'en est rien. Depuis des siècles, les Malgaches portent cette coiffure avec des variantes suivant la mode du jour, mais ils ne se servent jamais de peignes;

LE RANGAHY BE.

cet instrument ou tout au moins les modèles sont d'importation européenne, et depuis que les Antimerina hommes et leurs esclaves ont adopté la mode de se couper les cheveux courts, ils se servent des peignes de fabrication indigène; les femmes antimerina, grâce à leurs cheveux lisses et épais, ont pu suivre cette nouvelle mode. Mais, pour toutes les autres peuplades de l'île, hommes et femmes, c'est-à-dire pour l'immense majorité des Malgaches qui ont conservé la mode des chevelures longues aux coiffures compliquées, l'usage du peigne est inconnu, cela est facile à concevoir, car il est impraticable; un peigne, un démêloir à dents même très écartées ne pourrait jamais passer dans ces chevelures embrouillées; pour se nettoyer la tête, quand cela leur arrive, et ce qu'ils ne font que quand ils se recoiffent, les Malgaches se servent d'une longue épingle en os et en cuivre dont ils labourent avec force le cuir chevelu, ils posent la main droite sur la raie ainsi formée et écartant les cheveux par leur base avec le pouce et le médium, ils grattent énergiquement avec l'index la peau mise à nu dans le sillon ainsi formé, la main gauche de l'opérateur maintient les cheveux par leur extrémité; on ne s'étonne nullement de voir le contentement que dépeint le visage du patient soumis à ce grattage vigoureux. Le jeudi 13 août, nous sortons du village de Didy à sept heures. Précédé de notre Canaque, je marchais en avant pendant que Maistre poussant les retardataires formait l'arrière-garde. Nous suivons un sentier mal frayé dans des buissons épineux de *Cæsalpinia sappan*. Bientôt nous descendons et arrivons au bord d'un petit marécage, bourbier fangeux d'une vingtaine de mètres de large, qui nous sépare de la forêt dont le rideau vert se dresse devant nous. Dans le lointain, émergeant d'une brume épaisse, apparaissent les hauts sommets boisés des monts Ambohitrakoholahy. Ils nous indiquent la direction à suivre et nous devons les franchir pour arriver dans le bassin de l'Ivondrona dont nous suivrons ensuite le cours jusqu'à l'Océan. Derrière nous, à droite et à gauche du monticule de Didy, s'étend la vaste plaine

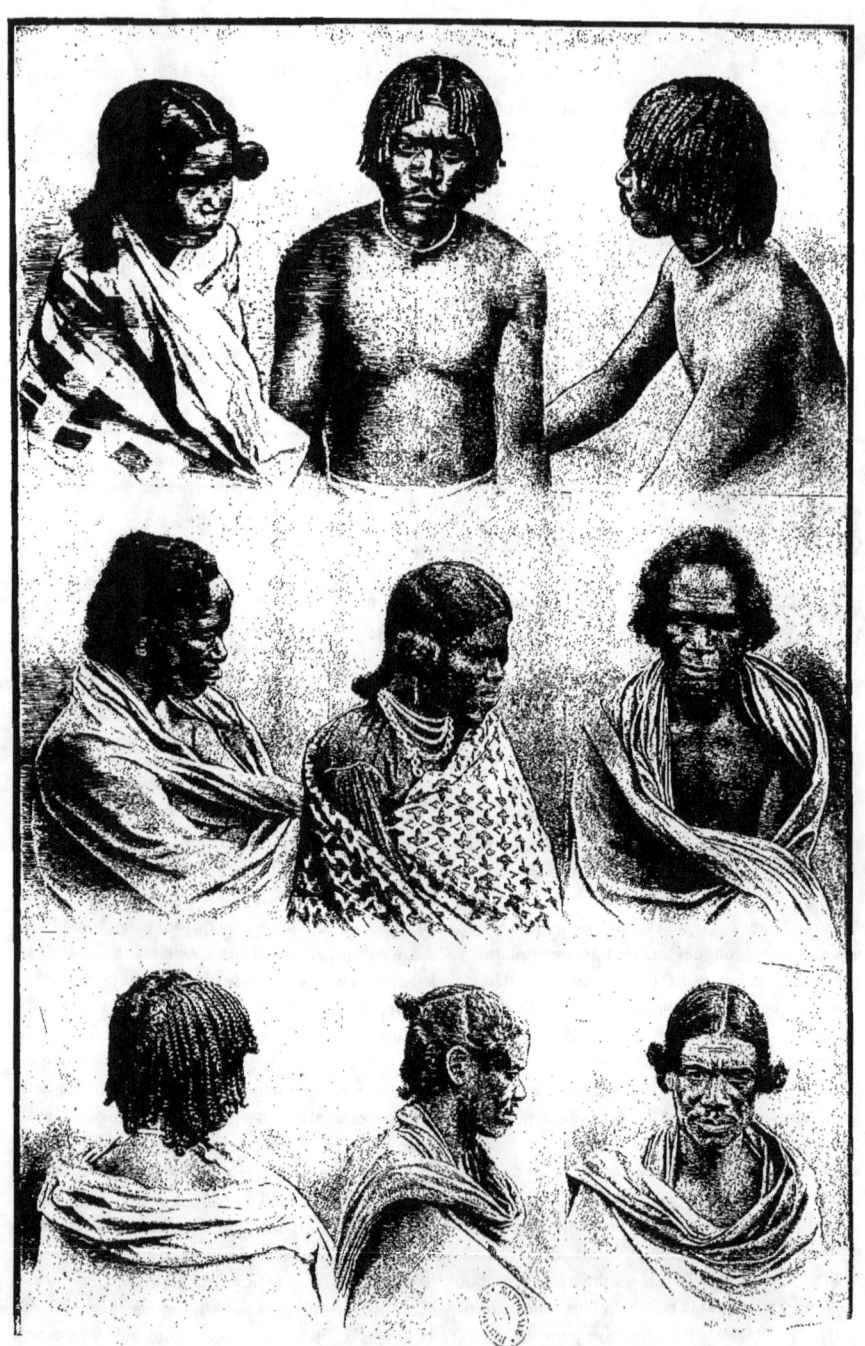

TYPES BEZANOZANO. (GRAVURE DE BERG, D'APRÈS DES PHOTOGRAPHIES.)

du Mangoro qui se relève bien loin dans l'est pour former la deuxième chaîne de montagnes que nous avons franchies il y a quelques jours au col du Sompatra. Je dis adieu à ces vastes horizons que nous allons être de longs jours sans revoir ; je connais les marches dans les forêts tropicales et je me défie beaucoup de la célèbre route de Radama. Cependant tout le convoi a franchi la fondrière ; nous en sortons teints en rouge ; nos vêtements mouillés sont agglutinés par cette argile visqueuse et fétide, mais ce n'est qu'un mauvais pas et nous espérons bien être plus favorisés pendant le reste de la journée ; il est vrai que nous resterons mouillés pendant toute cette étape, car la pluie est venue depuis l'aube comme les jours précédents, mais peu nous importe : même par un beau soleil, nous n'aurions pu parvenir à nous sécher sous les épaisses frondaisons de la forêt.

A l'est du marais, nous marchons encore quelques minutes dans les sappans épineux, puis la brousse cesse et les arbres commencent à surgir autour de nous ; mais, toujours pas de route, pas même un chemin malgache. Le Canaque s'arrête décontenancé, il me dit que depuis longtemps les buissons et les grandes herbes ont poussé et que cette végétation intempestive et surtout les grandes eaux de la saison des pluies ont détruit dans cet endroit les derniers vestiges de la route ; il ne sait plus la retrouver, il est perdu. Je ne veux pas, par de trop graves reproches faits à la faible mémoire de notre Canaque, le décourager dès le commencement du voyage, mais après avoir rassemblé mes hommes sur un terrain à peu près sec je renvoie notre mauvais guide à Didy en lui disant de revenir avec Raininosy, qui saura bien, je l'espère, nous tirer d'embarras. Le Canaque a toujours de la bonne volonté, il se replonge à nouveau dans la boue pour émerger à quelques pas plus loin, plus rouge que jamais ; nous le perdons bientôt de vue dans la brume. Après deux heures d'attente sous la pluie nous voyons enfin arriver Raininosy et le Canaque, ils sont accompagnés de deux Bezanozano à mine patibulaire, Raininosy nous présente ses compagnons ; ce sont deux voleurs de bœufs qui ont souvent fait le trajet de la côte à Didy en ramenant du bétail qu'ils allaient dérober aux Betsimisaraka de la côte ; ils veulent bien nous conduire jusqu'à Fito à la condition que Raininosy les accompagne ; ils ont peur que leurs mauvais antécédents, qui nous ont été dévoilés, ne nous poussent à les livrer aux autorités ; je calme leurs appréhensions par mille bonnes raisons dont la première est suffisante : il n'y a pas d'autorités dans ces parages. Le marché est conclu, je les couvrirai de piastres à Fito et j'achèterai à Raininosy lorsque nous arriverons à Tamatave un beau revolver nickelé. Tout le monde accepte, c'est marché conclu. Enfin nous nous remettons en route ; c'est trois hommes de plus à nourrir.

Nous sommes engagés dans la forêt, dans un mauvais sentier ; c'est un *lalana omby*, « chemin de bœufs », disent mes porteurs, ils le trouvent détestable. Or pour qu'un Malgache trouve un chemin détestable, il va sans dire qu'il faut qu'il soit bien mauvais, c'est toujours l'argile rouge glissante et détrempée. Les faux pas, les chutes sont nombreuses, on glisse sur les feuilles mortes et l'on tombe sur des vakoas ou dans des bouquets d'aloès aux épines acérées. Chaque chute nécessite un arrêt, nous faisons très peu de chemin, nous n'avançons que bien lentement. Une autre cause vient encore nous retarder, le sentier est si étroit, il est encaissé si profondément, ses détours sont si brusques et si nombreux que parfois les porteurs sont surpris par des éboulements ou ne peuvent tourner au milieu des arbres serrés avec leurs longs bambous de charge. Alors nouvel arrêt, il faut défaire les paquets, les fractionner en petits colis pour franchir ce mauvais pas. Or cela se renouvelle tous les quarts d'heure.

Vers une heure et demie, nous arrivons au terme de notre étape pour camper. Nous avons choisi à proximité d'un petit ruisseau un terrain relativement plat où nous allons nous établir, dîner et passer la nuit. Après avoir débarrassé le sol de la brousse et des feuilles mortes, en un mot, avoir nettoyé cet emplacement, nous tendons une corde entre deux arbres sur laquelle nous jetons nos couvertures de voyage, dont les coins maintenus par des cordelettes sont tendus au loin avec une inclinaison convenable. Le toit est fait et c'est le principal, nos bagages sont mis au-dessous posés sur des branchages ; nous nous étendrons dessus et nous y jouirons, je le pense, d'un repos bien gagné. Les hommes se construisent des abris de branchages, et allument de grands feux pour essayer de nous sécher, car la pluie tombe toujours ; pendant la nuit, le brouillard cesse un peu, mais c'est une faible compensation, car il nous faut lutter sans relâche avec une foule d'animalcules qui menacent de nous envahir; les araignées, les scorpions, les scolopendres, d'énormes iules, des fourmis, des termites, toute une faune entomologique des plus variées.

La plus grande difficulté que nous ayons rencontrée dans notre installation du campement, a été sans contredit l'allumage de notre feu. Cette opération qui semble facile à première vue est cependant assez compliquée lorsqu'on se trouve dans une forêt malgache et que l'on est dans un état hygrométrique aussi déplorable que le nôtre; il va sans dire que nos bagages, quoique soigneusement emballés, se trouvaient dans d'aussi mauvaises conditions : aussi nos allumettes, quoique étrangères, résistaient énergiquement à nos tentatives réitérées.

Il nous fallut nous livrer à un travail préparatoire qui me rappelait assez les moyens primitifs employés par certaines peuplades sauvages; heureusement nos hommes vinrent à notre secours et grâce à eux nous voyons non pas flamber, mais fumer piteusement nos bûchers ruisselants sous la pluie. Pour faire du feu les Malgaches se servent d'un briquet qu'ils portent à la ceinture et dont les différentes pièces sont agencées avec beaucoup de soin dans un petit sac en cuir à côté d'une corne de bœuf qui leur sert de poudrière, disposition que l'on rencontre surtout chez les peuplades insoumises de l'Ouest et du Sud. Inutile d'ajouter que les Antimerina et les Betsimisaraka, qui se trouvent plus spécialement en contact avec les traitants de la côte et les commerçants de l'intérieur, se servent tout prosaïquement d'allumettes dites suédoises. Le briquet malgache se compose, comme ses similaires d'ailleurs, d'un morceau de silex que l'on frappe vigoureusement avec une pièce d'acier et dont on fait jaillir ainsi les étincelles, qui vont allumer des bourres de raphia (*hotohoto*) comprimées dans un cône de bois creusé ou une petite corne de bœuf. Les silex sont presque tous achetés aux traitants européens, cependant j'en ai rencontré quelques gisements dans l'île, exploités d'ailleurs par les naturels; ces silex se trouvaient toujours enveloppés par du quartz agate ou des jaspes aux couleurs vives.

Vendredi 16 août. — L'étape d'aujourd'hui est aussi pénible que celle d'hier, nous avons la pluie toute la journée et vers midi pendant la halte nous sommes obligés de nous tenir debout pour prendre notre repas; impossible de nous asseoir sur l'argile détrempée, et pourtant le Canaque et nos guides voleurs de bœufs avaient mis de la bonne volonté pour nous improviser des sièges; mais les malheureux n'avaient que leurs couteaux et notre Canaque, que je soupçonne fort maintenant d'être un simple d'esprit, s'était attaqué à un ébénier (envilasse) de dimensions respectables. Après deux heures d'un travail acharné, il n'avait fait qu'une très modeste entaille dans l'écorce et l'aubier. Dans l'après-midi, continuant notre marche, nous suivons toujours ce mauvais sentier, tantôt montant, tantôt descendant de petites collines ou mamelons aux versants peu rapides. D'après nos indications barométriques, nous ne nous sommes pas élevés d'une façon sensible depuis notre départ de Didy, nous sommes toujours en pleine forêt, les éclaircies sont très rares; il fait sombre, les arbres sont rapprochés et leur feuillage élevé, qui laisse à peine tamiser la lumière, entretient autour de nous une atmosphère viciée; l'on respire mal sous ces frondaisons élevées. L'atmosphère chaude est saturée d'humidité.

A nos pieds, des feuilles et des branchages tombés dans les saisons dernières forment une couche épaisse de terreau d'où se dégagent des miasmes putrides. Sous ces hautes futaies il y a peu de taillis; un arbre, qui n'est pas assez vigoureux pour percer cet épais manteau de verdure qui s'étend sur nos têtes et aller chercher l'air et la lumière qui lui sont nécessaires, est fatalement condamné à périr étouffé par ses puissants voisins. En revanche, nous voyons à nos côtés se développer dans toute leur splendeur mille variétés de palmiers nains et une quantité plus considérable encore de fougères arborescentes. A la croisée des branches des grands arbres, dans les anfractuosités des vieux troncs, partout enfin où un peu de mousse ou de débris organiques ont pu s'accumuler, des orchidées aux variétés innombrables ont pris naissance; nous faisons bien de louables efforts pour en collectionner les plus beaux échantillons, mais notre pauvre herbier est dans un état lamentable, et lorsque nous ouvrons les cartables le papier gris et spongieux dont il est formé n'est plus qu'une bouillie. Décidément la nature est la plus forte et la science ne prévaudra jamais contre elle. Je remarque encore dans cette forêt ce que j'avais déjà observé dans mes précédents voyages, c'est le silence profond que l'on constate autour de soi, nul bruit ne vient troubler ces solitudes, pas un oiseau, et les lémuriens, que l'on entend quelquefois dans le lointain, ne peuvent s'apercevoir qu'assez peu fréquemment. A nos pieds, presque pas d'insectes; aussi pour enrichir ma collection je me résignerai à y consacrer mes heures d'insomnie. C'est dans son lit en effet, et auprès de sa bougie, que le voyageur dans de telles régions peut faire la plus belle récolte. Il est assez difficile de déterminer la nature du sol qui s'étend autour de nous, autant que j'en puis juger par les accidents de terrain et par la tranchée sinueuse qui forment presque partout le sentier que nous suivons; nous sommes toujours sur l'argile rouge, elle est coupée cependant, çà et là, de veines blanchâtres ou jaunâtres, qui augmentent vers la fin du jour et qui nous annoncent déjà les couches de roches micaschisteuses que nous allons trouver dans les étapes suivantes. J'aperçois cependant de distance en distance un gros bloc de gneiss, et, dans le fond des vallées et surtout dans le lit des ruisseaux que nous traversons, des fragments de quartz adhérents; les ruisseaux dont les eaux torrentueuses charrient des sables blancs, des matières terreuses et des détritus végétaux chassent très peu de cailloux roulés, dont la nature ne pourrait d'ailleurs me donner que de très vagues indications. Ces cours d'eau ont presque toujours un lit encaissé entre deux parois argileuses, ils coulent profondément au fond de cette tranchée que la violence de leurs eaux a creusé et qui continue à miner les berges, maintenues pendant un certain temps par les racines des arbres voisins, mais il se produit forcément quelquefois des éboulements, qui, arrêtant momentanément le cours des eaux, en élèvent le niveau et forment même parfois dans une déclivité du terrain un étang, une nappe d'eau tranquille où se développe une véritable végétation lacustre; il nous faut contourner ces amas d'eau. Le passage des ruisseaux est toujours difficile, surtout quand il coule entre deux parois abruptes et profondes. Vers trois heures, nous trouvons, coulant de droite à gauche, une petite rivière affluent de l'Ivondrona, c'est le Sarantanga que nous franchissons avec beaucoup de difficultés. Nous ne pouvons même mener à bien cette entreprise que grâce à une chaussée de basalte que je découvre à quelque cent mètres en amont et qui avait jusqu'à un certain point empêché l'érosion des terres. Nous nous arrêtons quelques minutes après sur les bords de cette rivière pour y camper et y passer la nuit. Nous confectionnons rapidement un abri et prenons les mêmes dispositions de campement qu'hier soir. La pluie n'a pas cessé un seul instant et le brouillard semble encore plus opaque; nous sommes encore à 890 mètres d'altitude.

L'étape de ce matin a été moins pénible que celles des jours précédents, nous descendons sensiblement et le sol argileux est recouvert en maints endroits de sable blanc mélangé de paillettes de mica. Toujours cette maudite pluie. Mes porteurs s'arrêtent à un moment donné et veulent faire un kabary à un de leurs compagnons. Cet heureux mortel cheminait, fort allègrement, en portant deux sacs vides, sa charge de sel était fondue. Pour calmer la jalousie de ses collègues, autant que pour respecter le principe d'une juste égalité, je lui donnais un emploi qui n'était pas une sinécure, dans cette forêt, et je le nommais incontinent chasseur de sangsues et inspecteur de notre meute. Cela m'amène tout naturellement à parler des sangsues des forêts de l'Est, encore des ennemis à Madagascar, qui pour être petits n'en sont pas moins redoutables.

J'avais remarqué, depuis deux jours que nous marchions dans la forêt, l'apparence triste et maladive de nos deux pauvres chiens qui nous suivaient en gémissant. Ils étaient couverts de sang. Nos porteurs, dont les jambes nues frôlaient à chaque instant les herbes et les arbustes, étaient dans un état aussi lamentable; Maistre et moi, protégés jusqu'à présent par nos vêtements et nos chaussures, n'avions pas encore ressenti ces morsures douloureuses, et, à première vue trompé sur la cause du mal, je n'avais pas attaché une grande importance à ces blessures, les croyant faites par les épines des buissons, lorsque j'en reconnus la vraie raison, à force d'entendre les lamentations de nos malheureux compagnons et surtout en constatant la persistance de l'écoulement sanguin qui s'échappait de ces piqûres profondes. Cette sorte de sangsue de Madagascar nommée *dimatika* par les indigènes peut avoir au repos de 25 à 30 millimètres de longueur, mais lorsqu'elle se meut son corps est susceptible d'un grand allongement. Ces hirudinées se tiennent en embuscade sur les feuilles des arbustes et des petites plantes lorsque le temps est humide, et que des gouttelettes de pluie ou de rosée sont sur les feuilles des végétaux; ces conditions d'humidité excessives leur étant nécessaires pour vivre, — je dois reconnaître que dans ce pays elles doivent mener une existence bien heureuse. Toutes ces conditions y sont réunies à souhait. — De plus, elles prennent naissance et passent les premiers et les derniers jours de leur vie dans les nombreuses mares d'eau que nous avons trouvées sur nos pas. Ces animaux vivent en légions innombrables, ils attaquent tout ce qui a vie; des bœufs, des voyageurs même, perdus dans ces forêts, y sont morts d'épuisement et ont succombé aux morsures spoliatrices de ces êtres minuscules. Lorsque les hirudinées sont en chasse, ce qui leur arrive souvent, car c'est toutes les fois qu'il pleut, elles se tiennent fixées par leurs ventouses caudales aux feuilles basses des arbustes et des petites plantes, puis, allongeant leur corps et se faisant aussi fines que possible, elles agitent leur tête dans tous les sens et cherchent une proie qui passe à portée. Ont-elles cette chance, elles quittent la branche qui leur servait d'appui, entaillent la peau et enfoncent leur suçoir bien loin dans la blessure; on ne peut leur faire lâcher prise sans les briser que lorsqu'elles sont remplies, et la blessure triangulaire qu'elles laissent après elles, saigne encore longtemps.

Cette nuit, je passe de longues heures avec Maistre à faire une chasse en règle à ces hirudinées, nos hommes ont fait comme nous bien avant dans la nuit; le Canaque obtient un vrai succès par un remède de son invention, il chique énormément et, crachant dans ses mains, il se frotte énergiquement les mollets qui deviennent après cette onction, paraît-il, *fady* (tabou) pour les *dimatika*. Je dois reconnaître que le remède de notre Canaque a du bon, quoique désagréable à employer; je le félicite surtout lorsqu'il ajoute que dans de nombreux voyages sur cette route, il avait remarqué que lorsque plus de cinquante sangsues vous avaient piqué chaque mollet, on n'avait pas mal à la tête. A quelque chose malheur est bon.

Samedi 17 août. — Nous nous mettons en route à l'aube et trois heures après nous arrivons en un lieu dit Tolongainy, du nom d'une petite rivière que nous devons traverser à quelques centaines de mètres dans l'est. Cet endroit nous paraît ravissant, c'est une clairière d'un hectare environ qui nous semble un site merveilleux; enfin nous pouvons voir à 100 mètres devant nous. Cela ne nous était pas arrivé depuis Didy. Il y a ici deux ou trois petites cases assez bien construites, elles servent aux voyageurs et surtout aux voleurs de bœufs qui fréquentent ces régions, elles ont été construites par ces hommes, lorsque, traqués à Fito et à Didy, ils ont dû chercher un refuge dans la grande forêt; c'était ici, au lieu dit Tolongainy, leur campement favori; ils y ont construit des cases et défriché une certaine étendue de terrain pour nourrir les bœufs. Quoi qu'il en soit des motifs qui les ont fait agir, je ne veux considérer que les résultats acquis; nous voyons clair et nous sommes à l'abri. Nous restons deux jours à Tolongainy, journées que nous mettons à profit pour mettre un peu d'ordre dans nos bagages. Pour comble de bonheur, le soleil perce les nuages et se montre quelques heures vers le milieu du jour, je salue sa venue par quelques observations astronomiques dont j'avais grand besoin depuis huit jours. Nous avons fait très peu de chemin depuis le Mangoro, et dans la forêt, grâce à tous les empêchements que nous rencontrons à chaque instant, nous ne faisons pas plus de 3 kilomètres à l'heure.

Le lundi 19 août, secs et dispos nous quittons ce lieu de délices et nous poursuivons notre route. Après une heure de marche, nous rencontrons et nous traversons le ruisseau Tolongainy qui donne son nom au campement que nous venons de quitter, c'est un affluent de gauche de l'Ivondrona. A neuf heures, après une raide montée, nous sommes, par une altitude de 850 mètres, au sommet du mont Ambohitsililika. De l'autre côté, nous arrivons à l'Ivondrona que nous suivons sur sa rive gauche; nous sommes près du gué ou mieux près de l'endroit choisi, car ce n'est pas un gué, où nous devons passer la rivière pour côtoyer sa rive droite. En ce point la rivière, l'Ivondrona, a une direction O.-N.-O. — E.-S.-E., sa largeur est d'environ 150 mètres et sa profondeur maxima est de 1 m. 30. Pour passer du bassin du Mangoro dans celui de l'Ivondrona, nous n'avions en somme franchi — ce qui est rare dans l'Est — que des hauteurs d'une altitude peu élevée; cette ligne de hauteurs qui donne naissance du côté de l'orient à des cours d'eau et à des rivières même assez considérables, lesquelles, après avoir suivi une direction sensiblement perpendiculaire à ce massif montagneux, vont

CAMPEMENT DE TOLONGAINY.

se jeter dans la mer des Indes. A l'occident de cette petite chaîne, au contraire, ne prennent naissance que des ruisseaux insignifiants; en revanche, elle limite vers l'est la vallée du Mangoro, le cours de ce grand fleuve lui étant parallèle. En somme : le bassin du Mangoro, ainsi qu'une immense contrée qui le prolonge vers le nord, constitue une très large vallée, limitée par deux chaînes de montagnes orientées parallèlement N. et S.; elles sont toutes deux couvertes de forêts, celle de l'ouest où l'on remarque le Sompatra et le Vohilangy, celle de l'est qui n'est que le contrefort occidental du massif d'Ambohitra-koholahy. Or ces deux chaînes laissent entre elles un vaste espace libre sectionné perpendiculairement à sa direction générale en trois segments d'inégale étendue. Le plus grand, au sud, forme la vallée du Mangoro, il est incliné vers le midi, mais n'a, surtout dans sa partie supérieure, qu'une déclivité peu accusée; au nord un autre segment, qui a une déclivité opposée, contient le lac Alaotra et ses affluents; enfin une troisième partie centrale et beaucoup plus petite constitue les marais de Didy et les sources de l'Ivondrona. Il est fort probable que ces trois bassins enserraient autrefois de grands lacs, dont le lac Alaotra, les marais de Didy et les riches tourbières de la vallée du Mangoro, ne sont aujourd'hui que des vestiges. Actuellement ces trois bassins hydrographiques, de longueur et de pente différentes, ont chacun une trouée du côté de la chaîne orientale, trouée par laquelle les eaux gagnent en ligne plus ou moins droite la mer des Indes. La partie méridionale avait été explorée par Foucart pendant les mois de mai et juin derniers; notre compagnon avait suivi le Mangoro, fleuve considérable, au cours presque régulier ne devenant rapide et torrentueux qu'à l'extrémité méridionale; en cet endroit il reçoit l'Onibé; ensuite, par une série de rapides, il passe par la trouée, prenant une direction perpendiculaire à son ancien cours et finalement il va se jeter dans l'océan Indien, près de Ambodiharina. La partie septentrionale de cette grande vallée est beaucoup plus courte et n'a qu'une pente très faible vers le nord. Ce bassin, que Maistre devait visiter prochainement en faisant le levé topographique du lac Alaotra, reçoit les eaux nombreuses des hautes montagnes qui l'environnent; ces eaux forment un immense marais, au milieu duquel est une vaste nappe peu profonde, le lac Alaotra, qui se déverse lentement par le Manangoro dans l'océan Indien; cependant ce fleuve, en passant la trouée d'Ambatomafana, devient rapide et va traversant la forêt côtière se jeter dans l'Océan. Entre ces deux grandes divisions de la longue vallée nord et sud, divisions inclinées en sens contraire et d'inégale longueur, existe une contrée intermédiaire beaucoup moins étendue. Elle est, comme ses voisines, bornée à l'est et à l'ouest par de hautes montagnes, tandis qu'elle est séparée au sud du bassin du Mangoro et au nord du bassin du lac Alaotra par de petits mamelons. Elle n'offre pas de pentes sensibles, aussi les eaux qui s'y ramassent sont-elles stagnantes ou à peu près, ce sont elles qui forment précisément le marais de Didy qui déverse le trop-plein de ses eaux par deux trouées de la chaîne de l'Est, l'une au nord de Didy, l'autre au sud; la première laisse passer l'Ivondrona, la seconde le Sabevany, c'est celle que nous venons de suivre.

Lorsque Maistre aura exploré le lac Alaotra et qu'il sera revenu à la mer par la trouée du Manangoro, nous aurons, mes compagnons et moi, en nous partageant la besogne, terminé la reconnaissance méthodique de cette partie orientale de Madagascar.

Mais revenons à notre camp ou plutôt sur la berge de l'Ivondrona, où mes porteurs assis, groupés les uns à côté des autres, regardaient philosophiquement le fleuve dont les eaux bouillonnaient à leurs pieds. Tout le monde se demandait anxieusement comment nous pourrions le franchir. A la nage, il n'y fallait pas songer à cause de nos bagages; construire des radeaux en coupant du bois léger et en le réunissant en gros paquets, ce moyen était évidemment pratique, mais il avait un grave défaut : celui de demander trop de temps. Je résolus alors d'employer un système qui ne m'est pas particulier sans doute, mais que j'emploie toujours en pareil cas. J'en ai été satisfait en maintes circonstances, il est expéditif et sûr, pratique presque toujours — si ce n'est dans le cas où les caïmans pullulent : alors il est de toute évidence que pour passer un fleuve dans ces circonstances, il faut se maintenir hors de l'eau pour ne donner aucune prise à ces féroces amphibies et se servir d'embarcations ou de radeaux. Dans tous les autres cas, le système du va-et-vient est pratique et recommandable à tous égards au voyageur. J'ai toujours dans mes bagages un rouleau de solide cordelette de 200 mètres environ. J'en fis porter une extrémité par un nageur émérite qui l'amarra solidement sur l'autre rive à un fort tronc d'arbre. Puis tous les hommes l'un après l'autre passèrent le fleuve en se maintenant après la corde fortement tendue; nous les suivîmes, et, le passage effectué, j'eus le plaisir de constater que presque toutes mes caisses étaient saines et sauves, car mes porteurs, maintenus par la corde, avaient pu se maintenir debout et élever les bagages au-dessus de leur tête. C'est un beau résultat dans une rivière qui a 150 mètres de large et dont les eaux coulent rapidement sur une hauteur de 1 m. 30. Deux heures après avoir repris notre marche, nous traversons encore une petite rivière affluent de droite de l'Ivondrona, l'Ambatoarana. A quatre heures, nous choisissons une clairière pour y passer la nuit, et comme les jours précédents, après avoir pris nos dispositifs habituels, nous chassons les sangsues fort avant dans la nuit.

Le lundi 19, le sentier que nous suivons a, je crois, atteint son maximum de difficultés et je doute qu'en aucun pays du monde un chemin aussi mauvais puisse se présenter. Je crois que des difficultés plus grandes dépasseraient les forces humaines; nous nous élevons à de grandes hauteurs pour redescendre immédiatement dans de profondes vallées. Les hommes pesamment chargés ne peuvent monter avec leurs paquets, ils sont obligés de se hisser les uns après les autres en s'accrochant péniblement aux racines des arbres qui nous permettent seules de monter et de descendre, les paquets sont attachés à des cordes, et remontés sur l'argile glissante ou descendus avec précaution au fond des ravins. Le Canaque m'étonne par sa perspicacité et son adresse : arrivé au flanc d'un escarpement, il se balance aux lianes, il peut atteindre ensuite, par un bond vigoureux, l'escarpement voisin. Une fois cependant il a mal calculé son élan et est retombé dans la fondrière qui occupe le fond de la vallée; une boue épaisse a fort heureusement amorti la chute, mais il a eu beaucoup de peine à se tirer de là. Nous passons dans la matinée de cette journée le ruisseau de Sahavelona. A midi, nous avons constaté avec désespoir à notre déjeuner que nous mangions notre dernière provision de riz; nous sommes encore bien loin de Fito et nous n'avons plus de vivres. Nous campons le soir non loin d'un pic qui a nom le Marianany. Il est, paraît-il, défendu de parler à haute voix près de ce sommet, sous peine de voir immédiatement un vent violent vous assaillir. Je dois avouer que je ne respecte pas cette consigne, car je désire vivement la tempête. Je voudrais non moins vivement voir une forte brise dissiper la pluie et la brume qui nous environnent depuis notre départ de Tananarive. Mais j'ai beau parler à haute voix, chanter même, la pluie tombe de plus belle; cela ne m'étonne que médiocrement, les dictons de notre vieille France sont donc plus vrais que les *fady* de ce pays de sauvages. Le soir, nous dînons par cœur, près de la chute de l'Asivora.

Le mardi 20, nous continuons notre route, mais cette fois dans un sentier moins glissant; il y a de nombreuses émergences de quartz, les gneiss sont rares, en revanche les micaschistes se montrent çà et là. Nous nous arrêtons vers le milieu du jour sur les bords de l'Asivora. Je dois avouer que, au point de vue culinaire, les bois nous offraient quelques ressources, je suis assez heureux pour tuer quelques maki, ces lémuriens qui remplacent les singes à Madagascar, et une demi-douzaine de perroquets noirs; et mes hommes ajoutèrent à ce menu des insectes variés et des racines charnues qu'ils prétendaient comestibles. Mais ce régime alimentaire ne nous a laissé que de désagréables impressions. Enfin, dans l'après-midi, le sentier semble plus fréquenté, nous pouvons fournir une marche plus rapide et dans la soirée nous arrivons à Fito, village situé à 370 mètres d'altitude. Les cotes barométriques sont très inégales dans la forêt; et l'on s'élève sans cesse à de grandes hauteurs pour redescendre brusquement dans de profondes vallées; il est assez difficile de démêler le système orographique de la contrée; j'ai pu faire quelques observations, monter sur des sommets d'où la vue était assez limitée, obtenir quelques renseignements; en résumé, il s'ensuivrait que, de la chaîne principale et de ces gros chaînons parallèles à sa direction générale nord et sud, partent beaucoup de contreforts dont la direction habituelle est E.-O. Mais cela seulement dans le voisinage de notre route; car dans le sud au contraire, vers les massifs d'Ambohitrakoholahy, les collines boisées paraissent orientées nord et sud. Dans toutes les vallées que laissent entre elles ces hauteurs, coulent capricieusement de nombreux torrents qui vont grossir l'Ivondrona ou ses principaux affluents. Il y a beaucoup de sources sur les flancs des coteaux, partout des suintements; tout concourt, avec les pluies presque continuelles et les brouillards intenses, à entretenir dans la forêt une humidité excessive favorable à la végétation. Comme dans les premiers bois que nous avions rencontrés dans l'ouest, le sol est constitué entièrement par de l'argile rouge ou jaunâtre, l'humus qui pourrait se former et les débris organiques sont rapidement entraînés au fond des ravins; la roche apparaît souvent à fleur de terre, l'on rencontre le granite rouge et gris, le gneiss granitoïde, des filons de quartzite, mais le plus souvent, des micaschites décomposés, des pointements de schistes cristallins. J'ai rencontré parmi différents gisements de roches modernes des coulées de basaltes.

La végétation est bien fournie. Les arbres trop serrés poussent en hauteur et, ne pouvant se développer librement, vont droit vers le ciel chercher un peu de soleil. J'en ai pu noter les principales essences, certaines seraient très bonnes pour la construction et la menuiserie. Entre les arbres se déroulent des lianes puissantes; plusieurs portaient de jolies fleurs dont nous avons recueilli de beaux échantillons ainsi que plusieurs nouvelles espèces d'orchidées. Il y a beaucoup de fougères naines ou arborescentes, de grands roseaux et surtout une espèce de bambou qui forment des fourrés inextricables et des taillis épais. Les seuls représentants de la faune que nous ayions vus sont des maki et des babakoto; ils ne se laissent pas approcher, mais à certaines heures de la journée, principalement au lever et au coucher du soleil, nous entendions leur cri plaintif dans toutes les directions. Les oiseaux sont rares, les reptiles peu nombreux, en revanche les insectes sont assez communs.

Dans cette forêt, de Didy à Fito et surtout en approchant de ce dernier village, je rencontre assez souvent sur de petits arbustes de deux à trois mètres de hauteur de petits échantillons sphériques ou ovoïdes d'une concrétion résineuse que je crois être de la gomme laque.

En effet un échantillon au hasard est plus souvent ovoïde que sphérique, il peut atteindre la grosseur d'un œuf de pigeon, et se trouve toujours traversé par une petite branche suivant son grand axe ou son diamètre; l'extérieur paraît rugueux et jaunâtre.

Si on coupe une de ces masses suivant la branche qui la traverse on voit l'intérieur tapissé d'une rangée d'alvéoles de couleur brun foncé, remplies par des débris d'insectes dont l'enveloppe de l'abdomen restée englobée dans la résine constitue chaque cellule.

Ces insectes étaient évidemment rangés en cercle autour de la branche, la tête tournée vers celle-ci; ils sont plus gros que ceux de la gomme laque ordinaire, beaucoup atteignent 3 millimètres de diamètre; leur nombre est très variable, il dépasse souvent 60.

J'avais eu soin de mettre dans mon herbier des feuilles, des fleurs, des rameaux, des arbres qui portent ces concrétions de gomme laque. J'avais mis aussi dans l'alcool deux colonies entières de ces insectes remarquables. Malheureusement, en arrivant à Tamatave quelques jours plus tard, j'avais le regret de constater que mes herbiers étaient détruits en grande partie par l'eau dont ils n'avaient cessé d'être imprégnés pendant les trois semaines que nous employons à parcourir la route de Radama. Quant à mes collections zoologiques, je perdrai une grande partie des animaux conservés dans la traversée de l'île de Mandritsara à Majunga. Alors, dans ce pays privé d'eau, dans ces contrées sablonneuses, brûlées par un soleil torride et où on ne rencontre sur de grands espaces ni sources, ni ruisseaux, ni même une mare croupissante, mes porteurs pour étancher la soif qui les tourmente boiront le rhum et l'alcool de mauvaise qualité que renferment mes bocaux de collections zoologiques.

A Fito, la forêt ne se termine pas brusquement. La limite n'est pas nettement tranchée, il y a beaucoup de bouquets de bois plus ou moins grands, réunis par des défrichements récents ou des taillis plus anciens. Je ne suis pas encore fixé sur la question de savoir si, à une époque lointaine, l'île de Madagascar tout entière était boisée, les forêts existantes n'étant que les témoins actuels de sa végétation antérieure; ou si, au contraire, la grande île a toujours présenté ses massifs dénudés entourés, il est vrai, de ses zones de forêts, zones qui l'enveloppent complètement. Néanmoins je pense dès à présent que si Madagascar n'était pas entièrement boisé, comme cela est probable, ses bois couvraient une étendue de terrain beaucoup plus considérable, et que, notamment dans ces parages, sa forêt orientale s'étendait jusqu'à la mer, comme cela existe actuellement à la hauteur de la baie d'Antongil. Cette opinion résulte non seulement du voyage de Fito à Mahasoa, mais des routes parcourues de Mananara à Mandritsara et surtout de l'itinéraire suivi de cette dernière ville à la côte ouest, où le fait devient plus frappant encore.

Fito est un misérable village betanimena, il ne compte pas plus de vingt cases. Ses malheureux habitants appartiennent à la famille betanimena, qui n'est qu'une division des Betsimisaraka, comprenant, comme l'on sait, toute cette tribu qui occupe l'espace compris entre l'Océan et la première zone de forêts, à l'est et à l'ouest, et au nord et au sud, la baie d'Antongil et l'embouchure du Mangoro. Dans la partie septentrionale de cette région, ils s'appellent Antavaratra; dans la partie centrale, on les désigne plus habituellement sous le nom de Betanimena; enfin dans le sud, ce sont les Betsimisaraka proprement dits; comme il n'arrive que trop souvent à Madagascar, ces différentes fractions d'une même tribu sont ennemies les unes des autres, et c'est une grande injure pour un Betsimisaraka que de le traiter de Betanimena. Nous pouvons refaire à Fito nos provisions épuisées, au grand contentement de mes porteurs. Comme presque tous les peuples primitifs, à qui il est difficile de demander à un moment donné un effort anormal, le Malgache est indolent de nature et il ne faut pas trop compter sur lui, quel que soit le prix que l'on lui donne, mais enfin on peut admettre que, lorsqu'il est bien nourri, à un salaire quadruple, correspondra à peine un travail double. Mais s'il a le ventre creux, il ne faut plus songer à rien lui demander, il est incapable de tout effort, il se croit mort. Ainsi ce matin, lorsque, en vue des cases de Fito, une heure et demie de marche à peine me séparait de ce village, j'eus toutes les peines du monde à faire avancer les hommes. Ils n'avaient plus pourtant qu'un petit effort à faire pour trouver tout chaud leur mets favori, mais ils en furent incapables, et la moitié des hommes se laissèrent tomber dans l'argile rouge, et attendirent patiemment plusieurs heures, que, arrivés au village, nous puissions leur envoyer du riz et du manioc.

Pendant les journées des 21, 22, 23 et 24 août, nous parcourons la distance qui sépare Fito de Saranasy. Cette contrée présente un aspect tout particulier : derrière nous, à l'ouest, la grande forêt couvre de sa verdure les derniers contreforts de la chaîne côtière ; les sommets, d'une altitude peu considérable, six à sept cents mètres environ, disparaissent presque toujours dans un brouillard épais ; devant nous, et s'étendant jusqu'à la mer, un pays hérissé de mamelons à pentes assez rapides, peu élevés, mais très rapprochés les uns des autres, disposés sans aucun ordre et diminuant de hauteur progressivement jusqu'à l'Océan ou plutôt jusqu'à la bande de sable, et jusqu'aux lagunes côtières. Ces monticules, qui enserrent l'Ivondrona, ses affluents et les mille petits ruisseaux qui sillonnent la région, forment des vallons profonds, avec marais et fondrières. Le sol ici, chose curieuse, possède une couche d'humus assez considérable. La roche n'apparaît que rarement, l'on rencontre bien plus souvent des cailloux roulés, des morceaux de quartzite et de basalte principalement, non seulement dans les lits des ruisseaux, mais souvent à des hauteurs considérables. La végétation est très active, mais elle ne se manifeste plus librement comme dans la forêt, des bouquets de bois persistent bien, sur les sommets escarpés ou dans les marais, mais partout ailleurs, on voit des arbres isolés, morts, décapités, le plus souvent brûlés. Partout la main de l'homme montre ses effets brutaux et inintelligents. La contrée est peuplée de quelques villages betanimena, qui comptent à peine chacun une dizaine de huttes misérables. Cependant, cette faible population a besoin d'une grande étendue de terrain pour se nourrir. Cela tient à la façon toute primitive qu'ils emploient pour cultiver leur riz.

Nous avons vu dans un précédent chapitre la méthode perfectionnée qu'emploient les Antimerina pour cultiver cette graine précieuse, la base de leur nourriture. Dans ces tribus orientales aussi bien que dans celles du sud et de l'ouest, où la population clairsemée peut disposer par habitant d'une étendue relativement grande de terrain, on emploie une méthode barbare, il est vrai, mais moins fatigante et plus expéditive. Voici comment ils opèrent. Ils choisissent un terrain propice à la culture du riz, et dans ces régions il n'y a que deux catégories de terres qui soient susceptibles d'un bon rendement. Ce sont, d'une part, les contrées marécageuses à sous-sol imperméable, et les marais et les fondrières enserrés dans des vallons étroits et sans déversoirs trop apparents ; dans ces conditions, le riz trouve en même temps qu'une terre riche améliorée continuellement par le limon des eaux, une humidité et une nappe aquatique suffisante pour s'abreuver et se développer en toute saison. D'autre part, lorsque de tels terrains ne sont pas à proximité des villages, ou que la couche de boue est trop épaisse pour permettre la culture, ils vont sur les confins de la forêt, choisissent dans la saison sèche un espace convenable et défrichent le taillis, puis, au bout d'un certain temps, mettent le feu aux brindilles et aux menues branches desséchées, ce qui les débarrasse, la hache aidant, des plus gros troncs et des souches volumineuses. Cette terre, couverte d'humus et de débris organiques amoncelés depuis des années, est vierge de toute culture, aussi offrira-t-elle, la première année de l'exploitation, un rendement rémunérateur. Les eaux manqueront peut-être, mais l'indigène compte sur les pluies continuelles dans ces régions, nous le savons par expérience. Ces cultures dans les défrichements de forêts changent de place tous les ans, elles cheminent du nord au sud sur les limites forestières, et s'avancent peu à peu dans l'ouest en gagnant insensiblement sur les grands bois. Au bout d'un siècle ou deux de ces coupes brutales et inintelligentes, Madagascar, si l'on n'y met bon ordre, n'aura plus de forêt ; ce qui amènera de grandes perturbations dans le régime des pluies et conséquemment dans la culture. Pour cultiver le riz dans les défrichements de la forêt, l'indigène, après avoir obtenu un nombre de plans suffisant dans un petit terrain cultivé soigneusement à côté de sa case, va les repiquer avec un petit bâton pointu dans le défrichement ; la nature se charge du reste. Pour les cultures dans les marais et fondrières peu profondes à sous-sol dur, on ensemence directement, mais il est nécessaire de faire subir au terrain une culture préparatoire. Cette culture est simple, et ne nécessite que peu d'efforts à l'indigène. Un peu avant l'époque des semailles, on rassemble le troupeau de bœufs du village, puis on le conduit sur le terrain de culture. Là une dizaine d'hommes environnent le troupeau et, à grands renforts de coups de bâtons et de cris aigus, on fait toute la journée piétiner ces pauvres bêtes sur place. Le soir, le terrain sera suffisamment malaxé, et préparé pour être ensemencé.

Au village de Saranasy, nous trouvons des pirogues qui vont nous conduire à Mahasoa, en descendant le cours de l'Ivondrona et du Sahatsara, son affluent de droite, qui coule au pied du village de Saranasy. Nos misères sont finies. En deux heures nous sommes au confluent du Sahatsara et de l'Ivondrona, qui a en cet endroit 90 mètres de large. Nous descendons rapidement le cours du fleuve, ses rives sont bien cultivées, on voit que nous approchons de Tamatave et des établissements européens. En aval du confluent du Fahandrano, nous apercevons la propriété de M. Charles ; plus bas, sur la rive gauche, au-dessous du petit village d'Ambatomanohy, c'est la sucrerie de M. Dupuy. Enfin vers quatre heures et demie, nous débarquons à Mahasoa. Nous retrouvons à une route déjà parcourue de Tamatave à Tananarive, et avant la nuit nous faisons, joyeux et dispos, notre entrée dans la cour de l'hôtel de l'Europe.

EXPLORATION D'UNE LAGUNE.

LE CAP BELLONES.

CHAPITRE VII

Une semaine à Tamatave. — Préparatifs pour la route du Nord. — Ampanalava. — Ifontsy. — Foulepointe. — Tombeau betsimisaraka. — Mahambo. — Sépulture et enterrement betsimisaraka. — Fénoarivo. — Les serpents. — Colonels et capitaines. — Ivongo. — La pointe à Larrée. — Le port de Tintingue. — Les légendes du *babakoto* d'après les Betsimisaraka et d'après les Antimerina. — Au cap Bellones. — Mananara. — Fort antimerina de Vohizanahary. — Les fahavalo. — Dans le Longoza. — Attaque d'un village par les rats. — La forêt de Mananara à Mandritsara. — Ambodimadiro. — Arrivée à Mandritsara. — Réception et parade antimerina. — Le Rova et ses portes. — Population de Mandritsara. — Le gouverneur et son état-major. — La cérémonie du Mamadika. — Circoncision à Madagascar.

LE GOUVERNEUR D'IVONGO.

Nous séjournons une semaine à Tamatave, temps que nous mettons à profit pour nous remettre tout d'abord, et surtout pour achever tous les préparatifs nécessaires à notre voyage vers le Nord à la baie d'Antongil. Cette route que nous voulons suivre et qui longe le littoral de l'Océan est, il est vrai, assez connue, surtout à quelques centaines de kilomètres de Tamatave. Dans ces régions, elle est parcourue quelquefois par des Européens traitants ou voyageurs, on en a donné des descriptions jusqu'à Fénérive et même plus au nord. Cependant malgré l'attrait de l'inconnu il fallait bien nous résoudre à la suivre, pour en compléter l'exploration dans la partie septentrionale au-dessous de Manara, et surtout pour, de cette dernière ville, nous diriger vers l'ouest, traverser complètement l'île et ne nous arrêter qu'à la baie de Bombétoke. C'était là le principal but de notre voyage. Les jours passèrent vite à Tamatave. Nous y retrouvions d'anciennes connaissances dont le bienveillant accueil ne laissait pas que de nous être fort agréable après notre isolement du mois précédent. Je m'empresse ici de remercier encore une fois M. Jore, alors chargé de la résidence, de son charmant accueil, et de l'assistance qu'il a bien voulu nous donner.

A notre arrivée le 25 août à Tamatave, ville que j'avais quittée au mois de mars dernier, j'ai été frappé des progrès généraux accomplis, tant dans les constructions que dans le mouvement commercial général. Le principal port de la côte est s'est développé dans de grandes proportions, je suis heureux de le constater et de voir ainsi que la colonisation française à Madagascar fait toujours des progrès, lents à la vérité, mais continus.

Le lundi 2 septembre, nous partons vers le milieu du jour, pour la route du nord. Nous n'avons pas pu partir plus tôt, car nos hommes se disent fatigués du voyage précédent, et ne quittent qu'à regret ce lieu de délices. Cependant, après de nombreuses recherches, tout le monde est enfin présent, et à midi nous dépassons le fort antimerina et nous rapprochons de la mer dont nous suivons le rivage en marchant vers le nord. Cette fois j'augure mieux du voyage, le soleil est radieux et la chaleur étouffante, c'est vrai, mais enfin cela vaut mieux que la pluie qui ne nous a pas quittés sur la route de Radama, de Tananarive à Tamatave, pendant vingt-deux jours consécutifs.

Une heure après notre départ, nous traversons le gros village d'Ampanalana. Cette agglomération de plus de cent vingt cases n'est à proprement parler qu'un faubourg de Tamatave, il s'y fait un assez grand commerce comme dans nombre de villages betsimisaraka, chaque habitant est marchand de rhum ou de *betsabetsa*. Les cases montées sur pilotis sont construites en *ravenala* ; c'est le type de la maison betsimisaraka, que je retrouve avec plaisir après les maisons de terre sales et enfumées des Antimerina.

Nous poursuivons notre route sur une bande sablonneuse qui s'étend entre l'océan à droite, et une lagune à gauche d'une centaine de mètres de large. Après une demi-heure de marche dans le sable, nous sommes arrêtés brusquement par un chenal qui fait communiquer la lagune à l'océan. Ce chenal où existe un fort courant constitue l'embouchure de l'Ivonohina, que nous passons en pirogues, assez rapidement. Deux heures après, nous arrivons à la suite d'une deuxième traversée de la lagune au village de Vohidrotra. Ce village, moins grand que le précédent, nous offre cependant un gîte convenable. J'ai eu dans cette étape d'aujourd'hui, deux hommes atteints de la fièvre, ils continuent cependant à nous suivre, mais je m'attends à en avoir un plus grand nombre dans les jours suivants. D'une manière générale la fièvre palustre est endémique à Madagascar ; elle frappe plus ou moins, suivant les individus, les saisons ou les contrées dans lesquelles on se trouve. Cependant il est à remarquer que les atteintes de cette maladie, si régulière dans ses manifestations extérieures, sont soumises, elles aussi, à des règles que l'on a vite apprises par expérience et qu'il est facile de prévoir après quelque temps d'observations. Ainsi un voyageur vient-il de France et débarque-t-il à Tamatave, il se met en route aussitôt pour Tananarive. Il a beaucoup de chance pour ne rien ressentir pendant ce pénible voyage ; sa route vers la capitale sera plus ou moins lente, plus ou moins pénible ; dans presque tous les cas, il arrivera indemne sur les hauts plateaux où il retrouvera, dans un climat relativement salubre, le confort qui lui a manqué dans son précédent voyage. Il se remettra de ses fatigues et s'adonnera aux occupations pour lesquelles il est arrivé, il ne manquera pas non plus de dire que ce voyage de Tamatave à Tananarive n'est qu'une bagatelle, et que les fièvres et le mauvais climat ne peuvent rien contre lui. Au bout d'une semaine, ses doutes se changeront en certitude, il se croira sauvé. Mais tout vient à point à qui sait attendre ; cette période d'incubation est trompeuse, et dans presque tous les cas au bout d'une huitaine de jours la fièvre, que l'on aura gagnée en route, viendra vous visiter impitoyable. Cette règle générale ne souffre que peu d'exceptions qui tiennent beaucoup plus aux précautions que l'on a pu prendre en route, qu'à une résistance de constitution exceptionnelle, dont on est toujours enclin à se croire doté. Ainsi, mes deux compagnons et moi étions montés de Tamatave à Tananarive au mois de mars dernier dans de très bonnes conditions et, dix jours après notre arrivée dans la capitale, nous étions terrassés tous les trois par les fièvres intermittentes. Chose curieuse, et qui ne semble pas concorder avec ce que la science nous apprend sur les autres maladies fébriles, cette période d'incubation n'a rien de fixe, elle a au contraire une durée plus ou moins élastique, qui semble concorder avec la durée du voyage et avec les mauvaises conditions dans lesquelles on se trouve. Elles ne se terminent brusquement que lorsque l'on est arrivé dans un climat relativement plus salubre et que l'on a déjà pris quelques jours de repos. Ainsi, nous avions effectué notre voyage de montée de la mer à Tananarive en quinze jours, et cependant ce n'est que dix jours après notre arrivée dans la capitale que nous avons eu la fièvre ; or, tous les colons que nous avons consultés, nous ont assuré qu'ils avaient fait le voyage en cinq, six, ou sept jours et que dix jours après leur arrivée à Tananarive, eux aussi avaient ressenti les premières atteintes du mal palustre. Lorsque Foucart explora la vallée inférieure du Mangoro, il séjourna deux mois dans une contrée fort malsaine, et dans des conditions d'existence les plus misérables, cependant il se porta très bien pendant son voyage et ce n'est qu'une semaine après son retour à Tananarive qu'il ressentit ses premiers accès de fièvre, fièvre terrible qui devait deux mois plus tard le forcer à rentrer en France. Enfin nous-mêmes, nous venons de faire un trajet sous bois de vingt-deux jours, toujours mouillés, mangeant à peine, buvant une eau croupissante des marais que j'étais obligé de passer dans un linge, pour la débarrasser des milliers de sangsues qu'elle contenait. Nous réunissons les plus mauvaises conditions possibles, et cependant, maintenant que nous sommes au bord de l'océan, que nous suivons une route relativement facile où nous trouvons des villages nombreux qui nous offrent bon gîte et nourriture suffisante, nous allons probablement ressentir les atteintes de la *malaria* [1].

Le lendemain 3 septembre, nous marchons dans des taillis. Depuis Tamatave du reste, et fort loin dans le nord, paraît-il, en un mot tout le long de la côte que nous devons suivre, on marche dans ces taillis. En somme la végétation quoique plus fournie est absolument comparable à celles que j'ai décrites, de Tamatave à Andovoranto. La disposition du pays est à peu près toujours la même : au bord de la mer, c'est une plage de sable plus ou moins large, cent mètres en moyenne, recouverte parfois d'une poussière noire avec çà et là des pierres ponces et des scories légères d'origine volcanique. Loin à notre gauche, dans l'ouest, se montrent les derniers contreforts de la chaîne côtière, couronnés de leurs forêts touffues. En deçà, les petits mamelons avec leurs défrichements; tout près de nous la lagune, enfin la bande de sable sur laquelle le chemin est tracé au milieu des arbres rabougris du rivage. On est immédiatement frappé par la disposition qu'affectent les lagunes, le nombre et l'étendue de ces nappes d'eau saumâtre sont considérables, nous en avons compté un grand nombre depuis Ampanalana jusqu'à Mananara. Cependant, elles ne suivent pas d'une manière presque interrompue comme cela a lieu dans le sud de Tamatave et fort loin sur la côte méridionale. Sur cette partie du littoral, elles constituent, pour ainsi dire, de grands lacs à l'embouchure de chaque rivière, de chaque ruisseau; leur formation déjà décrite et bien connue se fait sur la côte où nous nous trouvons aussi régulièrement, et les embouchures des fleuves, c'est-à-dire les communications de la lagune avec l'océan sont sujettes à de fréquents déplacements et à des directions nouvelles. Ces déversoirs se tracent péniblement un passage à travers les sables du rivage. La constitution géologique du sol est peu variée sur la côte Est de Madagascar, à la hauteur où nous la suivons. A notre gauche, après les dernières émergences de granite et de gneiss, les filons de quartzite, se montrent des micaschistes décomposés et des schistes cristallins. Tout cet ensemble de roches est presque partout recouvert d'une épaisse couche d'argile rougeâtre généralement et venant très près du littoral. Puis apparaît une bande côtière formée d'un sable assez fin, plus ou moins mêlée de débris végétaux, de coquilles brisées, de morceaux de coraux. Cette bande arénacée, sous l'action des vents, des eaux sauvages, du choc des lames et des courants, concourt précisément à la formation des nombreuses lagunes dont toute la côte est bordée. Elle empiète souvent sur le terrain argileux et le recouvre en certains endroits d'une couche sablonneuse assez épaisse.

Ce terrain arénacé a une largeur est et ouest très variable. Tandis qu'elle mesure plusieurs kilomètres à Tamatave, elle est très étroite à Foulpointe, pour devenir très considérable au-dessus d'Ivongo, et former la totalité de la pointe d'Antsiraka. Les couches sablonneuses reposent en certains points sur l'argile ou les roches inférieures, en d'autres, à l'ouest des premiers, sur des bancs coralliens de formation récente. Cette disposition générale est importante à noter pour expliquer la genèse des miasmes telluriques, qui infestent la zone côtière. Ce terrain sablonneux est très perméable, les eaux de pluie le

---

1. C'est une remarque curieuse que de constater que la fièvre arrive le plus souvent non quand on est en chemin, mais lorsqu'on a fini une route quelconque, quelle que soit d'ailleurs sa durée, et que, arrivé au terme du voyage, on se trouve dans de meilleures conditions de confort et de repos.

pénètrent facilement ainsi que les eaux saumâtres des lagunes voisines, et se chargent dans leur descente de tous les principes solubles des éléments organiques qu'elles rencontrent. Mais ces eaux, arrivées à une certaine profondeur, se trouvent arrêtées. Elles rencontrent en effet les parties profondes argileuses complètement imperméables. Là, ces eaux impures se réunissent et le plus souvent ne peuvent s'écouler dans la mer, empêchées qu'elles en sont par les lits [1] plongeant vers l'ouest des couches micaschisteuses. Elles forment alors de véritables marais souterrains éminemment favorables à l'éclosion de la *malaria*. Je crois pouvoir généraliser cette hypothèse très plausible pour toutes les côtes de Madagascar, là où un terrain perméable est superposé à une couche compacte argileuse. Cependant dans l'intérieur de l'île, dans des contrées où n'existent que l'argile ou la roche primitive, il faut chercher une explication différente : celle des marais superficiels.

Le taillis dont j'ai parlé plus haut et dans lequel nous cheminons, est souvent coupé de grandes clairières. On marche sur un tapis de court gazon et de bruyères; autour de nous des fougères arborescentes, des *tanghins*, des *voavotaka*, des citronniers, et le long de la mer les grands *filao*, ces arbres que l'on retrouve sur presque tout le littoral de Madagascar, et qui rappellent seuls dans cette île, par leur aspect et leurs formes, nos arbres résineux d'Europe. Ce taillis du bord de la mer faisait partie intégrante de la grande forêt. On rencontre toujours, et à chaque instant, des témoins, grands arbres secs; des troncs souvent brûlés et qui atteignent quelquefois 15 mètres de hauteur, montrent ce que devait être le pays avant le déboisement. Ces témoins que nous rencontrons çà et là au bord de la mer deviennent nombreux du côté de l'ouest et la quantité va sans cesse en augmentant en marchant vers la forêt; elle atteint son maximum dans les défrichements récents des années précédentes.

Pendant la première partie de notre étape nous marchons sur une langue de sable entre une lagune et la mer, puis nous traversons la petite rivière de Rangazavo, une demi-heure après nous passons au hameau de Bétafo. Nous traversons ensuite un bras de lagune qui forme en cet endroit une île sur laquelle est construit le village d'Ifontsy. Cette agglomération que l'on appelle aussi Nosy-Be est importante, c'est là que nous faisons halte.

En quittant Ifontsy, nous traversons la lagune en allant du côté de l'intérieur et nous trouvons dans les grands bois un petit village de 10 cases, c'est Fasendia. Au nord de ce village, le pays devient marécageux, la route est difficile jusqu'au village d'Ankadirano; là nous retrouvons une lagune jusqu'à Antetezana; nous nous arrêtons dans ce village pour y passer la nuit. Le lendemain, après une marche de quelques heures dans une contrée absolument analogue, nous arrivons à Foulepointe, en dialecte antimerina Marofototra.

Nous sommes là dans un très gros village qui a eu son heure de célébrité, et qui est encore maintenant un des centres commerciaux importants de la côte Est. Cette ville comprend environ deux cents cases, presque toutes isolées les unes des autres et placées au milieu d'un enclos palissadé; ces clôtures, appelées par les créoles entourages, limitent aussi quelques champs. Cette mode d'entourage, assez fréquente en pays betsimisaraka, à Sainte-Marie et à Nosy-Be tend à se généraliser de plus en plus, à mesure que le nombre des créoles de Maurice et de la Réunion qui viennent s'établir dans ces parages est plus nombreux. Il y a autour du village une très belle végétation, il y a surtout de beaux manguiers au port majestueux qui sont célèbres dans la contrée. A côté d'eux, les cocotiers élancés, arbres rares à Madagascar, car on n'en rencontre que quelques-uns sur les côtes au-dessus du vingtième parallèle, tous plantés et cultivés, des citronniers, des orangers, des bananiers en grand nombre. A noter encore, dans les environs de Foulepointe, une grande propriété autrefois florissante de la princesse Juliette; cette propriété est maintenant abandonnée. Le port de Foulepointe n'est qu'une rade foraine analogue à celle de Tamatave, elle est limitée du côté du large par une ceinture de brisants qui laissent entre eux

---

1. Sur la côte Est, de la baie d'Antongil à Vaingaindrano, la disposition plongeante vers l'ouest des couches inférieures compactes, argiles ou schistes, fait que les indigènes, en creusant peu profondément des puits, trouvent pour leurs besoins de l'eau douce en abondance sur le rivage de la mer. Je n'ai pas besoin d'insister sur les mauvaises qualités de cette eau corrompue.

une passe d'un accès difficile. La tenue est mauvaise, il n'y a pas d'abri. Un petit voilier qui va assez régulièrement de Fénérive à Tamatave y touche quelquefois; des vapeurs même y viennent chercher des bœufs; enfin on trouve dans la ville quelques créoles qui sont des représentants de grandes maisons de Tamatave. Le commerce principal avec les indigènes consiste en vente de rhum, toile et indienne, marmites, etc., et en achat de cuir, rabane, raphia, caoutchouc et cire. A quelques kilomètres à l'ouest de Foulepointe, se trouve le fort antimerina de Mahavélona; ce fort n'a pas grande importance malgré les petites redoutes qui l'environnent et que l'on avait construites à la hâte pendant la dernière guerre de 1883.

Nous séjournons encore le jeudi 5 septembre à Foulepointe, j'éprouve une certaine difficulté à me faire suivre de mon matériel : j'ai onze hommes malades sur trente-cinq qui composent mon convoi; il nous faut donc bon gré mal gré nous attarder une journée de plus à Foulepointe. Faute de mieux, j'emploie ma journée à me perfectionner au jeu de *katra* (fifangha de Flacourt). D'après mes notes, et d'après mon expérience personnelle que je crois bonne, car ce n'est pas aujourd'hui la première fois que je joue au *katra*, et cependant j'ai passé cette après-midi quatre grandes heures à vérifier la description du jeu de *katra* dans le livre de Flacourt, chapitre xxxiv, page 108, cette description que de Flacourt donnait en 1661 est en tous points exacte, elle est très intéressante, et je ne saurais mieux expliquer le jeu national que ne l'a fait autrefois l'ancien gouverneur de Fort-Dauphin; aussi tant pour ne pas m'exposer à expliquer plus mal que mon devancier le jeu si difficile du *katra*, que pour rendre hommage au premier et illustre explorateur de Madagascar, je vais transcrire ici sa propre description, elle est absolument conforme à la vérité.

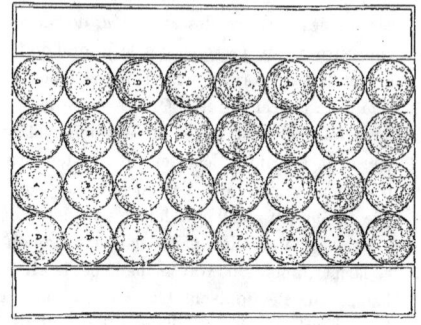

JEU DU KATRA OU FIFANGHA.

« Le Fifangha est un Ieu d'esprit qui tient du Ieu de dame et du tricquetrac, on ioüe avec de certains fruits ronds qu'ils nomment *bassy*, sur une tablette de bois, où il y a trente-deux trous en quatre ràgs, seize servans à un ioüeur et seize à l'autre. Il faut avoir chacun trente-deux *bassy* : ce Ieu est assez récréatif. Les premiers trous ou cases marquez A sont les premiers *chibon*, dont il y en a quatre. Les cases marquées B, sont les seconds *chibon*, dont il y en a aussi quatre. Celles qui sont marquées D, sont les cases de derrière ou du dehors qui sont seize.

« L'on ioüe avec soixante et quatre boulettes que l'on nomme *bassy*, lesquelles on met en un ou deux réservoirs qu'il y a en une ou deux extrémitez du Ieu, l'on peut ioüer aussi avec des iettons.

« L'on garnit premièrement les douze cases du milieu de chacun un *bassy*, avec les quatre seconds *chibon* : puis le premier ioüeur porte un *bassy* dans une des cases du milieu des deux seconds *chibon* qui sont de son costé, et prend le *bassy* dans la case opposite à celle où il a placé son *bassy*, et le porte dans un des deux premiers *chibon*, qui sont de son costé. L'autre ioüeur a un *bassy* en sa main et le place dans un des deux *chibon*, ou une des quatre cases du milieu, qui sont de son costé, et prend le *bassy* de la case opposite, et le porte à un des deux premiers *chibon* qui sont de son costé.

« Le premier ioüeur prend un *bassy* dans le réservoir et le place dans une des cases de son costé, et prend le *bassy* opposite, et le porte au premier *chibon* de son costé, et s'il y a un *bassy* dans le *chibon* opposite, il le prend avec ceux qui sont dans son premier *chibon*; puis en porte une dans le second *chibon*, qui est de son costé, et porte un autre dans une case et le dernier qu'il a en sa main dans la case qui suit, et si en l'opposite il y a un *bassy*, il le prend et le porte dans le premier *chibon* qu'il a de garny.

« Le second ioüeur en fait de mesme de son costé, et quand les *chibon* et cases de vostre costé sont dégar ies, vous avez perdu, et de mesme à l'opposite, et cela s'appelle *camou*.

« L'on ne peut iamais porter de *bassy* dans une case où il n'y a rien, comme *aussi* quand il y a à prendre, on est obligé de prendre : mais si les cases à l'opposite de celles où vous avez des *bassy* sont dégarnies, et que les autres cases de vostre adversaire qui ne sont pas opposites à celles qui sont garnies devant vous, soient garnies, vous faites lors *Mamoneatsrha* : c'est que vous portez un *bassy* dans une de vos cases garnies, et vous prenez avec celuy que vous y avez mis tous les *bassy* qui y sont, et en portez un à droict ou à gauche, comme voudrez dans la case prochaine, l'autre ensuivant, iusques à ce que le dernier *bassy* soit posé ; s'il y a un *bassy*, ou plusieurs dans cette dernière case, vous enlevez encores tout, et en garnissez une case ensuivant, comme vous avez commencé : et si vous estes au premier *chibon* de ce costé-là, et qu'il vous en reste dans la main, vous les portez aux cases de derrière, et s'il y en avoit tant en vostre main, que toutes les cases de derrière fussent garnies chacune de ceux que vous y auriez mis, vous porterez le reste au premier *chibon* suivant, en continuant iusqu'à ce que vous ayez trouvé une case vuide où vous laissez le dernier *bassy*, et cela s'appelle *Mandre*, c'est-à-dire dormir ou se reposer.

« Le jeu est assez récréatif, et s'apprend plus facilement en ioüant que de parole.

« L'on peut au lieu de *bassy* ioüer avec des jettons. »

C'est dans les environs de Foule pointe que je pus voir de près et bien examiner pour la première fois un tombeau betsimisaraka dont la partie essentielle se compose comme chez les Antimerina d'un tumulus de terre qui affecte la forme d'une pyramide tronquée à base rectangulaire (deux mètres de long, un mètre de large, soixante centimètres de haut) ; mais, au lieu d'enfermer le tumulus de terre qui recouvre le tombeau, dans un mur de pierres sèches et de le recouvrir de larges dalles de granite, à la façon des Antimerina qui trouvent sur leurs hauts plateaux et à profusion ces pierres dont ils ont besoin pour l'entourage et l'ornementation des tombeaux, les Betsimisaraka, eux, n'emploient pour cet usage que le bois, et cela se conçoit aisément, ils ont peu de pierres dans leur pays couvert de grandes forêts. Ils cachent donc le tumulus sous des planches mal équarries, et l'entourent — cela est caractéristique du tombeau betsimisaraka — d'une clôture en pieux plus ou moins gros, mais se touchant les uns les autres, et hauts d'environ 1 m. 50 au-dessus du sol.

Le vendredi 6 septembre, ne pouvant séjourner plus longtemps à Foulepointe, nous prenons nos hommes de *filanjana* comme porteurs de bagages et nous nous mettons en route. Nous nous enfonçons tout d'abord dans l'ouest à deux kilomètres environ, pour aller reconnaître la batterie antimerina et le village de Mahavelona. Nous dépassons bientôt le village de Marifarihy ; là nous avons à gauche des marais qui s'étendent très loin vers l'ouest, à droite le taillis et la lagune, plus à droite encore, à deux kilomètres environ, l'Océan. Continuant notre route, nous arrivons aux embouchures confluentes de l'Onibe et du Manonako. La lagune à cet endroit a environ quatre cents mètres de large ; nous la traversons sans incidents en pirogues et nous nous rapprochons du bord de la mer. Enfin, entre la lagune et la mer nous nous arrêtons au village d'Ambatovato. Il y a dans les environs de ce village des roches éruptives dont je ramasse de beaux échantillons. Reprenant ensuite notre route, nous traversons un taillis épais formé presque entièrement de *ravenala* et de grands roseaux. Nous rencontrons encore des marais. Avant de traverser la rivière de Farifara et le petit village de Mahasoa, qui est situé sur sa rive gauche au bord de la mer. Là, nous quittons le taillis et suivons le rivage de la mer, où nous trouvons un autre petit village Ambatomalama ; enfin nous arrivons avant la nuit au village de Mahambo, où M. Courau, un de nos compatriotes nous offre fort gracieusement l'hospitalité.

M. Courau est un vieux colon de Madagascar, qui a ici d'importantes concessions de forêts et qui a réussi du reste à les exploiter dans de bonnes conditions ; qu'il me soit permis de le remercier ici de l'accueil bienveillant qu'il a bien voulu nous faire. Mahambo, qui est un gros village de plus de deux cents cases, forme une agglomération encore plus importante que celle de Foulepointe. Presque toutes les maisons sont alignées sur deux rangs et forment une grande avenue N.-S. Les cases sont assez belles ; il y a beaucoup de petits commerçants indigènes, qui vendent principalement du rhum, du *betsabetsa*, des cotonnades et des indiennes, de la quincaillerie et de la verroterie. L'élément blanc est représenté par M. Courau et ses deux employés, MM. Lecomte et Rey, un créole de Maurice et M. Bouhis. M. Bouhis est un ancien quartier-maître de la marine qui n'a pas voulu rentrer en France et qui s'est fixé à Mahambo depuis quelque trente ans. Je cite ce fait en passant pour montrer le bien fondé de l'opinion qui fait de Madagascar le cimetière des Européens, quand, au contraire, l'île de Madagascar pourrait former un jour, au moins dans ses hauts plateaux, une de nos rares colonies de peuplement.

Nous passons le samedi 7 septembre à Mahambo et nous mettons la journée à profit pour visiter les environs, où je découvre un nouveau genre de cimetière betsimisaraka, et qui me paraît fort intéressant. Nous en avons bien vu d'autres du type ordinaire, entourés tous, comme c'est l'usage, d'une palissade limitant un espace rectangulaire, le tombeau. Quelques-uns de ces tombeaux ainsi clos sont surmontés d'un toit à deux pentes égales, ce sont ceux des nobles du pays ou de quelques familles riches et bien posées dans la contrée. A côté de ce genre déjà connu, j'en découvre un autre dans un bouquet d'arbres qui couronnent la cime d'un pic isolé. Ce lieu de sépulture n'est plus un tombeau, c'est plutôt un cimetière, car le nombre de cercueils que l'on y rencontre semble indiquer non pas les anciens représentants d'une seule famille, mais toute une population défunte.

Dans une clairière de ce petit bois sacré, une soixantaine de cercueils reposent, rangés les uns à côté des autres, et orientés invariablement de façon à ce que le cadavre ait les pieds tournés vers le nord, la tête vers le sud. Ces cercueils en bois massif sont formés de deux parties : l'une, le fond, est une énorme pièce de bois rectangulaire, creusée de trente-cinq centimètres environ ; l'autre partie, le couvercle, est également formée d'un seul madrier, qui repose sur le massif rectangulaire inférieur en le débordant légèrement. La partie supérieure de ce couvercle est tantôt arrondie, et conserve ainsi l'apparence de l'arbre que l'on a employé ; tantôt au contraire, le bois a été abattu sur les deux angles, pour constituer une arête médiane d'où partent deux pentes inclinées. C'est la forme la plus fréquente. Vers le centre de la clairière est installé une sorte d'échafaudage sur lequel est posé le cercueil d'un chef, en vertu de cet axiome généralement adopté par les tribus malgaches qu'un puissant doit toujours planer au-dessus des simples mortels. Un chef de ces tribus qui viendrait à Paris logerait dans les combles, pendant que ses serviteurs habiteraient l'entresol.

Dans cette clairière, je me trouvais en face de ce que j'appellerais un cimetière provisoire des Betsimisaraka qui osent suivre encore les coutumes de leurs aïeux, car les Betsimisaraka comme les Antimerina ont, par un contact prolongé avec les Européens, oublié ou plutôt délaissé une partie de leurs anciennes coutumes ; ils en suivent bien encore quelques-unes, mais ils ont soin de se cacher ou d'expliquer par un raisonnement plus moderne leurs anciennes superstitions, qui pourraient de la sorte échapper à une observation superficielle et surtout faite près d'un centre habité par des Européens. Près de tels endroits, par suite du caractère général du peuple madécasse, on ne peut faire sur lui que des observations fatalement incomplètes et absolument erronées ; pour le juger comme il doit l'être, il faut vivre de sa vie, marcher à ses côtés, lui parler sans cesse, et surtout se garder de ce vernis factice que lui donne si aisément toute influence étrangère.

J'ai dit que ce cimetière était un lieu de sépulture provisoire ; il ne sert en effet qu'à garder pendant un certain temps ces cercueils qu'on transporte dans le tombeau de famille entouré de la palissade réglementaire, après la putréfaction complète du corps que le cercueil contient.

De l'avis de tous ceux qui ont écrit sur Madagascar, qui ne faisaient du reste qu'exprimer une fois de plus une opinion émise par la généralité des voyageurs dans les pays sauvages, à savoir que les peuples primitifs ont tous la notion d'un Dieu créateur, les peuplades malgaches reconnaissent un Être suprême. Je ne sais s'il en est ainsi chez d'autres peuples primitifs, mais chez les Malgaches une telle conclusion me paraît peut-être prématurée. Il est évident que si on demande à un jeune Antimerina qui a été pendant dix ans à l'école des méthodistes anglais, la religion de ses pères, il est très probable que ses souvenirs classiques ne lui permettront pas de raconter fidèlement les traditions que lui ont léguées ses aïeux. En réalité, si je n'ai pas trouvé, chez les indigènes madécasses, une croyance nette et précise en un Dieu créateur, j'y ai toujours trouvé certaines croyances vagues et confuses, d'où se dégageaient surtout, au milieu de superstitions grossières et de pratiques bizarres, la croyance aux mauvais esprits et le culte des morts. Ces deux idées représentent, d'une manière générale, toute la religion du Malgache, religion qu'il cache quelquefois, surtout quand il se dit protestant ou catholique, mais qu'il n'abandonne jamais; ses nouvelles croyances ne sont que des habits neufs dont il aime à se parer, mais sous lesquels il reste tout entier. On peut dire que les Malgaches croient à deux esprits supérieurs : l'un, esprit du bien, esprit créateur, *Zanahary-Be*, dont en général ils se soucient fort peu; cet esprit supérieur représente, en même temps que la volonté suprême qui dirige les grandes lois physiques et auxquelles tout le monde est astreint sans pouvoir les éviter, les grands phénomènes de la nature : le vent, le tonnerre, l'ouragan, le soleil, etc. Le Malgache d'habitude n'a aucun culte pour ce génie du bien, ce *Zanahary-Be*. Il n'en est pas de même pour le génie du mal, *Angatra*, qui préside aux mauvaises choses, aux calamités qui nous frappent. C'est à cet esprit du mal et à ses suppôts que les Malgaches sacrifient et rendent un culte. L'indigène craint les mauvais esprits, comme les paysans de nos campagnes craignent les feux follets et les revenants. A côté de cette croyance générale, le Malgache place toujours la croyance aux morts qui se rattache toujours d'une façon très étroite à la première, car suivant les circonstances, les morts deviennent des bons ou des mauvais esprits, qui font du mal ou protègent plus spécialement leur famille, leur peuple, leurs vassaux. Mais ces morts qui deviennent ainsi des petits *Zanahary* ou des petits *Angatra* et qui peuvent communiquer avec les vivants sous le nom de *Lolo*, et les favoriser ou leur faire du mal, n'atteignent cet état de perfection qu'après la putréfaction complète des corps qu'ils ont occupés; il faut aussi savoir que pendant que cette putréfaction s'opère, les *Lolo* ont certains besoins corporels qu'ils ne peuvent satisfaire qu'avec l'assistance des vivants.

Partant donc de ces deux principes, un indigène vient-il à mourir, on le porte dans le bois sacré, dans son cercueil; le corps est enveloppé de nattes fines, de riches rabanes, il est couché sur un lit de roseaux, un petit oreiller soulève sa tête, le cercueil est recouvert de son toit et posé à côté des autres à la place qu'il doit occuper. Tous les jours, la famille du mort vient placer à la tête du cercueil une assiette de riz cuit, de l'eau dans des callebasses, et même du rhum; cela dure ainsi un mois ou deux pendant lesquels les provisions sont renouvelées chaque semaine. Au bout de ce temps, si le corps est suffisamment putréfié, on retire le cercueil de la clairière, et on va le porter en grande pompe dans le tombeau de famille préparé à cet effet. Dans cette circonstance, comme lors du décès, la famille du mort se réunit, et se livre pendant deux ou trois jours à des orgies ininterrompues. On tue des bœufs, on boit du rhum, du *betsabetsa*, on chante, on danse, et tout cela pour que le *Lolo* soit favorable à la famille, qu'il s'en constitue l'ange gardien et sauvegarde ses intérêts en toutes circonstances. Du reste, le souvenir du *Lolo* sera ineffaçable, on l'invoquera toujours, son nom sera sans cesse répété dans les *kabary* de cette famille, un coin de la case lui sera consacré, angle du nord-est où l'on placera en son intention, dans les grandes circonstances, le riz du souvenir, et où l'on fera brûler en même temps dans une petite cassolette les parfums les plus suaves que l'on pourra se procurer. J'ajouterai enfin, pour terminer cette longue digression à laquelle je me suis laissé entraîner en parlant du cimetière provisoire betsimisaraka, que le petit bouquet de bois *fady*, qui garnit le sommet de l'éminence sur laquelle nous nous trouvons, me donne l'explication la plus plausible et la seule exacte d'ailleurs des petits bouquets de bois analogues que j'avais vus depuis Didy aux environs de la route, et à proximité des nombreux villages que nous avons traversés. Ces petits bouquets de bois sur les hauteurs, respectés par le défrichement général qui s'attaque aux pays forestiers, doivent leur conservation, non pas à un pur effet du hasard, ni à ce que l'on ne veut pas défricher sur des cimes difficiles à gravir, mais c'est tout simplement pour laisser en dehors des routes suivies et néanmoins à proximité des villages, des asiles, champs de repos pour les morts, qu'aucune visite profane ne viendra troubler dans leur dernier sommeil. Ces petits bois sacrés où l'on place les morts soit d'une façon temporaire, soit d'une façon définitive, existent aussi bien chez les Sakalava de l'Ouest que chez les Betsimisaraka. On les retrouve encore chez toutes les tribus insoumises du Sud et du Sud-Ouest, ce qui, conjointement à ce que nous savons sur la situation des tombeaux des *Vazimba* chez les Antimerina, nous fait croire que ces bois sacrés ont été employés généralement autrefois par tous les habitants de Madagascar.

Le lundi 9 septembre, nous nous décidons enfin à quitter Mahambo et à continuer notre route vers le nord; une petite étape doit nous mener à notre premier arrêt, à Fénérive. En effet, en quatre heures de marche nous y arrivons, après avoir longé presque tout le temps le bord de la mer. La ville de Fénérive ou Féouarivo est l'agglomération la plus importante que nous ayons vue depuis Tamatave. Ce doit être un des centres les plus importants de la côte nord-est. Comme Mahambo, la ville se compose presque exclusivement d'une longue rue, de chaque côté de laquelle sont les maisons, pour la plupart assez propres. Il y a quelques Européens et surtout quelques créoles qui se livrent au commerce et représentent en majeure partie les grandes maisons de Tamatave. Il y a aussi beaucoup de petits commerçants indigènes, dans les boutiques desquels les liquides, rhum et *betsabetsa*, tiennent la première place. Nous sommes logés chez le capitaine des douanes antimerina, où nous sommes fort bien, puis nous allons voir le commandant du fort antimerina de Vahimasina, qui est en même temps gouverneur de la province; il nous reçoit fort bien, et nous fait présenter les cadeaux d'usage, du riz, des poules et des légumes, ce qui me fait le plus sensible plaisir. Il nous donne aussi une lettre de recommandation pour son collègue de Soamianina Ivongo, et envoie un courrier sur notre route, pour nous faire préparer des gîtes dans les villages que nous devons traverser, et des pirogues sur les cours d'eau et les lagunes que nous devons franchir. Cette dernière attention nous facilitera singulièrement notre voyage, aussi je l'en remercie chaleureusement. Je retrouve à Fénoarivo, dans cette population betsimisaraka, ce que j'avais déjà trouvé dans les différents villages antimerina, des tatouages, peu fréquents, il est vrai, mais que l'on peut voir encore chez certains individus et principalement chez les femmes. Le tatouage, chez les Malgaches, n'est pas fréquent, il l'était plus autrefois; cette pratique a été évidemment apportée chez les anciens habitants, par des esclaves amenés de la côte d'Afrique. Ces tatouages exceptionnels se font le plus généralement sur les avant-bras ou sur le front, et affectent le plus souvent la forme de trois V majuscules, emboîtés les uns dans les autres et desquels on aurait effacé l'angle aigu. Quelquefois, mais beaucoup plus rarement, les tatouages représentent des dessins plus compliqués. En somme, les tatouages ne sont guère plus fréquents chez les Malgaches que chez les Européens. Les Betsimisaraka emploient pour se tatouer une manière de procédé analogue; ils exécutent les dessins désirés par des piqûres d'aiguilles enfoncées profondément dans le derme, puis frottent vigoureusement la plaie encore saignante, avec une matière noire, tirée des feuilles d'un arbrisseau nommé *Kalamaka*, et mélangée avec du charbon de bois.

Nous quittons Fénoarivo le mardi 10 septembre, et nous marchons au sortir du village dans une grande plaine inondée, nous frayant péniblement un passage à travers des roseaux élevés et serrés, puis nous rejoignons le bord de la mer où nous traversons la petite rivière de Antendro. Après cette rivière, de petites falaises d'argile ont remplacé les levées sablonneuses, elles sont supportées par des assises friables, des roches micaschisteuses décomposées. Vers dix heures, nous nous arrêtons au village de Tampolo. Dans l'après-midi, continuant notre route, nous passons, près du rivage, la rivière de Manangoro, le grand déversoir du lac Alaotra, puis après une heureuse traversée, nous nous arrêtons pour coucher au village d'Ambinany, qui compte une douzaine de cases.

Tout le long de la route nous avons vu les bons effets produits par le courrier qui nous précédait et qu'avait envoyé le commandant de Fénoarivo. Partout aux bacs, nous trouvions de grandes et bonnes pirogues qui nous faisaient passer rapidement d'un bord à l'autre; dans les villages, les chefs prévenus nous attendaient. Ils avaient fait préparer leurs plus belles cases, des cadeaux tout prêts étaient là, on nous arrêtait même sur la route, dans les hameaux et près des cases isolées, pour nous offrir du manioc cuit et des morceaux de canne. Je n'ai donc qu'à remercier Rainizanahœra, gouverneur de Fénoarivo, de ses bons offices.

Le lendemain, nous faisons route dans de grands taillis, puis, nous marchons ensuite sur une digue sablonneuse couverte de *filao* qui sépare une grande lagune de l'océan. Après avoir traversé un petit ruisseau, nous passons au village de Manarampotsy, puis plus loin, nous traversons le hameau de Ambazaha, au nord duquel nous traversons la petite rivière de Marokanga, sur les bords de laquelle je tue un gros serpent qui, caché au fond de notre pirogue, avait fait la traversée avec nous. Il ornera ma collection zoologique, mais j'ai beaucoup de peine à le donner comme supplément de charge à un de mes porteurs.

Le serpent à Madagascar est un animal absolument inoffensif; j'en ai pris beaucoup dans toutes les contrées, je me suis même assuré par des expériences, sur des poulets et des pigeons, de l'innocuité de leurs morsures. Ces reptiles sont assez nombreux dans l'île, ils sont souvent très gros, mais peu longs, en général; on en voit dans les cases, et j'en ai surpris plusieurs fois sur mon lit, enroulés dans ma couverture de voyage. Malgré leur caractère inoffensif, je fais toutes les fois que je le peux un mauvais parti à ces reptiles, leur vue m'est toujours désagréable, et je leur ai toujours voué, ainsi qu'aux caïmans, une haine à mort, après les tribulations que m'ont causées ces animaux, dans mes précédents voyages dans l'Amérique équatoriale. Mes porteurs étaient loin de partager ma répulsion. Pour le Malgache en effet, dans presque toutes les tribus, le serpent est sinon un objet de vénération, du moins un animal qui mérite quelque pitié. Certaines tribus du Sud et les Betsileo en particulier croient que c'est dans un serpent que les esprits de leurs défunts, les *lolo* tant redoutés, vont se loger après la complète putréfaction du corps qu'ils occupaient auparavant. Nous arrivons ensuite au village de Manansatrana où nous faisons halte. L'industrie principale de ce village est la confection des rabanes à plusieurs teintes si communes sur la côte Est. On en fait d'ailleurs dans tous les villages que nous avons traversés depuis Tamatave, mais c'est ici où je vois les métiers les mieux construits et le personnel le plus nombreux.

Les plantes tinctoriales existent en assez grande quantité à Madagascar, et ce sont des sucs des végétaux dont les indigènes retirent leurs teintures les plus usuelles. La couleur noire fait seule exception. On obtient cette nuance en laissant tremper pendant plusieurs jours les objets à teindre, fibres de raphia, paille de riz, fil ou soie, dans une boue peu épaisse, prise au fond de la lagune, sur un terrain argileux. Ces boues sont très riches en sulfate de fer qui, mélangé aux détritus organiques qui forment la couche inférieure du marais, donne une couleur noire assez solide mais peu intense.

Le rouge, la couleur la plus difficile à obtenir par les indigènes, provient d'un mélange de cendres et de poudre de la racine d'une plante aquatique, le *vahalingo*. On obtient un autre rouge moins vif en faisant bouillir les feuilles et les fleurs de l'arbuste *arongha*.

Le bleu est produit par l'indigo; les objets macérés dans la décoction bouillante de la plante sont ensuite enfouis sous des cendres chaudes.

Le jaune est obtenu par la poudre de la racine du *tamotamo* (*Curcuma longa*) [1].

En quittant Manansatrana nous passons de suite la rivière du même nom qui coule au nord du village, et une heure après nous traversons le village de Fatadrano où nous devons absolument descendre chez le capitaine de la douane, qui tient absolument à nous avoir quelques instants : « Je serai très heureux de vous avoir, venez prendre quelque chose dans ma case, cela me fera grand plaisir, les passants sont si rares sur cette route ». Nous ne pouvons qu'accepter cette gracieuse invitation appuyée par une observation si juste.

Dans tous les villages de quelque importance de la côte Est et des tribus soumises de la côte Ouest, il y a un officier de douanes, chargé par le gouvernement de Tananarive de percevoir les droits de douanes aux entrées et aux sorties des marchandises. Le plus souvent ces fonctions constituent une sinécure, mais ici, à cause du voisinage de Sainte-Marie, il se fait quelques mouvements de pirogues qui apportent du sel, et importent dans notre colonie du riz et des bœufs. Quoi qu'il en soit, ces modestes, mais peu intègres fonctionnaires perçoivent quelques droits dont ils envoient la moitié envi-

---

[1]. Chez les Sakalava du Nord et chez les Antankarana, beaucoup d'indigènes fabriquent aussi des rabanes diversement colorées. Leurs couleurs sont au nombre de cinq : 1° le rouge, qui est obtenu au moyen de l'écorce du *nato* (Imbricaria madagascariensis); 2° le bleu, obtenu par une décoction d'indigo *Haika*; 3° le jaune, par le *tamotamo*; 4° le vert, par un mélange de ces deux dernières substances; 5° le brun-noir, obtenu par un procédé analogue à celui employé par les Betsimisaraka d'Ivongo.

VILLAGE D'IVONGO.

ron au chef de leur province, qui s'empressera de n'en envoyer que le quart à Tananarive. Il faut bien vivre. Si l'on ajoute à ces nombreux capitaines de douanes qui peuplent ainsi les côtes de Madagascar, les non moins nombreux commandants ou colonels qui gouvernent les villages de l'intérieur, on arrive à un chiffre relativement formidable de colonels et de capitaines. C'est là peut-être le seul point de ressemblance entre Madagascar et les États-Unis d'Amérique.

Après une halte un peu prolongée, nous reprenons notre route dans les taillis du bord de la mer Depuis ce matin, loin dans l'Ouest, nous voyons émerger de l'océan Indien les côtes basses de Sainte Marie. Nous traversons, près d'une lagune dans laquelle elle se jette, la petite rivière de Manankatafana nous arrivons enfin au village du même nom où nous allons coucher.

Le lendemain jeudi 12 septembre, nous n'avons à faire qu'une petite étape pour atteindre Ivongo ou Soamianina, mais le chemin est mauvais. Nous ne pouvons nous enfoncer vers l'intérieur dans des taillis impénétrables. Il y a là des fourrés de plantes épineuses et de bambous, il nous faut bon gré ma gré suivre le rivage de la mer, mais nous y rencontrons souvent des rochers, sur lesquels le flot vient à se briser. Il nous faut, au milieu de l'écume blanche de la lame, sauter de l'un à l'autre. Vers huit heures, les taillis deviennent moins épais; nous y entrons, mais c'est pour peu de temps, une lagune et un marais nous obligent encore de suivre la plage. Heureusement c'est maintenant mer basse, les flots se sont retirés : et tout en sautant de rocher en rocher, nous pouvons çà et là profiter d'un petit îlot sablonneux que la mer laisse à découvert. A dix heures, nous nous heurtons à une grosse difficulté. C'est un gros rocher surplombant la mer, qui à cet endroit est fort profonde; il est dominé lui-même par une autre roche inclinée en avant, et il n'y a pour tout passage, entre les deux, qu'une toute petite corniche que je mesure en explorateur consciencieux; elle a 17 centimètres de large. Le passage est fort difficile et périlleux; Maistre et quelques porteurs l'ont déjà franchi, lorsque, en cherchant bien, on trouve par la forêt contournant les éboulis, une piste frayée et préférable cent fois à ce que j'appelle la route de la corniche. Je précède dans le sentier le reste de ma caravane. Puis, continuant sur la place, nous arrivons à midi à Ivongo.

Ivongo est un village betsimisaraka. Le fort antimerina que la tribu conquérante a bâti à côté, s'appelle plus communément Somianina. Ivongo est situé à 500 mètres de la plage, sur un sol sablonneux, on y cultive de beaux cocotiers. La plupart des maisons sont neuves. Un incendie tout récent y a détruit la plupart des cases, le fort antimerina et la maison du gouverneur.

Le commandant, à qui j'ai fait envoyer avec nos salutations les lettres du gouverneur de Tamatave et de Fénoarivo, nous a fait préparer la maison du chef du village où nous trouvons, luxe rare à Madagascar, des chaises, une table et un plancher; de plus, le commandant nous attend à quatre heures, il sera heureux de nous voir.

A l'heure dite, nous nous rendons au *Rova*; ce n'est pas une batterie circulaire en terre ou en béton, comme à Tamatave, à Foulepointe, à Mahambo, ou à Fénérive; mais une double enceinte de pieux et, à l'intérieur, des cases des officiers groupées autour de la grande maison que le gouverneur vient de faire construire récemment. Un aide de camp qui était venu nous chercher nous introduit, le gouverneur nous attendait dans une case de réception entouré de tous ses officiers. Il est vêtu d'une tunique avec broderie d'or, et d'un pantalon à larges bandes d'argent, un chapeau à haute forme couvre son chef. Nous prenons place autour de la table, et causons en amis. Il nous donnera des lettres pour les autres gouverneurs et pour Mandritsara en particulier, ce qui me fait grand plaisir. Après avoir sacrifié à une mode, encore d'importation européenne, qui est de boire un certain nombre d'apéritifs variés, nous nous quittons bons amis [1], emportant une invitation pour un grand dîner qu'il veut donner demain en notre honneur. Je ne sais comment le remercier, lorsqu'il me demande de faire sa photographie. J'accède volontiers à sa demande et j'opère lorsque ses préparatifs sont terminés : il a revêtu sa plus belle tenue et trône au milieu d'une sorte de reposoir qu'il vient de faire à la hâte, pour que le décor soit digne du sujet.

Le lendemain, vers cinq heures et demie, un aide de camp vient nous chercher pour dîner; nous l'attendions du reste depuis une heure et demie, mais ce léger retard est absolument réglementaire chez les Antimerina. Avant le repas, le gouverneur me demande de la quinine, dont je lui donne généreusement plusieurs doses. Comme presque tous ses collègues de la côte, il souffre cruellement de fièvres invétérées; il faudrait que ces fonctionnaires retournent de temps en temps dans leur pays d'origine, mais cela leur est impossible avant un certain nombre d'années. Pour quitter leur commandement en effet, il leur faudrait payer au premier ministre une grosse somme d'argent, aussi reculent-ils presque tous devant cette dépense, aimant mieux garder pour leurs vieux jours l'argent qu'ils prélèvent sur leurs administrés. Vers six heures, le repas commence, il est interminable. C'est une succession de plats, rôtis pour la plupart, de bœuf ou de volaille. Les boissons sont à l'avenant, mais dans un ordre tout à fait bizarre, et au vin rouge, au vin blanc et au champagne succèdent les absinthes et les amers Picon. Après le repas, des toasts commencent, il m'y faut répondre de mon mieux, mais je suis déjà rompu à ce genre d'exercice. Pour terminer la soirée nous assistons à des danses variées, et nous entendons des chœurs qui psalmodient surtout des cantiques appris au temple des missionnaires protestants. On a commencé par les danses du pays, ce sont les plus intéressantes, puis les officiers et les femmes nobles du pays ont exécuté nos pas européens, où on peut reconnaître nos principales danses sans en excepter même le menuet de nos pères. L'effet en est burlesque. L'orchestre se compose de deux tambours, une grosse caisse et un accordéon. Enfin, à onze heures, nous pouvons prendre congé, mais le gouverneur veut à toutes forces nous faire reconduire à notre case par la musique, dont j'ai grand'peur, et par une partie de la garnison, qui est beaucoup moins à craindre. Rentrés chez nous, nous avons beaucoup de peine à nous débarrasser de la musique dont le chef tient énergiquement à nous donner une aubade pendant une partie de la nuit.

Le lendemain, samedi 14 septembre, nous arrivons à Antsiraka. Ce village de 40 cases est construit

---

[1]. Cette mode des apéritifs fortement enracinée dans les pays tropicaux est fort préjudiciable à la santé. On ne peut faire aucune visite, aucune promenade aux heures fraîches de la journée, de 5 heures à 7 heures du soir, sans que la personne chez laquelle vous vous arrêtez ne se croie obligée de vous offrir des apéritifs. En refusant, on la désoblige beaucoup, car cette mauvaise habitude est complètement passée dans les mœurs. Beaucoup de colons en abusent, et pour un grand nombre d'Européens les apéritifs sont une cause très réelle de maladie, dont on attribue les causes bien entendu au climat, au soleil, à la mauvaise qualité de l'eau dont on n'abuse jamais : on en use à peine. On se garde bien de parler des boissons alcooliques, surtout prises avant les repas, et dans beaucoup de cas ce sont les seules coupables.

à l'extrémité de la Pointe-à-Larrée. Ce promontoire sablonneux est le point de l'île de Madagascar le plus rapproché de notre colonie de Sainte-Marie, aussi beaucoup d'indigènes, sujets français, viennent-ils s'y réfugier. J'ai remarqué du reste, dans mon voyage le long de la côte est de Madagascar, le grand nombre d'indigènes de Sainte-Marie qui viennent s'établir sur la grande terre. Actuellement, notre colonie se dépeuple au profit de Madagascar. Nos sujets quittent en foule Sainte-Marie, ils fuient les impôts dont ils sont écrasés dans notre colonie, et redoutent avec raison nos lois françaises qui ne sont pas faites pour eux et qu'on leur applique brutalement. Nous restons deux jours à visiter la Pointe-à-Larrée. Ce n'est qu'une longue bande de sable sans aucune éminence, couverte de taillis aux nombreuses clairières. Ces espaces dénudés sont transformés en marais pendant la saison des pluies. Sur la Pointe-à-Larrée, l'eau se trouve partout, et à peu de profondeur, mais elle est légèrement saumâtre.

Le mardi 17 septembre, une petite étape nous conduit à Fandrarazana, où nous passons une rivière assez importante, puis nous arrivons, après avoir contourné et dépassé le port Tintingue, au village de Manompa où nous nous arrêtons. Le port de Tintingue, bien connu par les anciens navigateurs de Madagascar, est avec Fort-Dauphin un des deux ports vraiment dignes de ce nom que l'on rencontre sur la côte est de Madagascar. Malheureusement ce port est d'un accès difficile, et les anciens vaisseaux à voiles qui fréquentaient ces parages dans le siècle dernier, n'y pouvaient venir mouiller qu'après des manœuvres d'ancres, longues et difficiles.

Le mercredi 18 septembre, nous rencontrons pendant notre étape du matin les mêmes difficultés de marche au bord de la mer et sur le flanc des falaises que celles que nous avions trouvées il y a huit jours avant d'arriver à Ivongo. Vers le milieu du jour, nous nous arrêtons au petit village d'Anonibe, après avoir traversé un ruisseau de peu d'importance qui porte le même nom, puis nous nous arrêtons dans la soirée au village de Manambato.

Le jeudi 19 septembre, nous continuons le long du littoral, où nous marchons pour la première fois, au nord du village de Lapilava, dans les palétuviers.

En général, depuis que nous avons quitté Tamatave, nous avons toujours marché au bord de la mer sur de belles plages de sable, d'où on voyait émerger quelquefois à marée basse quelques récifs coralliens; depuis le port de Tintingue, le littoral de l'Océan a changé d'aspect, il n'y a plus de ces belles plages. On ne voit que des galets et de gros entablements rocheux qui forment tous les petits promontoires dont la côte est hérissée. Il existe au large de nombreux brisants, en dehors de la ceinture des coraux. De plus, à mesure que nous montons vers le nord, surtout en approchant du cap Bellones, que nous voyons devant nous, les montagnes sont très rapprochées de la côte. Ce sont les premiers contreforts de cette chaîne qui forment en s'inclinant vers l'est tous ces petits promontoires que nous rencontrons à chaque instant. La forêt vient maintenant jusqu'au bord de la mer, plus au sud elle ne commençait que bien loin dans l'ouest, et le long de la côte il n'y avait que des taillis et des clairières; ici les grands arbres couronnent les petites falaises rocheuses. Dans cette forêt, les *ravenala* dominent, et sur l'un d'entre eux, particulièrement élevé, je suis assez heureux pour tuer un beau *babakoto* que je me propose d'empailler à notre prochain arrêt. Ce lémurien, sans queue, et qui appartient à la plus grande espèce de Madagascar, mesure 1 m. 10 de haut. Un des mes porteurs antimerina s'en charge sans trop de répugnance et nous reprenons notre route. Nous n'étions plus qu'à quelques centaines de mètres de Sahasoa, misérable village betsimisaraka d'une dizaine de cases, lorsque nous voyons venir vers nous en poussant de grands cris une vingtaine d'indigènes. Ils nous interpellent violemment, nos porteurs s'arrêtent, un grand *kabary* se prépare. Les Betsimisaraka nous accusent d'avoir tué un de leurs grands-pères dans la forêt; nous discutons, ils m'exposent leur théorie. Ce sont tout simplement des disciples convaincus de Lamarck et de Darwin, ces indigènes sont transformistes. La conversation est des plus intéressantes. Ils me comptent bien entendu la légende du *babakoto* (*baba*, père; *koto*, koto). D'après eux, Koto, le premier betsimisaraka et le père de toute la tribu, était grand amateur de miel; un jour, emporté par l'ardeur de la chasse de son mets favori, il était monté si haut sur un géant de la forêt pour s'emparer d'un essaim d'abeilles, qu'il se trouva, une fois possesseur du miel convoité, dans l'impossibilité de descendre. Il était fort perplexe, lorsque un singe bon enfant en eut pitié, et se plaçant à côté de lui, descendit jusqu'au sol en sautant de branche en branche. Le Betsimisaraka Koto, mettant à profit les enseignements du singe, descendit par le même chemin. Il raconta son aventure, et depuis cette époque on appelle ces singes, particuliers à Madagascar, le père de Koto, *babakoto*. Quoi qu'il en soit, faisant valoir surtout mon ignorance, le *kabary* s'apaisa, je dus promettre cependant de ne pas dépouiller le *babakoto* au village et de choisir pour me livrer à cette opération, un endroit écarté et solitaire où les indigènes ne me verraient pas porter une main sacrilège sur un de leurs si proches parents.

A côté de la légende betsimisaraka, sur le *babakoto*, se place bien entendu sur le même sujet une légende antimerina. Ceux-ci ont tenté non seulement d'asservir les autres tribus de l'île, mais ont encore voulu s'emparer de leurs anciennes traditions. Cependant, dans ce dernier cas, s'il me fallait choisir entre les deux légendes, la fiction antimerina me semblerait la plus probable, car si, en général, leurs traits physiques sont plus réguliers et se rapprochent un peu plus de la beauté telle que nous la comprenons, nous, Occidentaux, chez les races humaines, pour tous les autres caractères, ils se rapprochent beaucoup plus du *babakoto* que les Betsimisaraka et les Sakalaves en particulier, représentés par beaucoup de gens et bien à tort selon moi, comme inférieurs à la race antimerina : j'estime que c'est absolument le contraire qui est vrai.

Les Antimerina, dans leur orgueil sans limite, ont un mépris absolu pour les noirs. Et à chaque instant, ils les appellent *babakoto*, et voici pourquoi. Lorsque Dieu eut créé les grandes races des hommes, il leur dit de choisir sur la terre les contrées dont le climat leur conviendrait le mieux. Les Makoas [1] choisirent l'Afrique au Sud, les Arabes au Nord, les blancs se fixèrent en Europe et les Antimerina, au centre de Madagascar. Lorsque ces peuples furent installés dans leurs domaines, les Antimerina s'aperçurent que si le centre de Madagascar leur convenait parfaitement comme climat, il n'en était pas de même des côtes et du littoral, là ils ne pouvaient descendre, il leur fallait des hommes spéciaux. Ils firent *kabary*, après une longue discussion, résolurent d'expédier à Dieu un envoyé pour lui exposer leur désir. Cet ambassadeur se rendit donc auprès du *Zanahary*, mais fut mal reçu parce que à cette époque Dieu était fort occupé à créer tous les différents types d'animaux qui devaient peupler la terre. Cependant Dieu revint sur ce premier mouvement d'impatience qui allait lui faire chasser de sa présence l'importun ambassadeur des Antimerina. Le *Zanahary* venait de fabriquer justement un singe et semblait fatigué mais content de son travail. Les supplications de l'Antimerina le touchèrent, et il résolut de lui donner satisfaction, sans pourtant se créer un supplément de besogne. Il prit le singe qu'il venait de créer, lui trancha la queue, et le montrant à l'ambassadeur antimerina il ajouta : « Voilà celui qui habitera les côtes de Madagascar ». Pour les Antimerina, le Malgache proprement dit venait d'être créé. En voici la preuve, ajoute la légende : lorsque le *Zanahary* eut trouvé ce singe pour en faire un Malgache, satisfait de son excellente idée, il poussa un soupir de satisfaction, *ouch! ouch!* et maintenant encore les esclaves et les porteurs des Antimerina poussent ce même soupir guttural *ouch! ouch!* lorsqu'ils déposent le fardeau dont ils sont chargés, ou qu'ils sont arrivés après bien des efforts au sommet d'une montée ardue et difficile.

Ainsi disent les Antimerina pour se moquer des autres Malgaches.

Le vendredi 20 septembre, notre étape se fait encore en majeure partie dans la forêt, la contrée est plus mouvementée. Nous traversons dans la matinée la rivière de Menatany, et le soir nous nous arrêtons au village de Morona, construit sur le cap Bellones; nous sommes ici dans une contrée rocheuse. A l'horizon au nord-est, se profile le cap Masoala, qui, avec le cap Bellones sur lequel nous sommes, forme l'entrée de la baie d'Antongil. Cette baie, véritable mer intérieure, constitue une exception sur cette côte est de Madagascar, qui du cap Sainte-Marie au cap d'Anibe présente une courbe parfaitement régulière. Demain nous serons à Mananara, le point le plus septentrional que nous devons atteindre sur cette côte de Madagascar.

1. Pour les Malgaches, le Makoa désigne le noir africain et principalement les Moçambiques, esclaves importés chez eux; ils englobent sous cette dénomination tous les Africains en général.

Le village de Mananara, où nous sommes arrivés enfin ce samedi 21 septembre, est assez important, il compte plus de cent cases, comme toutes les agglomérations importantes que nous avons vues sur la côte depuis notre départ de Tamatave. Dans ce pays des Betsimisaraka, à quelques kilomètres de ce gros village, s'élèvent un fort et un village antimerina. En effet, dans toute cette province betsimisaraka, comme d'ailleurs dans toutes les autres tribus soumises aux Antimerina, ceux-ci ont construit et sont venus se grouper non pas dans les anciennes agglomérations indigènes, mais s'établir à côté et y fonder

FORÊT A L'EST DE SAHASOA.

une nouvelle ville, qui dans leur pensée devait absorber l'ancienne. Partout on retrouve cette disposition, mais elle est plus générale encore dans les régions littorales. D'abord les Antimérina n'aiment pas la mer, et ils n'ont pas tout à fait tort, car c'est une route ouverte pour les étrangers, qui voudraient les tirer de leur isolement et leur assurer une meilleure existence, ce dont les chefs ne se soucient guère. De plus, sachant leurs villes du rivage trop accessibles aux forces ennemies, ils ont organisé ce semblant de résistance à quelques lieues en arrière. Mais au point de vue militaire, ces forts n'existent pas, et au delà il n'y a nulle résistance, on ne trouverait que les obstacles naturels avec lesquels il faut compter sans doute, mais qui sont bien loin d'être infranchissables. Ces raisons sont plausibles, sinon véritables, mais la seule réelle qui pousse les Antimerina à entretenir coûteusement ce qu'ils appellent des postes militaires, des villages de soldats, auxquels ils donnent des noms pompeux, et surtout très longs : c'est qu'ils veulent bien marquer leurs propriétés et qu'ils veulent aussi indiquer aux populations européennes qu'ils sont bien maîtres incontestés de toute l'île de Madagascar, que l'on puisse lire partout sur la carte de l'île, des noms antimerina, peuplés d'Antimerina, et où flotte le pavillon de la reine de Tananarive.

Dès mon arrivée à Mananara, j'avais fait envoyer au fort antimerina, nommé Vohizanahary ou Soavinarivo, où habite le gouverneur de la province, les lettres que m'avaient données pour lui les autres commandants du Sud et je lui annonçai ma visite pour le lendemain, en lui demandant un guide pour l'ouest, pour la ville de Mandritsara.

Le 22 et le 23 septembre, je reste à Mananara ou Manahara [1], pour soigner mon compagnon de voyage qui est gravement atteint de *la malaria*. Il a des accès très fréquents, c'est une sorte de fièvre bi-quotidienne, la marche lui est impossible, et le transport en filanjana est très douloureux. Maistre ne peut donc continuer son voyage, et je me vois dans la triste nécessité de me priver, pour un temps je l'espère, de mon dernier compagnon de route. Justement une petite goélette, la *Dorade*, qui appartient à M. Dupuis, de Tamatave, est ici en partance pour ce port du Sud, elle fera voile dès qu'elle aura complété son chargement. J'accepte pour Maistre, un passage que M. Hocard, agent de M. Dupuis, m'offre fort gracieusement. Maistre s'embarquera donc à bord aussitôt que le violent accès dont il souffre sera un peu calmé. Il débarquera à Tamatave, où il trouvera tous les soins et le confortable qu'exige son état, et il pourra après sa guérison remonter à Tananarive où j'espère le rejoindre dans quelques mois.

Le mardi 24 septembre, après avoir fait transporter Maistre et ses bagages à bord de la goélette, je me mets en route pour Soavinarivo où le gouverneur m'attendait. Le trajet de Mananara à Soavinarivo est assez court, il s'effectue en pirogue. La rivière, le Mananara, déverse ses eaux à l'Océan par deux embouchures; c'est la bouche méridionale que nous suivons, et nous accostons bientôt le point de la rive gauche, où, sur un monticule, s'élève le village antimerina de Soavinarivo ou Vohizanahary. Le lendemain j'allai voir le gouverneur. L'entrevue fut très cordiale, et j'obtins des lettres pour Mandritsara et un guide pour me faire traverser la zone forestière littorale. Dans l'après-midi j'apprenais par deux de mes hommes, envoyés à Mananara pour prendre des nouvelles de Maistre, que mon compagnon allait un peu mieux, et s'était embarqué dans d'excellentes conditions à bord de la goélette la *Dorade*, qui, profitant d'un vent favorable, avait levé l'ancre hier soir à cinq heures et était partie pour Tamatave.

Soavinarivo est un village beaucoup moins grand que Mananara, les soldats antimerina qui l'habitent avec leurs familles, n'y font aucun commerce; ils se contentent de cultiver les quelques rizières et les champs de manioc nécessaires à leur subsistance.

La soirée me paraît longue. Comme dans la dernière partie de mon voyage en Imerina, je suis seul, et j'ai encore devant moi pas mal de kilomètres à parcourir : je voudrais, du point où je suis, franchir encore une fois la ligne de partage des eaux, et marchant toujours vers l'occident, traverser l'île de Madagascar de l'est à l'ouest. Puis lorsque je serai à Majunga, je reviendrai à Tananarive, en remontant le cours du Betsiboka et de son principal affluent l'Ikopa. Je ne me dissimule pas les difficultés d'un tel voyage, surtout celles qui m'attendent de Mananara à Majunga. Il y a dans cette contrée, surtout à l'ouest de Mandritsara, au sud du pays des Antankara, des bandes armées, des fahavalo, qui s'organisent dans le bassin du Betsiboka, le pays par excellence des fahavalo à Madagascar, et viennent, montant au nord, s'établir sur les rives du Mahajamba et de la Sophia, ils prennent alors ce malheureux pays situé entre les territoires insoumis du nord-ouest et les provinces soumises de la baie d'Antongil. C'est cette zone dévastée qu'il me faudra traverser en quittant le territoire betsimisaraka pour entrer dans le pays sakalava proprement dit [2].

---

1. Appellation moins usitée que la première.
2. D'une manière générale on a mal représenté, dans les livres et dans les relations de voyage, le rôle joué par les fahavalo, ces pirates de Madagascar. Sans doute, on n'a pas voulu diminuer le prestige des Antimerina en disant tout simplement la vérité. On n'a pas voulu dire que ces fameux *fahavalo* n'étaient tout simplement que des indigènes appartenant aux tribus insoumises aux Antimerina et qui par une guerre d'embuscade, par des razzias fréquentes sur les confins des territoires soumis, venaient protester à leur façon contre les empiètements des Antimerina. Je sais bien que tout *fahavalo* n'est pas nécessairement Sakalava, Bara ou Antaisaka; à côté de ces représentants des tribus insoumises viennent se grouper des gens sans aveu de toutes les tribus, des Antimerina même, soldats déserteurs, des esclaves fugitifs qui sont attirés par l'appât du pillage. Il n'en est pas moins vrai que les *fahavalo* ne sont pas du tout, comme on s'est plu à le dire, de vulgaires voleurs. Ce sont surtout des tribus rebelles qui font la guerre aux Antimerina. Ils pillent, ils volent, cela est certain, mais ne le feront jamais autant que les Antimerina. Si on a dépeint les *fahavalo* comme de vulgaires voleurs, c'était surtout en vue d'un protectorat futur. On voulait représenter le gouvernement

Le jeudi 26 septembre, mon convoi est prêt pour le voyage de l'ouest, les guides sont arrivés, et au lever du jour, je quitte Soavinarivo. En sortant du village, nous faisons immédiatement route à l'ouest, et en quelques minutes nous arrivons au bord du Mananara, près d'un gué que nous devons franchir. De l'autre côté de la rivière notre route jusqu'à Mandritsara aura une direction générale O.-N.-O. Le Mananara en cet endroit mesure plus de cent mètres de largeur, nous le passons en pirogues. Sur l'autre rive, nous retrouvons exactement la même contrée que nous avons déjà traversée de Fito à Ivondrona. Ce sont toujours des petits mamelons arrondis, placés à côté les uns des autres, et sans aucun ordre; sans aucune orientation; la végétation est aussi la même, nous marchons dans de petits taillis; dans de grandes herbes, et le plus souvent, au milieu des *longoza*, roseaux à larges feuilles dont les tiges mâchées et surtout le fruit rouge rappellent, à s'y méprendre, l'écorce fraîche du cannelier; les feuilles de ce *longoza* (*Amomum Danielli*) sont souvent employées par les indigènes en guise de cuillères. Vers dix heures, les taillis deviennent plus grands et plus épais, nous voici maintenant dans l'ancienne zone forestière, nous sommes dans les défrichements. Nous marchons dans les rizières, puis dans les *longoza*, c'est bien la région limitrophe de la forêt, entre Fito et Ivondrona. Pour que la ressemblance soit plus complète encore, une pluie assez forte vient nous assaillir.

Ce n'est pas sans quelques inquiétudes que j'envisage le chemin à parcourir pour gagner Mandritsara. Allons-nous retrouver sur cette route toutes les difficultés que nous avons rencontrées de Didy à Tamatave? Allons-nous recommencer encore une fois, et dans d'aussi mauvaises conditions, la traversée de la zone forestière de l'est? Pourtant ici j'ai confiance, elle doit être moins large : d'après tous les renseignements que j'ai pris, je trouverai des villages sur la route, enfin, d'après ce que j'ai vu hier, et c'est surtout ce qui me fait bien augurer de l'avenir, la chaîne de partage des eaux, la ligne de faîte, qui à l'est de Mandritsara sépare le versant occidental du versant oriental, ne doit pas être très élevée. Mon espoir ne devait pas être déçu. A onze heures, après avoir traversé à gué le Sahavy, petite rivière affluent de droite du Mananara, nous passons à Andongo, village de quinze cases, construit sur une colline rocheuse de gneiss et de granite. Derrière nous l'Océan; bien loin à l'horizon se profilent encore le cap Masoala et la presqu'île d'Antongil; devant nous c'est la grande forêt. En quittant Andongo, nous sommes dans un taillis de *ravenala*. Nous traversons ensuite une petite rivière sur les bords de laquelle nous trouvons un autre village, c'est Ambodiampambe, village qui doit son nom à un *ampan* colossal qui a poussé dans le voisinage. Cet arbre, qui se trouve à droite de la route, avant d'arriver aux premières cases est vraiment très gros.

Le vendredi 27 septembre, nous continuons notre route, toujours dans les *longoza*. Chose extraordinaire, nous jouissons d'une belle journée. Depuis notre départ de Mananara, nous nous sommes toujours dirigés sur un pic aigu et d'aspect très remarquable, qui se voit dans le lointain, c'est le Manevarivo. Le oir, nous sommes au pied de ce mont au village d'Ambodimanevarivo : avant d'entrer dans ce village nous avons traversé une rivière assez grosse, assez considérable qui va se jeter dans la baie d'Antongil au nord du Mananara, au sud du Manambolosy.

Le samedi 28 septembre, nous continuons notre route vers l'ouest. Nous sommes toujours dans la contrée des défrichements et des *longoza*; les ravenala deviennent plus rares, en revanche nous voyons beaucoup de bouquets de raphia. Nous nous arrêtons vers midi à un petit hameau : Andasibe. Là, j'assiste à un spectacle très étrange : c'est une véritable attaque du village par un nombre considérable de rats, les habitants luttent vaillamment. Mes porteurs et moi, nous leur apportons un précieux renfort, et nous décidons de la victoire. Le rat, comme la souris, est un véritable fléau pour Madagascar; ils pullulent dans ce pays où rien ne vient s'opposer à leur développement. Partout les indigènes ont cherché à mettre les graines et les fruits dont ils se nourrissent à l'abri de leurs déprédations. Dans chaque village aussi bien des côtes que de l'intérieur on construit des greniers à riz. Dans presque toutes les cases on

---

antimerina seul, et admis sans conteste par tous à Madagascar. On voulait aussi en faire le défenseur de l'ordre et montrer les autres tribus comme un ramassis de voleurs et de pillards.

suspend, à un plat en bois, façonné d'une manière spéciale, les objets que l'on veut préserver de la dent de ces rongeurs. Ces greniers à riz, comme ces garde-manger spéciaux de l'intérieur des cases, sont construits tous sur un même principe. Qu'on se figure un grand plat de bois, dont la concavité regarde le sol; ce plat en bois est traversé par un des poteaux qui supportent le grenier à riz, qui n'est qu'une petite case, bâtie à la mode du pays, les trois autres pieds sont munis de plats semblables. Comme chacun sait, les rats sont très forts en gymnastique, ils peuvent donc s'élever sans la moindre difficulté le long des quatre poteaux qui supportent le plancher du grenier à riz situé au moins à deux mètres au-dessus du sol, mais lorsqu'ils sont arrivés en haut des poteaux, ils se trouvent arrêtés fatalement : les plats qui débordent tout autour du poteau les empêchent de grimper plus loin. Ces surfaces concaves sont pour eux un obstacle infranchissable. Dans les cases le garde-manger malgache est tout simplement ce même plat en bois dont la concavité regarde le sol et qui est suspendu par une corde à une poutre du toit; au-dessous du plat on suspend à de petits crochets, les épis de maïs, les racines de manioc ou tout autre objet que l'on veut conserver. Dans ce cas, le rongeur pourra bien descendre du toit, par la corde, il pourra même se promener sur la surface convexe du plat, mais il ne pourra en dépasser les bords et se trouvera encore arrêté avant de pouvoir atteindre le maïs succulent qu'il voit pourtant si près de lui.

Je passe à Andasibe le reste du jour, mes hommes sont fatigués, ils sont surtout découragés par le long trajet qu'il leur reste à parcourir pour retourner à Tananarive. Mais je suis maître d'eux; je suis le plus fort puisque je leur dois de l'argent, et ils me suivront partout pour ne pas perdre leurs créances. Cela est un des grands moyens que le voyageur doit employer partout et en particulier à Madagascar pour se rendre maître de ses porteurs, et les empêcher de l'abandonner, éventualité si grave, échecs si fréquents de toutes les explorations. Les noirs sont à peu près tous les mêmes dans les pays tropicaux, ils se défient toujours du blanc, on ne les décide pas à nous suivre par des promesses fallacieuses, ils les croient du moins toujours telles si elles dépassent le taux normal de leur salaire. Ils comptent peu sur les cadeaux, sur les sommes extraordinaires, qu'on leur donnera à l'arrivée : si elles sont trop fortes, ils pensent que le blanc se moque d'eux, si elles sont trop faibles ils n'acceptent pas, mais si au contraire elles concordent avec ce qu'on a l'habitude de leur donner, ils consentent à partir. Le noir, qui ne croit pas trop aux promesses, et aux brillants cadeaux, croit beaucoup au contraire au salaire normal; il n'abandonnera pas son dû facilement, il le suivra avec ténacité. Quand donc je devais commencer une expédition un peu pénible, j'engageais des hommes à un prix guère plus élevé que le salaire habituel, puis je les promenais quelques jours dans des contrées faciles à parcourir, et quand je leur devais quelques piastres, je les aurais emmenés partout dans l'île. J'ai toujours employé ce procédé et je m'en suis continuellement bien trouvé. Un Malgache ne consentira pas toujours à faire deux heures de marche pour une piastre, avec un fardeau léger, alors qu'il fera volontiers des lieues pour réclamer un *voamena* qui lui est dû. Dans un cas, il n'a pas confiance, car il croit que le blanc lui promet trop, la somme est trop belle et il ne l'aura pas; dans l'autre cas au contraire, la somme est petite c'est vrai, mais elle lui est due et en toute justice il doit l'avoir. Dans ce village d'Andasibe, les guides que le gouverneur de Vohizanahary nous avait donnés retournent à leur village, mais deux autres de ce hameau vont les remplacer et il en sera toujours ainsi jusqu'à Mandritsara.

Le dimanche 29 septembre, en quittant le village d'Andasibe, nous nous élevons très rapidement sur des escarpements rocheux, c'est un passage véritablement très difficile, et il nous faut passer dans un col où coule un ruisseau torrentueux. Malgré mon expérience des mauvais chemins à Madagascar, je n'avais rien vu d'aussi détestable. Au sommet, nous sommes à 430 mètres d'altitude; peu après, nous arrivons vers midi, à Ambavala, village d'une douzaine de cases, où nous avons besoin de séjourner un peu, pour faire nos vivres, car c'est demain que va commencer pour nous la traversée de la grande forêt. A l'ouest d'Ambavala, commence la zone forestière proprement dite, nous n'avons mis que quatre petites journées à y arriver, alors qu'il nous avait fallu un temps beaucoup plus long et même en marchant plus vite pour aller de Fito à Ivondrona. La zone forestière orientale de Madagascar est en effet beaucoup plus rapprochée du littoral, au nord et au sud de l'île, elle ne s'arrête même qu'au rivage dans

LE CHEMIN D'ANDASIBÉ.

les environs de la baie d'Antongil et dans les parages de Fort-Dauphin, tandis que dans la partie médiane, et dans les environs de Tamatave en particulier, la forêt est beaucoup plus éloignée du rivage. Cela tient à la configuration de la chaîne côtière dont la forêt suit sensiblement la ligne de faîte, et aussi, à ce que, dans la partie médiane, on a poussé beaucoup plus loin ces défrichements.

Le lundi 30, je m'enfonce dans la forêt, sous une pluie battante comme il est de bonne règle dans ces parages. Un Européen, établi depuis fort longtemps à Mananara, et à qui je me plaignais de cette maudite pluie, et de tous les ennuis qu'elle m'avait fait supporter pendant mon dernier voyage, m'a assuré que dans cette région de la baie d'Antongil, il avait noté pendant plusieurs années les jours de pluie. Or, d'après la moyenne que je relevais moi-même sur son carnet d'observation, il y aurait deux cent quatre-vingt-dix-huit jours de pluie par an. Dans la forêt, nous retrouvons de suite par ce temps humide, nos anciennes connaissances de la forêt de Didy, les *dimatika*, les sangsues, qui sont encore en plus grand nombre. Je n'aurais jamais cru un tel fait possible. Le soir, nous campons sur le bord d'un ruisseau l'Andravahy, et nous nous arrangeons tant bien que mal dans un terrain marécageux; pour comble de bonheur, les eaux du ruisseau envahissent notre camp vers dix heures du soir : l'Androvahy grossi par les pluies continuelles déborde bien mal à propos. Mes hommes chassés de leurs abris par l'inondation veulent organiser un bal et un concert, en attendant le lever du jour. Il devient impossible de prendre aucun repos. Je me vois donc obligé de répéter cette phrase célèbre : « Il est défendu de parler mais on peut s'asseoir ». Le lendemain, nous continuons dans la forêt, où la route est relativement bonne, nous marchons sur un plateau à pente très douce qui se relève insensiblement vers l'ouest, nous montons excessivement peu, le sol est toujours formé d'argile rouge, et les roches primitives sont plus fréquentes que dans la forêt de Didy. La végétation est aussi plus belle, si les arbres sont moins serrés et moins élancés ils sont plus touffus et leur tronc a un développement beaucoup plus considérable ; les essences d'arbres sont les mêmes, mais on y compte plus de variétés. Il n'y a plus de fourrés de bambous, et les fougères sont relativement très rares. On y trouve :

L'ébénier de Madagascar, *hazomainty*.

La natte, *hazomena*[1] (Weinmannia Ruteinbergii) ou Imbricaria Madagascariensis, est un bois rouge, dur et fin. L'écorce, qui contient beaucoup de tanin, est employée par les indigènes, comme teinture et pour tanner les cuirs, mais les peaux ainsi préparées retiennent la matière colorante rouge et déteignent par l'usage.

L'*indraména*, qui semble appartenir à la famille des résineux, a un suc d'une couleur rouge vif, qui noircit à l'air, on obtient par évaporation de ce suc macéré dans l'alcool bouillant, une sorte de gomme laque, cette résine est noire et très belle et plus dure que la gomme copal. C'est avec du bois d'*indraména* que les indigènes fabriquent leurs torches.

Le *tacamaka*, bois blanc rougeâtre, employé pour la construction des bordages des pirogues.

Le *harahara* (Exocarpus xylophylloïdes), cet arbre qui vient très gros, a un cœur très dur et très dense, il sert à faire des manches d'outils, de sagaies, etc. ; son écorce est fort recherchée par les indigènes, qui en font commerce et la vendent assez cher ; macérée dans l'eau, elle est prise comme antidote, par les gens qui ont avalé dans l'eau des *tsingala*[2].

Le *lanona* (Weinmannia Bojeriana et les variétés W. criocarpa et W. Bojeriana), qui atteint de grandes proportions, est le bois le plus généralement adopté par les indigènes pour leurs constructions.

Le *varongy* (Ocotea tricophlebia), autre arbre excellent pour les constructions.

---

1. Les Malgaches disent :
Asa milondra hodinato miantsinanana : « Ne portez pas l'écorce de natte vers l'est — elle vient de l'est où se trouve la forêt » ; — fig. : Ne portez pas l'eau à la fontaine.

2. Les Malgaches appellent *tsingala* de petits insectes aquatiques, espèce d'Hydrocorise ou d'Hydrocanthare, ou variétés brunes de Noctonecte, qu'on suppose à tort être mortels pour les animaux qui les avalent dans leur breuvage, car ces animaux aussitôt avalés perceraient les parois de l'intestin et occasionneraient ainsi la mort. Cette croyance est générale dans presque toutes les tribus de l'île.

Le *ramy*, qui n'est autre que l'encens blanc d'Afrique ; une gomme odoriférante découle de son tronc colossal, et celui-ci creusé donne de grandes et puissantes pirogues qui se conservent longtemps.

Le *kily*, espèce de tamarin (Tamarindus indica), est employé dans la médecine pour un grand nombre d'usages ; de plus, sa résine fondue, mélangée avec de la graisse de bœuf, sert aux indigènes à faire un brai pour calfater les embarcations.

Presque tous ces arbres et toutes ces essences différentes, présentent à la partie centrale de l'arbre, une zone plus foncée, appelée *téza* par les indigènes. Ce n'est autre chose que le cœur du végétal qui, débarrassé de l'aubier, fournit une pièce de bois très dure, très résistante, et presque imputrescible.

Enfin, je ne veux pas terminer cette énumération, sans parler d'un produit très important de Madagascar, de différentes sortes de caoutchouc que je vois en grand nombre autour de nous.

Il y a à Madagascar beaucoup de variétés de caoutchouc, l'on en trouve tous les jours de nouvelles, et il y aura de nombreuses découvertes encore dans les provinces de l'ouest et dans les vastes territoires du sud que l'on ne connaît que très imparfaitement. Jusqu'à ces derniers temps, les caoutchoucs les plus communs étaient fournis par deux ou trois espèces de lianes et un arbuste qui peut atteindre de 4 à 5 mètres d'élévation. Les lianes sont très communes dans cette forêt : les lianes à caoutchouc (Vahea gommifera madagascariensis) diffèrent par la forme de leurs feuilles et surtout par leurs fruits ; celles à fruits piriformes donnent le caoutchouc le plus estimé. Mais les indigènes font la récolte de ce produit sans discernement et toutes les espèces sont mélangées ; il est juste de dire que les Malgaches reconnaissent très mal les lianes à caoutchouc, ils confondent toutes les espèces, et j'ai vu des indigènes qui se livraient à cette récolte confondre non seulement les plantes entre elles, mais s'attaquer à d'autres lianes à sucre abondant et blanchâtre, qui altérait la qualité du produit récolté. Cette ignorance est quelquefois voulue, et si on prend des lianes tout à fait étrangères au caoutchouc, c'est surtout quand elles ont des sucs parfaitement coagulables : de cette façon, le produit final contient bien du caoutchouc, mais il renferme aussi des matières étrangères, suc et résine, qui en altèrent les qualités, mais en augmentent le poids, ce qui donne un salaire plus rémunérateur. Pour obtenir le caoutchouc, l'indigène incise avec un instrument tranchant le corps de la liane, ou le tronc de l'arbuste, le plus près possible du sol, il recueille ce lait qui découle de l'incision dans une calebasse, et il y jette de l'acide sulfurique, du jus de citron ou du sel marin, pour faire coaguler la gomme, puis, pendant qu'elle est fraîche, il la pétrit et en forme des boules. Presque toujours, les traitants européens qui achètent ces boules de caoutchouc de 1/2 à 2 kilog. 1/2, les sectionnent suivant un grand diamètre, elles contiennent généralement des corps étrangers qui sont réunis pour servir de noyau sur lequel on enroule les lamelles de caoutchouc ou plus simplement encore pour augmenter le poids du produit. En général, le caoutchouc provenant de tel ou tel arbuste ou de telle ou telle plante n'offre que peu de dissemblance, mais sa valeur marchande varie beaucoup, suivant son mode de préparation, et parmi les caoutchoucs de Madagascar, il faut donc distinguer les caoutchoucs au sel, au citron, aux acides. Ces derniers sont les plus estimés.

Dans l'après-midi, nous traversons le Mananara qui n'est à cette hauteur qu'un petit ruisseau et nous arrivons au petit village de Troboko. Nous venons de traverser la partie proprement dite de la zone forestière qui présente à cette hauteur deux particularités importantes, c'est d'abord son peu d'épaisseur, c'est ensuite sa position, elle ne couronne pas la ligne de faîte, elle ne se trouve pas de part et d'autre des plus hauts sommets, elle est ici accrochée au flanc oriental de la ligne de partage des eaux. Enfin le territoire qu'elle occupe est relativement plat, il y a bien des dénivellations, mais elles sont beaucoup moins brusques qu'entre Didy et Fito. En somme, nous avons marché sur un terrain uni, à déclivité peu accusée du côté de la mer des Indes.

Le mercredi 2 octobre, nous continuons notre route dans les taillis et les défrichements, et nous trouvons sur le chemin, de grands espaces recouverts de sable blanc, où poussent des bruyères. Vers le milieu du jour, nous nous arrêtons à Andavatsoky. Le lendemain, nous faisons route cette fois dans les grandes herbes, c'est la plaine à perte de vue. Ce mot de plaine ne désigne pas dans ma pensée un endroit plat, mais je l'emploie à dessein pour désigner ce terrain où le bois a complètement disparu. Il y a bien par-ci par-là quelques bouquets de grands arbres, témoins de la grande étendue de la forêt vers l'ouest il y a bien longtemps; je les remarque le plus souvent au fond des vallées et dans les endroits marécageux, il n'y en a plus sur les sommets; on voit que les coutumes betsimisaraka ne pénètrent

VILLAGE D'AMBODIMADIRO.

pas sur ce versant. Puis ces bouquets d'arbres disparaissent peu à peu, et il ne reste plus de distance en distance que des arbres isolés, des troncs carbonisés ou coupés. Vers neuf heures et demie du matin, nous atteignons le point culminant de la chaîne côtière, nous laissons derrière nous le versant de la mer des Indes, et nous entrons dans celui du canal de Moçambique, nous sommes ici par 790 mètres d'altitude. Nous voici maintenant en pays sakalava.

En sortant de cette contrée d'anciens défrichements, qui n'est pas encore un pays complètement aride, mais qui n'est déjà plus la forêt, nous retrouvons le même paysage, le même aspect et le même sol que celui que nous avons trouvé dans la région des hauts plateaux, dans le pays des Antimerina. La région est très accidentée, les monticules se succèdent sans ordre, certains de leurs flancs escarpés sont déchirés par des éboulements de leur sol argileux, sur les sommets la roche apparaît à nu, c'est le gneiss et le granite, leurs flancs rougeâtres sont couverts de hautes herbes, de *véro*. La piste frayée que nous suivons est ravinée par les pluies, nous marchons sur des petits cailloux coupants, c'est du quartz amorphe. Les ruisseaux sont nombreux sur ce sol granitique; le plus important que nous traversons vers onze heures est le Koaka, affluent du Sophia. Peu après nous arrivons au village d'Ambodimadiro, ainsi nommé des gros *madiro* (Tamarinus indica) qui l'environnent. C'est un pauvre village d'une vingtaine de cases, ou plutôt de huttes misérables, les habitants ne trouvent pas de bois pour s'en construire de plus belles. Or ces gens, qui n'ont rien à faire, n'auraient que quelques kilomètres à parcourir pour en aller chercher; mais ils n'en ont pas le courage.

Le 4 octobre, une heure après avoir quitté Ambodimadiro, et dépassé le hameau de Maroandriana, nous traversons à gué le Mangarahara, la rivière de Mandritsara, et nous arrivons à midi en vue de la ville. Nous en sommes encore à 2 kilomètres, que nous voyons arriver à notre rencontre des officiers antimerina envoyés par le gouverneur pour nous prier d'attendre que la réception préparée pour nous soit terminée; au bout d'une demi-heure nous pouvons enfin entrer dans la ville, ou mieux grimper les escarpements qui l'environnent de toute part. Dans le *Rova*, le gouverneur nous attendait, avec son état-major et toute la garnison sous les armes, une trentaine d'hommes. Et c'est au milieu d'une haie de soldats, au bruit des tambours et des grosses caisses, que je me présente au gouverneur qui m'a l'air d'un très brave homme. Mais avant d'entrer en conversation avec lui, et de lui demander ce que je ne manque jamais de faire, tous les renseignements possibles sur sa province, il me faut supporter la parade antimerina de rigueur, qu'un gouverneur antimerina ne manque jamais de faire exécuter devant tout étranger qui vient le visiter. Je suis, si je ne m'abuse, le premier Européen français qui vient à Mandritsara. Cette parade antimerina n'est que la répétition, sous une autre forme, des toasts d'Ivongo, toasts et parade que je devais voir bien souvent à Madagascar. Pour ces parades un officier s'avance vers le peloton de soldats, puis fait présenter les armes; le gouverneur prononce alors une petite allocution où il est question de Ranavalo III, reine de Madagascar, puis les tambours battent d'une façon quelconque, et tout le monde se découvre : c'est, paraît-il, l'air de la reine. Cette première partie est terminée. Nouveaux maniements d'armes, nouvelle allocution qui cette fois se terminent par République Française [1]. Les tambours battent à coups redoublés, ce qui signifie, paraît-il encore, la *Marseillaise*. Puis suivent une série de parades identiques; il n'y a que la dernière phrase des allocutions qui change, et l'air qu'on suppose être joué par le tambour. Tout le monde y passe : le premier ministre, le gouverneur, sa femme et ses enfants, tous les officiers de Mandritsara, les soldats de la garnison, les habitants, moi-même et mes porteurs ont cet honneur je trouve que ce gouverneur fait décidément bien les choses; mais il est midi, le soleil est chaud, je préférerais être à l'ombre, je lui exprime timidement cette opinion en lui faisant remarquer que je ne suis qu'un modeste voyageur, bien fatigué du reste, et que je serais très heureux de me retirer dans la case qu'il me donnera. Il accède à mon désir en me faisant promettre de venir le voir le lendemain. Je n'aurai garde d'y manquer, car j'ai besoin de lui, pour avoir des hommes qui me conduiront vers l'ouest en pays sakalava. Je suis logé dans une case très propre, non loin du poste militaire.

Mandritsara est une vraie ville pour Madagascar, il y a environ deux cent cinquante cases, soit mille à douze cents habitants. La ville est sur un coteau, orientée nord et sud; au nord, séparés de ce mamelon par la vallée du Maroambako, s'élèvent de grands rochers; au sud, c'est la vallée du Manga-

---

1. Lorsque, dans une circonstance quelconque, visite d'un résident français, d'un consul étranger, ou tout simplement d'un étranger de passage, un gouverneur antimerina vient voir le *vazaha*, ou le reçoit dans l'enceinte de son rova, une garde d'honneur est assemblée. Cette garde d'honneur, qui se tient près du gouverneur, est formée par une douzaine de soldats loqueteux, armés de fusils ou de bâtons et commandés par un officier subalterne de cinq ou six honneurs; Puis, avant que le gouverneur et l'étranger se présentent l'un à l'autre, il se passe toujours la petite cérémonie suivante : l'officier fait aligner ses hommes, puis il commande : portez armes : *akarny basy*. Ce mouvement exécuté, il prononce quelques paroles qui veulent dire que l'on va rendre honneur au gouvernement de la reine de Madagascar d'abord et ensuite au gouvernement de l'étranger qui se trouve là. Je suppose un Français. L'allocution de l'officier commence invariablement par ces mots : *fanjakana roa tonta*, ce qui veut dire en dialecte antimerina : aux deux gouvernements réunis par les traités écrits. Comme on le voit, les Antimerina sont loin d'avoir accepté le protectorat de 1885-86 et leurs gouverneurs ont soin de faire montre partout, dans l'île, d'une sorte d'alliance écrite que nous aurions signée avec eux en 1885. C'est sous ces couleurs que le gouvernement antimerina, pour ne pas amoindrir son prestige, dépeint aux peuplades soumises, à ses sujets même, notre traité de protectorat de 1885-86.

Après l'allocution de l'officier, le tambour, qui se tient invariablement à la droite de la garde, bat quelques mesures qui représentent l'air de la reine, le Sidikina (prononcer çidikine; vient de *Gode save the Queen*); on a préalablement fait porter les armes. Nouvelle batterie de tambour qui cette fois représente la *Marseillaise*; mais alors on ne présente plus les armes comme pour la reine, c'est un autre mouvement de fusils ou de bâtons, supérieur comme signification honorifique au simple port d'armes, mais inférieur à la présentation que l'on vient de faire au nom de la reine. Rien ne peut être comparé à leur souveraine.

Quelque temps après l'établissement de notre protectorat en 1885-86, lorsqu'un navire de guerre français venait mouiller sur un point quelconque de la côte, un ou deux officiers antimerina venaient à bord où ils rendaient visite au commandant du navire. Celui-ci se montrait en général très satisfait de cette marque d'honneur, l'administration des Affaires étrangères ne manquait pas de dire à la Marine qu'elle avait pu obtenir du gouvernement antimerina cette marque de déférence pour nos navires de guerre. Cela m'étonnait fortement et je m'aperçus bien vite, après avoir été témoin plusieurs fois de ces visites, de l'erreur d'interprétation commise. Lorsqu'un commandant de navire de guerre français voit arriver à son bord les officiers antimerina, il ne manque pas de leur faire demander par un interprète quelconque ce qu'ils viennent faire à son bord, les officiers répondent aussitôt : *Mitsapasambo*, ce que l'interprète ne manque pas de traduire : *visiter le navire, vous visiter, vous rendre visite*. Or le verbe *mitsapa* en dialecte antimerina veut bien dire visiter, mais non dans le sens de faire une visite, mais dans le sens d'inspecter quelqu'un ou quelque chose. Cette petite erreur est très importante, car elle montre aux populations que les Antimerina (les protégés), bien loin d'avoir quelque déférence pour les Français (les protecteurs), ne vont pas leur faire des visites de politesse, mais bien des visites d'inspection, lorsque leurs navires viennent sur les côtes de la Terre de la Reine.

Cela et bien d'autres petites choses analogues habilement exploitées, dénaturées, mal présentées par les Antimerina, ont une importance considérable et frappent vivement l'esprit des populations côtières, qui voient avec terreur pour leur indépendance les Antimerina si puissants près des Vazaha, si soutenus par les Français, si honorés par eux.

J'oubliais de dire que ces officiers antimerina qui vont ainsi visiter (inspecter) nos navires reçoivent les mêmes honneurs que les officiers d'une puissance européenne.

raha, plus loin les hauts plateaux d'Ambinininy. Le fort antimerina occupe la partie méridionale de la ville, c'est un carré entouré de pieux d'un assez gros diamètre et élevé de trois à quatre mètres. Ce premier carré, qui renferme les cases des soldats, est flanqué, aux angles, de tours également palissadées, où on doit placer des canons, qui ne sont pas encore arrivés d'ailleurs et qui ne le seront de longtemps. Un deuxième carré intérieur renferme l'habitation du gouverneur et ses dépendances; au milieu des quatre faces sont des portes, d'un genre tout à fait spécial à Madagascar, et que l'on rencontre dans presque toutes les constructions militaires antimerina. Dans une découpure de l'enceinte palissadée, limitée par

LES OFFICIERS DE MANDRITSARA.

deux forts pieux, est fixée une traverse en fer ou en bois, horizontalement disposée à deux mètres au-dessus du sol. On a fait passer préalablement cette traverse horizontale au travers de pieux, de même diamètre que ceux qui forment la palissade, mais au lieu d'être fichés en terre comme ceux-ci, ils sont coupés au ras du sol, et peuvent osciller autour de la traverse qui les supporte. Une petite éminence de terre, légère surélévation du sol, maintenue par un madrier couché en travers sur le seuil de la porte, les empêche de se relever à l'extérieur, mais on peut les relever à l'intérieur et maintenir ainsi l'ouverture béante. Il suffit, après leur avoir fait faire un quart de révolution, de passer en dessous de leur extrémité inférieure, un morceau de bois supporté aux deux extrémités par deux pieux fourchus. Pendant la nuit ou en cas d'attaque, lorsque l'on veut fermer la porte, on enlève ce morceau de bois de dessus les fourches, et on laisse retomber les pieux verticaux, on met alors une traverse derrière eux à l'intérieur qui est solidement attachée à ces deux extrémités aux poteaux de la palissade, et maintenue encore par deux pieux enfoncés à l'intérieur de chaque côté de la porte.

La ville, qui se trouve au sud du mamelon, est assez étendue, et à côté d'un grand nombre de cases, en roseaux et en raphia, des habitants betsimisaraka ou sakalava s'élèvent de hautes maisons antimerina en terre et en briques crues. C'est la première fois depuis que j'ai quitté l'Imerina que je revois ce genre de constructions.

La population est très mélangée : il y a d'abord un élément antimerina très important, formé surtout des officiers et des soldats envoyés ici de Tananarive; puis d'un fort appoint de négociants antimerina qui sont venus se fixer directement dans ces contrées, ou qui habitent la côte pendant la saison sèche, et qui viennent une partie de l'année habiter Mandritsara où ils retrouvent sinon le climat de l'Imerina, du moins son aspect et sa configuration; ils s'y sentent d'ailleurs plus chez eux au milieu d'un grand nombre de leurs compatriotes. A côté de ces éléments étrangers au pays, s'en ajoute un autre, moins important quoique plus nombreux, c'est la population sakalava. En général ils sont très pauvres, et ne travaillent jamais ou presque jamais pour eux du moins. Si on les voit occupés, fort souvent, c'est qu'ils exécutent quelques corvées commandées soit par le gouverneur, soit par ses officiers. En effet, ces messieurs, qui ne sont pas plus payés à Mandritsara qu'ailleurs, sont bien obligés de faire quelque chose pour gagner leur existence. Ce qu'ils trouvent de plus simple c'est d'accabler les populations dont ils ont la garde sous de lourdes corvées. Ils ont le monopole des entreprises de transports et de constructions, et arrivent ainsi à réaliser quelquefois d'assez beaux bénéfices. Il est vrai que les Sakalava, dont ils se servent avec tant de désinvolture, trouvent ce procédé mauvais. Ils fuient, ils gagnent la brousse et deviennent *fahavalo*. Le fahavalisme, si j'ose m'exprimer ainsi, n'a pas d'autre origine à Madagascar que les corvées inhumaines dont sont frappées les tribus soumises au profit des dignitaires antimerina, ou au profit de quelques Européens concessionnaires qui marchent avec les Antimerina; dans ce dernier cas, je dois le dire, les corvées sont encore plus lourdes.

Le lendemain de mon arrivée, je vais dîner chez le gouverneur, après avoir fait les photographies de tout son état-major; ses officiers sont absolument grotesques, sanglés dans des redingotes d'occasion, et coiffés de chapeaux hauts de forme qui ont dû voir la révolution de 1848. J'avais eu, avant le dîner, un entretien très sérieux avec le gouverneur Rakotondravoavy quatorzième honneur. Avec les Antimerina, ces entretiens sont toujours les mêmes : va-t-on les trouver pour traiter quelques sujets d'importance, on les aborde avec force politesses; pendant plus d'une heure la conversation roule sur des choses parfaitement insignifiantes, ce n'est qu'au bout de ce temps que l'on ose dire un mot, comme par hasard, de la question principale qui vous avait amenés près d'eux et que l'on avait à traiter. Comme tous les gens primitifs, s'ils veulent vous refuser, ils ne nous donnent pas de raisons, mais ils vous racontent aussitôt des histoires interminables qui n'ont aucun rapport avec ce que vous leur avez demandé. Ils prennent des biais, des faux fuyants, jamais on n'obtient une réponse franche, un oui ou un non bien catégorique. Mais enfin c'est la coutume, c'est ce que Français et Anglais leur apprennent depuis un demi-siècle; on n'obtient rien d'eux, mais on s'extasie sur leur habileté. Pour moi, je n'avais pas à traiter de questions bien graves avec Rakotondravoavy, je voulais tout simplement obtenir des guides, et pour être sûr de bien réussir, j'alignai sur la table quelques piastres, ce qui, avec la force, est le meilleur argument que l'on puisse faire valoir auprès d'un Antimerina. Rakotondravoavy en fut touché, et il me promit non seulement des guides, mais encore des soldats pour me faire passer la région infestée par les fahavalo. Ce n'était qu'un demi-succès, car si les guides étaient indispensables, les soldats étaient de trop, comme je le montrerai plus tard; c'est une mauvaise recommandation auprès des fahavalo et des tribus insoumises que d'être accompagné de soldats antimerina. Malgré les raisons les plus spécieuses, le gouverneur tint bon; en réalité, il voulait me faire suivre par ses soldats, non pas pour me protéger, mais surtout pour savoir ce que j'allais faire dans le bassin inconnu de Mahajamba. J'ajouterai que le gouverneur, quoique tout à fait désireux de me faire plaisir, de me donner des guides et des soldats pour m'accompagner dans ma marche vers l'ouest, m'imposa une condition fort bizarre en vérité, mais à laquelle je dus me soumettre bon gré, mal gré, je ne risquais rien d'ailleurs et j'étais résolu à tout, pour aller à Majunga voir les rives du canal de Moçambique. Rakotondravoavy veut qu'aujourd'hui dimanche je me rende au service divin à l'église des protestants et que j'y prononce un sermon, pour l'édification des fidèles.

MANDRITSARA VU DE L'OUEST.

En somme, cela m'est parfaitement indifférent ayant sur ce point des idées très larges, et je m'exécuterai de bonne grâce, d'autant plus que Rakotondravoavy, à qui je parle très peu correctement malgache depuis qu'il m'a fait sa demande, m'autorise, vu mon ignorance, à prononcer mon discours en français et même à le lire dans le livre que je jugerai bon. Je devais m'exécuter immédiatement et après avoir été dans la case où je logeais, revêtir des habits plus décents et prendre dans ma modeste bibliothèque de voyageur, un volume quelconque, je me rendis au temple, où Rakotondravoavy m'attendait avec sa maison militaire. Au milieu de la cérémonie, qui n'était d'ailleurs qu'une suite de discours prononcés par les notables Antimerina, officiers ou commerçants, vint mon tour de prendre la parole, et c'est très ému que je montais en chaire pour y prononcer ma première conférence, et je lus en entier le chapitre III de l'abrégé de géologie de A. de Lapparent, traitant de la dynamique terrestre interne. A la fin du chapitre, les Antimerina, le gouverneur en tête, donnèrent des marques non équivoques d'une vive approbation. Mon étonnement était grand ; il se changea en stupéfaction, lorsque l'interprète officiel du gouverneur, un ancien instituteur méthodiste d'Ambohimalaza, vint traduire mon discours ; il raconta que l'Européen avait parlé de la terre de Madagascar en sa langue maternelle, qu'il avait décrit son état bouleversé et sa température brûlante, avant que Radama ait conquis les provinces.

« Oh! peuple, Sakalava et Betsimisaraka, ce Français envoyé par son gouvernement vient de vous décrire les volcans et les sources d'eau chaude qui sortiraient de terre pour vous faire périr jusqu'au dernier, si vous vous révoltiez contre le gouvernement de Sa Majesté Ranavalona III. »

J'étais confus et outré de voir si mal traduit un chapitre de M. de Lapparent ; ce distingué géologue me pardonnera sans doute, mais il fallait que je passe ; un mot jeté par inadvertance pouvait mettre le gouverneur en défiance, il pouvait donner l'ordre à mes porteurs de m'abandonner et je n'aurais jamais vu la côte ouest, j'aurais même été assez embarrassé pour rejoindre seul un centre habité par quelques-uns de nos compatriotes. Il est vrai qu'aux yeux de toute la population de Mandritsara, j'allais passer pour un homme dévoué aux Antimerina, non seulement c'était dangereux, mais c'était contraire à la vérité; je me proposais donc, une fois hors du pouvoir des Antimerina de dire mes vraies intentions et de dévoiler mes sentiments véritables; d'ailleurs dans la suite, je ne manquais jamais une occasion de le faire jusqu'à Majunga.

Cet après-midi, et demain, je vais encore rester à Mandritsara où il me sera possible d'être le témoin de deux fêtes bien chères aux Malgaches et qui seront célébrées ici en grande pompe. L'une, se rattache au culte des morts, c'est la cérémonie du *Mamadika*; l'autre, qui aura lieu demain, est la fête de la Circoncision.

J'ai parlé, dans un précédent chapitre, des tombeaux et des funérailles antimerina. Le *Mamadika* est une espèce de complément tardif, qu'une famille fait à ses membres défunts dans une occasion déterminée. On sait que ce culte des morts est très enraciné dans toutes les tribus de l'île. Tous les Malgaches et particulièrement les Antimerina possèdent des tombeaux de famille, dans lesquels ils espèrent bien reposer, quel que soit le point de l'île où la mort viendra les surprendre. Un riche commerçant de Mandritsara dont toute la famille habite cette ville depuis de longues années, dans une belle maison en briques crues, était parti à la côte depuis quelques mois, avec un grand nombre de ses esclaves, pour s'y livrer au commerce du raphia et du caoutchouc. La mort l'avait surpris près d'Ivongo, et là des serviteurs dévoués avaient enterré le pauvre Rakotovao et lui avaient fait même de très belles funérailles. Lors de mon dernier passage dans cette ville on m'avait même cité le nombre de bœufs immolés en cette circonstance. Mais ce n'était là qu'un enterrement provisoire, et sa famille venait de faire venir à grands frais son corps, et on allait inhumer définitivement Rakotovao dans un grand tombeau en granite qu'il avait fait construire lui-même devant sa maison de Mandritsara. C'était là la cause occasionnelle de la cérémonie du *Mamadika*. Toutes les fois qu'un Antimerina meurt loin de son tombeau de famille ou que son décès a lieu pendant la semaine qui suit ou qui précède la fête du bain de la Reine, on l'enterre provisoirement où il se trouve, puis, dès que le moment prohibé est terminé, ou lorsque son corps a été ramené près de son tombeau de famille, on procède alors à son enterrement définitif à côté de ses ancêtres. On profite justement de cette occasion pour honorer les autres défunts de la famille, et quand le tombeau est ouvert pour recevoir le nouveau mort, on enlève aux autres habitants du tombeau qui y sont couchés depuis longtemps, les vieux lambas dans lesquels on les a ensevelis, ces étoffes sont brûlées et remplacées par des neuves. Ainsi chaque fois que dans de telles circonstances on ouvre le tombeau de famille, on rend aux anciens morts un supplément d'hommages, on remplace leurs vieux lambas par de plus neufs, et c'est précisément cette cérémonie que l'on appelle *Mamadika*. Dans toutes les familles, lorsqu'elle se présente, elle est l'occasion de grandes réjouissances. On s'y prépare longtemps à l'avance, car non seulement il faudra bien des choses pour le nouveau et les anciens défunts, mais encore il faudra recevoir grandement les nombreux invités, parents, amis et voisins que l'on aura en cette circonstance.

Le corps du nouveau défunt est transporté sous une tente près de sa maison, il est gardé par ses plus proches parents. Pendant ce temps, le reste de la famille et les nombreux invités font bombance dans la maison, on a tué beaucoup de bœufs la veille, et on a mis en perce une ou deux barriques de rhum[1]. Au jour de la cérémonie, comme dans les enterrements ordinaires, le corps du nouveau défunt, roulé dans des lambas de prix de teintes généralement rougeâtres, est porté près du tombeau, on en fait cinq ou six fois le tour, pendant que les musiciens instrumentistes et chanteurs exécutent les morceaux les plus variés de leur répertoire. Tous les membres de la famille, tous les invités, revêtus de leurs plus beaux

---

[1]. Il est défendu aux Antimerina d'user de boissons alcooliques, des peines sévères sont édictées contre les délinquants. Il faut reconnaître que dans la province de l'Imerina, les gens des basses classes suivent très strictement cette prescription fort sage. Mais dès qu'ils se trouvent éloignés de leur pays d'origine, ils usent et abusent bientôt de l'alcool sous toutes ses formes. Quant aux Antimerina des hautes classes, ils boivent énormément, et lors de mon passage à Tananarive en 1889, 1890, les fils du premier ministre donnaient l'exemple d'une intempérance regrettable.

habits, se pressent en foule autour du tombeau ; enfin, au coucher du soleil, on descend le corps dans le caveau. Il faut bien remarquer que, pour cette cérémonie, l'on ne touche jamais au mort pour le porter dans son tombeau avant l'heure de midi ; il faut que le soleil décline, sinon on craindrait un malheur, et on indisposerait fâcheusement le *lolo* du mort. C'est pour cette même raison qu'on ne le descend dans son caveau que lorsque le soleil lui-même est prêt de terminer sa carrière. Depuis midi au coucher du soleil, c'est-à-dire depuis l'instant où on a apporté le nouveau défunt jusqu'au moment où on va le placer dans le caveau de famille, sur l'étagère qui lui est destinée, on remonte à la lumière du jour les anciens morts, on les dépouille avec précaution de leurs anciens lambas qui tombent en poussière, et on roule le corps de nouveau dans des étoffes neuves. Enfin dès que tout le monde a été remis en place, famille et invités se retirent dans un endroit écarté, où des chanteurs célèbrent les louanges des morts, improvisent des chansons en leur honneur. On fait une nouvelle distribution de viande et de rhum, puis chacun se retire. L'importante cérémonie du *Mamadika* est terminée.

Le jour suivant, il me fut donné d'assister à la fête de la Circoncision de la province de Mandritsara. Toutes les peuplades de Madagascar, sans aucune exception, ont pratiqué et pratiquent encore l'usage de la circoncision. Cette coutume a été apportée dans la grande île par les musulmans qui y viennent depuis longtemps. Plusieurs auteurs se sont complus à faire venir cette coutume, ainsi que d'autres, d'immigrations judaïques qui remontaient à quelques siècles. Je trouve que c'est aller bien loin chercher l'explication de certains faits, dont nous sommes témoins à Madagascar. De nos jours, plus qu'autrefois encore, les musulmans y font beaucoup de prosélytes, ils y répandent surtout leurs *fady*, la religion par excellence du Malgache, la seule chose pour laquelle il ait des aptitudes vraiment indiscutables.

Dans beaucoup de tribus, la cérémonie de la Circoncision est une fête périodique annuelle. Chez les Antimerina, les souverains fixaient autrefois une date pour cette cérémonie, que l'on célébrait environ tous les cinq ou sept ans. Depuis la conversion apparente des Antimerina au protestantisme, cette fête a perdu, avec son caractère officiel, sa date périodique. Elle se célèbre aujourd'hui, selon les circonstances dans les familles, et pour ainsi dire à la dérobée, dans les grands centres où vivent des Européens. Les Antimerina, comme je l'ai déjà dit, aiment à dissimuler leurs anciennes coutumes qu'ils n'ont pas du tout quittées, et qu'ils cachent seulement, sous le vernis peu épais d'une civilisation rudimentaire. Dans les postes éloignés où ils n'ont aucune raison pour se gêner, le gouverneur convie, suivant les circonstances et à de certaines époques, la population à pratiquer la circoncision ; c'est ce qui venait d'avoir lieu à Mandritsara. L'époque de la cérémonie est variable quant à l'âge de l'individu, mais c'est généralement toujours tard, six mois, un an, quelquefois plus. Quant à l'époque de l'année, c'est toujours dans la saison froide, de juin à octobre.

Lorsque le jour de la cérémonie est déterminé, on prévient toute la famille qui arrive de tous côtés. La veille au soir, des jeunes gens armés de sagaies et brandissant des boucliers, vont à la tombée du jour chercher de l'eau à une source sainte, qui existe toujours aux environs des centres quelque peu importants. Ils reviennent au village en chantant, mais ils sont reçus à coups de pierres par toute la population ; ils doivent repousser victorieusement ce simulacre d'attaque, et surtout protéger leurs cruches d'eau au moyen de leurs boucliers, car si l'une d'elles venait à être cassée, ce serait un funeste présage, si funeste même que la famille à laquelle serait destinée l'eau sainte remettrait la cérémonie. La fête commence dès le matin ; une véritable orgie précède le sacrifice qui a lieu vers midi ; pendant qu'un vieillard choisi par la famille y procède, avec un couteau de bambou très effilé, parents, amis et invités font toutes sortes de vœux pour la prospérité de l'enfant, ils lui souhaitent longue vie et bonheur, leurs cris de joie et leurs chants d'allégresse couvrent les sanglots de l'innocente victime. Détail bizarre : c'est généralement un des oncles maternels de l'enfant, quand il y en a, qui doit manger sur un morceau de banane les chairs encore saignantes.

Tous mes préparatifs de voyage dans l'Ouest sont terminés maintenant à Mandritsara. J'ai des vivres en quantité suffisante ; des guides pour me conduire à Bélalitra, le seul centre important que je dois rencontrer avant d'arriver à Majunga, et j'ai aussi ces malheureux soldats dont je me débarrasserai certainement à la première occasion favorable. D'après mes observations, qui concordent parfaitement d'ailleurs avec les renseignements dont je m'entoure, et que la suite de mon voyage m'a pleinement confirmés, je ne dois trouver d'ici à la côte Ouest qu'une vaste plaine. Cette constatation, qui peut paraître bizarre au premier abord, est cependant très logique pour celui qui a bien saisi l'orographie générale de Madagascar. En effet, sur ce parallèle, la chaîne de partage des eaux est très près de la côte Est, elle est peu élevée, je n'ai trouvé que 820 mètres au point culminant à trois jours de marche de Mananara. Or, je suis ici à Mandritsara, sur le versant occidental de l'île, et par des observations très minutieuses que je répète trois fois par jour depuis mon arrivée ici, ma maison, qui est presque au point culminant du mamelon sur lequel Mandritsara est construit, n'est qu'à 320 mètres d'altitude. De plus, le Mangarahara, la rivière de Mandritsara, qui coule en bas de la ville, à une cinquantaine de mètres au-dessous du *rova*, est un affluent du Sophia, grand fleuve qui va se jeter dans la baie de Mahajamba. Nous devons suivre pendant très longtemps ce Mangarahara, puis le Sophia, avant d'incliner sur la gauche pour traverser le Mahajamba et arriver enfin à la baie de Bombetoke. Étant données cette altitude peu considérable au-dessus du niveau de la mer, et la distance très grande qu'il me fallait franchir pour arriver au canal de Moçambique, il m'était facile de prévoir que j'allais marcher dans de grandes plaines, que j'allais rencontrer de larges cours d'eau à courants très lents, aux lits larges et peu profonds. D'ailleurs la suite devait me prouver que mes suppositions étaient exactes.

CIMETIÈRE BETSIMISARAKA.

VILLAGE D'AMBOHIMENA.

CHAPITRE VIII

Départ de Mandritsara. — Récolte du raphia. — Région dénudée. — Zone forestière, la brousse. — Le *satrana* (latanier de Madagascar). — Les troupeaux de bœufs. — Incendie des brousses. — Arrivée à Belalitra. — Tsievala. — Caractères ethniques des Sakalava. — Mœurs et coutumes. — Pillage d'Ambahibe. — Les *bongalava*. — Traversée des grands *bongalava*. — Dans la vallée du Mahajamba. — Perdu dans la brousse. — Attaqués par les *fahavalo*. — Mon ami Sélim. — Chez le roi Diriamana. — Passage du Mahajamba. — Pirogue à balancier de la côte Ouest. — Les moustiques à Madagascar. — Bemakamba. — Les étangs de la côte. — Arrivée à Majunga. — La ville et sa population. — Commerce de Majunga. — Départ.

FEMME SAKALAVA DE MAJUNGA.

Le mardi 8 octobre, je quitte Mandritsara au lever du soleil, poussant devant moi ma caravane bien au complet, les guides et les soldats que Rakotondravoavy avait fait mettre à ma disposition depuis hier soir. Un quart d'heure après notre sortie de la ville, nous traversons le Mangaraha, puis nous suivons sa rive gauche, marchant droit vers l'ouest. Puis, peu de temps après, nous traversons un hameau de quelques cases, c'est Tsiandrorano. On me montre, auprès du village, de nombreuses roches basaltiques qui à fleur de terre semblent, avec beaucoup d'imagination, figurer une ancienne chaussée en ruines. Il n'y a là rien que de très naturel et quelques coups de marteau m'ont vite appris que je ne me trompe aucunement. Quoi qu'il en soit, le chef du village, vieillard très respectable, m'affirme avoir entendu dire à son grand-père que ces pierres avaient été posées là par des *Vazaha*. C'est absolument inexact et je peux suivre pendant plus d'une demi-lieue cette coulée basaltique qui plaque sur l'argile rouge un large ruban noir. Cependant, si je cite ce fait, et surtout le renseignement que me donnait le chef du village, en faisant allusion, je n'en doute pas, à la route autrefois célèbre à Madagascar de l'aventurier Benyowsky, c'est qu'il est le seul que j'ai pu entendre pendant mon voyage de Mananara à Majunga, au sujet de cette fameuse chaussée; je n'en ai d'ailleurs jamais vu aucune trace.

Benyowski, dans ses Mémoires, parle d'une route de 28 lieues qu'il aurait fait faire pour relier Angontsy à Louisbourg. Elle aurait été commencée des deux côtés à la fois : sa partie Ouest sous la direction de M. de Boispréaux, celle de l'Est sous la conduite de M. de Rozières; sous deux ingénieurs, 6000 ouvriers, fournis par les chefs des différentes tribus, y avaient travaillé. Certains auteurs ajoutent qu'une dérivation de cette route, primitivement tracée, devait passer à Mandritsara et aller gagner la baie de Majunga. Dans l'après-midi, je passe à gué l'Amboaboa, petite rivière, affluent de gauche du Mangarahara.

Dans la soirée, je m'arrête au village de Marangebato. Aux environs de ce village, je vois beaucoup de palmiers raphia qui constituent une des richesses actuelles de Madagascar. J'ai déjà parlé, au commencement de ce volume, de cet arbre dont toutes les parties ont un emploi spécial : les Malgaches font tout avec ce végétal, mais ce qui doit nous intéresser le plus, nous autres Européens, ce sont les fibres textiles que ce palmier fournit et dont l'emploi se généralise de plus en plus dans nos climats, chez les viticulteurs.

Dans cet arbre, comme dans tous ses congénères d'ailleurs, on ne trouve que des bourgeons terminaux qui partent du centre de l'arbre; à chaque pousse d'un nouveau rameau, sort un bourgeon droit et pointu, dont les feuilles restent enroulées sur elles-mêmes pendant quelque temps. C'est dans cet état, et lorsque ce bourgeon a pris un certain développement en longueur, mais lorsqu'il ne s'est pas encore épanoui, que l'indigène vient le couper et le fait sécher hors de la portée des rayons du soleil. Dans ces conditions, les fibres dont ce bourgeon est formé sont blanchâtres et n'ont pas encore de matières colorantes, qui viendraient en diminuer la valeur. Le soir ou le lendemain de la récolte, les femmes enlèvent la côte ligneuse médiane, font avec un couteau une incision transversale sur la partie supérieure de chaque feuille, en ayant bien soin de ne pas attaquer le revers; saisissant ensuite, entre le pouce et le dos du couteau, l'épiderme supérieur incisé, elles l'enlèvent complètement. La partie inférieure est seule recueillie et exposée au soleil pendant quelques heures. Quand elle est sèche, chaque brin est pris à part bien tendu, puis au moyen d'un peigne en fer dont les dents sont plus ou moins rapprochées, suivant la grosseur du fil que l'on veut obtenir, on divise l'épiderme dans le sens des fibres. Ces fibres sont ensuite nattées grossièrement, roulées généralement sur elles-mêmes, et vendues dans cet état aux Européens et aux traitants de la côte. La quantité de raphia qui s'exporte chaque année de Madagascar, à destination d'Europe, est considérable, on peut l'évaluer à plusieurs milliers de tonnes. Les raphia se trouvent surtout dans le nord de l'île, et c'est la partie nord-ouest qui semble la mieux pourvue de ce précieux végétal. Jusqu'à ces dernières années, l'achat de ces fibres par les commerçants se faisait surtout sur la côte est de Vohemar à Mananjary. Depuis quelque temps, les Européens se portent davantage du côté de l'Ouest, et ils ont raison, c'est la partie qui est relativement la plus riche de Madagascar; là où le commerce peut se développer le plus librement, débarrassé de l'influence pernicieuse des Antimerina, de leurs mesures restrictives et de leur mauvais vouloir.

Le mercredi 9 octobre, nous continuons notre route à l'ouest de Marangebato. La route est assez sinueuse, mais elle traverse toujours un terrain relativement plat; il y a bien de temps en temps quelques petits mamelons, quelques blocs de rochers, qui nous obligent à des détours nombreux, mais enfin à Madagascar il ne faut pas être difficile, et en somme c'est une bonne route. Tel n'est pas cependant l'avis de nos porteurs, ces gens préfèrent certainement, à ce terrain plat, sec et caillouteux, les terrains accidentés de la côte, où les lits de sable succèdent aux boues argileuses. Là, malgré les montées et les descentes, ils cheminaient allégrement. Pieds nus, ils ne se plaignaient que rarement; ici c'est tout différent : le terrain est sec et dur, le sol est partout recouvert de petits cailloux quartzeux, aux angles avivés et tranchants. Aussi, ceux qui n'ont pas eu la précaution de s'acheter à Mandritsara ce qu'ils appellent des *kapa*, souffrent de blessures fréquentes et ne peuvent nous suivre que difficilement. Les *kapa* sont des espèces de sandales indigènes, employées par tous les Malgaches là où le terrain est analogue à celui sur lequel nous nous trouvons. C'est un simple morceau de peau de bœuf, taillé suivant les contours de la plante du pied et contre laquelle elle se trouve fixée, en avant, par une lanière qui emboîte le gros orteil; en arrière, par une autre lanière qui passe au-dessus du talon. Ces chaussures sont très légères et protègent suffisamment, comme j'en ai fait l'expérience. Malheureusement, elles sont très glissantes, et les chutes sont nombreuses avec elles, surtout lorsqu'on marche sur des bancs de roches fortement inclinés; de plus, à chaque ruisseau qu'il vous faut traverser, et devant chaque terrain détrempé qu'il est nécessaire de franchir, il faut les enlever. Petit supplément de fatigue, qui se présente fort souvent dans la pratique. Ces *kapa* sont faites de peaux simplement séchées au soleil, elles ne sont pas tannées; si elles touchaient l'eau, elles ne pourraient plus vous être d'aucune utilité.

A mesure que nous nous éloignons de Mandritsara, nous pénétrons dans un pays nouveau, dont la configuration générale est des plus pittoresques. Ce n'est plus la plaine dénudée, ce n'est pas encore la forêt. Partout et aussi loin que la vue peut s'étendre sur l'immense terrain qui se déroule devant nous, notre horizon semble borné par des bois épais, mais ce n'est là qu'une apparence, et à mesure que nous avançons, nous voyons que ces bois touffus et ces forêts épaisses n'existent pas. C'est toujours la plaine, couverte de hautes herbes des grands *vero*; mais, partout, des arbres surgissent, ce ne sont pas ces arbres imposants que nous avons vus dans les forêts de l'Est : ils n'ont en général que cinq ou six mètres de hauteur, mais ils sont touffus, et leur ombre cache un large espace. Il y a beaucoup de buissons, mais tous ces végétaux, arbres ou arbustes, sont disséminés dans la plaine. C'est la brousse.

Je décrirai donc au lecteur Madagascar sous trois aspects différents et bien caractéristiques. Ces trois grandes divisions comprennent la totalité de l'île, et on ne trouve à côté, en parcourant le pays dans tous les sens, que des zones intermédiaires. Madagascar présente ce fait très remarquable, que non seulement on peut diviser son immense territoire suivant l'aspect général de la végétation, mais encore qu'on peut le partager en zones bien tranchées, suivant la nature même de cette végétation. La conclusion pratique de ce fait peut paraître paradoxale, et en réalité il n'en est rien. En fait, un Européen rompu au voyage dans ce pays, ou n'importe quels indigènes, vous diront, rien qu'à l'inspection du paysage qui les environne, ou à la vue des arbres qui poussent devant eux, dans quelles provinces ils se trouvent et cela avec assez d'exactitude.

D'après l'aspect général de la végétation, on peut diviser Madagascar en trois régions : 1° la région des grandes forêts; 2° la région de la brousse; 3° la région dénudée.

Je ne m'étendrai pas inutilement pour définir la première région, elle s'étend tout autour de l'île, à laquelle elle forme presque une ceinture ininterrompue. Cette zone forestière d'enveloppement est très peu épaisse vers le Sud, elle est au contraire très large dans les régions septentrionales; elle se dédouble presque partout en deux cordons boisés, qui sur la côte Est notamment sont accrochés aux cimes des deux chaînes de montagnes qui forment l'ossature principale de Madagascar. Dans l'Ouest, cette zone forestière couvre également les hauts sommets parallèles à la côte, dont elle est, en général, beaucoup plus éloignée que sur la côte Est. Cette zone forestière est séparée de chaque côté des autres zones par une zone intermédiaire, la région des défrichements. On ne rencontre que dans cette dernière les villages betsimisaraka de la côte Est et les agglomérations sakalava de la côte Ouest. Le sol de ces grands bois est partout très accidenté, les dénivellations sont profondes, les montées sont rapides. Les jours de pluies y sont fréquents, les brouillards presque continuels.

La région de la brousse, que je viens de décrire précédemment, est celle dans laquelle nous marchons aujourd'hui; elle occupe les trois cinquièmes de la superficie totale de l'île, et comprend l'ensemble des territoires des tribus insoumises et des tribus incomplètement administrées par les Antimerina. Elle occupe tout le versant du canal de Moçambique et le sud de l'île. Les saisons y sont parfaitement tranchées; le sol de cette région est en général plat ou faiblement ondulé. Les villages y sont rares.

La troisième région, où on ne rencontre pas un pied d'arbre, pas un buisson, n'occupe qu'un cinquième de la superficie de l'île; elle comprend : le pays des Antimerina et celui des Betsileo, et n'empiète que fort peu à l'est et au sud de ces deux provinces. C'est dans cette région dénudée que la population est la plus dense, et je serais porté à croire qu'autrefois on ne distinguait à Madagascar que deux zones, les forêts d'une part, beaucoup plus grandes qu'aujourd'hui, et la brousse qui devait couvrir l'immense majorité de la grande île. Quant à la zone dénudée, elle s'est formée beaucoup plus tard, créée artificiellement dans les pays des Antimerina et des Betsileo, chez lesquels la population est relativement assez dense. Cette zone dénudée, sur les hauts plateaux du centre de l'île, offre une surface très accidentée, mais à déclivité moins rapide que la zone forestière. Ce sont en général des mamelons arrondis, des croupes rocheuses, que percent, çà et là, de gros blocs de granite et de gneiss. Les eaux vives y sont très abondantes.

On trouve souvent dans la zone des brousses, des îlots plus ou moins grands de terrains dénudés. On peut être absolument certain dans ce cas que le centre de l'îlot est occupé par une agglomération importante des Antimerina. En somme, et sans vouloir entrer dans de trop petits détails, on peut admettre que la zone dénudée est caractéristique de l'Antimerina et du Betsileo, des peuples agriculteurs. La zone forestière ne semble pas caractériser spécialement une tribu, puisqu'elle entoure l'île tout entière. Cependant les Betsimisaraka en occupent la plus grande partie. La région des brousses est caractéristique des territoires des tribus insoumises, des Sakalava et des Bahara en particulier. Pour être complet, il faut observer que notre colonie de Nosy-Be, et les côtes de Madagascar situées en face d'elle, sont absolument analogues, comme aspect et comme végétation, à la région côtière occidentale de l'île, au territoire de la tribu Betsimisaraka.

Ces trois grandes divisions de Madagascar ne correspondent pas seulement à un aspect général et à une végétation différente, mais, chose très remarquable, semblent parfaitement concorder avec des divisions semblables que l'on voudrait faire dans la population. Elles correspondent aussi très exactement à une similitude générale, non seulement dans les caractères ethniques des différentes tribus, dans leurs usages et leurs coutumes, dans leur façon de vivre, dans leur manière de construire leurs maisons, de confectionner leurs vêtements; mais encore dans les caractères anthropologiques généraux des populations. Ainsi, un Antimerina est parfaitement comparable à un Betsileo, un Sakalava est en tous points semblable à un Bahara, et il sera très difficile de distinguer un Antankara de Nosy-Be ou des environs, d'un Betsimisaraka proprement dit.

Dans la soirée du 9 octobre, nous nous arrêtons à Antsomiky.

Le jour suivant, nous passons de très bonne heure à Ambondrona, et nous arrivons au milieu du jour à Anahidrano. Dans l'après-midi, la route devient fatigante; nous marchons sur les flancs d'une montagne isolée dans la plaine, qui présente cette particularité d'avoir deux sommets très aigus et de hauteur sensiblement égale, qui ont reçu le nom de pic Andengalenga et pic Analaboloha. A mesure que nous marchons vers l'Ouest, la chaleur devient de plus en plus accablante, il en sera ainsi jusqu'à Majunga, qui est après Maevatanana le point le plus chaud de l'île de Madagascar.

Le 11 octobre, nous continuons dans la brousse, et nous passons au hameau de Ambodivongo et à celui de Bevala. Ce dernier village, que nous atteignons vers onze heures, est peuplé presque entièrement de Makoa, nègres du Moçambique. Ces Makoa sont très communs sur la côte Ouest, ils y sont importés continuellement, par des boutres arabes; à Madagascar ils sont vendus comme esclaves, soit pour de l'argent, soit plus généralement pour des bœufs, que les boutres vont reporter et vendre sur la côte d'Afrique. Ces boutres qui, comme je viens de le dire, ont un équipage et un capitaine arabes, appartiennent presque toujours à des Indiens de Bombay, sujets britanniques, qui sont venus depuis quelques années s'établir en grand nombre sur les côtes occidentales de l'île madécasse; ils y font tous le commerce, et la traite des esclaves est une de leurs opérations les plus lucratives. En 1887, le gouvernement antimerina, sous la pression des Européens, avait bien publié un édit qui libérait sur-le-champ tous les esclaves d'origine africaine; mais comme toutes les lois malgaches et tous les règlements, quels qu'ils soient, qui n'ont pas de sanctions, cet édit est devenu lettre morte le jour même de sa proclamation. D'ailleurs, les Indiens, sujets britanniques, de par les capitulations consulaires, échappent aux lois malgaches, et ils ont tous sur la côte Ouest chacun une demi-douzaine d'Africains, qu'ils traitent d'ailleurs avec dureté sous l'œil bienveillant de leur consul.

TROUPEAU DE BŒUFS PARQUÉ. (DESSIN D'A. PARIS, GRAVÉ PAR DEVOS.)

C'est dans la matinée du 12 octobre que je vois pour la première fois des *satrana* (*Hyphœna madagascariensis*), cet arbre caractéristique de l'Ouest sakalava. J'ai parlé plus haut des trois régions entre lesquelles on peut diviser toute l'île de Madagascar, suivant la configuration du pays et l'aspect général de la végétation. Mais on peut aussi établir de grandes subdivisions, d'après la nature même de cette végétation, qui, sans pouvoir englober dans leurs nombres la superficie totale de l'île, peuvent en délimiter du moins la plus grande partie. Ainsi, ces *satrana* que nous voyons maintenant tout autour de nous, caractérisent la plus grande partie du versant du canal de Moçambique. Le *ravenala*, arbre du voyageur (*Ravenala madagascariensis*), est au contraire spécial au versant de la mer des Indes. La localisation de ce dernier palmier est moins soumise à des règles fixes que le *satrana*. On en trouve quelques-uns, mais en très petit nombre, dans la vallée du Betsiboka. Encore, ce ne sont que de petits sujets; au contraire, je n'ai jamais rencontré de *satrana* sur le versant oriental de l'île. Il y a de grandes forêts de *ravenala* en pays betsimisaraka, et on en rencontre quelques bouquets dans la contrée analogue du versant sakalava, à Nosy-Be, et sur la côte voisine.

Le *botona* (le baobab de Madagascar) et le *voavotaka* sont caractéristiques des pays de brousse et se trouvent surtout, le premier dans l'Ouest, le second dans l'Est de Madagascar.

Le *longoza* (Amomum augustifolium) couvre les défrichements de la côte Est; et le filao (Casnarina equisetifolia) se trouve tout autour de l'île, mais il ne s'écarte jamais du bord de la mer; il est très fréquent sur les côtes betsimisaraka.

Nous sommes toujours en terrain primitif, comme c'est la règle à Madagascar, et presque tous les ruisseaux que nous traversons sont à sec; des rivières même qui doivent être importantes, ne sont plus tracées que par un lit de sable blanc, dont les sinuosités se perdent dans les grandes herbes.

Le samedi 12 octobre, nous reprenons notre marche dans les *satrana*, et nous arrivons au bord du fleuve le Sophia. Le cours d'eau, qui doit être très important, n'est plus représenté à cette époque de l'année que par un mince filet d'eau qui se perd dans les sables. En marchant jusqu'au soir, nous ne trouvons pas de village et nous campons sous ces *satrana*. Dans ces parages, comme du reste dans tout l'Ouest de l'île, la richesse du pays consiste surtout en grands troupeaux de bœufs que possèdent les habitants. Pour le Sakalava, l'élevage du bœuf est à peu près la seule occupation, et cependant il ne faudrait pas donner au mot élevage son sens habituel, car ici la nature fait tous les frais. Un Sakalava possède-t-il quelques vaches et un taureau, il se trouve de suite à la tête d'un petit troupeau, que les naissances successives viendront bientôt accroître. Il n'a à s'inquiéter ni de la nourriture ni du logement, il laisse faire la nature. Le jour, le Sakalava conduit son troupeau dans la brousse, où les animaux trouvent une nourriture suffisante, quelle que soit la saison; la nuit, il ramène ses bêtes au village, et les parque dans un enclos de branches d'arbres; cette façon d'élever les bœufs est la même dans toute l'île, c'est aussi la même pour tous les animaux domestiques. Poules, cochons, chèvres et moutons sont livrés à eux-mêmes pendant la journée, et le soir rentrés sous un abri près de la case ou dans la case même du propriétaire. On ne leur donne jamais de nourriture, et il faut des circonstances bien exceptionnelles pour que l'homme pourvoie aux besoins de ses animaux domestiques. Cette façon de procéder explique pourquoi on ne trouve que très difficilement à acheter à Madagascar de jeunes animaux : un œuf est presque aussi cher qu'une poule; un veau est vendu comme un bœuf; en effet, le propriétaire de ces jeunes animaux n'a qu'à attendre quelques mois pour les voir parvenir à l'état adulte sans aucune dépense, il peut alors les vendre au prix normal. La seule chose que nous voyons faire dans ces parages aux Sakalava, propriétaires de bœufs, pour amender la nourriture de leurs animaux, c'est de mettre le feu dans la brousse et de dévaster toute la contrée. Dans la région des brousses, sur tout le versant Ouest du reste, l'herbe commence à pousser, au mois de décembre, et elle atteint son plus grand développement, 2 m. 50 environ, au mois de mars; à partir de ce moment, elle sèche sur pied, elle est bientôt grillée par les rayons ardents du soleil, et il faut de toute nécessité débarrasser la terre, vers les mois de juin, juillet, de cette couche de végétaux morts et desséchés qui couvrent la terre d'une couche de plusieurs décimètres d'épaisseur. Alors le Sakalava appelle la flamme à son secours, il met le feu dans la brousse, l'herbe sèche et les feuilles mortes forment bientôt d'immenses brasiers. Les cendres servent d'amendement au sol, et la terre, débarrassée de cette végétation morte, donnera au mois de décembre de nouvelles pousses qui seront une excellente nourriture pour les troupeaux de bœufs. Malheureusement, cette méthode barbare a des inconvénients : avec l'herbe de la plaine brûlent les jeunes pousses des arbres; les gros troncs sont même souvent calcinés à leur base et, en somme, le feu du Sakalava comme la hache du Betsimisaraka concourent au déboisement général de l'île.

Nous avons rencontré aujourd'hui, vers onze heures, le village de Berohitra, qui compte une douzaine de cases, et nous sommes obligés d'y coucher, car nous ne trouverons pas de village ce soir; notre marche d'aujourd'hui est donc peu considérable.

Le jour suivant, nouvelle étape, plus longue d'ailleurs et sans aucun incident, jusqu'au village de Ambararatabe ou Bedjipty, où nous nous arrêtons pour coucher. Nous avons passé dans la journée à Ankazomena et à Ambarijevo, petit hameau sakalava, aussi misérable d'ailleurs que celui où nous sommes logés ce soir. L'eau est très rare dans la contrée, et les bergers sakalava conduisent fort loin leurs troupeaux pour les abreuver. Cette absence d'eau n'est pas sans me causer quelques inquiétudes, d'autant plus que la contrée que nous devons traverser en deux jours pour atteindre Belalitra, en est absolument dépourvue, et mes porteurs sont si fatigués ou plutôt si paresseux qu'ils aiment mieux traverser cette contrée en ligne droite au risque de manquer d'eau que de pousser une pointe vers le nord où nous devrions rencontrer, en quelques heures de marche, le fleuve le Sophia.

Le lundi 14 octobre, nous reprenons notre marche dans la brousse et sous les lataniers. Vers dix heures, nous passons près d'un petit village Banzony qui est complètement abandonné, pas une goutte d'eau dans les environs. Mes porteurs se répandent dans la brousse, ils vont de tous côtés, mais ils ne peuvent s'écarter bien loin par crainte des *fahavalo*; ils reviennent quelques heures après, leurs recherches ont été vaines. A ces heures chaudes du jour, la privation de toutes boissons dans ces pays intertropicaux est particulièrement pénible; la fatigue et les sueurs nous accablent, et la soif augmente sans cesse; dans la traversée de la forêt de Didy à Fito, nous avions bien manqué de vivres et souffert de la faim, mais cela n'est rien auprès de la privation d'eau; contre la faim on réagit, on la trompe par mille artifices, et cela est facile, du moins pendant les premiers jours; mais il n'en est pas ainsi pour la soif, ce n'est pas les jours que l'on compte, ce sont les heures, et dans la rage que l'on éprouve, tout ce que l'on peut faire ne fait qu'exaspérer cet impérieux besoin. Mes hommes qui, comme d'habitude, ont voulu chiquer leur tabac, et moi-même qui ai voulu, pour faire le brave, fumer force cigarettes, nous souffrons atrocement. Il y a quelques semaines, pendant la première partie de notre voyage, nous maudissions la pluie persistante qui nous accompagnait dans la zone forestière, et nous donnerions maintenant beaucoup pour en recevoir quelques gouttes dans cette région des brousses. Nous reprenons notre route, et suivant un sentier pierreux, nous arrivons à un autre village abandonné, dont on ne peut me donner le nom. Nous procédons à de nouvelles recherches, qui sont aussi vaines que celles de ce matin. Notre position est vraiment critique, mes hommes sont exténués, et je ne sais vraiment trop comment, demain, mes porteurs pourront reprendre leur route sans abandonner mes bagages; nous nous logeons tant bien que mal dans ces cases vides, je suis exténué et, malgré les cris des porteurs qui chantent pour s'étourdir, je m'endors d'un profond sommeil. Le lendemain, à mon réveil, je trouve mes caisses de bagages enfoncées, mes malheureux porteurs ont bu le rhum dans lequel je conservais mes pièces zoologiques. Quand je sors de ma case, je vois tout mon monde rassemblé sur la place du village, ils entourent deux de mes meilleurs porteurs, Rainiboto et Rainifringa, qui gisent inanimés sur le sol : ce sont probablement mes voleurs de rhum, ces malheureux en ont tellement bu pour étancher la soif dont ils souffrent qu'ils en sont morts; je les fais ensevelir rapidement dans les plus belles nattes que nous trouvons dans le village, et je presse les autres de partir vite pour atteindre Belalitra, où nous devons arriver ce soir. Il y aura de l'eau, c'est le salut. Le convoi se met en marche tant bien que mal, et tout le monde se traîne sous ce soleil de feu, nous n'avons pas bu depuis deux jours, et le thermomètre fronde à l'ombre marque + 35° centigrades. Beaucoup de mes hommes paraissent ivres, ils souffrent véritablement, et le moindre effort

LA SOIF. (DESSIN D'A. PARIS, GRAVÉ PAR BAZIN.)

musculaire, par cette chaleur intolérable, fait plus vivement ressentir le besoin qui nous dévore. Toute cette brousse est brûlée, nous marchons dans des cendres épaisses, et nous soulevons des nuages de poussière. A quatre heures, j'ai onze hommes qui sont tombés épuisés sur la route, mais nous ne pouvons nous arrêter pour les secourir. Nous voulons boire. Un quart d'heure après, nous traversons l'Anjabiny, un des affluents de gauche du Sophia, il est à sec comme presque toutes les rivières que nous avons déjà traversées depuis Mandritsara; par les traces qu'ont laissées les eaux sur ses rives et par la largeur de son lit de sable blanc, cette rivière coulant normalement doit avoir plus de 80 mètres de large sur une profondeur moyenne d'environ un mètre. L'Anjabiny se jette dans le Sophia, dans le nord du point où nous nous trouvons à un jour de marche, et tout près de son confluent est l'embouchure du Bemarivo. Peu de temps après avoir traversé la rivière, nous voyons de beaux manguiers qui couronnent d'un panache touffu un petit mamelon plus élevé que les autres : c'est là qu'est Belalitra, et en bas du mamelon, il y a des sources dans un petit bouquet de raphia. C'est alors une course folle, chacun jette son paquet et court vers l'eau de toutes ses forces, moi-même je suis ce mouvement irrésistible, mais je suis vite dépassé. Il y a dans ces raphia près de Belalitra des sources importantes, et qui toute l'année coulent à pleins bords. Cependant ce jour-là, le niveau de l'eau a dû baisser considérablement, la quantité de ce liquide bienfaisant bue par mes hommes est absolument invraisemblable, et moi-même je ne me rappelle pas dans ma vie avoir bu avec autant de plaisir. La soif dont nous avions souffert depuis quarante-huit heures m'a permis de constater par moi-même un fait énoncé par certains voyageurs en Afrique et en Australie. Ils avaient remarqué, après des privations plus longues encore que celles que nous venions de subir, que les premières gorgées d'eau avalées étaient non seulement désagréables, mais très douloureuses ; je ne puis que confirmer ce phénomène bizarre.

Belalitra est un assez gros village, c'est le centre le plus important de ce bassin du Sophia. Il est entouré d'une enceinte palissadée, faite de troncs de *satrana*, enfoncés verticalement dans le sol les uns à côté des autres, et dont les extrémités supérieures sont réunies solidement entre elles par des lianes et des cordes de *raphia*. L'espace ainsi clos est beaucoup plus grand que le village, mais à certaines époques de l'année, celles où nous nous trouvons, par exemple, Belalitra sert de lieu de refuge pour les populations et les troupeaux de bœufs des territoires avoisinants.

Tout le Bœny, immense province de Madagascar couverte de brousse, est le lieu de prédilection hanté par les *fahavalo*. Ils habitent d'ordinaire au sud de Betsiboka sur les confins du Menabe, où ils trouvent facilement à se ravitailler d'armes et de munitions auprès des tribus sakalava insoumises. En cas d'attaque, ils trouveraient aussi un refuge assuré dans la grande forêt de Manerinerina. C'est sur les confins de cette forêt que la plupart d'entre eux ont leur village, ils y passent d'ordinaire toute la saison des pluies et ne se rassemblent en troupes nombreuses que lorsque la saison sèche est bien établie. A ce moment, grâce à la baisse des eaux, ils peuvent traverser le Betsiboka dans les endroits guéables et s'avancer vers le Nord, voler des esclaves et des bœufs. C'est donc dans la saison sèche et surtout dans ses derniers mois, que les *fahavalo* sont le plus redoutables dans l'endroit où nous nous trouvons ; par une chance inespérée, je n'en ai pas encore vu, mais je crains bien d'en voir prochainement, avant d'arriver sur les bords de la baie de Bombetoke.

En arrivant à Belalitra, j'ai quitté le territoire administré par le gouverneur de Mandritsara, et je suis dans le district de Majunga. Le chef de Belalitra est un Sakalava, nommé Tsievala, qui est un excellent homme, gouvernant avec beaucoup de sagesse et de prudence son petit village, et administrant de son mieux le vaste territoire dont il est chargé.

Il est très intéressant d'observer la politique particulière des Antimerina à l'égard des tribus qu'ils ont soumises, et en particulier à l'égard des Sakalava, les seules peuplades qui leur aient résisté victorieusement et qui en maints endroits ont su conserver leur indépendance. Tandis que, chez les Betsileo et les Betsimisaraka par exemple, tribus fort paisibles et très facilement gouvernables, les Antimerina frappent les indigènes de lourdes corvées, y envoient des gouverneurs féroces et rapaces, et enfin mettent en coupe réglée ces timides populations, ces mêmes Antimerina en agissent tout autrement avec les tribus du Sud et les Sakalava, gens turbulents et difficiles à manier. Ils les comblent de prévenances ; dans chaque poste important, à côté du gouverneur et des fonctionnaires antimerina se trouvent des juges sakalava et même des officiers sakalava, qu'on traite sur le même pied que les officiers antimerina. Dans presque tous les villages, les anciens chefs sakalava ont été maintenus, et dans des centres importants, comme Belalitra par exemple, c'est un Sakalava, Tsievala, qui a été nommé gouverneur ; il est même 10e Honneur, grade assez important dans la hiérarchie compliquée des Antimerina. Mais ce qu'il y a de plus remarquable dans l'administration antimerina des territoires nouvellement soumis à leur gouvernement, c'est qu'ils y ont respecté d'une façon absolue les usages et les coutumes des anciennes populations; ils ont donné ainsi un bel exemple de colonisation à certains peuples occidentaux.

A Belalitra, nous quitte le guide principal que nous avait donné à Mandritsara Rakotondravoavy, qui a remis à Tsievala nos lettres de recommandation et nos passeports. Tsievala, de son côté, va nous donner des guides qui nous conduiront jusqu'à Majunga. Comme le gouverneur de Mandritsara, Tsievala a voulu nous rendre de grands honneurs; nous avons assisté à une grande parade où ses quatre misérables soldats loqueteux ont fait l'exercice avec des morceaux de bambou.

Pendant la nuit, j'entends de tous côtés des hurlements épouvantables, ce sont les factionnaires du fort, dont on a doublé le nombre à l'occasion de mon passage; les hurlements qu'ils poussent et qui ne sont plus du tout les *zovy, zovy e*, que j'avais entendus dans l'Imerina, ont pour effet surtout de les empêcher d'avoir peur.

Depuis mon départ de Mandritsara sur la côte Est, et jusqu'à mon arrivée à Majunga sur la côte Ouest, j'ai suivi, et je compte continuer à suivre, un itinéraire qui passe à quelques lieues plus au nord du chemin parcouru dans ces contrées par Rutemberg en 1877-1878. Et c'est justement ce tracé un peu plus septentrional qui m'a permis de relever le cours du Sophia et de passer à Belalitra.

Les habitants de ce village sont la réunion de beaucoup de tribus différentes, on y voit des Antimerina et des Betsimisaraka, mais on y rencontre aussi des Sakalava de type pur; les Makoa y sont aussi nombreux.

Les caractères ethniques des Sakalava diffèrent peu, du moins dans leur ensemble, de ceux des Bezanozano dont j'ai parlé plus haut. D'une stature plus élevée que les populations de l'Est, ils ont une constitution plus robuste, des membres plus épais, un teint plus noir. Leurs cheveux crépés sont longs d'environ 15 à 20 centimètres; les hommes qui ont toujours conservé l'ancienne mode malgache aux cheveux longs portent presque tous de petites nattes enduites de graisse de bœuf, ils sont assez soigneux de leurs coiffures, et quand la nature paraît leur refuser une chevelure convenable, ils portent une perruque de petits bandeaux tressés faite en fibres de raphia ou de latanier. Ces indigènes diffèrent surtout des tribus orientales par un grand amour des bijoux et des ornements divers dont ils se parent volontiers, et aussi par leur esprit batailleur et querelleur que je remarque d'autant mieux que j'étais habitué à la timidité des Betsimisaraka. Les hommes portent des colliers de verroterie, des dents de caïman, des fétiches en grand nombre, suspendus au cou ou au bras par une ficelle tressée. Ils se mettent dans les cheveux au-dessus du front un disque taillé dans un coquillage nacré, qu'ils nomment *felana*. Les femmes se parent de colliers et de bracelets, et portent dans le lobule de l'oreille un cylindre de bois plus ou moins sculpté, qui atteint souvent 5 centimètres de diamètre. Le Sakalava ne se sépare jamais de son fusil à pierre, orné de clous en cuivre ou de filigrane de même métal, et de ses deux ou trois sagaies, nombre qu'il juge indispensable. Quand le Sakalava entre dans votre case, il s'accroupit et maintient ses armes verticales, il ne s'en sépare dans aucun cas, il couche avec. Le costume le plus général de cette tribu est, comme celui de tous les Malgaches, formé essentiellement du *lamba*. Autour des reins les hommes ceignent le *sikiny*, qu'ils nomment plus généralement *kikoy* quand cette pièce du vêtement est blanche et bordée sur les lisières d'une bande d'une dizaine de centimètres de large, de couleurs voyantes, et le plus généralement rouge ou jaune, ou *diboana* quand le *sikiny* est fait d'une cotonnade de couleur foncée et que les lisérés sont en tissus de soie. Les femmes portent, comme les femmes betsimisaraka et comme celles des tribus du Sud, le lamba cousu en forme de sac, qui se nomme *simbo*; sur la poitrine et sur le dos elles ont l'*akanjo*.

TSHYALA ET SES SOLDATS. (DESSIN DE RIOU, GRAVÉ PAR DUVOS.)

Ce costume des hommes et des femmes, qui est le même que celui que j'ai déjà décrit chez la tribu betsimisaraka, est le vrai costume malgache; on le retrouve, sans grands changements, dans toutes les tribus de l'île, les Antimerina exceptés. Pour les mœurs et les coutumes générales des Sakalava, j'en parlerai avec plus d'à-propos lorsque sur ma route j'aurai l'occasion de les observer et de les décrire. D'ores et déjà, je puis affirmer que c'est dans cette tribu, comme dans celles du Sud, où l'influence européenne n'a presque pas pénétré, que l'on voit les anciennes coutumes les mieux conservées; ces tribus insoumises ont gardé pieusement les traditions de leurs pères, et on y retrouve beaucoup mieux que chez les Antimerina le vrai caractère malgache, sans apprêts et sans voiles.

J'ajouterai dès maintenant que c'est dans ces peuplades de la côte Ouest de Madagascar que l'influence musulmane s'est fait particulièrement sentir, et que non seulement on y retrouve des usages mahométans, mais que l'on rencontre fréquemment un Sakalava parfaitement ignorant de la religion de Mahomet,

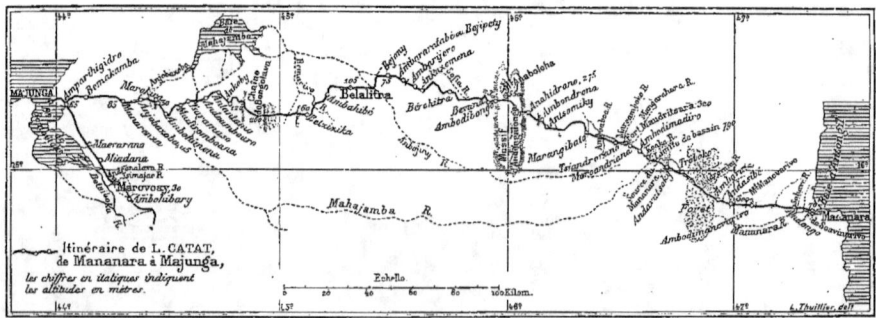

mais qui pourtant est coiffé de la *chechia* chère aux disciples du prophète et affublé de la grande chemise blanche des Zanzibarites.

En plus des deux guides et des trois soldats que me donne Tsievala pour me conduire jusqu'à Majunga, ma caravane s'est encore augmentée de deux Arabes de Zanzibar, qui étaient venus dans ces parages pour faire du commerce, et qui vont rejoindre le grand port de la côte Ouest pour, de là, regagner, par boutre, leur pays d'origine. Je suis très heureux de cette acquisition, car ces gens ne me quitteront certainement pas, et je suis certain qu'ils m'accompagneront jusqu'au bout de mon voyage. Dans la soirée, je remercie chaleureusement Tsievala de son obligeance, et je veux lui donner quelques piastres comme garant de mon amitié, mais il m'arrête de suite, et me dit confidentiellement, que si mon cadeau lui fait grand plaisir, il me prie de ne lui donner que dans sa case ou dans un endroit retiré : il m'explique d'ailleurs que si le présent est fait devant les officiers il serait obligé de partager avec eux, ce qui lui serait très désagréable.

Le mercredi 16 octobre, je quitte Belalitra au lever du jour et je continue ma route vers l'Ouest au milieu des grands lataniers (*satrana*).

Depuis notre départ de Mandritsara, nous avions toujours joui d'un temps superbe; cette nuit nous avons eu une pluie assez forte; ce matin, elle est plus fine, c'est presque un brouillard. Cependant, vers onze heures du matin, le soleil a complètement dégagé les noirs nuages amoncelés sur nos têtes. Le ciel bleu réapparaît. Nous rencontrons plusieurs villages abandonnés complètement. Il existe ici et dans tout le pays que nous allons traverser, presque jusqu'à Majunga, des bandes de pillards, formés de Sakalava insoumis, d'esclaves marrons, de soldats antimerina déserteurs. Ces brigands, qu'on appelle *marofelana* [1], ne sont qu'une espèce particulière de *fahavalo* dont le métier consiste à voler les bœufs

---

[1]. On appelle ainsi ces bandes de pillards : *maro*, beaucoup; *felana*, felana, parce qu'ils portent sur leur front et dans leur chevelure de ces disques en coquillages nommés *felana*, ornements très à la mode dans la tribu des Sakalava. Tous

dans les campagnes. A cette époque de l'année, les habitants de ces villages ont appris leur arrivée par quelques vols de bœufs dans les environs. Alors ils ont quitté leur demeure, et chassant devant eux leurs troupeaux, ils sont venus, chargés de leurs *lamba* et du mobilier primitif qu'ils possèdent dans leur case, chercher un abri à Belalitra.

A midi, nous arrivons au village d'Ambahibe. Nous n'irons pas plus loin aujourd'hui, car nous devons nous arrêter demain après avoir traversé le Bemarivo au village important de Betsisiky.

Ambahibe est aussi un village abandonné par ses habitants. Malgré tous mes efforts, je ne puis empêcher le pillage de ce qui reste ici, mes hommes égorgent soixante ou quatre-vingts poules et prennent une grande quantité de riz qu'ils trouvent dans les greniers. Cependant, j'ai obtenu que l'on n'emporterait rien demain matin au départ et que l'on ne prenne que ce que l'on pourra manger. La journée se passe en repas pantagruéliques. Dans mon convoi la gaieté revient vite dans ces jours d'abondance et c'est bien là un des traits caractéristiques du Malgache : il se laisse abattre par la moindre privation, mais au premier jour d'abondance il oublie complètement les fatigues passées.

Le lendemain, nous marchons dans la brousse, les grands lataniers ont disparu complètement, et le pays semble un peu plus accidenté. Nous marchons sur de petites collines couvertes de hautes herbes, et dans les vallées que laissent entre eux ces mamelons peu élevés où pendant la saison des pluies doivent se former des mares d'eau croupissantes surgissent des bouquets de raphia. Ce palmier est très commun dans cette région.

Vers midi, nous faisons halte dans la plaine, nous souffrons de nouveau de la soif, cependant nous sommes assez heureux pour trouver dans un petit bois de raphia et non loin de l'endroit où nous nous sommes arrêtés, une mare d'eau croupissante dont il nous faut énergiquement disputer la possession aux troupeaux de bœufs du voisinage. Dans l'étape de l'après-midi, la hauteur des petits mamelons que nous franchissons s'élève sensiblement. Les plus hauts sommets n'ont pas cependant une altitude de plus de 50 mètres au-dessus de la plaine environnante. Ces mamelons suivent une direction générale nord et sud et ils forment ce que l'on appelle dans le pays les *bongalava*. Ce mot *bongalava* n'est pas un nom propre, et ne désigne pas particulièrement la chaîne de collines que nous traversons, il s'applique au contraire et sans distinction de lieux à toutes les chaînes, et à toutes les montagnes, aux contreforts légèrement étendus qui sont situés sur le versant Ouest de Madagascar. Ils peuvent être très élevés comme ceux qui dans le Benabe supportent les premières assises du plateau central (les chaînes des Bemarana et des Tsiandava), mais en général les *bongalava* comme ceux que nous traversons n'ont qu'une très faible hauteur. Ceux-ci sont les premiers contreforts de la chaîne qui sépare le bassin du Sophia du bassin du Mahajamba. Dans la soirée, nous arrivons à Betsisiky. Ce village qui ne compte que vingt-cinq cases environ est néanmoins un centre important dans cette contrée où la population est si peu dense. Betsisiky, comme Belalitra, est entourée d'une enceinte palissadée et est commandée par un officier de Tsievala. Dans l'après-midi, je fais à Betsisiky quelques jours de vivres, en prévision de la route qu'il nous reste à faire, car dans les grands *bongalava* qui séparent le bassin du Sophia des bassins du Mahajamba, il n'existe aucun village et par conséquent aucun centre de ravitaillement.

Dans la soirée, j'assiste à un jeu que donnent en mon honneur les jeunes gens du village, c'est une lutte à coups de poings, sorte de boxe que les Sakalava ont appris des Arabes.

Les deux ou trois tambours inséparables de tous les jeux malgaches sont là ; le tamtam commence. Les spectateurs forment un cercle, dans lequel un des boxeurs tourne en cadence, appelant un concurrent ; celui-ci se présente bientôt, et les tambours battent avec plus de violence. Les jouteurs se tenant par la main se promènent à pas rythmés dans l'espace circulaire laissé libre par les spectateurs. Les jouteurs exécutent une sorte de danse, puis ils s'attaquent ; les coups échangés sont très rares, à peine y en a-t-il deux ou trois donnés ou reçus de part et d'autre que tout le monde s'empresse de

---

les *fahavalo* en général possèdent comme les *marofelana* un ou plusieurs de ces coquillages discoïdes plaqués sur leur chevelure au-dessus du front.

séparer les combattants; en somme, la lutte n'est pas très animée. Les Sakalava nomment ce jeu *morengy*.

Hier soir, j'avais rencontré sur ma route, à quelques centaines de mètres des premières cases du village, deux cadavres d'enfants nouveau-nés qui étaient morts de faim et de froid, abandonnés par des parents dénaturés. Ces enfants abandonnés sont appelés *Zazatsihanono*. Cette coutume barbare est une des superstitions cruelles en usage autrefois partout à Madagascar et qui subsiste encore dans les tribus sakalava; cela m'amène tout naturellement à parler de la superstition générale des populations madécasses. Il faudrait plusieurs volumes pour donner par le menu toutes ces superstitions, elles sont

LES GRANDS LATANIERS DE L'OUEST.

toutes plus ou moins bizarres et ont des origines très compliquées; en général, ces superstitions, ces coutumes, reconnaissent pour cause une importation étrangère, mais aussi il y en a beaucoup qui ont été inventées de toutes pièces par des chefs ou des rois pour les besoins du moment. Ces superstitions créées de toutes pièces se sont perpétuées ensuite, et leur origine se perd dans la nuit des temps. Le Malgache est, essentiellement, bien disposé pour accepter toutes ces croyances, ces *fady*, ces *tabous*, qu'ils lui soient donnés d'une façon quelconque, non seulement il les accepte et les suit aveuglément, mais encore il les provoque, il les demande. Que de fois ne m'est-il pas arrivé un malade qui se plaignait d'une souffrance quelconque et qui me demandait le médicament approprié à sa maladie. Je le lui donnais volontiers, mais j'y ajoutais un *tabou* quelconque, un *fady* sans lequel mon client de passage n'aurait pas été content. Si, par hasard, il guérissait, il imputait sa cure, non pas à mes remèdes, ni aux quelques conseils que j'avais pu lui donner, mais il était convaincu que c'était le *fady* que je lui avais imposé qui l'avait seul guéri, et alors pour ne pas retomber malade, il suivait toujours ce *fady*, il l'imposait même à sa femme et à ses enfants. En un mot, une nouvelle superstition était créée. J'ai retrouvé dans mon deuxième voyage à Madagascar, quatre ans après une consultation pour une fièvre quelconque, ces *fady* rigoureusement observés par toute une famille, et je suis persuadé qu'il subsistera encore de longues années. Une chose, observée par les Malgaches, vient consolider leur foi et en créer plus solidement encore dans leurs coutumes l'observance de ces *fady*. En effet, ils partent de ce principe, que notre pauvre humanité doit toujours souffrir de quelque chose et que les Malgaches, comme c'est justice d'ailleurs, ne sont pas plus privilégiés que les autres, et ne font pas exception à cette règle générale. Si, dans cette famille dont je viens de parler, un homme vient à se soustraire, soit par esprit d'indépendance, soit pour toute autre cause, à la prescription imposée, on ne manque pas d'attribuer la première maladie qu'il aura, le premier malaise qu'il ressentira, un accident quelconque, à cette inobservance. Notre individu sera donc frappé de ce qu'il n'appelle pas une curieuse coïncidence et il s'empressera de revenir au *fady* imposé antérieurement. Pendant ce temps, la nature aura fait son œuvre, le plus souvent, la maladie sera guérie, le malaise dissipé ou l'accident réparé. Nouvelle coïncidence curieuse, mais heureuse cette fois, pour l'esprit simple de notre Malgache. Jamais plus, ni lui, ni sa famille n'enfreindront la prescription du *fady*, et la superstition malgache aura une nouvelle preuve qui viendra l'étayer.

Dans ce dédale, il faut nécessairement, pour s'orienter, diviser les superstitions malgaches en superstitions générales et en superstitions locales. Les premières, très nombreuses, sont intéressantes à étudier, d'autant plus qu'on en retrouve un grand nombre dans l'Indo-Chine française et dans la presqu'île de Malacca. Je n'en citerai qu'un exemple. Quand dans l'enceinte d'un palais d'un roi, un souverain, ou un prince de la famille royale vient à mourir, il faut pour faire sortir le corps du palais passer non pas par la porte, mais par une brèche de la muraille pratiquée à cet effet. Le nouveau souverain ne pourrait plus passer dans cette porte du palais souillée par le passage d'un mort. Cette observation, qui a été faite par moi dans un palais royal sakalava, et que les missionnaires français avaient faite avant moi à Tananarive, est absolument identique à celle faite par M. le docteur Hocquard, à Hué, relatée dans son ouvrage *Trente mois au Tonkin*, 1883. Il y a encore beaucoup de ces coutumes générales dans l'île, que l'on retrouverait en Afrique, tant sur la côte orientale que sur la côte occidentale. J'ai lu dans les relations de voyage de Binger au Niger, l'histoire de certains grisgris africains, qui ne sont autres que des *ody* purement malgaches. Comme je l'ai dit, il serait beaucoup trop long d'entrer dans des détails, je veux cependant parler maintenant de la superstition principale, du principe fondamental qui peut faire comprendre dans ses grandes lignes l'histoire des superstitions madécasses. Ce principe peut se diviser lui-même en deux parties : l'une, qui représente assez bien les superstitions locales, c'est la croyance aux sorciers, *mpamorika* ou *mpamosavy* chez les Sakalava, *ombiasy* chez les tribus du sud, *ampisikidy* chez les Antimerina. Cette croyance aux sorciers est certainement d'importation africaine; elle a comme base principale le *Sikidy*, opération qui consiste à jeter sur le sol des grains de sable ou des graines d'arbres, principalement celles d'un arbre appelé *fano* (*piptadenia chrysostachys*); en tombant, les graines ont un agencement qui permet aux sorciers de prédire l'avenir, de prévoir les maux et surtout d'y apporter un remède. Devant le tas de graines, le *mpisikidy* invoque le *zanahary*, et quand il a terminé sa prière, il compte ses graines, et forme ensuite les seize figures qui forment le *sikidy*. Cette pratique est absolument arabe.

Toutes les tribus de l'île ont des sorciers, leur influence est souvent très grande et un événement ne se produit pas sans qu'on accuse le sorcier; personne ne peut mourir de mort naturelle dans ce pays, toujours on est sensé avoir été empoisonné. Dès qu'une maladie vous arrive, qu'un événement malheureux vient vous frapper, vous, votre famille, vos richesses et vos biens, on accuse un sorcier d'avoir causé ce malheur et l'on s'empresse vite d'aller en consulter un autre pour conjurer le mauvais sort. Naguère, les chefs et les rois des tribus mettaient à profit d'une façon très pratique cette croyance populaire. Une calamité publique venait-elle à se produire, ils excitaient de toutes leurs forces le mécontentement général qui en résultait, mettaient les malheurs publiques sur le compte de leurs ennemis, politiques ou personnels, et ils s'en débarrassaient de la sorte, en leur faisant donner le tanghuin. Cet usage est heureusement tombé en complète désuétude, tous les ouvrages qui traitent de Madagascar en parlent longuement, je ne pourrais donc que les citer, ce que je crois inutile. C'est évidemment la tribu des Antimerina, la plus pratique, qui a usé dans la plus large mesure de ce poison national, pour se débarrasser des nobles ou des princes qui gênaient les gens au pouvoir ou décimaient les malheureuses peuplades, soumises à leur barbare domination. D'après des documents à peu près officiels que j'ai pu me procurer, 45 000 personnes furent empoisonnées à Madagascar sous le règne de Ranavalona Ier, le grand tyran madécasse.

VILLAGE DES BONGALAVA.

La deuxième partie fondamentale des superstitions malgaches a été importée également dans la grande île par les Arabes; c'est une sorte d'astrologie rudimentaire : les années, les mois, les jours de la semaine, les heures de la journée ont un sort que suivent ceux qui commencent leur existence, qui s'adonnent à une occupation, qui entreprennent quelque chose à ces moments-là. Le malgache est absolument fataliste, et il est persuadé que le sort de sa vie ou d'une entreprise quelconque est intimement liée au sort du moment précis dans lequel elle commence. De là la science de sorts des époques qui demanderait pour être bien présentée de longs développements. Je veux me contenter d'en exposer ici les notions les plus élémentaires.

En malgache, les noms des jours de la semaine comme les noms des mois viennent tous de l'arabe :

Français.	Malgache dialecte hova.	Arabe.
Dimanche	Alahady	El-ha' ad.
Lundi	Alatsinaina	El-ethnin.
Mardi	Talata	Eth-thalâthâ.
Mercredi	Alarobia	El-arba' â.
Jeudi	Alakamisy	El-khamis.
Vendredi	Zoma	El-djoma' ah.
Samedi	Sabotsy	Es-sebt.

Le dimanche, le sort de la journée suit le cours du soleil, bonheur et malheur grandissent et décroissent avec l'astre qui nous éclaire.

Le lundi, jour rouge, convenable surtout pour les offrandes et les sacrifices, c'est le jour par excellence pour enterrer les morts.

Mardi, jour noir, jour des morts; les enfants qui naissent un mardi dans les tribus sakalava sont abandonnés, leur sort sera si funeste, puisqu'ils sont nés un tel jour, que c'est un vrai service à leur rendre, en prévision des maux qui doivent les assaillir dans l'avenir.

Mercredi, jour de très bon sort, convient surtout pour célébrer la cérémonie du *mamadika*.

Jeudi, jour bon par excellence, mais *fady* pour la célébration de tout rite funéraire.

Vendredi, jour indéterminé, bon ou mauvais, suivant qu'il commence, précède ou suit une période lunaire.

Samedi, jour des morts; c'est en ce jour qu'il est bon de se rappeler les défunts que l'on a aimés.

Chaque heure de la journée et de la nuit possède aussi un sort déterminé, qui varie de midi, le plus heureux, à minuit, le plus mauvais.

Pour les mois, il en est de même, chacun a son sort particulier, qu'il communique à celui qui voit le jour sous ses auspices.

Alahamady (janvier). Destin heureux, destin royal et princier.

Adaora (février). Destin rouge, exposé au feu du ciel et au feu de la terre.

Adizaoza (mars). Bon destin, contraire cependant aux entreprises de longue haleine.

Asorotany (avril). Destin du fer, assure une longue durée aux constructions entreprises pendant ce mois.

Alahasaty (mai). Ceux qui naissent dans ce mois seront plus tard des sorciers ou auront des propensions à le devenir.

Asombola (juin), de l'arabe Soumboulah, la Vierge du Zodiaque. Ce mot *Asombola* désigne aussi une des figures de la table du *Sikidy*; dans ce sens elle indique les enfants, les porteurs de nouvelles. Son signe du Zodiaque est la Balance, sa planète Vénus, son métal est l'or. Comme mois, *Asombola* est un destin d'argent favorable à celui qui cherche la fortune.

Adimizana (juillet), de l'arabe Almizana (la Balance). C'est un bon destin pour celui qui naît dans ce mois, mais il doit toujours porter sur lui une balance. Il ne saurait mourir de mort violente.

Alakarabo (août). Ce mot arabe de la côte orientale d'Afrique désigne le huitième mois de l'année malgache. (Alakarabo vient de el' — Aqrab, le Scorpion.) Dans le *Sikidy*, dont il représente une des dernières figures, son élément est l'eau. Comme mois, son sort est l'abondance des biens de la terre.

Alakaosy (septembre), de l'arabe el' — Qous. Comme signe du *Sikidy*, c'est un signe des plus néfastes. Comme mois, le destin est aussi néfaste : un homme né dans ce mois ruinerait tout ce qui l'entoure, réduirait sa famille et ses amis à la misère, et causerait le malheur de tous ceux qui l'aiment. On étouffe généralement les enfants qui naissent dans ce mois, ou bien si les parents, pour une raison quelconque, ne veulent se résoudre à ce pénible sacrifice, il est de toute nécessité de conjurer ce malheureux sort. Voici la manière de procéder généralement usitée chez les Antimerina : ils prennent l'enfant, et lui coupent quelques doigts des pieds et des mains pour permettre au mauvais sort du mois de sortir par ces portes sanglantes. Ainsi Rainilaiarivony, premier ministre des Antimerina, a le petit doigt et l'annulaire de la main gauche coupés, ainsi que les doigts du pied gauche correspondant. Rainilaiarivony est né pendant le mois de *Alakaosy*. Certains Malgaches m'ont d'ailleurs assuré que malgré cette sage précaution prise par la famille de Rainilaiarivony, le destin d'*Alakaosy* était en partie resté dans son corps. En effet, il avait, comme c'était écrit, un caractère fier et indomptable, il était parvenu aux plus grands honneurs, mais il avait causé le malheur de sa famille et de ses amis, il avait empoisonné presque tous ses fils, et depuis la mort de Radama II, dont il fut le principal assassin, il n'a cessé de continuer la série de ses crimes.

Adijady (octobre). Destin de bronze; celui qui se marie dans ce mois est sûr d'une union heureuse.

Adalo (novembre). C'est le mois des pleurs et du deuil; à cette époque de l'année correspond un destin de larmes.

Alohotsy (décembre). Destin inconstant.

On voit donc par ce qui précède, en même temps qu'une des bases de la superstition malgache: le sort attaché aux mois, aux jours, aux heures, mais encore l'emprunt énorme fait par le peuple madécasse aux Arabes qui ont fréquenté cette île. Les noms des mois, des jours de la semaine sont arabes, ils ont leur système de calendrier, leurs mesures du temps, presque toutes leurs superstitions et enfin dans leurs idiomes un grand nombre de leurs mots.

Avec le *Sikidy*, le Malgache peut connaître l'avenir, non seulement savoir ses malheurs futurs, mais pouvoir les prévenir. Lorsqu'un indigène consulte le *Mpsikidy*, il arrive parfois, j'oserai dire le plus sou-

DANS LA VALLÉE DU MAHAJAMBA.

vent, que les prédictions du devin sont mensongères et que ses remèdes demeurent sans effet. Mais le Malgache n'en est que plus convaincu, et ils s'écrient tous quand ils constatent l'impuissance du *Mpsikidy* : « Faut-il que le destin de ma naissance soit fort, puisque le *Mpsikidy* n'a pu prévaloir contre lui. »

Le vendredi 18 octobre, nous partons de Betsisiky et nous continuons notre route dans la brousse, nous nous approchons de la chaîne principale des Bongalava dont nous n'avons passé hier qu'un des contreforts principaux. Dans l'après-midi, nous nous engageons dans une région plus accidentée; pendant un certain temps, sur les hauts sommets, les arbres deviennent plus rapprochés, c'est presque un bois. A trois heures, nous sommes au point culminant (280 mètres), puis nous descendons rapidement et la nuit nous surprend au bas de la montagne.

Nous sommes entrés dans la vallée du Mahajamba, quittant le bassin du Benarivo, son principal affluent de droite.

Le samedi 19 octobre est notre première journée de marche dans ce bassin du Mahajamba. Nous faisons comme hier très peu de route dans la bonne direction, et je ne puis obtenir de mon convoi d'éviter ces trop nombreux détours qui nous font perdre beaucoup de temps. Abondance de biens ne nuit pas, dit-on, et cependant avec tous nos guides, les trois soldats que m'a donnés à Mandritsara Rakotondravoavy, les deux guides qui m'ont été fournis à Belalitra par Tsievala, et les deux Arabes qui se sont joints à la caravane depuis deux jours, il est impossible de connaître exactement la vraie route. Chacun donne son avis, qui est le seul bon, bien entendu. Chacun tire de son côté, et j'ai toute la peine du monde à maintenir une parfaite cohésion dans ma petite caravane; cohésion d'autant plus nécessaire que dans ce pays de *fahavalo* il serait imprudent de ne pas être réunis et que je tiens essentiellement à avoir l'œil sur tous mes bagages. La plus grande partie de cette campagne du Nord est terminée et il me serait fort désagréable d'être pillé et d'avoir toutes mes collections perdues à quelques jours de marche de Majunga. Vers midi nous nous arrêtons à Ankoby, et dans l'après-midi nous continuons notre route pour aller coucher à Antamotamo.

Nous sommes toujours dans la brousse; la caravane, rangée dans l'ordre accoutumé, décrit de longues sinuosités dans les grandes herbes, les guides et les soldats sont devant, les porteurs les suivent et je ferme la marche, veillant à ce qu'aucun paquet ne reste en arrière. Vers trois heures, j'entends des coups de feu en avant, et je vois bientôt venir se ranger autour de moi mes porteurs de bagages qui poussent de grands cris et paraissent très effrayés. Mes prévisions ne s'étaient réalisées malheureusement que trop tôt, et nous étions attaqués par un fort parti de *fahavalo*. J'étais à ce moment sur une hauteur, et en m'avançant quelque peu il me fut possible de reconnaître nos assaillants. Les *fahavalo* qui nous cernaient étaient au nombre d'environ cent ou cent cinquante, la plus grosse troupe était en avant, dissimulée dans le lit desséché d'un ruisseau qui barrait la route, d'après les mouvements des herbes, il y en avait sur nos côtés et en arrière, mais je ne pouvais préjuger de leur nombre. Je fis rassembler promptement les bagages, je groupai mes hommes autour des charges, et je m'avançai seul vers la troupe du ruisseau, pour parlementer : c'était le seul parti qu'il me restait à prendre et il fallait entrer absolument en composition avec les brigands. Tout cela avait été exécuté très rapidement, et dans cette circonstance, je n'eus qu'à me louer des deux Arabes qui étaient avec moi, et qui empêchèrent absolument mes porteurs malgaches de prendre la fuite comme une volée de moineaux. En approchant des *fahavalo*, je fus très agréablement surpris de voir ces hommes qui n'avaient pas l'air si terribles qu'on me les avait représentés. Le chef vint à ma rencontre, et il ne se distinguait des autres que par le gros *felana* qu'il portait sur le front, coquillage d'un grand diamètre, entouré de cercles d'argent finement découpés. Nous entrons de suite en arrangement. Le *kabary* commence. Je leur dis qui je suis et pour quel motif très simple je veux traverser leur pays; c'est cependant assez difficile à leur expliquer, à eux qui croient, fort sagement du reste, que pour qu'un blanc vienne dans leur pays, il faut ou bien qu'il y fasse du commerce, ou bien qu'il serve quelque autre intérêt puissant. Mais un homme qui vient dans leurs brousses pour son plaisir, qui se contente d'y mettre des fourmis dans des bocaux, ou qui casse les cailloux de la route doit être un simple d'esprit ou un menteur. Il me faut choisir, et je me résous à passer aux yeux de ces sauvages pour un simple fou civilisé, ce qui est encore relativement une consolation. La conversation avec ces brigands sakalava est assez pénible, je les comprends à peine, n'étant pas familier avec ce dialecte de l'Ouest très différent du dialecte antimerina; heureusement que Jean Boto, mon homme universel, est venu à mon secours. Avec ce nouveau renfort le *kabary* se prolonge, mais j'ai beaucoup de patience pour le supporter. J'accepte d'ailleurs à peu près les conditions qui me sont imposées : on ne me prendra rien de force, mais le chef des *fahavalo* visitera mes bagages et prendra ce qui lui conviendra. C'est une sorte de visite douanière, pas plus ennuyeuse, je crois, que certaines que j'ai déjà eu à supporter dans des pays civilisés, et j'espère que ces *fahavalo* de Madagascar ne se montreront pas trop protectionnistes. Je m'exécute donc de bonne grâce et la visite commence. Je suis si pauvre que mes effets personnels ne les tentent pas, ils se contentent de prendre, dans ma lingerie d'explorateur, deux cravates blanches oubliées au fond de ma malle à la suite d'une soirée officielle quelconque; mes armes passent; j'ai bien eu quelques difficultés, mais mes systèmes compliqués de fusils, et mes cartouches métalliques perfectionnées ne les ont pas tentés; mes collections passent en franchise et ne font qu'exciter à un très haut point leur hilarité et par suite leur bonne humeur; j'espère que mes instruments auront les mêmes prérogatives. Mais les espérances et les

EN PARLEMENTAIRE DEVANT LES FAHAVALO. (DESSIN DE RIOU, GRAVÉ PAR BAZIN.)

hypothèses même les plus plausibles sont souvent déjouées dans la vie humaine, j'en eus ce jour-là la triste preuve. En examinant mon théodolithe, le chef des brigands voulait absolument prendre l'oculaire et sa petite monture en cuivre pour s'en faire un embout pour sa canne : j'eus toutes les peines du monde à le dissuader de mettre à exécution ce projet, et encore je n'y pus parvenir qu'en lui cédant une des grosses lentilles de mes jumelles de voyages qui me servaient habituellement d'allume-feu pour mes cigarettes, ainsi qu'un objectif de ces mêmes jumelles qu'il mit immédiatement à l'extrémité supérieure de sa canne. Enfin, j'abandonnai la moitié de mes provisions, une partie de mon sel, et toutes mes liqueurs alcooliques. A six heures, je quittais ces *fahavalo* devenus maintenant mes amis, et Sélim lui-même, leur chef, m'accompagnait jusqu'au village de Antamotamo, me promettant formellement que je n'aurais plus rien à craindre d'eux jusqu'à ma rentrée à Tananarive. Sélim a scrupuleusement tenu cet engagement, et je n'ai plus vu de *fahavalo* dans cette campagne du nord de Madagascar. Avant d'arriver à Antamotamo, je serrai énergiquement la main de Sélim, en lui rappelant ses engagements, et je lui donnai encore sur sa demande (ces hommes sont insatiables) tout le tabac que j'avais sur moi. En approchant du village, les *fahavalo* et Sélim partirent dans le nord, je les vis s'éloigner dans la brousse, ils disparurent bientôt à mes yeux, et ma jumelle borgne ne pouvait guère me servir pour les suivre plus longtemps du regard.

En somme ce n'était qu'une alerte, cette attaque s'était d'ailleurs terminée dans de très bonnes conditions, et si j'en étais quitte à si bon compte c'est, je le crois, à cause de l'intervention des deux Arabes de Zanzibar qui étaient avec moi et qui avaient reconnu dans Sélim un de leurs coreligionnaires, mahométan peu zélé cependant, car il buvait fort bien mon absinthe. Selon mon habitude, j'avais recueilli mes deux Arabes depuis Belalitra avec quelque sympathie, ils s'en étaient souvenus et avaient causé — comme je l'appris plus tard — avec Sélim en langue kisoahéli. La certaine sympathie que j'éprouve pour toutes les populations musulmanes m'avait encore une fois servi.

C'est beaucoup plus à l'est du ruisseau près duquel nous venions d'être attaqués, que M. Georges Müller a été assassiné pendant la saison sèche de 1892, en suivant d'ailleurs l'itinéraire que je venais de tracer depuis Mandritsara [1].

Au village de Antamotamo, je retrouve mes guides, qui étaient venus s'y réfugier dès le commencement de l'alerte ; ils avaient pu ramener avec eux un des soldats antimerina, les deux autres avaient été tués par la première décharge. Toute la nuit, dans ce village, il y eut de grands *kabary* entre mes hommes et les habitants du pays, conversations interminables dans lesquelles les porteurs racontèrent avec mille détails, tous plus mensongers les uns que les autres, et tous exagéraient, bien entendu, l'agression dont nous venions d'être victimes.

Le lendemain 20 octobre, nous nous mettons en marche au lever du jour. Les arbres de la brousse

---

1. Au mois de juin 1892, un borizana venait à Majunga et y annonçait le meurtre de l'explorateur M. G. Müller. Voici d'après son dire ce qui était arrivé :

« M. Müller avait quitté Mandritsara depuis deux ou trois jours, il marchait en tête de sa caravane qui à la file indienne se déroulait dans les grandes herbes. Tout à coup d'un petit bois placé sur la gauche éclatèrent des coups de feu qui vinrent blesser un des porteurs, il tomba. M. Müller fit alors volte-face et, armé de son fusil de chasse, il fit feu dans la direction présumée des assaillants. Une nouvelle décharge des fahavalo s'en suivit, M. Müller recevait dans la cuisse une balle et dans l'abdomen un coup de sagaie. A ce moment, pendant que les fahavalo sortis de leur cachette se ruaient sur le corps du malheureux explorateur, le mutilaient, et pendant qu'il respirait encore lui coupaient la tête avec un méchant couteau, les porteurs se sauvaient dans toutes les directions.

« Deux ou trois jours après, des indigènes apportaient le corps du Français assassiné à Mandritsara, la tête ne fut pas retrouvée. Le meurtre de l'explorateur français M. G. Müller est assez inexplicable. Je sais bien que M. Müller n'avait autour de lui que des Antimerina, ce qui est une très mauvaise chose lorsqu'on voyage à Madagascar, dans les tribus insoumises. En 1892, on parlait déjà d'une expédition éventuelle, les Antimerina étaient très surexcités contre les Français et ils voyaient avec peine un Français parcourir leur pays ; donc je soupçonne fort Rakotondravoavy, gouverneur antimerina de Mandritsara, d'avoir fait assassiner par ordre notre malheureux compatriote, ou du moins d'en avoir singulièrement facilité l'exécution. Cet événement malheureux, lorsqu'il sera complètement élucidé, montrera encore une fois l'esprit de haine qui anime les Antimerina contre les Français. En attendant, on a essayé de rendre responsable de ce meurtre le banditisme à Madagascar. Les fahavalo ont bon dos. Cependant il ne faudrait pas trop généraliser. Les rendre responsables de tout, c'est très logique, je l'avoue, pour excuser en toute circonstance le gouvernement antimerina ; cependant j'ajouterai que ce n'est pas tout à fait conforme à la vérité, tant s'en faut. »

sont plus touffus, plus rapprochés les uns des autres, les petits buissons se touchent presque, les raphia sont très abondants et de larges espaces sont couverts par les *bararata* (*Phragmites communis*), sorte de grands roseaux piquants très communs dans tous les terrains humides du versant Ouest de Madagascar.

Le sol est moins desséché, la végétation plus vigoureuse, on voit que nous approchons d'un grand fleuve dont les eaux fécondent ce pays. A neuf heures, nous arrivons au village d'Andoamboary, résidence habituelle du roi sakalava Diriamana.

Dans ce hameau, je suis fort bien accueilli par Diriamana; il me paraît assez intelligent, et paraît comprendre les projets de voyage que je lui expose; je lui fais d'ailleurs les plus beaux cadeaux qui me restent encore dans mes bagages, et nous sommes bientôt bons amis. Le Mahajamba, qui coule large et profond à deux heures du village, me sera facile à traverser, grâce aux pirogues que Diriamana va me procurer. Je quitte Andoamboary et je suis en deux heures sur les bords du fleuve. Il coule en cet endroit, sud-sud-Est-nord-nord-Ouest, sa largeur est de 80 mètres, sa profondeur en moyenne supérieure à 2 mètres.

Sur les cartes, la rivière appelée Befanjava n'est qu'un bras de mer qui part du fond de la baie de Mahajamba, et qui s'avance profondément dans les terres; ce n'est donc pas une rivière, mais une sorte d'arroyo comme il en existe d'ailleurs un très grand nombre dans les vastes baies qui découpent si profondément la côte nord-ouest de Madagascar; en général, ces arroyos coulent comme les marées, et ne sont bien pleins qu'au flot. Dans cet arroyo de Befanjava, l'eau atteint un village qui porte le même nom, au delà ce n'est plus qu'un petit ruisseau sans importance, à sec pendant la plus grande partie de l'année et qu'on appelle le Sambilahy.

En arrivant sur les bords du Mahajamba, nous trouvons trois pirogues à balanciers que Diriamana nous avait fait préparer, et grâce à ces embarcations légères, nous sommes bien vite sur l'autre bord.

Tandis que les Malgaches se servent sur toute la côte Est de la pirogue ordinaire, creusée dans un seul tronc d'arbre et marchant à la pagaie, et qu'ils nomment *lakana*, les indigènes de la côte Ouest se servent exclusivement d'une autre pirogue à balanciers faite en plusieurs morceaux et qu'ils appellent *lakamfiara* ou *lakangilo*.

Le *lakamfiara*, à longueur variable, de 6 à 10 mètres généralement, a une largeur de 50 à 60 centimètres; le corps de l'embarcation comme l'espars qui forme le balancier sont en bois très léger. La quille est formée d'une seule pièce de bois, entaillée en forme de V, et les bordages qui y sont ajustés, sont fixés au moyen de chevilles et de coutures de *raphia*; les joints sont d'ailleurs remplis avec un mélange de graisse de bœuf, d'argile rouge et de fibres végétales.

Le balancier, *fanary*, est allongé parallèlement au corps de l'embarcation; à environ 1 m. 50, il porte, à la partie supérieure, deux grosses chevilles percées d'un trou et nommées *tatiky*. Dans ces *tatiky*, s'enfoncent perpendiculairement au balancier deux longs bois, nommés *varona*, qui viennent s'attacher à deux bancs de l'embarcation, et se prolongent en dehors pour porter un autre petit balancier nommé *fanaribitiky*. Ce *fanaribitiky* n'est pas à proprement parler un balancier, il ne sert qu'à amarrer les écoutes de la voile ou à supporter du côté du vent un piroguier, dont le poids doit faire équilibre à la poussée d'une forte brise. Les *lakana* de la côte Est ont une section transversale en U, les *lakamfiara* de la côte Ouest au contraire ont cette même section en V; il est donc nécessaire de placer dans l'embarcation une sorte de plate-forme horizontale et centrale, sur laquelle on peut s'asseoir ou placer les marchandises; on les protège d'ailleurs par deux claies mobiles en raphia, que l'on fixe sur les bordages de la pirogue. Il existe aussi, aux deux extrémités du *lakamfiara*, deux autres petites plates-formes triangulaires, sorte de dunette ou de gaillard d'avant que l'on nomme *baso*.

Le *lakamfiara* proprement dit, au lieu d'avoir à l'avant et à l'arrière les deux extrémités simplement effilées, a un bordage central qui se recourbe en forme de proue antique, que l'on décore souvent de couleurs vives.

Ces pirogues à balanciers portent un ou deux mâts, sur lequel ou entre lesquels est fixée une voile assez grande, qui imprime à l'embarcation, même par de légères brises, une grande vitesse. Dans les cas de fortes brises, la bande donnée par ces pirogues serait si forte qu'elle pourrait les faire chavirer, même

CAMPEMENT AU BORD D'UN ÉTANG. (DESSIN D'A. PARIS, GRAVÉ PAR RUFFE.)

avec le balancier. Pour ces navigations à la voile, un des piroguiers — ils sont généralement deux — se tient debout du côté du vent, soit sur le balancier, soit sur le *fanaribitiky*. L'autre dirige la marche de la pirogue au moyen d'une pagaie de queues d'une *fivioy*. Autant les indigènes de la côte Est craignent la mer, et ne sont que de fort mauvais navigateurs, à l'exception toutefois des habitants de Sainte-Marie, autant les Malgaches de la côte Ouest craignent peu cet élément; ils s'aventurent fort loin dans de légères pirogues, ne craignent pas d'y mettre un bœuf ou deux solidement attachés sur la plate-forme centrale, et ainsi chargés d'aller quelquefois jusqu'à Mayotte ou aux Comores. Dans le sud du cap Saint-André, il existe toute une classe de Sakalava, qu'on appelle les *Vezy*, et qui passent presque toute leur vie en pirogues, tandis qu'une autre classe de cette même tribu, nommée *Masikora*, vit dans l'intérieur et cultive la terre. Ces deux dénominations de *Vezy* et de *Masikora*, qui ne désignent que certaines classes de Sakalava, qui s'adonnent à des occupations spéciales, ont fait croire à certains voyageurs que ces *Vezy* et ces *Masikora* étaient des tribus différentes.

Le Mahajamba a un cours très lent, son large lit, contenu par des berges sablonneuses, est encombré d'îlots, de bancs de sable, sur lesquels des quantités invraisemblables de caïmans se prélassent au soleil. Nous ne marchons que fort peu aujourd'hui, et nous nous arrêtons en amont et sur les bords du fleuve, près de quelques cases, qui se trouvent dans un immense champ de bananiers, nourriture principale des habitants de ce pays. Nous avons eu tort de ne pas nous éloigner davantage du cours du fleuve, car sur ses bords et sous les bananiers nous sommes environnés d'une nuée de moustiques. J'ai déjà eu occasion de parler, dans de précédents chapitres, de puces, poux et punaises et autres vermines que l'on rencontre malheureusement trop souvent sur la côte orientale et surtout sur le plateau central. Ces animalcules désagréables se trouvent moins fréquemment sur la côte ouest, mais ces parages possèdent en revanche un animalcule aussi désagréable, ennemi encore plus redoutable, car son nombre est effrayant : c'est le moustique. A l'endroit où nous nous trouvons, il y en a des nuées, aussi nous passons la nuit à danser et à nous livrer à des mouvements désordonnés devant les grands feux de bois vert que nous avions allumés. Le lendemain, je suis très peu valide pour me mettre en route, et je suis persuadé que deux nuits comme celle-là donneraient de forts accès de fièvre à l'Européen le plus robuste.

Le lundi 21 octobre, nous continuons dans la brousse notre route vers l'Ouest, et nous trouvons, une heure après avoir quitté les rives du Mahajamba, le petit village de Tsaramaso. A l'ouest de ce village, les beaux *satrana* sous lesquels nous marchons depuis plusieurs jours, ont disparu et sont remplacés maintenant par d'autres *satrana* beaucoup plus petits aux troncs toujours inclinés, aux feuilles toujours épineuses. Je ne connais pas cette deuxième espèce de latanier, qui se trouve dans tous les environs de Majunga ; au lieu d'avoir des fruits ovoïdes comme les autres lataniers, ces *satrana* ont des petits fruits bilobés, que les indigènes recueillent en grande quantité pour faire du rhum. Les Sakalava cueillent les fruits de ces *satrana* dans les derniers mois de la saison sèche, ils les mettent dans de grandes jarres en terre, nommées *sadjoa*, et les placent dans un trou creusé à la surface du sol ; les fruits sont alors abandonnés à eux-mêmes et grâce à l'humidité et à la chaleur ils ne tardent pas à entrer en fermentation. Lorsque cet état est suffisamment développé, les indigènes les font cuire dans de grands vaisseaux en terre aux flancs rebondis et à étroite ouverture. Sur le col de ce vaisseau, et dans un plan légèrement incliné, un canon de fusil ou un simple bambou luté avec de l'argile rouge, ce canon de fusil, col et serpentin de cet alambic primitif, passe dans une auge en bois où l'on renouvelle sans cesse de l'eau froide, puis il déverse dans un récipient quelconque l'alcool obtenu ; je n'ai pas besoin de dire que cet alcool est de mauvaise qualité, mais tel qu'il est, malgré les éthers et les huiles essentielles qu'il contient et qui lui donnent une odeur très forte, il est très estimé des indigènes qu'il grise parfaitement du reste. Après le village de Madirobohana, nous retrouvons les grands lataniers, et nous nous arrêtons à Ambohimena. L'étape du soir nous conduit à Marokira.

Le mardi 22 octobre, toujours dans la brousse et dans les lataniers, la route se déroule dans le sable et l'argile rouge ; nous traversons une chaîne de collines peu élevées, mais couronnées sur leur sommet de quelques bouquets de bois. Derrière nous dans l'Est, la grande plaine du Mahajamba fuit vers l'ho-

VOYAGE A MADAGASCAR.

PANORAMA DE MAJUNGA.

rizon, qui est une ligne parfaitement droite; nous traversons vers huit heures l'Anjobajoba, rivière qui se jette dans la baie de Mahajamba. Nous arrivons dans la soirée à Manierenza. Le jour suivant, nous continuons dans la brousse toujours la route à l'Ouest sous les grands lataniers. Dans cette étape du matin, je m'aperçois que le sol change peu à peu de nature : ce n'est plus du sable et de l'argile rouge, c'est un terrain marneux auquel succède bientôt une terre noirâtre où je trouve des roches calcaires. Pour la première fois depuis mon arrivée à Madagascar, où j'ai déjà parcouru cependant un nombre respectable de kilomètres, je sors du terrain primitif pour entrer dans les étages neptuniens. Je ramasse beaucoup de fossiles, et je remarque aujourd'hui que depuis Manierenza, ce qui va d'ailleurs se continuer jusqu'à Majunga, nous marchons en terrain secondaire; le sol qui nous environne est fort probablement, je crois, le terrain jurassique. A dix heures, nous nous arrêtons à Bemakamba et le soir à Tanantafy. Depuis Manierenza nous sommes dans les États de la reine Anarena, reine de Marosakoa, qui gouverne tout le pays qui s'étend du nord de Majunga à la baie de Mahajamba.

Le jeudi 24 octobre, la brousse devient plus compacte, les arbres sont plus serrés, les buissons plus fournis, on voit que nous nous approchons de la côte. Ce pays, comme tous les environs de Majunga, offre une curieuse particularité au point de vue hydrographique; il n'y a plus en effet ces mille petits ruisseaux que l'on rencontre à chaque pas sur le terrain granitique de Madagascar. Les cours d'eau sont remplacés dans ce pays par une série de petits étangs circulaires entourés d'un rideau de verdure et que nous traversons à chaque instant sur notre route. A cette époque de l'année, ils sont entièrement desséchés, et ressemblent assez exactement à des arènes de cirque; ces étangs, que nous voyons en grand nombre, sont vraiment caractéristiques de ce pays; on rencontre d'ailleurs beaucoup de ces mares plus ou moins circulaires, dans tous les environs de Majunga, à Amparehingidro et à Ambatolampy notamment. Vers dix heures, nous apercevons la colline sur laquelle est construite la maison du gouverneur de Majunga, et nous traversons dans les palétuviers un bras de mer qui nous en sépare. C'est justement marée basse et la marche est très facile sur le sable humide et compact. A midi, nous descendons en ville, par l'avenue du *rova*. Je trouve, près de l'agent de France, M. Ferrand, qui remplissait alors les fonctions de vice-résident à Majunga, le plus bienveillant accueil. M. Ferrand ne veut pas que je descende ailleurs que chez lui, et pendant les huit jours que je suis resté à Majunga, j'ai reçu de lui la plus gracieuse hospitalité; qu'il me soit donc permis de le remercier bien sincèrement de sa bonne réception.

Majunga est une ville toute différente des autres villes malgaches que j'avais vues précédemment, elle a un cachet tout spécial de petite ville indo-arabe, qui vient faire une heureuse diversion à la monotonie du pays madécasse. Ces constructions n'ont rien de régulier, on y trouve tous les types : la case en *satrana* du Sakalava et du Makoa, la maison en terre, ou la hutte en raphia de l'Antimerina, et au centre de la ville des constructions en pierre, spacieuses et relativement confortables, élevées par

PANORAMA DE MAJUNGA.

les Indiens et les Arabes. La population est aussi très mélangée. Il y a d'abord quelques Sakalava, mais ils y sont relativement peu nombreux, et, pour la plupart, n'ont à Majunga qu'une case où ils viennent loger quand les hasards de la vente de leurs produits les amènent dans la ville. Ils habitent presque tous, en temps habituel, dans les villages voisins; il y a aussi un certain nombre d'Antimerina, dont la plus grande partie est logée dans un village établi sur la colline à quelques centaines de mètres dans l'Ouest du fort. On remarque en outre une grande quantité d'Arabes et surtout de Comoriens, tous musulmans d'ailleurs, et qui se sont fixés à Majunga depuis fort longtemps; enfin dans ces dernières années beaucoup d'Indiens sont venus s'établir ici, de Bombay principalement, et ces Indiens ont comme les Antimerina des esclaves makoa, dont le nombre s'élève chaque année et qui sont traités fort durement. Il faut aussi mentionner une dizaine d'Européens, Français pour la plupart, fonctionnaires et commerçants. On voit donc que Majunga est non seulement une ville quelque peu étrangère à Madagascar par son aspect extérieur, mais encore par le fond même de sa population. La partie étrangère, qui comprend les Européens, les Arabes et les Comoriens sujets ou protégés français, les Indiens et Zanzibarites, sujets ou protégés britanniques, est de beaucoup la plus nombreuse et la plus importante, non seulement par sa quantité numérique, mais encore par sa situation commerciale, industrielle ou politique; aussi Majunga est-elle, de toutes les villes de Madagascar, celle où les Antimerina se sentent le moins chez eux, c'est la porte ouverte de la grande île, et, comme je le montrerai dans le chapitre suivant, c'est le commencement du chemin que doit suivre une expédition quelconque pour se rendre dans les hauts plateaux, dans le pays des Antimerina. La ville occupe la partie occidentale d'une sorte de grande presqu'île formée au nord de la baie, par des bras de mer qui s'enfoncent profondément dans l'intérieur des terres, surtout à marée haute et qui coupent les campagnes, au Nord, du côté d'Amborivy, à l'Est, du côté d'Amparehingidro; ces deux rivières d'eau salée qui se perdent dans les palétuviers laissent entre elles un isthme qui va du sud-ouest au nord-ouest, sur laquelle serpente la route qui conduit à Tananarive. La ville de Majunga est bâtie au bord de la mer, elle s'étend Est et Ouest sur une longue plage de sable et de rochers; la partie occidentale, la plus longue et la plus étendue, est formée entièrement de cases et de paillottes, c'est le quartier de Marofotona; là habitent principalement les indigènes Sakalava et Makoa, et les Comoriens, sujets et protégés français; en allant vers l'Ouest, c'est-à-dire au centre de la ville, sont bâties les maisons en pierres des Indiens Arabes et Européens; à l'extrémité orientale, du côté du large, se trouve un autre faubourg indigène nommé Marodoka; c'est là qu'habitent les pêcheurs sakalava et comoriens, et c'est aussi là que l'on trouve la Résidence de France, qui est une maison indienne que l'on a louée à cet effet. Par suite des courants violents du Betsiboka, des fortes marées et des coups de vent que l'on observe, principalement sur cette côte en février, il se passe à Majunga un phénomène bizarre qui, dans certaines circonstances, peut devenir dangereux même pour les habitants. Je veux parler de l'érosion des côtes par les eaux de la mer; cette érosion, qui se fait dans certains points plus particulièrement, sans que rien puisse le faire prévoir, est très notable; en temps ordinaire, elle atteint plusieurs mètres par an, une dizaine environ, et dans certaines circonstances, des ras de marées ou des cyclones par exemple, ces érosions ont atteint tout à coup des proportions véritablement effrayantes. C'est ainsi que dans deux ans, ce quartier de Marodoka et cette maison de M. Ferrand où je loge, auront totalement disparu, et que la mer aura gagné en cet endroit plusieurs centaines de mètres. Ces érosions sont dues tout simplement à la couche d'argile assez puissante qui recouvre le terrain calcaire; cette couche est minée à chaque marée par les lames, et dans les gros temps, de nombreux éboulis se produisent, la mer gagne quelques pieds, elle mine de nouveau et le travail du nivellement se continue. Par contre, en même temps que ce travail d'érosion lent mais continu se produit à l'entrée de la rade, il se forme dans le fond de la baie de grands dépôts de boue; la vase gagne peu à peu, mais cependant, telle qu'elle est, la rade de Majunga est encore aujourd'hui l'une des plus belles de Madagascar, et sans aucuns travaux, par la nature même des choses, Majunga est appelé à devenir le port le plus important de Madagascar. Son commerce augmente chaque année, et, bien qu'il soit inférieur à celui de Tamatave, il est néanmoins considérable. Voici les derniers renseignements que j'ai pu recueillir sur le commerce de Majunga; ces renseignements, qui datent de 1892, donneront, en même temps que le commerce de Majunga, un aperçu général sur le genre d'affaires qui se traite dans toute l'étendue de la côte Ouest de l'île, en pays sakalava par conséquent.

Cuirs et peaux. — Les peaux de bœufs sont une des branches les plus importantes du commerce d'exportation de Madagascar. Malheureusement les indigènes les préparent fort mal, et les livrent presque toujours en mauvais état à l'acheteur européen ou à son représentant.

Aussitôt l'animal abattu, on enlève la peau sans précaution et souvent elle est entaillée de plusieurs coups de couteau, ce qui en diminue beaucoup la valeur marchande. Si l'indigène est loin de l'acheteur, il ne lui portera pas la peau dans cet état, le transport en serait trop lourd et trop pénible; il la débarrasse grossièrement des matières grasses et des chairs qui peuvent encore y adhérer; puis, après l'avoir frottée d'argile ou de cendres, il la fait saler et sécher au soleil; les peaux de Majunga sont de deux qualités :

1° Les cuirs de boucherie valant de 20 à 23 francs les 100 kilos;

2° Les peaux venant de l'intérieur de la côte, généralement traitées au sel et relativement beaucoup moins chères.

Le nombre des peaux exportées diminue sensiblement; il a été, pour 1892 et 1893, de 53 847; pour 1888 et 1889, de 66 575; enfin il avait été de 98 000 pour l'exercice précédent, il s'en était même exporté plus de 180 000 l'année d'avant.

Bœufs et animaux vivants. — Les bœufs de la région sont petits et grêles, assez généralement semblables, d'ailleurs, à ceux du reste de Madagascar. Ils sont nombreux aux alentours des centres de quelque importance (Majunga, Marovoay, Mahabo, Trabongy, Beseva, Ankoala, Mevatanana, et les villages de la baie de Mahajamba). Un bœuf bien constitué vaut en moyenne de 25 à 30 francs.

Il n'y a pas de moutons sur le versant nord-ouest de la grande terre; en revanche, il y a une grande quantité de chèvres, l'animal préféré des Indiens dans ces parages.

Les porcs sont assez nombreux, mais l'usage de leur viande étant interdit aux Arabes, aux Indiens et aux Comoriens, et le plus souvent aux Sakalava, on ne les trouve guère qu'autour des centres peuplés par les Antimerina. Ces animaux sont inférieurs à ceux de l'Europe, et appartiennent à la variété gris foncé de l'Inde et de la Chine, à chair flasque. Un porc de belle venue vaut en moyenne 22 francs.

La volaille abonde sur la côte Ouest, mais elle est de race inférieure et d'aspect chétif. Une poule vaut 40 centimes, un poulet 30 centimes, une dinde 4 francs, une pintade 1 fr. 75, et un canard 1 fr. 25. Une oie se paie 4 fr. 50.

Caoutchoucs. — Le caoutchouc comprend trois qualités :

1° Le caoutchouc préparé à l'acide sulfurique, dit de Majunga, et récolté par les Antimerina, qui vaut de 36 à 40 piastres les 100 livres anglaises;

2° Le caoutchouc préparé au citron ou au tamarin par les Sakalava, lequel, vu les matières étrangères qu'il renferme, telles que terre, sable, cailloux et vieux chiffons, subit toujours une déperdition. On fait très peu de ce caoutchouc dans la région. Il se vend 11 piastres 60 centièmes ;

3° Le caoutchouc préparé au sel, dit du *menabé*, venant du Sud, généralement assez propre, mais d'apprêt insuffisant à lui enlever toute son humidité ; par suite, à l'arrivée en Europe, il accuse une diminution de poids de 50 pour 100. Il se paie de 25 à 30 piastres les 100 livres anglaises.

Une partie du caoutchouc, la plus grande, achetée dans la région, est dirigée sur Marseille avec option pour Londres. Dans l'exercice 1892 et 1893, il en a été exporté environ 85 000 livres. Ce chiffre tend à augmenter. Mais il est important de remarquer que, les cours étant toujours plus élevés en Angleterre qu'en France, et les Messageries maritimes prenant les mêmes frets pour Marseille que pour Londres, l'article est toujours réexpédié de France et vendu sur le marché anglais.

Lamba et rabanes. — Il y a quatre qualités de rabanes : la rabane fine, à chaîne de raphia et trame de soie du pays, qui vaut une piastre ; la rabane de raphia de tissu soigné, dont le prix est indéterminé ; la rabane ordinaire à grandes raies de couleurs vives pour tentures et ameublement, qui se paie 4 piastres les 20 ; la rabane grossière pour emballages.

Bois de construction. — Le bois de construction est le palissandre. Il s'achète brut et suivant l'apparence des pièces. Il n'y a pas de marchands de bois dans la région, il faut l'envoyer couper par les Sakalava.

Des pièces de 4 mètres de long sur 15 à 18 centimètres de diamètre se paient 1 fr. 85 la pièce. Les grosses pièces valent de 15 francs à 30 francs ; elles ont environ 5 mètres de long sur 35 centimètres de diamètre.

On emploie aussi le palétuvier choisi ; la pièce de 5 mètres de long sur 15 à 20 centimètres de diamètre se paie 75 centimes.

Saindoux. — Les Antimerina fabriquent du saindoux, qu'ils vendent environ 1 fr. 25 le litre. Il ne s'en fait que de petites quantités.

Raphia. — Le raphia, qui figurait pour une valeur insignifiante aux exportations de ces dernières années, a pris subitement une certaine importance : il s'en est exporté, en 1892-1893, 30 000 livres anglaises. Il vaut à Majunga de 15 à 25 francs les 50 kilogrammes.

Cire. — La cire devient très rare sur la côte nord-ouest ; elle se vend 6 piastres 50 centièmes les 36 livres anglaises.

Café. — Le café du pays en coque est rare. Il se vend environ 15 piastres les 100 livres anglaises.

Riz, pois, maïs. — Il n'y a pas d'agriculture sur le versant nord-ouest ; aussi n'y trouve-t-on qu'occasionnellement des céréales, et, à l'exception du riz, il ne se vend aucun grain. Les Antimerina cultivent très peu le maïs et le sorgho pour leur besoin ; par contre la culture du riz est beaucoup plus étendue, dans la vallée du Betsiboka principalement. On en charge des boutres à Majunga, qui vont le vendre à Nosy-Be, Diego-Suarez, Mayotte et les îles Comores, mais ils ont très peu de fret de retour.

Conserves. — On reçoit à Majunga toutes les conserves d'Europe, anglaises et françaises. Elles se vendent fort cher.

Il ne s'en fabrique pas.

Orseille. — Il y en a, paraît-il, quelque peu sur la côte nord-ouest dans la baie du Bœny et à Baly ; mais on ne la récolte sérieusement que dans le Sud, et ce sont les traitants de Nosy-Ve qui l'achètent ; ils sont munis de presses pour la mettre en balles. A Majunga, pas de marché et pas de prix.

Coton. — Il ne se cultive pas. On trouve quelques pieds à l'état sauvage ; il y a lieu de supposer qu'il réussirait.

Sucre. — Le sucre vient à Majunga de Mayotte et de Maurice. Il s'en vend trois qualités :

1° Le sucre blanc vaut 80 francs les 100 kilos ;

2° Le sucre moyen, 60 francs les 100 kilos ;

3° Le sucre rouge, 45 francs les 100 kilos.

A Majunga, il ne s'en fait pas.

Indigo. — L'indigo est inconnu dans la région.

Toiles et cotonnades écrues. — Les cotonnades écrues s'écoulent en assez grandes quantités par pièces de 30 yards et 40 yards en balles de 25 pièces, de 8 à 15 francs la pièce. Il y a de la toile dite américaine qui n'est qu'une cotonnade généralement écrue et qui se vend comme suit :

Balles de 25 pièces de 30 yards, de 36 pouces de large, 10 francs à 12 fr. 50 la pièce; vente environ 1 000 balles par an.

Petites largeurs : 31 pouces, pièces de 40 yards, 25 pièces à la balle au prix de 10 à 12 fr. 50; vente 60 balles par an.

Le drill américain, 31 pouces, pièces de 40 yards, 25 pièces à la balle; prix, 20 francs la pièce; vente environ 30 balles par an; sert à confectionner des voiles de boutres et des costumes d'Européens.

La toile américaine vient exclusivement de Boston; l'importation en est monopolisée par deux maisons rivales de cette dernière ville.

Depuis 1889, les toiles américaines ne viennent plus ou très peu sur la côte nord-ouest.

Toiles et cotonnades blanches. — Il s'en importe quelque peu de Manchester, de mêmes dimensions et de mêmes prix que les précédentes, mais beaucoup moins solides.

Indiennes et patnas. — L'indienne arrive en caisses ou par balles de 100 pièces de 24 yards de long sur 28 pouces de large; son prix varie de 7 fr. 50 à 11 fr. 25 la pièce, suivant la qualité. Il s'en importe environ 1 000 pièces par an.

Le patna est très connu sur la côte nord-ouest. Il convient de mentionner ici le genre « mouchoirs », qui s'importe par pièces de 12 mouchoirs, suffisant à confectionner deux *simbo*; le mouchoir mesure 24 pouces sur 27, et 29 sur 30; il vient de Manchester. Le débit en est considérable et se fait par balles ou par caisses de 100 à 200 douzaines; la dimension inférieure vaut 2 fr. 80 à 3 francs la pièce et la grande de 3 fr. 50 à 3 fr. 75. Le dessin préféré est la fleur blanche sur fond rouge; vient ensuite la fleur rouge sur fond blanc.

Manchester et Walhenstadt envoient à Majunga un tissu dit « suisse », qui se vend fort bien pour *kikoy* (*simbo*); il arrive par balles de 50 pièces de 12 *kikoy*, mesurant 42 pouces et 31 pouces. La grande largeur vaut 15 fr. 60 la pièce; la petite, 7 fr. 50. Ce tissu est de coton, de couleur blanche avec raies rouges sur les côtés.

Percales. — Il s'importe des percales anglaises par balles de 100 pièces de 16 yards, au prix de 1 piastre 25 centimes la pièce.

Mousseline. — Peu ou pas de vente en mousseline; cependant les qualités en sont fort diverses. Les mousselines de Bombay s'importent en pièces de 9 et de 18 yards, de 70 centimètres de largeur; la pièce de 9 yards se paie 3 fr. 75, celle de 18 yards, 6 fr. 25.

La mousseline de Manchester est de meilleure qualité; elle est blanche et ornée, comme la précédente, de dessins, de fleurs et de figures diverses.

Soieries. — Les soieries ne donnent lieu qu'à des affaires insignifiantes.

Les soieries de l'Inde sont des tissus de soie et de coton de couleurs voyantes, telles que le rouge et le jaune, et de prix modérés.

Draps et lainages. — Pas de marché sur la côte nord-ouest.

Draps communs. — Affaires très restreintes.

Couvertures de laine et de coton. — Affaires restreintes.

Flanelle. — On ne vend à Majunga que de la flanelle de coton à grosses raies de Manchester, au prix de 1 fr. 25 à 2 fr. 50 le mètre.

Fers travaillés, serrurerie, cadenas, quincaillerie. — Le marché est pauvre. Il se vend surtout des cadenas grossiers, les portes n'ayant pas de serrures.

De Bombay viennent de grandes quantités de clous employés dans la construction des boutres.

Verroterie. — Il s'importe de petites perles blanches, rouges et noires, en barils de 400 livres environ; elles viennent de France ou d'Angleterre et d'Autriche principalement, et se vendent 4 piastres les 16 kilogrammes.

Horlogerie. — La seule horlogerie connue à Majunga est celle d'Amérique.

Il s'importe des réveils et quelques rares pendules communes et sans valeur.

Lampes. — Les lampes arrivent en petites quantités d'Autriche et d'Allemagne. Elles sont généralement en verre, rarement en métal grossier. Il s'importe aussi quelques suspensions communes.

Instruments de musique. — Le seul instrument de musique importé est l'accordéon, venant d'Allemagne et d'Autriche. Il vaut 7 fr. 50 à 20 francs et affecte soit la forme octogonale, soit la forme allongée rectangulaire.

Faïences et poteries. — L'Allemagne envoie à Majunga d'assez grandes quantités de faïences.

Les assiettes, généralement blanches, à fleurs rouges et bleues, valent de 2 fr. 50 à 5 francs la douzaine.

Les bols se paient suivant leur grandeur : 6 fr., 12 fr. et 15 francs la douzaine.

Les grands plats à riz valent de 5 à 15 francs la douzaine.

Rhum et alcool. — Le rhum vient exclusivement de Maurice par barriques de 210 à 215 litres, au prix de 15 à 20 piastres la barrique. Il est de mauvaise qualité et son débit atteint 14 à 1 500 barriques par an.

L'absinthe de marques inférieures a un débouché de 3 à 4 000 caisses par an, au prix de 10 à 12 fr. 50 la caisse de 12 litres. Le cognac ne peut se placer qu'autant que son prix ne dépasse pas 20 francs la caisse, et encore ne se vend-il qu'une centaine de caisses dans l'année.

Papier. — L'Allemagne importe du papier dit « écolier » et des registres, le tout de mauvaise qualité et à bas prix.

Peinture à l'huile. — Elle vient de France en petite quantité, par boîtes de 10 kilos.

L'usage en est fort restreint et la vente rare.

Fer-blanc. — Le fer-blanc proprement dit ne se traite que fort peu sur la côte Ouest.

D'Allemagne et d'Angleterre s'importe de la tôle pour toitures en feuilles de 2 m. 30 sur 70 centimètres, au prix de 4 à 5 francs la feuille.

Tabac. — En dehors du tabac français, il se consomme à Majunga du tabac de la Réunion, de qualité commune.

Miroirs. — Majunga reçoit quelques miroirs d'Allemagne, d'Autriche et de Bombay. Les Indiens en sont les seuls acheteurs.

Chapellerie. — Cet article se réduit à quelques casques blancs et feutres mous, à l'usage des Européens.

Il ne m'a pas été possible d'obtenir le total général du commerce de Majunga, et là, pas plus qu'à Tamatave et dans les autres ports de Madagascar, il ne faut pas se baser sur les données officielles de la douane. Les statistiques douanières qui sont, à Majunga comme dans les principaux ports de l'île, surveillées par des agents européens du Comptoir national d'Escompte, sont absolument mensongères et toujours au-dessous de la vérité. Partout la fraude se fait sur une trop vaste échelle; dans l'Est, tout le monde y concourt, mais dans l'Ouest, elle est faite principalement par les commerçants indiens, sujets britanniques, et qui, à Majunga surtout, couverts et encouragés même par leur consul [1], font

---

[1]. Le vice-consul anglais à Majunga, M. Stratton Knott, est un ancien pasteur protestant qui antérieurement à ses fonctions consulaires avait séjourné quelques années à Madagascar. Actuellement M. Knott est vice-consul britannique à Majunga. C'est en même temps un gros commerçant de la ville. Faisant l'exportation et la commission, il achète dans de très bonnes conditions aux indigènes les produits du pays, qu'il expédie en Angleterre et approvisionne ses administrés les Indiens de tout ce dont ils ont besoin.

Il va sans dire qu'il exerce ses fonctions commerciales avant ses fonctions consulaires et que, par exemple, s'il doit juger un Indien accusé par un Français d'un délit quelconque, il donnera tort invariablement à notre compatriote, et renverra indemne son administré indien. Il ne faudrait pas en effet perdre un bon client.

Cet état de choses que je connais très bien et dont je parle savamment pour Majunga, doit être absolument la même chose à Tamatave, à Tananarive, dans toutes les villes, en un mot, où il existe un agent britannique. Il est triste de constater que l'on va peut-être faire une expédition longue et onéreuse à Madagascar pour consacrer cet état de choses, au plus grand bien des étrangers et au grand dommage des colons français. Voilà donc à quoi servent les Protectorats!

passer en franchise toutes leurs marchandises. Il n'y a aucune sanction; les fonctionnaires français n'ayant pas de pouvoir à Madagascar sur les étrangers, comme sur personne, ne peuvent que constater la fraude; quant aux officiers hova, avec quelques pièces de 5 francs, pot-de-vin qu'il n'est nullement nécessaire de cacher, on en fait tout ce qu'on veut. Voici comment agissent les Indiens, sujets britanniques, pour éviter non pas de payer les droits de douane, il n'en est nul besoin, mais pour sauver les apparences et empêcher même toute constatation de leurs trafics. Les boutres venant des Indes, de Bombay notamment, chargés de toile (indiennes, patnas, mouchoirs, etc.), viennent bien mouiller en rade de Majunga. Là, ils sont accostés par un autre boutre vide, qui embarque à son bord les marchandises, puis qui part, traversant la baie de Bombétoke, et remonte la rivière jusqu'à Marovoay; là, dans ce gros village, où il n'y a pas de fonctionnaire européen, on débarque pour la forme les marchandises devant un officier hova, dont on achète le silence avec quelques piastres. Puis, on les rembarque, en ayant soin de se munir d'un laisser-passer de transit pour Majunga. Le boutre revient alors dans ce dernier port, conduisant des marchandises d'un point à un autre de Madagascar. Officiellement, il n'y a pas d'importation directe et le tour est joué. Sur la côte Est, il y a moins de sujets britanniques et partant moins de fraude. Cependant, nombre de commerçants se font expédier par goélette ou par boutres arabes leurs marchandises venant d'Europe dans un de leurs comptoirs, dans un petit village du littoral; là, on achète un laisser-passer d'un officier hova, qui n'a nul contrôle, et l'on rentre triomphalement à Tamatave. Ces fraudes, dont souffre l'administration des douanes à Madagascar, n'auraient aucune importance si le gouvernement antimerina seul en souffrait; malheureusement, les commerçants français, maintenus et surveillés plus étroitement par les résidents et les fonctionnaires du Comptoir national d'Escompte, payent intégralement leurs droits de douane et ne peuvent frauder; il n'en est pas de même des commerçants étrangers, sur lesquels ces mêmes agents du protectorat n'ont aucun pouvoir. Aussi, il arrive que nos nationaux reçoivent leurs marchandises à un prix plus élevé que leurs concurrents, et que par suite, ils sont dans un état réel d'infériorité.

Majunga, comme plusieurs points sur la côte Ouest, est un territoire soumis aux Antimerina et relié à la capitale par une route et une ligne de postes fortifiés. De chaque côté de la ville, on trouve des États indépendants, gouvernés par des roitelets et des reines sakalava, dont la plupart viennent cependant à certaines époques de l'année rendre visite au gouverneur de Majunga. Les Antimerina sont arrivés à ce résultat, non par la force qu'ils sont incapables de déployer, mais par un artifice, basé uniquement sur les superstitions et les croyances des Sakalava de la région. Avant la conquête antimerina de cette province du Bœny, conquête qui a eu lieu à la fin du règne de Radama Ier, ces territoires sakalava, de Majunga et de Bombétoke étaient soumis à des Andriana Sakalava, qui avaient leur résidence habituelle à Majunga, et leur tombeau dominait la colline sur laquelle est maintenant construit le *rova* antimerina. Dans ce tombeau étaient réunis non seulement les ossements des anciens rois du pays, mais encore les restes de toutes les grandes familles de la contrée. Ces sépultures étaient l'objet d'une grande vénération de la part des Sakalava, et une croyance bien enracinée dans le pays assurait que ceux qui auraient en leur possession ces reliques des ancêtres posséderaient le pays tant qu'ils conserveraient ces ossements entre leurs mains. Les Antimerina, bien au courant de ces croyances sakalava, obtinrent par trahison la possession de ces reliques ancestrales et eurent par cela même tout le Bœny; encore aujourd'hui, ces reliques des rois sakalava sont soigneusement gardées par les Antimerina dans leur *rova*, et deux fois dans l'année les Sakalava de la région, conduits par leurs chefs et roitelets, viennent vénérer ces reliques. Ce jour est, pour les Sakalava de toute la région, une occasion de grandes réjouissances; selon leur habitude, ils tirent un grand nombre de coups de fusil, égorgent des bœufs, chantent et dansent toute une semaine.

A Majunga, la végétation est bien fournie, on remarque surtout de beaux manguiers qui poussent en grosses masses derrière la ville et dans les environs du fort antimerina; plus loin, c'est la brousse, mais on n'y rencontre pas immédiatement les grands *satrana*, qui ne poussent pas si près du bord de la mer. La rade de Majunga, qui est fort belle, est très souvent animée par les boutres indiens et arabes qui viennent au mouillage. Le boutre, bateau arabe, trop connu pour que j'aie besoin de le décrire ici, est le bâtiment de cabotage par excellence de la mer des Indes. Si l'on en voit fort peu sur la côte orientale de Madagascar où ils trouveraient grosse mer, abris insuffisants et où ils devraient doubler le cap d'Ambre ou le cap Sainte-Marie, navigation difficile en somme, pour atterrir ou sortir de ces côtes, sont au contraire très communs sur toute la côte occidentale de Madagascar; ils viennent en général y charger des bœufs ou du riz pour Mayotte et les Comores, ils amènent de l'Inde des marchandises précieuses; enfin, ils font sur toute la côte le petit cabotage entre les points commerçants. Tous les négociants de l'Ouest, Comoriens, Arabes, Indiens surtout, possèdent un ou deux boutres qui leur sont nécessaires pour leur négoce; ces boutres, qui portent jusqu'à 120 tonneaux, peuvent aller non seulement sur la côte du Moçambique, mais encore, en profitant des moussons de l'océan Indien, jusqu'à Zanzibar, Mascate, le golfe Persique, les côtes de l'Hindoustan. Quelques-uns de ces boutres, ceux qui appartiennent surtout aux Indiens, sujets britanniques, se livrent non seulement au commerce ordinaire, mais encore au trafic de la chair humaine; ces boutres négriers vont à Moçambique chargés de bœufs et reviennent à Madagascar avec un chargement de jeunes esclaves qu'ils vont déposer au fond des baies profondes, dont est découpée la côte Ouest, où ils sont à l'abri des visites intempestives d'un navire à vapeur qui ne pourrait les poursuivre sur ces bas-fonds. Ces négriers trouvent d'ailleurs à terre le meilleur accueil, et dans ces tribus insoumises, les Sakalava s'empressent d'aller échanger aux Indiens négociants leurs jeunes esclaves africains contre des fusils et de la poudre.

SAKALAVA DE MAJUNGA.

Par suite de sa position au milieu des marais, Majunga est un point très malsain de la côte Ouest de Madagascar; la chaleur y est excessive, c'est, je crois, le point le plus chaud de l'île; les conditions matérielles de l'existence sont un peu plus chères qu'ailleurs, cela tient à une plus grande rareté des produits alimentaires dans ce pays très peu peuplé. On boit de l'eau de puits, presque tous creusés non loin du rivage; cette eau malsaine est souvent saumâtre, toujours désagréable au goût.

Je passe une semaine à Majunga que je mets à profit pour compléter mes notes et faire de nombreuses photographies. Il existe à Marofotona les ruines d'une ancienne mosquée arabe, que l'on dit remonter à trois siècles; des ruines également musulmanes se trouvent à Ambatolampy, petit village situé au fond de la rade; toutes témoignent d'une ère de prospérité et de force dont jouissait le Bœny avant la conquête antimerina. Majunga, comme beaucoup d'autres villes sur la côte Ouest, a reçu de nombreuses colonies musulmanes qui ont imprimé aux constructions, aux habitants dans leurs mœurs et leurs coutumes un cachet particulier, qu'on chercherait en vain partout ailleurs, à Madagascar.

Le mercredi 30 octobre, je fais mes adieux à M. Ferrand, chargé de la vice-résidence de France, et à M. Garnier, un de nos compatriotes, notable commerçant dans la ville, en les remerciant encore une fois de l'accueil si gracieux qu'ils ont bien voulu me faire, et dans l'après-midi je me mets en route pour Tananarive.

Avant de quitter Majunga, par les renseignements dont je m'entoure et les quelques observations personnelles qu'il m'est donné de faire, il m'est permis de constater que le port de Majunga est non seulement le plus vaste de ceux que j'ai visités dans mes voyages à Madagascar, mais c'est encore le meilleur à tous les points de vue. Dans deux ans je reviendrai encore à Majunga pour y faire un long séjour cette fois, et mes nombreuses observations relatives au port de Majunga ne feront que confirmer ce que je présume déjà en 1889.

Tout d'abord le port de Majunga est vaste. Des flottes entières peuvent venir chercher un refuge à proximité de la ville. Le mouillage de Majunga comprend en effet une vaste superficie; non seulement il faut citer la baie de Majunga proprement dite, mais il faut encore mentionner la baie d'Ampombitokana, plus vaste encore, et qui constitue l'estuaire du Betsiboka. La baie de Majunga et la baie de Ampombitokana réunies forment la baie de Bombétoke. C'est une véritable petite mer intérieure. La tenue des navires y est excellente. Les fonds, très suffisamment bas, sont quelquefois de sable, le plus souvent de vase molle, alluvions du Betsiboka. Ces bancs vaseux se déplacent fort souvent, mais une surveillance ordinaire peut renseigner très suffisamment les navigateurs; ce n'est donc pas là un inconvénient sérieux. Le mouillage de Majunga est d'un atterrissage relativement facile, les côtes sont élevées, les relèvements aisés à prendre. De plus les cyclones, si redoutables à Madagascar de janvier à mars, sont absolument inconnus à Majunga. Cette considération est capitale, et dans l'expédition militaire qui se prépare, si l'on envoyait nos navires sur la côte Est en février ou mars, ils y courraient de réels dangers, en cas de cyclones éventuels. Nul ne peut savoir s'il y en aura, mais il est plus prudent, soit de retarder un peu le départ des troupes, soit plutôt de ne fréquenter pendant ces mois dangereux que la baie de Bombétoke. Nos navires y seront en sûreté et à l'abri d'un naufrage qui pourrait très bien se produire ailleurs, à Tamatave notamment; sinistres maritimes qui seraient les seules pertes sérieuses à notre actif dans l'expédition de Madagascar qui, selon toute probabilité, sera des plus faciles et des plus utiles, si, après son achèvement, la France prend possession de la grande île africaine; des plus inutiles au contraire, si elle se termine par un nouveau protectorat, qui sera, j'en suis sûr, aussi mauvais que l'ancien, parce qu'il sera conduit par les mêmes hommes.

VILLAGE DANS LA BROUSSE.

CHUTES DE L'IKOPA A SA DESCENTE DU PLATEAU CENTRAL.

CHAPITRE IX

La pierre de Radama. — Dans les palétuviers. — Amparehingidro. — Camp retranché d'Ambohitromby. — Maevarano et les moustiques. — Marovoay, la ville et ses habitants. — Chez le capitaine de la douane. — Musique antimerina. — Ambohibary. — La statue d'Androntsy. — Chez la reine de Trabonjy. — Passage de la Betsiboka. — Amparihibé et Maevatanana. — Malatsy. — Fièvre rebelle. — Arrivée sur le plateau central. — Malatsy. — Le mont Andriba. — Marché d'Alakamisy. — Andriba. — Un enterrement sakalava. — *Fanataovana* sakalava. — Ampotaka. — Kinajy. — Arrivée sur le plateau central. — Le bain de la reine. — Musique et jeux antimerina. — Le *fanorona*. — En route pour Fianarantsoa.

JEUNE FILLE DE TRABONJY.

LA route de Tananarive part de Majunga, du quartier Européen, c'est-à-dire de la partie centrale de la ville, puis, contournant quelques huttes indigènes placées entre la ville européenne et la colline de Rova, s'enfonce sous un massif de manguiers, de cotonniers, et de *botona* qui, au Nord de Marofoto, forme un joli bois, promenade des plus agréables à Majunga, où d'ailleurs beaucoup de commerçants européens et indiens ont de petites maisons de campagne nommées dans le pays, *bostana*. Après avoir passé sous ces frais ombrages, on entre brusquement dans la brousse et on s'élève un peu pour contourner la colline du Rova, et s'éloigner de la rade vers le Nord-Est. En cet endroit, je rencontre un *fanataovana*, tas de pierres de forme allongée, nommé par les Antimerina *Vatond'Radama*, et dont l'origine remonte, dit-on, à l'époque de la conquête du Bœny par ce prince; plus loin sur la droite, et entourant les dernières maisons de Marofotona, à l'ombre des grands manguiers et des *botona*, sont construits beaucoup de tombeaux arabes.

J'ai déjà dit quelques mots, dans le chapitre précédent, de l'influence qu'exercent, sur les côtes Ouest de Madagascar, les mahométans, Arabes, Zanzibarites, indigènes des Comores. Cette influence, qui selon toute probabilité a dû être très grande dans les siècles précédents, a été fortement amoindrie par les conquêtes antimerina d'une partie de la côte nord-ouest, et par les postes militaires qu'ils ont créés dans le

Sud; mais à mesure que les Sakalava revendiquent leur indépendance, à mesure que par la guerre de partisans incessante qu'ils font aux Antimerina qui lâchent pied peu à peu, les Musulmans relèvent la tête, ils font des prosélytes tous les jours plus nombreux, et l'influence mahométane suit maintenant une marche ascendante, lente mais continue. Pour qui connaît les populations malgaches, ce fait est très logique et s'explique aisément. Chez les Sakalava, la mode est à l'islamisme pour deux raisons principales : la première est une raison purement religieuse; la seconde, d'ordre plus spéciale aux populations madécasses. L'islamisme, religion très simple, avec sa logique toute matérielle, j'oserai dire, plaît essentiellement aux noirs; de plus, pour le Malgache, comme elle contient des *fady*, il s'empresse vite de l'adopter. La deuxième raison milite plus puissamment encore en faveur de l'islamisme. Le Malgache est un noir ordinaire et, comme tous les gens de cette race, il méprise profondément ceux qui sont plus foncés que lui ou qu'il croit tels, car il aime à se faire à ce sujet de grandes illusions. Le Malgache de la côte Ouest est en contact d'une part avec les Makoa, qu'il traite de sales nègres, et d'autre part avec les Musulmans, qu'il considère comme des *vazaha*, c'est-à-dire que, dans son intellect rudimentaire, il les considère comme des êtres d'une essence supérieure à lui — les Musulmans ne manquent pas d'encourager une telle pensée — et cherche bien entendu à s'en rapprocher, sinon à les égaler, pour bien marquer surtout la différence qui existe entre eux et les « sales nègres ». Le Malgache se fait donc musulman, s'habille comme les disciples du Prophète; pour un peu il ferait croire que sa famille habite la Mecque et qu'il est *Charifou* (descendant de Mahomet). C'est surtout à ce mobile orgueilleux qu'obéissent les Malgaches en se faisant Musulmans. Ils croient changer de peau. Quoi qu'il en soit, les Musulmans étrangers exploitent hardiment ce côté faible du caractère malgache, ils s'insinuent vite dans leurs bonnes grâces, et les conduisent par la religion. De là à devenir leurs chefs, il n'y a qu'un pas : il est vite franchi. Aussi voit-on sur la côte Ouest toutes les reines et les roitelets sakalava qui se partagent cet immense territoire avoir pour ministres, pour hommes dirigeant leurs affaires, des Musulmans d'origine étrangère. Quelques pays même, aux environs de la baie de Mahajamba par exemple, ont de véritables sultans comme souverains. Les Ben Ali, les Ben Mohammed, les Ben Abdallah, sont donc très fréquents sur la côte Ouest, mais on est très étonné d'apprendre que leurs pères étaient de vulgaires Rakoto, Ranaivo, Rainifringa. Et pourtant ces Arabes, qui jouissent d'une si haute considération, n'ont le plus souvent d'arabe que le nom qu'ils se donnent. S'il y a parmi eux quelques indigènes de Sour ou de Mascate, la plupart sont tout simplement des Comoriens ou des nègres du Moçambique. Ils parlent du reste, tous, le soahili, la langue des Grands Lacs; excessivement peu connaissent l'arabe, mais le Malgache n'y regarde pas de si près, il a fait comme les Comoriens, qui eux voulaient devenir Arabes, alors qu'ils n'étaient que de vulgaires nègres du Moçambique; maintenant toutes leurs familles habitent la Mecque, Médine ou autres lieux saints. Ils viennent d'*Andafy*, donc ils sont *vazaha*.

Les tombeaux arabes, que nous voyons sur notre droite, sont des quadrilatères en maçonnerie portant aux quatre angles une sorte de petite pyramide peu élevée, au bord intérieur taillé en petites marches égales, au bord extérieur taillé à pic, d'aplomb au niveau du mur d'enceinte; je vois également deux vieilles citernes, reste probable d'une ancienne mosquée ou d'une vieille maison arabe qui se trouvait près de la route. En somme, en dehors de cette satisfaction, très platonique, qu'éprouvent les Musulmans à Madagascar, à se croire des *vazaha*, l'islamisme a peu changé leurs manières d'être; les petits côtés de cette religion les ont immédiatement séduits, c'est vrai, aussi en ont-ils pris bien vite tous les *fady*, sauf un cependant, celui concernant les liqueurs fermentées, que peu d'entre eux — suivant en cela l'exemple des Arabes eux-mêmes — observent scrupuleusement. Quant au précepte du Koran, aux grandes idées qu'il renferme, tout cela demeure lettre morte pour l'homme de couleur et pour le Malgache en particulier. Pour lui, l'islamisme, comme pour les nègres des Comores, consiste exclusivement à ne pas toucher au chien et au cochon.

Dans tout l'Ouest de Madagascar, les Antimerina sont appelés Amboalambo (chien cochon). Cette désignation n'est pas à proprement parler, comme certains voyageurs l'ont dit, un terme de mépris, employé par les vaincus pour désigner leurs vainqueurs. Cette appellation indique tout simplement, dans l'esprit des Sakalava, des gens qui n'observent pas le grand *fady* de l'islamisme et qui touchent à ces animaux impurs.

Mais, nous voilà maintenant loin de la ville, dont les maisons blanches se détachent vigoureusement derrière nous, dans le bleu de l'Océan. Un rideau de verdure entoure Majunga, nous venons à peine de le traverser; à notre gauche, s'élève la colline du Rova, dont les contreforts sont encore couverts de beaux manguiers; à notre droite, un terrain couvert d'argile rougeâtre, dissimulée à peine sous un maigre

TOMBEAUX ARABES A MAJUNGA.

gazon, d'où émergent parfois quelques gros bouquets de *mokonasy*, descend en pente douce vers les dernières maisons de Marofotona. Devant nous, c'est la brousse. Les arbres isolés sont rares, les grands *satrana*, les *botona* ont disparu, ce ne sont plus que de chétifs buissons. Le pays est relativement plat, il y a bien quelques petites ondulations de terrain, mais chacune a à peu près la même hauteur, et elles sont très rapprochées, ce qui ne permet pas de les distinguer à une certaine distance. Cependant, au loin, surgissent deux ou trois mamelons, couverts de beaux manguiers à l'ombre desquels s'élèvent quelques cases, Andrehitra et Amboaboaka-Kely. Dans le lointain se profilent, à l'horizon, à droite, les collines de Pahazony, à gauche au contraire, c'est une immense plaine de verdure qui s'étend à perte de vue, c'est l'embouchure de la Betsiboka avec ses forêts de palétuviers. Le chemin est pénible pour les hommes, qui se blessent douloureusement les pieds aux roches calcaires coupantes qui encombrent le sentier; la chaleur est très forte; mes porteurs m'apportent pour me rafraîchir un fruit, qu'ils cueillent à un arbrisseau dont le sentier est bordé et que je n'avais pas encore vu jusqu'ici à Madagascar. C'est un fruit très curieux, à noyau extérieur. Les indigènes cassent ces noyaux, pour en obtenir une amande, qu'ils font griller, et qu'ils mangent avec beaucoup de plaisir; le fruit proprement dit est de la grosseur du poing, jaune et rouge, il est très aqueux, sa saveur est acidule, c'est ce qu'on appelle dans le pays le *mahabiba* (*Anacardium occidentale*). Cette route de Tananarive ne va pas vers le nord-ouest, comme je le croyais, pour suivre la ligne des hauteurs que j'avais longée en venant d'Antanantafy, et qui constitue cette espèce d'isthme qui réunit Majunga au pays voisin. Le chemin ne fait pas un si grand détour, il s'avance directement vers le Nord-Est, et passe dans les palétuviers. A marée basse, cela est parfait et l'on marche avec facilité sur ce sable mêlé de vase et durci par le soleil; mais à marée haute, avec de l'eau jusqu'au ventre, on patauge péniblement dans une boue infecte.

Les grands fleuves du versant oriental de l'île, au lieu d'avoir leur embouchure obstruée par des levées sablonneuses comme cela a lieu sur la côte Est, et de former des lagunes et des marais tout le long du littoral, se jettent à la mer sur la côte occidentale de l'île par de larges embouchures, divisées généralement en forme de delta, et placées au fond de profondes baies. Ces fleuves occidentaux de Madagascar sont le plus souvent plus forts et plus gros que ceux de la côte Est; en revanche, leur cours est très irrégulier, comme volume d'eau charrié. Tandis que, sur la côte Est, les pluies presque continuelles qui tombent dans la zone forestière alimentent toute l'année, d'une manière presque constante, les cours d'eau de ce versant, sur la côte Ouest au contraire, où la zone forestière est très peu marquée et où il s'établit deux saisons parfaitement tranchées, l'une de sécheresse absolue et l'autre de pluie torrentielle, les grands cours d'eau de cette côte coulent à pleins bords et en rapides à la fin de la saison des pluies; en revanche, leur lit est souvent à sec pendant l'autre saison. Il en résulte que ces cours d'eau au régime irrégulier entraînent, lorsqu'ils coulent à pleins bords, beaucoup de dépôts vaseux qui viennent s'accumuler non loin de leur embouchure. Ces dépôts s'appuient sur les berges du fleuve, mais ils forment aussi de nombreuses îles qui encombrent leur delta. Les routes de navigation changent d'une saison à l'autre, et des pilotes habiles sont nécessaires pour suivre un chenal sinueux que les eaux ont creusé dans les boues; de plus, ces vases sont sans cesse remuées par les mouvements des marées et par les eaux du fleuve qui se heurtent continuellement. Ainsi à Majunga on peut voir à marée basse les eaux jaunes de la Betsiboka qui se répandent à plus de dix milles au large. Sur ces dépôts vaseux, couverts ou découverts par les eaux saumâtres, ont pris naissance de grandes forêts de palétuviers, et ces arbres, remontant le cours du fleuve, croissent en grande abondance sur les rives jusqu'au point précis où l'eau de mer est poussée par la marée montante. Au sortir des palétuviers, nous reprenons notre route dans la brousse, et nous arrivons bientôt à Amparehingidro.

C'est un village d'une douzaine de cases; j'y remarque dans les alentours plusieurs petits lacs et étangs d'une formation analogue à celle que j'avais observée près de Antanantafy. Ces réservoirs d'eau douce sont très précieux pour les habitants, car il n'y a pas de sources dans la région, et leur voisinage permet aux indigènes de se livrer à quelques cultures maraîchères, qui leur ont été enseignées par les Européens de Majunga.

Le jeudi 31 octobre, nous marchons dans un pays relativement boisé; c'est encore la brousse, mais la végétation est plus active et les incendies qu'allument constamment les indigènes ont respecté un plus grand nombre d'arbres. Nous sommes toujours en terrain secondaire, et je ramasse sur mon chemin un grand nombre de petites pierres calcaires, semblables à des bâtonnets. Vers dix heures, nous arrivons à *Ambohitromby*, grand camp retranché, construit pendant la dernière guerre. C'est un rectangle de plus de 500 mètres de côté. Ses fortifications sont faites de fossés et de remblais en pierres et en terre, avec des embrasures de distance en distance. Ces fortifications, quoique rudimentaires, sont assez bien comprises, et des Européens ont dû certainement participer plus ou moins directement à leur construction. Au milieu de ce camp retranché où ont dû exister, il y a quelques années, de nombreuses maisons, subsiste encore une enceinte palissadée qui entoure les trois cases de l'officier antimerina qui commande le fort et de ses quatre soldats. On me montre quatre vieux canons lisses, en fonte, qui reposent sur des madriers.

En quittant Ambohitromby, nous marchons plus au sud, et à notre droite, nous voyons bien maintenant le fond de la baie de Majunga et les maisons blanches de la ville, l'embouchure de la Betsiboka, plusieurs des bras qui la constituent, les îles, et surtout la belle venue des palétuviers qui recouvrent toute cette vallée. Ambohitromby, établi sur une hauteur dominant la route et toute la vallée, est une bonne position stratégique. Malheureusement, la place manque d'eau, et l'on est obligé de l'aller chercher à une assez grande distance. Ce défaut est d'ailleurs commun à tous les forts et postes militaires antimerina qui, édifiés sur les sommets, sont assez éloignés des sources qui les alimentent. Le soir, j'allai coucher à Maevarano, village situé sur les bords de la Betsiboka. De ce village, je comptais arriver en un ou deux jours de marche à Marovoay; j'avais choisi cette route par terre pour me rendre compte du pays, et pour les besoins de ma mission; généralement les voyageurs qui montent à Tananarive vont à Marovoay par le fleuve la Betsiboka, la traversée en pirogue ou en boutre est assez courte, et le voyage beaucoup moins pénible.

Il faut neuf heures trente minutes de marche pour aller de Majunga à Maevarano; pendant tout ce temps la contrée reste sensiblement la même, ce n'est pas une plaine à proprement parler, mais c'est un terrain relativement plat. Quelques coteaux et monticules peu élevés y forment de longues ondulations à pentes douces; une ligne de collines de 150 à 200 mètres de hauteur limite l'horizon dans le nord-est; dans le sud-ouest au contraire, le plateau s'abaisse insensiblement pour aller se perdre dans la vallée du Betsiboka. Néanmoins, partout la vue s'étend à une assez grande distance, et le chemin suit toujours un terrain découvert. La végétation de cette région est représentée par des arbres isolés, des buissons çà et là, et surtout par des lataniers épineux qui croissent partout; il n'y a pas de taillis, si ce n'est près de la Betsiboka, à deux ou trois kilomètres de la route, où les palétuviers forment une véritable forêt.

Maevarano, où nous passons la nuit, est un village de 40 cases environ, il est entouré d'une enceinte de troncs d'arbres, on y trouve également 4 canons lisses, en fonte, montés sur affût en bois, fabriqués par les indigènes. Ce village, qui est à une altitude de 20 mètres, est peu éloigné de l'estuaire du Betsiboka; ce village, dominé au nord et à l'est par de hautes collines, n'a qu'une position très défectueuse au point de vue militaire; avant d'arriver à Maevarano, on traverse une petite rivière, premier affluent de droite de la Betsiboka. Cette rivière était desséchée à cette époque de l'année, et pendant la saison des pluies, elle se traverse à gué, avec la plus grande facilité.

Cette nuit passée à Maevarano a été absolument épouvantable. Nous avons été dévorés par les moustiques. Ces insectes, très nombreux auprès des grands fleuves de la côte Ouest, se sont probablement donné rendez-vous à Maevarano, pour nous livrer bataille. Il a fallu combattre toute la nuit, et nous ne sommes sortis victorieux de la lutte qu'avec les plus grandes difficultés. De part et d'autre, il y eut beaucoup de sang répandu. Les moustiques, nos grands ennemis de la côte Ouest, vivent ici en légions innombrables; leurs larves aquatiques se développent avec la plus grande facilité dans les mares d'eau douce croupissante qui nous environnent. A l'état adulte, ces insectes cherchent partout leur nourriture, et malheur à l'être vivant, homme ou animal, qui s'aventure dans ces parages. Je n'ai jamais vu, dans les nombreux voyages que j'ai entrepris, une telle affluence de ces insectes désagréables. On en distingue plusieurs espèces, dont les deux principales sont les *moka*, qui piquent principalement le jour, et les *mokafohy*, plus petites, qui préfèrent les ombres de la nuit; grâce à cette diversité de goût, le malheureux voyageur n'a pas un instant de répit.

Le vendredi 1er novembre, une bonne étape va nous conduire à Marovoay; on compte sept heures de marche de Maevarano à Marovoay. La contrée est semblable à celle que j'avais traversée les jours précédents, moins accidentée encore; c'est une grande plaine à peine ondulée par de petits mamelons, le sol est très caillouteux, c'est toujours la brousse comme végétation. Les lataniers y sont en grand nombre, et à côté du grand *satrana* au tronc uni et élevé, poussent des touffes de petits *satrana* épineux, qu'on distingue facilement de loin, de la première espèce, d'abord par leur plus petite taille, et ensuite parce que leurs troncs rugueux, toujours penchés, ne s'élèvent jamais verticalement, comme celui du grand latanier. A 12 kilomètres dans le nord de Marovoay, et après avoir dépassé le village antimerina de Miadana, nous arrivons sur les bords de la rivière Andranolava, qu'il nous faut traverser pour continuer notre route. Le passage est long; car pour toute ma caravane, nous n'avons qu'une petite pirogue, qu'un pêcheur de crabes a bien voulu nous louer. L'Andranolava roule des eaux jaunâtres, il n'y a qu'un très faible courant, la marée monte encore, les berges d'argile rouge détrempées par les changements quotidiens du niveau de l'eau, sont pénibles à franchir, et l'on enfonce profondément dans cette bouillie rougeâtre. De l'autre côté de l'Andranolava, nous marchons quelque temps dans la même contrée qu'auparavant, faisant route sur un massif de manguiers, dont la verdure annonce au loin les premières maisons de Marovoay. Vers deux heures, nous entrons dans la ville.

Marovoay est une des grandes agglomérations de la côte Ouest; elle est, sensiblement, aussi peuplée que Majunga, comptant 4 000 habitants environ. La ville est orientée sud-est nord-ouest et les maisons se disposent à peu près symétriquement, d'une longue avenue qui s'étend dans cette direction. Les habitations de la ville sont comme à Majunga d'ordre très composite : il y a des maisons en pierre construites et habitées par les Indiens et les Arabes, gros négociants du pays, puis des maisons en torchis et en terre occupées par les Antimerina, enfin des cases en roseaux où se logent la population sakalava, les esclaves malgaches et africains, qui sont ici en assez grand nombre. Une petite rivière, qui porte le même nom que la ville, passe au sud de Marovoay; ce cours d'eau n'est pas très large, mais il est profond, et permet, en tout temps, aux boutres et aux embarcations de le monter jusqu'à Marovoay. Aux deux extrémités de la ville, surtout du côté Ouest, par où nous sommes arrivés, s'élèvent de beaux manguiers. Ces arbres magnifiques donnent à la ville un cachet tout particulier. Parallèlement à la rivière, et du côté du nord, s'élèvent deux ou trois collines aux flancs assez escarpés; sur leur sommet, les Antimerina ont édifié leurs postes militaires; il est défendu par deux petites pièces de canon et renferme l'habitation du gouverneur et de ses principaux officiers. Ces fortifications n'ont aucune importance; elles sont les dernières que l'on rencontre sur la route; celles des autres postes, murs de terre, fossés et palissades, ont surtout pour objet de défendre les populations des villages contre les bandes de maraudeurs et de pillards, qui sont nombreux dans la région. Pendant la dernière guerre, le poste de Marovoay était destiné à couvrir la retraite de Ramambazafy, alors gouverneur général du Bœny, et retiré avec des troupes à Ambohitromby. Les Antimerina avaient prévu cette retraite, qui n'était que trop

FEMME SAKALAVA DE MAROVOAY.

LA MUSIQUE DU GOUVERNEUR DE MADOVOAY. (GRAVURE DE BARIN, D'APRÈS UNE PHOTOGRAPHIE.)

probable si nous avions voulu. Le commerce de Marovoay n'offre rien de particulier à signaler. Les principaux négociants de Majunga, Européens et gens de couleur, y ont presque tous des comptoirs; ils y vendent leurs produits et retirent ceux de la région. Dans ces terres basses de la Betsiboka, la plaine est couverte tous les ans par des alluvions fertiles qui amènent les grandes eaux, il y a de nombreuses rizières. Marovoay est un peu le centre de cette production, et chaque année, au moment de la récolte, on y achète beaucoup de riz non décortiqué. En cet état, ce produit se conserve bien et peut supporter de grands voyages; on en amène de grandes quantités à Majunga, et de là on envoie ce riz aux Comores, à Mayotte, sur les côtes d'Afrique. L'industrie de Marovoay est exclusivement entre les mains de quelques Indiens, qui fabriquent, avec de l'argile rouge des environs, de la poterie de mauvaise qualité. Ces cruches, ces *sadjoa*, comme les appellent les indigènes, leur servent dans leurs cases à conserver l'eau douce de consommation journalière. Je suis logé dans la maison du capitaine de la douane, un Antimerina de type presque pur. C'est lui qui reçoit les étrangers; sa maison en torchis est très confortable. Qu'on en juge : du papier peint tapisse toutes les pièces, des plafonds en toile sont tendus, des rideaux aux fenêtres, des couverts, de la porcelaine, une table. Pour un explorateur, c'est un palais.

Dans la soirée, le gouverneur de Marovoay m'envoie sa musique qui, pendant mon repas du soir, me joue continuellement un motif de valse assez joli, et que je vais essayer de transcrire ici pour piano.

Cette valse antimerina que j'avais déjà entendu jouer à Mandritsara pour la première fois, et que j'ai depuis entendue souvent partout à Madagascar, a été certainement importée dans l'île par des Européens; j'en ignore l'origine, aussi bien que l'auteur, mais quoi qu'il en soit, je la donne, parce que les remaniements que lui ont fait subir les Antimerina, sont assez curieux, et qu'ils nous donnent bien la mesure et le rythme de ces indigènes.

LE CAPITAINE DE LA DOUANE.

Après ce concert, j'entends des chœurs, qui m'intéressent par leur chant. Certaines personnes qui ont écrit des relations de voyage à Madagascar ont été prodigues de louanges pour les dispositions musicales que montre le peuple madécasse : j'ai beaucoup étudié cette question pendant mon exploration, et j'arrive malheureusement à une tout autre conclusion. Pour l'exprimer, j'emprunterai à M. Guimet le jugement qu'il a donné au sujet de la musique japonaise, et qui convient parfaitement à la musique malgache :

« Elle est assez désagréable pour nos oreilles européennes. Les intervalles sont toujours trop courts. Les chanteurs chantent faux, les musiciens jouent faux; mais néanmoins leur unisson est juste. Ils chantent et jouent faux, d'une quantité égale, de sorte qu'ils chantent faux avec une justesse admirable. »

Sans doute, on pourra voir un joueur de *valiha* qui répétera sur son instrument primitif des airs qu'il aura entendu jouer, par des instruments européens, même avec assez de justesse. Sans doute on pourra voir aussi un adolescent répéter parfaitement un air qu'il aura entendu chanter, mais ce ne sont là que des exceptions et, d'une manière générale, je suis convaincu que le jugement porté par M. Guimet sur la musique japonaise, peut s'appliquer strictement à la musique malgache. Toute personne qui, à Madagascar, a pénétré dans un temple, et qui a entendu des chœurs de fidèles chanter des cantiques partagera de suite mon avis. Je m'empresse d'ajouter pour excuser les Malgaches que c'est un peu de la faute de leur professeur habituel, s'ils chantent toujours faux. En effet, les missionnaires protestants anglais, non contents d'apprendre aux Malgaches de la mauvaise musique sur un thème incompréhensible pour

les indigènes, les ont habitués, en chantant, à faire des gestes absolument grotesques et ridicules.

Le samedi 2 novembre, je quitte Marovoay au lever du jour, en prenant vers l'Est la grande avenue. Les maisons vont fort loin et ne cessent que près d'un petit ruisseau, le Tsimahajao, qu'il nous faut traverser sur une poutre branlante. Quelques minutes après, nous nous arrêtons sur les bords de la rivière de Marovoay, en face du village d'Ambohibary. Cette rivière encaissée, mais très profonde, ne peut se traverser qu'en pirogues. A marée haute, cette traversée est déjà pénible; elle est hérissée de difficultés à marée basse, lorsque les eaux se sont retirées et ont mis à découvert, sur une assez grande largeur, les deux rives boueuses d'argile, dans lesquelles il nous faut patauger, pour aller de la terre ferme à nos pirogues. De l'autre côté de Marovoay, s'étend la grande plaine d'Ambohibary, transformée tout entière en rizière par les indigènes. Au moment des pluies, c'est un passage très difficile, on ne peut suivre les levées de terre qui séparent les rizières et qui ont presque partout été enlevées par les grandes eaux. Il faut donc patauger dans une boue infecte, dans laquelle on enfonce jusqu'au ventre. A l'époque où nous nous trouvons, ces difficultés ont disparu, mais elles ont été remplacées par d'autres, non moins pénibles à vaincre. De nombreuses flaques d'eau restent encore dans les rizières, ce qui nous oblige à de grands détours. De plus, le terrain découvert d'où les eaux se sont écoulées a été desséché par un soleil torride, de grandes crevasses sinueuses se sont formées dans tous les sens, nous ne pouvons les enjamber qu'avec les plus grandes difficultés, car elles sont profondes, et leurs bords taillés à pic cèdent à la moindre pression; cette plaine doit s'étendre très loin à l'Est et à l'Ouest, mais les limites nous en sont cachées par des fourrés de *bararata*. Devant nous, un rideau sombre de verdure la limite vers le Sud-Est; nous sommes bientôt à la limite de ce petit bois, qui semble s'étendre assez loin vers le Nord et le Sud, et qui constitue la petite zone forestière de cette partie de la côte. Ce ne sont pas de hautes futaies, c'est plutôt un taillis, où la marche est difficile, le chemin est coupé à chaque instant par les lianes et les plantes grimpantes qui s'accrochent ou qui pendent aux arbres dont la route est bordée. Aussi, pour pouvoir marcher avec plus de facilité, nous empruntons le lit desséché d'un ruisseau, qui court parallèlement à notre route. Vers onze heures, nous arrivons à Andronstsy.

C'est un village sakalava de 15 cases, il est très pauvre. On y trouve un carré formé par une enceinte de forts pieux en bois, qui renferme le tombeau d'une ancienne reine du pays. Je demande son nom. Il est *fady* de me le dire.

Ce *fady* sakalava, qui interdit aux vivants de prononcer le nom des morts, est très important à connaître pour pouvoir se rendre compte des changements successifs, sorte d'évolution lente mais continue que subit la langue parlée, à Madagascar, sur la côte Ouest de l'île. Je ne veux pas aborder encore à présent une étude même très sommaire sur la langue madécasse; elle a en général été étudiée de très près, mais fort mal comprise par les personnes qui ont entrepris un tel travail. Il est évident que, en principe, la langue malgache est unique. C'est théoriquement vrai, et personne ne le met en doute, mais dans la pratique, les missionnaires catholiques et protestants qui ont écrit à Tananarive des dictionnaires et des grammaires malgaches-anglaises ont méconnu, comme beaucoup d'autres, ce principe fondamental de l'histoire sociale et politique de Madagascar que j'ai exposé d'ailleurs, dans un avant-propos de cet ouvrage, à savoir : les Antimerina, quoique étant la tribu la plus puissante de Madagascar, sont encore loin d'avoir absorbé les autres peuplades, et si l'on doit dans toute question qui se rattache à Madagascar, tenir grand compte des usages, des coutumes de la langue, de la politique des Antimerina, il est absolument illogique et contraire à nos intérêts aussi bien qu'à la vérité scientifique de ne vouloir voir dans Madagascar que cette peuplade. Depuis de longues années, c'est un piège tendu à notre politique par les Anglais. Dans la dernière guerre, et depuis lors, nous y sommes tombés grossièrement, nous avons tout sacrifié aux Antimerina : on pourra voir dans la suite des temps les fruits d'une telle politique.

En ce qui concerne les ouvrages de linguistique publiés à Tananarive, ils doivent s'appeler, non pas, par exemple, grammaire malgache-française, mais antimerina-française. Le dialecte antimerina peut être sans doute compris dans toute l'étendue de l'île, aussi bien par un Sakalava que par un Betsimisaraka, cela est indiscutable, mais enfin, les dialectes sakalava et betsimisaraka existent, comme d'ailleurs dans chaque tribu, et je ne vois pas pourquoi le dialecte des Antimerina serait pris comme type de la langue malgache. Au point de vue scientifique, le seul dont je doive m'occuper ici, il est infiniment probable que les Antimerina, peuplade venue du dehors, ont dû apporter avec eux des mots et des règles grammaticales inconnus dans l'île avant leur arrivée, et s'ils les ont répandus avec eux dans beaucoup de provinces, il existe encore une grande partie du territoire de l'île où ce dialecte n'a pas pénétré.

Le dialecte sakalava est, parmi tous ceux parlés dans l'île, un des moins purs et des moins corrects. Ils n'ont pas de langue écrite, et les lettres n'ayant pas fixé les sons d'une manière définitive, on peut remarquer d'un village à l'autre des différences très notables. Une des grandes causes de corruption du dialecte sakalava est justement ce *fady* des noms des morts, contre lequel je venais de me heurter à

Androntsy. Ce *fady* m'a donné de suite la clef de différences notables que j'avais remarquées entre le sakalava et l'antimerina. Par exemple, presque toutes les peuplades de Madagascar appellent les œufs : *atody* ; l'eau : *rano*. Chez les Sakalava au contraire, comme il s'est probablement trouvé des rois et des reines qui se sont appelés Rainatody ou Rainirano, et que, à leur mort, il a été défendu de prononcer ces mots *atody* et *rano*, les indigènes sakalava, du moins ceux qui se conforment scrupuleusement à ces *fady*, ont dû se mettre l'esprit à la torture pour trouver, dans leur langue si pauvre, des mots qui puissent désigner ces objets, dont ils font un usage journalier. Ils y ont réussi, et les Sakalava du Bœny appellent l'eau *mahalena* (ce qui mouille) et l'œuf *fandatsaka* (ce qui tombe) ; c'est pour un motif analogue que, pour dire *masoandro* (l'œil du jour, le soleil), ce mot étant *fady*, ils disent : *mahamay* (ce qui brûle).

Dans la case où sont mes appartements, si j'ose m'exprimer ainsi, est une statuette en bois grossièrement sculptée et habillée à la mode indigène ; elle représente l'ancienne reine et est l'objet d'une vénération toute spéciale des habitants du pays. Ces figures grossières qui représentent un bon ou un mauvais génie, ou encore un défunt, ne sont pas communes à Madagascar ; c'est ici la première fois que j'en voyais, et je n'en ai plus revu que dans certaines tribus du Sud, chez les Antanosy en particulier.

Dans l'enceinte palissadée qui contient le tombeau de l'ancienne reine, il y a beaucoup d'autres tombes, qui ont la forme de pyramides quadrangulaires. Mais ces pyramides, au lieu d'être constituées comme chez les Betsimisaraka, par de petites baguettes de bois mises les unes à côté des autres, sont chez les Sakalava édifiées avec de forts madriers. Il existe autour du village et dans le bois qui l'environne d'autres types de sépultures sakalava ; ce sont des parallélipipèdes rectangles, sur lesquels (pour les gens de marque probablement) on a plaqué de petites dalles de granite, sur d'autres (pour des gens de conditions inférieures) on s'est contenté de disposer tout simplement un lit de cailloux de quartz. Quoi qu'il en soit, il s'élève à une des extrémités de ces tombeaux, le plus souvent tournés vers l'Est, une grosse pierre qui indique l'emplacement de la tête du mort. Nous passons l'après-midi au village, la chaleur est tellement forte qu'il nous serait impossible de traverser, pendant sept heures, la grande plaine aride qui nous sépare de Befotaka. Vers six heures, au lever de la lune, nous quittons Androntsy, nous marchons pendant une heure pour sortir du bois, puis, pendant longtemps, dans une grande plaine couverte de *vero*, d'où émergent çà et là de petits bouquets de lataniers nains. A minuit, nous arrivons à Befotaka.

L'accès de ce misérable hameau de cinq ou six cases est difficile, périlleux même, il nous faut traverser, sur une longue branche d'arbre, une rivière de boue, encaissée entre deux parois rocheuses taillées à pic. Au milieu de la nuit, ce n'est que par des prodiges d'équilibre que nous pouvons franchir heureusement, sur un tronc d'arbre, cette rivière d'un nouveau genre ; ce passage est délicat. Le lendemain, une petite étape nous conduit à Ambato. A peu de distance de Befotaka, je me suis arrêté au village sakalava de Trabongy, où je n'ai pu résister aux sollicitations pressantes de la reine qui veut absolument me faire entrer dans sa case royale. C'est une bonne vieille ; un Islam, investi des hautes fonctions de premier ministre, l'assiste dans l'art si difficile de gouverner les peuples. Dans l'E.-N.-E. de Trabongy, les Antimerina ont édifié le poste militaire de Mahatombo, qui continue la série de ceux qui sont échelonnés de Majunga à Maevatanana.

De Trabongy, deux heures de marche nous conduisent à Ambato. C'est un village important de la région, il est habité en majorité par des Antimerina qui font du commerce dans cette vallée de la Betsiboka. Ambato est en effet sur les bords du fleuve.

Le lundi 4 novembre, nous traversons, à quelques minutes de marche d'Ambato, la rivière Ikamoro, dont le confluent avec la Betsiboka est à un kilomètre, à l'est du gué, puis nous continuons notre route, le long des rives de la Betsiboka. Ici son cours est parsemé d'îlots et de bancs de sable. Dans la soirée, nous arrivons à Bepako, misérable hameau de six ou sept cases.

Le mardi 5 novembre, nous continuons dans la brousse et, à neuf heures, nous arrivons à un gué de la Betsiboka. Nous devons atterrir de l'autre côté, dans une île formée par deux bras du fleuve. Dans cette île, en haut d'un gros mamelon que nous voyons d'ici, est le village d'Amparihibe. La traversée de ce bras de la Betsiboka se fait sans incidents dans de larges pirogues, et de l'autre côté du fleuve, après avoir traversé un grand fourré de *bararata*, nous montons à Amparihibe.

JEUNES FILLES ANTANKARA. (GRAVURE DE ROUSSEAU, D'APRÈS UNE PHOTOGRAPHIE.)

C'est, comme Ambato, un gros village antimerina; il n'y a que fort peu de Sakala-a, qui ont d'ailleurs, je le remarque, quitté en masse cette contrée, par crainte de corvées aussi injustes qu'écrasantes.

Le lendemain, une petite étape nous conduit à Maevatanana. Nous avons, au sortir d'Amparihibe, traversé le deuxième bras de la Betsiboka. La contrée a une végétation beaucoup plus pauvre, les arbres sont plus rares. On voit que nous sommes sur les confins de la région des brousses, et bientôt lorsque nous aurons quitté les pays sakalava, nous serons en pays antimerina dans la zone dénudée. Aux environs de Maevatanana, le pays est très accidenté, les pointements rocheux s'observent fréquemment. Dans les éboulis d'argile, on observe des filons de quartz entre des couches de schistes cristallins. Le village de Maevatanana est le plus important de ceux que l'on rencontre en allant de Marovoay à Tananarive. Le gouverneur de la ville, Ramambazafy, me loge dans une maison convenable. Ramambazafy, en même temps qu'il commande à Maevatanana, est le gouverneur de toute la contrée. Dans les entretiens que j'eus avec lui, il me parut être un homme fort intelligent; malheureusement les lourdes corvées qu'il impose à ses administrés n'ont pas rendu son nom bien populaire dans le Bœny, il est craint, mais détesté dans toute la contrée, aussi bien par les Antimerina que par les Sakalava.

Maevatanana est bâtie sur une hauteur, colline escarpée par les ravinements de l'argile rouge dont elle est formée, à pic de tous les côtés, surtout du côté de l'Ouest. On entre dans la ville par deux passages où sont construites deux portes grossières; il est assez difficile de pénétrer dans Maevatanana sans passer par ces deux portes, tant par suite des fortifications que l'on a édifiées, haies de cactus, palissades, et par les fossés que l'on a creusés, que par les ravins creusés naturellement dans l'argile tout autour de la ville. Ces ravins ont d'ailleurs une grande profondeur. Le village compte environ 1 500 habitants; on remarque une rue principale, Est et Ouest, bordée de cases, dont quelques-unes sont en terre ou en briques crues; celles-ci plus confortables abritent des Antimerina commerçants ou quelques Indiens qui sont venus s'établir ici, pour acheter des produits (cuir, caoutchouc et raphia), et vendre leurs marchandises (cotonnade, armes, quincaillerie).

Depuis Majunga jusqu'à Maevatanana, le chemin est très beau, et suit un terrain plat. En effet, Maevatanana, qui est situé à une distance considérable de Majunga, n'est qu'à 170 mètres d'altitude, c'est dire que la pente est insensible. Malheureusement, Maevatanana, situé non loin de la Betsiboka, est, en ce pays découvert, un des points les plus chauds et les plus malsains de Madagascar. J'en devais faire moi-même la triste expérience : j'y contractais, en effet, les germes de la *malaria*, et si jusqu'alors j'avais pu, plus heureusement que mes compagnons, échapper aux fièvres de Madagascar, cette première atteinte devait me frapper plus profondément. Mes porteurs, suivant l'usage, avaient voulu s'arrêter un jour ou deux à Maevatanana où ils rencontreraient beaucoup de leurs compagnons. J'eus beaucoup de peine à les en dissuader, j'avais de violents accès fébriles qui me faisaient désirer ardemment d'arriver à Tananarive, le terme de ce voyage.

Le jeudi 7 novembre, nous continuons notre route, longeant le fleuve sur sa rive droite, mais ce grand cours d'eau n'est plus la Betsiboka, c'est son grand affluent de gauche, l'Ikopa, dont nous avons dépassé le confluent après Amparihibe. La contrée est très rocheuse, et, comme dans les environs de Maevatanana, la végétation est très peu active. Vers dix heures, nous sommes à Tsarasoatra. Ce village, qui compte 35 cases environ, est bâti comme d'habitude sur une hauteur. Nous avons laissé Ambodiroka à l'Ouest, l'Ikopa, distant de nous d'environ un kilomètre, n'est plus navigable, ni même flottable, son lit est obstrué de gros rochers, sur lesquels les eaux se brisent en tourbillons d'écume.

Le vendredi 8 novembre, nous nous mettons en route sous la pluie; c'est la première que nous ressentons depuis que nous avons quitté les forêts de l'Est, mais nous nous approchons du plateau central où la saison des pluies commence en novembre. Nous suivons l'Ikopa, et nous passons en vue des îles de Nosy-Fito, le barrage important le plus bas de cette grande rivière. Puis, avant d'arriver au village de Mandendamba, nous traversons deux affluents de l'Ikopa, l'un, l'Andranokely, l'autre, le Mandendamba. Enfin, à midi, nous arrivions à Ampasiria, gros village fortifié, entouré de plantations de cactus, et de palissades.

Le samedi 9 novembre, après avoir traversé, au sortir du village, la petite rivière d'Ampasiria, nous suivons la vallée du Morokoloy, et nous nous arrêtons à un village du même nom. Dans la soirée, continuant notre étape, nous gagnons Malatsy. Ce village a des fortifications très complètes et l'on n'y peut pénétrer qu'après avoir franchi quatre portes successives. A Malatsy, les fièvres dont j'éprouvais les violents accès depuis plusieurs jours, redoublèrent encore d'intensité, je ne pouvais me mouvoir que très difficilement, et dans cette pénible occurrence, je dois rendre hommage aux bons soins que me prodiguèrent mes porteurs. Pendant les jours qui suivirent, il me fut presque impossible de continuer mes observations et je dus m'en remettre complètement à mes hommes, pour continuer mon voyage jusqu'à Tananarive. A Malatsy, les maisons en terre des Antimerina réapparaissent; le lendemain, ce sont les pierres levées, toute végétation a disparu. Nous sommes en pays hova dans la zone dénudée. La partie la plus intéressante de ce voyage dans le Nord et l'Ouest est terminée.

Le dimanche 10 novembre, je quitte Malatsy, porté en *filanjana*; la fièvre ne m'a pas quitté, et malgré la grande consommation de quinine que je fais, les accès semblent augmenter d'intensité. En sortant de Malatsy, nous traversons le Kamolandy, affluent de droite de l'Ikopa. Beaucoup de ruisseaux barrent la route. Cette zone dénudée est d'ailleurs très riche en eau vive, comme il est de règle dans tous les pays granitiques.

Le sentier que nous suivons passe à huit cents mètres au nord du mont Andriba; près du premier contrefort méridional de ce mont, sont groupés trois villages, pauvres aujourd'hui, mais très peuplés autrefois. Ce sont : Antsahamena : huit cases; Alakamisy : douze cases; Maroharona : vingt cases. Le village d'Alakamisy était autrefois le siège d'un marché très important, c'était le rendez-vous des caravanes de porteurs, venant les uns de Tananarive, les autres de Majunga. Depuis quelques années, Alakamisy a subi le sort de tous les autres villages du Bœny, il s'est dépeuplé peu à peu. La crainte de lourdes corvées en est la seule raison; quelques personnes font entrer aussi en ligne de compte les brigands qui rendent très peu sûres les routes, par lesquelles on pouvait y amener des marchandises, mais il ne faut pas oublier que l'existence même de ces *fahavalo* n'est qu'une conséquence immédiate des lourdes corvées qui pèsent sur le peuple, surtout dans ces régions. Au sud d'Alakamisy et de Maroharona, nous traversons le Mamokomita, dont nous suivons pendant quelque temps la profonde vallée. Là, ma caravane est arrêtée par le convoi d'un mort sakalava, que l'on porte dans le Nord. Le corps du défunt, roulé dans des nattes épaisses, elles-mêmes recouvertes de *lamba* de soie, est porté sur une sorte de civière par huit vigoureux gaillards. Ces gens qui viennent de fort loin, du sud de Menavava, sur la rive gauche de l'Ikopa, semblent supporter vaillamment les longues marches qu'ils viennent de faire. Ils crient et gesticulent; de temps en temps, ils reviennent sur leurs pas, puis se dirigent tantôt à droite, tantôt à gauche du sentier. Je les crois ivres; il n'en est rien. C'est encore une coutume sakalava qui va m'expliquer leurs allures étranges. En effet, dès qu'un Sakalava a rendu le dernier soupir, on procède immédiatement à son ensevelissement et à sa toilette mortuaire, puis on le conduit provisoirement quelque part, dans la maison de ses proches ou dans la sienne généralement; l'enterrement proprement dit n'aura lieu que beaucoup plus tard. Quoi qu'il en soit, dans ce premier transport du défunt, les porteurs du cadavre prétendent connaître la volonté du mort qui leur indique, par les petits coups qu'il donne aux portants de la civière, où il veut aller. Il leur indique même en frappant ou en retenant tantôt d'un côté, tantôt d'un autre, la direction qu'ils doivent suivre. Les porteurs de ce Sakalava obéissaient donc aux indications que leur donnait leur mort, mais j'avoue que ces indications devaient être fort contradictoires, car chacun prétendant les entendre, ils entraînaient la civière, tantôt à droite, tantôt à gauche, s'élançaient en avant pour revenir immédiatement sur leurs pas. Dans ces conditions, ils faisaient fort peu de chemin en ligne droite. On m'a raconté que dans un cas semblable, où l'on avait transporté dans une civière mortuaire un Sakalava qui n'était pas complètement mort, les porteurs, en sentant les chocs produits par le moribond qui se débattait dans les nattes qui l'enserraient, avaient tout simplement répondu à ces indications posthumes, et au lieu de transporter le corps vers le nord, comme ils en avaient l'intention, ils l'avaient ramené à son point de départ, et avaient même continué vers le sud, parce qu'ils avaient senti encore quelques mouvements; ils marchèrent sans cesse, sans trêve, ni repos, tant que le prétendu mort sembla s'agiter. Lorsque enfin, étouffé sous ses *lamba*, il eut vraiment pour cette fois rendu le dernier soupir, ils s'arrêtèrent exténués. Le mort ou celui qu'ils croyaient tel les avait conduits, pensaient-ils, au lieu qu'il avait choisi pour sa sépulture. Ils l'enterrèrent donc là, et s'en revinrent dans leur village. Les tombeaux sakalava du Bœny ne sont pas, comme chez les Antimerina, des caveaux de famille, ils en creusent généralement un pour chaque individu; c'est un simple trou en forme de rectangle allongé; il n'est pas très profond, un mètre environ; au fond, on couche le corps la tête toujours tournée du côté de l'Orient, puis on comble la fosse. A la surface du sol, s'élève un tertre peu élevé, pyramide quadrangulaire de terre argileuse sur laquelle on plaque quelques pierres plates, en ayant soin d'en réserver la plus grande, pour l'élever à l'Est du tertre du côté de la tête; souvent les parents du mort, en venant visiter son tombeau, déposent sur ce tertre de petits cailloux de quartz.

RUE D'AMPOTAKA.

Ainsi, chez les Sakalava, nous retrouvons quelques traces de cette espèce de culte de la pierre si répandu chez les Antimerina. Les Sakalava n'ont, il est vrai, ni pierres levées, ni *fanataovana*, mais ils ont quelque chose d'analogue à ces tas de pierres que les voyageurs forment peu à peu sur les bords des routes fréquentées. Le Sakalava en effet, vivant dans un pays de brousse où les pierres sont généralement plus rares que dans la zone dénudée, a un *fanataovana* particulier. Lorsqu'un Sakalava voyage sur une route, lorsqu'il suit un sentier, souvent pour que son voyage soit heureux, il ramasse un caillou, une petite pierre, et la place à l'intersection de deux branches du buisson voisin. Dans tout le Bœny, dans les environs de Majunga notamment, j'ai bien souvent observé ces pierres placées dans les branches des buissons qui bordent les sentiers. Souvent aussi, le Sakalava agit autrement; sur un gros rocher qui se trouve à proximité d'une route quelquefois suivie, il place une grande quantité de petits cailloux, puis plante verticalement au milieu d'eux un bâtonnet, à l'extrémité supérieure duquel flotte un bout de chiffon. Ces sortes de petits drapeaux minuscules sont souvent plantés sur les tombes fraîchement ouvertes.

Au sud du Mamokomita, le pays devient très montagneux, la route est assez difficile, mais, comparée à la route de Tamatave, elle est encore très belle. Nous suivons de profondes vallées où une argile rouge détrempée forme de nombreuses fondrières. Enfin après avoir traversé le Maharivana, affluent de gauche du Firingalava, nous arrivons à Ampotaka. C'est un village antimerina, fortifié comme

Malatsy; toutes les cases sont en terre, il n'y en a plus une seule en raphia qui, d'ailleurs, est inconnu dans la contrée. Quelques huttes cependant sont encore faites en roseaux, en *bararata*; sur ces claies de roseaux, on a plaqué un mélange d'argile rouge et de bouse de vache.

Le lundi 11 novembre, nous suivons au sortir d'Ampotaka, jusqu'au village abandonné d'Ambohinora, la vallée du Firingalava; dans le fond de cette vallée, je retrouve un végétal avec lequel j'avais fait une trop longue connaissance, dans la région des défrichements de la côte Est, je veux parler du *longoza* (Amomum angustifolium). Dans cette région, le quartz a totalement disparu, et je retrouve à chaque instant les pointements rocheux de gneiss, de granite et de roches porphyroïdes, qui caractérisent si bien la zone dénudée de Madagascar. Enfin, à onze heures, nous passons en face du village de Kangara et nous arrivons à Kinajy, après avoir traversé à gué une dernière rivière, le Manankazo, affluent de gauche de l'Ikopa. Kinajy est un assez gros village fortifié comme Ampotaka. Depuis Malatsy, c'est-à-dire depuis deux jours, nous montons les derniers échelons qui conduisent au plateau central à Kinajy; nous sommes arrivés au niveau du plateau, par 1 080 mètres d'altitude. Maintenant, j'ai presque épuisé ma provision de quinine, et la fièvre ne cesse pas; au contraire, les accès deviennent plus violents, tous les mouvements volontaires, la marche en particulier me faisaient cruellement souffrir, il m'était presque impossible de me mouvoir. A Kinajy, nous étions arrivés sur le plateau central, et je ne regrettais que médiocrement de ne pas pouvoir me livrer à mes observations habituelles dans cette contrée, si bien décrite d'ailleurs par le Père Roblet, en sa grande carte de Madagascar. Il me fallut trois journées de marche, de Kinajy, pour arriver à Tananarive; ce voyage, qui ne présente aucune difficulté, n'offre également rien d'intéressant qui vaille la peine d'être raconté.

NOTRE MAISON A TANANARIVE.

A mon arrivée à Tananarive, je retrouvais mon ami Maistre, qui était revenu dans la capitale et occupait non pas notre ancienne maison d'Ambohitsorohitra, mais un nouveau logement qu'il avait trouvé dans la ville haute, dans le quartier d'Ambodinandoala. Nous avions donc quitté notre ancien propriétaire, Rainimananabe, pour un médecin hova nommé Rainiketabao, dont le père, parti pour le Sud, était gouverneur de Fianarantsoa. Maistre, après m'avoir quitté à Mananara, était arrivé à Tamatave après une navigation longue et difficile, sur la goélette la *Dorade*. Néanmoins, ce séjour forcé en mer lui avait fait quelque bien, et peu de jours après son arrivée à Tamatave, il n'avait pas tardé à se remettre des fatigues éprouvées. Mon compagnon, au lieu de revenir directement à Tananarive pour prendre quelque repos en m'attendant, comme je le lui avais conseillé d'ailleurs, en le voyant si malade avant son départ de Mananara, avait voulu revenir à la capitale par un chemin nouveau, en explorant le nord de la vallée du Mangoro, cette troisième section dont j'ai parlé dans le chapitre VI. Il me faut encore une fois — et je le fais avec grand plaisir — rendre hommage au courage et à la bonne volonté de mon compagnon qui, guéri à peine de fièvres graves, revint à la capitale en explorant le lac Alaotra et le pays des Antsihanaka.

Parfaitement installé à Tananarive, et au milieu de mes compatriotes que je remercie encore de leurs bons soins, j'eus vite recouvré la santé, mes douleurs cessèrent, et les accès de fièvre disparurent peu à peu; au bout de deux mois, j'étais tout à fait rétabli et prêt à recommencer mes explorations qui devaient cette fois me porter dans le Sud. Néanmoins il me fallait attendre la fin de la saison des pluies, et je ne pouvais partir qu'aux premiers beaux jours, vers la fin du mois de mars. Quoi qu'il en soit, ce séjour

RUE D'IMARIVOLANITRA, A TANANARIVE. (DESSIN DE G. VUILLIER, GRAVÉ PAR PRIVAT.)

forcé à Tananarive ne fut pas perdu : en même temps que je rétablissais ma santé, fortement compromise dans les voyages précédents, je complétais mes notes et mes observations sur ce peuple antimerina dont j'habitais la capitale.

La maison de Rainiketabao était beaucoup plus spacieuse et plus confortable que celle que nous avait louée autrefois Rainimananabe. Notre demeure, construite en briques crues, avait un certain cachet, elle était en bordure de la rue principale de Tananarive, en haut de la montée d'Imarivolanitra. Cette rue est très passagère et, de notre véranda, nous jouissons d'un coup d'œil fort animé. Rainiketabao, qui venait naguère d'achever sa maison, avait, peu de jours avant notre arrivée, célébré le *fitokantrano*. Cette fête antimerina est une cérémonie privée qui se célèbre en famille pour fêter l'achèvement d'une nouvelle demeure, appeler sur elle les bons esprits et en chasser les mauvais qui pourraient par les maléfices et les sorts nuire aux habitants. Comme dans toute cérémonie malgache, on avait tué beaucoup de bœufs, chanté et festoyé pas mal, on avait même appelé le sorcier.

A la fin du mois (22 novembre), eut lieu à Tananarive la fête du *fandroana*. Cette fête, célébrée en grande pompe dans la capitale, est la fête la plus importante des Antimerina ; c'est leur fête nationale. Le *fandroana*, fête du bain de la reine, et qu'on pourrait appeler plus exactement fête des bœufs, a une origine assez difficile à trouver. Certains auteurs en font le premier jour de l'année malgache, ce n'est pas exact. Cette fête, que j'ai vue revenir pendant quatre ans le 22 novembre de notre calendrier, semble plutôt correspondre à une date mémorable dans la vie du souverain régnant [1]. Quoi qu'il en soit, cette année (1889) la fête du bain sera célébrée dans quelques jours, le 22 novembre, le 11e jour du mois de Adimizana, 7e mois de l'année malgache. Un mois avant cette fête, un décret du souverain des Antimerina en fixe la date dans toute la province et dans tous les postes antimerina de l'île. Par cette loi qui fixe ainsi la date de cette fête solennelle, il est défendu, pendant les cinq jours qui suivent ou qui précèdent le *fandroana*, de mettre à mort aucun quadrupède ; de plus, par cette même ordonnance royale, il est enjoint aux parents brouillés, aux époux séparés de se réconcilier au moins pendant ces jours de fête. Cela est assez strictement observé et il est assez curieux de voir, pendant ces jours de fête, les épouses divorcées, qui sont si nombreuses à Madagascar, venir retrouver leurs anciens maris. Lorsque la loi est promulguée, on doit payer au souverain un petit tribu d'allégeance, offrande minime, dans laquelle les admirateurs des Antimerina ont voulu voir une cote personnelle. Une quinzaine de jours avant le *fandroana* et même plus longtemps, si cela est nécessaire à la politique du premier ministre, toutes les affaires sont suspendues. Après le *fandroana*, il y aura de nouvelles vacances aussi longues que les premières, ce qui fera une quarantaine de jours de gagnés à la politique de temporisation des Antimerina.

Pendant les jours qui précèdent le *fandroana*, la reine, le premier ministre et les principaux officiers du palais s'occupent à faire des largesses au peuple et aux modestes fonctionnaires ; les produits des douanes, et surtout ceux qui ont été payés en nature, servent à cet effet ; puis les cadeaux de bœufs commencent, on en envoie un, deux ou trois selon l'importance du destinataire, on en fait tuer un grand nombre, dont on envoie les morceaux à tous ceux que l'on connaît. C'est une véritable orgie. Dans la ville, on ne rencontre que des esclaves et des domestiques chargés de quartiers de bœufs, qu'ils vont porter dans toutes les directions. Des visites ont lieu, les familles vont se voir, pour se souhaiter réciproquement toutes sortes de prospérité, jusqu'au *fandroana* prochain. Dans ces visites, on échange quelques présents, généralement un petit morceau d'argent, comme signe de l'amitié qui unit visiteur et visité. Les parents éloignés et les protégés des personnes influentes n'ont garde de manquer à cette coutume et apportent toujours un petit présent qui les rappelle annuellement au bon souvenir d'un protecteur influent. Enfin les esclaves et les serviteurs des riches habitants de Tananarive rallient ce jour-là autant que possible la capitale, pour offrir un présent quelconque à leur maître et faire ainsi à cette époque acte de soumission ; c'est la coutume.

1. L'époque du Fandroana, 22 novembre, correspond à l'anniversaire de la proclamation de Ranavalona III à Tananarive, comme reine de Madagascar.

Les habitants se préparent aussi activement à la fête; pour la dignement célébrer, ils approprient leurs maisons, ils soignent leur toilette et préparent leurs plus brillants costumes nationaux pour le grand jour. Enfin, le 21 novembre arrive; dans la soirée, après le coucher du soleil, les enfants et les jeunes gens sortent et se répandent dans les rues, ils courent même sur les chemins et dans les rizières qui environnent la ville, ils portent un bambou à l'extrémité duquel est fixée une torche allumée. Ils l'agitent en criant et en appelant les bénédictions du ciel sur la nouvelle période annuelle qui va commencer.

De la véranda de la maison de Rainiketabao, j'assiste à ce spectacle, qui est vraiment fort joli. La nuit s'est faite et on voit partout où la vue peut s'étendre dans les quartiers bas de la ville que je domine de très haut, dans les rizières, dans les villages voisins échelonnés sur les hautes collines qui environnent la capitale, tous ces feux agités par mille mains, ces lueurs qui, naissant partout, jettent un grand éclat, puis disparaissent; il en est de même dans toute l'étendue de l'Imerina, et l'on voit fort loin ces petits points brillants percer la brume du soir.

Le Malgache, si soucieux du culte des morts, n'a pas voulu célébrer une grande fête sans rendre hommage aux défunts aussi craints que vénérés. La matinée du 22 leur est consacrée, on les invoque dans chaque case, souvent même on porte un petit présent sur leurs tombes. Pour se préparer dignement à célébrer le *fandroana*, tout le monde se purifie et, tandis que le peuple se livre à de simples ablutions, la reine et ses officiers se purifient par un cérémonial spécial dont l'origine remonte aux anciens rois antimerina. On égorge un coq rouge; le sang, recueilli dans une coupe, est présenté à la reine et aux principaux officiers du palais qui, trempant leurs doigts dans ce liquide encore tiède, s'en marquent le front, le creux de l'estomac et les principales articulations. Depuis que le gouvernement antimerina, entraîné par son penchant d'imitation, et poussé par des influences étrangères, a décrété le protestantisme religion d'État et a fait semblant de s'y convertir dans la personne de ses principaux membres, cette purification préparatoire de la fête du bain est tenue secrète, mais elle est aussi exactement suivie que par le passé, et les nouveaux convertis ont gardé nombre d'anciennes coutumes qu'ils se défendent énergiquement de pratiquer, et qu'ils cachent soigneusement aux yeux des étrangers.

Dans tous les villages de l'Imerina, on a, en prévision de la fête du bain de la reine, engraissé des bœufs dont on envoie un certain nombre à Tananarive, comme présent au souverain. Les bœufs engraissés pour le *fandroana* sont en général de fort beaux animaux; privilégiés entre toutes les bêtes domestiques des Malgaches, ils sont les seuls dont s'occupe l'indigène, les seuls auxquels il donne une nourriture sans laisser ce soin à la nature. Ces bœufs destinés au *fandroana*, et élevés dans les villages de l'Imerina, sont descendus dans des fosses qui ont servi à l'indigène à extraire l'argile dont il avait besoin pour construire sa maison; dans ces excavations, d'où l'animal ne peut sortir et au fond desquelles il ne peut que se mouvoir difficilement, en lui donnant quelques herbages, il engraisse fort vite. Une semaine ou deux avant le *fandroana*, on creuse une tranchée qui permet à l'animal de sortir, et il est amené à Tananarive, au palais de la reine. Avant le *fandroana*, on compte plus de 500 bœufs amenés ainsi dans l'enceinte du *rova* royal; on en a bien distribué quelques-uns hier et avant-hier aux principaux Européens et autres gens de marque à la capitale, mais le plus grand nombre est donné dans l'après-midi du 21 novembre, au peuple et surtout aux corps de métiers qui ont travaillé en corvée au palais royal, et dont de nombreuses délégations viennent d'aller saluer le souverain. Vers deux heures, ces bœufs, chassés en petits groupes de l'enceinte du *rova*, se répandent bientôt dans les rues de la ville, il en passe un grand nombre devant ma maison à Imarivolanitra; quand les bœufs courent dans la ville, sitôt qu'ils ont dépassé l'enceinte du *rova* royal, ils appartiennent à ceux qui les prennent. Ils ont bien été donnés théoriquement aux forgerons, charpentiers, maçons, ferblantiers, et à tous les autres corps de métiers qui sont venus travailler au palais, mais comme bien d'autres gens ont été pris dans le cours de l'année pour le service de la reine, la coutume a voulu que le peuple tout entier fût convié à ce cadeau royal, et que tout le monde en eût sa part; c'est ce qui a lieu. Il s'organise, dans cet après-midi du 21 novembre, une véritable chasse aux bœufs dans toute la ville. Les animaux affolés se sauvent dans toutes les rues, dans les ruelles, ils ne connaissent pas d'obstacles. Malheur au passant inoffensif qu'un bœuf affolé rencontrera dans une ruelle étroite bordée de murs élevés, comme il y en a un si grand nombre à Tananarive. Une armée d'esclaves et d'enfants cherche à s'emparer des bœufs et à les attacher par une des jambes de derrière à une longue corde sur laquelle ils tireront pour maîtriser l'animal épouvanté. La foule, massée dans les cours intérieures, accroupie sur le haut des murs, entassée sur les balcons, excite animaux et chasseurs par ses cris et ses vociférations; enfin, vers cinq heures, tout se calme, les derniers bœufs ont été pris et on peut enfin sortir de chez soi, ce qui eût été fort imprudent quelques heures auparavant. C'est à minuit, ou fort avant dans la soirée du 21, qu'aura lieu au palais la fête du bain proprement dite. Jusqu'aux premières heures de la nuit, les rues sont très animées, une foule d'indigènes, revêtus de leurs plus beaux *lamba*, les parcourent; ils vont faire visite à leurs amis et à leurs parents, et accomplir une cérémonie très usitée ce jour, sorte de purification très sommaire dont le bain de la reine ne sera tout à l'heure que la consécration officielle. Pour accomplir cette purification, des vases remplis d'eau sont posés près des portes de toutes les maisons, et quand on entre dans celles-ci, on prend de cette eau lustrale du bout des doigts, et on s'en humecte la tête, en formulant des vœux de longue vie pour ceux que l'on vient visiter. Pendant ce temps, il y a grande affluence au palais royal, les portes sont gardées par des détachements de soldats, et tous ceux porteurs d'un uniforme quelconque sont massés dans les cours intérieures. Vers huit heures, une salve d'artillerie est tirée par les vieux canons couchés sur la route d'Andohalo, c'est la cérémonie du bain de la reine qui va commencer. Je me mêlai alors aux Européens invités à assister à cette cérémonie et je montai au *rova*.

Lorsque nous sommes tous réunis dans la salle du Palais d'argent, où le premier ministre donne ses audiences et dans laquelle on nous a fait attendre quelques instants, nous suivons Andriamifidy [1], ministre des affaires étrangères, qui nous conduit dans la salle basse du grand palais où nous nous groupons, guidés par ses soins, en arrière de la grande colonne qui soutient cet édifice que j'ai décrit au chapitre V. Cette grande salle, où se presse une foule vraiment considérable, offre un aspect très animé et très pittoresque. Involontairement, en voyant la scène et le décor que j'ai sous les yeux, je me crois transporté bien loin de Madagascar, et je pense assister à un opéra-comique quelconque. Cette pensée, un peu frivole, je le conviens, m'a poursuivi malgré moi pendant toute la durée de la cérémonie. En face de nous, adossé au mur septentrional de la salle, se dresse le trône de la reine : il est composé d'une estrade de plusieurs marches, sur laquelle est un fauteuil doré, tapissé de velours rouge, où est assise Ranavalona III. A ses pieds est couché un enfant, à ses côtés se tient le premier ministre; la reine, de taille peu élevée, a les traits moins délicats et le teint plus brun que la plupart de ses sujets, elle est drapée dans un *lamba* rouge vif, et porte sur la tête une couronne d'or, elle n'a pas d'autre ornement; sous ce *lamba* rouge, couleur de la royauté chez les Antimerina comme chez toutes les autres peuplades de l'île, Ranavalona porte une robe rouge de coupe européenne; son maintien est grave, sa figure est sévère et semble pénétrée des lois étroites de l'étiquette. Le premier ministre a un costume fantaisiste très difficile à décrire : sa taille est très serrée dans une sorte de dolman de satin blanc, il porte la culotte courte, ses vêtements sont soutachés d'or, de grands brodequins en cuir jaune et à talons très élevés lui emboîtent les chevilles, des bas blancs avec jarretières enrubannées; il manie un sabre recourbé, dont le fourreau en cuir noir incrusté d'or pend à son côté gauche, soutenu par un énorme baudrier doré. Rainilaiarivony, dont le col est orné de la cravate de commandeur de la Légion d'honneur, est nerveux et agité; autant le maintien de la reine semble digne, j'oserai dire ennuyé, autant l'aspect du premier ministre est ridicule. Ranavalona III me rappelle, tant par sa personne que par le

---

1. Andriamifidy est un officier du palais chargé des affaires avec les étrangers. — Le gouvernement antimerina, autant par gloriole que pour bien montrer que le traité de 1885 n'existe pas pour lui, l'appelle le ministre des affaires étrangères. C'est également pour bien montrer qu'il ne tient nul compte de ce même traité franco-malgache que ce même gouvernement antimerina a installé, à Londres et à Maurice, deux consuls : MM. Paul Le Mière et Samuel Procter. Voilà dix ans que cela dure, et comme le gouvernement français n'a jamais rien fait que des protestations tout à fait platoniques, le gouvernement antimerina continue à fouler aux pieds très joyeusement les articles de ce traité, qui lui paraissent contraires à ses intérêts; il n'en retient qu'un qu'il proclame bien haut d'ailleurs, c'est celui par lequel, contrairement au bon sens, à la justice et à la vérité, nous avons reconnu la reine des Hova comme reine de toute l'île.

cadre qui l'entoure, quelque idole indienne; Rainilaiarivony n'est qu'un jeune premier d'opérette. Entre le trône et l'espace qui nous est réservé derrière la grande colonne, ainsi que sur les deux côtés de la salle, sont accroupis sur leurs talons les principaux représentants de la noblesse et des bourgeois antimerina; tout ce monde est enveloppé du *lamba* traditionnel, le plus souvent l'*arindrano*, blanc à rayures noires et bordures foncées. Pour la cérémonie du *fandroana*, en effet, par une des rares coutumes anciennes qui subsistent encore, les étoffes européennes ont été bannies, et les Antimerina s'habillent ce jour-là d'étoffes du pays, avec lesquelles ils font néanmoins des vêtements de coupe européenne, pantalon et veston, cachés, il est vrai, sous des *lamba arindrano*. Le premier ministre et quelques grands chefs militaires font seuls exception, mais dans quelques années cette vieille coutume disparaîtra sans doute, et les Antimerina, dans leur désir d'imiter les Européens, au moins dans leurs coutumes extérieures, pénétreront dans la salle du bain en redingote et en chapeau haut de forme. Les principales castes de la noblesse sont représentées ici au nombre de six : 1° les proches parents de la reine; 2° les Zanak'andriamasinavalona, qui sont les descendants du chef célèbre qui conquit la plus grande partie de l'Imerina; 3° les Zazamarolahy; 4° les Zanak'Ambony, descendants des soldats qui prirent Tananarive sous la conduite d'Andrianjaka; 5° les Zafinandriandranando; 6° les Zanadralambo, qui sont issus de Ralambo, ancien roi d'Ambohitrabiby, qui découvrit le premier que le bœuf était bon à manger! Derrière ces castes de la noblesse sont les représentants de la bourgeoisie, ce sont les *Hova*; derrière nous et dans les coins de la salle, relégués au dernier rang, sont les esclaves divisés en deux groupes, les esclaves de la couronne : Tsiarondahy, Tsimandoa, Manisotra et Makoa, et les esclaves des Antimerina : Zazahova et Zazavery. Tout ce monde est accroupi, seuls le résident général de France et le consul d'Angleterre sont assis sur des coussins; nous nous tenons debout derrière eux.

La cérémonie commence : ce sont d'abord des paroles élogieuses pour le souverain et ses aïeux, rythmées et psalmodiées, sur un ton haut et plaintif; un grand nombre d'assistants les soulignent en cadence par de vigoureux battements de mains, puis les proches parents de la reine, les représentants des différentes castes de la noblesse, des Hova et des esclaves vont faire le *hásina* devant la reine et lui présenter une offrande avec leurs vœux de longue vie et de prospérité. Cela demande plusieurs heures, et après, le premier ministre prononce un long discours, dans lequel il rappelle brièvement les principaux événements de l'année qui vient de s'écouler, il célèbre les louanges de la reine et de son gouvernement, il n'a garde de s'oublier. Il demande au peuple qui l'écoute, si ses actions sont justes et équitables et tout le monde s'écrie : *marina! izay!* (c'est vrai, c'est cela). Il explique que, dans telles circonstances, il a pris une mesure qu'il a crue équitable. A-t-il bien fait? alors : *marina! izay!* s'écrient d'une seule voix tous les assistants. Ces discours sont très longs, et la reine commence à donner des signes non équivoques d'un profond ennui. Sa Majesté antimerina, sans doute pour le chasser, fait une ample consommation de tabac à chiquer. Les dames d'honneur, qui connaissent son faible, s'empressent de prévenir ses moindres désirs, lui présentent un vase d'argent où elle crache à tous moments. Quand les discours sont terminés, entrent en scène de nouveaux personnages; en voyant leur défilé, mon imagination, folâtre ce soir, je ne sais pourquoi, reporte ma pensée au premier acte du *Songe d'une nuit d'été* : le défilé des marmitons. Le premier, en tricot et en *lamba* blanc, roulé autour des reins, ce qui est assez exactement un tablier de cuisine, est l'oncle de la reine, il porte une marmite aux flancs rebondis dans laquelle on va faire cuire le riz de la nouvelle année; des nobles et des esclaves le suivent dans le même costume, ils portent le riz, le bois, l'eau nécessaire à la préparation culinaire qui va se faire sous nos yeux, ainsi qu'à l'apprêt du bain de Sa Majesté. Chose curieuse, tous ces gens défilent par rang de taille; l'oncle de la reine, gros et grand, a ouvert la marche; un petit enfant, neveu de Sa Majesté, qui portait une énorme cuillère en bois, a clôturé le défilé.

Pendant que des chœurs chantent des cantiques de circonstance, on allume les feux sur lesquels on fait cuire le riz et on fait chauffer l'eau du bain de la reine. Je dois rendre hommage à l'habileté du chef (l'oncle de la reine), qui avait si bien choisi son combustible ligneux que pendant toute l'opéra-

ÉGLISE DES JÉSUITES A TANANARIVE.

tion, qui fut assez longue d'ailleurs, je ne pus percevoir dans la vaste salle où je me trouvais la moindre sensation de fumée.

C'est dans l'angle Nord-Est de la salle que se trouve la baignoire royale, entourée d'un rideau rouge derrière lequel la reine se dissimule. Lorsque tout est prêt, la reine entre derrière le rideau et juste à ce moment, éclate une deuxième salve d'artillerie qui annonce dans toute la province la purification du souverain. L'opération n'est pas longue. La reine ressort bientôt; cette fois elle a quitté son *lamba* rouge et se fait voir parée de quelques bijoux dans sa robe européenne. Elle reprend place sur son trône, et dans une corne de bœuf montée d'argent, on lui apporte de l'eau du bain. Les représentants des différentes castes énumérées plus haut viennent alors se présenter à ses pieds pour lui demander l'onction sainte. Elle trempe ses doigts dans la corne et en mouille leur tête. La reine, après cette opération, se lève et parcourt la salle en aspergeant tout le monde d'eau lustrale, elle montre sa bienveillance par sa prodigalité, et ceux qui reçoivent une bonne aspersion doivent se considérer comme très heureux. Elle fait le tour du palais et asperge aussi, dans les cours, les troupes qui présentent les armes. Enfin, elle revient sur son trône pour manger le premier riz, faire le premier repas de la nouvelle année, le *jaka*. Autrefois, lorsque l'assistance, moins nombreuse, ne comptait presque pas d'étrangers, on y mangeait le *jaka* en commun, et chacun recevait un peu de ce riz cuit au *fandroana*, avec du miel et un peu de bœuf de l'année précédente, conservé dans la graisse. Maintenant cette coutume s'est modifiée et il n'y a plus que la reine et les membres de la famille royale qui, avec le premier ministre, prennent part au *jaka* du bain. Les indigènes font le *jaka* dans leur famille et, quant aux Européens, ils sont conviés quelques jours après le *fandroana*, au repas du *jaka*, par Andriamifidy, dans une maison au nord du grand palais. C'est là d'ailleurs le seul repas donné aux étrangers européens par le gouvernement antimerina.

Après la consommation du *jaka*, le *fandroana* est terminé, la fin vient d'en être annoncée par une troisième et dernière salve d'artillerie, et je rentre chez moi à deux heures du matin, content de ma soirée, mais non débarrassé de mon obsession théâtrale.

Cependant la saison des pluies est maintenant bien établie; dans les rizières, le riz repiqué depuis quelques semaines montre ses pousses vigoureuses; la plaine de Betsimitatatra est inondée en partie, car, dans plusieurs points, les eaux de l'Ikopa ont débordé et le fleuve, grossi par un mois de pluies torrentielles, a rompu en plusieurs points les digues qui limitent son cours. La grande plaine de Betsimitatatra, qui est à l'est de Tananarive, était autrefois, avant la fondation de la ville, un immense marais, desséché il est vrai pendant la saison sèche, mais changé en étang pendant la saison des pluies, car à cette époque de l'année les hautes eaux de l'Ikopa étaient souvent sensiblement plus élevées que le niveau moyen de la plaine de Betsimitatatra. Depuis, à mesure que la population plus nombreuse, qui venait se fixer sur les collines de Tananarive, sentait grandir ses besoins, il fallut chercher à étendre les cultures autour de la capitale, et à conquérir notamment sur les eaux cette vaste plaine boueuse de Betsimitatatra. Pour ce faire, les rois antimerina levèrent dans leurs États des corvées extraordinaires, et firent endiguer le cours de l'Ikopa dans les environs de la capitale. De cette façon, suivant le régime des eaux, la nappe fluide de cette grande rivière pouvait s'élever ou s'abaisser en dedans des digues, mais elle ne pouvait plus envahir les plaines voisines. Ce terrain, ainsi conquis par ces grands travaux, ne devait pas rester improductif, car, en ménageant de distance en distance des canaux d'irrigation, et en coupant de loin en loin les digues pour les alimenter, on pouvait permettre en temps opportun à l'eau de venir inonder la plaine qui, cultivée et arrosée avec méthode, est devenue une rizière d'une grande fertilité. Malheureusement, presque tous les ans, sous la violence des eaux de l'Ikopa qui coulent en ces mois à pleins bords, les digues, qui ne sont que de la terre rapportée, se rompent fréquemment; alors le riz, encore en herbe, est noyé sous cette masse d'eau qui envahit la plaine, et la récolte est compromise. Il faut réparer les digues et faire appel à la corvée. C'est alors que l'on peut voir Rainilaiarivony, drapé dans son grand manteau rouge de commandement, aller sur les digues de l'Ikopa. Il fait appel à toute la population, chacun apporte sa *sobika* de terre, la digue est bientôt réparée.

Pendant la saison des pluies à Tananarive, c'est-à-dire pendant les mois de novembre, décembre, janvier, février et mars, la pluie tombe tous les jours. La matinée est relativement belle, le soleil se montre même quelquefois, puis de midi à 3 heures, de gros nuages s'amoncellent, le ciel s'obscurcit, l'astre du jour disparaît. Vers 4 heures, au sein de ces nimbus, un orage se forme, presque toujours dans l'est ou dans le nord, il s'avance peu à peu, les roulements de tonnerre d'abord lointains deviennent plus violents. Tantôt ce sont de lointaines décharges d'artillerie, d'autres fois on dirait que l'on arrache violemment une cotonnade neuve; ce sont des crépitements, alors l'orage est dans toute sa force, il crève sur nos têtes, la pluie tombe en larges gouttes, bientôt même on ne distingue plus celles-ci, les cataractes du ciel semblent ouvertes. Vers 6 heures du soir, on observe généralement une rémission, l'averse reprend vers 11 heures; le reste de la nuit jusqu'au matin, c'est une petite pluie froide et persistante. Ces phénomènes aqueux et électriques se renouvellent généralement sans interruption pendant cinq mois, et présentent le plus souvent la marche que je viens de décrire. Il me fallait donc pendant ces mois que je restais dans la capitale profiter du matin pour sortir, et revenir à la maison avant 4 heures pour éviter l'averse du soir. Pendant les pluies il fait très chaud à Tananarive, et alors que pendant les mois de juin et de juillet, c'est-à-dire en pleine saison sèche, les vêtements de drap sont de rigueur, et que souvent même il est nécessaire d'avoir recours à un pardessus de demi-saison, pendant la saison des pluies au contraire, et surtout quand elle est bien établie, en décembre et janvier, on ne peut plus porter que le pantalon et le veston blanc, vêtement colonial par excellence.

Pour charmer mes loisirs pendant les heures de pluie, j'allais souvent chez les familles antimerina que je connaissais, principalement du bas peuple où il m'était plus facile de pénétrer et d'observer les vraies coutumes malgaches, les jeux et les amusements indigènes. Dans un pays qu'il visite le voyageur doit surtout s'attacher à fréquenter ces basses classes : j'ai beaucoup plus appris au rude langage des paysans et des esclaves, en ne craignant pas d'entrer dans leurs cases le plus souvent malpropres, et de me frotter à leurs *lamba* crasseux; j'ai préféré même, je l'avoue franchement, leur compagnie au grand monde de Tananarive, aux Antimerina nobles et riches, dont l'orgueil et la vanité n'ont d'égales que la haine et le mépris qu'ils professent pour nos compatriotes. A voir ces gens, en redingote, chapeau haut de forme et souliers vernis, j'ai toujours songé aux singes habillés que je voyais dans ma jeunesse, dans les fêtes de village.

Les Antimerina, comme toutes les autres tribus de l'île, aiment beaucoup la danse, et ce sont surtout des porteurs et des esclaves qui se livrent le plus volontiers en public à ce divertissement. Pendant que les *borizana* dansent, tous ceux qui se trouvent dans la case, et qui environnent les danseurs, les excitent de la voix et du geste. Ils chantent le plus souvent une romance qui n'est qu'un itinéraire entre deux grandes villes de Madagascar, pendant qu'ils s'accompagnent de battements de mains rythmés à contretemps sur leurs chants. Avec les danses et les chants, les Antimerina affectionnent beaucoup les airs de musique joués sur les instruments. Parmi ces derniers de fabrication indigène, j'ai déjà mentionné le *valiha*, d'origine antimerina; il faut y ajouter le *lokanga-voatavo*, d'origine plutôt betsimisaraka; le *lokanga* se compose d'une calebasse creuse de forme hémisphérique qui sert de boîte sonore et que l'on applique contre la poitrine; sur cette calebasse est fixée une tige rigide supportant une ou deux cordes; avec la main gauche, on saisit cette tige, et avec les doigts qui compriment alternativement la corde, sur des renflements dont la tige est munie, on donne à la cordelette une longueur vibratoire différente, avec la main droite on produit le son en grattant la corde au moyen d'un petit éclat de bois. Les autres amusements des Antimerina sont le *fanorona*, sorte de jeu de dame, que l'on joue avec trente-deux fèves sur une planche ou sur toute autre

MON PROFESSEUR DE « FANORONA ».

surface lisse, sur laquelle on a tracé des lignes convergentes et des rectangles concentriques. Le jeu du *katra* est très peu connu à Tananarive. Comme jeu physique, les Antimerina ont ce qu'ils appellent *mamely dia manga* (faire des bleus avec la plante du pied). Le plus souvent, ce jeu exige de nombreux partenaires qui se divisent en deux camps; chaque camp se compose de cinq ou six jeunes gens, qui, se tenant par la main, cherchent à coups de pieds à porter le désordre dans le camp adverse.

Dans ce long séjour que je venais de faire à Tananarive, il me fut donné d'observer encore l'affection très bizarre qu'ont les Antimerina pour le nombre douze; quand une ville est éloignée, on la dit à douze jours de marche. Énoncer qu'une famille a douze enfants, c'est dire qu'elle est très nombreuse. L'Antimerina trouve maintes occasions de placer son douze. On ne prononce pas un *kabary* public sans faire allusion aux douze rois de l'Imerina et aux douze montagnes saintes qui environnent Tananarive. Au point de vue géographique, j'ai voulu connaître les noms de ces douze collines sacrées, et, malgré mes investigations et mes recherches patientes, il m'a été impossible de réunir ces douze montagnes. Les Antimerina instruits que j'interrogeais à ce sujet, m'en nommaient bien sept ou huit, toujours les mêmes; pour les les autres, les avis étaient partagés, on se perdait dans le domaine de la fantaisie. Les collines les plus généralement nommées étaient les suivantes : Ilafy, Ambohitrabiby, Ambohimanga, Namehana, Ambohidratrimo, Ambohidrapeto, Alasora, Ambohimanambola, et Ambohimanjaka.

Cependant, à mesure que les jours s'écoulaient, je voyais, avec mes forces, renaître un désir impérieux de continuer la série de mes voyages à Madagascar; Maistre et moi, étions maintenant en bonne santé, et nous nous apprêtions à aller visiter des pays nouveaux. Dans cette année de 1889 qui venait de s'écouler, nous avions vu très en détail le pays des Antimerina, puis nous avions visité, à l'Est de l'île, les tribus betsimisaraka, au Nord et à l'Ouest les grandes contrées sakalava. Maistre avait complété ses explorations en visitant le lac Alaotra et le pays des Antsihanaka, et Foucart de son côté avait descendu la vallée inférieure du Mangoro jusqu'au rivage de la mer des Indes. Il nous restait à voir le Sud de l'île et c'était cette partie méridionale de Madagascar que nous voulions visiter pendant l'année 1890. Dans ces voyages à Madagascar, comme partout ailleurs du reste, la question la plus importante est celle des porteurs. Jusqu'à présent nous en avions toujours trouvé suffisamment, et nos bagages nous avaient toujours suivis. Nous avions pu même nous servir souvent de nos *filanjana*, ce qui nous avait permis de parcourir de plus grandes distances. Parmi tous ces hommes qui nous avaient accompagnés, bien peu consentaient à nous accompagner; si une grande partie voulait bien nous conduire jusqu'à Fianarantsoa, nous n'avions plus que neuf *borizana* qui voulussent nous suivre dans le Sud, c'était ce que nous appelions nos fidèles de Tananarive, et nous ne trouvions personne pour nous accompagner jusqu'à Fort-Dauphin; il nous fallut donc chercher d'autres moyens de transport. En cherchant bien, je trouve un petit cheval et un mulet, triste épave de notre expédition de 1885, et qui avaient été amenés jusqu'à Tananarive; Maistre et moi nous passons le mois de janvier à parfaire l'éducation de nos montures qui, je dois le reconnaître, avaient beaucoup perdu de leur aptitude naturelle sous la direction de leurs anciens maîtres.

Vers la fin de mars, nous avions terminé tous nos préparatifs pour notre prochaine campagne, et le samedi 22, nous partions de Tananarive faisant route pour Fianarantsoa. Nous partions pleins d'espoir, et je dois dire d'ores et déjà qu'il n'a pas été déçu. Car, si, pendant cette campagne du Sud, les fatigues et les privations ont été pénibles quelquefois, si notre santé a trop souvent laissé à désirer; si, enfin, les tracasseries et les attaques des populations ont mis maintes fois notre patience à l'épreuve et nous ont causé à différentes reprises de graves embarras, nous avons été largement dédommagés par le succès, je dirai même par l'heureuse chance qui nous a constamment favorisés. Nous avons en effet accompli, point par point, l'itinéraire que nous nous étions tracé à travers des contrées inconnues et jusqu'alors fermées à tout Européen.

PORTE DE KINAJY.

VILLAGE D'ALAKAMISY.

CHAPITRE X

Départ de Tananarive. — Traversée de l'Ikopa. — Antanjombato. — Le marché de Sabotsy. — Traversée de l'Andromba. — Au village de Behenzy. — Ambohimanjaka. — Ankisatra. — Ambodifiakarana. — Traversée du Mania, — Alarobia. — Ambositra. — Pierres levées betsileo. — Ambohinamboarina. — Arrivée à Fianarantsoa. — Division de la province. — Industrie des lamba. — Excursions à Ifandana. — Excursions dans le pays tanala et à Ambondrombe. — Peuplade tanala. — Ville d'Ikongo. — Préparatifs de voyage dans le Sud. — Recrutement des porteurs, leur solde. — Départ de Fianarantsoa.

COIFFURE BETSILEO.

LE samedi 22 mars, au matin, je quitte la capitale des Antimerina, faisant route vers le Sud. Maistre est déjà parti depuis quatre jours, emmenant avec lui le plus gros de notre matériel, le cheval et le mulet sur lesquels nous avons fondé de grandes espérances pour nos voyages ultérieurs.

Nous descendons sur la place de Mahamasina, que nous traversons dans toute sa longueur, puis nous passons dans le défilé qui sépare la montagne sainte du *rova* royal de la colline d'Ambohizanahary. Au sud de cette colline, sur une terrasse construite sous le règne de Radama Ier, s'élève le palais de Soanierana. Cette vaste construction en bois servait naguère de résidence d'été au souverain antimerina. Mon convoi a déjà dépassé les faubourgs de la capitale, nous marchons maintenant dans les rizières et les plaines cultivées qui s'étendent en pentes douces de ce côté de Tananarive jusqu'au bord de l'Ikopa. Le fleuve, qui en cet endroit et à cette époque de l'année mesure environ 70 mètres de large, roule ses eaux rapides, qui viennent se briser devant nous contre les piles en pierres sèches d'un pont jeté là sous un règne précédent. Faute d'entretien, les arches se sont écroulées, et on a posé tout simplement sur les piles qui résistent encore, par un miracle d'équilibre ou par la force de l'habitude, des poutres branlantes et des branches mal assemblées sur lesquelles il nous faut passer en faisant force gymnastique.

De l'autre côté du fleuve, c'est un gros village de 200 cases : Antanjombato; vaste agglomération de maisons rouges en pisé ou en briques crues, semblables d'ailleurs à toutes celles qui environnent la capitale.

Au delà du village, nous retrouvons de suite l'aspect général de la province des Antimerina; auparavant, nous avions, en quittant les faubourgs de Tananarive, traversé des champs cultivés et les jardins qui environnent de toute part la capitale; après Antanjombato, nous ne trouvons plus que quelques rizières au fond des vallées ou de petits champs de manioc sur les bords de la route; partout ailleurs et aussi loin que la vue peut s'étendre, c'est toujours la désolation de la zone dénudée des Antimerina, toujours le même paysage, une succession sans fin de mamelons et de collines aux croupes arrondies dont le sol rougeâtre n'est pas toujours caché par un maigre gazon qui commence déjà à se dessécher. Sur la gauche et loin devant nous se profile le massif de l'Ankaratra, sur la droite est une chaîne beaucoup plus éloignée dont les sommets s'estompent dans la brume; elle sépare le bassin de l'Ikopa des grands bassins côtiers de l'Est.

Nous voici maintenant à l'entrée d'une large vallée. Devant nous une scène vive et animée : c'est le marché de Sabotsy. Nous traversons la foule et passons près des marchands qui veulent nous offrir tous les produits de la province. Ce marché de Sabotsy est un des plus animés de l'Imerina; c'est là que l'on porte tous les objets et toutes les marchandises qui n'ont pu être vendus au Zoma, le grand marché de Tananarive; au marché de Sabotsy, les cours sont beaucoup plus bas, car si les marchandises ne s'écoulaient, elles risqueraient fort d'être perdues, surtout les objets d'une difficile conservation.

Dans le fond de cette vallée (1410 mètres), nous traversons deux petits ruisseaux affluents de gauche de l'Ikopa et nous laissons sur la gauche le village d'Amboanzobe. Maintenant la route est très mauvaise. Nous sommes dans les rizières et, pour assurer la fructification du riz, on a laissé depuis plus d'un mois l'eau envahir les champs. Le terrain est détrempé. Nous marchons, nous enfonçons dans l'argile ramollie; il nous est impossible de suivre les levées de terre qui séparent les champs; ces petites digues ont été coupées en maints endroits par la violence des eaux. C'est maintenant une rivière au cours rapide qui barre la route, le Fisahoa; heureusement, nous trouvons une pirogue qui nous facilite la traversée.

Au sud du Fisahoa, nous nous élevons davantage et nous cheminons maintenant sur un terrain parsemé de gros blocs de gneiss et de granite. Nous longeons ainsi pendant un temps assez considérable le versant Est de la vallée de l'Andromba; en face de nous, de l'autre côté de la vallée, vers l'Ouest, s'élève la masse imposante du mont Iaranandriana; en quelques heures nous sommes sur les rives de l'Andromba. A cette époque de l'année, ce cours d'eau coule à pleins bords, son lit torrentueux a au moins soixante mètres de largeur, sa profondeur dépasse de beaucoup la taille humaine. La traversée me semble assez délicate, car ici nulle embarcation, et pour trouver un gué il nous faudrait remonter bien loin dans l'Ouest. Mes hommes ont bon espoir et ils se font fort de me faire traverser autrement qu'à la nage un pareil cours d'eau. Cette perspective me rassure, non pas que je craigne pour moi un peu de natation, mais j'ai de vives appréhensions pour mon chronomètre, mes plaques de photographie, mes munitions, tout mon matériel en un mot qui se montrerait rebelle, j'en suis sûr, à ce genre d'exercice.

Quelques-uns de mes porteurs qui ont traversé l'Andromba à la nage vont au village voisin Amboasary faire une ample provision de portes de *zozoro*. Le *zozoro* (Cyperus æqualis) est un roseau triangulaire qui comporte plusieurs variétés. On dispose à côté les uns des autres une centaine de ces roseaux et on les enfile de plusieurs baguettes de bois dur, de façon à en former une sorte de claie de 1 m. 70 de haut sur 80 centimètres de large environ; ces claies en roseaux servent aux Antimerina à boucher les ouvertures de leurs cases, à les couvrir même quelquefois et à remplacer en un mot dans une foule de circonstances les planches qui, dans ce pays déboisé, se vendent très cher. Ces *zozoro* ont encore une autre propriété : grâce à leur consistance spongieuse et à leur légèreté relative sous un volume considérable, ils flottent parfaitement sur l'eau en portant même un poids assez fort. Mes porteurs connaissaient parfaitement cette particularité; aussi, en plaçant l'une au-dessus de l'autre cinq ou six de ces portes de *zozoro*, ils me confectionnent un radeau improvisé sur lequel, couché tout de mon long, et maintenant mes instruments et mes objets les plus précieux, j'arrive sur l'autre bord, sain, sec et sauf, poussé par une demi-douzaine d'excellents nageurs.

Reprenant notre route au sud de l'Andromba, nous dépassons Amboasary et nous arrivons bientôt après au village de Behenzy, où l'on s'arrête pour passer la nuit. Le village de Behenzy, qui compte 40 cases environ, n'est pas sans m'offrir quelques ressources et je n'aurais pas à me plaindre du séjour que j'y fis, si je n'y retrouvais d'anciens ennemis minuscules mais voraces, aux morsures

PALAIS DE SOANIERANA.

douloureuses. Les puces, fort nombreuses à Madagascar, se rencontrent sur le plateau central en légions innombrables. Si les contrées chaudes du littoral et surtout les vallées des grands fleuves de l'Ouest sont éminemment favorables à l'éclosion des moustiques que l'on trouve en foule dans ces régions chaudes et humides, les régions tempérées, froides même du plateau central dans le pays des Antimerina et des Betsileo sont le territoire d'élection des puces, car là, non seulement les conditions climatériques semblent les favoriser, mais la saleté des habitants, leur genre d'habitation, donnent à leur élevage une grande intensité. Le nombre de ces insectes est vraiment incroyable; pour en donner une faible idée, il me suffira de dire que lorsqu'on entre dans une case antimerina avec un pantalon de couleur claire, cette partie indispensable de nos vêtements européens devient en peu d'instants du plus beau noir.

L'étape que nous venions de faire depuis Tananarive, sans être une marche forcée, nous avait fait franchir néanmoins une distance assez considérable. Cette longue marche m'avait permis de refaire encore une fois une remarque notée bien souvent dans mes voyages antérieurs. En effet, toutes les fois que cela m'avait paru utile, je m'étais astreint dans mes marches à Madagascar à pousser devant moi mes porteurs de bagages et à former toujours l'arrière-garde de mon petit convoi; je me suis toujours conformé à cette règle aussi bien dans mes explorations à travers la grande île africaine que dans mes voyages antérieurs, sur le continent américain notamment. Cette façon de procéder sera dans presque tous les cas très avantageuse au voyageur, car sa présence à l'arrière-garde de son convoi protégera dans bien des circonstances son matériel; il pourra veiller sur ses bagages dans ces pays de sécurité relative — comme c'est le cas général des pays qu'on explore, — il pourra surtout activer la marche de tous ses hommes et, en arrivant au campement choisi, les trouver tous groupés autour de lui avec leurs charges respectives, dans lesquelles il pourra prendre immédiatement les objets qui lui sont nécessaires pour sa nourriture, son coucher ou pour tout autre motif. Si, au contraire, le voyageur prend la tête de sa colonne, si, ne s'occupant que de sa propre personne, il ne demande, par un mode de locomotion quelconque, bête de somme, chaise à porteurs (comme c'est le cas à Madagascar), ou à pied tout simplement, qu'à faire des kilomètres le plus rapidement possible, son convoi s'allonge indéfiniment; à la fin de la colonne, toute surveillance devient impossible, car dans ces pays on ne peut s'en remettre à personne du soin de veiller à son matériel : bientôt des porteurs de bagages s'arrêtent, ce sont les plus paresseux; les plus diligents se fatiguent bien vite à rattraper les distances qu'ont perdues leurs mauvais compagnons, tout ce monde s'égrène peu à peu sur la route et, lorsque le voyageur arrive harassé de fatigue à l'étape du soir, il doit attendre pendant de longues heures ses bagages, les retardataires et leurs charges. C'est ce qui eut lieu. Au milieu de la nuit seulement quelques provisions m'arrivent pour mon repas du soir, et vers l'aube, au moment de repartir, j'entre en possession de mon lit.

Le dimanche 23 mars, je continue ma route dès 7 heures du matin dans cette contrée de l'Imerina. Deux heures après, ayant traversé deux petits ruisseaux (1 520 mètres d'altitude), nous arrivons au village d'Ambohimanjaka. Dès ce moment je retrouve tout à fait l'aspect désolé de cette province des Antimerina, qui m'avait si vivement frappé lors de mon premier voyage au mois d'avril de l'année dernière. Entre Ambohimanjaka et Tananarive, nous avions traversé cette zone tout aussi dénudée, tout aussi infertile que celle qui s'étend devant nous bien loin dans le Sud, mais qui, située dans le voisinage immédiat de la capitale, nourrit une population relativement dense dont l'industrie et le travail à force de patience et de soins ont pu donner à cette région un aspect moins pauvre que celui du reste de la province. Dans cette sorte de banlieue de la capitale, si j'ose m'exprimer ainsi, toutes les parcelles de terrain susceptibles d'une culture quelconque ont été utilisées; maintenant, il n'en sera plus de même, et à part les profondes vallées dans le fond desquelles se sont déposées des alluvions riches formées d'un humus noirâtre et qui sont disposées en rizières, partout ailleurs l'œil ne se reposera sur rien, pas même sur un arbuste rabougri. Les mamelons se succèdent devant nous; ces croupes arrondies disposées sans ordre nous sembleront toujours les ondes puissantes d'une mer sans fin, miraculeusement solidifiées.

Au sud d'Ambohimanjaka, nous traversons plusieurs ruisseaux dont le plus important est l'Andriambilana, puis vers le milieu du jour nous nous arrêtons à Ambatolampy.

Dans l'étape du soir nous trouvons, à une heure de marche de ce dernier village, Iazolava, et en sortant de ce hameau, nous traversons en pirogues la rivière du même nom. Là nous sommes par 1 700 mètres d'altitude. Nous cheminons ensuite sur un vaste plateau sur lequel, à quelques kilomètres à notre gauche, viennent mourir les derniers contreforts du massif de l'Ankaratra, puis il nous faut encore traverser en pirogues deux autres rivières, le Kelilalina et l'Ankajomenahavahata. Sur les bords de ce dernier cours d'eau se trouve le hameau de Maromoka et un peu plus loin il nous faut encore traverser l'Ankisatra, avant d'arriver à la nuit au village du même nom. Nous sommes ici en pays connu et nous avons passé deux journées entières dans ce même village, au commencement de l'année dernière (4 mai), dans notre voyage à travers la province de l'Imerina.

Le lundi 25 mars, une heure après le départ d'Ankisatra, nous passons à Begoaka, puis au sortir du village nous traversons en pirogues la rivière l'Onive, principal affluent de droite du Mangoro; sur l'autre bord sont édifiées quelques cases qui forment le village d'Antanety; au sud de ce hameau c'est encore une rivière importante, le Tanifotsy, qu'il nous faut traverser en pirogues. Plus loin nous suivons pour un instant une ligne de faîtes. Elle est très sinueuse, et comme notre route se dirige presque en ligne droite vers le Sud, nous descendons constamment dans de profondes vallées, nous remontons ensuite leurs flancs rapides pour nous hisser péniblement sur un nouveau sommet. Au fond de chacune de ces vallées nous traversons à gué des ruisseaux souvent considérables qui vont, tantôt à droite, grossir un fleuve du canal de Moçambique, ou qui descendent vers la gauche, tributaires d'un cours d'eau qui se jette dans l'océan Indien. Chemin faisant, nous avons trouvé plusieurs villages : Ambatomainty (12 cases), Betampona (9 cases), Ambatomena (18 cases). Au coucher du soleil, nous nous arrêtons à Soandrarina où je retrouve encore le même gîte que j'avais occupé quelques mois auparavant. Soandrarina, est le dernier village que j'ai visité dans mes voyages antérieurs et que je vais retrouver sur ce chemin du Sud. Demain, en continuant ma route, je serai en pays nouveau pour moi, m'approchant de plus en plus de la province des Betsileo. Soandrarina est en effet situé sur les confins méridionaux du pays des Antimerina.

Le jour suivant, une heure après avoir quitté Soandrarina, nous passons au village de Talikiatsaka; nous sommes à 1 970 mètres d'altitude.

Il est à remarquer que cette route qui va de Tananarive à Fianarantsoa, en suivant la direction générale nord-sud du plateau central de l'île, est assez belle. Dans cette contrée on trouve, recouvrant l'argile rouge, une couche assez épaisse d'humus noirâtre qui semble assez fertile d'après les nombreux champs de maïs que nous voyons tout autour de nous. Le maïs paraît être ici la culture la plus répandue. Nous traversons peu après les deux villages de Sahanivotry et de Ranomainty. Depuis notre départ de Soandrarina nous n'avons pas rencontré une seule rizière. Il semble que sur cette partie très élevée du plateau central le riz ne puisse être cultivé, mais par contre il y a de nombreux champs de maïs, de patates et de manioc. De l'endroit où nous nous trouvons la vue est vraiment très jolie : derrière nous s'élève majestueux le massif de l'Ankaratra, à droite nous pouvons voir les grandes plaines du pays sakalava qui viennent s'appuyer sur les premiers contreforts du plateau que nous longeons. Si à gauche la vue semble plus limitée, si nous ne distinguons de ce côté qu'avec peine les cimes boisées de la chaîne de partage des eaux derrière laquelle se trouve la grande plaine du Mangoro, par contre, devant nous, nous découvrons une immense contrée, presque tout le nord du pays betsileo apparaît à nos yeux. Cela tient à une disposition très curieuse du massif central, ossature principale de la grande île. Ce massif qui, suivant une direction générale nord et sud, s'étend du 22ᵉ parallèle sud presque jusqu'à l'extrémité septentrionale de l'île, n'est pas, comme on pourrait le croire, constitué par un seul exhaussement du sol, il n'affecte pas davantage la forme d'une longue chaîne de montagnes dont les sommets plus ou moins aplatis viendraient le constituer. Il est formé au contraire par une élévation du sol qui a une direction sensiblement nord et sud, et qui vient s'appuyer généralement du côté de l'ouest en l'englobant quelquefois sur la ligne de partage des eaux. Cet exhaussement longitudinal de l'île n'a pas un niveau moyen ; il y a trois étages nettement déterminés : le niveau supérieur semble correspondre à la partie du massif central situé dans la province des Antimerina ; le niveau moyen comprend la province des Betsileo ; c'est dans la partie nord, dans le pays des Antankara, que se trouve le niveau inférieur. Il existe, pour passer du niveau supérieur au niveau moyen dans le Sud, et du niveau supérieur au niveau inférieur dans le Nord, des dénivellations brusques. Ces montées remarquables, marches gigantesques, ont été dénommées par les indigènes. Dans le Nord, c'est le précipice de Mandritsara ; dans le Sud, c'est la grande montée d'Ambodifiakarana.

Il faut encore noter que les principales roches constituantes que l'on trouve sur le plateau central semblent cantonnées dans chacune de ces parties qui ne présentent en général pas du tout les mêmes assises rocheuses, mais qui offrent au contraire des variétés nettement tranchées.

Nous commençons à descendre. La route est belle, nous faisons beaucoup de chemin. Nous arrivons en une demi-heure à Ambodifiakarana ; ce village, qui compte 80 cases environ, est la première agglomération betsileo que nous rencontrons. A la limite méridionale du plateau supérieur, nous avons quitté le pays des Antimerina et, en 22 minutes, nous sommes descendus de 530 mètres ; il est juste de dire que mes porteurs, pressés d'arriver au village, ont dévalé la côte avec une allure inquiétante.

Le village d'Ambodifiakarana, qui compte une cinquantaine de cases environ, est le centre le plus important que nous ayons rencontré depuis notre départ de Tananarive. Il faut aussi remarquer que les environs de ce premier village betsileo qui se présentent à nous sont bien cultivés. J'y trouve presque toutes les cultures de l'Imerina et de fort belles rizières.

Parmi toutes les tribus que j'avais visitées jusqu'alors, sans contredit les Antimerina occupaient la première place comme cultivateurs, mais dès maintenant (et la suite de mon voyage ne pourra que confirmer cette observation) il me faut reconnaître que les Betsileo peuvent leur disputer sérieusement cette première place. Je n'avais pas encore vu comme à Ambodifiakarana des rizières si bien aménagées ; la plus petite parcelle de terrain est utilisée, ce qui est absolument en dehors des habitudes indigènes à Madagascar.

Ce village d'Ambodifiakarana est absolument comparable, semblable même aux villages antimerina. Ces habitants, des Betsileo dont je parlerai plus longuement dans les pages suivantes, n'offrent d'ailleurs que des différences très minimes avec leurs voisins du Nord les Antimerina.

Dans l'après-midi, une étape moyenne nous conduit au village d'Alakamisy. La route suit pendant la dernière partie du jour le côté ouest d'une rivière que nous avons traversée en sortant d'Ambodifiakarana et nommée Mahazina.

Alakamisy est le nom donné à un village composé de deux agglomérations de maisons situées à 2 kilomètres environ l'une de l'autre, elles sont d'ailleurs séparées par un contrefort élevé du mont Kiroka que nous voyons dans l'Est. Nous traversons sans nous y arrêter la première agglomération de maisons qui a reçu le nom de Alakamisy Avaratra, et nous poussons jusqu'à Alakamisy Atsimo, où nous allons passer la nuit.

Le mercredi 27 mars, une heure après avoir quitté Alakamisy Atsimo, nous traversons à gué une rivière assez importante, l'Ambohimatiaty, puis continuant notre chemin nous traversons un pauvre hameau d'une dizaine de cases, Ivaha. A quelque distance au sud de ce petit village, nous arrivons au bord d'un cours d'eau considérable, c'est le Mania. Nous sommes ici par 1 330 mètres d'altitude. Il y a déjà longtemps que, pour un voyage d'un souverain des Antimerina dans le Sud, on a construit un pont sur le fleuve; ce sont des tas de pierres assez rapprochées jetées dans le courant et sur lesquels reposent des madriers grossièrement équarris. Ce pont tout rudimentaire nous est néanmoins d'une grande utilité. Le Mania, qui porte plus à l'Ouest le nom de Betsiriry, devient un des plus grands fleuves de Madagascar; il se jette dans le canal de Moçambique par plusieurs embouchures, et porte dans les régions littorales, lorsqu'il a reçu son grand affluent de droite le Kitsamby ou Mahajilo (dont nous avons traversé le cours supérieur dans notre voyage de l'Imerina non loin de Betafo), le nom de Tsiribihina.

Quelques minutes après avoir franchi le Mania, nous passons au village d'Amoromania. Plus au sud nous traversons encore à gué un affluent du Mania, c'est le Sandrandra. Puis, suivant une belle vallée, la route serpente sur les levées étroites d'innombrables rizières. C'est encore un passage délicat. A onze heures, nous arrivons à un assez beau village : Alarobia-Sandrandra, où nous nous arrêtons quelques instants. Au sud d'Alarobia, le chemin devient caillouteux, ce sont toujours des mamelons gazonnés, toujours des montées et des descentes, nous traversons de nombreux ruisseaux, des rivières même assez fortes. A deux heures, nous laissons à 200 mètres sur notre droite le village d'Iary. Ce village compte plusieurs maisons en bois aux toits aigus, comme j'en ai déjà vu dans l'Imerina et qui doivent être relativement très anciennes. Sur le plateau central en effet, chez les Antimerina et chez les Betsileo, les constructions d'une certaine importance étaient toutes faites en bois; mais depuis une trentaine d'années les matériaux ligneux étant devenus très rares dans les parties centrales de l'île, par suite des défrichements continus des forêts, du côté de l'Est principalement, les indigènes ont adopté pour leurs constructions l'argile plastique qui forme entre les rochers dénudés le sol de leur pays; suivant même le progrès, ils ont appris bientôt à se servir de briques crues; pendant mon voyage enfin, on commençait déjà à se servir de briques cuites. Malheureusement ces derniers matériaux coûtent relativement fort cher. Sur le plateau central, par suite de l'absence complète de voies de communication, il n'y a presque pas de combustibles : le bois vient de très loin, la tourbe est rare, pendant deux ans j'ai dû, sur ces hauts plateaux, faire cuire mes aliments avec de l'herbe desséchée. Quant aux matériaux rocheux, il n'y faut pas songer, il n'y a pas de chaux dans ces pays de sol primaire, les gisements accidentels de cipolin sont extrêmement rares.

Ces maisons en bois d'Iary se trouvent presque toutes groupées au centre du village, au sommet d'un petit tertre fortifié. Dans le fond de chaque vallée que nous traversons, ce sont toujours de belles rizières, il y a beaucoup de culture, tout nous fait prévoir les approches d'un gros village : en effet, du sommet sur lequel nous sommes maintenant, nous voyons au milieu d'une grande vallée qui s'ouvre devant nos yeux la ville d'Ambositra; encore une dernière descente et nous y faisons notre entrée.

Le gros village d'Ambositra, véritable ville pour Madagascar, compte plus de deux cents cases. On y trouve des maisons assez belles, et il convient de citer parmi celles-ci le *rova*, demeure du gouverneur de la province, entouré d'une enceinte palissadée et un établissement, tout récent d'ailleurs, des frères de la Doctrine chrétienne et des R. P. jésuites qui ont à Ambositra, comme dans plusieurs autres points de la province des Betsileo, des missions importantes. C'est dans le *rova* d'Ambositra que s'élève une petite maison entourée de murs de terre et gardée à vue constamment par une troupe nombreuse d'hommes armés. C'est là le lieu d'exil de Rainivoninahitriniony. Ce grand officier malgache est enfermé dans cette maison depuis plus de vingt-cinq ans. Lors de mon passage à Ambositra, on venait de lui permettre d'avoir avec lui sa femme et ses enfants. Rainivoninahitriniony fut, avec son frère Rainilaiarivony, le premier ministre actuel, l'un des principaux assassins du roi Radama II, l'unique souverain des Antimerina qui n'ait pas allié à une basse cruauté la haine des Européens et surtout des Français. A la mort de ce prince, le chef des conjurés, Rainivoninahitriniony, en faisant monter au trône la femme de Radama, Rasoherina, s'en fit proclamer le premier ministre; mais peu de temps après son avènement, ses ennemis, qu'un orgueil sans limite et une cruauté rare rendaient tous les jours plus nombreux, tentèrent une émeute à Tananarive. Ce mouvement fut vite réprimé, mais Rainivoninahitriniony en fit le point de départ d'exécutions sans nombre qui déterminèrent sa disgrâce, et le 14 juillet 1864 la reine Rasoherina le remplaça par son frère Rainilaiarivony, qui occupe encore aujourd'hui les mêmes fonctions. Quelque temps après, Rainivoninahitriniony voulut tenter de reprendre le pouvoir, mais ses plans furent déjoués par Rainilaiarivony et il fut exilé dans le pays des Betsileo et interné dans le *rova* d'Ambositra.

La population de ce gros village comporte presque autant d'Antimerina que de Betsileo : les Antimerina forment non seulement les fonctionnaires et soldats de la région, mais ils comptent parmi les plus gros propriétaires d'esclaves, de troupeaux, de rizières, et c'est aussi parmi eux que l'on trouve tous les marchands et les commerçants de la ville.

Le jeudi 27 mars, nous quittons Ambositra vers onze heures du matin; j'y ai prolongé mon séjour, parce que cette ville m'offrait un vaste champ d'observations nouvelles pour moi et des plus intéressantes. Dans la région d'Ambositra, la province des Betsileo est très resserrée, comme le plateau central dont elle n'occupe que le sommet. Vers l'Est se trouve de suite le pays des Tanala et vers l'Ouest on rencontre à quelques kilomètres les premiers villages sakalava. Il n'est donc pas étonnant que cette partie nord du Betsileo soit souvent visitée par de nombreux partis de *fahavalo*. Les provinces limitrophes de l'Est et de l'Ouest leur offrent un abri assuré, la richesse des environs d'Ambositra les tente et la domination antimerina les excite; ici comme partout ailleurs à Madagascar, les *fahavalo* sont des partisans qui font une guerre continuelle aux Antimerina. Ces indigènes sauvages comme leurs ennemis commettent bien des vols et des déprédations, mais on serait dans l'erreur en les considérant purement et simplement comme des brigands, opinion que le gouvernement antimerina et tous les ennemis de la France voudraient bien faire prévaloir.

Au sud d'Ambositra, la route est toujours aussi belle, les montées et les descentes sont moins rapides, le sol argileux est ferme, les gros blocs de rochers sont plus rares. A mesure que j'entre plus avant dans cette province des Betsileo, je remarque que les pierres levées, les *vatotsangana*, les *vatolahy*, comme les appellent plus communément les Betsileo, sont très fréquentes, plus nombreuses peut-être encore que dans la province des Antimerina.

Deux heures après notre départ d'Ambositra, nous traversons sur un tronc d'arbre la rivière d'Ivato. A 3 ou 4 kilomètres sur notre gauche apparaît une contrée boisée, ce n'est pas la forêt proprement dite; cette contrée correspond plus exactement à cette zone de défrichements que nous avons rencontrée avant d'arriver à Mandritsara. Il y a de petits bouquets de bois isolés d'abord par de grands espaces de terrains découverts; dans l'Est, ces espaces dénudés diminuent insensiblement, les bouquets de bois se rapprochent peu à peu, ils se touchent bientôt et forment plus loin la grande forêt que nous voyons au levant recouvrir d'un rideau sombre les premiers contreforts occidentaux de la ligne de partage des eaux, sur laquelle s'appuie le plateau central et qui à cette hauteur sépare le pays des Tanala du pays des Betsileo.

En marchant vers le Sud — et c'est une observation que je ferai jusqu'à notre arrivée à Fort-Dauphin, — la zone dénudée dans laquelle nous sommes se resserre de plus en plus, à mesure que nous nous éloignons de Tananarive où elle atteint sa plus grande largeur, et tant que nous fuyons le pays soumis aux Antimerina, cette zone artificielle de déboisements complets disparaît peu à peu, et au sud d'Ihosy, le poste militaire antimerina le plus méridional, la zone dénudée n'existera plus; au contraire, la zone des brousses que nous devinons vers l'Ouest, et la zone des forêts que nous voyons dans l'Est, feront leur jonction. Nous descendons peu à peu et au coucher du soleil, par 1 470 mètres d'altitude, nous arrivons au village de Zoma, qui compte une cinquantaine de cases environ.

Là je retrouve Maistre; mon compagnon a fait depuis Tananarive, en me précédant de quelques jours, un très heureux voyage. Il s'est rendu compte par lui-même que les bêtes de somme dont nous nous étions munis à Tananarive ne pouvaient nous être d'aucune utilité dans nos voyages postérieurs. En effet, ces pauvres animaux, malgré la bonne volonté dont ils faisaient certainement preuve, étaient harassés de fatigue; ils avaient fait de nombreuses chutes sur les roches de granite, mais les plus graves difficultés pour eux étaient sans contredit les rizières et tous les passages boueux, où dans l'argile visqueuse ils enfonçaient profondément, et il leur fallait alors l'aide de plusieurs porteurs pour les aider à se tirer des fondrières. Ainsi l'expérience était concluante sur cette route fréquentée de Tananarive à Fianarantsoa et qui est relativement la plus belle parmi toutes les pistes frayées que l'on rencontre à Madagascar; il ne fallait pas songer à vouloir économiser du temps et de l'argent en remplaçant les *borizana* par des animaux de charge. Il nous faudra donc quitter ces peu utiles auxiliaires et nous procurer à tout prix des hommes pour nous conduire dans le Sud.

Le vendredi 28 mars, nous quittons Zoma pour faire étape jusqu'à Sabotsy-Kely et Ikiangara. Jusqu'à présent, depuis mon départ de Tananarive, j'avais marché avec une vitesse moyenne de 5 kilom. 5 à l'heure, maintenant nous n'irons plus qu'à une vitesse réduite de 4 kilom. 2 à l'heure.

A peu de distance de Sabotsy-Kély, Ikiangara, nous trouvons au bord de la route de magnifiques pierres levées dont je m'empresse de faire la photographie.

Ces *vatolahy* betsileo ne sont pas simplement des pierres dressées à l'état brut, comme chez les Antimerina. Ces monolithes qui atteignent le plus souvent des dimensions considérables sont polis, bien dressés et le plus souvent contenus dans un cadre en bois dur très finement sculpté; souvent même, à côté de la *vatolahy*, on dresse un madrier; ces mégalithes ont ici comme partout ailleurs à Madagascar la même signification que dans la province de l'Imerina.

Le monument commémoratif que nous avons sous les yeux se compose de deux pierres levées entre lesquelles se dresse un fort madrier. La pierre qui est du côté du nord et qui est la plus haute, car elle mesure plus de 2 mètres au-dessus du sol, est lisse et polie, sa forme est parfaitement régulière, les angles supérieurs sont seulement un peu écornés, on a plaqué sur ses deux grandes faces, vers l'Est et vers l'Ouest, une sorte de cadre en bois finement sculpté, avec assez de symétrie, ce que je remarque d'autant mieux que cette qualité manque le plus souvent dans tous les ouvrages manuels des populations malgaches.

PIERRES LEVÉES AU SUD DE SABOTSY.

Posé sur ces deux cadres est et ouest du monolithe est un autre encadrement, qui entoure le sommet de la pierre levée et qui porte encastrées dans les madriers qui le forment, de longues chevilles pointues sur lesquelles on vient fixer des offrandes. La pierre du sud, sensiblement plus petite, n'est revêtue d'aucun ornement, elle est moins bien travaillée, et la date de sa pose est sans aucun doute plus récente. Ces deux pierres sont en granite. Le madrier qui s'élève entre les deux monolithes est encore plus élevé, il mesure plus de 3 mètres de haut sur 45 centimètres d'équarrissage; une coupe perpendiculaire à l'axe et jusqu'à une certaine distance de son sommet est celle d'un carré parfait. Son extrémité est légèrement tronconique, et la partie conique se raccorde avec la partie quadrangulaire par un étranglement bien prononcé. Le madrier est sculpté sur toutes ses faces; ce sont les mêmes dessins qui s'étagent en quatre séries.

Ce madrier levé est de la même époque que le gros monolithe. Comme celui-ci d'ailleurs, son pied repose au centre d'un espace rectangulaire formé de dalles de gneiss grisâtres qui ont dû être apportées de fort loin, car il n'en existe pas dans la contrée environnante.

Dans l'après-midi, nous marchons toujours sur l'argile rouge qui disparaît maintenant sous une épaisse couche de *vero*. Plus loin ce sont des *fanoro*, dans lesquels il faut nous frayer péniblement un passage. Ce petit arbuste à fleurs jaunes (*Gomphocarpus fruticosus*), et dont les baies cotonneuses servent aux indigènes à se fabriquer des oreillers, se trouve ici en grande quantité.

A cinq heures, nous arrivons à Ambohinamboirina. Ce village de construction récente a été fondé il y a quelques années par les Antimerina sur ce point de la route de Tananarive à Fianarantsoa. Ce fait n'est pas isolé, et il convient de remarquer que, dans toute la province des Betsileo, principalement dans la partie septentrionale, les Antimerina ont multiplié leurs postes militaires dans une large mesure. Parmi toutes les tribus de Madagascar conquises par les rois antimerina, les populations betsileo sont celles qui supportent le mieux la dure servitude que leur ont imposée leurs vainqueurs. Les Antimerina tiennent donc beaucoup à cette province, ils l'ont assimilée, ce qui est chose aisée entre gens de même race si voisins et si semblables sous tous les rapports que les Antimerina et les Betsileo. Ces régions Sud du plateau central sont actuellement les plus riches de Madagascar, elles comptent aussi parmi les plus fertiles, et la population douce et paisible qui les habite se laisse, sans murmurer, écraser sous les corvées et sous les exactions sans nombre que leur font subir leurs vainqueurs. Aussi, sans parler des gouverneurs, des officiers civils et militaires, des juges et des soldats relativement nombreux que les Antimerina entretiennent dans les principales agglomérations betsileo, il y a aussi dans presque toutes ces villes, surtout dans le nord de la province, un certain nombre d'Antimerina établis à titre purement privé, sorte de colons que les Antimerina favorisent pour tenir plus étroitement encore ces malheureux Betsileo. Nous avions rencontré un grand nombre de ces Antimerina, propriétaires ou marchands, à Ambositra, à Ambohinamboarina il n'y a que de cela. En fondant ce poste militaire, les Antimerina ont pris tout le terrain environnant, l'ont distribué à plusieurs de leurs compatriotes, qui sont venus fonder un village au pied du fort.

Ambohinamboarina, qui compte une centaine de cases et qui est donc pour Madagascar une agglomération importante, se trouve situé de part et d'autre de la route, en cet endroit fort belle, sur le versant occidental d'une colline élevée dont le *rova*, poste militaire proprement dit, occupe le sommet.

Les environs du village sont particulièrement bien cultivés; à côté de toutes les cultures ordinaires du plateau central, je remarque des champs que je n'avais vus encore nulle part ailleurs, et qui, je crois, sont spéciaux à la province des Betsileo; on en rencontre depuis Ambohinamboarina et ils s'étendent sans interruption jusqu'à la partie méridionale de la province. C'est dans les environs d'Ambohimandroso que l'on en rencontre le plus. Ces champs sont couverts d'un arbrisseau de la famille des légumineuses, il porte de petites fleurs jaunes, ses graines forment des petits haricots aplatis (c'est le *Cajanus indicus* ou ambrevade). Les Malgaches mangent ces petits haricots nommés *ambatry* lorsqu'ils sont arrivés à maturité, mais ils ne se livrent pas à cette culture dans ce seul but, le feuillage des ambrevades sert à nourrir un ver à soie indigène nommé *landinamberivatry* (*Borocera madagascariensis*), qui leur donne des cocons avec lesquels ils font une soie lustrée et de belle apparence. Il n'y a que dans le Betsileo que l'on se sert de cette soie malgache pour faire des *lamba* rouge brun généralement et destinés à envelopper les morts. Les Antimerina, comme nous l'avons vu précédemment, emploient pour faire leurs *lamba* de soie de la matière première qui leur vient de l'étranger.

Le samedi 29 mars, dans la première partie de l'étape, la route reste toujours assez belle, mais elle devient fortement caillouteuse, les blocs de rochers sont plus fréquents, des émergences de gneiss et de granite soulèvent et percent en maints endroits la couche superficielle rougeâtre de l'argile plastique. L'herbe est toujours rare, en revanche on rencontre beaucoup de petits arbrisseaux à fleurs jaunes nommés par les indigènes *tsilotsokola*. Dans ces contrées rocheuses, les pierres levées sont très fréquentes. A neuf heures, nous passons à gué la rivière Ankona, elle coule en rapide, son lit est très large et ses bords disparaissent sous une épaisse végétation, ce sont des fourrés inextricables de *bararata* (*Phragmites communis*), ce roseau aux feuilles acérées, et que nous avons vu si souvent sur les rives des fleuves de l'Ouest. Nous sommes ici à 1170 mètres d'altitude. Quelques minutes après notre passage de l'Ankona, nous arrivons à Talata Inkiala, nous faisons arrêt dans ce petit village et continuons notre route vers le sud. Nous traversons encore de nombreux ruisseaux, en suivant une route sinueuse qui par monts et par vaux nous fait descendre insensiblement à 1130 mètres d'altitude, au village d'Alarobia, où nous nous arrêtons pour passer la nuit.

Le village d'Alarobia compte une cinquantaine de cases, et cependant nous y voyons une grande population qui semble ne pas pouvoir contenir dans les maisons du village, et qui n'est pas venue des hameaux voisins, m'affirment mes porteurs; ce sont tous des habitants d'Alarobia. Nous avons tous raison, ils n'habitent pas en effet au village d'Alarobia proprement dit, et ils ne viennent pas des villages voisins. L'explication de ce fait est assez simple. Dans mes précédents voyages à Madagascar, à travers les autres provinces de l'île et notamment dans l'Imerina, avec laquelle je comparerais le plus souvent le pays des Betsileo, les habitants sont cantonnés dans des villages, des bourgs, des hameaux.

Dans cette province des Betsileo, cette population des villages est en partie (la plus infime) logée dans des maisons réunies en agglomérations que l'on trouve principalement le long des routes fréquentées; une autre partie (la plus grande) habite des maisons isolées et disséminées dans la campagne. Ces maisons, qui s'appelleraient des fermes dans notre France, s'appellent là-bas des *vala*. Chaque *vala*, qui occupe le plus souvent le sommet d'un monticule, est formé essentiellement d'une clôture : murs d'argile, fossés, plantes épineuses ou *raketa*, cette clôture enserre un espace souvent considérable au milieu duquel sont construites la maison du propriétaire du *vala* et celle de ses esclaves. Cette disposition qui est tout à fait spéciale au pays betsileo n'a pu qu'augmenter mes chances d'erreur dans les évaluations approximatives que j'ai tenté de faire partout, à Madagascar, de la population.

Le dimanche 30 mars, une demi-heure après notre départ d'Alarobia, nous arrivons sur les bords du Matsiatra, formant lui aussi, comme le Mania, que nous avons traversé plus au nord, un des grands fleuves du versant occidental de Madagascar : le Mangoky. Nous passons le Matsiatra en pirogue. Le passage est à 1090 mètres d'altitude, et à cette époque de l'année le fleuve mesure 80 mètres de largeur sur 2 m. 50 de profondeur. Après la traversée du Matsiatra, nous passons encore à gué un de ses affluents : l'Ibita. Nous marchons ensuite dans de belles rizières. Les cultures deviennent abondantes, des *vala* couronnent chaque colline; à une heure, nous entrons à Fianarantsoa, la capitale du sud de Madagascar.

Sans aucun doute, Fianarantsoa n'occupe pas le deuxième rang parmi les villes de Madagascar au point de vue du nombre d'habitants. Sous ce rapport, Tamatave viendrait avant cette ville; néanmoins on a l'habitude de désigner Fianarantsoa comme la deuxième cité de l'île tant au point de vue de l'importance politique — elle est en effet la capitale des Betsileo, la tribu la plus anciennement soumise aux Antimerina et celle qui a accepté, toléré, et souffert le mieux les mœurs, les usages, les lois des vainqueurs — qu'au point de vue géographique; sa position en fait le centre de la domination des Antimerina dans le sud du plateau central. La population totale de Fianarantsoa, en laissant de côté bien

VUE GÉNÉRALE DE FIANARANTSOA. (DESSIN DE TAYLOR, GRAVÉ PAR MAYNARD.)

MARCHÉ DE FIANARANTSOA.

entendu les quelques villages qui l'environnent — qui en sont en quelque sorte les faubourgs — et surtout les *vala*, habitations isolées, que l'on rencontre en grand nombre dans tout le voisinage, ne dépasse pas 6 000 habitants.

Comme c'est l'usage à Madagascar et principalement sur le plateau central, la ville de Fianarantsoa occupe le sommet d'une colline élevée. Le point culminant de ce mamelon est pris par l'emplacement du *rova* antimerina, c'est là qu'est construite en briques crues la maison assez spacieuse du gouverneur Rainiketabao, 14e honneur, le père du médecin malgache qui nous avait loué sa maison à Tananarive. Les flancs de cette colline de forme conique et à pente douce sont couverts partout de maisons pressées les unes contre les autres et qui ne laissent entre elles que des ruelles étroites dont les sinuosités et les escaliers de granite nous rappelaient très exactement d'ailleurs l'aspect de certains quartiers de Tananarive. Le chemin le plus praticable est celui qui, partant du pied de la colline du côté nord, monte en suivant une direction sensiblement droite jusqu'aux portes du palais du gouverneur. Cette rue n'est que la prolongation directe de la route de Tananarive.

Lorsque venant du nord on approche de la capitale des Betsileo et que l'on peut distinguer bien nettement toutes les maisons qui se présentent aux regards, on est de suite frappé du nombre considérable d'édifices religieux, d'églises et de temples qui se trouvent bâtis sur ce côté nord de la ville. Lorsque l'on a dépassé et laissé sur la gauche les bâtiments de la vice-résidence de France qui sont à la limite des premières maisons de la ville, on arrive de suite à l'emplacement de la mission catholique que le chemin principal coupe en deux parties à peu près égales, à droite, dans l'ouest par conséquent, se trouve le bâtiment occupé par les pères jésuites, l'église lui est contiguë; dans le nord, un peu plus loin, sur un emplacement assez vaste on ramassait, lors de notre passage, des matériaux : les missionnaires catholiques faisaient construire en effet une grande église en pierres; de l'autre côté de la rue, se trouvent la maison et l'école des frères de la Doctrine chrétienne, derrière ces bâtiments s'étendent de beaux jardins dont malheureusement la partie principale occupe le fond d'un ravin.

En continuant de suivre vers le sud le grand chemin de Fianarantsoa qui s'élève bientôt sur les flancs de la colline, on rencontre à droite l'emplacement du grand marché, puis ce sont successivement les terrains et les bâtiments des missionnaires norvégiens dont l'église aux tons rougeâtres se dresse à notre gauche avec son clocheton aux quatre faces égales. Une église anglaise, de je ne sais quelle secte, lui fait face; il s'en trouve encore une demi-douzaine dans les quartiers hauts de la ville.

Il est à remarquer à Madagascar que c'est seulement dans les tribus des Antimerina et des Betsileo que les missionnaires, français, anglais et norvégiens, ont fondé des établissements. Dans tout le reste de l'île on parcourait des milliers de kilomètres sans en voir; il n'y en a, à ma connaissance, en dehors de l'Imerina et du Betsileo, que sur les côtes, à Fort-Dauphin, à Manambondro, à Andevoranto et à Tamatave. On dirait que ces apôtres du christianisme, sans distinction de religion, ne sont venus à Madagascar que pour les Antimerina, la tribu la plus forte et que l'on est convenu en Europe de trouver la plus civilisée. Ces missionnaires espéreraient-ils que, après avoir converti les maîtres, ils tiendront les esclaves? Cette observation si importante mériterait de longs développements dans lesquels je ne puis entrer ici, je n'en dirai que quelques mots lorsque j'exposerai les conclusions générales que j'ai été amené à formuler à la suite de mon voyage à Madagascar.

Les environs immédiats de Fianarantsoa sont encore plus mouvementés que ceux de Tananarive, ce sont des collines élevées, de gros monticules aux pentes rapides, aux sommets rocheux. La végétation semble plus vigoureuse, les rizières sont plus jolies et mieux travaillées. C'est toujours la zone dénudée des hauts plateaux; mais, malgré la densité de la population chez les Betsileo, le défrichement de la contrée est moins absolu que chez leurs voisins du Nord. Dans les environs immédiats de Fianarantsoa, on observe quelques bouquets de bois qui ont été respectés et qui couronnent plusieurs des monticules entourant la ville. A 4 kilomètres dans l'Est se tient, une fois par semaine, le vendredi, un grand marché. C'est quelque chose d'analogue au *zoma* de Tananarive. Des vieillards m'ont affirmé que l'emplacement de ce *zoma* était boisé dans leur jeunesse; maintenant les premiers arbres de la forêt de l'Est sont à plus de 60 kilomètres de Fianarantsoa. Chez les Betsileo donc, comme chez les autres Malgaches et principalement chez les Antimerina, nous assistons, à l'époque contemporaine, à un défrichement lent mais continu de toutes les parties de l'île; ce défrichement est d'ailleurs en raison directe de la densité de la population. Quoi qu'il en soit, ces vestiges de végétation, que nous voyons déjà aux environs de Fianarantsoa, nous annoncent la zone des brousses dans laquelle nous entrerons en trois journées de marche vers le Sud, et qui est plus rapprochée encore du côté de l'Ouest; à l'Est, c'est la zone forestière, le pays des Tanala.

Dès notre arrivée, nous avions reçu de la part de M. le docteur Besson, vice-résident de France à Fianarantsoa, un accueil des plus bienveillants dont je ne saurais trop le remercier. Le docteur Besson habite en famille une maison spacieuse, construite il y a quelques années sur les ordres du résident général de Tananarive. Malheureusement l'emplacement a été mal choisi, peut-être est-il plus juste de dire que le gouvernement français a dû se contenter de ce que les Antimerina ont bien voulu lui vendre à poids d'or. Mais à Madagascar comme partout ailleurs c'est la règle, et le Ministère des affaires étrangères, imitant le sage, se contente de peu. La résidence de Fianarantsoa est édifiée au nord de la ville, près du chemin qui vient de Tananarive; le terrain au milieu duquel s'élève la maison est sur le versant oriental d'une colline élevée. La déclivité de ce terrain est tellement prononcée qu'il est impossible de s'y tenir debout, il a donc fallu à grands frais y aménager des terrasses et faire en un mot tout le nécessaire pour rendre cette portion de terrain habitable.

Grâce au docteur Besson, nous trouvons à louer en dehors de la ville et non loin de la résidence, au lieu dit Ambatolahikisoa, une maison assez spacieuse et très suffisamment confortable. C'est là que nous allons séjourner quelques semaines, pour attendre le retour des beaux jours, étudier le peuple betsileo et surtout nous préparer à notre prochain voyage dans le Sud.

Lorsque nous avions quitté Tananarive, les pluies avaient cessé, le temps était redevenu beau et la bonne saison semblait nettement commencer. Ici, dans le Betsileo, nous retrouvons le mauvais temps. Ce ne sont plus, il est vrai, les averses diluviennes qui caractérisent la mauvaise saison à Madagascar, mais tous les jours, dans la matinée principalement, nous nous trouvons enveloppés d'un brouillard froid et humide; vers midi, il tombe une petite pluie, le vent s'élève bientôt, puis la journée devient belle. Ce qu'il y a de particulièrement curieux dans le Betsileo, ce ne sont pas tant les petites pluies persistantes à la fin de la saison chaude que ce froid vif qui com-

AMBATOLAHIKISOA ET TYPE DES MAISONS BETSILEO.

mence à se faire sentir. J'avais déjà remarqué un peu partout et surtout dans l'Est que la saison des pluies ne se termine pas brusquement, à son déclin des petites pluies sont encore fréquentes, elles sont journalières dans la zone des forêts; mais ce que je n'avais jamais éprouvé ailleurs, c'est un tel degré de froid. Nous grelottons littéralement. La température dont nous jouissons n'est en somme qu'une froidure printanière pour des Européens, mais ici dans ces pays intertropicaux, on s'attend si peu à l'éprouver et on y est si mal préparé par les températures ressenties dans les mois précédents et dans les autres parties de l'île, qu'elle nous semble rigoureuse. A cinq heures du matin, j'ai noté pendant plusieurs jours $+5°$ centigrades.

Ici, nos journées passent vite. Nous avons beaucoup de distractions; ce sont, en compagnie du docteur Besson, des excursions très intéressantes aux environs de Fianarantsoa; ce sont de nombreuses visites et de longues causeries avec des Betsileo dont nous nous sommes empressés de faire nos amis pour lier connaissance et nous instruire des coutumes de cette peuplade. Les travaux ne nous manquent pas non plus, il faut consacrer nos soins à nos collections, prendre des notes, rédiger nos rapports et surtout nous préparer à notre grand voyage futur.

Parmi nos nouveaux amis betsileo, Rainimanana, qui me semble le plus instruit, nous met rapidement au courant des mœurs de ses compatriotes. D'esprit beaucoup moins borné que la plupart de nos éphémères connaissances, ses renseignements sont très précieux; son âge avancé ne lui ôte rien de ses facultés, ses souvenirs sont très précis et grâce à lui nous allons connaître à fond la peuplade des Betsileo. Rainimanana nous raconte un soir des légendes et de vieilles histoires que nous trouvons d'autant plus remarquables que, jusqu'à présent, nous avions eu une peine énorme à en réunir quelques-unes sur le peuple malgache.

Je vais donner une de ces légendes betsileo dont la traduction française littérale offre cependant quelques charmes malgré sa naïveté. Je crois bon aussi d'y joindre le texte betsileo et sa traduction en dialecte antimerina, car ces textes mettront sous les yeux du lecteur deux échantillons de dialectes parlés dans la grande île africaine.

I. Texte betsileo : — Nihavana hoe ny akoho aminy mpanpango fah'ela, Ka nifankatea soasoa : ara tsi'ela ko rota ny lamban'ny akoho; Ka dia nanao hoe taminy mpanpango i : « Mba ampindramo fanjaitsa aho hanjairako itoy lambako itoy (sady miatats'y no manao izay).

Dia nomen'ny mpanpango; ko tsi veho te-he nanjaitsa igny ko vere ny fanjaitsa; nitadia ny akoho ko nitsindroka ko nitsindroka ko, tsi ela ko avy ny mpanpango nanao hoe : « Aia ny fanjaitso? Dia hoe ny akoho : Izao ny mitadia fa vere etato ko tsa hitako; sady mitsindrok'amin'izay ny akoho.

Nadiky hoe ny mpapango ko roso mitsidigna : ko egn'ambony i no mangaika nanao hoe : « Filoko ô! Filoko ô!

Taitsa hoe ny akoho ko nanao hoe : Izao ny mitadia ko andrazo vetivety.

Tsa nahandry koa hoe ny mpanpango; fa dia pignaogne ny zanaky ny akoho, ko nahatongane be, dia anadroe ro sisa. Dia hoe ny akoho tsi ela = Terak : tiraika tsa ho tratsa, terak'iraika tsa ho tratsa, fa aho niteraka ro vakivaky tratsa! vakivaky tratsa vakivaky tra a tra!

Izany hoe ro ihinanan'-ny mpanpango ny anak'akoho nagnare ny filone natao hanjairangn'i elane rota, fa iraika hoe io ny ela ./.

II. Traduction antimerina : — Nisakaiza, hono, ny akoho sy ny papango taloha, ka nifankatia dia nifankatia; ary nony ela, hono, rovotra ny lambany akoho (ny elany) : dia hoy izy tamy ny papango : « Mba ampindramo fanjaitra kely aho, hanjairako ity lambako ity (sady miatatr'izy no saronany ny elany ny tongony anila).

Dia nomen'ny papango; ka vantany vao nanao hanjaitra ka very ny fanjaitra. Nitady, hono, ny akoho sady mitsindroka re! ka mitsindroka re! Nony ela avy ny papango nanao hoe : « Aiza ny fanjaitro? » — Dia hoy ny akoho : Izao no mitady azy fa very eto iky ka tsi hitako! (sady mitsindrok'izy no manao izany).

Tezitra, hono, ny papango ka nanid ina; ka eny ampanidinan'izy no miantso nanao hoe : Filoko ô! Filoko ô! ô!

Taitra tamin'izay akoho ka nanao hoe : Izao mitady azy ka andraso vetivety.

Tsy naharitra intsony, hono, ny papango : fa dia no faohiny ny zanaky ny akoho isan'andro mandra-pandrainy ny fanjaitra; nefa tsy nahita mandrak'ankehitriny.

Dia izao, hono, mba hery nataon'ny akoho : Terak'iry tsy ho tratra; terak'iry tsy ho tratra; izaho niteraka no vakivaky tratra! vakivaky tratra.

Izany, hono, no nihinanan'ny papango ny zanak'akoho; manary ny filony ny akoho.

Nefa, asa moa fa ny antitra no ho banga : ela nihinanana; ary ny osy no misy somotra : diso kely ny andro niterahana; ka tsy izaho no mandainga fa toa mifanitsy samy marina ireo ./.

III. Traduction française : — On raconte qu'autrefois, la poule et le papango (Milvus ægyptius G. m. gros oiseau de proie) étaient liés d'amitié et s'aimaient beaucoup; un jour la poule, ayant son *lamba* (aile) déchiré, s'adressa au « papango » en ces termes : « Prête-moi une aiguille pour coudre mon *lamba* » (et en même temps elle se pâmait de douleur et couvrait une de ses pattes avec son aile).

Le *papango* lui donna une aiguille, mais quand elle eut fini de s'en servir elle la perdit. La poule se mit alors à chercher l'aiguille et pour cela picota... picota.... — Le *papango* survint et demanda : « Où est mon aiguille? » — Je la cherche, répondit la poule, car je l'ai perdue et ne la retrouve pas (et en disant cela elle continuait de picoter).

Le *papango*, en colère, s'envola, et tout en volant demandait : « Mon aiguille! mon aiguille! »

PORTE OU ROVA A FIANARANTSOA.

La poule, prise par la peur, lui dit alors : « Je la cherche, attends un peu ».

Le *papango* ne supporta pas cela plus longtemps et se mit en devoir de s'emparer chaque jour des petits de la poule, jusqu'à ce que l'on lui rendît son aiguille, mais jusqu'ici la poule n'a pas encore retrouvé l'aiguille.

Pour terminer, la poule dit : « Je fais un petit et ne puis le conserver! J'en fais un autre et il subit le même sort! Aussi moi qui les mets au monde je me fatigue en pure perte. »

Voilà pourquoi le *papango* mange les petits de la poule : c'est que celle-ci lui a perdu son aiguille.

Cependant, j'ignore si les vieillards sont édentés parce qu'ils mangent depuis longtemps et si les chèvres ont de la barbe au menton parce qu'il y a eu une petite erreur dans le jour de leur naissance : mais ce n'est pas moi qui ment, car je ne fais que justifier des choses également vraies ./.

« Et cela est si vrai, ajoutait Rainimanana, que depuis cette époque le *papango* ne cesse de se venger et toutes les poules du monde picotent toujours pour chercher la malheureuse aiguille. »

J'ai dit dans le chapitre précédent que, parmi toutes les tribus de Madagascar, celle des Betsileo était, sous une foule de rapports, celle qui se rapprochait le plus des Antimerina.

Le Betsileo appartient très certainement à la même famille ethnique que l'Antimerina. Il est très souvent assez difficile de les distinguer l'un de l'autre; cependant, d'une manière générale, le Betsileo a le teint plus noir que l'Antimerina; ses lèvres sont plus épaisses, son nez plus aplati, ses cheveux plus crépus. Tout semble donc indiquer que le Betsileo est le produit d'un mélange d'un élément asiatique avec un élément africain, mélange dans lequel le dernier élément entre pour une part bien plus considérable que chez l'Antimerina actuel, qui est le produit d'une fusion analogue. Le Betsileo a généralement la stature plus élevée et les membres plus forts que l'Antimerina. Les facultés intellectuelles du Betsileo ne semblent pas, d'une manière évidente, être inférieures à celles de son vainqueur. Le Betsileo est plus doux, plus calme que l'Antimerina; malheureusement son apathie égale sa soumission, il ne se livre pas volontiers aux opérations commerciales; bien moins hardi et entreprenant que l'Antimerina, il n'aspire

MAISON D'UN VALA. (DESSIN DE BOUDIER, D'APRÈS UNE PHOTOGRAPHIE.)

qu'à vivre tranquille au sein de sa famille et à se fixer sur ses terres qu'il cultive avec beaucoup de soins. Le Betsileo est surtout un paysan, il n'aime pas vivre dans les agglomérations; sa ferme, son *vala*, forme tout son horizon. Il aime beaucoup ses terres, il est très jaloux de sa propriété. Conséquemment, il a la réputation d'un chicanier, il semble aimer les procès. On voit en effet, chaque année, des familles betsileo se ruiner dans des contestations qui ont pour objets des parcelles de terrains. Le Betsileo dans sa bonne foi naïve ne veut pas céder, et comme l'Antimerina est son seul juge il y perd la plus grande partie de sa fortune; c'est à cause de ces procès incessants que soutiennent les Betsileo, que le poste de gouverneur de Fianarantsoa est si recherché des Antimerina influents. Dans ce poste, un gouverneur — dénué de scrupules, comme ils le sont tous d'ailleurs — peut se faire environ 300 000 francs de rente de notre monnaie en vendant ses arrêts.

Comme les Antimerina, les Betsileo ont adopté pour les hommes depuis quelques années la mode de se couper les cheveux courts. Les femmes les portent tressés artistement, elles ont le talent de donner à leurs chevelures toutes espèces de formes. Tête nue, on les croirait coiffées d'un bonnet de dentelle. Chez les Betsileo, le costume est le même que chez les Antimerina.

Dans le courant de cet ouvrage, j'ai déjà eu l'occasion de parler plusieurs fois de quelques coutumes spéciales à la tribu des Antimerina. Je retrouve presque toutes ces coutumes ici; je ne signalerai donc que celles qui me semblent spéciales aux Betsileo. L'une des plus étranges, qui caractérise cette tribu, est sans contredit leur façon de traiter les morts.

Lorsqu'un Betsileo vient à mourir, son corps est roulé peu après son trépas dans de riches *lamba*, puis il est placé dans un cercueil de bois. Comme chez les autres tribus de Madagascar, la famille du mort s'est réunie, on a chanté les louanges du défunt, ce sont toujours pour cet instant les mêmes cérémonies. Lorsqu'elles ont pris fin, on porte le cercueil dans le tombeau de famille. Comme chez les Antimerina, ce tombeau est généralement formé de cinq grandes dalles de granite, et il est aussi le plus généralement construit au sommet d'une colline. Mais chez les Betsileo le tombeau est plus profond, et au lieu de s'ouvrir en levant la dalle supérieure, on y accède par une galerie parfois très longue et qui souvent débouche fort bas sur le flanc de la colline et toujours du côté du sud-ouest. Ces tombeaux betsileo sont construits avec soin, ils sont l'objet d'une grande vénération de la part des indigènes. Autrefois les familles riches cachaient dans le tombeau de leurs ancêtres leurs objets précieux et leur argent.

FEMME BETSILEO.

Lorsque le cercueil a été déposé dans le tombeau, on immole des bœufs qui sont partagés entre les assistants, on boit de nombreuses bouteilles de rhum et l'on se sépare souvent fort ému après toutes ces libations.

Deux ou trois jours plus tard, et c'est ici que la coutume betsileo est tout à fait particulière, on retire le cercueil du tombeau, le défunt est ramené dans sa maison. On le roule fortement entre deux planches, et lorsqu'il n'est plus qu'une masse informe, on le ficelle debout contre le poteau principal de la case avec des lanières de peaux de bœufs. On lui a incisé la plante des pieds sous lesquels est placée une cruche ou une marmite de terre; on laisse alors agir la putréfaction, cependant que la famille et les amis du mort sont entassés dans sa demeure, chantent ses louanges, célèbrent ses bienfaits et boivent force rasades de rhum pour s'étourdir et pouvoir résister à l'odeur épouvantable qui se dégage du cadavre en décomposition. Au bout d'un mois, quelquefois plus, la putréfaction a continué son œuvre, et un liquide putride et infect est venu remplir le vaisseau de terre. Celui-ci est l'objet de soins jaloux, on surveille attentivement la venue des vers qui s'y forment : un d'entre eux paraît-il plus gros que les autres que toute la famille se réjouit, car l'âme du mort s'est réincarnée sous cette forme. On attend encore quelques semaines pour permettre aux vers de grossir quelque peu. Il est procédé avec grande pompe à l'inhumation des restes du défunt dans le tombeau de famille. En même temps que ces restes on place aussi dans le tombeau et près de la tête du cadavre le vaisseau de terre dans lequel vit le gros ver, ultime incarnation du défunt désignée par les Betsileo sous le nom de *fanano*. On a soin de placer dans le vase de terre un long bambou par lequel plus tard doit remonter sur la surface de la terre le *fanano* mystérieux. Toutes ces opérations se font sans grandes variantes dans toutes les familles betsileo et je les ai vues maintes fois. Pour la suite je vais laisser la parole à notre ami Rainimanana.

Après un certain temps, temps variable qui ne dépasse jamais une année, le *fanano* remonte à l'intérieur du bambou et fait son apparition sur la terre. Cet animal mystérieux affecte non pas la forme d'un serpent, comme le croient les Antimerina, mais bien celle d'un petit crocodile de couleur brune et tacheté de rouge sur le dos, le ventre est blanchâtre.

Dès que l'animal a été reconnu par la famille du défunt, ceux-ci s'en approchent et lui demandent s'il est bien réellement le parent qu'ils ont perdu. Si le lézard lève la tête, c'est un signe certain que c'est bien le mort. Lorsque cette certitude est acquise, des membres de la famille du défunt apportent en cet endroit le plat dans lequel le mort a mangé pour la dernière fois. On met dans ce plat un peu de rhum mélangé à quelques gouttelettes de sang obtenues en coupant l'oreille d'un jeune bœuf. Le plat est placé devant le *fanano*; si cet animal accepte cette offrande en y goûtant tant soit peu, c'est le signal de grandes réjouissances. Rainimanana ajoute que le *fanano* retourne au tombeau, qu'il choisit comme sa demeure, il y devient très gros, c'est un dieu tutélaire qui protège la famille du mort et les contrées voisines.

On conçoit aisément la crainte respectueuse qu'éprouvent généralement les Betsileo pour tous les reptiles. Cette coutume de traiter les morts est dans l'île de Madagascar tout à fait particulière à la tribu des Betsileo; plus encore que les Antimerina ils ont le culte des morts, ils construisent leurs tombeaux avec beaucoup de soins, en font de véritables monuments ornés d'une façon toute spéciale, avec des pierres souvent très grosses, des madriers finement sculptés ou des crânes de bœufs qui ont conservé leurs cornes.

Le Betsileo est aussi très superstitieux, plus encore que ses voisins du Nord, les *fady* sont nombreux dans cette tribu dont chaque individu porte ostensiblement ou en cachette plusieurs *ody* ou talismans. Le *ody* que nous trouverons encore dans toutes les tribus du Sud, où il est très répandu, est le seul signe extérieur de religiosité de ces peuplades. Dans un chapitre précédent, j'exposais dans ses grandes lignes les croyances religieuses du Malgache, elles sont les mêmes pour toutes les tribus; mais dans le Sud principalement, le bon Principe est bien laissé de côté, et c'est avec des *ody*, des fétiches, des amulettes, des talismans et porte-bonheur qu'ils croient conjurer les attaques du mauvais Principe. Pour toutes les circonstances de la vie, quelles qu'elles soient, un homme du Sud bien outillé possède un *ody* et nous verrons plus tard, comme conséquences pratiques de ce fait, que dans les tribus guerrières du Sud, chez les Bahara principalement, ils se montrent très osés et très entreprenants, ce qui est remarquable chez un Malgache, parce qu'ils sont fermement convaincus de la vertu de leur *ody*.

En parlant de la façon d'enterrer chez les Betsileo et de leurs croyances aux *ody*, j'ai signalé les deux faits les plus importants qui les différencient des Antimerina. Il n'y aurait plus maintenant à noter que quelques détails sans grande importance, tels que la coiffure compliquée des femmes betsileo, le gros anneau d'argent qu'elles portent dans les cheveux lorsqu'elles sont fiancées, et le mode de construction des maisons dans cette partie du plateau central. On peut dire en général que le Betsileo a conservé plus religieusement que l'Antimerina les coutumes de ses pères; on le voit tout d'abord par le respect religieux dont il aime à entourer ses nobles et ses chefs de caste, au grand désespoir des Antimerina qui n'ont pu jusqu'à ce jour déraciner le respect des vieilles familles chez les Betsileo et le remplacer par l'adoration de leur propre reine, eux qui, cependant, sur tous les autres points, sont les maîtres incontestés de cette peuplade douce et docile. Ce respect des anciennes coutumes chez les Betsileo nous est encore indiqué par leur croyance aux *ody*. Cette ancienne croyance générale et incontestée à Madagascar n'est cachée superficiellement que chez les Antimerina sous le vernis de civilisation dont on les a recouverts à grand'peine. La coiffure chez les Betsileo est restée telle qu'elle était autrefois, tandis que chez les Antimerina les modes européennes ont prévalu, et cependant j'ai encore vu, en 1889, un Antimerina de type pur, parent du chef de Mahatsinjo, qui possédait une longue chevelure divisée en tresses, terminées par des boules enduites de graisse de bœuf.

Enfin les maisons en bois betsileo sont tout à fait comparables, si ce n'est identiques, aux maisons antimerina d'Ilafy, au tombeau de Radama II, et à la vieille maison en bois de Ranavalona Ire dans le palais de la reine à Tananarive. Il est à remarquer cependant que dans ces maisons en bois betsileo les ouvertures sont excessivement petites, et qu'il faut de savants efforts pour pénétrer à l'intérieur. Les

Betsileo chantent et dansent comme les Antimerina, ils n'ont conservé qu'une vieille danse spéciale qu'ils appellent la danse de la sagaie; nous y retrouvons toujours un ou deux acteurs principaux debout au milieu d'un cercle de gens accroupis, qui psalmodient en ton mineur et qui s'accompagnent à contre-temps de battements de mains.

Mais tandis que les Antimerina manquent complètement de poésie dans leurs chansons populaires et se contentent le plus souvent de psalmodier le récit d'un voyage, simple itinéraire où l'on mentionne sèchement les villages de la route, les Betsileo, comme les autres tribus du Sud, manifestent dans leurs chants et leurs récits populaires quelques velléités poétiques. Voici traduits en antimerina et en français les chants de *Barimaso* et de *Dombita*; c'étaient les plus répandus lors de mon passage dans le Betsileo.

BARIMASO. — *La belle aux grands yeux.*

Traduction antimerina.	*Traduction française.*
Barimaso sasa manafatra	La belle aux grands yeux est fatiguée de me faire appeler.
Njola kely tsy misy hialana.	[par une laide amie.
— Nba tiavo kely ah fa mora tiana!	— Je ne puis me rendre à ses rendez-vous, car je suis retenu
Asivo soa atro fa mora mamaly!	Aime-moi, car je me laisse aimer facilement.
Raha tianao aho dia basinao!	Fais-moi du bien, car je réponds volontiers.
Raha tsy tianao dia basin 'olon' kafa	Si tu veux je serai ton fusil (!!).
Apetraka ery amoron — dalana	Si tu ne veux pas, je serai celui d'un autre.
Tsy ilao zan' izay olon — kandray.	Placée là-bas au bord du chemin.
— Raha tsy hianao aho tsy tonga taty!	Il ne manquera pas de gens qui me prendront!
Raha tsy hianao aho tsy mahalala trano!	— Si ce n'était pour toi, je ne serais pas venue ici.
Raha tsy hianao aho tsy mahalala, lalana!	Si ce n'était pour toi, je n'aurais pas suivi cette route.
— Andeha isika mba hifankatia	— Allons nous aimer!
Hifankatia ka tsy mba hiady	Nous aimer et ne pas nous disputer,
Tsy mba hisaraka.	Ne pas nous séparer.
Satry ny olona tsy mba miray.	Il déplait aux gens de nous voir unis!
— Mifankatiava re ry tanora f'alon-bitsy! —	— Aimez-vous, jeunes gens, car vous êtes peu nombreux. —
Andeha isika hiaraka adala	Allons folâtrer ensemble,
Fa rehefa tonga miara-terezany.	Car à notre retour nous serons grondés tous les deux.

Traduction antimera. — DOMBITA!

Nisy vehivavy anankiray nisaoran' ny vadiny, ka nanenina; dia niteny sady nanao io hira io izy, nanao hoe :

Maty re aho nariany; nisaorany omaly hariva — Mifona re aho Tompokolahy; mivalo, indry vola voamena antandrako anao; mananda re aho! avelaore mba hitoetra aminao! aoka re mba hoato! naho mpitoto vary aza! na ho mpaka rano! avelaore mba ho ato!

Nainaly iley lehilahy ka nanao hoe : namaly.

Izaho tsy tianao intsony, fa mandehana miala; Izaho tsy tianao intsony.

Dia hoy indray ravehivavy :

Ka rehefa manandra ho hianao tsy manaiky ko hanao ahoana aho! Baby kary Koto! andeha isika handeha fa rahefa lehibe hianao haterika aty! Baby ary rakoto! Baby ary! Baby. Dia nandeha hono izy mianake ka nony touga any an-trano ny ray amandreniny, dia maty tampo ka rahevivavy nanenina.

Traduction française. — DOMBITA!

Il y avait une femme qui avait été répudiée par son mari; elle se repentit, prononça ces paroles et fit la chanson suivante :

Je suis perdue, car il m'a rejetée; il m'a répudiée hier soir. Je vous demande pardon, monsieur, je me repens, voici *voamena* (24e partie de la piastre)[1] que je vous donne; je vous fais un don! laissez-moi

---

[1]. Cet usage, très répandu dans toute l'île et surtout chez les Antimerina et chez les Betsileo, est très remarquable; il paraît être caractéristique des peuples madécasses. En effet, lorsque dans une occasion quelconque un Malgache vient à offenser, à outrager même très cruellement une personne quelconque, il s'imagine très volontiers que, en donnant à la

demeurer avec vous! permettez-moi de rester ici! même si je dois piler du riz! ou aller chercher de l'eau à la source! permettez-moi de rester ici.

Le mari répondit en ces termes :

Je ne vous aime plus du tout, allez, partez, je ne vous aime plus du tout.

La femme reprit encore :

Je t'ai fait un don et tu n'acceptes rien, que dois-je faire! Viens, Koto, que je te porte sur mon dos! Allons, partons, lorsque tu seras grand, je te ramènerai ici! Viens, Rakoto, que je te porte sur mon dos!...

La mère et l'enfant partirent et, à peine arrivée dans la maison de ses parents, l'épouse repentie mourut subitement.

Si nous trouvons sous ce rapport une certaine supériorité des tribus du Sud sur les tribus du Nord, en ce qui touche la sculpture, cette supériorité devient encore plus évidente. En effet, on sait que depuis les temps les plus reculés presque toutes les races humaines ont reproduit sur une matière quelconque, corne, os, bois, pierres, etc., les objets qui frappaient le plus souvent leurs regards. Ces premières sculptures spontanées font absolument défaut dans le nord de Madagascar. Les Antimerina eux-mêmes, les plus civilisés des Malgaches (par convention), n'ont aucune idée d'une sculpture quelconque. Sans doute certains de leurs ouvriers à Tananarive ont pu faire ou principalement copier plusieurs figurines importées d'Europe tout récemment, mais ils n'ont jamais trouvé dans leur tête un motif quelconque d'ornementation. Leurs idoles les plus renommées n'étaient que des morceaux de bois informes ou des cailloux bruts roulés dans des chiffons. Ici, dès notre première étape dans le Sud, nous rencontrons de véritables sculptures, ce sont encore, il est vrai, des essais grossiers et naïfs; je remarque d'abord sur les planches qui ferment les fenêtres et les portes des cases des dessins géométriques aux contours plus ou moins réguliers qui entaillent profondément le bois dur. Ces mêmes dessins sont reproduits encore sur des pierres levées, sur des madriers dressés comme ceux que nous avons vus au sud de Sabotsy. Ces mêmes dessins géométriques sont également souvent reproduits sur les palissades qui entourent les tombeaux ou sur les mégalithes qui s'élèvent dans leurs voisinages. Le plus beau spécimen que nous avons rencontré dans ce genre est l'entourage en bois sculpté du tombeau de Ramaharo, un des descendants des anciens rois betsileo de Lalangina, construit non loin des rives du Matsiatra, et près du village d'Ialananindro.

Au-dessus de cette sculpture géométrique, je trouve encore des essais plus compliqués dont le Betsileo est l'auteur sur ses principaux ustensiles de ménage. Ce sont des mortiers à riz, des mortiers à piment, des cuillères, des plats, des salières; tous ces objets en bois sont souvent très finement sculptés. On y trouve déjà des figures plus compliquées, ce sont quelquefois des formes animales, le bœuf est le plus souvent représenté. Les artistes betsileo se sont donné aussi libre carrière pour l'ornementation de leurs cases en bois. Dans cette tribu des Betsileo comme dans celle des Tanala plus à l'Est, non seulement les volets qui ferment les ouvertures sont sculptés, mais encore les piliers principaux de la maison sont artistement gravés; il en est de même des deux pignons qui le plus souvent sont surmontés d'un oiseau qui représente assez bien un pigeon au repos. La forme humaine est très rarement employée, si ce n'est pour des *ody*, des talismans ou des amulettes.

La tribu des Betsileo a été signalée par de Flacourt dans son grand ouvrage à Madagascar.

« Le païs des Eringdranes est un grand païs qui se divise en grandes et petites Eringdranes; les petites Eringdranes sont au sud et c'est d'où sort la rivière Mangharac (Menarahaka). Les grandes Eringdranes sont au nord et finissent au païs des Vohito'Anghombes dont la rivière de Mantsiatre (Matsiatra) fait la séparation. C'est un païs très peuplé et qui peut fournir plus de 30 000 hommes en un besoin. Le païs

personne ainsi outragée un morceau d'argent d'une valeur infime, l'injure sera oubliée, le pardon complet sera accordé, l'offense sera effacée. Pour ces peuplades qui ont un véritable culte pour l'argent, le don d'un *voamena* (4 sous de notre monnaie), d'un *hasina* quelconque, doit vous permettre de compter sur l'entière bienveillance de la personne à laquelle ce présent est offert.

est tout plein et bordé à l'Est de grandes montagnes fertiles en bestial. A l'Ouest, il y a trois grandes rivières qui courent et se vont rendre dans une grande baye qui est située sous le 20° degré latitude sud, sur la mer de Moçambique et Aethiopique. Les rivières s'appellent Manatangh (Manananantana), Zoumando (Tsimandao), Sahanang, lesquelles sourdent des montagnes qui sont à l'Est des Eringdranes et traversent tout le païs.

« Mantsiatre, une grande rivière qui sépare le païs des Vohito-Anghombes et des Eringdranes, est une très grande rivière comme pourrait être la Loire, et se va rendre dans la susdite baye. »

La tribu ou la peuplade que de Flacourt désigne sous le nom de Eringdranes, est celle des Betsileo. Le mot Eringdranes a été employé par lui pour Arindrano.

La province des Betsileo comprend deux parties principales : l'une, au nord du Matsiatra, l'autre au sud. Dans la première, située sur les confins de l'Imerina, on est frappé plus vivement encore que je ne le suis à Fianarantsoa de la ressemblance, je dirai même de l'identité qui existe entre ces Betsileo du nord et les Antimerina leurs voisins. Dans la partie sud, au contraire, que les indigènes appellent plus généralement *andafy atsimony Matsiatra*, les différences entre les deux tribus voisines sont plus marquées. Dans le sud en effet, les Betsileo ont échappé davantage à l'influence antimerina. C'est donc là qu'il faut

MENDIANT BETSILEO.

se placer pour les mieux connaître. Le mot betsileo est très peu employé par les indigènes, cette appellation a sans doute pris naissance après la conquête du pays. C'est Radama Iᵉʳ, roi des Antimerina, qui a conquis la province des Betsileo en 1812 environ. Ses prédécesseurs avaient déjà fait quelques expéditions dans ce pays du Sud, mais des révoltes continuelles des Betsileo venaient toujours menacer la domination antimerina. Radama Iᵉʳ voulut étouffer ces révoltes dans le sang et il y réussit. La ville d'Ambositra, dans le Betsileo nord, qui n'avait pas voulu reconnaître son autorité, fut prise par les Antimerina.

« Toutes les maisons d'Ambositra furent détruites, ses défenseurs mis à mort, les femmes et les enfants emmenés en captivité dans l'Imerina. Défense fut faite aux habitants du pays de songer jamais à s'établir sur les ruines de cette cité rebelle [1]. »

Beaucoup de villages importants du Betsileo subirent le sort d'Ambositra et on ne peut guère dans cette province marcher quelques heures sans rencontrer des traces de la férocité des Antimerina.

J'ai dit que le Betsileo était surtout un agriculteur; plus encore que l'Antimerina il sait travailler ses champs, faire produire ses rizières; il possède aussi de nombreux troupeaux de bœufs; mais chose rare à Madagascar, le Betsileo n'est pas seulement agriculteur et pasteur, il est aussi très habile pour fabriquer des *lamba*. Dans l'île entière les *lamba* de l'Arindrano jouissent d'une juste renommée. Les Betsileo du Sud principalement font aussi avec une soie indigène des *lamba* bien tissés qui atteignent souvent des prix fort élevés; ces *lamba* sont surtout réservés pour l'ensevelissement des morts. Enfin les Betsileo de l'Est fabriquent, avec une écorce d'arbres, des *lamba* rayés de couleurs vives connus sous le nom de *sarimbo*.

L'une des principales excursions et sans contredit la plus intéressante que nous faisons aux environs de Fianarantsoa en compagnie du docteur Besson est celle d'Ifandana.

[1]. R. P. Abinal, *Vingt ans à Madagascar*.

Le lundi 7 avril, nous partons de Fianarantsoa dès l'aube et nous allons coucher à Tanbohimandrevo. Le lendemain et le jour suivant, nous allons à Ambohimandroso, village important du Betsileo méridional où nous espérons trouver des renseignements et peut-être des hommes pour notre prochaine campagne du Sud.

D'Ambohimandroso, nous allons à Ifandana.

Ifandana est un ancien village betsileo situé, comme c'est la coutume à Madagascar, sur le sommet d'une colline élevée. La colline d'Ifandana est orientée Est et Ouest, son point culminant est à environ 980 mètres d'altitude, mais il ne s'élève que de 530 mètres au-dessus du plateau environnant. Cette colline a été formée par une poussée gigantesque de roches éruptives, son sommet qui a une disposition analogue à la forme générale du mamelon peut avoir 200 ou 300 mètres en allant de l'est vers l'ouest, et 50 mètres en moyenne en allant du nord au sud. La colline d'Ifandana peut se diviser en deux parties principales, quant à la nature des matériaux qui la forment ou plutôt qui la recouvrent. La partie ouest est une partie complètement rocheuse dont les flancs à pentes très accusées sont inaccessibles; la partie est est recouverte d'argile en maints endroits, surtout dans les parties inférieures, mais sur son sommet se tiennent deux blocs de rochers d'une taille gigantesque. Les flancs de cette deuxième partie ont une déclivité moins prononcée que celle de la partie rocheuse, on peut donc monter au sommet. Mais là on trouve les deux blocs rocheux qui en occupent totalement la superficie et qui rendent fort difficile l'accès du sommet aplati de la partie rocheuse qui se trouve derrière eux. Comme ces blocs ont une forme sensiblement cubique aux angles arrondis et qu'ils reposent par une large base sur une surface sensiblement plate et malheureusement pas plus large qu'eux, on peut en rampant sur cette surface et en s'engageant dans l'espace que laissent leurs angles arrondis parvenir de l'autre côté du bloc. Mais c'est une opération fort difficile. Voici comment il faut s'y prendre. On engage la tête et la partie supérieure du corps dans cette espèce de couloir. Le ventre repose sur le sommet rocheux de la colline, le dos s'appuie contre l'angle arrondi de la paroi inférieure du cube, les jambes pendent dans le vide. En rampant ainsi latéralement, on peut contourner d'abord la face nord du cube occidental, puis sa face est, et on arrive enfin sur le sommet rocheux de la colline où était bâti le village d'Ifandana. Je n'ai pas besoin de dire que cet exercice gymnastique n'a rien d'attrayant. Cet affreux passage que nous avons dû suivre a dû servir avant nous à bien des générations, comme en témoigne la roche qui en cet endroit a le poli de l'ivoire. Le moindre faux mouvement vous précipiterait à 500 mètres en bas dans un massif de cactus aux épines menaçantes. Mais enfin je ne regrette pas mon excursion, car en visitant le sommet d'Ifandana, je trouve dans une anfractuosité de la roche un riche gisement de crânes et d'ossements betsileo; nous faisons une belle récolte et je suis heureux de ma journée au delà de toute expression. Cette caverne d'ossements est d'ailleurs connue dans le pays, et voici ce que dit à ce sujet le R. P. Abinal dans *Vingt ans à Madagascar* :

Ifandana, bâti sur un roc élevé, coupé à pic de tous côtés, et où l'on ne pouvait arriver que par un sentier impraticable, servait de retraite à un très grand nombre de rebelles. Radama résolut de les prendre par un blocus rigoureux. La disette ne tarda pas en effet à se déclarer dans la petite cité.

Obligés de choisir entre les cruelles tortures de la faim et le glaive de Radama, les Betsileo, arrivés au paroxysme du désespoir, préférèrent se donner eux-mêmes la mort; et on les vit alors avec stupeur se présenter par groupes nombreux, sur les bords du rocher à pic, au haut duquel Ifandana était perché; puis, là, les yeux bandés, commencer, sous les yeux des Hova, une ronde homicide dont le terme devait être infailliblement une chute en masse dans l'abîme, comme il arriva en effet.

On évalue à plusieurs milliers le nombre des malheureux qui se suicidèrent de cette façon. Lorsque les plus fanatiques eurent succombé, et qu'il ne resta plus à Ifandana que des femmes et des enfants, le courage leur manqua pour continuer cette ronde infernale, et trois cents d'entre eux devinrent les esclaves des Hova.

Rainimanana m'avait bien raconté cette légende relatée par le père Abinal, mais il m'avait assuré que

IFANDANA : ROCHE DU SOMMET. (DESSIN DE TAYLOR, GRAVÉ PAR BERG.)

cette histoire répandue par les Antimerina n'était pas exacte. En effet, ceux-ci en faisant le siège du village d'Ifandana avaient pu non pas le prendre de vive force, mais l'entourer de leurs soldats pour couper les vivres aux assiégés. Les Betsileo, pressés par la faim, avaient voulu entrer en composition avec les assiégeants et leur offrir leur soumission. Celle-ci avait été acceptée et les Antimerina avaient encore imposé comme conditions aux Betsileo de sortir deux par deux de leurs retranchements. Les Betsileo trop confiants avaient accepté et dès que les rusés et cruels Antimerina voyaient venir à eux ces malheureux désarmés, ils les tuaient et jetaient leurs corps dans la caverne où nous venons de trouver des ossements.

Cette deuxième version est certainement plus conforme à la vérité, elle est peut-être plus désavantageuse aux Antimerina, mais cela importe peu. Si les défenseurs d'Ifandana, comme le veut la légende antimerina, s'étaient précipités du haut de leurs sommets escarpés en bas de la colline sur les roches qui y sont amoncelées, les ossements présenteraient certainement des bris et des fractures que je ne constate pas, sans compter que les Betsileo de la plaine auraient certainement rendu les derniers devoirs à leurs malheureux compatriotes plutôt que d'aller porter les cadavres dans une caverne sur le haut de la colline. Les crânes et les os que je trouve portent les marques d'instruments piquants et coupants qui ne peuvent être autres que les sagaies et les sabres antimerina.

Sans chercher encore d'autres preuves pour rétablir ce point de l'histoire qui est en somme peu important, et sans qu'il soit besoin d'ajouter un fait de plus à la liste déjà longue des cruautés et des perfidies employées par les Antimerina pour réduire les autres tribus de l'île, il me suffira d'indiquer que la légende d'Ifandana racontée par Rainimanana est non seulement plus conforme aux habitudes antimerina, mais plus probable; elle concorde beaucoup mieux avec ce que j'ai vu à Ifandana.

Ce voyage à Ifandana et dans les villages voisins, à Ivohidahy, à Ambohimandroso et à Ambalavao, nous avait fait connaître, en partie du moins et dans ce qu'elle a de plus intéressant, la région sud du Betsileo : nous ne voulions pas quitter Fianarantsoa sans faire une excursion dans l'Est, du côté des Tanala. L'Ouest tentait moins notre curiosité : Maistre et moi avions parcouru de vastes territoires de ces pays sakalava, en allant à Majunga et à Ankavandra; d'ailleurs, dans notre voyage du Sud, nous devions traverser des pays absolument analogues, entre Isalo et Ihosy.

Cette deuxième excursion, dans laquelle le docteur Besson veut bien encore une fois nous accompagner, nous mène de Fianarantsoa aux confins de la forêt de l'Est, au village d'Amboasary. Nous nous y arrêtons quelque peu. Nous sommes là en face de la haute montagne d'Ambondrombe, sur la limite orientale du pays des Tanala. Cette montagne d'Ambondrombe est célèbre partout à Madagascar; son accès est *fady*. C'est le séjour des ombres, et aucun Malgache ne voudrait essayer d'y monter dans la crainte de s'aliéner quelques mauvais esprits. Maistre et moi aurions bien voulu, en dépit de la superstition des indigènes, gravir la montagne sacrée, mais nous nous exposions à mécontenter probablement la population et je n'en avais garde; nous avions trop grand besoin des indigènes pour notre campagne future, dont je ne voulais pas compromettre le succès en gravissant une montagne qui, en somme, ne diffère en rien de beaucoup d'autres sommets de Madagascar sur lesquels nous nous sommes élevés. J'ai appris d'ailleurs, depuis mon retour de notre campagne du sud, que le docteur Besson, plus libre que nous, avait pu, avec un missionnaire, et malgré la superstition et le mauvais vouloir des indigènes, gravir la montagne d'Ambondrombe. Cette montagne, qui s'élève à environ 1730 mètres, est couverte de broussailles; son sommet dénudé laisse apercevoir de gros massifs de rochers, ses flancs ne sont pas très rapides, si ce n'est du côté du sud, et l'accès en est rendu difficile surtout par les broussailles et les fourrés épineux qui couvrent ses flancs. La légende d'Ambondrombe, qui est connue de presque toutes les tribus de l'île, est particulièrement répandue chez les Antimerina et les Betsileo. Le R. P. Abinal, dans son ouvrage *Vingt ans à Madagascar* [1], la donne telle que je l'ai entendu raconter plusieurs fois à Madagascar. Comme son récit est de tout point conforme à celui que je pourrais faire, je vais citer le

---

[1] R. P. Abinal, *Vingt ans à Madagascar*.

passage de son livre auquel je fais allusion. Il y a si peu d'ouvrages sincères écrits sur Madagascar que je me plais à rendre hommage au livre du R. P. Abinal, écrit par un homme qui a bien connu Madagascar et qui s'est complu à raconter sincèrement et franchement ce qu'il a pu observer.

« Les anciens Hova n'avaient pas songé à créer des Champs-Élysées pour le séjour des âmes de leurs morts ; ces âmes, pensaient-ils, passaient un an environ à aller et venir de leur tombeau à leur case et de leur case au tombeau, et mouraient ensuite de la seconde mort, qui les replongeait dans le néant.

« Au commencement de ce siècle, les Betsileo, amenés dans l'Imerina par leurs vainqueurs, y introduisirent la croyance à un séjour où les âmes des morts passent trois ans.

« Ce lieu serait situé, d'après eux, au fond de leur pays, bien loin dans le Sud. Il porte en leur langue le nom de Ratsy, mauvais. Les Hova lui ont donné celui d'Ambondrombe, pays où les roseaux abondent. C'est là que les âmes terminent enfin leur course, au royaume des morts.

« Or, ce royaume des morts est une haute montagne, que couronne un énorme rocher abrupt, dénudé et dominant au loin la grande forêt des Tanala. Ses flancs sont couverts d'une forêt vierge comme il en reste encore quelques-unes à Madagascar. Des lianes innombrables, parfois hérissées d'épines, s'enroulent autour des arbres comme de gigantesques serpents, grimpent jusqu'au sommet, jettent d'un arbre à l'autre des ponts aériens, retombent, se relèvent et s'enchevêtrent dans les broussailles, de manière à rendre le passage presque impossible. Les sangliers et les singes osent seuls s'avancer dans ces fourrés. Comme la montagne d'Ambondrombe se trouve sur la ligne de partage des eaux, les rivières qui sortent de ses flancs se dirigent les unes vers le canal de Moçambique, les autres vers l'océan Indien. Sa position exceptionnelle, au-dessus de gorges profondes et impénétrables, de forêts humides et de marais pestilentiels, en fait le rendez-vous de toutes les vapeurs malignes des environs. Elles s'y condensent en épais brouillards, et alors que tout le pays d'alentour s'illumine et resplendit aux rayons d'un soleil étincelant, le rocher d'Ambondrombe est encore couvert d'un amas de nuages sombres comme d'un manteau gris. Le peuple appelle ces vapeurs la *fumée des ombres*.

« On raconte au sujet de cette montagne des faits merveilleux.

« Jadis, au temps de la conquête, une armée en campagne passait non loin de là. Elle entend des salves d'artillerie qui saluent son approche, puis une musique militaire exécutant l'air royal. L'armée arrête sa marche, porte les armes et rend le salut. Le prodige parut de bon augure ; les Hova furent en effet victorieux, et le général, au retour de son expédition, ne manqua pas de s'arrêter au pied de la montagne pour immoler des bœufs en actions de grâces. Au bruit du canon tiré par les vivants, se mêlèrent de nouveau les fraternelles détonations de l'artillerie des morts, et la musique d'Ambondrombe, pour la seconde fois, unit de même ses accords aux fanfares joyeuses des vainqueurs.

« On raconte aussi, dans l'Imerina, l'histoire d'un jeune homme des environs d'Ambohidratrino. Ce jeune homme tomba un jour dans une léthargie profonde ; sa famille le crut mort et commença les préparatifs de ses funérailles. Or, pendant ce temps, son âme voyageait et se rendit, paraît-il, à Ambondrombe pour visiter un de ses amis. Dès son arrivée à la fameuse montagne, elle aperçoit des milliers de personnes qui vaquaient tranquillement à leurs occupations de tous les jours : des jeunes gens en grand nombre erraient çà et là sans soucis, tandis qu'ici des jeunes filles retouchaient les tresses de leur chevelure et s'ajustaient comme pour une fête ; plus loin, quelques vieillards appesantis par l'âge, accroupis à terre, le dos appuyé au mur de leur case, réchauffaient aux feux du soleil leurs membres languissants. Le jeune homme, ou son âme, s'engage alors dans les rues d'une ville au milieu de laquelle se pressaient de nombreux habitants, et finit par arriver au quartier et à la case qu'habitait son ami.

« Le premier étonnement passé et les salutations d'usage échangées : « Que signifie donc, demande le nouveau venu, tout ce que je viens de voir ? — Ne sais-tu pas, lui répond son ami, que tu es entré dans le séjour des ombres ? Toutes les âmes, aussi bien celles des hommes que celles des brutes, des plantes, des maisons, des rizières, en un mot tout ce qui a existé un jour à Madagascar, se trouvent ici. »

« Mais déjà les ombres entraient dans la case et s'attroupaient autour de l'âme de l'étranger nouvellement arrivée dans leur séjour. Elles paraissaient affamées de nouvelles et commençaient à lui en demander de tous côtés. Leur curiosité s'accrut avec les réponses qu'elle leur donna et devint bientôt importune au delà de toute expression. L'âme du pauvre jeune homme en était accablée, et elle se sentait d'ailleurs tellement pressée par la foule des ombres, qu'elle ne savait où se mettre pour leur échapper. La voilà donc se juchant sur la claie du séchoir qui surmonte tout foyer malgache. Elle eût l'agrément d'y être enfumée jusqu'au soir. Et on ne lui servit d'ailleurs au repas que l'âme du riz, nourriture unique des morts à Ambondrombe. Ce dîner peu substantiel acheva de la dégoûter du pays. Elle s'échappe donc au plus tôt, à demi morte de fatigue et de faim, franchit les marais et revint chez elle en toute hâte.

« La première chose qu'elle rencontre en entrant dans son village, c'est son cadavre qu'on portait en terre. Inutile de dire qu'elle s'empressa d'arrêter le convoi et de réveiller sur-le-champ son corps de sa trop longue léthargie, au grand ébahissement de tous les parents, voisins et connaissances.

« Cette âme, heureusement, n'avait été séparée de son corps que d'une manière transitoire. Toutes les autres âmes définitivement séparées de leur corps et qui se rendent à Ambondrombe, qu'elles viennent de loin ou de près, doivent demeurer uniformément un an en route avant de l'atteindre.

« Le maître et seigneur du triste séjour des ombres réside au centre du nuage qui couvre le sommet du rocher. Chaque jour il envoie des officiers aux quatre points cardinaux, pour recevoir et introduire les nouveaux venus, et les distribuer dans leurs quartiers respectifs, selon leur caste et leur condition.

« Certaines âmes n'arrivent pas seules, mais escortées par les âmes des bœufs tués à leur enterrement. Avoir des bœufs tués à son enterrement est un privilège qui, de droit, n'appartient qu'aux grands chefs ou à ceux qu'ils ont voulu honorer. Ainsi, quiconque se présente aux portes d'Ambondrombe, suivi de l'âme d'un bœuf au moins, est assuré d'être reçu et traité avec distinction : les autres sont logés avec la populace et les esclaves. Voilà pourquoi les Malgaches tiennent tant à ce qu'il y ait des bœufs immolés à leurs funérailles.

« La montagne d'Ambondrombe est divisée en trois zones circulaires égales, comprenant chacune un tiers de sa hauteur. Durant la première année, les âmes habitent la zone inférieure ; elles montent ensuite à la seconde zone et arrivent, vers les commencements de la troisième année, au sommet du rocher, dans la région du nuage qui le couronne.

« La quatrième année elles meurent.

« On ignore si le seigneur d'Ambondrombe les anéantit ou s'il les dévore et se les incorpore.

« Durant les trois ans que dure une vie d'ombre, chacune garde ses habitudes passées : l'ombre du militaire prépare pour les jours de revue l'ombre de son mousquet ; l'ombre du général fait défiler ses bataillons d'ombres, au son de l'ombre d'un tambour ; l'ombre d'un avocat pérore devant des ombres de jury et pour la ruine des ombres de ses clients ; l'ombre de l'esclave y porte l'ombre de son maître sur une ombre de palanquin ; aux âmes des portes, les âmes des canons sont braquées ; les ombres des servantes reviennent de la fontaine, portant l'âme de leur cruche pleine de l'âme de l'eau.

« On raconte aussi que lorsque les souverains sont aux portes de la mort, des ombres choisies sont envoyées d'Ambondrombe au-devant d'eux ; on les voit errer autour de la capitale et annoncer le deuil prochain par les feux de leurs torches lugubres. Ce sont sans doute les feux follets courant au-dessus des rizières à certaines époques de l'année. Toujours est-il qu'en les voyant le peuple croit au présage de la mort prochaine du monarque, et que ceux-ci eux-mêmes sont terrifiés par ces feux.

« Ambondrombe inspire aux Malgaches une terreur religieuse. Sa forêt est sacrée ; jamais les indigènes n'y ont porté le feu, ni la cognée ; et personne n'oserait pénétrer dans ses épais fourrés. On dit que ses arbres parlent et peuvent donner la mort.

« Autrefois cependant, si l'on en croit la légende, un jeune homme eut le courage de se rendre à Ambondrombe en traversant la forêt et réussit à mener à bonne fin sa téméraire entreprise. Il voulait consulter son père sur une affaire très embrouillée, dont dépendait le sort de sa famille. Après de grandes difficultés et de grandes fatigues, il arriva enfin à l'enceinte sacrée. A peine a-t-il fait quelques pas, que des voix se font entendre : « Qui va là? » Ses cheveux se dressent sur sa tête, et une sueur froide couvre ses membres; mais domptant son émotion, il répond : « C'est moi ! » et il se hâte de décliner son nom et ses titres de noblesse. « Que viens-tu faire ici? — Je viens consulter mon père sur une affaire très importante. — Quel est ton père? Comment est-il fait? — C'est un tel, il est court de taille et rouge de figure. — Avance donc, car le voici qui joue au *fanorona* (sorte de jeu de dames ou de trictrac) là-bas, au pied de ce grand arbre qui ombrage la place de son quartier. »

« On ajoute qu'après avoir consulté son père, le jeune homme reprit le même chemin pour revenir sans encombre, mais non sans peur, au milieu des vivants.

« Lorsqu'une guerre est sur le point d'éclater, la forêt, dit-on enfin, s'illumine toutes les nuits. On peut même alors voir le mouvement et l'animation qui règnent dans le royaume des ombres : chaque tribu se prépare à porter secours aux vivants et fourbit ses armes ou s'exerce au combat.

« Les âmes des morts ne sont pas tellement attachées à leur séjour d'Ambondrombe, qu'elles ne voyagent quelquefois et ne retournent visiter les vivants qui les évoquent.

« Quoi de plus commun à Madagascar que leurs apparitions vraies ou imaginaires!

« Les Malgaches distinguent à ce propos deux sortes d'apparitions ou visites faites par leurs morts, l'une de l'ombre, ou, ce qui revient au même, de l'âme toute seule; l'autre, du spectre en chair et en os. Chacun de ces deux genres de visite peut apporter bonheur ou malheur; et l'on reconnaît ce qu'elles apportent à la conduite que tiennent les morts. S'ils parlent et se conduisent en amis, l'augure est favorable; s'ils sont mélancoliques, ne proférant point de paroles, et semant le désordre sous leurs pas, s'ils oppressent ou obsèdent les vivants, s'ils les suivent dans les rues et à la campagne, ce sont des artisans de malheur, des malfaiteurs ou des sorciers.

« Autant est désirable, d'après les Malgaches, la première espèce d'apparition, autant est à craindre la seconde ; et dès l'ensevelissement des morts, chacun prend ses précautions pour se procurer l'une et éviter l'autre. Avant de draper le mort dans ses *lamba*, chaque membre de la famille, ou l'un d'eux au nom de tous, dépose donc une pièce d'argent dans la bouche du défunt; cette pièce doit lui ouvrir les lèvres et lui délier la langue, lors de ses apparitions futures. Ce seul fait indique assez déjà quelle est l'erreur des écrivains qui ont assimilé la coutume malgache, dont il s'agit ici, à la coutume analogue pratiquée par les anciens aux funérailles de leurs morts. Personne en effet n'entendit jamais parler à Madagascar du Styx, ni de la barque à Caron, tandis que tout le monde tient au contraire à ouvrir la bouche de ses parents défunts lors de leurs apparitions.

« Ce résultat s'obtient presque infailliblement, dit-on, si l'on accompagne la pièce d'argent, déposée dans la bouche du défunt, d'une tabatière garnie de bon tabac qu'on place à côté de lui; mais il faut pour cela que le parent mort ait eu l'habitude du tabac pendant sa vie. Or quel Malgache ne l'a pas? Ces précautions prises, on attend les apparitions avec l'assurance la plus complète, souvent même avec impatience.

« Pour quelques-uns elles commencent à avoir lieu dès le jour des funérailles, pour d'autres seulement au bout d'une année, quelquefois plus tôt, d'autres fois plus tard.

« Au dire des Malgaches, les parents morts viennent s'entretenir avec leurs enfants, qui reposent à la place où jadis ils ont eux-mêmes pris leur repos; ils montent à l'étage, redescendent et inspectent toutes choses dans leur ancienne case. On les voit manger l'âme du riz ou celle du miel qui leur est servi, boire à la coupe commune, etc., etc.

« Comment avoir des doutes sur la réalité de ces apparitions, puisqu'on retrouve alors pendant la nuit les mêmes personnes avec lesquelles on fut autrefois en rapport. C'est leur voix, leur figure, leur démarche, leurs manières, leurs habitudes : rien n'est changé à leurs traits et à leurs mœurs bien connus. Parfois ces chères ombres demandent un objet qui leur manque, un chapeau neuf, un *lamba*, une tabatière; on se hâte d'apporter l'objet réclamé au tombeau du défunt, et le lendemain son ombre vient remercier.

« Les maris reviennent consoler leurs épouses fidèles, et ne les laissent veuves que de nom.

« Si elles enfantent dans leur veuvage, serait-ce douze ans après la mort de leur mari, la loi, fondée sur la foi en ces apparitions singulières, admet l'enfant au partage de la fortune du mort; bien plus, cet enfant peut être privilégié, et on pourra le choisir pour chef de la famille, au détriment des frères nés du vivant de leur père.

« Les apparitions de ce premier genre sont, aux yeux des Malgaches, des événements qui n'ont rien que de consolant. Ils aiment à se les procurer et possèdent certains secrets pour cela.

« Une mère, par exemple, inconsolable de ce que ses enfants ne sont plus, se lèvera doucement de sa couche, à l'heure où tout fait silence dans la nature, et les appellera de sa voix la plus tendre. Puis doucement, dans sa case, à l'angle appelé angle de la prière, elle servira du riz ou du miel à ses chères ombres, ainsi qu'une coupe pleine d'eau pure; elle placera une lampe à côté, et, montant l'escalier qui conduit à l'étage, elle s'y accroupira, les yeux attachés sur son offrande.

« Les chères ombres, en effet, ne tarderont point à paraître, elle verra leurs silhouettes se dessiner sur la cloison opposée, elle pourra les contempler avec amour, durant tout le temps de leur repas, et au départ, elle aura le bonheur de les entendre de leurs voix d'enfants la saluer en lui adressant respectueusement la formule habituelle du remerciement.

« Nous venons de parler des apparitions consolantes; il en est d'autres qu'on désignerait mieux sous le nom de récréatives; nous n'en dirons qu'un seul mot.

« On sait que rien n'égale la passion des Malgaches pour les combats de taureaux, de chiens ou de coqs. Dans un passé encore bien récent, les souverains et les riches possédaient ici des animaux de combat, comme nous entretenons en Europe des chevaux de course; et ils avaient des esclaves au service de ces animaux pour les nourrir, les dresser et les conduire au combat. Or, il est arrivé parfois que des villages ont été réveillés en sursaut, par les cris tumultueux d'une foule d'ombres, qui se donnaient le passe-temps d'une de ces joutes. A la faveur d'une vive lumière on apercevait distinctement dans la plaine des ombres de taureaux, qu'entouraient des ombres de spectateurs; des esclaves chargés de dresser leurs bêtes, les poussaient l'une contre l'autre, les encourageaient par le cri d'usage, les applaudissaient après un coup d'éclat, s'apitoyaient sur elles après leur défaite; leurs mains caressaient le vainqueur, et soignaient les plaies du vaincu.

« L'Européen qui lira ces lignes sourira peut-être d'un sourire d'incrédulité, et traitera ces récits de rêves ou d'hallucination. Nous avons les premiers éprouvé ces sentiments.

« Ce que nous devons cependant certifier, c'est que les témoins de qui nous tenons ces faits parlaient sérieusement. Tous affirmaient avoir vu de leurs yeux, entendu de leurs oreilles, et ils appuyaient leur parole du témoignage des habitants de leur village qui tous avaient vu et entendu comme eux : c'étaient des faits publics, et ils s'étonnaient fort de nous voir en douter et ne pas prendre au sérieux leurs étranges récits.

« Voici d'ailleurs un fait analogue, et bien plus célèbre :

« Le grand conquérant de Madagascar, Andrianampoinimérina, venait de passer de vie à trépas. Néanmoins, durant l'espace d'un an environ, on le vit continuer, dit-on, de tout régler à sa cour, comme par le passé. Au signal du couvre-feu, alors que la circulation est interdite dans le labyrinthe de casse-cou, qu'on appelle les rues de la capitale, il se montrait tout à coup dans l'enceinte intérieure du palais. La garde lui portait les armes, lorsqu'il faisait sa ronde à son ordinaire, donnant un mot d'éloge à celui-ci, un mot de blâme à celui-là, suivant les occurrences et le mérite. Il entrait ensuite dans ses appartements privés, et y faisait paraître des signes sensibles de sa présence, malgré la garde quintuplée aux portes, et la consigne sévère de ne laisser entrer personne.

« D'autres commandaient le jour, il régnait la nuit, et prenait à plaisir le contre-pied des ordres donnés le jour. Dix mille vétérans, qui se sont succédé dans la garde du palais, se portent comme les témoins de ces faits, et assurent avoir mille preuves de leur réalité objective.

« Un mot encore, pour finir, sur les apparitions désagréables et les moyens de s'en débarrasser.

« Nous avons dit que les visiteurs de mauvais augure se connaissaient à leur silence obstiné, au désordre qu'ils mettaient partout sur leur passage, à leurs obsessions insupportables, etc.

TYPES TANALA.

« Ces signes une fois obtenus, il n'y a pas lieu de douter, et l'on doit aussitôt songer à mettre en fuite l'ombre de malheur; d'abord par les moyens simples et ordinaires, ensuite par les plus redoutables.

« Il se peut en effet que ce soit un parent qui vient avertir ainsi quelqu'un des siens d'un danger imminent auquel celui-ci ne songe pas. Le sacrifice d'un coq dont on lui offrira la tête, suffira pour conjurer le péril et faire cesser l'apparition.

« Le fantôme persiste-t-il à molester la maison, il faut s'armer de haricots et de tout petits débris de pots cassés, et dès que l'ombre reparaît, la harceler sans relâche avec cette mitraille de nouvelle espèce. On peut être sûr, pourvu que ce ne soit pas l'ombre d'un parent, qu'avant cinq jours elle aura entièrement disparu. Mais si le visiteur désagréable et obstiné est un parent, c'est un signe manifeste qu'il était sorcier. En pareil cas, un honnête Malgache se garde de rendre son déshonneur public, il tient secrètement conseil avec les membres les plus discrets de la famille, et désigne avec eux le plus capable de ne dire que ce qu'il faut.

« Investi d'une pareille mission, celui-ci va trouver le mpsikidy, et le met au courant de l'affaire, autant qu'il le juge convenable. Le mpsikidy lui déclare alors quelle victime doit être immolée pour sauver le membre de la famille poursuivi sans relâche par l'ombre du sorcier. Que la victime désignée soit un coq, un mouton ou même un bœuf, le sacrifice doit s'offrir au plus tôt. Le mauvais sort sera ainsi conjuré. »

Rainimanana me donnait bien d'autres détails encore sur les coutumes bizarres des ombres de ses ancêtres. Toutes ces croyances seraient trop longues à relater ici, et je ne puis mieux faire que de renvoyer le lecteur soucieux de s'instruire des idées religieuses des peuples madécasses à l'ouvrage remarquable du P. Abinal.

Les Tanala, qui se trouvent non loin d'ici et qui sont par conséquent voisins des Betsileo, en diffèrent cependant quelque peu au point de vue ethnique. Leurs caractères anthropologiques se rapprochent beaucoup plus des Betsimisaraka, et d'une manière très logique et très naturelle, on doit les faire rentrer dans la grande famille des tribus de l'Est de Madagascar, dont le Betsimisaraka est le type. Beaucoup plus que le Betsileo, le Tanala présente certains caractères africains : comme le Betsimisaraka, il a le teint noir, les lèvres épaisses, le nez écrasé, et les cheveux crépus et laineux. Quoi qu'il en soit, on peut trouver dans cette tribu beaucoup de variétés individuelles. Pas plus que les autres tribus de Madagascar, les Tanala n'ont pu échapper aux influences de voisinage ; les métis sont par conséquent très nombreux, et les alliances entre les Tanala et les autres tribus de l'île, les Betsileo principalement, ont altéré chez beaucoup d'individus le type primitif ; il n'en est pas moins vrai que l'on peut trouver souvent les vrais caractères de cette tribu.

Parmi toutes les peuplades de Madagascar, les Tanala forment un petit peuple des plus intéressants à connaître. Leur pays est tout à fait particulier : ce sont les hommes de la forêt. La tribu des Tanala est en effet confinée entre la partie méridionale du plateau central, à l'Ouest, habitée par les Betsileo, et la zone littorale, à l'Est, habitée par les Betsimisaraka et les tribus Antaimoro du Nord ; au Sud, le pays des Tanala ne va pas plus loin que le Mananara ; au Nord, il n'a pas de limites précises ; dans cette partie,

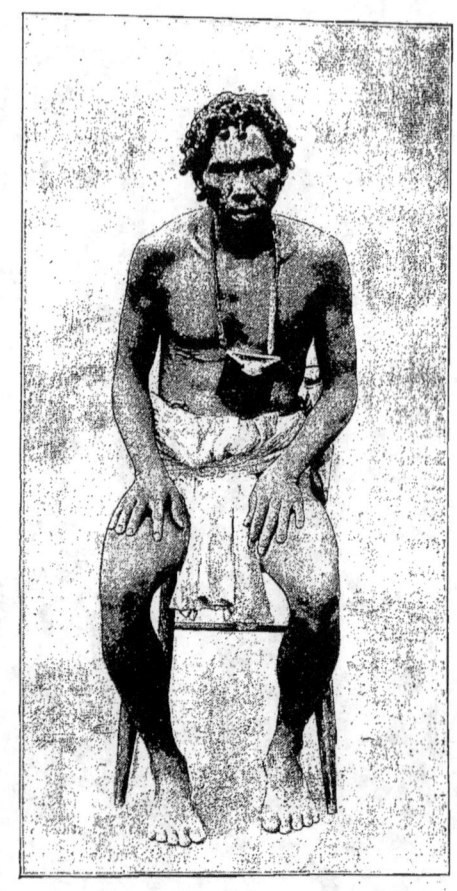

TYPE TANALA.

le pays des Tanala, très peu large, est resserré entre l'Imerina et la province des Betsimisaraka proprement dite ; il semble cependant atteindre les confins du pays bezanozano.

La tribu des Tanala doit se placer à côté des Betsimisaraka, par conséquent dans le groupe des populations de la côte orientale de Madagascar. Si tous leurs usages, leurs habitudes, leurs mœurs, leurs coutumes, sont absolument analogues à celles des Betsimisaraka, leurs voisins de l'Est, ils ont néanmoins acquis au contact des peuplades betsileo, leurs voisins de l'Ouest, certaines coutumes dont la plus apparente est sans contredit leur système d'architecture.

On raconte beaucoup de légendes sur ces Tanala, que les Antimerina et les Betsileo connaissent peu. Eux aussi sont traités de *babakoto*, et les tribus du plateau central aiment à donner ce lémurien malgache comme ancêtre aux Tanala.

Voici la traduction française d'une de ces légendes tanala que je donne d'après le texte antimerina qui m'a été fourni par Rainimanana. D'après lui, les Tanala seraient des chats sauvages, dangereux pour les hérissons (les Antimerina) lorsque ces Tanala sont dans leurs forêts, mais au contraire inoffensifs lorsque les Antimerina se trouvent dans les pays dénudés et campent sur les massifs rocheux de l'Arindrano.

LE HÉRISSON ET LE CHAT SAUVAGE.

Un hérisson et un chat sauvage avaient, dit-on, échangé le serment du sang. — « Allons nous réjouir chez nous, l'ami », dit le chat sauvage. — Ils s'y rendirent et quand ils furent arrivés ils trouvèrent un gros os qu'une poule avait dérobé et qu'ils mangèrent tous deux. — Lorsqu'ils furent rassasiés, le hérisson dit à son tour : « Ami, partons maintenant et allons chez nous ». Ils s'éloignèrent, mais le hérisson ne conduisit pas son compagnon dans sa maison, mais dans un verger de citronniers. — « Nous y sommes, dit-il à ce dernier, il y a des fruits, monte sur cet arbre et mange. » Le chat sauvage grimpa sur un citronnier, le hérisson planta alors au pied de l'arbre un morceau de bois pointu, après quoi il cria au chat sauvage : « Voici quelqu'un, l'ami ! » — Le chat sauvage sauta du haut de l'arbre, tomba sur le pieu qui lui traversa le ventre et mourut. Le hérisson lui coupa alors une cuisse qu'il porta à d'autres chats sauvages, compagnons du mort, et pour leur expliquer son présent il leur dit : « J'ai invité mes parents et voici votre part de viande, car il n'est pas convenable de manger seuls le tout ». Tous les chats sauvages le remercièrent et mangèrent. Quand tout fut achevé, le hérisson, s'adressant à tous, leur cria : « Oh! les museaux aplatis qui ont mangé les os de leur parent! » — Tous les chats sauvages se mirent en colère et s'écrièrent : « Tuons-le à l'instant, car il nous a ensorcelés! » — Le hérisson leur dit alors : « Ne me tuez pas ici, messieurs, car je ne pourrais être tué en cet endroit, mais sur cette pierre plate là-bas, je pourrais l'être facilement ». — Les chats sauvages acceptèrent, mais quand ils furent tous arrivés au lieu indiqué, le hérisson pénétra dans une fente de la roche et se trouva hors d'atteinte, et de nouveau il salua les chats sauvages en leur disant : « Oh! les museaux aplatis! qui ont mangé les os de leur parent! » Les chats sauvages, honteux, s'en retournèrent chez eux.

Ces indigènes, réunis en agglomérations peu importantes, demeurent dans des maisons en bois analogues à celles que nous voyons dans le Betsileo; ils vivent surtout de chasse et de pêche; ils défrichent cependant autour de leurs villages quelques espaces, dans les fonds des vallées principalement, qui produisent des graines et des légumes en quantité suffisante pour leur alimentation.

C'est dans cette tribu forestière que l'on rencontre le plus d'individus de petite taille à Madagascar. J'ai vu quelques adultes dont la hauteur totale ne dépassait pas 1 m. 15. Peut-être sont-ce de semblables observations faites par mes prédécesseurs à Madagascar qui ont pu donner naissance à la légende des Kimos, ces peuples nains qui habitaient sur les arbres et que certains voyageurs aiment à placer dans les centres inconnus. A ce sujet de peuples nains, je m'empresse de dire qu'il n'en existe pas à Madagascar, à ma connaissance du moins.

Lors de la conquête du Betsileo par Radama Ier, et de l'établissement de la domination antimerina dans le sud du plateau central, beaucoup d'indigènes conquis, mais non soumis aux vainqueurs, quittèrent leur pays et se réfugièrent dans l'Est, dans les forêts du Tanala, qui leur offraient un asile inviolable. C'est surtout dans la province d'Arindrano que se recrutèrent avec le plus de facilité ces insoumis à la domination antimerina. Ils se rendirent nombreux chez les Tanala, et dans une vallée profonde qu'ils découvrirent au milieu de la forêt ils vinrent fonder la ville d'Ikongo.

La partie habitée d'Ikongo forme une vallée ou un bassin long et étroit, dont l'étendue du Nord au Sud est d'environ 60 kilomètres et de 25 à 30 kilomètres à peu près de l'Est à l'Ouest.

Elle est enfermée de tous côtés par une suite de collines élevées qui font partie, à l'Est et à l'Ouest, du système général des montagnes de Madagascar. Les monts les moins élevés au Nord et au Sud s'élèvent en forme d'aiguillons à l'extrémité des plus longues chaînes de montagnes.

De tous côtés, s'étend une immense et magnifique forêt, vaste, majestueuse et imposante, mais tellement épaisse qu'elle est presque impénétrable. Les routes ou plutôt les sentiers (seuls moyens pour voyager à Madagascar) sont si étroits et couverts en telle abondance de petits arbrisseaux et autres plantes touffues, qu'il est impossible à deux personnes d'y marcher de front. La difficulté de voyager est encore augmentée par la nature ardue du terrain, par les troncs d'arbres renversés que l'on laisse toujours dans la même position où ils sont tombés, si bien qu'ils forment, dans certains cas, une barrière bien difficile, pour ne pas dire impossible, à franchir.

A l'Est, la forêt est large d'environ dix-huit heures de marche, de sorte qu'elle forme pour Ikongo un rempart et une protection toute naturelle.

Plusieurs fois, les Antimerina sont venus mettre le siège devant Ikongo, mais ils ont toujours été repoussés, et cette ville tanala, qui est sur les confins du Betsileo, peut être considérée comme imprenable par les Antimerina, et, pour cette raison, Ikongo est devenue l'asile où vont s'enfermer ceux qui craignent les Antimerina pour un motif quelconque. La tribu des Tanala vient donc grossir encore la liste déjà longue des provinces malgaches insoumises au gouvernement de Tananarive.

Sous le rapport du commerce, il n'y a que fort peu de transactions entre les populations tanala et les gens des provinces voisines. Il y aurait bien un certain commerce consistant principalement en toiles et indiennes, cotonnades, quincaillerie, mais les Tanala ne voient pas toujours d'un bon œil les marchands antimerina qui s'aventurent sur leurs territoires, et eux-mêmes par conséquent n'aiment pas à sortir de leurs forêts pour aller s'approvisionner sur les marchés voisins. Il n'y a aucune industrie, et cependant ces forêts seraient une des plus grandes richesses de Madagascar si elles étaient exploitées d'une façon intelligente. Je donne, d'après mon journal de voyageur, les principales essences forestières que je trouve aux environs du village d'Amboasary. Les hauteurs données sont presque toutes des hauteurs maxima. Les planches faites à la hache ont une longueur et une épaisseur variables au gré de l'artisan, la largeur ne peut varier que dans des limites beaucoup plus étroites selon le diamètre exploitable de l'arbre considéré.

On trouve dans les forêts tanala de fort beaux arbres, les essences forestières sont très variées, celles que me montre mon guide sont les suivantes :

Lalona. — Grand arbre, 30 mètres de haut, bois rouge, lourd, dur, peut faire des planches de 0 m. 80, bois de construction, pirogues; le *lalonavavy* sert à faire du charbon.

Voamboana. — Grand arbre, 30 mètres de haut, bois rouge, très dur, assez lourd, pourrit assez vite, bois de construction et d'ébénisterie, planches de 0 m. 80.

Rotro. — Grand arbre, 18 mètres de hauteur, bois rougeâtre, résiste à la pourriture, planches de 0 m. 30.

Varongy. — 15 mètres de haut, bois jaune, assez léger, vite pourri, planches de 0 m. 30, bois de construction.

Tsitsihina. — 8 mètres de haut, bois jaunâtre, assez lourd, dur, résiste à la putréfaction, bois de construction, planches de 0 m. 20.

Vintanina. — 10 mètres de haut, bois jaunâtre, léger, vite pourri, bois de construction, ébénisterie, odeur agréable, planches de 0 m. 20.

Ambora. — 30 mètres de haut, bois jaune veiné, bois dur et presque imputrescible, sert à faire des bardeaux pour les palais, des cercueils, ébénisterie, planches de 0 m. 60.

Vandrika. — 4 mètres de haut, bois jaune, dur et assez lourd, vite pourri, bois de construction, planches de 0 m. 10.

Zahana. — 5 mètres de haut, reflets bleuâtres, lourd et dur, pourrit vite, bois de construction, manches de sagaies et d'outils, planches de 0 m. 08.

Famelona. — 2 mètres de haut, bois jaune, dur et assez lourd, manches de sagaies et d'outils.

Hajondrano. — 20 mètres de haut, bois jaune, dur et lourd, pourrit peu facilement, bois de construction, *filanjana*, planches de 0 m. 20.

Lambinana. — 18 mètres de haut, bois blanc, tendre et assez lourd, pièces de charpentes.

Valanirana (*Voavarana*, Betsi). — 30 mètres de hauteur, bois blanc léger, résiste peu à la pourriture, bois mauvais, planches de 0 m. 25.

Leliambo. — 2 m. 50 de haut, bois blanc, dur et lourd, manches de sagaies et d'outils.

Hajombato. — 10 mètres de haut, bois violacé, dur et lourd, bois de construction, de charpente.

Hetatra. — 28 mètres de hauteur, bois rougeâtre, dur et assez lourd, pourrit assez vite, bois de construction, planches de 0 m. 30.

Hajobongo (*Nato*, Betsi). — 6 mètres de hauteur, bois rouge, dur et lourd, l'écorce sert à la teinture en rouge, manches de sagaies et d'outils.

Masehizano ou *Masaizano*. — 6 mètres de haut, bois blanc, léger et tendre, mauvais bois.

Voalava. — 6 mètres de haut, bois jaunâtre, léger et tendre, odeur empyreumatique, sec, on en fait de grandes pirogues.

Harjontoha. — 2 mètres de haut, bois rougeâtre, dur et lourd, manches de sagaies et d'outils.

Hiaka. — 15 mètres de haut, bois jaunâtre, dur et assez lourd, pourrit vite, bois de construction, planches de 0 m. 25.

Ambovitsika. — 16 mètres de haut, bois blanc, léger et tendre, se pourrit vite, mauvais bois.

Hajonovy. — Arbuste.

Tovoka. — 2 mètres de haut, bois jaune, sert aux *ody*.

Voara. — 10 mètres de haut, bois blanc, tendre et très léger, boucliers, plats, tambours, ne se fend pas.

Voatavovaratra. — 12 mètres de haut, bois blanc, léger et tendre, bois de charpente.

Valopangady. — 4 mètres de haut, bois jaunâtre, assez lourd et dur.

Maroiravina. — Arbuste, feuilles épineuses.

Hajon-dreana. Arbuste.

Tsilaitra. — Arbuste, sert aux *ody*.

Tsilai-baratra. — Arbuste *ody*, contre la foudre.

Andraisoa (*Kimboiboy* en Betsi). — Arbuste, feuilles employées contre la syphilis tertiaire.

Finga. — 20 mètres de hauteur, bois jaunâtre, veiné, dur et lourd, ne se pourrit pas vite, bois de construction, planches de 0 m. 40.

À cette liste déjà longue des essences de bois que l'on trouve dans les forêts tanala, il me faut ajouter le *ravenala*. L'arbre du voyageur, qui, en effet, à Madagascar, est le végétal caractéristique de la zone forestière orientale, est ici très commun. Il en est de même des fougères arborescentes des *vakoa*, des bambous que nous avons déjà rencontrés plus au nord, en traversant cette même zone forestière orientale, à notre départ de Tamatave et de Mananara.

En quittant le village d'Amboasary, nous faisons nos adieux aux Tanala, que nous ne devons plus revoir, et nous arrivons vite au village d'Antandrokazo. Nous sommes revenus là en pays betsileo, dans cette zone dénudée, d'une manière moins absolue cependant que celle de l'Imerina. Autour des villages betsileo, du moins dans cette partie, on peut voir dans des enclos assez bien entretenus : pêchers, bibassiers, manguiers, caféiers, citronniers, goyaviers, bananiers; à côté de ces arbres à fruits, on trouve, disséminés dans la campagne et principalement groupés sur les hauts sommets, des arbustes tels que le *voandelaka*, lilas de Perse (*Melia Azederach* [1]); le *zahamborozano*, jambose ou jam-rosa (*Jambosa-Eugenia*); l'*amontana*, qui atteint quelquefois 8 mètres de hauteur et qui sert de bois à brûler (*Ficus Baroni*); le *seva*, arbuste (*Beddleia Madagascariensis*); le *tsiafakomby*, arbuste épineux que nous avons déjà rencontré dans l'Ouest et dans le Nord, sappan de Bourbon (*Cæsalpinia sappan*); le *dingadingana*, arbuste (*Psiadia dodonæfolia*), et le *dingadingambasaha*, autre arbuste (*Justicia gendarussa*): l'*amberana* (*Urera amberana*), arbuste à feuilles urticantes, très employé pour les clôtures, ainsi que le *roingiry*; l'*ampaly* (*Ficus soroceoides*), dont les feuilles sont employées par les indigènes en guise de papier de verre; le *zahana*, arbre dont le bois dur sert à faire des manches d'outils ou de sagaies (*Phyllarthron bojerianum*); le *hasina* (*Dracæna angustifolia*), arbuste, que l'on suppose aimé des Vazimba, est employé par les Betsileo pour fabriquer des instruments de musique; le *tainakoho*, arbuste à fleurs jaunes, en betsileo *sanatry*

---

[1]. Ce lilas de Perse ainsi qu'une variété d'eucalyptus sont des arbres importés récemment à Madagascar.

(*Cassia lævigata*); le *falahidambo* (*Dichrostachys tenuifolia*); le *roibe*, arbuste à piquants qui donne de grandes fleurs et dont l'écorce rugueuse sert aux enfants à faire des frondes (espèce d'hibiscus); le *roibevavy*, la grande espèce (*Hibiscus diversifolius*), et le *roimainty* (*Rubus fructicosus*), dont le fruit mûr rappelle assez bien nos framboises de France; le *fandramanana* ou *voafotsy*, arbuste dont les feuilles servent à faire une boisson comme celle du thé (*Aphloia theæformis*).

Cependant nous voici maintenant au milieu de mai. La température se maintient toujours fraîche, principalement pendant les heures qui précèdent le lever du soleil; mais les pluies fines, les brouillards, ont cessé complètement; nous sommes entrés tout à fait dans la saison sèche des Betsileo. Nous n'avons pas de temps à perdre et je hâte de tout mon pouvoir nos préparatifs de voyage vers le Sud. A force de patientes recherches, nous trouvons à Fianarantsoa et dans les environs quelques hommes qui consentent à nous suivre dans le Sud et qui, ajoutés à nos fidèles de Tananarive, vont former le noyau de notre convoi. Bien entendu, dans le Sud ils vont se dire Betsileo : il ne faut pas que dans les tribus insoumises que nous allons traverser on nous voie accompagnés d'Antimerina. Cette compagnie pourrait compromettre totalement le succès de notre entreprise, et, dans tous les cas, nous recommanderait fort mal aux tribus rebelles chez lesquelles nous allons passer. Notre ami Rainimanana a fait dans sa jeunesse quelques excursions chez les Bara, et sur ses conseils nous allons dans l'extrême Sud-Betsileo, chercher de ses anciens compagnons, qui fort probablement consentiront à nous suivre. Les avis de Rainimanana sont bons, car à Ambohimandroso nous trouvons un esclave betsileo qui veut bien voyager avec nous. Rainizanaka, c'est son nom, a été faire du commerce chez les Bara; il connaît un peu le nord du territoire de cette tribu, en parle le dialecte, et nous sera certainement fort utile. Rainizanaka, qui doit être le commandeur de notre caravane, nous trouve rapidement les hommes qui nous sont nécessaires pour compléter notre convoi. Je suis heureux d'avoir terminé le recrutement de notre personnel. Nous avons, en dehors des Malgaches proprement dits, un créole de la Réunion nommé Mitra et un natif de Sainte-Marie, Barthélemy Douai, qui s'occupe plus spécialement de nos armes, de nos instruments et des collections d'histoire naturelle — j'avais jugé que la santé de notre fidèle Jean Boto ne lui permettait pas de nous accompagner dans le Sud, et, à son grand regret, j'avais dû le laisser à Tananarive; — un commandeur indigène, Rainizanaka, avec 32 hommes, 16 porteurs de bagages et 16 porteurs de filanjana. Comme on voit, j'avais renoncé aux bêtes de somme, qui ne pouvaient pas nous être d'un grand service, et j'avais conservé comme moyen de locomotion, rapide et commode, le filanjana, cette chaise à porteurs malgache, qui restera, quoi qu'on en dise, l'unique véhicule de la grande île, tant qu'une nation européenne n'y aura pas fait construire des voies de communication.

Notre personnel était complet et c'était là le plus important; je le payais fort cher, il est vrai, un *kirobo* par jour et par homme (25 sous de notre monnaie). Ce salaire, relativement très élevé pour Madagascar, était néanmoins acceptable, vu les circonstances et les pays difficiles que nous allions traverser, et surtout les termes de notre *fanekena* (marché, convention), car il était expressément stipulé, avec nos porteurs, que leurs salaires leur seraient payés en argent coupé à Fianarantsoa, si Maistre et moi n'étions pas morts, tués en cours du voyage.

Pour le matériel, le problème était moins difficile à résoudre. Nous étions d'ailleurs équipés depuis longtemps pour de telles expéditions, et d'un autre côté le nombre de nos porteurs de bagages nous interdisait absolument toutes provisions superflues. Nous n'avions donc que le strict nécessaire, mais en quantité suffisante. Nous n'avions en somme trouvé dans les préparatifs de notre voyage du Sud qu'une seule difficulté, mais elle était aussi grande qu'imprévue. En effet, dans les provinces méridionales que nous nous proposions d'explorer, l'argent ne passait plus sous aucune forme. Tandis que toutes les autres tribus que nous avons rencontrées jusqu'à ce jour admettaient au moins la pièce de cinq francs, entière ou fractionnée en petits morceaux; les tribus méridionales, qui vivent à Madagascar dans un isolement presque complet, ne connaissent aucun métal précieux, exigent pour leur transaction des perles, de la verroterie, en un mot des marchandises d'échange. Nous étions fort embarrassés, d'abord parce que nous n'avions aucune idée des objets qu'il nous fallait emporter, et ensuite à cause du poids fort lourd que cela nous obligeait à traîner avec nous. Dans cette circonstance, Rainizanaka nous fut d'un grand secours, et nous n'avons eu qu'à nous louer dans la suite de ses indications. Dans les tribus du sud de Madagascar, comme autrefois dans tout l'Ouest, abstraction faite des étoffes de cotonnade et d'indienne, qui même maintenant ont cours un peu partout, la marchandise d'échange la plus appréciée est sans contredit la perle de verroterie. Nous en faisons donc une certaine provision sur le marché d'Ambalavao, village connu pour cela dans tout le Sud-Betsileo et réputé pour ses *ody* ou talismans. Je ne veux pas donner ici une nomenclature détaillée et une description minutieuse des différentes perles dont nous faisons provision pour le Sud; les modes changent, et avec une perle dans le goût du jour on obtiendra une mesure de riz chez des Bara, alors qu'avec deux perles démodées on n'en aurait pas une poignée. Qu'il me suffise de dire que ces perles de verroterie, de fabrication allemande, sont très répandues dans tout le sud de Madagascar. Elles se divisent en deux types principaux. Les unes sont de petites perles sphériques blanches, bleues, rouges, noires, toujours opaques. Les petites perles bleues, qui ont environ 5 millimètres de diamètre, s'obtiennent aisément chez les marchands du Betsileo à raison de 18 sous le 100, et avec quatre d'entre elles on rachète une poule dans toutes les tribus du Sud. L'autre type de perles est de forme cylindrique : elles sont beaucoup plus grosses que les perles sphériques; les cylindres sont tantôt à facette plane, tantôt tordus sur leur grand axe. Avec une perle cylindrique à facette de 10 centimètres de long sur 2 d'épaisseur, de couleur rougeâtre, que je peux me procurer à Ambalavao pour 2 fr. 50, j'achèterais chez les Bara et chez les Antaisaka un bœuf de fort belle taille. Mais, je le répète, telle perle qui représente une valeur réelle à un moment donné chez certaines tribus du Sud, peut la perdre complètement quelques mois plus tard. Donc, pour l'achat des perles de verroterie, on ne saurait trop s'entourer de renseignements minutieux exacts et récents. En plus de nos perles de verroterie et toujours sur les conseils de notre commandeur Rainizanaka, nous augmentons notre pacotille d'échange de petits miroirs ronds, d'aiguilles, de couteaux, de pinces à effiler, de quelques coupons d'étoffe. J'ai même au fond d'une malle deux petites boîtes à musique qui viennent de France, et qui, chez ces peuplades sauvages, atteindront, je n'en doute pas, une grande valeur.

Maintenant tous nos préparatifs sont terminés. Nous présentons nos adieux à M. le docteur Besson, et, munis de souhaits de réussite des deux ou trois Européens qui habitent Fianarantsoa, nous quittons la capitale des Betsileo le samedi 24 mai 1890.

IFANDANA.

NOTRE MAISON DANS L'HOROMBE.

CHAPITRE XI

Départ de Fianarantsoa. — Ambohimandroso. — Kabary des Borizana. — Les monts dénudés du Betsileo. — Massifs de l'Andingitra et chaîne des Lohatrafo. — Village d'Ankaramena. — Vallée du Tsimandao. — Les sauterelles à Madagascar. — Sur le territoire bara. — Dans la brousse. — Le plateau des Lamboany. — Les mpanjaka bara. — Le roi de Zazafotsy devient notre ami. — Au village d'Ambararata. — Ihosy. — Au village d'Antanambao. — Chez les Bara. — Sur le plateau de l'Horombe. — Sur les rives du Lalana. — Attaque des Bara. — Village de Betroky. — Ivahona.

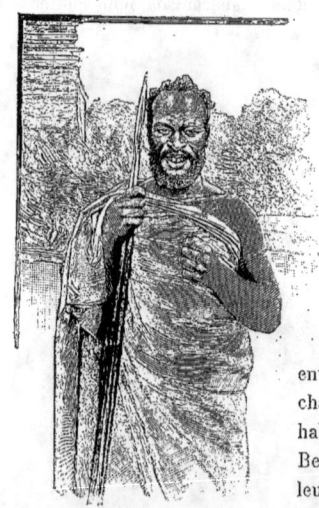

LE FRÈRE DU ROI D'AMBARARATA.

Dans presque tous les pays du monde, lorsqu'on commence un grand voyage avec un personnel nombreux, il est rare que dès la première heure tout le monde soit prêt en temps et lieu. Nous voyons, par ce qui nous arrive aujourd'hui, que cette règle s'applique très bien à Madagascar. S'il était besoin de preuves, nous en aurions ce matin une confirmation éclatante.

Dès les premières heures du jour, quelques zélés sont venus faire acte de présence, mais le gros de la troupe ne vient qu'à 10 heures du matin. Selon une habitude bien malgache, les hommes aident à empaqueter notre matériel. On lie les charges, que je distribue avec le plus d'impartialité possible. Puis, chacun soupèse son paquet, vérifie les cordelettes, trouve, bien entendu, les poids exagérés, se décide enfin à poser le bambou de charge sur les épaules, et alors... on ne part pas. Oh! je suis bien habitué à cette façon d'agir des porteurs; il faut en passer par là. Beaucoup d'entre eux me demandent à aller faire leurs adieux à leurs familles ou à prendre dans leur case quelques objets indispensables qu'ils ont oubliés. Voilà huit jours qu'ils sont prévenus que nous partirions ce matin, et leurs dispositions ne sont pas prises. Point n'est besoin de raisonner avec ces nègres. Je sais qu'ils poursuivent un but : ils veulent obtenir quelque avance sur leur salaire du voyage. Si cette avance était forte, il est bien entendu que je ne les reverrai plus, et n'ayant pas la force pour moi, il me faut employer la ruse. Je leur donne donc quelque argent, et surtout je me propose d'aller très lentement au début de mon voyage dans le Betsileo méridional, contrée relativement très sûre. Je ne m'engagerai sur le territoire bara que lorsque je devrai à chacun de mes porteurs une somme assez importante. Comme je connais les Malgaches, dès ce moment ils me suivront partout, j'en ai la quasi-certitude; il ne s'agit maintenant que de les amuser jusqu'à Ihosy, le dernier poste antimerina dans le Sud-Betsileo.

Après les *kabary* d'usage, et de nouvelles répartitions des charges, nous partons enfin pour le Sud à 1 heure de l'après-midi.

Nous suivons la route que nous avons prise il y a quelques jours pour aller à Ifandana. Vers 5 heures, nous faisons halte au village d'Ambalafeta.

Le dimanche 25 mai, nous marchons trois heures pour nous rendre à Ambohimandroso.

C'est un important village, construit, comme c'est la règle, sur un mamelon assez élevé qui domine la plaine de Mananantanana. On compte à Ambohimandroso environ 150 cases; c'est donc une agglomération assez importante, la dernière du reste que nous allons trouver sur notre route jusqu'à Ihosy. Nous ne verrons plus que de pauvres villages betsileo, dont les habitants ont conservé plus qu'ailleurs les mœurs et les coutumes de leurs pères.

Le jour suivant, nous restons encore à Ambohimandroso; nos hommes ont de nouveau des adieux à faire à certains de leurs compatriotes, et, sur les observations des porteurs de bagages — ils réclament toujours, c'est la règle, — il me faut prendre des porteurs supplémentaires pour diminuer les charges, qui sont déjà bien légères. Heureusement je trouve à Ambohimandroso, le pays de Rainizanaka, des hommes de bonne volonté; ils s'engagent au même prix que les autres, et je dois augmenter les charges de plusieurs ballots de sel. Ce jour perdu à Ambohimandroso favorise mes projets, je laisse donc faire mes porteurs, et, faisant appel à une patience rare, je partirai quand ils voudront.

Le 27 mai, de très bonne heure, nous sommes heureusement surpris de trouver tous nos hommes réunis à la porte de la case que le R. P. Fabre, chargé de la mission catholique d'Ambohimandroso, avait mise fort gracieusement à notre disposition. Nos porteurs, qui viennent prendre leurs charges, ont presque tous acheté des sagaies pour se défendre contre les nombreux fahavalo qui, disent-ils, infestent le pays. Nous augurons bien de ces achats, qui valent certainement mieux que les bouteilles de rhum dont se sont munis certains hommes. Nous partons à 8 heures et demie, après avoir recommandé à nos hommes de rester groupés et de ne pas s'éloigner trop de nos filanjana. Nous prenons notre ordre de marche habituel, ordre que nous ne quitterons plus durant cette campagne du Sud. En tête, Douai et Mitra, les deux hommes en lesquels nous avons le plus de confiance et qui seront chargés éventuellement de surveiller les guides; puis derrière eux, à la file indienne, tous nos porteurs de bagages. Maistre et moi formons l'arrière-garde et veillons à ce qu'aucun homme ne reste en arrière de la troupe.

D'une manière générale notre vitesse de marche pendant cette campagne du Sud, du moins à l'aller de Fianarantsoa à Fort-Dauphin, est assez réduite. Nous ne cheminons plus en effet dans une contrée parfaitement connue, comme dans notre voyage à travers l'Imerina, ou mal déterminée, il est vrai, comme dans la traversée de Mananara à Majunga, mais présentant cependant quelques points de repaire nettement définis. Ici tout au contraire, après Ihosy, nous serons sur des territoires complètement inconnus, et nous marcherons vers le Sud jusqu'à la mer si les circonstances nous favorisent. Je ne sais pas du tout quel sera le point terminus que nous atteindrons. Il est donc de toute nécessité, pour nous, de ne pas marcher à l'aventure, et puisque nous n'avons pas devant nous des points nettement déterminés où nous serons sûrs d'arriver, il faut nous relier constamment par l'arrière, c'est-à-dire vers le Nord, avec un point de départ connu qui sera la province des Betsileo. Pour satisfaire ce desideratum, nous avons dû relever notre route par cheminements successifs, en prenant comme point de départ les deux derniers sommets fixés par le P. Roblet, dans sa triangulation récente du plateau central. D'ores et déjà je suis heureux de dire que nous avons pu arriver à ce résultat et réunir, à travers 500 kilomètres de pays inconnus, la triangulation du P. Roblet au village de Fort-Dauphin. Sans aucun doute, malgré nos instruments assez précis et notre bonne volonté, malgré les circonstances qui nous ont constamment favorisés, nous n'avons pas la prétention d'avoir fait œuvre parfaite, mais nous avons fait cependant un tracé géographique de notre itinéraire du Sud assez exact et assez précis pour répondre complètement au but que doit se proposer tout missionnaire scientifique qui traverse des pays inconnus. A ce tracé géographique et comme contrôle, sont venues s'adjoindre des observations astronomiques, latitudes par des circumméridiennes prises le plus souvent possible; j'ajouterai enfin que les distances ont été calculées entre chaque étape, depuis notre départ de Fianarantsoa jusqu'au retour dans cette ville, par un podomètre convenablement réglé. J'ai hâte de reconnaître que seul je n'aurais jamais pu faire toutes ces observations : la conduite de la caravane me causait trop de soucis, mes collections et mes observations d'histoire naturelle prenaient tous mes instants. C'est mon compagnon de voyage, Maistre, qui s'occupait plus spécialement des observations topographiques. Pendant les trois mois qu'ont duré notre voyage du Sud, mon ami, gravissant tous les sommets de quelque importance que nous rencontrions sur notre route, s'en écartant même souvent de plusieurs kilomètres, a fait plus de 150 tours d'horizon, soit avec le théodolite à boussole (marine N° 60), soit avec la boussole Kater (modèle de l'état-major russe).

A notre sortie d'Ambohimandroso, de nombreux indigènes nous accompagnent jusqu'aux dernières maisons de la ville; ce sont, pour la plupart, des femmes qui viennent dire adieu à nos porteurs, leurs maris. Il est étonnant de remarquer à Madagascar combien les porteurs de filanjana ou de bagages ont de femmes; ces épouses, légitimes ou non, se trouvent dans chaque village que les borizana traversent d'habitude. Rainizanaka m'explique que pour eux c'est fort utile. Tandis qu'ils font leur rude métier, ils sont assurés de trouver, dans n'importe quel village où les amèneront les hasards de leurs courses aventureuses, bon gîte, bon souper, et autres choses encore. C'est évidemment très pratique. Il est à remarquer que tous les porteurs, en général, qui se trouvent dans le Sud comme dans toutes les provinces autres que l'Imerina, comprennent une notable proportion d'hommes libres. Dans l'Imerina, au contraire, presque tous les porteurs sont des esclaves. C'est là aussi, dans l'Ankova, que d'une manière absolue la proportion des esclaves est la plus forte; faible ailleurs, elle devient presque nulle dans les territoires insoumis.

En quittant Ambohimandroso, nous entrons dans la grande plaine de Mananantanana. Cette plaine est en grande partie inculte, couverte de hautes herbes, *vero* (*Andropogon hirtus*), *horona* (*Aristida adscensionis*). On remarque cependant autour des *vala* disséminés çà et là quelques champs d'ambrevades, des rizières, des plantations de canne à sucre, de manioc et de patates. Les arbres sont très rares. Ce sont les mêmes variétés que j'ai signalées aux environs de Fianarantsoa.

La plaine est entourée de montagnes élevées. Au sud, c'est le pic d'Andraintonga, terminé par un cône de granite; au nord et au nord-ouest l'Isomahy, l'énorme massif de l'Ivohibe, le sommet pointu du Vohitafia, surmonté d'un tombeau, l'Ansahaviro; enfin, loin dans l'ouest, les grandes roches arides des Manampy découpent sur le ciel leurs formes bizarres.

Nous avons vu dans nos voyages précédents, et principalement dans l'Imerina et dans le nord du plateau central, de nombreuses montagnes ou collines élevées. Ces hauts sommets du nord se présentent toujours sous la même forme invariable. Ils sont constitués par de puissantes assises rocheuses recouvertes d'une épaisse couche rougeâtre; le plus souvent un maigre gazon revêt leurs flancs aux pentes douces. Très rarement des émergences rocheuses apparaissent au sommet, quelques blocs de roches primitives sont accrochés à leurs flancs. Nulle part on ne voit d'arêtes vives; l'argile, résultat de la décomposition pendant de longs siècles des roches sous-jacentes, a comblé toutes les anfractuosités. De loin en loin, l'œil ne découvre sur ces croupes arrondies que de petits ravins creusés dans l'argile par les eaux sauvages. En somme, dans les provinces du nord, dans les plaines comme sur les sommets, l'argile rougeâtre recouvre la roche fondamentale. Dans le sud au contraire, on observe le plus souvent une disposition toute différente. Là en effet, tandis que les plaines et les vallées offrent comme ailleurs un sol argileux, les sommets, les montagnes comme les collines, les mamelons comme les monticules, sont d'énormes masses rocheuses. Comme nous l'avons vu à Ifandana, comme nous le voyons aux Manampy, comme nous le verrons plus tard sur notre route du Sud jusqu'aux monts Beampingaratra qui enserrent la vallée d'Ambolo, tous les hauts sommets sont des roches, le plus souvent massives, déchirées, bizarrement contournées; les arêtes sont vives, les parois abruptes, les anfractuosités fréquentes. Cette différence entre les sommets du nord et les sommets du sud est vraiment frappante à Madagascar.

Au milieu de la plaine du Manantanana nous traversons un petit ruisseau près de son confluent avec cette rivière; puis un marais qui disparaît sous une végétation épaisse de *bararata* et de *herana*. Nous y faisons une chasse fructueuse de *vorompotsy* (*Ardea bubulcus*) et de *takatra*. Nous croisons de nombreux indigènes, qui nous souhaitent en passant un heureux voyage. Ces hommes portent des paquets suivant un système que je n'avais pas encore vu employer jusqu'à ce jour à Madagascar. Ils ont en effet sur le dos un grand panier, sorte de hotte, maintenu sur les épaules par des lanières de cuir.

La plaine devient plus étroite, resserrée qu'elle est dans l'ouest par les premiers contreforts de l'Andraingitra et par les assises inférieures des Manampy.

Sur ces derniers contreforts se trouve construit le petit village de Manambolo, où nous nous arrêtons pour déjeuner. Ce petit hameau de 25 cases environ est entouré d'une épaisse haie de cactus. A côté des cases qui sont encore en terre, on remarque plusieurs greniers à riz; ce sont de petites constructions cylindriques faites en bois et en torchis et recouvertes d'un toit de chaume. Lorsque nous reprenons notre route après avoir quitté le village de Manambolo, nous traversons à gué une petite rivière du même nom. En cet endroit, le Manambolo mesure 10 mètres de large sur 40 centimètres de profondeur moyenne. Ce cours d'eau se dirige vers le nord, et à peu de distance d'ici il va se jeter dans le Mananantanana.

A l'ouest du Manambolo, le sentier que nous suivons quitte la plaine du Mananantanana et commence à gravir les premiers contreforts des Manampy et du Vatotsitondroina; la direction générale de ces collines rocheuses est nord et sud. Jusqu'à présent le chemin a été assez bon dans cette plaine qui environne Ambohimandroso, mais maintenant il devient mauvais, il nous faut contourner les émergences rocheuses qui percent l'argile en maints endroits, et nous faufiler entre des blocs énormes de gneiss et de granite, qui le plus souvent ne laissent entre eux que d'étroits passages. Nous arrivons enfin au sommet du Vatotsitondroina, à 1 150 mètres d'altitude. De l'autre côté de ce point culminant où nous nous sommes arrêtés quelques instants pour nos observations, s'étend un plateau légèrement ondulé couvert de cultures d'ambrevades. Il s'y trouve aussi des champs d'*ampembe* (*Holcus sorgho*), que je n'avais pas encore vus jusqu'à ce jour à Madagascar.

Le sorgho, presque inconnu sur le plateau central et dans l'Est de la grande île, est au contraire assez commun dans le Sud et dans les territoires sakalava.

Tandis que de l'endroit où nous sommes, la vue peut s'étendre très loin vers l'ouest, où nous reconnaissons sans peine la zone des brousses, vers le nord et vers l'est l'horizon, beaucoup moins vaste, est fermé par les hauts sommets du Sud-Betsileo; vers le midi, ce sont de hautes montagnes où scintillent des blocs de quartz; ces montagnes, très hautes et très déchiquetées, barrières naturelles entre les Bara et les Betsileo et soutenant le plateau central vers le sud, forment le massif de l'Andraingitra et la chaîne des Lohatrafo.

A 4 heures et demie, nous faisons halte à Andranovoronloha. C'est un misérable village, qui compte 18 maisons, plus malpropres les unes que les autres. L'enceinte de cactus qui environne le village sert aussi de parc à bœufs, et le troupeau, qui vient de revenir du pâturage, a envahi le village. Ces animaux nous bloquent dans la case que nous avons choisie, et comme ils sont d'humeur belliqueuse, nous ne pouvons pas sortir.

Nous passons donc dans ce pauvre endroit la journée du 28 mai en tête-à-tête avec nos bœufs. Vers le milieu du jour, nous tentons une sortie vigoureuse, couronnée de succès d'ailleurs, pour aller gravir le mont Ifaha, qui se trouve non loin d'ici et dont le sommet sera pour nous une bonne station topographique. Aux alentours du village, l'immense majorité des terres est inculte. Les Betsileo mettent le feu dans les herbes à cette époque de l'année, afin qu'à la prochaine saison des pluies elles repoussent plus

MONTAGNES ROCHEUSES DU SUD-BRÉSILIEN. (Dessin de Taylor, gravé par Duppl.)

tendres et plus vivaces, pour servir à la nourriture de leurs troupeaux de bœufs. Le mont Ifaha, qui a environ 1810 mètres d'altitude, est isolé au milieu de ce plateau. Son sommet est formé de deux immenses rochers à pic de tous côtés, et nous sommes obligés de rester à leurs pieds pour prendre nos observations.

Le jeudi 29 mai, nous quittons dès l'aube Andranovoronloha, et peu d'instants après nous traversons le village de Targay. Dans la contrée où nous sommes, qui appartient encore à la zone dénudée, mais qui est très voisine de la zone des brousses, apparaissent devant nous de nombreux nids de termites. Le termite à Madagascar, *vitsikazo*, est absolument confiné dans la zone des brousses ou sur les parties des autres territoires qui touchent de très près cette zone; c'est dire que notamment il est très commun sur tous les territoires sakalava. Maintenant que nous sortons à peine du Betsileo, nous en trouvons déjà vers le sud. A Madagascar, les termites se construisent des nids coniques, répandus en grand nombre dans toutes ces campagnes argileuses. Ces cônes atteignent en moyenne 60 centimètres de hauteur sur 50 de diamètre inférieur.

Dans toutes les contrées où se trouve le termite existent en plus ou moins grand nombre des compagnies de pintades sauvages, *akanga* (*Numida mitrata*). Nous passons ensuite près d'une montagne, c'est le Vintalala. Dans cette partie de la route, la roche est à nu, plus loin l'argile rouge réapparaît, couverte comme toujours de grandes herbes de *vero* et de *horona*. Çà et là commencent à sortir des herbes de petits buissons, plus loin encore ce sont des arbres. Avant la fin du jour nous entrerons dans la zone des brousses. Ces arbres isolés et qui commencent à couvrir la plaine sont surtout des *sakoa*, arbre de Cythère ou Evi (*Spondias Cytheræa*), et des *nonoka* (*Ficus melleri*). Il y a aussi beaucoup d'euphorbes à fleurs jaunes, de *songosongo* (*Euphorbia splendida*).

Ici nous arrivons à un col, et à partir de ce point nous allons descendre brusquement jusqu'au village d'Ankaramena. Au sommet du col, à 1 310 mètres d'altitude, nous avons une très belle vue vers l'Ouest sur la vallée du Tsimandao et sur la plaine d'Ankaramena. Le pays change d'aspect, la plaine est sillonnée de nombreux ruisseaux dont les bords sont couverts d'une belle végétation formant des lignes de verdure qui vont se perdre loin dans l'Ouest. On remarque surtout beaucoup de petits arbustes qui ont des feuilles comme nos pins d'Europe; ce sont des espèces de *hosana* (*Xerophyta pectinata* et *Xerophyta sessiliflora*).

De ce col, le Tsimandao semble venir du nord, puis à partir du village d'Ankaramena, il se dirige vers l'ouest et passe près d'un autre village betsileo, Mafaitra; ensuite il prend une direction générale nord-ouest. Nous sommes descendus dans la vallée d'Ankaramena, à 810 mètres d'altitude. Le sol est d'argile rouge couverte partout de hautes herbes; les arbres isolés sont en grand nombre. De distance en distance on aperçoit, semblables à des petites huttes, d'énormes nids de termites. Ces nids sont quelquefois si rapprochés que l'on croirait se trouver en présence d'un village en miniature.

A midi, nous passons à Vohibola. Une pierre levée est à l'entrée de ce village; non loin de là, à l'ombre d'un arbre au feuillage épais, un groupe de femmes travaillant à piler du riz. Nous passons sans nous arrêter. A l'ouest du village, nous traversons à gué le Tsimandao. Cette rivière, large d'une vingtaine de mètres, n'a pas à cette époque de l'année plus de 30 centimètres de profondeur; elle coule sur un lit de sable blanc auquel des paillettes de mica donnent çà et là des reflets métalliques. Puis nous arrivons au village d'Ankaramena, où nous nous arrêtons vingt-quatre heures.

Ankaramena est la seule agglomération importante que nous ayons rencontrée depuis notre départ d'Ambohimandroso. Elle compte environ 60 cases, construites presque toutes sur le même modèle. Sur une charpente en bois sont appliquées des cloisons de bararata tressé ou des claies de vero. Ankaramena, comme presque tous les villages betsileo, est enfermé dans une enceinte de cactus de plus de 50 mètres d'épaisseur, absolument impénétrable par conséquent; on accède au village par un couloir sinueux ménagé dans l'enceinte et coupé par quatre portes que l'on ferme chaque soir. Ces mesures de précautions, générales à Madagascar, se retrouvent plus ou moins partout; elles ne manquent totalement que dans les villages des Antimerina construits récemment. Par contre, le village d'Ankaramena est bâti dans la plaine; cette disposition, contraire à celle que nous avons vue partout sur le plateau central, chez les

AU VILLAGE D'ANKARAMENA. — PILEUSES DE RIZ. (DESSIN D'A. PARIS, GRAVÉ PAR BERG.

Betsileo comme chez les Antimerina, se rencontrent dans tous les territoires insoumis. Ankaramena est encore divisé en quatre villages distincts par des haies intérieures de cactus. Les bœufs, qui sont ici très nombreux, ont une enceinte réservée; ils constituent d'ailleurs la principale richesse des indigènes, et dans ces contrées se vendent plus cher que dans le nord (8 piastres environ, 40 francs). Il y a dans le village beaucoup de poules et quelques moutons, mais pas de porcs. On voit que les Antimerina n'ont pas encore pénétré dans ces régions. A côté de presque toutes les cases du village, dans une enceinte particulière faite de bararata ou de grands roseaux, se trouvent des greniers à riz, élevés de 2 mètres environ au-dessus du sol et semblables à ceux des Betsimisaraka. Les habitants d'Ankaramena sont encore des Betsileo, mais très éloignés du centre de la province, ils ont gardé presque intactes les coutumes de leurs pères. C'est ainsi que, contrairement à ce que nous avons vu à Fianarantsoa, les hommes portent les cheveux tressés et savamment disposés, comme les femmes. C'est la vieille coutume malgache.

Le samedi 31 mai, nous continuons notre route dans la vallée du Tsimandao, large de plus d'un kilomètre à la hauteur d'Ankaramena, mais qui se rétrécit à mesure que l'on s'avance vers l'ouest; comme végétation le pays présente le même aspect que celui traversé le 29 mai à partir du col de Vintanala. Ce sont toujours de grandes herbes et des sakoa, sur lesquels voltigent d'innombrables petites perruches vertes. Une fois de plus, l'aspect de ce pays desséché et cependant couvert d'arbres vient me prouver encore, s'il en était besoin, que le déboisement complet du plateau central, de toutes ces contrées si riches en eaux vives et relativement des plus fertiles de Madagascar, n'est pas un fait naturel. A 9 heures, nous traversons un petit ruisseau qui se jette dans le Tsimandao, dont nous côtoyons presque les rives. Le sol est couvert de petits cailloux de quartz aux arêtes vives et tranchantes, mais tous nos porteurs ont des *kapa*, sandales indigènes, qui préservent leurs pieds des coupures dangereuses. Un immense

AU VILLAGE D'ANKARAMENA.

vol de sauterelles qui remonte vers le nord vient nous envelopper; il mesure trois ou quatre mètres de hauteur, et s'étend sur une largeur de plusieurs kilomètres. Nous voyons le long de la route quelques indigènes qui s'occupent à défendre leurs rizières contre ces terribles adversaires. Leurs efforts ne sont pas toujours couronnés de succès. Malgré les cris qu'ils poussent et les branches d'arbres qu'ils agitent, les foyers qu'ils entretiennent et qui répandent dans l'air des nuages d'une fumée âcre et épaisse, les criquets dévastateurs, poussés par la masse des autres insectes qui volent derrière eux, ne peuvent se détourner. Les indigènes se vengent en mettant dans des sacs de roseaux de nombreux cadavres étendus sur le sol. Presque tous les Malgaches mangent les sauterelles sans répugnance. Cuites à l'eau et frites, elles forment même un mets très apprécié.

Nous arrivons au village de Mafaitra et les sauterelles passent encore au-dessus de nos têtes. Nous sommes ici à la limite de la province des Betsileo : Mafaitra est en effet le dernier village de notre route qui soit habité par des indigènes de cette tribu; plus petit qu'Ankaramena, il ne compte qu'une quarantaine de cases, mais il est absolument analogue au village que nous avons quitté ce matin. Même situation dans la plaine, enceinte de cactus identique; nous y retrouvons le couloir sinueux, les quatre portes, et dans l'enceinte les greniers à riz, et le parc à bœufs. A notre arrivée, toute la population, hommes, femmes et enfants, se bourre de sauterelles que l'on vient de prendre. Ces indigènes doivent avoir des estomacs fort robustes pour digérer cette quantité d'acridiens.

Les sauterelles de Madagascar, *valala* comme disent les indigènes (*Pachytylus migratorioides*, variété *Capito*), sont très communes dans la grande île et ne se trouvent généralement que dans la zone des brousses, au Nord, à l'Ouest et au Sud du plateau central. Leurs migrations assez fréquentes ne semblent pas suivre des règles fixes; c'est à l'époque de la ponte, m'affirment quelques indigènes, que ces voyages en masses sont le plus fréquents. Les mœurs des criquets ne semblent pas différer à Madagascar de ce qu'ils sont ailleurs, je ne m'étendrai donc pas davantage sur le compte de ces acridiens.

J'ai dit que presque tous les Malgaches mangeaient ces criquets migrateurs; voici comme je vois les préparer à Mafaitra.

Les *valala*, sauterelles, sont mises dans une grande marmite avec une très petite quantité d'eau. Après

BETSILEO D'ANKARAMENA.

avoir fermé hermétiquement le vaisseau de terre, on le place sur le feu, et les insectes sont longuement cuits à l'étuvée. On étend ensuite les sauterelles sur une natte que l'on expose au soleil. Ainsi préparées et séchées, elles peuvent se conserver très longtemps. Pour les manger, on les fait griller ou frire. J'ai voulu essayer de goûter à ce mets indigène, et malgré une répugnance que tout Européen éprouverait, je crois, j'ai goûté à deux ou trois valala ainsi préparés. La vérité m'oblige à dire que ces insectes, débarrassés, selon la coutume, de leurs pattes et de leurs ailes, ne sont pas trop mauvais; il y a même dans cet aliment un arrière-goût de noisette pas trop désagréable; mais, je le confesse, je me suis vite arrêté dans cette dégustation, aimant mieux donner à Rainizanaka la pleine assiette qu'il m'avait apportée.

Nous passons le reste de la journée à recueillir quelques provisions, toutes différentes, je m'empresse de le dire. Pendant deux ou trois journées de marche environ, nous ne rencontrerons pas de villages, et par suite nous ne pourrons pas nous ravitailler.

En entrant sur le territoire bara existe donc ce que j'avais constaté toutes les fois que j'étais passé d'un territoire soumis au gouvernement antimerina dans une tribu rebelle. Je veux parler d'un espace assez grand, sorte de zone frontière où on ne rencontre pas de villages. Cette sorte de territoire tampon existe en effet toujours entre les possessions antimerina et les territoires insoumis. C'est un terrain favori des *fahavalo*; loin de toute agglomération, ils ne craignent pas les gêneurs. En cas de bonne fortune, ils peuvent de suite tenter un coup de main sur les villages soumis aux Antimerina et qui sont à proximité; en cas de revers au contraire, ils n'ont que peu de distance à franchir pour se mettre à l'abri dans les territoires insoumis; ils savent d'ailleurs que dans les tribus rebelles, chez les Bara, comme chez les Sakalava, un ennemi des Antimerina, serait-ce un vulgaire pillard, sera toujours bien reçu pourvu qu'il n'exerce son industrie que contre les Amboalambo, leurs sujets ou leurs amis.

Le dimanche 1er juin, ayant fait trois journées de vivres, nous quittons le village de Mafaitra et laissant à droite la vallée du Tsimandao, nous entrons dans un petit vallon dirigé vers l'ouest. Au point précis où nous l'avons quitté, le Tsimandao change de nom, et devient le Ranomaitso, principal affluent de gauche du Mangoky. Après avoir traversé un petit ruisseau, affluent du Tsimandao, par 820 mètres d'altitude, nous entrons dans une grande plaine limitée au sud par des collines peu élevées et à l'ouest par la chaîne et le massif du Lamboany; et, à environ 45 kilomètres dans le nord, elle est limitée par une chaîne de montagnes partant d'Ankaramena et se dirigeant vers le nord-ouest. Cette chaîne, à laquelle appartient le mont Vohidrosa, pic remarquable qui nous a servi de point de repère pendant nos précédentes étapes, semble borner au nord la vallée du Tsimandao.

COIFFURE BETSILEO D'ANKARAMENA.

L'aspect général du pays est le même, partout du *vero*, çà et là des *sakoa*. Nous sommes maintenant définitivement entrés dans la zone des brousses; nous avons quitté le plateau central dans la journée d'hier. La rapide et longue déclivité d'Ankaramena était la dernière marche qu'il nous fallait descendre pour nous voir transportés du plateau des Betsileo au niveau des grandes plaines du sud, niveau que nous venons d'atteindre aujourd'hui. Nous traversons le Sabanona, puis un de ses petits affluents et, à quelques centaines de mètres d'un rocher qui ressemble à la croupe de quelque animal gigantesque, nous passons au village de Mandazaka, agglomération abandonnée aujourd'hui de ses habitants. Au milieu de ce village passe un petit cours d'eau qui va dans l'Ouest rejoindre le Sabanona. Sur ses rives croissent des *fandrana* (espèces de pindanus) à tige mince et droite, portant à l'extrémité des branches un bouquet de longues feuilles filiformes. Le long de ce petit ruisseau s'épanouit une belle végétation, des *fandrana* en grand nombre, puis des *lalona* (Weinmannia Bojeriana), des *rotra* (Eugenia jambolana), des *hafotra* (Abutilon angulatum), arbres précieux pour les indigènes, car de leur écorce préparée ils se font des vêtements. Dans ces contrées relativement éloignées de tous centres commerciaux, l'usage des *lamba* et des chemises de toile et cotonnade, si répandu à Madagascar, commence à n'être plus ici qu'une exception, et plus nous avancerons vers le sud, plus nous verrons le *lamba*, le vêtement malgache par excellence, disparaître peu à peu pour faire place aux nattes tressées et aux pagnes d'écorces préparées; ce n'est qu'en arrivant dans les environs de Fort-Dauphin que nous verrons les toiles, cotonnades et indiennes réapparaître. Après nous être arrêtés quelques heures au milieu du jour nous reprenons notre route au sud-ouest. Nous commençons de suite à gravir la chaîne des Lamboany; au sommet, par 1 230 mètres d'altitude, nous découvrons devant nous un plateau complètement aride. L'herbe qui le recouvrait a été brûlée par les indigènes. Cette contrée désolée que nous allons mettre deux jours à traverser est absolument inhabitée, elle n'est fréquentée que par quelques *fahavalo* et des voleurs de bœufs. Notre commandeur Rainizanaka nous assure que ce plateau désert est considéré par les indigènes comme territoire neutre entre les Bara et les Betsileo, il assure que le gouverneur antimerina d'Ihosy a depuis quelques années donné des ordres pour que tous les voyageurs armés qui traverseraient ces solitudes donnent la chasse et attaquent sans provocation aucune tous les Bara qu'ils rencontreraient et qui ne seraient pas conduits par un Antimerina.

J'eus bien soin de répondre à mon commandeur que les ordres antimerina me laissaient absolument indifférent et que les indigènes, Bara ou Antimerina, que nous rencontrerions devaient être absolument respectés; du reste j'assurais à tout mon monde que, à l'occasion, je saurais faire exécuter les ordres donnés. L'on m'avait raconté à Fianarantsoa et ailleurs le sort malheureux de plusieurs expéditions dans le Sud; cela ne m'étonne nullement, maintenant que je vois les dispositions que prennent les Antimerina contre les indigènes insoumis, et les dispositions qu'ont dû prendre, sans en rien changer, presque tous les explorateurs, mes prédécesseurs, qui se faisaient passer et à justes raisons dans ces contrées du sud pour les amis et les admirateurs des Antimerina. Cette façon d'agir n'était pas très logique pour des gens qui voulaient traverser et demander l'hospitalité à des tribus insoumises, mais l'exemple est contagieux, et à Madagascar, l'Antimerina est le dieu du jour.

Sur ce plateau des Lamboany, plus un arbre, plus un arbuste. Par contre, les émergences rocheuses sont très fréquentes; chose rare à Madagascar, le terrain est caillouteux, ses pierres sont pour la plupart des quartzites aux angles vifs. Cependant la contrée était peuplée autrefois, nous y voyons des restes d'un ancien village, Ambalamaty. Dans l'après-midi, nous nous arrêtons pour camper sur les bords d'un ruisseau, l'Akazomsidika, affluent du Menarahaka.

Dimanche 1ᵉʳ juin. — Cette nuit a été fraîche et humide, et quelque temps avant le lever du soleil nous avons dû tous nous réunir autour des feux que nos porteurs n'avaient cessé d'entretenir pendant la nuit entière. Trois heures après notre départ des bords de l'Akazomsidika, nous passons au village de Zazafotsy.

Il est construit en plaine comme les agglomérations précédentes. Les cases sont également faites au moyen de claies de bararata appliquées sur une charpente en bois. Ici nous sommes chez les Bara. Zazafotsy, qui compte cinq ou six cases environ, possède dix à douze habitants; l'un d'entre eux, qui se trouve près de la porte lors de notre passage, nous invite à entrer voir le roi.

Dans tous les territoires que nous avons traversés à Madagascar jusqu'à présent, le mot *mpanjaka* ou *ampanjaka* signifiait roi, souverain, et il n'était employé chez les Antimerina ou chez les tribus qui leur sont soumises que pour désigner le souverain de Tananarive; chez les Sakalava insoumis de l'Ouest, on désigne par *mpanjaka* l'individu, homme ou femme, qui commande à toute la tribu ou qui gouverne un vaste territoire. Dans ces deux cas, la signification propre du mot est donc identique. Dans le sud au contraire, le mot *mpanjaka* (ils disent plus volontiers *ampanjaka*) a une signification beaucoup plus étendue. Cette appellation désigne non seulement les grands chefs des tribus ou ceux qui commandent à de vastes territoires, mais encore les mille petits potentats qui sont à la tête de chaque district, de chaque village. Toute agglomération, si peu importante qu'elle soit, a un *ampanjaka* complètement indépendant de tous ses voisins. Chez les tribus du sud, *ampanjaka* ne désigne pas seulement un chef quelconque, c'est encore une appellation honorifique que l'on donne sans aucune parcimonie à tout étranger qui traverse le pays, suivi de quelques serviteurs. Durant toute cette campagne du sud, Maistre et moi avons été des *ampanjaka* ; je dois à la vérité de dire que jamais cette appellation royale n'a troublé nos idées et que nous n'étions pas plus fiers pour ça.

Le roi de Zazafotsy est un solide gaillard d'une quarantaine d'années. En dehors de son fusil un peu plus orné, aucun insigne ne le distingue de ses sujets. Son lamba est aussi crasseux, son odeur *sui generis* aussi désagréable. Il nous reçoit dans sa case et nous offre une corbeille de riz. Nous le remercions et nous lui offrons en retour quelques petits cadeaux, qui semblent lui faire grand plaisir. Quoique ce roi ne me paraisse pas jouir d'une grande notoriété parmi ses compatriotes, puisqu'il n'a que neuf sujets, je ne laisse pas passer l'occasion de lui dire que nous voulons aller jusqu'au territoire Antandroy, bien loin dans le sud. Il est d'abord quelque peu défiant, mais de nouveaux présents viennent vite le rassurer; il se montre surtout plein de confiance à notre égard lorsque nous lui avons affirmé, très chaleureusement du reste, que nous n'avons aucun rapport avec les Antimerina; nous venons de leur pays, c'est vrai, mais ce n'est nullement pour eux que nous voyageons à Madagascar. Notre petit discours le touche profondément, il nous assure que dès que nous aurons dépassé Ihosy et que nous entrerons dans les territoires complètement insoumis, nous trouverons partout bon accueil; des émissaires qu'il va envoyer tout de suite vont aller dire dans le sud — à Madagascar les nouvelles se répandent vite — qu'on ait à nous laisser librement passer, du moment que nous semblons être de braves gens, étrangers soucieux de respecter les coutumes du pays, et surtout n'ayant rien de commun avec les Antimerina. Sur cette bonne promesse, nous nous quittons bons amis avec le roi de Zazafotsy.

Je dois dire que le chef obscur de ce pauvre village bara n'a pas oublié sa promesse, nous avons toujours, comme je l'ai su depuis, été précédés dans le sud d'une bonne réputation; grâce à cette renommée, nous n'avons jamais rencontré de gros empêchements à nos projets de marche, nous n'avons jamais été attaqués par les indigènes et sauf les petits *kabary* sans importance que nous ont valu plusieurs fois certaines maladresses de nos porteurs, nous avons relativement marché dans le Sud avec la même facilité que dans l'Imerina. Et pourtant ces tribus sont jalouses du droit de passage, un étranger n'est pas toujours en sûreté au milieu d'elles, elles sont très superstitieuses, les indigènes sont rapaces et cruels; nous en avons eu bien souvent la preuve, par des ennuis fréquents que nous avons rencontrés dans beaucoup de villages bara, manambia, antanosy et antaisaka, mais qui se sont toujours résolus au mieux de nos intérêts, bien que nous nous soyons trouvés parfois dans des positions fort délicates. Aussi puis-je affirmer, sans crainte d'être démenti par l'expérience, que tout voyageur qui ne disposerait pas d'une véritable force armée et qui voudrait traverser ce sud de Madagascar avec la protection des Antimerina, courrait les plus grands dangers. Il est juste d'ajouter que notre réputation enlevait toute gêne et toute défiance aux indigènes, sujets des rois que nous interrogions. Personne ne songeait à dissimuler devant nous, et chacun disait le plus grand mal des Antimerina. Pour rester dans notre rôle, il nous fallait, bien entendu, acquiescer le plus souvent, mais, cela n'étant pas en contradiction avec nos propres pensées, nous n'en étions que plus sincères.

Zazafotsy est le premier village bara que nous rencontrons sur notre route. Comme nous devons encore parcourir pendant une ou deux semaines le territoire de cette tribu, je ne prends ici que quelques notes, que je me propose de compléter dans la suite. En sortant de ce village, qui ne peut d'ailleurs nous offrir aucune ressource, et où il est par conséquent inutile de nous arrêter, nous traversons à gué un grand ruisseau et nous continuons sur le plateau. Jusqu'au village d'Ambararata, où nous arrivons vers quatre heures du soir, la contrée reste sensiblement la même : c'est la brousse. Grande plaine très boisée, un arbre en moyenne tous les dix mètres, des *sakoa* principalement, dont les fruits acides et bons à manger nous font oublier la soif. Les arbres forment de petits bouquets de bois près des ruisseaux. La végétation serait encore plus active si les indigènes n'incendiaient constamment la prairie. Ambararata nous semble tout différent des villages que nous avons traversés les jours précédents. Les maisons, du même modèle, sont disposées sans aucun ordre au milieu d'un grand espace défriché de la brousse et, chose rare, on ne voit que des enclos de bararata; la formidable haie de cactus qui entoure d'habitude tous les villages n'existe pas ici.

En arrivant au village, Tsiaviry, roi d'Ambararata, vient à notre rencontre accompagné de ses deux frères. Remarquant l'attention que nous mettons à examiner sa coiffure, il est pris aussitôt d'un fou rire; il appelle tous les gens du village pour nous les faire admirer. Il nous faut les regarder tous les uns après les autres; ce n'est qu'après cette revue de détail que nous pouvons entrer dans la case qui nous est destinée. Le roi nous fait alors les compliments d'usage et nous offre un peu de riz. Tsiaviry est un homme qui frise la cinquantaine, de taille moyenne, mais très fort et bien proportionné; au menton il porte une petite barbiche, le reste de son visage est rasé. Un salaka et un lamba rouge en landy composent son vêtement. Autour du cou il porte un collier de perles auquel est suspendu un petit morceau de bois travaillé, un ody certainement.

Son frère aîné, Tandrosa, est un grand diable de 1 m. 80; le plus jeune, Rainibanaka, très grand lui aussi et bedonnant passablement, est un personnage très gai et très bavard, poussant à chaque instant d'immenses éclats de rire qui n'en finissent plus. C'est contagieux, dit-on, et nous sommes pris à notre tour d'un rire convulsif. Nos hôtes royaux et Rainibanaka en particulier ont des étonnements d'enfants. Leurs questions sont des plus embarrassantes ; ils palpent nos habits et s'étonnent de la laxité de ce qu'ils croient être notre enveloppe cutanée ; les clous de nos souliers provoquent chez eux un grand étonnement ; ils ont appris notre arrivée par leurs cousins de Zazafotsy, mais ne comprennent pas tout de même ce que nous sommes venus faire dans leur pays. La vue de nos collections d'histoire naturelle devient le signal d'une folle gaieté. Dieu me pardonne ! Rainibanaka nous tape sur le ventre en nous appelant gros farceurs. Il est devenu très familier. Nous sommes longtemps à expliquer à nos visiteurs, qui commencent à devenir incommodants, le fonctionnement de certains de nos instruments. Tout le monde est très gai et nous sommes vite populaires chez les Bara d'Ambararata.

Le mercredi 4 juin, nous quittons le village, faisant route sur Ihosy, dont nous ne sommes pas très éloignés maintenant. Nous cheminons tout d'abord sur un plateau à fond marécageux, où l'on trouve quelques rizières, quelques cultures de manioc et de patates ; puis nous nous élevons sur les flancs d'une haute colline qui se prolonge dans le nord-Est et le sud-Est par des chaînons assez importants. Cette chaîne de collines est celle de l'Analatelo. Nous franchissons la chaîne par un col de 870 mètres d'altitude, puis nous descendons rapidement de 150 mètres environ pour atteindre le niveau inférieur de la vallée de l'Ihosy, affluent de gauche du Tsimandao. A deux heures et demie, nous gravissions les pentes rapides d'un mamelon isolé au milieu de cette plaine, au sommet duquel sont construits le fort et le village antimerina d'Ihosy.

Le village d'Ihosy comprend environ 400 habitants, dont la grande majorité se compose d'Antimerina, de leurs esclaves et de leurs métis.

La ville est bâtie sur une colline qui se raccorde vers l'Est, par un petit contrefort, à la chaîne d'Analatelo. Les maisons, une centaine environ, en bois ou en roseau, sont presque toutes enduites d'un mélange de bouse de vache et d'argile plastique. Il y a une triple enceinte de cactus épineux, et le rova bâti tout au sommet du mamelon a lui-même une enceinte palissadée. En bas de la ville, nous voyons une maison un peu mieux construite que les autres. C'est là qu'habitait le missionnaire norvégien qui vient de mourir après un séjour de quinze mois à Ihosy. Le village fortifié d'Ihosy est entouré de tous côtés, surtout dans l'Ouest, de marais très grands et très profonds dans la saison des pluies. Ce village est très malsain. C'est peut-être pour cela que le premier ministre des Antimerina envoie comme gouverneur à Ihosy les personnes de son entourage qui lui portent ombrage et dont il veut se débarrasser.

Le gouverneur actuel, que nous allons voir, Ramaniraka 14 tra, est un Antimerina qui semble fort intelligent ; il parle couramment l'anglais et dit quelques mots de français. Il y a quelques années, il a été envoyé comme ambassadeur en Europe par son gouvernement. A sa rentrée dans son pays, comme, par ses connaissances étendues et par sa manière d'agir, il s'était fait une certaine popularité à Tananarive, Rainilaiarivony, toujours jaloux et soupçonneux, l'envoya en exil à Ihosy. C'est là que ce malheureux Ramaniraka, entouré des soins d'une fille dévouée, attend philosophiquement la mort. Si les fièvres des marais ne le font pas disparaître assez vite, un *tsimandoa* envoyé par Rainilaiarivony viendra certainement hâter l'issue fatale. Quoique Ramaniraka ne se fasse pas d'illusion sur le sort qui l'attend, il remplit de son mieux les fonctions dont il est chargé. Son rova est assez bien tenu, et ses soldats, des Betsileo pour la plupart, sont toujours en éveil. Je me hâte d'ajouter que la vigilance de Ramaniraka n'en est pas la seule cause : les incursions des Bara causent souvent ici de vives alertes, et les Antimerina ne sont pas toujours en sûreté.

Ihosy est le poste militaire construit par les Antimerina le plus au sud dans l'intérieur de l'île. On peut même dire que d'ici à de longues années, c'est le point extrême que pourront atteindre les Antimerina dans ces régions ; au sud d'Ihosy en effet, existe le vaste désert de l'Horombe, infranchissable pour les Antimerina avec les moyens de transport dont ils disposent dans l'île de Madagascar.

D'une manière générale on a fort mal compris jusqu'à ce jour la situation de ces postes militaires antimerina dans les tribus insoumises; on a cru, sur la foi de rapports mensongers ou sur l'inspection de quelques cartes, que, à Madagascar, là où existaient des forts antimerina, on se trouvait en territoire soumis à cette tribu. Il n'en est rien. Sans doute, dans beaucoup de territoires insoumis, sur les côtes principalement, les Antimerina ont fondé des comptoirs ou des villages, ils les ont ensuite entourés suivant la mode du pays de défenses rudimentaires, puis selon leur orgueilleuse habitude ils les ont baptisés pompeusement du nom de postes militaires. Il faut avoir vu ces postes militaires et les troupes qui les défendent pour savoir ce que ces mots signifient à Madagascar. Quoi qu'il en soit, comme on ne peut exprimer les idées qu'avec des mots, dont on ne calcule pas toujours assez la valeur, on a pu faire croire en France à la puissance des Antimerina et à leurs prises de possession de la presque totalité de l'île de Madagascar.

En réalité, voici comment cela se passe dans la pratique. Je prendrai Ihosy comme exemple; exemple d'autant mieux choisi que la fondation de ce poste m'a été racontée tout au long par des chefs bara des plus intelligents. Lorsque, après la conquête totale du Betsileo par Radama Ier et ses successeurs, les Antimerina virent leur autorité bien établie et bien admise dans cette tribu, ils songèrent à en étendre les limites, et surtout à en protéger les confins par quelques garnisons. A cette époque, les Bara étaient ce qu'ils sont aujourd'hui : de vulgaires sauvages, divisés en une foule de petites principautés toujours en guerre les unes avec les autres. Ces petites tribus se seraient bien mises contre les Antimerina, si ceux-ci s'étaient présentés avec des velléités de conquête sur les territoires de leurs pères. Les Bara, dans cette circonstance, auraient été vainqueurs des Antimerina, ce qui n'est difficile pour personne. Mais les conquérants du Nord eurent recours à leurs armes habituelles : à la ruse et à la duplicité. Ils firent de nombreux cadeaux aux principaux chefs bara et les trompèrent par de fallacieuses promesses; ils envoyaient en même temps quelques hommes en tournée sur le territoire bara, le motif avoué de cette mission était l'achat de bœufs. En cours de voyage, les Antimerina missionnaires perdirent l'un d'entre eux, ou le tuèrent fort à propos dans la chaîne de l'Analatelo. Le lendemain, ils ensevelirent le corps de leur compagnon au sommet de la colline occupée maintenant par le village d'Ihosy. Ils dressèrent près de ce tombeau provisoire une haute pierre et s'en retournèrent dans le Betsileo. Alors le gouvernement antimerina résolut de profiter de cette petite comédie qui venait de se jouer dans l'Analatelo et à Ihosy. Par la crainte ou par les promesses, par les cadeaux et par la discorde semée parmi les chefs bara, ils obtinrent de ceux-ci que des Antimerina iraient fonder un village à Ihosy pour garder le tombeau de l'officier tué en voyage. En même temps, dans ce village d'Ihosy qu'on allait fonder, il allait venir des marchands qui vendraient à très bon compte, aux indigènes de la contrée, de la toile, des perles, des marchandises de toutes sortes. Les Antimerina demandaient tout naturellement ensuite que quelques-uns de leurs soldats viennent à Ihosy pour garder les marchandises et faire respecter le tombeau. Les Bara, dans leur intellect primitif, ne voyaient pas dans la construction de ce fort d'Ihosy une atteinte très grave à leur liberté, et encore de nos jours, ici comme dans l'Ouest, chez les Bara comme chez les Sakalava, au Sud comme au Nord, chez les Antanosy comme chez les Antankara, ces pauvres villages antimerina que l'on convient d'appeler, je ne sais pourquoi, les postes militaires, ne constituent pas le moins du monde une prise de possession du pays par les Antimerina. Partout dans ces territoires insoumis, les indigènes m'ont affirmé maintes fois, et je l'ai vu d'ailleurs, que ces villages antimerina étaient considérés par eux comme des centres commerciaux des gens de l'Imerina et que ceux-ci faisaient ce qu'ils voulaient dans leur village et n'avaient aucune espèce d'autorité dans la contrée environnante. Ainsi, à Ihosy où nous nous trouvons, les Antimerina ne sortent que très rarement de leurs retranchements. Bien entendu ils proclament bien haut que le territoire bara est terre de Ranavalona Mpanjaka, mais ils ne se soucient pas d'aller y faire jamais aucun acte de souveraineté.

J'ai cru devoir m'étendre sur cette question des postes militaires antimerina, parce que comme tant d'autres elle a été mal comprise en France, ou plutôt mal présentée par des gens qui avaient intérêt à le faire. En somme, les Antimerina ont demandé, le plus souvent bien humblement d'ailleurs, à des chefs de tribus indépendantes la permission de s'établir sur leurs terres, sur un petit emplacement généreusement payé par eux, et très rarement conquis par la force des armes. Puis se faisant fort de cet établissement factice et dont ils dénaturaient le sens, ils ont fait accroire à la France qu'ils possédaient l'île de Madagascar tout entière. C'est une plaisanterie.

À l'ouest de la ville, coule la rivière Ihosy, dans une plaine marécageuse large de plusieurs kilomètres, au milieu de laquelle elle décrit de nombreux circuits; à l'Est, cette vallée est limitée par la chaîne d'Analatelo, et, à l'Ouest, par le contrefort rocheux qui soutient le plateau désert de l'Horombe.

Comme Ihosy était le dernier village antimerina que nous devions rencontrer sur cette route du sud, nos porteurs, selon toute probabilité, allaient encore essayer de nous faire renoncer à nos projets de courses aventureuse. C'est en effet ce qui arriva.

Le samedi 7 juin, j'avais prévenu les porteurs dès le grand matin de se tenir prêts à partir au plus tôt. Mais nos hommes, réunis en troupe compacte près de notre case, voulurent tenter de commencer un kabary; je les laissai faire, sachant où ils voulaient en venir et bien résolu d'ailleurs à continuer à tout prix ma route vers le sud. D'ailleurs j'avais bon espoir : le gouverneur d'Ihosy, Ramaniraka, m'avait assuré ne vouloir se mêler en rien de mes affaires. Si j'avais obtenu la neutralité du gouverneur antimerina, comme explorateur français, je devais m'en estimer très heureux; dans la plupart des cas, un Français ne doit attendre que de l'hostilité de la part d'un semblable fonctionnaire. De plus je devais à chacun de mes porteurs une quinzaine de francs environ; je me trouvais donc dans d'excellentes conditions pour résister à leurs exigences. Je les laissai dire et les écoutai patiemment pendant plusieurs heures. Le discours qu'ils me firent ne fut qu'une répétition de ce qu'ils m'avaient dit déjà dans mon précédent voyage du nord. C'est toujours la même chose : l'éternelle histoire de l'homme primitif qui veut tromper l'Européen. Ce thème invariable à Madagascar est le suivant : un Malgache traite d'une façon quelconque avec un Européen; si celui-ci accepte, le Malgache se dit qu'évidemment il a été trompé, et qu'il n'a pas demandé assez cher; donc il invente une histoire invraisemblable pour rompre le marché conclu.

On conçoit combien un pareil système facilite les transactions dans ce pays sauvage. Il fallait établir notre solde de porteurs sur de nouvelles bases, ou ils menaçaient de nous quitter. Je leur répondis tout simplement que puisqu'ils annulaient notre contrat, je ne leur devais rien, et qu'ils pouvaient retourner chez eux. Maistre et moi, nous étions d'ailleurs parfaitement résolus à marcher seuls dans le sud; quatre ou cinq fidèles nous auraient suivis, c'était assez pour un bagage indispensable à l'existence. Je laisse mes porteurs discuter, et je vais à quelques kilomètres d'Ihosy sur les monts Analatelo continuer la triangulation; mes porteurs ont rendez-vous pour demain matin, et, malgré ma tranquillité apparente, ce n'est pas sans quelques appréhensions que je vois l'aube du dimanche 8 juin, date irrévocablement fixée pour notre départ dans le sud. Je suis donc très agréablement surpris de trouver tous mes hommes prêts à partir à cette heure matinale. Ils n'ont pas voulu perdre les trois piastres que je leur devais à chacun d'eux, ni retourner dans le Betsileo seuls à travers le désert du Lamboany, où ils auraient pu rencontrer le roi bara de Zazafotsy, qui n'aurait pas manqué de leur demander de nos nouvelles.

Pour les explorateurs, on dit qu'il y a d'heureux hasards : c'est parfaitement exact, et dans cette occurrence ce fut une circonstance tout à fait fortuite qui vint faire pencher la balance en notre faveur. On se rappelle que nos porteurs étaient en grande majorité des hommes libres, et que, comme tels, ils étaient susceptibles d'être réquisitionnés pour le service militaire. Or le gouvernement antimerina rencontre toujours les plus grandes difficultés lorsqu'il veut lever des soldats pour les forts frontières; il faut prendre des hommes, les enchaîner et les pousser de force jusqu'au poste militaire. Faute d'employer ces moyens, les Betsileo, sur qui tombent généralement ces corvées peu agréables, refusent tout service et désertent en masse. Ramaniraka, qui justement avait besoin d'hommes pour compléter les effectifs de sa garnison, avait fait dire à tous mes porteurs hommes libres que, s'ils ne restaient pas avec moi, ils seraient pris par lui pour le service de la reine. Mes hommes n'hésitèrent pas entre ces deux alternatives. Tous voulurent quitter Ihosy au plus vite et se sauver bien loin de toute autorité antimerina. Je profite sans tarder de leurs bonnes dispositions, et, ayant donné aux porteurs de filanjana les charges du riz blanc que j'avais acheté hier en prévision de la traversée de l'Horombe, nous quittons Ihosy aujourd'hui dimanche, à huit heures du matin.

La ville d'Ihosy est à 870 mètres au-dessus du niveau de la mer, et très rapidement nous descendons de 190 mètres au fond de la vallée, où le convoi passe à gué la rivière Ihosy. Puis nous continuons dans la brousse, et nous traversons deux villages bara, Antsambilo et Ivoka. Enfin nous nous élevons peu à peu sur les premiers contreforts qui soutiennent vers l'Est le plateau de l'Horombe.

Là nous nous arrêtons à Antanambao. C'est un petit village bara, d'une trentaine de cases environ, entouré comme toujours d'une enceinte de cactus. C'est la dernière agglomération des Bara proprement dits; plus au sud nous rencontrerons probablement encore quelques Bara nommés Manambia ou Antaivondro, qui présentent avec les Bara que nous quittons quelques différences ethniques. Je remarque ici que le nom de cette tribu devrait correctement s'écrire *Bahara*. Comme je le montrerai plus tard, les Bara viennent de l'Est, et leur nom, qui signifie « sauvages », leur a été donné par les populations betsimisaraka.

Les Bara sont divisés en plusieurs tribus : 1° Les Bara de l'Ouest, dont les centres principaux sont : Ihosy, Ranokira, Betanimena, etc. Ce sont ceux qui supportent le plus difficilement le voisinage des Antimerina. Cependant leur grand roi Votra, qui habite tantôt Ranokira, tantôt Betanimena, a été acheté par les Antimerina et a reçu d'eux le titre de 10e honneur. 2° Les Bara de l'Est, qui ont pour principal centre Ivohibe; le roi Sambo est complètement indépendant. 3° Les Antaivondro, qui habitent au sud des deux tribus précédentes, à la hauteur de Vaingaindrano. Ils sont nombreux et mélangés en partie avec les Antaisaka. 4° Au sud des Antaivondro on rencontre des populations métisses de Bara et d'Antandroy, qui s'appellent Bara Manambia.

Les Bara sont robustes et de taille élevée, leur teint est très variable, il passe comme chez les Sakalava du jaune clair au noir le plus foncé, le nez est aplati, les lèvres épaisses, les yeux très peu bridés, les cheveux très crépus. En somme, le type africain domine beaucoup dans toutes ces populations, qui se rapprochent sous tous les rapports du type sakalava.

Les hommes portent généralement au menton une petite barbiche, et sur les joues un collier de barbe très étroit. Quelques-uns, surtout les chefs, sont véritablement de beaux types qui rappellent beaucoup le genre arabe. Ce qui frappe le plus chez les Bara, c'est leur genre de coiffure. Leurs cheveux très longs sont roulés en boules de nombre et de grosseur variables. Ces boules, disposées très savamment, forment autour de la tête deux ou trois couronnes concentriques, sur le sommet un énorme pompon forme un chignon. Toutes ces boules de cheveux sont recouvertes d'une couche épaisse de terre blanche mêlée avec de la graisse et de la bouse de vache, pommade qui donne à ces indigènes une odeur repoussante. La coiffure est la même pour les deux sexes et ne diffère entre les individus que par le nombre et la grosseur des boules, et l'épaisseur de la couche de graisse; plus cet enduit est épais, plus l'individu est élégant. Les coiffures une fois faites durent environ un mois. Les femmes laissent quelquefois, en avant de la première couronne de cheveux, quelques mèches soigneusement lissées qu'elles ramènent sur le front; ce qui rappelle la coiffure à la chien. Au milieu des cheveux se trouve plantée une longue aiguille en bois, en os ou en cuivre, objet indispensable pour déloger ou tout au moins ennuyer les trop nombreuses petites bêtes qui peuplent toutes ces têtes bara.

Comme vêtement, les hommes portent un *salaka* en étoffe, tantôt de provenance européenne, tantôt fabriquée dans le pays. Ces derniers ont beaucoup plus de prix; ils sont faits soit en coton, soit en chanvre, soit encore avec l'écorce de l'*hofotra*. Larges de 20 à 30 centimètres, les deux extrémités qui tombent par devant sont ornées de perles de verroterie formant des dessins et terminées par une frange. Beaucoup d'hommes ont un *lamba* presque toujours en coton ou en chanvre, seuls les chefs ont des *lamba* en *landy*. L'usage des *kapa* ou semelles en peau de bœuf est assez répandu. Les femmes portent comme vêtement une pièce d'étoffe ou pagne qu'elles fixent tantôt au-dessus, tantôt au-dessous des seins et qui tombe jusqu'aux genoux. Beaucoup portent un petit carré de natte jeté sur les épaules et retenu au cou par un cordon de perles; ce petit vêtement, appelé *hela*, sert à abriter, contre les rayons du soleil et aussi contre le froid, l'enfant qu'elles portent sur le dos.

Les Bara aiment beaucoup les ornements; hommes et femmes portent des colliers de perles, des bracelets en étain ou en cuivre aux mains et aux pieds, des boucles d'oreilles; chez les hommes, ce sont de simples morceaux de bois, chez les femmes ce sont tantôt de petites chaînes argentées longues de 10 à 15 centimètres (Manambia), tantôt des boucles d'oreilles en cuivre (Ivohibe), tantôt de grands anneaux en étain (Bara d'Ihosy), etc. Tous portent le *felana*, coquillage marin que l'on trouve à la côte Ouest; les hommes le portent au milieu du front, les femmes sur la poitrine. Quelques hommes de cette tribu — l'on en rencontre même assez souvent — se font tatouer. Dans le jeune âge, on leur fait trois coupures longitudinales sur les pommettes, ces trois coupures longitudinales longues d'environ 3 centimètres vont converger au menton. Nous retrouvons là un usage purement africain.

Il ne faut pas non plus oublier les *ody* ou fétiches. Chaque Bara qui se respecte en porte au moins deux ou trois; ce sont tantôt des bouts de cornes de bœuf remplies de miel, de résine, de boue, tantôt de simples morceaux de bois, tantôt, comme chez les Manambia, de petites statuettes grossièrement sculptées. Ces *ody* se portent les uns sur la tête, les autres à la ceinture ou sur le bras, etc. Dans les villages se trouve planté, sur une place principale, le *bilo*, grande perche en bois représentant le fétiche commun, c'est là que se font les prières. La médecine chez les Bara est très simple. Pour guérir un mal quelconque, il suffit d'appliquer à l'endroit malade une couche de terre blanche et de graisse. Les Bara ne se séparent jamais de leurs armes. Ils ont tous : 1° un fusil à pierre

FEMME BARA.

beaucoup sont de fabrication française), très long et dont la crosse est ornée de clous et de fils de cuivre formant des dessins divers; 2° deux sagaies, dont le fer très bien travaillé a en général une forme assez effilée, quelques-unes sont ornées d'anneaux de cuivre. Pour avoir l'équipement complet d'un Bara, il faut ajouter la ceinture (ou *Katra*) en peau de bœuf, à laquelle se trouvent suspendus une corne servant de poire à poudre, un couteau, une boîte en bambou contenant de la graisse, une petite corne avec un briquet, etc. Le tout orné de clous de cuivre, chaînettes en cuivre ou acier, etc.

Chaque tribu bara est divisée en un grand nombre de villages ayant chacun un chef qui prend le titre de roi. Les villages sont ordinairement situés dans des plaines, ils sont entourés de haies de cactus et quelquefois divisés en plusieurs quartiers.

La monnaie est inconnue chez les Bara. Pour se procurer des vivres et payer les achats on doit avoir des articles d'échange; les plus estimés sont : les toiles américaines bon marché; les verroteries : perles bleues rondes, ou *atody pody* (quatre de ces *atody pody* valent une poule), les *voronosy*, perles allongées en porcelaine avec dessins en bleu; les rangues, perles rouges octogonales longues les unes de 0 m. 10, les autres de 0 m. 03; enfin les petites perles blanches *vakapotsy* en cordon, les anneaux en étain, les chaînettes, les miroirs, les couteaux, les bagues en étain, les aiguilles, les pinces à épiler, les ciseaux, le sel, etc.

C'est au village d'Antanambao que commence véritablement notre voyage du sud de Madagascar. Comme le premier jour, nous voulons aller à Fort-Dauphin, et de l'endroit où nous sommes, trois routes se présentent pour gagner le pays de Tonalara. L'une, à l'ouest, nous ferait gagner la baie de Saint-Augustin; elle a été faite en 1871 par Richardson, missionnaire protestant. Nous n'aurions donc comme pays nouveaux à traverser que les grandes plaines du sud, et les territoires des Masikora et des Antandroy, pour aller de Saint-Augustin à Fort-Dauphin. Cette route est très longue, elle n'a pas l'attrait de la nouveauté : nous l'abandonnons donc, et notre choix se fixe définitivement sur les deux autres : l'une droit au Sud, par le centre de l'île pour l'aller, l'autre dans l'Est, le long de la côte, pour le retour. Notre route d'aller, qui se maintiendra sensiblement jusqu'au tropique par 43 degrés 40 minutes de longitude Est, nous fera traverser le pays désert de l'Horombe et plus au sud des territoires également inexplorés. Lorsque nous aurons dépassé le 24ᵉ degré de latitude Sud, nous inclinerons vers l'Est pour gagner la vallée d'Ambolo et de là le pays de Tolanara. Je ne doute pas que nous ne puissions réussir, maintenant que nous avons quitté définitivement des territoires soumis aux Antimerina. Nos porteurs vont nous suivre partout, et, à moins de mauvaises rencontres, nous devons arriver à Fort-Dauphin dans un mois.

Le lundi 9 juin, nous quittons Antanambao dans la matinée. Au sortir du village, la végétation arborescente est très fournie, mais bientôt nous commençons à monter et les arbres disparaissent peu à peu. Enfin nous arrivons sur le plateau de l'Horombe, à 1130 mètres d'altitude. Après une heure d'arrêt pour notre déjeuner, nous reprenons notre marche vers le sud et nous ne nous arrêtons que le soir sur le bord d'un ruisseau, près de roches élevées contre lesquelles nous dressons notre tente.

Au point de vue géographique, on peut considérer ce plateau de l'Horombe comme une sorte de prolongement vers le sud du grand massif central, avec cette différence que cette contrée élevée, au lieu d'être, comme l'Imerina et le Betsileo, parsemée de montagnes et de hautes collines, est absolument plate. On ne remarque que quelques ondulations très légères vers l'Est; de ce côté, la vue s'arrête sur la haute chaîne de partage des eaux qui limite dans cette direction la zone forestière et le long de laquelle coule l'Ongaivo. Dans l'ouest, on distingue fort loin les chaînes de Salobe et les massifs du Bemarana; vers le nord, le Lamboany et l'Andringitra; vers le sud, au contraire, rien n'arrête l'œil : c'est une plaine immense qui se déroule à perte de vue. C'est dans l'Horombe que prennent naissance les nombreux ruisseaux qui, suivant une pente assez douce, vont constituer les affluents de droite de l'Onilahy. Nous devions quelques jours plus tard, et non loin du village bara de Betroky, découvrir la source même de ce fleuve important du versant du canal de Moçambique qui va se jeter dans la baie de Saint-Augustin.

L'Horombe est couvert de hautes herbes; c'est une enclave de la zone dénudée dans la zone des brousses. Pas un arbre, pas un arbuste, et même ces hautes herbes ne se trouvent qu'en certains endroits. Dans d'autres, le sol aride et rocailleux est absolument stérile. Aucune trace d'habitation; à l'horizon, la fumée produite par l'incendie des grandes herbes indique quelquefois la présence de l'homme; çà et là, des ossements blanchis, des crânes de bœufs jalonnent le sentier.

Nos étapes étaient longues, je pressais les hommes, craignant le manque de vivres. A la tombée du jour, nous campions sur les bords d'un ruisseau, pour nous remettre en marche le lendemain, au lever du soleil.

Au point de vue géologique, le plateau de l'Horombe présente des particularités intéressantes. L'assise fondamentale paraît consister non pas en gneiss et en granite comme nous en avons vu dans le sud du Betsileo, et comme nous en verrons encore près des monts Ampingaratra, mais bien en roches micaschisteuses, quelquefois même en véritables schistes cristallins. On trouve encore des gisements considérables de jaspe jaune et beaucoup de magnétite. Mais ce qui constitue une anomalie plus grande encore dans l'histoire géologique de Madagascar, c'est que dans l'Horombe la roche fondamentale n'est pas partout recouverte d'une puissante couche argileuse; le plus souvent, au contraire, la roche est enfouie bien profondément sous des couches épaisses de petits graviers. Plus loin, c'est du sable blanc mélangé de paillettes de mica et de quelque peu d'argile.

Cette particularité géologique avait une importance pratique fort grande pour notre caravane. En effet, lorsque nous traversions ces espaces déserts et que nous marchions sur la roche ou sur le gravier, nous avions quelques chances de rencontrer des cours d'eau. Lorsqu'au contraire nous traversions un territoire sablonneux, il était bien rare de pouvoir étancher notre soif, qui se faisait vivement sentir dans ces solitudes. Sur ce terrain arénacé, la chaleur était insupportable et la réverbération des rayons solaires était pénible; de plus la marche, sur ces sables presque toujours mouvants, était excessivement difficile; dans certains endroits, un homme ordinaire et sans être chargé enfonçait de 80 centimètres dans le sable. Il est donc de toute nécessité pour le voyageur qui voudrait traverser le plateau de l'Horombe, de fuir absolument ces espaces sablonneux. On peut passer du nord au sud, de Antanambao à Betroky, en suivant le terrain caillouteux; il faut faire parfois de grands détours, mais cet allongement du chemin est très largement compensé par une fatigue moindre et des privations moins pénibles. Ces territoires arénacés de l'Horombe ont une superficie très variable : tantôt on voit devant soi une vaste nappe de sable qui s'étend à perte de vue, tantôt ce n'est qu'une petite tache blanche, en général circulaire, qui tranche vivement sur le terrain rougeâtre et caillouteux qui l'environne. Ces petits espaces circulaires de sable blanc sont particulièrement dangereux pour la marche, et l'imprudent qui dans ces endroits s'aventurerait sur le sable risquerait bien de payer fort cher sa précipitation. Il pourrait disparaître en effet dans la partie centrale. Ces îlots sablonneux au milieu de ces terrains rocheux sont encore la cause d'une particularité très intéressante. En effet, lorsqu'ils occupent le flanc d'une petite hauteur et qu'un cours d'eau, ruisseau ou petite rivière les rencontre, les eaux diparaissent dans le sable, et, à quelques kilomètres en contre-bas, à l'endroit où le terrain sablonneux cesse et où la roche recommence, il ne faut pas être étonné de voir sourdre du sable une jolie petite rivière. Tous les cailloux que l'on rencontre dans l'Horombe sont ou bien des fragments de quartz amorphes, et quelques cailloux de jaspe, ou bien des minerais de fer; ces derniers étaient autrefois très recherchés par les indigènes. Dans l'Horombe, on trouve de l'hématite rouge, sanguine, brune; on en venait chercher de fort loin, c'étaient les projectiles les plus recherchés pour les frondes. Actuellement, ces petits cailloux bruns, rougeâtres, servent à l'occasion de projectiles pour les armes à feu des Bara et des Sakalava; ils sont même achetés assez cher par ces indigènes, mais atteignent un prix moins élevé cependant que les pieds de marmites de fonte, qui remplissent le même usage. Malgré mes conseils, chacun de mes porteurs se charge de quelques kilos de ces cailloux de minerai de fer, ils veulent les vendre lorsque nous atteindrons les premiers villages du sud. Enfin je citerai encore parmi les roches de l'Horombe une sorte de silex employée par les indigènes comme pierre à fusil.

La nuit du 9 juin est particulièrement fraîche. Le 10 juin, nous suivons le Lalanana presque depuis sa source. Il y a quelques végétations sur ses bords, l'argile et les grandes herbes se montrent de nouveau, le sable a disparu. Nous campons le soir sur les bords de la rivière, et le lendemain matin, quelques minutes après avoir repris notre route, traversant les grandes herbes, nous sommes tout à coup environnés par un fort parti de guerriers bara. Notre caravane s'arrête; je m'attends à une attaque et je prends mes dispositions en conséquence. Malgré l'attitude belliqueuse des guerriers qui nous environnent, mes hommes, à ma grande surprise, ne manifestent aucune crainte. Cependant les Bara, qui s'étaient peu à peu rapprochés de nos bagages, s'arrêtent tout à coup. Celui qui paraît être leur chef, un grand diable drapé dans un lamba rouge et portant tout un arsenal, leur fait sans doute un discours éloquent, car ses gestes sont expressifs. Il désigne successivement de la main Maistre et moi, puis il montre le sud, et semble indiquer que nous allons bien loin. Les paroles n'arrivent pas jusqu'à nous, mais nous percevons cependant un bruit confus de voix humaines, lorsque les guerriers bara soulignent quelque passage important du discours de leur chef (c'est probablement le *marina izay! marina izay!* des Antimerina). Des deux côtés on s'observait curieusement. Comme cette situation pouvait durer très longtemps, comme d'autre part je ne voulais à aucun prix commencer les hostilités, j'ordonnai à nos hommes de se remettre en route; Maistre et moi, prêts à tout événement, nous protégions l'arrière-garde. Les Bara nous suivirent toute la journée; vers le soir, ils disparurent derrière un pli de terrain.

SUR LES BORDS DU LALANANA.

En somme, ce n'était qu'une simple alerte. Les Bara indépendants avaient voulu pousser une reconnaissance et j'étais fermement convaincu que devant notre attitude ils se tiendraient pour satisfaits. Mais pendant la marche j'eus bien soin de manifester quelques inquiétudes en présence de mes porteurs, et je les rassemblai même pour leur dire que la position était critique, et qu'il ne fallait sous aucun prétexte s'écarter de notre route. Mes paroles furent très bien prises, et c'était un heureux résultat; ce que je leur faisais voir comme une attaque de Bara nous fermait la route de retour vers le nord. Dès lors mes porteurs me suivirent aveuglément.

Pendant l'étape d'aujourd'hui, nous nous sommes dirigés vers un pic remarquable, le mont Ambohitrakoholahy. Cette montagne termine vers l'Ouest le petit chaînon de monticules qui se trouve à notre gauche, depuis que nous avons quitté la vallée de Lalanana. Dans les grandes herbes où nous avons rencontré ce matin les guerriers bara, se trouvaient en assez grand nombre des sangliers gros et petits. Je puis heureusement en tuer un. Ce bel échantillon du sanglier de Madagascar est reçu avec un vif sentiment de satisfaction par nos cuisiniers, qui, depuis le départ d'Ihosy, étaient embarrassés pour la confection de nos repas. L'animal que j'ai tué pèse plus de 100 kilogrammes; c'est une très belle bête, de couleur fauve avec une raie grise sur le dos. Sur la tête il porte deux petites excroissances de chair, ressemblant à des cornes minuscules; sa mâchoire inférieure est armée de grosses défenses.

Le jeudi 12 juin, à notre sortie du petit bouquet de bois où nous venons de passer la nuit, et lorsque le soleil a dissipé la brume du matin, nous apercevons dans l'ouest, à 5 ou 6 kilomètres, le village bara de Mandrehenana, puis, par 970 mètres d'altitude, nous traversons un marécage avec beaucoup de difficultés, dans une contrée basse relativement au plateau environnant. Deux ou trois heures après avoir été retardée quelque peu par un vol important de sauterelles, la caravane entrait dans le village de Betroky; l'Horombe était traversé.

Le village de Betroky est une agglomération absolument identique à celles que nous rencontrerons les jours suivants, jusqu'aux pays des Antanosy émigrés. C'est le type du village bara. Dans cette tribu, tout village est bâti en terrain plat, à proximité d'un grand ruisseau ou d'une petite rivière. Nous avons vu précédemment qu'à Madagascar, en particulier sur le plateau central, un village se compose essentiellement d'un nombre plus ou moins considérable de cases, entourées à l'ordinaire d'une enceinte de haies de cactus. Chez les Bara, on trouve bien la même disposition générale, mais avec des modifications importantes. Ainsi Betroky, qui compte une cinquantaine de cases, semble très grand. Cela tient à ce que les cases sont disposées par groupes de 5 ou 6 unités. Chaque groupe comporte pour lui seul une

BARA DE BETROKY

enceinte spéciale, haie de cactus, large, fournie et épaisse. En somme le village bara ne semble pas être une seule agglomération de cases; il est plutôt la juxtaposition d'un certain nombre de petits hameaux. Cette disposition, très utile pour la défense des villages bara — elle nécessite en effet, non pas l'effraction d'une seule haie, mais bien le passage de plusieurs enceintes successives — est très désagréable pour nous; il faut, pour rentrer chez soi, se faire ouvrir un grand nombre de portes, et ce n'est pas toujours chose facile de retrouver son chemin dans ces labyrinthes épineux. Chacune de ces enceintes comprend ses portes, ses cases, son parc à bœufs. Le plus souvent elles ne communiquent pas entre elles. Ce sont autant de petits villages juxtaposés et formant un tout qui porte le nom général [1]. Ce tout est toujours susceptible d'agrandissement par un nouvel enclos de cactus qui vient s'appuyer contre le précédent.

Betroky est assez propre; dans son ensemble il compte 150 à 200 habitants. L'enclos où nous sommes est vaste; il contient, en plus de ses six cases, de ses deux parcs à bœufs spéciaux, et de son petit

---

[1]. Chacune de ces petites enceintes a un nom particulier qui malheureusement peut être, suivant les circonstances, donné au voyageur au lieu et place du nom général du village.

LE ROI DE BETROKY ET SES GUERRIERS. (GRAVURE DE BERG, D'APRÈS UNE PHOTOGRAPHIE.)

réduit pour piler le riz, un assez large espace découvert où nous pouvons faire à l'aise nos cinquante pas, chose rare dans un village malgache. Si j'ai pris Betroky comme type d'un village bara, je puis prendre la maison où nous sommes logés comme le type général des cases de cette tribu.

Une maison bara possède, sur le plan horizontal, la forme d'un carré parfait, de 3 m. 40 à 4 mètres de côté, l'arête du toit étant orientée nord et sud, la façade principale du côté ouest. La charpente générale se compose de deux grands poteaux nommés *handry* plantés verticalement au milieu des deux côtés nord et sud, ces deux forts pieux supportant le madrier longitudinal qui forme le faîtage et que l'on appelle *vovonana*. Aux angles du carré sont quatre autres pieux verticaux, les *zorontrano*, reliés à leur extrémité supérieure par des traverses latérales, les *sokona*. Sur la partie supérieure de cette charpente rudimentaire, on pose parallèlement des chevrons, *tandrotrano*, qui supportent eux-mêmes des traverses longitunales, en *bararata*; ces traverses, nommées *varivary*, supportent le chaume (chez les Bara) ou les feuilles de lataniers (dans l'Ouest); l'ensemble du toit se nomme

DEUX CHEFS DE BETROKY.

tafo, la couverture en herbes sèches, *teny*. Les cloisons sont formées par des claies de *bararata*, enduites le plus souvent d'une couche de bouse de vache et d'argile plastique, ce revêtement est très utile pour protéger les habitants du logis du froid et de l'air vif de la nuit. La porte est ménagée le plus souvent sur la face ouest et du côté nord, et la fenêtre sur la face nord du côté Est. La porte, *varavarana*, est faite d'une seule pièce de bois, elle mesure 1 m. 25 × 0 m. 47 × 0 m. 03 (maison de Betroky). Cette porte s'ouvre en dedans, un cadre forme un recouvrement en dehors. Au milieu de la porte, un trou laisse passer une queue de bœuf, elle sert à tirer la porte lorsqu'on sort de la maison. Une cheville plantée dans l'encadrement en bas et en dehors assure la fermeture. Comme gonds, on a ménagé à la porte deux ergots, l'un en haut, l'autre en bas, qui pénètrent dans des trous correspondants de l'encadrement.

L'ameublement d'une case est des plus simples. Le lit, *kibany*, occupe la plus grande place. Le foyer, *fata*, carré de 70 centimètres, est une masse argileuse au centre de laquelle sont élevées trois pierres hautes de 20 centimètres; les *toko*, le foyer est toujours au nord. Les indigènes disent leurs prières dans l'angle sud-ouest de la case. Les *ody* sont pendus après la cloison est, dans le coin sud-est est construite une petite étagère nommée *taky*, elle porte divers ustensiles. Près du foyer, une grande cruche, *sinybe*, repose sur un support en pierres nommé *torasiny*. L'ouverture de la cruche est cachée sous une petite corbeille de jonc.

Nous avons vu que chez les Antimerina et chez les Betsileo les portes des cases avaient des seuils très élevés; chez les Bara, ces seuils ont disparu. Nous les verrons de nouveau plus au sud, lorsque nous entrerons dans le pays des Antanosy émigrés.

Les Bara de Betroky et de la contrée environnante s'appellent plus particulièrement Antaivondro; ces indigènes, qui appartiennent à la grande tribu de Bara, sont venus de l'Est, du sud d'Ivohibe. C'est, il y a environ 12 ans, à la suite d'une guerre heureuse avec une autre tribu bara, que les Antaivondro se sont étendus jusqu'à Betroky.

Nous séjournons dans le village le samedi 14 juin et nous passons un bon moment à faire des visites aux rois du pays, qui sont décidément très nombreux. En effet, Betroky n'a pas un chef unique; chaque petit enclos, chaque division dont est formé le village a un roi, des ministres, des personnages importants, qu'il nous faut voir et combler de cadeaux. Le roi de notre quartier nous procure un guide, Andrianevo, qui doit nous conduire demain au prochain village. Comme chez les Sakalava, je retrouve ici beaucoup de fady plus ennuyeux les uns que les autres. Il faut me cacher pour préparer la peau du sanglier que j'ai tué hier. Comme nous ne sommes plus en pays antimerina, le sanglier est mis en interdit au même titre que le porc. Enfin, il y a partout des accommodements avec les croyances. Grâce à quelques petits miroirs, des aiguilles, un lot de perles, on me laisse relativement libre, mais ma réputation en souffre; à ma grande satisfaction, on s'éloigne de moi pendant que je me livre à cette opération sacrilège. Maistre, que n'absorbent pas ces soins de collections zoologiques, et qui s'occupe à dresser notre itinéraire, est en butte à la curiosité indiscrète des hommes et des femmes du village. On lui fait toutes sortes de petites misères : son encrier est renversé deux ou trois fois sur sa planchette, des indigènes s'épilent avec ses compas, une femme a pris ses tire-lignes pour s'en servir d'épingles à chignon; un gros roi d'un quartier voisin est tout joyeux parce qu'il a saisi les jumelles de mon compagnon, et que, regardant par l'objectif, il nous a tous vus dans des proportions minuscules. Maistre est très importuné et, pour le délivrer des curieux, je suis obligé d'aller porter ma peau de sanglier à ses côtés. Aussitôt tout le monde se retire et fait place nette.

Le dimanche 15 juin, nous quittons Betroky sous la conduite du guide que le *mpanjaka* de l'enclos où nous avons logé hier soir veut bien nous donner, et une bonne étape nous conduit au village bara d'Ivahona.

Toute la journée nous avons marché dans la brousse, et nous avons passé près de deux villages, Ambalatany et Analafisaka.

UN SANGLIER DE L'HOROMBE.

« SAKOA » ET NIDS DE TERMITES DANS LA BROUSSE.

CHAPITRE XII

Renseignements et noms géographiques à Madagascar. — Village d'Ivahona. — Mangoky ou Onilahy, sa vallée, ses sources. — Iaborano. — Tamotamo. — Au pays des Antanosy émigrés. — Le mont Tsiombivositra. — Tsivory. — De Tamotamo à Tsivory. — Séjour à Tsivory. — Les Antanosy. — Visite au roi de Tsivoy. — Retour à Tamotamo. — Nous reprenons la route du Sud. — Un commerce de ody. — Fabrication d'une amulette. — Dans la brousse, nids de termites. — Chez les Bara Manambia. — Tiesetra. — Au pays des Antandroy. — Arrêtés par les cactus. — La grande plaine du Sud. — Au village d'Imitray. — Pierres levées des Antanosy émigrés.

JEUNE FILLE CHEZ LES ANTANOSY ÉMIGRÉS.

Pendant la marche d'aujourd'hui, le guide bara a été très précieux pour nous, par les renseignements qu'il n'a cessé de nous donner. Cet homme, qui paraît intelligent, a banni toute crainte et il parle devant nous sans défiance; grâce à lui, nous pouvons rectifier notre itinéraire et surtout obtenir les vrais noms des villages, pics, montagnes et points remarquables que nous ne cessons de relever sur la route.

Il est à remarquer que, pour placer un nom propre sur une carte malgache, il faut ouvrir une petite enquête, et malgré cela, on a toujours beaucoup de chances d'erreur; d'abord à cause de la langue du pays, qui n'est pas parfaite, tant s'en faut. J'ai toujours adopté dans mon voyage à Madagascar l'écriture et l'orthographe que les Européens ont données aux Antimerina; mais cette écriture, faite seulement pour le dialecte antimerina, répond mal, dans bien des cas, au dialecte des autres tribus. A côté de cette question d'écriture des noms géographiques à Madagascar vient se placer surtout dans ces pays de tribus superstitieuses une nouvelle cause d'erreur. D'après leurs idées et leurs coutumes, tout village, toute localité ou point quelconque dénommé, a reçu son nom d'un *mpanjaka* ou d'un personnage influent. Mais lorsque ce personnage vient à mourir, le point géographique considéré perd son premier nom, puis est dénommé de nouveau par le successeur du chef défunt. Ce n'est pas tout : non seulement les points géographiques changent constamment de nom, mais il est interdit de prononcer le nom d'autrefois; il est *fady* de parler d'un mort. On conçoit qu'avec un pareil système il est assez difficile de reconnaître dans ces pays des localités antérieurement dénommées et décrites par les voyageurs. Ainsi, je viens de parler de Betroky, et il pourrait très bien se faire que dans quelques années, après la mort de Monsieur Betroky, un voyageur passant dans le village ne trouvât plus trace de mon itinéraire.

Le village bara d'Ivahona compte à peu près soixante cases; il est absolument disposé comme Betroky. Nous avons encore quelques heures de jour, la température est très supportable; le soleil, bas cependant, nous inonde encore d'une vive lumière. Voulant profiter de ces circonstances favorables, je vais faire quelques photographies, et j'invite le roi principal d'Ivahona et tous ses guerriers, à venir sur la grande place du village. Je tire tout à loisir leurs portraits, et je termine la séance de photographie en prenant sur ces indigènes quelques mensurations anthropologiques. Les membres de la famille royale qui nous servaient de sujets d'expérience, se prêtaient assez mal à nos recherches scientifiques. Ils avaient même manifesté quelque répugnance à se soumettre à nos passes de sorcellerie, éprouvé un certain effroi à la vue de notre appareil de photographie; quelques cadeaux avaient eu raison de leur frayeur, et nous leur assurions du reste que ces pratiques bizarres, en usage chez les étrangers, seraient pour eux un excellent remède. Maistre et moi nous retirons dans la case qui nous est destinée. Le lendemain, j'allais donner l'ordre du départ lorsque j'en fus empêché par un grand *kabary* que les indigènes bara voulurent commencer contre nous. Mes opérations photographiques de la veille avaient, paraît-il, été très mal comprises, il me fallait réparer un dommage, imaginaire, je m'empresse de le dire. L'un de mes sujets d'hier avait eu mal à la tête. Immédiatement, cette migraine intempestive avait été mise sur mon compte, et l'on m'accusait de sorcellerie. Chose bien plus grave encore : ce même Bara, guéri ce matin de son mal de tête, mais plongé néanmoins dans une certaine torpeur, n'avait pas vu, dans la matinée, se projeter sur le sol, l'ombre de son corps, et l'on m'accusait, tout naturellement, de lui avoir dérobé son âme.

Afin d'éviter des ennuis, il me fallut donc procéder à la recherche de cette âme fugitive, pour la rendre à son ancien propriétaire; je me livrai à cette petite chasse d'un nouveau genre en protestant de mon innocence et de la pureté de mes intentions; j'alléguai même que l'ombre était difficile à retrouver à cause du temps couvert; j'y réussis enfin. Avec quelques cadeaux tout est oublié et nous pouvons en paix quitter le village d'Ivahona.

Pour raconter ce qui était arrivé et pour expliquer ce nouveau genre de sport, je suis obligé d'entrer dans quelques renseignements.

Pour l'intellect rudimentaire des Malgaches, l'idée de la mort complète, de l'anéantissement total de la personnalité est absolument inconcevable. Jamais un Malgache n'admettra l'idée d'une mort naturelle. Jamais non plus il ne supposera un seul instant qu'une maladie puisse lui venir en dehors d'une opération de sorcellerie. Pour ces primitifs, la maladie et la mort ne sont que le résultat d'un mauvais sort qu'on leur a jeté, d'une mauvaise chose qu'on leur a fait prendre, d'un poison quelconque, d'une invocation magique; donc, tout logiquement, le Malgache, croyant que la mort n'est qu'un assassinat, que la maladie n'est qu'une tentative de meurtre, dans ces deux cas veut les venger.

Il est aussi à remarquer que l'imagination humaine n'étant qu'un ensemble de souvenirs, capricieusement intervertis, disloqués même par l'intelligence, la vie future, idée produite par l'imagination, est à peu près calquée sur la vie terrestre; de telle sorte que, étant donnés le genre de vie, les mœurs et les coutumes d'une race, il est possible d'en déduire ce qu'elle doit croire au sujet de cette vie future. Les Malgaches n'échappent pas à cette remarque, et en présence de la mort d'un individu, ils s'imaginent volontiers que tout n'est pas fini : son âme, son esprit, vont quitter le corps, il est vrai, mais s'en iront au loin dans une autre contrée [1] revivre d'une autre vie, entourés des êtres et des objets qui leur étaient familiers lors de la première existence. L'âme d'un Malgache s'en va donc à Ambondrombe ou ailleurs, suivie des âmes de ses troupeaux, de sa maison, de son mobilier; elle se nourrit même des âmes de son

---

1. Ambondrombe, pour les habitants du plateau central.

riz, de sa viande. En somme, c'est une existence toute semblable à la première qui recommence; l'imagination ne va pas au delà.

La perte et la capture de l'âme à Madagascar sont un fait très commun, du moins dans la pensée de l'indigène. Mon ami Rainimanana, de Fianarantsoa, m'avait parlé de cette croyance, et à cette occasion pour donner tous les éclaircissements nécessaires au lecteur, je vais citer un passage du livre du P. Abinal, qui fait allusion à cette chasse à l'âme, récit que je ne saurais mieux raconter, sans lui enlever une partie de son originalité [1].

NOTRE GUIDE BARA.

« Le Malgache n'a pas une notion bien claire de l'âme. Il n'en fait pas le principe vital de l'homme; pour lui âme et vie sont choses distinctes, indépendantes, quoique corrélatives. Le corps peut vivre sans l'âme, du moins pendant un certain temps; l'âme, de son côté, peut vivre sans le corps, mais d'une manière précaire et pendant quelques années seulement.

« Pour subsister, paraît-il, elle doit se nourrir de l'âme des aliments, tout comme au temps, d'ailleurs, de son union avec le corps, alors que l'âme humaine mangeait l'âme végétale du riz, dont le corps n'avalait que la subsistance matérielle.

« Une pareille conception suppose que tout être animé ou inanimé a son âme, la plante aussi bien que l'animal. Le bœuf, le chou, le canon, la pierre, ont une âme, absolument comme chacun de nous.

« Mais enfin, qu'est-ce que l'âme humaine pour les Malgaches?

« L'âme humaine n'est point un esprit, fait à l'image du Créateur; c'est plutôt une doublure de l'homme, plus subtile que l'homme visible et corporel, qui tombe sous les sens, et taillée sur le même modèle que lui.

« La mort ne fait que séparer l'homme de sa doublure. Mais comme ils sont faits l'un pour l'autre, ils ne peuvent vivre séparés qu'au détriment l'un de l'autre. Aussi tous deux s'acheminent-ils d'abord d'un pas inégal vers leur terme fatal, qui est la seconde mort, le néant. Les Malgaches ont plusieurs noms pour désigner l'âme; si on leur demande ce qu'ils entendent par le premier de ces noms, ils répondent par le second; ils définissent le second par le troisième, et le dernier enfin par le premier, complétant ainsi le cercle vicieux dans lequel ils s'enferment

« Sans avoir la prétention de voir clairement le fond de leurs obscures idées, en pareille matière, nous essayerons d'exposer ici ce que nous avons pu comprendre des théories émises par eux, sur la nature de l'âme, en nous aidant de l'étymologie probable des mots dont ils se servent pour la désigner.

« Ame se dit *ambiroa*, *moroa* ou *miroa*. Or, *amby* ou *ambiny* signifie surplus, ce qui est ajouté; *roa* veut dire deux; *ambiroa* signifie donc surplus de deux, ajouté à deux. *Moroa*, pour *miroa*, est un verbe

---

[1]. R. P. Abinal, *Vingt ans à Madagascar*.

qui signifie être deux. Qu'est-ce que ces deux, ou ce surplus de deux? Les avis sont partagés. En voici néanmoins la curieuse explication :

« Tout objet, tout corps a une ombre, mais on trouve auprès de l'ombre quelque chose de moins obscur qu'elle : c'est la pénombre.

« Et qui donc la produit, cette pénombre, si ce n'est l'âme?

« Pour les partisans de *miroa*, l'âme, c'est la pénombre.

« Les partisans d'*ambiroa* admettent aussi l'ombre et la pénombre; mais il y a encore, ajoutent-ils, cette légère nuance indécise et presque imperceptible de l'ombre, qui côtoie la pénombre : voilà l'âme.

« Cette dernière opinion est la plus générale, je dirai presque, l'universelle croyance du pays, et celle qui est reçue comme la plus certaine.

« A la sortie du corps, l'âme s'appelle encore *ambiroa*; mais en outre elle prend le nom spécial de *matoatoa*. *Ma*, préfixe du mot *toa*, comme la répétition de *toa*, indique le diminutif.

« Le tout peut se traduire par : un semblant de l'individu.

« L'âme se désigne encore par le nom d'*avelo*. Le préfixe *a* marque un acte ou une tension vers la chose signifiée par le mot principal; *velo*, obscur, noir, indécis. *A-velo*, vaguement obscur, fantôme de l'être. Nous dirions : une ombre de l'être.

« Chez les peuples de l'Imerina, l'âme d'un malfaiteur mort prend le nom d'*angatra*.

« Dans les provinces, ce mot signifie lutin, mauvais génie. Les âmes des sorciers s'appellent *lolo*; elles reviennent assaillir les vivants pour les faire souffrir.

« Les *angatra* sont des êtres maigres comme des squelettes, avec de longues dents, une longue chevelure et de longues griffes. Une seule bouffée de leur haleine empestée peut donner la mort à distance.

« Le *lolo*, très opiniâtre, s'acharne sur la partie du corps qu'il attaque; les poitrinaires surtout meurent victimes de sa rage.

« L'âme, n'étant point le principe vital, peut s'envoler sans que la mort de l'homme en résulte immédiatement. L'opinion la plus générale est que l'âme se retire du corps de l'homme un an avant la fin de sa vie. Pour certains, c'est onze mois environ; pour d'autres, c'est treize lunes.

« L'âme ne s'envole point de son plein gré. Quelle est celle qui se dégoûte du séjour des vivants, au point de lui préférer celui des ombres? Certes, ce n'est point l'âme du Malgache. Elle redoute ces froides demeures, et ne cherche à s'y rendre que le plus tard possible.

« Mais un être malfaisant par nature, un être dont le destin est de haïr, par-dessus tout, son semblable, le sorcier, puisqu'il faut le nommer par son nom, possède l'art infernal de ravir l'âme à la demeure paisible du corps, et de la jeter sur la route du néant. De là vient que les Malgaches ne croient pas à la mort naturelle. Personne ne finit naturellement chez eux. Un vieillard meurt-il plus qu'octogénaire, on n'attribuera sa mort ni à l'âge ni à la maladie, mais à la malice d'un sorcier.

« Quand un sorcier a choisi sa victime, il passe près d'elle inconnu, inoffensif en apparence; il met le pied sur son ombre ou la pénombre! Voilà l'âme saisie! Il l'emporte captive sous la plante de son pied; son art accomplira le reste.

« L'âme est si légère, que celui qui en est privé ne s'aperçoit pas d'abord du vol commis à son préjudice; mais bientôt il maigrit, il perd ses forces; à peine s'il peut se traîner.

« — Comme vous avez changé, lui dit-on! Mais vous avez perdu votre âme! — Hélas, répond la vic« time du sorcier, cela doit être puisque vous le remarquez. D'ailleurs je me débilite à vue d'œil, je ne me « reconnais plus moi-même. »

« Là-dessus, le pauvre homme inspecte ses trois ombres; il n'en voit que deux, d'où il conclut qu'il n'a plus d'âme. Elle est déjà loin; comment faire pour la rejoindre?

« Il est un premier moyen pour ressaisir l'âme : la famille éplorée tient conseil, et décide de consulter le *mpsikidy* (diseur de sorts). On va donc le trouver et on expose l'affaire. En homme expert, le *mpsikidy* se recueille d'abord profondément, puis, relevant la tête : « J'ai parcouru le labyrinthe du cas dont vous « m'avez saisi; j'en ai mesuré toute la gravité. Consentez-vous à en subir les suites, ou voulez-vous que

« j'opère? » A ces mots, le patient qui ne peut plus se sentir de crainte dans l'âme, puisqu'il n'a plus d'âme, s'écrie avec ardeur : « Faites, monseigneur, faites; si votre art peut encore quelque chose, opérez de « suite ». En même temps, il porte la main à la ceinture et en tire la pièce d'argent d'usage, nerf de l'art divinatoire chez tous les peuples.

« La pièce reçue, le *mpsikidy* paraît plein d'espoir. Il aligne ses jetons, prononce des formules cabalistiques, des mots bizarres, le tout à l'effet de découvrir la piste de l'âme fugitive.

« Bientôt il annonce gravement qu'il la tient; elle est là-bas, errant sur telle montagne, il faut partir à sa poursuite.

« Le malade, sa famille et le devin s'acheminent donc vers la montagne désignée, emportant une corbeille à couvercle, destinée à rapporter sûrement l'âme au logis, après sa capture.

« On arrive, mais le travail est encore assez long.

« Avant de tendre le piège où la fugitive doit se prendre, il faut, dit le *mpsikidy*, épier ses allées et venues, reconnaître les endroits qu'elle fréquente de préférence.

« On fait donc promener le malade en chaise à porteurs, à la fraîcheur du matin ou du soleil couchant. Si le devin connaît son métier, il prescrit pendant ce temps force bouillons de poulets avec légumes frais. Le rusé compère amuse en même temps son malade par des contes joyeux et toutes sortes de distractions. Au bout de quelques jours, quand les couleurs revenues indiquent un retour de santé, notre homme annonce de son côté qu'il a fini par découvrir le lieu hanté par l'âme vagabonde : il va la prendre.

« A cette fin, dans l'endroit si péniblement découvert il dépose quelques rayons de miel, sur une feuille de bananier proprement installée à terre, et tout à côté, il place la corbeille avec le couvercle relevé, puis il lance vivement aux quatre vents du ciel une kyrielle de mots hideux, dont tout Malgache garde soigneusement sa langue; chaque vilain mot est un coup porté aux mauvais génies qui pourraient mettre obstacle à l'arrivée de l'âme.

« Voici le moment décisif. Le sorcier se tait. Tout le monde se tait aussi, recueilli, palpitant, et attend, la bouche béante, les yeux fixés sur le miel.

« L'âme fugitive, que le devin seul peut voir, arrive enfin à son pas ordinaire; elle flaire et puis déguste le suc embaumé, doux fruit du travail des abeilles.

« Tandis qu'oubliant toute autre chose, elle s'en donne à cœur joie, la corbeille que dirige l'habile main du chasseur l'enveloppe doucement.... et la voilà prise. Encore tout enivrée du nectar, elle se laisse faire sans résistance; on l'emporte en toute hâte.

« Les parents prennent les devants et vont tout préparer pour une réception joyeuse.

« L'heureux chasseur, le malade et son âme en corbeille, arrivent ensuite et se présentent à la porte de la maison, où l'on sent déjà les apprêts d'un festin : « Soyez les bienvenus, leur crient de l'intérieur, des « voix pleines d'allégresse; entrez, nous sommes ravis de votre retour ».

« On entre, on s'assied sur la natte neuve déployée à la place d'honneur. Puis enfin, sur la demande générale, on ouvre la corbeille, et chacun peut y constater de ses yeux que l'âme n'y est pas, preuve manifeste que durant le trajet, ennuyée d'être dans la corbeille, elle a préféré rentrer dans sa demeure. On s'en réjouit par une fête de famille, et le devin est congédié, chargé de présents : il a réussi.

« Quelquefois le *mpsikidy* est sensé se tromper de montagne; son client ne va pas mieux; l'âme ne se retrouve pas. Il n'en fera pas moins faire la cérémonie du retour avant que la vie abandonne tout à fait le malade. Il s'agit, en effet, pour lui, de ne pas perdre le fruit de ses peines, et de ne pas renoncer aux cadeaux d'usage, en pareille circonstance.

« Telle est la première méthode pour retrouver et ramener les âmes perdues. Elle fut employée jadis avec succès, en faveur de la reine Ranavolana Ire, par un *mpsikidy* bien connu encore à Tananarive sous le nom de *matoá*. Ayant donné la chasse à l'âme royale, il eut l'adresse de la ramener et de la retenir dans le corps de la souveraine jusqu'à une vieillesse avancée. Si on l'avait cru, il aurait également retrouvé celle de Rasoherina; mais, contrairement à ses prescriptions, on s'obstina à ne pas aller la chercher sur les montagnes. On la chercha seulement dans la plaine où elle n'était pas, et la reine s'en alla rejoindre ses aïeux.

« La seconde méthode est plus expéditive que la première. En voici du reste le procédé fort simple :
« Sitôt que par l'inspection des ombres il est constaté que l'âme a disparu, on s'adresse à l'un des habiles dans l'art de la ramener. Celui-ci, dès la veille du jour où il doit opérer, fait servir du riz cuit à l'angle de la case, dit l'angle de la prière ou l'angle des ancêtres. L'âme qui, naturellement, va rejoindre ses aïeux, ne peut manquer de se rendre à cet angle. Elle voit le riz servi, s'en approche et en mange l'âme : car, comment supposer qu'une âme malgache puisse résister à l'appât d'un plat de riz? Le lendemain, on lui en apporte une seconde fois; elle y revient et en mange en toute sécurité. Or, vers la fin de son invisible repas, l'opérateur se lève; il tient d'une main une gourde vide percée par le haut; de l'autre, une feuille verte. Il siffle d'abord tout doucement, ensuite un peu plus fort; bientôt il siffle dans toutes les directions, présente sa gourde aux quatre points cardinaux, regarde au dedans et siffle encore, tout en présentant sa gourde aux points intermédiaires. Il tourne en sifflant, et manœuvre sa gourde en tournant, tantôt l'élevant, tantôt l'abaissant; puis il tend l'oreille à l'ouverture de l'instrument.

« Si, au son, il juge n'avoir rien saisi du côté du plafond, rien capturé vers le sol, il change de diapason; son sifflement devient strident et accéléré; son geste s'en ressent et ses mouvements se précipitent. Parfois il réussit assez promptement à saisir la fugitive ; le plus souvent elle est rebelle et exige, avant de se rendre, de pénibles efforts, une longue lutte. Alors le chasseur se dépouille de son *lamba*, s'en ceint fortement les reins et commence une course grotesque à la poursuite de l'âme. Il se démène, court de l'angle du sud à l'angle du nord, revient au sud, passe à l'ouest, bondit à l'est, et cela vingt fois en une minute; il siffle cependant sans interruption, saute, se courbe, se relève; on dirait cinq hommes éperdus, jouant aux quatre coins dans la maison. La gourde rapide passe partout, effleure tout, suivie du chasseur et de son sifflet strident.

« La pauvre âme, déjà affaiblie par le dédoublement, n'y tiendra pas longtemps; la voilà haletante, épuisée. Elle cherche, dans sa fuite, un trou pour se blottir; elle ne voit que celui de la gourde impitoyable. Elle s'y précipite, pensant n'être ni vue, ni entendue de son persécuteur. Hélas! celui-ci a saisi le frôlement de son aile; il s'arrête et tend l'oreille.

« Un bourdonnement, imperceptible à tout autre, lui décèle la présence de la fugitive. Plus rapide que l'éclair, sa main applique aussitôt la feuille verte sur l'orifice de la gourde : « Je la tiens! » s'écrie-t-il.

« Et il reprend haleine avant de terminer l'opération, car il n'en peut plus de fatigue; et si l'âme ne s'était pas rendue, il allait tomber lui-même de lassitude et d'épuisement. Ne faut-il pas d'ailleurs laisser à sa prisonnière quelques minutes de réflexion?

« Pauvre âme! Elle réfléchit en effet, dans le fond de cette gourde. Humiliée donc profondément de se voir réduite à un si étroit espace, à une si petite demeure, elle prend la résolution de passer chez n'importe quel individu que ce soit, dès qu'un rayon de lumière lui en fournira l'occasion.

« Cependant on lui prépare son logement.

« Son premier possesseur, enveloppé d'une longue toile blanche, s'approche et s'accroupit auprès du chasseur d'âmes. Celui-ci passe la gourde, et l'âme qu'elle renferme, sous la toile blanche, ferme toute issue et retire la feuille, que le souffle de l'âme a desséchée.

« La captive, de s'envoler à l'instant et d'entrer dans le corps qu'elle rencontre sous mêmes voiles qu'elle. C'est ainsi que le malade retrouve son ancienne compagne, et par suite sa santé première.

« Quant à l'heureux chasseur, il reçoit pour prix de ses sueurs la somme de 5 francs ou de 1 fr. 50 centimes environ, selon les conditions de fortune de celui dont il a ramené l'âme.

« Quelquefois, le *mpsikidy* se contente d'exposer dans un endroit favorable, la gourde, largement ouverte, et de faire couler, au fond de la gourde, un peu de miel. Mais, avec cette méthode, l'attente est longue parfois; on préfère généralement donner l'assaut à l'âme et la prendre à la course, comme nous venons de le voir.

« Dans les maladies graves, on simule aussi quelquefois, avec des tiges de papyrus, un bosquet dressé à l'angle de la case, appelé l'angle des ancêtres. On allèche alors l'âme avec du miel et du riz, et l'on dépose, à côté, un bassin plein d'eau, où elle va se désaltérer et se mirer. Le malade s'y mire aussi. S'il y voit son âme et que celle-ci se montre disposée à rentrer au logis, la maladie n'aura pas une terminaison funeste; mais si elle s'obstine à voltiger de branche en branche, et refuse de revenir, le malade connaît, par là même, le sort qui l'attend. Il ne lui reste qu'à faire son testament et à prendre ses dernières dispositions.

« Quand tout est réglé, il se fait porter hors de la case et on l'expose aux rayons du soleil, afin qu'il en jouisse à son aise une dernière fois. Il rentre ensuite pour mourir. »

Du sortir du village, nous longeons, pendant quelques instants, des lacs et des étangs, qui environnent complètement Ivahona, excepté du côté de l'Est; puis, nous passons près de deux hameaux bara, Betanimena et Mandisoa. Vers dix heures, nous traversons un ruisseau, le Sokoarohy, qui donne son nom à un village situé non loin d'ici. Tous ces ruisseaux se rendent à un cours d'eau qui prend sa source dans le sud. C'est le Mangoky. Il y a quelques années, le Mangoky était dénommé Onilahy, nom qu'il porte encore dans la partie basse de son cours. En remontant ce cours d'eau, nous trouverons sa source sur notre route, et nous aurons découvert un fait géographique des plus importants. Jusqu'ici on supposait en effet que l'Onilahy ou rivière de Saint-Augustin prenait sa source par le travers d'Ihosy, sur le versant occidental de la chaîne d'Isalo; que le fleuve descendait ensuite directement vers le sud, puis, vers le 23° 30' de latitude, s'infléchissant brusquement, coulait droit vers l'ouest et enfin se jetait dans la baie de Saint-Augustin.

Cette vallée du Mangoky est très peuplée. Il y a partout de nombreux villages. Et cependant, sur les cartes existantes, cette contrée est marquée pays désert. A mesure que nous remontons la vallée de l'Onilahy, le cours de ce fleuve et celui de ses affluents, nombreux petits ruisseaux qu'il nous faut traverser à chaque instant, deviennent de plus en plus lents. Leurs rives disparaissent sous d'épais fourrés de bararata.

Cela va continuer ainsi les jours suivants jusqu'à ce que nous trouvions la source avant d'arriver à Tamotamo. Dans cette région montagneuse, le Mangoky et les ruisseaux ses affluents deviennent torrentueux. Nous franchissons une petite chaîne de collines nommée Iandrotsy, qui limite, dans l'Est, la vallée de l'Onilahy ou Mangoky. Nous nous arrêtons, vers cinq heures, au village d'Iaborano. Ce village est disposé comme les précédents; mais on remarque au nord-est, compris dans la haie de cactus, une sorte de blockhaus élevé sur pilotis.

Iaborano compte environ cinquante cases. Ce village est situé au milieu d'une plaine assez belle, dans la vallée du Mangoky, qui coule à 200 ou 300 mètres de là, dans l'ouest.

Le mardi 17 juin, nous traversons un cours d'eau nommé Irina. Cette rivière, qui vient de l'Est et qui passe à quelques centaines de mètres dans le sud du village que nous venons de quitter, va grossir l'Onilahy à 1 kilomètre d'ici. Nous traversons ensuite les villages d'Imiarina et d'Andriamdapy. Pendant toute cette étape nous avons remonté les rives de l'Onilahy, qui est ici un grand ruisseau. Sa vallée se resserre de plus en plus, elle compte à peine 6 kilomètres de large. De chaque côté de cette vallée s'élèvent d'assez hautes montagnes; en face de nous surgit un pic remarquable, le Tanienomby. Avec les contreforts qui la prolongent dans l'Est et dans l'Ouest, cette montagne limite au sud la vallée de l'Onilahy; c'est sur son flanc méridional que l'Onilahy ou Mangoky prend sa source.

Nous sommes encore ici dans le bassin du canal de Moçambique, mais demain, lorsque nous aurons franchi le mont Tanienomby, nous rentrerons de nouveau sur le versant de la mer des Indes. Nous serons alors dans le bassin du Mandrare, grand fleuve qui se jette dans le sud, à 60 kilomètres environ à l'ouest de Fort-Dauphin. Le soir, nous arrivons à Tanimalaza, dernier village bara que nous devons trouver sur notre route.

Le mont Tanienomby est considéré par les Bara Antaivondro, que nous venons de traverser, comme la limite de leur territoire vers le sud. Au delà, c'est dans le pays des Antanosy émigrés que nous allons entrer. Plus au sud encore, nous traverserons une nouvelle tribu bara, celle des Manambia. Poursuivant

LES SOURCES DE L'ONILAHY OU MANGOKY.

notre chemin, nous rentrerons chez les Antanosy, cette fois pour ne plus les quitter jusqu'à la mer: Quelques heures avant Tanimalaza, nous avons eu à traverser un passage vraiment fort difficile. C'était dans un bas-fond, au milieu d'un marais où l'on voyait une sorte de prairie naturelle, dans laquelle serpentait la route. Mais, en s'engageant sur ce tapis de verdure, on s'apercevait que le sol cédait sous les pas. Puis les pieds enfoncèrent peu à peu ; la position devint grave. Quelques hommes, restés en arrière, purent jeter à l'avant-garde des paquets de fascines, grâce auxquels leurs compagnons réussirent à sortir de ce marais dangereux.

On observe très souvent. à Madagascar, ces sortes de fondrières qui peuvent se trouver non seulement sur les bords des lacs et des étangs de quelque importance, et dans les marécages qui sont situés au fond des profondes vallées, mais encore sur les plus hauts plateaux, entre deux replis de terrain.

Ces fondrières se forment toujours de la même façon. Pendant l'hivernage, les eaux des pluies, qui viennent s'accumuler dans tous les fonds, ne peuvent être absorbées par un sol complètement imperméable, elles forment donc des masses d'eau stagnantes plus ou moins importantes. Par suite de l'humidité qui se développe sur les bords de ces petits étangs, et grâce au climat chaud, une végétation exubérante se développe bientôt. Des plantes aquatiques croissent en grand nombre, leurs feuillages s'entrecroisent, formant à la surface du lagon un véritable feutrage. Dans la suite des temps, ce feutrage augmente d'épaisseur et de solidité; les vents amoncellent, sur sa surface, des feuilles mortes, des débris organiques qui forment une couche d'humus éminemment favorable à une végétation d'herbe et de roseaux. En quelques années, la couche d'eau est recouverte de ce tapis épais, qui peut même, dans certains endroits, supporter le poids de l'homme, mais dans d'autres, ce sol factice peut s'entr'ouvrir et engloutir

CASES BARA MANAMBIA, A TAMOTAMO.

l'imprudent qui s'est aventuré à sa surface. Dans les marches à travers la grande île africaine, je ne saurais trop recommander de se méfier de tous ces lagons recouverts de cette couche de feutrage, d'herbe et de joncs. D'ailleurs on est toujours prévenu du danger, parce que, dès les premiers instants, le sol cède sous les pas.

Le mercredi 18 juin, nous suivons de très près la rive droite du Mangoky, et vers deux heures de l'après-midi nous sommes aux sources du fleuve. A cinq heures, après avoir passé au col de Tsiombivositra, par 1 250 mètres d'altitude, nous descendons dans le bassin du Mandrare et nous sommes bientôt à Tamotamo.

C'est un grand village qui compte environ quatre-vingts cases; son plan général est d'ailleurs le même que celui des villages que nous venons de traverser. Mais, par sa population, il mérite une mention spéciale; ce qui frappe tout d'abord, c'est la diversité des types que l'on rencontre. Il existe certainement une majorité d'Antanosy, mais, à côté de ces derniers, habitent beaucoup de Bara Antaivondro et Manambia. Je remarque même quelques Betsileo, et, chose plus bizarre encore, je vois dans le village de nombreuses familles antimerina, que je ne m'attendais certes pas à rencontrer dans ces parages. Ces indigènes me racontent leur histoire; elle est presque toujours la même : ce sont des esclaves qui ont quitté la maison d'un maître trop exigeant ou trop brutal; or, comme dans les tribus insoumises l'esclavage n'existe pour ainsi dire pas, elles ont trouvé, dans ces contrées, la tranquillité et le repos. Une autre fraction de cette population, qui est descendue des hauts plateaux, est moins intéressante et moins nombreuse; ce sont des gens qui ont quelques peccadilles à faire oublier, de vulgaires criminels, et surtout des réfractaires au recrutement ou aux corvées du gouvernement antimerina. Parmi les renseignements que l'on me donne, il en est un que nous ne pouvons contrôler complètement, mais que nous avons reconnu parfaitement exact dans la contrée traversée avant et après Tamotamo : je veux parler de la densité de la population. D'une manière générale, presque tous les auteurs qui ont écrit sur Madagascar ont pensé et affirmé que la population de l'île était formée en très grande majorité par les Antimerina, auxquels s'ajoutaient un certain nombre de Betsileo, les autres tribus n'existant qu'en quantités insignifiantes. Il n'en est rien. Je crois pouvoir affirmer, par les calculs minutieux auxquels nous nous sommes livrés, que la population totale de Madagascar dépasse 7 millions d'habitants, et je suis persuadé que

INDIGÈNES BARA MANAMBIA, A TAMOTAMO. (GRAVURE DE BERG, D'APRÈS UNE PHOTOGRAPHIE.)

les Antimerina et les Betsileo ne forment pas le cinquième de ce chiffre total. Les peuplades insoumises ou tributaires des Antimerina représentent à elles seules les quatre cinquièmes des habitants de Madagascar. Sans aucun doute, les environs de Tananarive sont occupés par une population très dense ; nous verrons cependant plus tard qu'un territoire presque inconnu, la contrée des Antaisaka, est plus peuplé encore ; mais presque tous les Européens qui vont à Madagascar débarquent à Tamatave, et vont passer quelques jours à Tananarive : ils ne voient donc que les Antimerina, et s'empressent, lorsqu'ils sont rentrés en France, de parler exclusivement de la population qu'ils ont vue. Les tribus indépendantes, celles du sud en particulier, sont laissées complètement dans l'oubli, et on ne les mentionne que pour dire qu'elles comptent très peu d'individus, et que dans un temps très court elles seront absorbées par les Antimerina. C'est complètement faux.

Le mont Tsiombivositra, dans une gorge duquel nous venons de passer pour atteindre Tamotamo, est un point des plus importants pour la géographie de ces régions. Il se trouve en effet à l'endroit précis où les eaux se partagent et se rendent dans trois bassins différents. Les eaux vont grossir : à l'Est, le Mananara ; à l'Ouest, l'Onilahy ; au Sud, le Mandrare. La rivière que nous passerons à une demi-heure

LE PAYS DE TAMOTAMO. (DESSIN DE ROUDIER, D'APRÈS UNE PHOTOGRAPHIE.)

d'ici, dans l'ouest de Tamotamo, pour nous rendre à Tsivory, est le Tamotamo. Celle qui se trouve près du village (Tamotamo) se nomme Ianakaomby. Elles se rejoignent à un jour d'ici au sud-est; nous passerons d'ailleurs près de ce confluent. Après cette jonction, la rivière, ainsi grossie, conserve le nom de Tamotamo. Elle se jette ensuite dans le Vorokasy; ce cours d'eau naît dans le nord et se jette dans le Sahanony, affluent principal du Mandrare, qui arrose une grande contrée nommée Manambo. La source du Mandrare est à Ifanantera, montagne située dans le sud, à deux jours de marche de Tamotamo. Outre le Sahanony, le Mandrare reçoit un autre grand affluent, qui prend sa source également près de Tamotamo, au mont Pisopiso, à deux jours d'ici dans le sud-est. On voit donc que le système hydrographique des environs de Tamotamo est très compliqué. Mais ce n'est pas tout, car à trois jours de marche au sud prend naissance un autre bassin, celui du Manambovo, qui se jette au sud, un peu à l'est du village de Tsifanihy, non loin du cap Sainte-Marie, dans la baie Caramboules. Le Manambovo prend sa source à deux jours de marche au sud de Tsivory, aux monts Ihoka et Vohipary; il se dirige ensuite droit au sud. Le Mandrare est un grand fleuve, qui a de l'eau en toute saison, contrairement à ce qu'indiquent les cartes existantes; le Manambovo, un peu moins considérable, n'est également jamais à sec. Ce cours d'eau, peu connu, arrose d'abord les grandes plaines antandroy, puis il passe au sud-ouest chez les Mahafaly, et plus à l'ouest encore chez les Masikora. Aux sources de ce fleuve, et quelque temps en suivant son cours, c'est la zone des brousses, où l'on remarque de beaux *satrana*. Puis, plus loin, c'est une contrée où ne poussent que des cactus *raketa*.

Comme je le disais précédemment, ces plaines de Tamotamo sont très populeuses; il y a beaucoup de villages sur chaque hauteur; des cases en assez grand nombre et sur chaque monticule. Les deux plus belles agglomérations de ce pays sont Tamotamo, où nous venons d'arriver, et Tsivory, autre gros village à 10 kilomètres dans l'ouest. Il est à remarquer que ce n'est qu'à Tamotamo et à Tsivory que l'on rencontre des Antimerina. Nous sommes bien installés à Tamotamo, chez la mère du roi. Vonanara est une bonne vieille, à la physionomie réjouie, coiffée d'un énorme bonnet de jonc. Elle met sa case à notre disposition. Son fils, Zoromanana, roi du pays, est absent: il est parti guerroyer dans l'Est. En attendant son retour, qui, nous dit-on, ne peut tarder, nous irons demain à Tsivory, passer les quelques jours qui vont précéder son arrivée.

Tsivory est un village plus considérable encore que Tamotamo; c'est aussi la résidence habituelle d'un roi tanosy, nommé Rainitonjy, très influent dans le pays.

En sortant de Tamotamo, qui est à 430 mètres au-dessus du niveau de la mer, nous traversons la rivière du même nom. Puis nous cheminons à travers une belle plaine, presque entièrement convertie en rizières. Nous n'en avions pas vu depuis notre départ d'Ambohimandroso, dans le Sud-Betsileo.

Nous sommes encore assaillis, au sortir de cette plaine, en traversant de petites collines, par un vol épais de sauterelles.

Enfin nous arrivons à Tsivory. Ce chemin, que nous avons parcouru de Tamotamo à Tsivory, suit sensiblement une ligne droite dirigée vers l'ouest. On traverse un chaînon qui sépare incomplètement les deux plaines. Il y a en effet vers le sud une trouée par où le ruisseau de Tsivory va se jeter dans la rivière de Tamotamo. Dans ce chaînon, le chemin est difficile et rocailleux, et je le trouve deux ou trois fois coupé par des chaussées basaltiques.

A Tamotamo, pas plus qu'à Tsivory où nous venons d'arriver, la population ne se montre hostile. Les indigènes sont plutôt importuns; toutes nos actions sont surveillées, ce qui n'est pas sans nous gêner beaucoup dans certaines circonstances. Les Bara Manambia ou Antaivondro sont plus craintifs et plus sauvages que les autres; les Antanosy émigrés sont plus dociles et semblent infiniment plus intelligents. Les Antimerina et les Betsileo réfugiés dans ces villages sont, en revanche, insupportables. Eux, qui ont sans doute vu des blancs dans leur pays d'origine, nous assaillent constamment de leurs demandes; pour la plus petite chose dont nous avons besoin, ils exigent un prix exorbitant, et, comme nous nous adressons de préférence aux Antanosy, pour lesquels, je ne sais pourquoi, j'éprouve déjà un commencement de sympathie, ils essayent toujours de se mettre en travers de nos marchés, ou, tout au moins, de s'entremettre pour toucher quelque argent. Tandis que les indigènes insoumis s'occupent surtout de la culture de leurs champs, les réfugiés antimerina ont pris tout le commerce de la région; quelques-uns d'entre eux, qui ont fait, semble-t-il, de brillantes affaires, ont, par les quelques piastres qu'ils ont gagnées, su prendre une réelle influence dans le pays.

Au point de vue commercial, cette région, très populeuse cependant, est bien mal partagée; nous verrons qu'il en est de même dans tout le sud de l'île, où je suis persuadé pourtant qu'il y a de brillantes affaires à réaliser. Les commerçants antimerina de Tsivory et de Tamotamo vendent principalement : de la poudre, des armes, des toiles et des cotonnades. Ils dirigent des convois sur Mantaora, village visité, en 1867, par M. A. Grandidier. De ce point, ils envoient à Tulear leurs pirogues chargées de caoutchouc, de peaux de bœufs, aux commerçants européens, établis sur l'île de Nosy-Ve, dans la baie de Saint-Augustin. Ces pirogues reviennent ensuite à Mantaora, en remontant le cours de l'Onilahy, chargées des produits qu'ils ont achetés; mais, je le répète, ces produits, enlevés très rapidement par les indigènes de cette région populeuse, sont complètement insuffisants à satisfaire les demandes. Pour ces convois de marchandises, les négociants antimerina emploient, sur la route de terre, de Tsivory à Mantaora, des Antanosy émigrés; de Mantaora à Tulear, les pirogues sont montées par des Masikora, nommés Vezo dans le pays. Mantaora est à deux jours et demi de marche, à l'ouest de Tsivory. A Tamotamo, à Tsivory, et dans plusieurs villages voisins, des Antanosy émigrés me montrent des approvisionnements de boules de caoutchouc, qu'ils ont recueilli dans la brousse; ils ne peuvent s'en défaire, même à vil prix, auprès des commerçants antimerina. Ce caoutchouc du Sud est peut-être moins bon que celui du Menabe; les indigènes manquent d'acide pour le coaguler proprement, mais, cependant, ils en ramassent beaucoup, et dans quelques années, peut-être plus tôt, le sud de Madagascar fournira une grande quantité de ce précieux suc. La plante qui le fournit est un arbuste peu élevé; les racines ou le tronc, près de sa naissance, sont les parties de la plante que l'on doit inciser pour avoir une récolte abondante. Les indigènes recueillent le liquide obtenu dans des calebasses, puis le coagulent en le malaxant soit avec une solution aqueuse de sel marin, soit avec du jus de citron. Ces arbustes à caoutchouc sont très communs dans toute la vallée supérieure de l'Onilahy; nous en trouverons beaucoup plus au Sud encore, dans le pays des Bara Manambia.

Le village de Tsivory est, comme celui de Tamotamo, enserré dans une enceinte de cactus, mais il n'y a plus de ces divisions intérieures, si fréquentes dans les villages bara que nous avons traversés ces jours derniers. La population, comme à Tamotamo, présente beaucoup de variétés dans les types individuels. Les Antimerina sont en plus grand nombre encore, et, grâce à la force numérique qu'ils possèdent à Tsivory, ils ont nommé pour chef un Betsileo esclave qui s'était enfui de chez son maître antimerina après avoir subi une grave mutilation.

Rainitavy, c'est son nom, nous reçoit fort bien, après s'être assuré cependant que dans nos porteurs il n'y a pas d'Antimerina; il les déteste, car, dit-il, « ils m'ont volé ma qualité d'homme ».

Tandis qu'à Tamotamo les Bara Manambia étaient en majorité, ayant à côté d'eux des Antanosy émigrés, des Bara Antaivondro, des Antimerina et des Betsileo, ici, à Tsivory, ce sont les Antanosy émigrés qui prédominent. On trouve bien à côté d'eux quelques Bara Antaivondro, mais ils sont peu nombreux; il y a aussi beaucoup d'Antimerina et de Betsileo. Au milieu de tous ces représentants de tribus différentes, je remarque un certain nombre d'individus représentant une peuplade que je ne m'attendais guère à trouver dans ces parages. Ce sont des Tañala. De même qu'il y a dans ces régions des Antanosy émigrés, qui ont quitté leur pays d'origine pour fuir la tyrannie des Antimerina, de même on y rencontre des Tañala émigrés qui ont quitté leurs forêts de l'Est, poussés par le même mobile.

Je parlerai dans le chapitre suivant des Antanosy émigrés; l'importance de cette tribu, le vaste territoire qu'elle occupe, ses caractères ethniques, méritent une mention particulière. Quant aux Tañala émigrés, leur importance est beaucoup moins grande. D'après tous les renseignements que je prends, cette population de Tañala ne dépasserait pas ici quelques milliers d'individus. Cependant ce fait, assez important, ces exodes successifs, ces populations qui préfèrent quitter leurs pays plutôt que de subir la tyrannie antimerina, toutes ces choses montrent que, malgré l'appui intéressé ou aveugle que prêtent aux Antimerina certaines nations européennes, ceux-ci n'ont pas encore fini de conquérir Madagascar.

Nous restons trois jours à Tsivory. Nous sommes ici dans une contrée habitée par des Antanosy émigrés. Ce qualificatif d'émigrés leur vient du fait qu'ils ont quitté le pays d'Anosy, pour se soustraire à la domination des Antimerina. Il est assez difficile de donner le récit exact de cette migration, qui s'est faite de l'Est vers l'Ouest. Les documents font complètement défaut. Quant aux légendes des indigènes, toujours fantaisistes, elles sont souvent contradictoires.

Quoi qu'il en soit, les Antanosy qui, pendant près de deux siècles, avaient vécu dans les environs de Fort-Dauphin à l'ombre de notre drapeau, et qui, pendant ce grand nombre d'années, restaient le plus souvent fort paisibles sur leurs vastes territoires du sud-est, le quittèrent en foule, lorsque, après notre abandon de Fort-Dauphin, les Antimerina vinrent s'établir dans les lieux si longtemps occupés par nos troupes.

Vers 1845, les Antanosy, affaiblis, comme toutes les tribus indépendantes, par les rivalités de leurs trop nombreux chefs, firent alliance avec un grand roi des Bara Manambia, qui les appela près de lui. Beaucoup d'Antanosy sont donc venus à cette époque se fixer au sud de l'Horombe, dans les environs de Tamotamo et de Tsivory. Depuis, leur puissance s'est accrue; ils vivent en bonne intelligence avec leurs voisins; le territoire qu'ils occupent est peu large dans le sens nord et sud, mais très long dans le sens est et ouest. Ils ne pouvaient s'étendre en effet au nord et au midi, enclavés qu'ils étaient entre les Antaivondro et les Bara Manambia. A l'est, ils se heurtaient à de hautes montagnes, qui soutiennent un grand plateau désert allant jusqu'à la zone forestière. A l'ouest, au contraire, la vallée de l'Onilahy s'ouvrait devant eux avec ses plaines fertiles. Les Antanosy se sont donc peu à peu avancés dans cette direction jusqu'à quelques kilomètres de l'embouchure du fleuve. Les Antanosy émigrés vivent en très bonne intelligence avec les différentes tribus bara, dont ils ont adopté peu à peu presque toutes les coutumes. Au point de vue ethnique, l'Antanosy diffère sensiblement du Bara; son teint est cependant plus foncé, et sous ce rapport il se rapprocherait davantage des gens de la côte orientale. Son nez est moins épaté, ses lèvres sont moins grosses, et, caractère tout à fait distinctif, l'Antanosy de race pure a les cheveux lisses ou légèrement ondulés. C'est la seule tribu de Madagascar qui, avec les Antimerina, présente de telles chevelures. L'Antanosy est bien musclé, souvent de forte corpulence, il atteint des tailles élevées. Au point de vue des qualités intellectuelles, il se montre, pour peu qu'on le fréquente, bien supérieur à tous ses voisins. Je ne saurais mieux le comparer qu'à l'Antimerina, avec cette restriction que s'il est plus superstitieux et s'il possède plus de *fady*, en revanche il n'a pas tous les vices que l'habitant de l'Ankova présente à un si haut degré. Ils sont donc bien supérieurs à l'Antimerina et plus intéressants, ces hommes du Sud-Est, dont une partie a été si longtemps sous notre domination, et que nous avons abandonnés si légèrement.

CASE ET GRENIER A RIZ CHEZ LES ANTANOSY ÉMIGRÉS.

En dehors des coutumes générales que l'on trouve partout à Madagascar et qu'il est inutile de décrire de nouveau, les Antanosy présentent à l'observateur des usages spéciaux que j'aurai soin de montrer à l'occasion et au fur et à mesure que nous cheminerons dans leur pays. D'ores et déjà je dois dire qu'ils sont surtout intéressants à observer dans les territoires du Sud-Est, c'est-à-dire dans le pays d'origine de ces peuplades. Les Antanosy émigrés ont bien conservé, jusqu'à un certain point, les coutumes de leurs pères, mais elles ne se dégagent pas évidentes, au milieu d'une foule de pratiques bara ou mahafaly que les Antanosy émigrés ont adoptées. Pendant notre séjour à Tsivory, je vais rendre visite au roi des Antanosy émigrés ; Rainitonjy habite à 2 kilomètres d'ici ; il est aveugle et très âgé. Mon commandeur Rainizanaka m'a fortement engagé à faire cette démarche, car il prétend que Rainitonjy, malgré son grand âge et son infirmité, a beaucoup d'autorité, non seulement sur ses sujets de Tsivory, mais encore sur les autres Antanosy, que nous devons rencontrer dans le Sud en allant à Fort-Dauphin. Je me rends d'autant plus volontiers aux excellentes raisons que me donne Rainizanaka, que je suis très désireux de voir le vieux monarque antanosy et son entourage.

Un après-midi, accompagné de Rainizanaka et de quelques-uns de nos hommes, suivi d'une nombreuse troupe d'habitants de Tsivory, je me rends à la résidence du vieux Rainitonjy. Nous arrivons vite au village. Une case, un peu plus grande peut-être que les autres, se trouve devant nous : c'est le palais. Sur la façade nord est ménagée une petite ouverture. Je distingue dans l'ombre un vieillard accroupi : c'est Rainitonjy. Devant la case royale s'étend un large espace. J'en occupe le centre. Rangés en cercle, à gauche, sont des guerriers armés ; à droite, des femmes et des enfants. Mes hommes se groupent à mes côtés. Des Antanosy armés de sagaies exécutent des danses guerrières, pendant que, probablement pour soutenir leur ardeur, les femmes et les enfants psalmodient des chants sur un rythme plaintif. Ces divertissements et ces jeux madécasses sont toujours les mêmes : on s'en fatigue vite.

Cependant les sièges manquent sur ce champ de manœuvres. Au risque de ne pas suivre l'étiquette, j'envoie deux de mes hommes me chercher un mortier à riz, sur lequel je puis m'asseoir. Quelques Antanosy ont bien manifesté un certain étonnement de voir l'étranger prendre un siège en présence de leur souverain, mais, comme tout Malgache, ils n'ont rien dit devant le fait acquis, et je reste assis, le plus paisiblement du monde, plus heureux en cela que le Résident Général de France qui, chez les Antimerina, a dû user de tant de diplomatie pour obtenir un modeste tabouret au *fandroana* de Tananarive. Je profite d'un moment de répit que me laissent les danseurs et les chanteurs pour présenter au vieux Rainitonjy mes cadeaux de bienvenue. J'ai sorti ce que j'avais de mieux : une boîte à musique, qui répandra probablement pour la première fois les airs de *la Mascotte* sur les rives de l'Onilahy, puis quelques mètres de cotonnade, des perles, de la poudre et quelques aiguilles. Un vieillard, qui se tient près de Rainitonjy, me remercie. C'est sans doute un ministre, puisque chacun des souverains de Madagascar en a au moins une demi-douzaine. Cet homme respectable m'a parlé en antanosy. J'ai fort bien compris, mais je ne saisis pas un mot du discours que m'adresse un de ses collègues. Il emploie le créole de la Réunion, je le perçois vaguement, mais je ne puis saisir et comprendre un traître mot de cette langue nègre et malgache, où quelques mots français, fort mal prononcés, sont disséminés çà et là. Enfin la cérémonie est terminée, et je puis retourner à Tsivory, convaincu que Rainitonjy ne mettra pas d'obstacles à mes projets de marche vers le Sud.

Le monarque antanosy fait bien les choses ; les airs de *la Mascotte* ont été agréables à son oreille puisque, ce soir, je reçois de sa part un petit troupeau de bœufs. Ce cadeau royal n'est pas sans me gêner quelque peu ; je n'ose le refuser, et je suis très embarrassé pour le loger. Je suis en quête d'un expédient quelconque, car je ne puis raisonnablement songer à faire entrer les bœufs dans ma case, lorsqu'un messager royal, à mine renfrognée, vient me les reprendre de la part de Rainitonjy. Ce procédé me laisse rêveur. Tout s'explique néanmoins, lorsque mes porteurs viennent se ranger autour de moi, en m'assurant que nous allons être attaqués par les Antanosy émigrés ; ils m'expliquent que ce revirement soudain de Rainitonjy a été causé par une grave insulte de ma part. Parmi les cadeaux que je lui ai faits, se trouvaient des aiguilles ; il y en avait *sept* : ce chiffre sept est fady à Madagascar, et porte malheur en toutes circonstances. Je suis donc un sorcier qui veut du mal à Rainitonjy. Il me faut, pour me disculper de cette accusation, retourner près du vieillard et lui expliquer que je n'avais même pas compté les aiguilles avant de les donner ; c'était tout simplement un oubli de ma part, une simple ignorance des coutumes du pays. Il me faut causer longtemps, dire beaucoup de choses, et surtout faire pas mal de cadeaux, pour obtenir qu'il ne soit plus question de ces malheureuses aiguilles. Vers deux heures du matin, j'obtiens gain de cause, mais ce n'est pas sans peine. Je

FEMME DE ZOROMANANA : FACE ET PROFIL.

dois abandonner à Rainitonjy une partie de nos effets de couchage. Cette privation me parut pénible dans la suite, et je regrettai longtemps de n'avoir pas donné une aiguille de plus ou moins au roi des Antanosy émigrés.

Harassé de fatigue, je quitte Rainitonjy et je rentre dans ma maison de Tsivory. A quelque chose malheur est bon : je suis débarrassé de mon troupeau de bœufs.

Le 24 juin, nous revenons à Tamotamo. Cette fois, Maistre est chargé d'aller voir le grand chef. Ce roi est un Manambia ; il habite, non loin d'ici, un petit village qui porte aussi le nom de Tamotamo. La visite de Maistre fut absolument réglée comme l'avait été la mienne lors de mon voyage à Tsivory. Je dois dire, à la louange des Bara Manambia, que leur accueil fut beaucoup plus bienveillant que ne l'avait été celui des Antanosy. Maistre, après avoir remis nos cadeaux à Zoromanana, prit congé du monarque manambia, et les guerriers de la tribu le reconduisirent en armes jusqu'à notre village, tirant des coups de fusil en son honneur.

Pendant ce temps je travaillais à Tamotamo. Je sors vivement en entendant cette fusillade. Je suis rassuré lorsque le cortège triomphal de mon ami se présente aux portes du village. Maistre a très bon air au milieu de tous ces guerriers manambia ; il est précédé par une longue file de femmes, portant chacune sur la tête une petite *sobika* de riz blanc qui nous est destinée. C'est un cadeau de Zoromanana. Ce n'est pas tout : deux bœufs arrivent ensuite, et des guides, pour nous conduire dans le Sud, ce qui nous fait encore un plus grand plaisir.

J'avais hâte de repartir ; je craignais toujours quelque incident. Il est à remarquer, en effet, que le voyageur qui traverse un pays sauvage, ne doit jamais s'attarder trop longtemps dans le même endroit. Cette remarque que j'ai faite depuis longtemps dans mes différentes explorations est absolument juste. Lorsqu'on séjourne dans un village, les habitants, que la venue du voyageur avait quelque peu surpris, se familiarisent bientôt avec l'étranger ; la crainte de l'homme blanc, que l'on trouve plus ou moins vive dans toutes les tribus sauvages, diminue peu à peu, en même temps que l'audace des indigènes s'accroît d'autant. Les naturels interrogent les porteurs ; ces grands enfants, toujours prêts à répondre par des mensonges maladroits, ne savent pas dissimuler les choses les plus simples.

Involontairement, pour faire voir qu'ils suivent un maître généreux et qui sait bien reconnaître leurs services, l'orgueil les pousse à exagérer les richesses du voyageur qu'ils accompagnent. En peu de jours, la crainte respectueuse dont est environné l'homme blanc diminue graduellement, en même temps que s'allument les convoitises et que prennent naissance les audaces. En somme, je conseillerai donc au voyageur de ne séjourner dans les contrées sauvages qu'il traverse, que le temps strictement indispensable à la mission dont il s'est chargé. Un jour perdu est une faute, et une faute peut conduire souvent à un échec.

C'est ainsi que Rainitonjy et les autres chefs devenaient tous les jours plus exigeants; il aurait fallu payer tribut; plutôt que d'accéder à ces conditions par trop déraisonnables, je préférais abréger notre séjour et donner le signal du départ, le 24 juin.

Ce n'est pas sans quelque difficulté que nous reprenons la route du Sud; nos hommes, effrayés par les kabary des jours précédents, hésitent à nous suivre dans la direction de Fort-Dauphin. Ils craignent les Antandroy, le manque de vivres, la privation d'eau, les fatigues du chemin, qui, disait-on, était très mauvais et presque impraticable. A les entendre, il faut marcher sur Tuléar, par la vallée de l'Onilahy, qui offre une route moins périlleuse. La distance est la même; ils trouveraient toujours de l'eau, ne seraient pas astreints au régime des baies de cactus, et enfin ils ne rencontreraient pas d'Antandroy.

Ces bonnes raisons ne pouvaient me convaincre; moitié par force, moitié par persuasion, j'obligeai les porteurs à reprendre encore une fois la route du Sud; je voulais aller jusqu'au bout. D'ailleurs j'avais quelque confiance, d'après le rapport de Maistre, en Zoromanana, roi manambia de Tamotano, lequel, beaucoup moins susceptible que son voisin de Tsivory, nous faisait très bon accueil. Jusqu'à présent, à Madagascar, nous avions trouvé les ody faits d'une corne de bœuf remplie de terre pétrie avec du miel et des huiles végétales, le tout renfermant de menus objets qui jouissent d'une propriété magique.

Chez les Manambia, ainsi que plus au Sud, chez les Antandroy et les Antanosy, les *ody* [1] représentent d'ordinaire un ou plusieurs personnages grossièrement sculptés, hommes ou femmes selon la destination spéciale du précieux talisman.

Souvent leur aspect n'offre rien de caractéristique, et une longue explication est absolument nécessaire pour connaître leur vertu. D'autres fois, au contraire, l'artiste a représenté très naïvement des attributs qui ne peuvent laisser aucun doute sur les aspirations de l'heureux possesseur de l'ody.

C'est ainsi que l'homme qui désire posséder de nombreux troupeaux portera, fixée au bras, une plaque de bois sur laquelle sont figurés plusieurs zébus ou bœufs à bosse de Madagascar. Il est difficile de se procurer ces porte-bonheur; leurs propriétaires y tiennent beaucoup et consentent rarement à s'en dessaisir; ils les gardent continuellement sur eux. Un indigène bien posé en possède environ dix à douze; chaque fétiche doit répondre à un besoin de la vie.

Le ody le plus répandu est celui qui donne le pouvoir de tirer juste, d'atteindre son ennemi à de grandes distances et de se protéger en même temps des balles de l'adversaire.

J'avais remarqué un de ces fétiches, qui présentait un grand intérêt ethnographique, et je désirais vivement l'acheter. Malgré des offres séduisantes, le propriétaire, un sieur Rainimamona, fut intraitable et refusa catégoriquement toutes mes propositions.

Dans la soirée pourtant, il vint nous voir et nous fit entendre qu'il voulait, non pas vendre son talisman pour des perles ou de la toile, mais l'échanger contre un ody d'origine étrangère.

Je cachai ma surprise et lui demandai des explications.

« Toi, étranger, dit-il, tu as de bons fusils; cela ne m'étonne pas, car tu possèdes un ody qui vient de

---

1. Dans tous les dialectes du Sud de Madagascar, la consonne D, employée par les Antimerina, prend le son de L. C'est ainsi que les *ody* des Antanosy ont toujours été nommés par De Flacourt *oly*. La tribu des Mahafaly devient pour un Antimerina, la tribu des Mahafady; il ne faut donc pas voir dans la signification du mot malgache qui désigne cette tribu, une folle gaieté, mais bien une idée de choses défendues : *Maha*, qui rend *faly*, joyeux ; *maha*, qui rend *fady*, défendu. Il me faudrait entrer dans de trop longs développements pour exposer, même d'une manière très sommaire, le mécanisme fondamental de la linguistique malgache. Je me contenterai, d'ores et déjà, de faire observer que beaucoup de voyageurs, de missionnaires, de cartographes, qui se sont occupés de l'île malgache, ont été induits en erreur, parce que, jusqu'à présent, ils ont voulu, envers et contre toutes les règles de la logique et de l'usage, ne considérer à Madagascar que la seule tribu des Antimerina. On a vu que leur dialecte, leurs appellations, font, le plus souvent, l'étonnement des autres tribus, quand elles savent comment on les appelle ou comment on désigne leurs villages.

loin et qui est bien supérieur aux nôtres; donne-le-moi, je te céderai le mien et je te conduirai jusqu'à Fort-Dauphin. »

J'acceptai avec empressement, lui disant de revenir le lendemain, car la nuit m'était nécessaire pour préparer le génie de mon talisman à me quitter. A peine Rainimamona fut-il parti que je confectionnai un fétiche à la hâte : quelques chiffons ornés de perles, enveloppant de l'ail pilé, de l'iodoforme, de petits cailloux de quartz, suffirent à lui donner une forme et une odeur convenables.

Le lendemain, nous faisions l'échange; je lui certifiai que j'y perdais probablement, car je ne connaissais pas encore son ody; pour le mien, j'en répondais. Seulement il devait le porter continuellement sur sa poitrine, et surtout ne pas faire usage de son fusil avant un mois. Il est superflu d'expliquer les motifs pour lesquels je lui imposais ce délai.

Conformément à l'usage malgache, qui exige que, pour qu'un talisman jouisse de toute son efficacité, il faut que son propriétaire s'impose une privation quelconque, j'ajoutai à ces conditions l'obligation de ne jamais manger de volailles.

Ayant congédié Rainimamona trois semaines après ce marché, je ne saurais dire si son ody européen lui a donné toutes les satisfactions qu'il en entendait.

Ayant fait quelques approvisionnements à Tamotamo [1], sur les instances de Rainizanaka, qui est décidément un homme précieux et avisé, nous quittons le village le jeudi 26 juin, à midi, accompagnés de Rainimamona.

Quelques minutes après être sortis de Tamotamo, nous passons au hameau d'Ambalamarina, puis nous traversons le village d'Andrianaboatsa [2].

Dans la brousse, où nous marchons, les *sakoa* sont très communs, et les nids de termites, les *votry*, comme les appellent les indigènes, sont élevés et très nombreux. Par 330 mètres d'altitude, nous traversons à gué une petite rivière. C'est l'Ianakaomby, qui va non loin d'ici se jeter dans le Tamotamo; nous suivons pendant quelque temps la rive gauche de ce cours d'eau. Le pays devient plus boisé. Aux arbres isolés de la brousse succèdent des bouquets d'arbres. Ces petits bois, espacés d'abord, se rapprochent peu à peu, ils couvrent complètement les fonds des profondes vallées et les sommets des monticules. Nous traversons le Tamotamo, qui s'en va vers le sud-est. En cet endroit il mesure 10 mètres de large sur 50 centimètres de profondeur. Peu après, nous arrivons à Tsiesetra. C'est un village manambia qui compte une soixantaine de cases.

Ces Manambia forment une subdivision importante de la tribu des Bara. Ils offrent d'ailleurs, sous tous les rapports, une certaine ressemblance avec leurs voisins du Nord et de l'Est, les Bara Antaivondro. Il est même assez difficile de reconnaître un Bara Manambia d'un Bara Antaivondro. Cependant on peut y arriver en faisant énumérer à ces indigènes les quatre points cardinaux; le Bara Antaivondro commencera toujours par l'Est, tandis que le Manambia indiquera ses préférences pour le Nord. En outre, et cela est encore plus caractéristique, toutes les peuplades manambia ont un fady particulier pour le Nord. C'est ainsi que si, en cours de voyage, et pressé par un besoin naturel, on s'écarte un peu de la route, il ne faut jamais faire face au nord et se tenir debout; sans cela on risquerait fort de mécontenter vivement les indigènes manambia, qui ne manqueraient pas de dire que cet oubli des convenances est impardonnable, et qu'il va sûrement attirer sur toute la contrée des pluies, des orages et des inondations. Au contraire, il faut avoir soin de regarder dans une autre direction et de s'accroupir selon l'habitude malgache. Au point de vue ethnographique, les Bara Manambia diffèrent des Bara Antaivondro par une teinte plus foncée de la peau et par des caractères africains plus accusés. Cela se conçoit aisément, car si les Bara Antaivondro sont surtout mélangés avec des Betsileo et des Betsimisaraka, qui présen-

---

1. En effet cette précaution était nécessaire; pendant les quelques jours qui vont suivre, nous ne trouverons que quelques misérables villages, où il est impossible de se ravitailler.
2. La finale *tsa*, très fréquente dans les dialectes du Sud, devient *tra*, en dialecte antimerina. J'ai cependant conservé, pour tous les noms propres du Sud, le *tsa*, car en appliquant à ces dénominations géographiques, la désinence et l'orthographe antimerina, j'en aurais dénaturé quelquefois le sens, toujours la prononciation.

tent quelques traits asiatiques, les Bara Manambia sont mélangés dans une forte proportion avec les peuplades antandroy, qui, parmi toutes les tribus madécasses, sont africaines au plus haut point.

Le village de Tsiesetra est construit sur le même modèle que Betroky; notre venue a bien causé un peu d'étonnement aux habitants, mais après quelques heures ils étaient retombés dans leur apathique indifférence.

Le vendredi 27 juin, nous poursuivons notre route vers le Sud, et, presque aussitôt, la contrée présente quelques petits changements dans sa configuration générale et surtout dans sa végétation. A Madagascar, les changements sont rarement brusques lorsqu'on passe d'un territoire sur un autre; il y a toujours, sur les confins de ces contrées différentes, une sorte de zone de transition. C'est ainsi que nous avons vu maintes fois cette zone de transition s'étendre sur de larges espaces, entre les contrées complètement dénudées et les grandes forêts épaisses. Tout dernièrement, en quittant Ambohimandroso, nous avons traversé cette zone qui nous a menés, de l'Arindrano, où l'on ne voit pas un arbre, aux plaines d'Ambararata, dont les *sakoa* touffus et rapprochés font songer quelque peu aux campagnes normandes. Je me prépare donc, dès maintenant, à voir et à observer un pays nouveau. A mesure que nous marchons, mon étonnement grandit. J'avais songé tout d'abord à un angle rentrant de la ceinture forestière de l'île, mais j'abandonne vite cette idée. Tout d'abord les ruisseaux et les rivières deviennent rares; les petits cours d'eau, qui annoncent toujours la zone forestière, n'existent pas; signe encore plus certain, les arbres, espacés dans la brousse, qui hier étaient réunis en bouquets, s'isolent les uns des autres; relativement à une surface donnée, leur nombre diminue beaucoup. Ce n'est donc pas la forêt que nous allons voir devant nous. Est-ce une contrée complètement dénudée? Je ne le crois pas. D'abord la population diminue; sur les troncs des arbres rabougris qui nous environnent il n'existe aucune trace d'incendie, ancienne ou récente. Enfin nous descendons sensiblement, et, ce qui serait contraire à toutes mes observations à Madagascar, nous ne trouverons pas de contrée complètement dénudée à 200 ou 300 mètres d'altitude. Or, devant nous, nous découvrons le pays, fort loin vers le sud; la brume seule limite notre horizon. Il n'existe aucun sommet, aucun haussement du sol, qui puisse nous annoncer une chaîne de montagnes. Devant nous, c'est une immense plaine, et cependant nous allons quitter la brousse, j'en suis sûr.

Au bout de quelques heures, mon étonnement augmente encore, et ce n'est pas sans quelques inquiétudes que j'envisage l'avenir. Les arbres, et les sakoa notamment, ont complètement disparu. Il y a encore quelques buissons, surtout des arbustes à caoutchouc; mais la végétation, en général, a complètement changé. Nous voyons des plantes bizarres, que je n'avais jamais rencontrées ailleurs. Nous voici maintenant dans un pays nouveau pour moi à Madagascar. Nous sommes environnés de plantes épineuses, de ces végétaux nommés vulgairement plantes grasses. Tous les genres et toutes les espèces y sont représentés. Il y a surtout les raketa (*Cactus opuntia* ou Cactus nopal), et beaucoup d'euphorbes. Il y a aussi de véritables petits bois formés par des végétaux qui ressemblent à des cierges, hérissés, sur toute leur surface, de pointes longues et acérées. Par terre, ce sont des boules, réunies les unes aux autres. Ces sphères épineuses ont jusqu'à 50 centimètres de diamètre; lorsqu'elles atteignent ce volume, elles sont couvertes de boules plus petites, soudées sur elles. Ce sont encore des câbles épineux, bizarrement contournés; ils portent, de distance en distance, des étranglements, d'où partent de jeunes tiges, cordes plus petites, qui à leur tour donnent naissance à des rameaux minuscules. Nous sommes donc dans le pays des épines. Tout ce que l'on peut rêver en fait de plantes grasses se trouve réuni autour de nous, et mes porteurs, nus jusqu'à la ceinture, marchent dans ces fourrés d'un nouveau genre. La situation se complique vraiment; aussi nous arrêtons-nous à midi, et campons-nous sur les bords d'un cours d'eau que nous venons de traverser. C'est le Vorokasy, dont la source est à une journée d'ici dans le nord-est; cette rivière va se jeter dans le sud, dans la Sahanona. Nous sommes à environ 30 kilomètres de ce confluent. Le Sahanona, à son tour, va grossir le Mandrare.

Le 28 juin, nous continuons notre chemin dans cette contrée si extraordinaire. Les cactus forment de

AU PAYS DES PLANTES GRASSES.

véritables fourrés; leurs grandes fleurs jaunes sont du plus joli effet, sur le tapis de verdure qui s'étend loin devant nous. La marche est très pénible; nous allons dans des couloirs, que nos guides nous ont fait découvrir. Ces sentes, au milieu des cactus, ont été frayées par les troupeaux de bœufs des indigènes. Dans l'après-midi, nous arrivons au village d'Iaramamy. Ce village est absolument misérable. Il n'y a pas une goutte d'eau dans les environs. Le hameau est encore habité par des Bara Manambia, mais leur type général est différent de celui que nous avons observé dans le nord. Ce fait s'explique aisément : Iaramamy est la dernière agglomération manambia vers le sud. Tout près d'ici commencent les territoires habités par les Antandroy, et ces indigènes se sont mélangés fortement avec les Manambia.

Nous recevons assez bon accueil des habitants d'Iaramamy. Le chef du village nous donne de nouveaux guides, que je m'empresse d'interroger sur le pays du sud.

D'après eux, immédiatement au sud du village où nous sommes, commencent les territoires antandroy. C'est une vaste contrée, absolument plate et qui s'étend jusqu'à la mer; là elle se termine brusquement par des falaises peu élevées. Le territoire antandroy confine à l'est au pays des Antanosy; à l'ouest, il s'étend très loin jusqu'à celui des Mahafaly et des Masikora. Cette contrée, absolument plate, est très pauvre en eau vive; on n'y trouve, d'espace en espace, que de l'eau croupissante, qui s'amasse dans des creux de terrain après la saison des pluies, très courte sous ces latitudes. Le sol disparaît entièrement sous d'épais fourrés de cactus; la marche y est excessivement difficile, sinon impossible. Nos guides antandroy sont très affirmatifs sur ce point, et, d'après eux, il me faut prendre à l'Est pour gagner Fort-Dauphin, en suivant le pays des Antanosy, ou remonter dans l'ouest, pour arriver à Tuléar. Je l'avoue, ces déclarations ne sont pas sans me faire éprouver un moment de découragement. Tous nos efforts, toutes nos marches vont donc être inutiles; nous voici arrêtés dans notre itinéraire vers le sud, par une végétation que je maudis de grand cœur. Si jusqu'à présent rien n'avait pu arrêter notre marche au midi ; si les protestations de nos hommes nous étaient demeurées indifférentes ; si les coutumes superstitieuses des peuplades traversées, les kabary interminables, n'avaient pu nous faire dévier de la direction que nous avions choisie et qui devait nous mener jusqu'au cap Sainte-Marie, pour aller ensuite vers l'Est, à Andrahombe et à Fort-Dauphin, des cactus nopal allaient nous arrêter d'une manière absolue.

Voilà donc cette contrée différente[1] que j'avais devinée les jours précédents. Je pensais bien devoir me trouver en présence d'un pays nouveau, mais jamais je ne me serais figuré un si vaste territoire couvert entièrement de cactus nopal. Sans aucun doute, on pourra m'objecter que, n'ayant pas poussé plus avant dans cette plaine, je ne puis affirmer l'existence des cactus sur une aussi vaste étendue. Cela est certain ; quoi qu'il en soit, d'après ce que nous voyons avec de fortes jumelles, d'après ce que les Antandroy nous affirment, en parfait accord avec ce que mes porteurs ont déjà appris des Bara Manambia ; enfin, d'après ce que nous avons vu dans l'étape d'aujourd'hui et d'après ce que nous constatons dans notre voisinage immédiat, il est excessivement probable que l'existence de ce vaste territoire couvert de cactus est une réalité.

Nous prenons donc la résolution d'obliquer vers l'Est et de suivre, jusqu'à Fort-Dauphin, les confins des territoires antandroy, en nous maintenant toujours en dehors de cette végétation épineuse. Au village d'Iaramamy, on trouve beaucoup d'Antandroy de pure race ; je m'empresse d'entrer en rapport avec eux.

Cette peuplade des Antandroy doit être très intéressante à étudier. Malheureusement, je ne puis obtenir que des renseignements fort vagues, que je recueille à la hâte pendant la première partie de la nuit. Il résulterait de mes conversations avec les Antandroy d'Iaramamy que ces indigènes ont pour seule nourriture, sur leur territoire désolé, les baies de cactus, qu'ils ont débarrassées de leurs téguments épineux. On me dit aussi qu'ils se servent de la sève des raketa comme de boisson ordinaire. Ils recueillent aussi la rosée du matin sur les feuilles charnues de ces plantes épineuses.

Plus au sud, les Antandroy possèdent quelques troupeaux de bœufs. La fiente de ces animaux est leur seul combustible. Pour beaucoup d'usages, ils se rapprochent sensiblement des Bara Manambia, mais ils sont encore plus superstitieux, ce que je n'aurais jamais cru possible. En somme, cette tribu des Antandroy est, sous tous les rapports, la dernière de Madagascar ; ces indigènes semblent même constituer, dans la grande île, une peuplade exceptionnelle ; ils sont superstitieux au plus haut point, ont une religion africaine faite de croyances bizarres aux fétiches et aux amulettes. Leurs traits sont africains ; leurs cheveux, très crépus, sont portés en broussailles ; leur nez est plus large que long ; leur peau est du plus beau noir.

Nous n'avons pas trouvé de vivres dans ce misérable village d'Iaramamy. Aussi avons-nous hâte de le quitter et de rentrer en territoire tanosy.

Le 29 juin, nous partons, dans l'Est du village ; je suis heureux de constater que les cactus diminuent peu à peu ; ce sont d'abord des espaces où l'argile rougeâtre se montre à nu. Les grandes herbes poussent quelquefois.

Le pays, absolument plat vers le sud, se relève peu à peu vers l'est ; nous franchissons quelques ondulations[2]. Plus loin, ce sont de petits monticules ; plus loin encore, des mamelons, des collines. Le fond de ces accidents de terrain, les thalwegs de ces vallées, deviennent humides. Bientôt quelques filets d'eau se montrent : aussitôt la végétation arborescente réapparaît ; nous laissons les épines loin

---

1. D'ailleurs l'existence de cette vaste plaine du sud, couverte de cactus nopal et habitée par les peuplades antandroy, est connue vaguement dans les pays du sud, que nous venons de traverser.
2. D'après les renseignements que j'ai obtenus de mes guides indigènes, l'immense plaine couverte de cactus qui constitue le remarquable pays des Antandroy, s'étend vers le sud, sans aucune dénivellation, jusqu'à la mer. Là, elle se termine brusquement par des falaises de gravier de 200 mètres de haut, environ. Dans ce pays épineux, aucun cours d'eau, aucune rivière, dont les eaux ne soient rapidement absorbées par les racines de cactus. Deux fleuves seulement parviennent jusqu'à la mer, roulant leurs eaux vers l'Océan en toute saison. Ce sont le Manambovo et le Mandrare, ce dernier étant de beaucoup le plus important.

LES ANTANOSY ÉMIGRÉS, LES MANAMBIA, LES ANTANDROY.

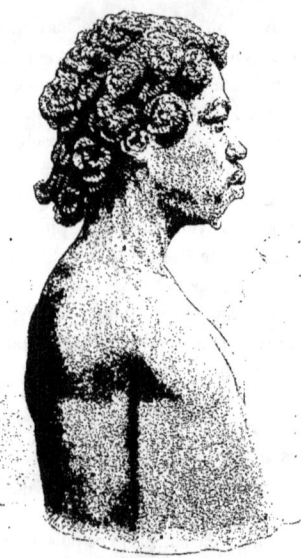

UN ANTANDROY : PROFIL.

à notre droite. Vers le milieu du jour, nous sommes de nouveau en pleine brousse; le pays est montagneux, le terrain accidenté, le sol rocailleux. A côté des sakoa, nos anciennes connaissances, se montre un végétal nouveau pour ces pays, mais que j'ai déjà vu à Majunga : c'est un arbre caractéristique de la côte ouest, le *bontona*, ce baobab malgache (*Adansonia digitata*); j'en mesure quelques-uns de vraiment très gros; la pulpe farineuse de leurs gros fruits (pain de singes) est acidulée et étanche fort bien la soif.

Après avoir traversé l'Iatranatrana, affluent du Manambolo, et gravi une dernière montée raide et rocailleuse, nous entrons dans le village d'Imitray.

Pendant notre étape d'aujourd'hui, nous nous sommes élevés sensiblement; laissant la grande plaine antandroy à notre droite, nous avons gravi d'abord une chaîne de petites collines, puis nous sommes entrés dans une contrée assez accidentée. Ce système de monticules, très rapprochés les uns des autres, forme les premiers contreforts, dans l'ouest, de la chaîne de partage des eaux, dont nous nous rapprochons très rapidement.

Le village d'Imitray, qui compte 35 cases, est habité par des Antanosy mélangés avec quelques Antandroy. Au moment où nous arrivons, il ne reste que cinq ou six hommes, presque tous des vieillards; tous les autres sont partis pour guerroyer dans les environs contre une tribu d'Antandroy qui est venue voler, à Imitray, des femmes et des bœufs. Dans la soirée, nous assistons à un spectacle intéressant : c'est une prière ou une invocation en faveur des guerriers absents. Toutes les femmes dont les maris sont à la guerre se sont réunies près de la maison du chef du village; quelques-unes sont très jeunes, d'autres ont les cheveux blancs.

Elles portent comme vêtement une pièce d'étoffe ou une natte attachée à la ceinture, et chacune d'elles tient à la main un long bâton, qui est censé représenter le fusil ou les sagaies du guerrier bien-aimé. Leur front est couvert d'une couche de peinture blanche; des feuilles vertes ou des plumes d'oiseaux sont piquées dans leur chevelure; elles se groupent autour de l'une d'entre elles, qui joue du tambour, puis, au son du tam-tam, elles se mettent à danser, toujours groupées, et, la face tournée vers l'Est, elles avancent en rangs serrés dans cette direction; leurs chants sont lents et plaintifs, mais bientôt le rythme s'accélère, et pendant qu'elles prient le *Zanahary* et les mauvais génies de rendre leurs époux vainqueurs, et de tuer ceux qu'ils combattent, elles avancent rapidement vers l'Est, reculent pour s'avancer de nouveau en brandissant leurs bâtons. Elles répètent le même exercice devant la case de chaque absent. Ce manège dure très longtemps, et la

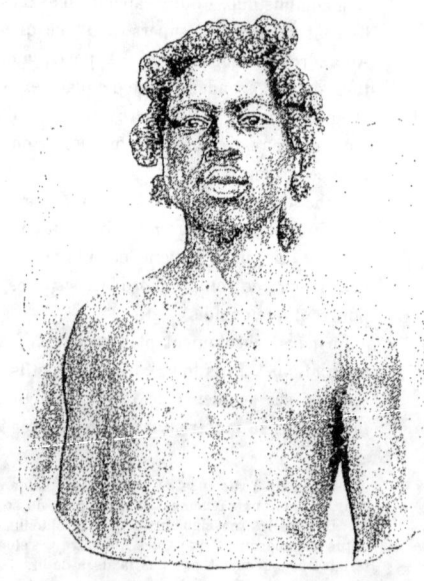

UN ANTANDROY : FACE.

soirée est déjà fort avancée lorsqu'elles ont fini. Malheureusement pour notre sommeil, ce n'est pas tout. Les épouses éplorées se réunissent sur la place du village, et se mettent à pleurer par anticipation ceux qui ne reviendront pas; elles poussent des cris stridents qu'elles modulent en saccades, suivant la coutume de presque tous les peuples primitifs.

Lorsque nous partîmes, le lendemain, nous n'avions pu goûter qu'un sommeil très court.

Le village d'Imitray est situé dans une sorte de petite plaine circulaire, entourée de hautes montagnes. Le fond de ce cirque, c'est-à-dire les environs du village, est assez bien cultivé en rizières. Après les avoir franchies, et avant de monter sur les flancs des montagnes qui environnent le cirque, nous rencontrons, près de la route, une pierre levée.

Ce mégalithe est le premier que nous voyons depuis notre départ du Betsileo. Ces monuments commémoratifs sont absolument inconnus chez les Bara Manambia, et je n'en ai pas rencontré chez les Bara Antaivondro; cependant il en existe, en très petit nombre, chez les Antanosy émigrés. Ici nous sommes chez les Antanosy qui n'ont jamais quitté leur pays, et à mesure que nous avancerons vers le sud, c'est-à-dire que nous pénétrerons davantage dans le Tanosy, nous verrons ces monuments mégalithiques très nombreux, plus grands, plus beaux et mieux disposés que chez les Antimerina et même chez les Betsileo. Jusqu'à présent ces derniers nous avaient cependant paru une des tribus les plus intéressantes de Madagascar, une des rares peuplades de la grande île qui par leurs monuments pouvaient débrouiller quelque peu l'histoire de ces peuples étranges. Comme le lecteur le verra dans la suite, la tribu des Antanosy, qui se révèle déjà à nous par des signes extérieurs de religiosité, est, sous beaucoup d'autres rapports encore, bien supérieure, plus sympathique, j'oserai dire, que les autres tribus de la grande île africaine, y compris, bien entendu, celle des Antimerina. Le monument que nous voyons au sortir d'Imitray se compose d'un carré construit en pierres sèches qui peut avoir 3 mètres de côté. A chacun des angles de ce carré est enfoncé verticalement un fort pieu qui supporte deux madriers, grossièrement équarris. Ces quatre madriers, réunis ainsi deux à deux par les quatre pieux verticaux sur lesquels ils sont fixés, forment un entourage, balustrade assez large, sur laquelle on a posé, à côté les uns des autres, et faisant face au dehors, des crânes de bœufs ornés de leurs cornes. Au centre de ce carré ainsi délimité se dresse une pierre levée, haute de 3 m. 80, large de 1 mètre, sur 50 centimètres d'épaisseur. Ce bloc énorme est en granite rose, roche que je ne trouve pas dans les environs; il a certainement fallu un travail énorme pour élever un pareil monument. Le mégalithe sert à rappeler la mémoire d'un chef célèbre d'Imitray, mort en guerroyant contre les Antandroy.

Pendant que nous examinions ce monument, un indigène antanosy, qui nous regardait avec intérêt depuis quelque temps, se jette au cou d'un de mes porteurs. Le Betsileo Ramasy, c'est son nom, que j'ai engagé à Fianarantsoa, sur la recommandation du docteur Besson; Ramasy, dis-je, objet de cette sympathique démonstration, reste d'abord quelque peu ahuri; cependant il finit par reconnaître son jeune frère, qu'il croyait soldat à Fort-Dauphin, au service de Ranavalomanjaka. Tout s'explique. Le frère de Ramasy, un ci-devant Betsileo, a été pris, il y a quelques années, par les Antimerina, pour aller grossir la garnison de Fort-Dauphin. Mais mon Betsileo, qui, comme ses compatriotes, craint les Antimerina, et ne les aime pas du tout, s'est échappé du pays de Tolanara, soumis aux Antimerina, et est venu ensuite à Imitray, où il vit paisible et heureux, s'étant fait Antanosy.

La plaine circulaire dont j'ai parlé mesure à peu près 8 kilomètres de diamètre. A côté d'Imitray sont les villages de Simieha, Sesela et Ambatomasina. Nous commençons à gravir une chaîne de montagnes; la montée est ardue, le sentier difficile; nous passons par un col à 1 190 mètres d'altitude, puis nous descendons très rapidement sur l'autre versant; nous arrivons à Imanevy, au fond de la vallée, par 560 mètres d'altitude.

Cette étape a été très rude; pendant la première partie de la route, nous avons véritablement escaladé le flanc abrupt d'une montagne, pour redescendre de l'autre côté, suivant une pente aussi raide; au village d'Imitray, que nous avons quitté ce matin, nous étions dans le bassin du Manambolo, affluent du Mandrare; maintenant nous voici descendus dans la vallée même du Mandrare. Ce fleuve coule tout

UN « BONTONA » CHEZ LES BARA MANAMBIA. (GRAVURE DE BOCHER, D'APRÈS UNE PHOTOGRAPHIE.)

PIERRE LEVÉE CHEZ LES ANTANOSY ÉMIGRÉS.

près d'ici; nous le traverserons demain matin au sortir du village. Les montagnes que nous venons de franchir forment une chaîne nommée monts Isira; elle est constituée presque entièrement de roches micaschisteuses, et est dirigée du nord-est au sud-ouest. Devant nous s'étend une autre chaîne de montagnes, beaucoup plus haute, et qui paraît plus longue encore que celle que nous venons de franchir; c'est la chaîne de Maroampingaratra ou Beampingaratra. Les monts Isira au nord-ouest et les monts Beampingaratra au sud-est limitent donc cette vallée du Mandrare, au fond de laquelle nous sommes. Il faut remarquer aussi que les monts Isira séparent le bassin d'un affluent du Mandrare du fleuve principal, plus au sud, ces monts Isira se termineront brusquement, pour permettre la jonction des deux cours d'eau. Les monts Beampingaratra, au contraire, continuent la ligne de partage des eaux; sur le versant oriental, nous trouverons le Mananjara, qui va se jeter dans la mer des Indes après avoir arrosé le pays d'Ambolo. La végétation, qui croît autour de nous, devient de plus en plus belle; une épaisse couche d'humus noirâtre couvre le sol; les arbres sont touffus, ils se réunissent maintenant par bouquets; je reconnais beaucoup de plantes que j'avais déjà vues en pays betsimisaraka. La population est très dense. Il y a de nombreux villages.

Le mardi 1er juillet, nous quittons Imanevy, et, bientôt après, nous traversons à gué le Mandrare, qui, en cet endroit et en cette saison, mesure 10 mètres de large sur 50 centimètres de profondeur. La vallée est étroite, et bientôt nous nous élevons sur les flancs des monts Beampingaratra. Le sentier s'engage dans une gorge, il longe un torrent qui bouillonne en cascade à nos pieds; c'est l'Andrevoroka, affluent du Mandrare. Nous sommes dans une brousse très épaisse, et, quelques instants après, nous voici dans une forêt touffue, qui, accrochée aux flancs des Beampingaratra, en couronne les cimes. Nous marchons rapidement, mais la nuit nous surprend sous les hautes futaies; nos guides nous conduisent pour camper dans une caverne qu'ils connaissent dans les fourrés. Notre logis est très pittoresque, et les feux de nos hommes ne peuvent dissiper les ténèbres qui emplissent ces salles souterraines. Mon compagnon et moi devons, pendant une bonne partie de la nuit, donner une chasse vigoureuse aux *fanihy*, chauves-souris, petites et grosses, que notre venue a mises en émoi.

Le matin, nous nous remettons en marche dès la première heure. Cette forêt du pays des Antanosy est beaucoup plus jolie que toutes celles que nous avons vues précédemment à Madagascar. C'est une vraie forêt tropicale, avec sa végétation vigoureuse, ses arbres magnifiques, son enchevêtrement de lianes. Le spectacle est tout nouveau pour nous. Par instants, nous pensons être bien loin de Madagascar. Vers dix heures nous commençons à voir quelques clairières. Des *longoza* et des *ravenala* se montrent çà et là, avec des fourrés de bambous; ils nous annoncent la végétation d'une contrée maritime. Puis, ce sont des défrichements. A onze heures et demie, nous arrivons au village d'Izama. Nous sommes là dans la vallée d'Ambolo, le plus beau pays de Madagascar.

VILLAGE D'IARAMAMY.

LA CÔTE, PRÈS D'AMBALAFANDRANA.

CHAPITRE XIII

La vallée d'Ambolo. — Izama. — Les monts Beampingaratra. — Tsiarony et Belavena. — Arrivée à Fort-Dauphin. — Le pays de Tolanara. — Mœurs et coutumes des Antanosy. — Evatra et Lokaro. — Sainte-Luce ou Manafiafy. — Pieux et pierres dressées antanosy. — Village et rivière d'Ambaniaza. — Village de Manambato. — Les défrichements de la côte sud-est. — Manantena. — Traversée du Manampany. — Imatio et son lac. — Sandravinany. — Naufrage dans la rivière. — Centre populeux de Manambondro. — Vangaindrano. — Végétation littorale. — Le long des rives du Mangidy. — Au pays des Antaisaka — Tangirika et Mahafasy. — Retour à Fianarantsoa. — Quatrième séjour à Tananarive. — Retour en France.

JEUNE FILLE ANTANOSY DE FORT-DAUPHIN.

Avec sa superficie plus grande que celle de la France, on conçoit très bien que l'île de Madagascar présente des pays d'aspect tout différent. Les unes sont très fertiles, la végétation y est magnifique; d'autres, au contraire, sont arides. En somme, à côté de terrains propices aux cultures, de grandes forêts, de beaux plateaux que l'homme pourrait rendre aisément productifs, il existe de nombreuses régions stériles, des districts rocailleux, des sols ingrats, qui contribuent à donner à la grande île un aspect peu séduisant.

Quoi qu'il en soit, tout n'est que relatif ici-bas, et ces contrées fertiles, nombreuses et étendues, quoi qu'on en dise, à Madagascar, suffisent largement à compenser, en quelque sorte, les mauvais territoires. De manière que la grande île africaine se présente, avec ses bons et ses mauvais côtés, comme équivalente en somme à nos meilleures colonies. La prise de possession de Madagascar par la France sera, j'en suis convaincu, une bonne opération. Que l'on procède brutalement à l'annexion, ou que l'on établisse un protectorat réel, peu importe! la mainmise sur Madagascar sera une très bonne conquête pour la France, si l'on veut, bien entendu, envisager l'avenir et non pas un rendement immédiat, ce qui serait une utopie. La prise de Madagascar par la France et la conservation de cette belle colonie seront chose très facile, l'administration de cette grande contrée sera également pratique, à condition qu'on l'enlève aux Affaires étrangères.

Il existe de nombreuses divergences, parmi les vues et les idées émises par ceux qui ont écrit sur Madagascar. Cela s'explique, et il est évident qu'un auteur dont on ne pourra suspecter la sincérité, dépeindra Madagascar sous des couleurs absolument opposées, selon les contrées fertiles ou arides qu'il aura visitées. Du reste, je m'étendrai plus longuement sur les avantages que peut présenter Madagascar à la colonisation française lorsque je terminerai cet ouvrage.

Revenons au pays d'Ambolo. Il me faudrait de longues pages pour décrire cette magnifique vallée, avec ses forêts d'ébéniers et de palissandres, ses bois d'orangers, ses cultures, sa terre noire et fertile, ses ruisseaux innombrables, ses rivières, ses sources chaudes.

Dans nos explorations, nous nous étions surtout attachés à parcourir les territoires relativement inconnus de Madagascar, et par conséquent des pays peu peuplés, arides, montagneux, le plus souvent éloignés des sentiers de communication. Nous avions donc commencé par voir, en quelque sorte, Madagascar sous ses mauvais côtés. Par suite, la richesse de cette belle vallée nous impressionnait d'autant plus que jusqu'à présent, dans le cours de nos voyages antérieurs, nous n'avions jamais été frappés d'une façon bien vive par la beauté du pays.

Izama, le petit village dans lequel nous venons d'entrer, est habité par des Antanosy, qui prennent plus spécialement ici le nom d'Antambolo. Avant d'arriver dans le village, nous avons traversé pendant quelques instants des fourrés de *longoza*, ces roseaux à odeur de cannelle que nous avons rencontrés en si grand nombre dans les défrichements de la côte Est. Puis ce sont des massifs de citronniers, de *voavotaka*, des cultures nombreuses de canne à sucre, des champs de café, des goyaviers, des *bibasy* néfliers du Japon (*Eriobotrya Japonica*). Nous sommes fort bien reçus par les chefs du village. Ces chefs et leurs familles sont, nous dit-on, originaires du pays des Antaimoro. Leur tête est enveloppée d'un mouchoir de soie de couleur rouge; ils ont conservé presque intactes une foule de coutumes arabes, réminiscences curieuses d'invasions musulmanes sur la côte orientale, leur pays d'origine. Autour d'Izama, sur chaque monticule, disséminés dans la vallée, nous voyons des villages. Les Antanosy qui habitent ce pays d'Ambolo forment donc une population très dense.

Ici nous sommes dans le pays de Tolanara, patrie d'origine des Antanosy. Nous voyons donc ces indigènes chez eux, avec leurs usages et leurs coutumes particulières. En somme, les Antanosy se rapprochent beaucoup des Betsimisaraka; ce sont des peuples de la côte orientale de Madagascar. Nous retrouvons chez eux les usages betsimisaraka. La maison, faite d'une charpente de raphia, est élevée sur pilotis; le toit et les cloisons sont en feuilles de ravenala. Chez ces indigènes, peu de poterie, leur réservoir d'eau est celui que l'on rencontre sur toute la côte orientale : un long morceau de bambou, dont l'intérieur creux emmagasine une certaine quantité d'eau. En partant de ce village, nous marchons dans la vallée en suivant la rive gauche de l'Amandroaka, affluent de gauche du Mananjara, le grand fleuve de la vallée d'Ambolo. Sur notre route, aucune émergence rocheuse, pas de pierres, si ce n'est quelques cailloux roulés qui, descendus des montagnes voisines, encombrent le lit des ruisseaux. Sous nos pieds, plus d'argile rouge, un humus noirâtre très épais.

La vallée d'Ambolo se trouve comprise dans un dédoublement de la zone forestière, les grands bois l'environnent de toute part. Sous ces hautes futaies, les débris végétaux s'amassent en chaque saison, les eaux sauvages les poussent dans la vallée : là ils s'amoncellent depuis des siècles, et ont formé cette terre végétale qui a plusieurs mètres d'épaisseur, autant qu'on en peut juger par des fosses, des tranchées et les berges des ruisseaux. Nous nous arrêtons à Tarafasy.

Le jeudi 3 juillet, nous continuons dans la vallée. Toute la journée, l'altitude moyenne du pays est de 110 mètres. Le soir, nous nous arrêtons au village d'Ambolo.

Le lendemain, 4 juillet, nous commençons à gravir les montagnes qui limitent la vallée d'Ambolo vers le sud-est. Ces montagnes ne sont qu'un contrefort élevé des monts Beampingaratra; leur cime est couverte d'une forêt que nous traversons en deux heures; nous rentrons ensuite dans la brousse, formée

LES MONTS BEAMPINGARATRA.

cette fois de la végétation côtière que nous connaissons déjà. Nous nous arrêtons au village d'Andramanakana, puis, continuant notre route, nous arrivons sur un terrain sablonneux, nous sommes en vue de la mer. Nous marchons entre l'Océan et des lagunes. Cette contrée est absolument comparable, identique je devrais dire, à celle que j'ai décrite de Tamatave à Andovoranto. Les villages y sont nombreux. Les habitants antanosy, absolument analogues aux Betsimisaraka, auxquels je renvoie le lecteur, rendent plus frappante encore cette ressemblance.

Le soir, nous passons à Tsiarony et à Belavena, où nous nous arrêtons pour passer la nuit. Ce petit village est situé au pied d'un pic remarquable, le Barabe, que nous voyons depuis quelques jours.

Le samedi 5 juillet, nous arrivons à Fort-Dauphin.

Lorsqu'on approche de Fort-Dauphin, on remarque vite que cette contrée littorale du sud-est est tout à fait différente des autres contrées maritimes que l'on a pu voir à Madagascar. En effet, au lieu de présenter des côtes basses et sablonneuses où l'on ne trouve que quelques dunes recouvertes souvent de plantes herbacées, toujours les mêmes sur la côte Est, les rives sont formées, à Fort-Dauphin et dans les environs, de puissantes assises calcaires, qui disparaissent sous un épais manteau de verdure. Ces côtes rocheuses du sud-est sont encore plus jolies que les falaises granitiques du nord-ouest de l'île. Dans les parages de Tolanara, la première zone forestière que nous avons quittée, avant de passer près du pic Barabe, descend jusqu'à la mer. Nous avons vu qu'elle en était assez éloignée, au contraire, à la hauteur de Tamatave. Là s'étend une zone littorale assez large, couverte de brousse et de bouquets de bois : c'est la région des lagunes. En quittant Fort-Dauphin et en remontant vers le nord, nous retrouverons cette contrée des lagunes, mais ce sera toujours la forêt. Dans ce sud-est privilégié, les arbres poussent jusqu'au bord de la mer. Ainsi, sous le rapport de la végétation et de la disposition physique du terrain, on trouve une certaine analogie entre le sud-est et le nord-ouest de l'île, entre Nosy-Be et la baie de Passandava d'une part et d'autre part entre Fort-Dauphin et les rades qui l'avoisinent. Cette analogie est encore plus grande lorsqu'on examine la constitution géologique du terrain. Nous avons trouvé à Majunga un terrain calcaire, mais malheureusement infertile, par suite du manque d'eau. Dans le sud-est, les terrains calcaires ont commencé à la vallée d'Ambolo, mais depuis là jusqu'à la mer nous les avons vus fertiles au plus haut point, parce qu'ils étaient merveilleusement arrosés. Le voyageur qui a parcouru Madagascar est, à la longue, fatigué de cette tonalité rougeâtre que présente partout le sol, sur les hauts plateaux et dans les plaines ; il est agréablement surpris si ses pas le conduisent dans le sud-est. Il y verra, au lieu de l'éternelle terre à briques de Madagascar, une terre végétale noire à laquelle on n'est pas accoutumé. J'aurai fini d'esquisser à grands traits la supériorité de ce territoire des Antanosy sur tout le reste de l'île lorsque j'aurai dit que nous ne sommes plus ici en terre tropicale. Fort-Dauphin, qui se trouve par 25 degrés de latitude sud, jouit d'un climat tempéré. Les pluies n'y sont pas continuelles en certains mois, mais intermittentes toute l'année ; l'été y est très supportable. Les cyclones y sont inconnus, mais de grands vents du large, du sud principalement, y viennent dans certaines saisons abaisser sensiblement la température.

Fort-Dauphin consiste en une presqu'île comprise entre deux baies : au nord la rade de Fort-Dauphin, au sud la fausse baie des Galions dans laquelle débarquaient il y a quelques siècles des navigateurs portugais, venant fonder des établissements sur ces côtes.

Sur cette presqu'île qui constitue Fort-Dauphin, s'élevaient le fort et la citadelle française ; ils recouvraient une superficie d'un kilomètre carré environ et occupaient dans la presqu'île la partie plate soutenue par des falaises à pic, la plus au sud, la plus éloignée de l'île par conséquent. Cette position militaire était admirable et nos soldats d'autrefois s'y maintinrent longtemps le plus aisément du monde. Un débarquement y est rendu absolument impossible par les hautes falaises à pic, et du côté de la terre, le seul endroit accessible aux naturels du pays, on avait creusé des fossés, élevé des murs, établi des batteries circulaires dont l'ensemble constituait une défense de premier ordre. Donc, vis-à-vis des indigènes, le poste militaire de Fort-Dauphin était une citadelle imprenable d'où nous pouvions nous élancer pour prendre Madagascar tout entier.

Tout cela a été abanbonné et la vérité m'oblige à dire que l'on ne s'empresse pas de réparer ce malheureux événement.

Lorsqu'on entre dans Fort-Dauphin, on est tout de suite envahi par un immense sentiment de tristesse. A chaque pas, presque derrière chaque case, on découvre un souvenir navrant de notre domination d'autrefois.

Je vais prier le lecteur de m'accompagner dans ma première visite à la ville. Nous partirons de notre point d'arrivée d'hier, c'est-à-dire de la grève au nord de la localité, à l'endroit où la presqu'île de Fort-Dauphin se rattache à la grande île.

Par un sentier de chèvres, on parvient non sans peine sur le sommet du plateau. Ce plateau, formé de puissantes assises calcaires, est recouvert par les sables qu'y ont déposé les tempêtes. Son niveau moyen, qui est de 28 mètres au-dessus de la mer, est quelque peu plus élevé que la contrée du nord, à laquelle il se rattache par une bande sablonneuse. Le plateau a 2 kilom. 500 dans sa plus grande longueur, sur une largeur moyenne de 600 mètres. Dans sa partie nord, située au dehors de nos anciennes limites, s'élève le village de Fort-Dauphin, agglomération importante qui compte plus de 200 cases. Les habitants, paisibles et curieux, se pressent en foule sur notre passage. Ils savent que nous sommes Français, j'en entends quelques-uns qui murmurent : « Jereo tompon tany taloha » (Regardez les anciens maîtres de cette terre). Le village antanosy ne présente rien de particulier ; les maisons sont groupées sans ordre, les ruelles sinueuses rendent toute orientation difficile. Après des détours sans nombre, nous arrivons enfin à l'ancien mur d'enceinte ; nous le longeons quelque peu, et nous voilà devant la porte d'entrée. Cette porte monumentale, en maçonnerie, est très bien conservée. Sur le fronton

FORT-DAUPHIN. (GRAVURE DE PRIVAT D'APRÈS UNE PHOTOGRAPHIE.)

sont gravées les armes de France. On pénètre ensuite dans un couloir long de 4 mètres : c'est l'épaisseur du mur en pierres sèches, puis on tourne à angle droit dans un autre passage couvert, et l'on décrit de la sorte deux angles droits avant de se trouver en face de l'ancien corps de garde. Cette maison carrée tombe en ruines. Les trois fleurs de lis appliquées à gauche de la porte ont été grattées par les Antimerina. Nous sommes arrivés maintenant dans l'intérieur de Fort-Dauphin. Sur ce vaste emplacement s'élèvent les cases du village antimerina; elles sont alignées en partie de chaque côté d'une large avenue qui conduit à l'ancienne citadelle, autrefois maison de Flacourt, aujourd'hui — amère dérision! — demeure du nègre antimerina, gouverneur de Fort-Dauphin. Si, avant de nous engager dans cette longue avenue, nous jetons un regard en arrière, nous voyons,

LES REMPARTS ET L'AVENUE DE FORT-DAUPHIN.

de chaque côté de la porte et des couloirs fortifiés que nous venons de traverser, s'étendre à droite et à gauche les restes des anciens murs. Ces murailles, épaisses de plusieurs mètres et faites d'assises de pierres sèches, ont peu souffert des injures du temps; elles disparaissent cependant par places sous l'épaisse végétation qui a pris naissance sur ces anciens remparts. Un fossé est en avant; ses accotements sont soutenus par des murs de pierre; plus loin ce sont des épaulements de terre. De distance en distance, sur l'ancien mur, se trouve ménagée une sorte de plateforme sur laquelle étaient construites des batteries circulaires en pierres cimentées. Ces constructions, qui sont en assez grand nombre, commandaient l'isthme pour défendre le fort contre toute attaque par terre; elles se trouvaient également disséminées sur le sommet des falaises qui soutiennent le fort pour le défendre contre toute attaque maritime. Chacune de ces batteries comprenait cinq canons. Les embrasures sont intactes, on voit encore sur les parois de ses réduits les crocs et les manilles des anciennes caronades. La population antimerina, assez nombreuse, qui occupe le Fort-Dauphin, est surtout composée des soldats qui forment la garnison du fort et de leurs familles. Les Antimerina de Fort-Dauphin, entourés de toutes parts de peuplades insoumises, ne se sentent pas chez eux en pays tanosy; ils se tiennent toujours sur leurs gardes et ne laissent pénétrer dans le fort que leurs compatriotes. Nous étions étrangers, c'est vrai, mais comme nous allions voir le gouverneur, on avait fait une exception en notre faveur. Malgré toutes ces mesures de précaution, beaucoup d'Antimerina avaient été massacrés par les Antanosy en 1883, lors de la malheureuse expédition franco-malgache; les Antanosy avaient cru alors être débarrassés des Antimerina; grâce au concours de la France, ils les ont vus revenir depuis, plus arrogants et plus cruels que jamais, soutenus par ce même pays, qui n'est pas toujours logique dans ses entreprises coloniales. Le gouverneur Rainijaobelina, 11° honneur, nous attendait. Les portes sont ouvertes et nous pouvons pénétrer dans l'ancienne citadelle. Au milieu des ruines s'élèvent les cases des officiers et du gouverneur antimerina. L'habitation de celui-ci, plus grande que les autres, se trouve immédiatement en entrant, à gauche de la porte. Je profite des bonnes dispositions dans lesquelles il semble se trouver en ce moment pour aller visiter les ruines de la maison Flacourt. C'est un véritable pèlerinage. Tout près des falaises, à la pointe extrême de la presqu'île du côté du sud, s'élèvent les quatre murs en maçonnerie de la maison carrée de Flacourt; à côté, le jardin, au milieu duquel se trouvait le puits qui alimentait d'eau douce tous les habitants du fort. C'est encore une tour ronde, ancienne prison dont les murs intérieurs cimentés sont couverts d'inscriptions. Au-dessus de cette tour ronde était une construction légère servant d'abri au guetteur.

MAISON DU GOUVERNEUR ANTIMERINA A FORT-DAUPHIN.

Nous avons élu domicile au milieu des Antanosy. Nous restons à Fort-Dauphin plus de trois semaines, ayant bien gagné ce repos par nos fatigues antérieures; d'ailleurs ce temps n'est pas perdu et nous travaillons toujours à augmenter nos collections scientifiques. Nous visitons également les environs de Fort-Dauphin, sans oublier la lagune de Fanjahira et la petite île d'Anosy, qui s'élève au milieu et qui offre encore les restes de la maison de campagne de Flacourt. Tous ces environs de Fort-Dauphin sont véritablement charmants. On entre tout à coup dans de hautes forêts, puis ce sont des prairies, des mamelons boisés, les rivages de l'océan, facilement accessibles, présentant au pied des falaises calcaires de larges plages sablonneuses. Sur ce coin de terre privilégié se trouvent donc réunies toutes les zones de Madagascar. Le pays est très giboyeux : on peut y faire de véritables massacres de sangliers; on y trouve tous les oiseaux de l'île; les grands flamants roses pullulent sur l'étang de Fanjahira. Il n'y a pas d'Européens à Fort-Dauphin; on y trouve l'établissement important d'un Mauricien qui, avec quelques employés, est établi ici depuis plus de vingt ans. M. Marschall a d'importantes concessions de bois, et, au milieu de ses nombreuses occupations, il ne peut suffire à tous les besoins commerciaux de la contrée.

Il est assez curieux de reconnaître que par un enchaînement fortuit de circonstances aussi bien au point de vue politique qu'au point de vue religieux et commercial, on ne se soit occupé jusqu'à ces dernières années dans l'île de Madagascar que des Antimerina et des habitants du plateau central. Chose étrange, tandis que tous les efforts des missionnaires et des colons tendaient à pénétrer jusqu'à Tananarive, à se répandre dans le pays des Antimerina, disons le mot, à faire cause commune avec eux, on délaissait complètement les territoires où les Antimerina ne régnaient pas en maîtres. Personne n'essayait de venir au milieu de ces riches territoires antanosy. Et pourtant la population très dense devait certainement présenter de nombreux besoins. Nous avons vu depuis Fianarantsoa jusqu'à Fort-Dauphin et nous verrons encore mieux au retour que toutes ces populations du Sud ne demandent qu'à échanger leurs produits contre des marchandises européennes. Ces pays du Sud, les plus riches de Madagascar, présentent comme partout et plus qu'ailleurs de nombreuses richesses naturelles; d'après ce que j'ai vu, ils ont du raphia en quantité énorme, le centre de la production de ce produit étant la vallée d'Ambolo. Les parties sud de Madagascar peuvent ou pourront bientôt fournir à l'activité européenne des stocks considérables d'un caoutchouc de bonne qualité. Les indigènes n'ont rien pour se couvrir, ils achèteraient bien cher une pièce d'étoffe, une marmite de fonte, ils donneraient dix bœufs pour un fusil et un baril de poudre, et cependant nos commerçants délaissent ces pays, ils vont s'entasser à Tamatave, où il est juste de dire que beaucoup d'entre eux font faillite; ils éprouvent peut-être dans leur désastre commercial une vive satisfaction de succomber sous l'œil narquois des Antimerina, d'un Rainandriamampandry quelconque qui s'en gaudit à loisir.

Cet état de choses ne peut durer. Le commerce, qui ne peut être guidé que par un intérêt pécuniaire, se portera bientôt vers ce Sud qui couronnera ces entreprises. Nous verrons ce fait s'accomplir prochainement. Pour ce qui est des missionnaires et des fonctionnaires, tout le monde sait qu'ils sont hypnotisés par les Antimerina. Tous les efforts de ces hommes tendent à dissuader les colons français de venir à Madagascar, d'abord et surtout s'ils ont l'audace de s'y établir, de ne pas quitter les Antimerina, seuls civilisés, seuls maîtres du pays, et de fuir bien loin des territoires insoumis. Ils ont donc bien peur de se créer des démêlés avec ces idoles du jour auxquelles ils ne savent quels présents faire, puisqu'on donne à Ranavalo, tantôt un manteau de velours écarlate qui sort de la rue Royale, tantôt une batterie de 6 pièces d'artillerie avec ses munitions, tantôt un grand cordon de notre ordre national de la Légion d'honneur.

Quoique Anglais, M. Marschall, qui est un excellent homme, nous a rendu les plus grands services pendant tout notre séjour à Fort-Dauphin. Dans ses vastes entrepôts, il nous a fait choisir de très beaux échantillons de tous les bois du pays d'Anosy; il expédie presque mensuellement, à Maurice ou à la Réunion, des chargements entiers d'ébène et de palissandre et d'autres bois précieux, que les Antanosy lui apportent journellement en échange de quelques brasses d'indienne et de cotonnade. Voici la liste des principales essences de bois que l'on trouve dans les forêts tanosy, les noms de ces essences appartiennent presque tous au dialecte antanosy; j'ai donné à côté de ce nom antanosy l'appellation antimerina correspondante, toutes les fois que j'ai pu me la procurer.

Zambo. — Bois rougeâtre — atteint 1 mètre de diamètre — planches — bois de construction, se pourrit peu.

Forofaka. — Ébène marbré, atteint 0 m. 80 de diamètre.

Tombobisa. — Bois de rose — gros comme l'ébène — est assez rare — imputrescible, très dur et très dense.

Fansiko. — Ébénisterie et construction — planches 1 mètre de largeur — très élevé, bois dur et dense.

Menahy. — Bois rougeâtre — assez dur, aussi gros que le précédent — bois de construction.

Arimbilla. — Bois blanchâtre — léger — peu dur — bois de construction, bonnes planches.

Ropasa. — Très dur et lourd — rouge foncé, bois de construction, très gros.

Hazofotsy. — Analogue au Ropasa, mais moins foncé et moins lourd.

Rosa. — Comme le Ropasa — fruits comestibles acidulés.

Tavolahazo. — Très gros — bois assez léger, se pourrit vite.

Arandantafotsy. — En dialecte betsimisaraka : *Intsafotsy* — faux Gaïac — très gros — bonnes planches — bois de construction.

Manpahy. — Très gros — bois de construction — pourrit peu.

Nata Inta. — Très gros — bois de construction.

Hazomainty. — Ébène noir.

Voapaka. — Comme le Tavolahazo — bon bois léger, mais se fend toujours facilement.

Indingindra. — En antimerina : *Moty* — arbre très haut, très droit — bois dur et dense, imputrescible — très bon bois de construction — très dur, plus dur que l'ébène.

Mangara. — En antimerina : *Voamboana* (Datbergia Baroni) — palissandre clair.

Fanolamena. — Bois de fer — vient très gros — bois de construction — est souvent marbré — dur et dense.

Fanolafotsy. — Comme le bois de fer.

Tendrohazo. — En antimerina : *Nato* — bois d'ébénisterie et de construction — cet arbre vient très gros.

Natoboaka. — Vient au bord de la mer — fruit comestible (pomme Jacquot) — sert pour l'ébénisterie.

Lalona. — Même nom en dialecte antimerina (Weinmannia Bojeriana), bon bois de construction.

Lona. — Bois de construction.

Mafotra. — Bel arbre — atteint une quarantaine de mètres de long sur 1 m. 50 de diamètre — bois imputrescible — les graines donnent une graisse avec laquelle les indigènes enduisent leurs cheveux.

Sota. — En antimerina : *Harahara* (Exocarpus xylophylloïdes), vient très gros — bois dur et très dense — sert pour les manches d'outils et l'ébénisterie.

Mangaramainty. — En antimerina : *Voamboana* — palissandre.

Vintana. — Vient très gros, son tronc atteint 3 mètres de diamètre sur 25 mètres de hauteur — sert à faire les pirogues.

Hazoambo. — Bois blanc, très dur — imputrescible, mais se fendille.

Hazombaro. — En antimerina : *Varongy* — grand et gros arbre sert pour les constructions.

Bois de *Tambanicoque* (nom malgache inconnu ; patois créole de la Réunion), — bois très bon pour la construction — vient très gros.

Valomafo. — Bois de construction.

Voabaza. — Bois très dur et noirâtre, comme l'ébène.

Tavia. — Bois de construction.

Haramafotsy. — En antimerina : *Ramy* — grand et gros arbre.

Haradrantamainty. — En dialecte betsimisaraka : *Intsamainty* — bon bois de construction.

Akily. — Les indigènes se servent de la résine de cet arbre comme brai, — bois de construction.

Hazomalangy. — Ce bois vient de la côte ouest du pays sakalava — bois très léger — imputrescible — odeur empyreumatique — sert pour les balanciers de pirogues, et surtout pour faire des cercueils.

Sontro. — En antimerina : *Harahara* — bois de construction.

Kabatsikalotsy. — Bois blanc.

Haronga. — Bois blanc, les feuilles donnent une teinture noire.

Voakazo. — Porte des baies, sorte de prunes sauvages.

Volelaka. — Grand arbre, bois blanc.

Giavala. — Bois de construction.

Tsiokomby. — Bois rouge.

Tsikondrokondro. — Grand arbre, bois blanc.

Taolangy. — Arbuste, bois très dur.

Nonoky ou *Nonoka*. — Bois blanc.

Voalaka. — Grand arbre.

Tsilanitria. — Fruits comestibles.

Tsilorany.

Tainoro.

Latapiso.

Voahantsy. — Donne un fruit comestible.

Voakarempoka.

Tainamboataidamboa. — Arbre du bord de la mer.

Fotandrano. — Écorce textile.

Voaromy. — Fruits comestibles.

Anakoa. — *Filao* en antimerina.

Sontsorova.
Sivora.
Fandrianakanga. — Grand et gros arbre.
Voasary. — Citronnier.
Tanghin.
Ambora. — Grand arbre.
Sasakala. — Arbuste.
Varo. — Écorce textile, petit arbre.
Somatsoy. — Fruit comestible.
Voavoahatasimo. — Grand arbre, fruit comestible.
Kaboka. — On fait de la glu avec les fruits de ce grand arbre.
Tangatanganaly. — Grand arbre.
Famotsy. — Arbuste, on fait le savon avec les cendres de ce végétal.
Fantsikahisa. — Sert à fabriquer des manches de sagaies, grand arbre.
Hazomgalala. — Arbuste, graines comestibles, bois servant à faire des torches.
Lalipito.
Votaka.
Fosivava. — Construction, pour porter les lourds fardeaux, grand arbre.
Rakaraka.
Vandrika. — Arbuste, fruit comestible.
Ampoly. — Grand arbre. Torches.
Savona. — En antimerina : *Tanatanapotsy* — pignon d'Inde, clôtures, fruit oléagineux.

Pour en finir avec cette végétation du pays des Antanosy, j'ajouterai que certains végétaux que nous avons vus dans le nord, l'est et l'ouest de la grande île, tels que : cocotiers, *botona*, palmiers divers, fougères arborescentes, sont complètement inconnus dans ce pays tanosy. La température moyenne y est beaucoup trop basse. Nous retrouvons cependant sur les côtes la plus grande partie des végétaux que nous avons vus près de Tamatave. Les *vakoa* et les *pandanus*, les *ravenala* y sont surtout très communs, mais sans s'écarter beaucoup de la zone littorale.

M. Marschall me fait voir une grande propriété qu'il possède dans le nord de Fort-Dauphin. C'est une sorte de maison de campagne, entourée de grandes plantations de café (sp. Liberia) et de beaux jardins, qui valent certes la peine d'être mentionnés dans mon récit. On y trouve en abondance tous les légumes d'Europe, ainsi que les principaux arbres de nos jardins. Tout cela pousse et rapporte admirablement.

Pendant l'assez long séjour que nous venons de faire à Fort-Dauphin, j'étais bien placé pour étudier dans leurs pays avec leurs usages et leurs coutumes ces peuplades antanosy si intéressantes. La place me manque véritablement; plusieurs chapitres seraient nécessaires pour exposer complètement l'histoire scientifique et politique de ces peuplades. Je puis affirmer au lecteur désireux de s'instruire qu'il trouvera dans l'ouvrage de M. de Flacourt, tous les renseignements désirables; les descriptions du peuple antanosy, de ses mœurs et de ses coutumes faites par ces anciens auteurs français, sont très exactes, et, en parcourant le pays de Tolanara, la vallée d'Ambolo, tout le Tanosy, il faut rendre hommage à leur véracité. Pour le voyageur moderne, beaucoup de ces coutumes et de ces usages, ne seront pas évidents. Les circonstances ont changé avec les époques, des familles se sont éteintes [1], et surtout la domination antimerina si impatiemment supportée a amené des changements considérables dans les habitudes et l'existence des Antanosy. Cependant les Antanosy, Malgaches d'origine asiatique évidente, présentent avec les autres peuplades de l'île de nombreuses ressemblances, et je vais exposer très brièvement les points

---

[1]. Actuellement on chercherait vainement, dans le Tanosy, ces Roandriana, familles souveraines d'alors, dont parle de Flacourt, et qu'il nous dépeint comme individus à peau blanche, et très civilisés. Ces gens ont disparu. Quoi qu'il en soit, il est très fréquent de trouver chez les Antanosy des types à peau jaune clair, à chevelure lisse et bien fournie, bien plus beaux en somme que les Antimerina.

principaux sur lesquels ils diffèrent d'avec leurs compatriotes. Quoi qu'il en soit, et je ne crains pas de le répéter, les Antanosy doivent être placés au premier rang parmi les tribus de Madagascar. Sans doute, ils ne portent pas comme les Antimerina un chapeau haut de forme, ou une redingote prétentieusement galonnée, mais ils n'ont pas autant qu'eux de vices, de défauts, leur morale est bien meilleure, et, quoique peuplade primitive comme les Antimerina, un Antanosy est bien plus susceptible qu'un Antimerina d'accomplir un progrès réel et non apparent. Ce qui frappe surtout chez les Antanosy, lorsqu'on les voit dans leur pays d'origine, c'est les nombreux usages betsimisaraka qu'ils présentent; leurs cases, leurs greniers à riz, leurs ustensiles, leurs champs et leurs rizières, sont disposés et aménagés de la même façon.

Comme tous les Malgaches, les Antanosy, hommes, portent le *salaka* et se drapent dans le *lamba* national, les femmes ont le *lamba* betsimisaraka, le *simbo*, ce sac ouvert aux deux extrémités; elles portent également sur la poitrine l'*akanjo*, mais l'*akanjo* antanosy que nous avons rencontré à Tamotamo et à Tsivory, que nous voyons à Fort-Dauphin, mérite une description spéciale. Cet *akanjo* spécial aux Antanosy a la même forme, la même coupe que l'*akanjo* betsimisaraka, mais il est toujours formé par des bandes d'indienne cousues ensemble, alternativement rouges et blanches, une bande de couleur rouge rehausse encore ce vêtement cher aux femmes antanosy. Il est à remarquer, comme on a pu le voir lorsque j'ai parlé des différentes façons de s'habiller employées par les tribus de Madagascar, que l'on peut ramener à un seul type le vêtement du Malgache : pour l'homme, c'est le *salaka* et le *lamba*; pour la femme, c'est le *simbo* et l'*akanjo*. Je sais bien que je vais trouver de nombreux contradicteurs, toujours les mêmes, qui n'ont visité de Madagascar que la plaine de l'Imerina. Là, en effet, le *simbo* et l'*akanjo* sont inconnus; en revanche, les robes à volants et les jupes à traîne ont fait leur apparition. La coiffure des Antanosy n'offre rien de bien particulier. Ces indigènes ont conservé l'ancienne mode malgache; hommes et femmes portent les cheveux divisés en un grand nombre de petites tresses; et généralement ces tresses enduites d'huile ou d'un corps gras quelconque sont roulées en boules sur elles-mêmes, les femmes les portent le plus souvent tombantes sur le cou. Dans le village antanosy de Fort-Dauphin, je découvre un véritable artiste. Cet homme, qui fabrique couramment des poires à poudre, des tabatières, des boîtes en argent très gentiment sculptées, suivant des motifs inventés par l'auteur et pas du tout copiés servilement, comme je l'avais vu faire à Tananarive, cet homme vient de fabriquer un fusil. Cette arme, qui fonctionne d'une façon satisfaisante, est tout entière de fabrication antanosy, sauf le canon et les ressorts de gâchette. Nous allons encore trouver, en quittant Fort-Dauphin, de nombreuses peuplades antanosy le long de la côte.

Le mercredi 30 juillet, après avoir présenté nos adieux et nos remerciements à M. Marschall et à M. Joseph Clozel, son principal employé, nous quittons Fort-Dauphin, faisant route vers le nord. C'est la route du retour.

En sortant de la ville, nous marchons sur le rivage de la mer et contournons ainsi la rade de Fort-Dauphin. Près de la pointe qui la termine vers le nord, nous passons en pirogues la rivière Evatra.

Après avoir traversé cette embouchure de l'Evatra, nous arrivons au village du même nom; puis, après une autre petite marche le long de la mer, nous faisons de même pour la rivière de Lokaro. Notre étape d'aujourd'hui se termine au village d'Itaperina, petite agglomération antanosy groupée sur le cap qui porte ce nom. Le lendemain, une bonne marche dans la matinée nous conduit à Iandranana. Dans la soirée, nous gagnons le village de Manafiafa, sur l'emplacement duquel se trouvait autrefois un établissement français. Devant nous, des rochers en ceinture, de petites îles disposées les unes au bout des autres, circonscrivent un large espace : c'est la baie de Sainte-Luce, de Maudave et de Flacourt. Maintenant ces lieux historiques sont complètement oubliés. A Manafiafa, des parents et des employés de M. Marschall recueillent des bois que les indigènes apportent de la forêt voisine; celle-ci, très belle et très touffue, arrive presque jusqu'au bord de la mer.

Nous avions vu, dans le Nord, la première zone forestière séparée de la mer par un assez large espace.

PIERRES LEVÉES D'AMBANIAZA.

Cet espace est couvert de brousse d'une végétation spéciale, coupé de marais et de lagunes, relevé, près du rivage de la mer, en hautes dunes de sable.

Le lundi 1er août, nous marchons sur la plage autour de la baie de Sainte-Luce, et nous passons la rivière de Manahana. Dans la soirée, avant d'arriver au village d'Ambaniaza, grosse agglomération antanosy, nous voyons, dans un fourré de la brousse, des pierres levées, qui ont été dressées par des Antanosy, et qui sont vraiment remarquables. Celles que nous voyons devant nous sont disposées sur une même ligne; celle qui occupe le centre est très élevée. Devant une autre plus petite se dresse un madrier sculpté. Ce pieu, à section carrée dans sa partie inférieure, devient tronconique plus haut; il est alors marqué d'entailles régulières; sur son sommet est placée une figurine de bois : un oiseau au repos.

Le village d'Ambaniaza est construit sur une hauteur et entouré d'une haie de cactus, ce que nous n'avions pas vu depuis longtemps.

Le samedi 2 août, quelques minutes après notre sortie du village, nous continuons notre route vers le nord, et nous passons en pirogues la rivière d'Ambaniaza. Là nous sommes à environ 5 kilomètres de la mer, et pendant longtemps nous nous maintenons sensiblement à cette distance de la côte; nous nous arrêtons au gros village de Manambato. Nous sommes ici à la limite que l'on est convenu d'assigner au territoire antanosy; cette limite est absolument fictive et ne repose sur aucune donnée scientifique. Il est vrai que les gens que nous trouverons dans les villages du nord vont s'appeler Antaiavibola, parce qu'ils habitent les bords de la rivière Iavibola. Plus au nord, ce seront les Antaifasy. En réalité, toutes ces peuplades sont antanosy. Nous avons vu qu'il était dans l'habitude des gens de cette tribu de prendre le nom de la contrée qu'ils habitent. C'est ainsi que nous avons vu les Antanosy de la vallée d'Ambolo s'appeler Antambolo, de même que les Antanosy qui habitent les bords de la rivière Iavibola s'appellent Antaiavibola. D'ailleurs tous les Antanosy, à quelque tribu qu'ils appartiennent, lorsqu'ils se trouvent loin de leur pays d'origine, aiment à s'appeler Antatsimo (gens du Sud). Les gens instruits et les vieillards que j'ai interrogés à Fort-Dauphin, et auxquels je demandais l'origine du nom de leur tribu, m'ont toujours répondu que leurs pères habitaient, il y a bien longtemps, les petites îles (*anosy*) de l'étang de Fanjahira ; depuis, toute la tribu avait conservé le nom qui signifie : habitants des îles (*ant, anosy*).

Le dimanche 3 août, après avoir, au sortir du village de Manambato, traversé la rivière du même nom, nous arrivons à Ifotaka. Ce village, d'une trentaine de cases environ, présente cette particularité d'être situé dans un espace carré, clos par des palissades. Le lendemain, nous marchons d'abord dans des marais, puis nous entrons de suite dans une contrée qui est actuellement la brousse, et qui faisait autrefois partie intégrante de la grande forêt littorale. Cette contrée est tout à fait caractéristique des déboisements qu'opèrent dans la forêt voisine les populations denses à Madagascar. Je prends plusieurs photographies de ces défrichements récents, qui, comme documents, auront une grande valeur et pourront remplacer avec avantage les meilleures descriptions. En sortant de ces espaces où des arbres morts se dressent çà et là, où des troncs et des branches à demi carbonisés jonchent le sol, nous entrons dans une contrée bien défrichée cette fois, et qui commence à être envahie par une vigoureuse végétation de ravenala. Ces Antanosy de la côte sud-est cultivent le riz exactement comme les peuplades betsimisaraka. Ils n'ont pas de rizières proprement dites, aménagées comme on en trouve dans les tribus qui habitent le plateau central. Selon leurs besoins, ils se contentent chaque année de défricher dans la forêt voisine un terrain de contenance suffisante ; ces terres vierges leur rapportent beaucoup ; l'année suivante, ils défricheront un autre terrain à côté, et ils continueront ainsi, de manière à avoir chaque année un terrain nouveau. De cette façon, si le travail est beaucoup plus pénible, le rendement est plus considérable.

Nous passons près du village de Marahao, et nous nous arrêtons à Manantena. Avant d'aborder cette agglomération, nous avons traversé une sorte de plateau qui domine l'Océan d'une vingtaine de mètres ; sur notre route nous rencontrons de l'argile rouge. La contrée où nous sommes me semble très fertile. L'argile rouge ne s'est montrée que pendant quelques centaines de mètres, puis on voit de nouveau réapparaître un humus noirâtre et profond. Cette fertilité apparente, et qui doit être aussi très réelle, de la contrée que nous traversons, se conçoit aisément ; nous sommes en effet, à cette hauteur, sur la côte à l'entrée de la vallée d'Ambolo. Devant nous se montre maintenant un grand fleuve, qui se jette à la mer par plusieurs embouchures, avant de se diviser en un delta compliqué, le Manampany ; le grand fleuve de la vallée d'Ambolo est un cours d'eau puissant, très profond et qui mesure plus de 450 mètres de large. C'est donc une voie naturelle pour entrer dans la vallée d'Ambolo ; c'est le canal tout fait par où s'écouleront dans l'avenir les produits de cette riche contrée, qui viendront se concentrer ici, dans un port établi sans doute sur une des branches de l'embouchure du Manampany. La branche la plus considérable de ce delta est au sud, et se nomme Ambatobe. Les eaux se jettent à la mer, dans une découpure des falaises rocheuses qui bordent en cet endroit le rivage. Le seuil de la rivière et le fond de ce canal sont également rocheux, ce qui est un avantage ; en effet, on constate ici un phénomène contraire à celui qui se produit partout sur cette côte orientale où l'on voit, par suite de circonstances fortuites, les déversoirs des lagunes et des grands fleuves changer de lit et se frayer à chaque saison un nouveau cours à travers les sables du rivage ; à l'embouchure du Manampany, le seuil rocheux de l'Ambatobe semble indiquer qu'on a affaire à un estuaire définitif, très avantageux pour pénétrer de l'océan dans le Manampany et de là dans la vallée d'Ambolo. Avant de traverser le Manampany, nous nous arrêtons au village de Manantena, établi à côté du Sarota, petit affluent de droite du grand fleuve de la vallée d'Ambolo.

A Manantena ou Vohitrarivo, nous sommes sur le territoire des Antanosy Antaiavibola.

Comme chez les Antanosy proprement dits, nous nous trouvons chez les Antaiavibola en territoires indépendants et, à Manantena, nous allons voir d'une façon plus apparente que jamais la cause qui fait que

TYPES ANTANOSY DU SUD-EST. (DESSIN DE J. LAVÉE, D'APRÈS UNE PHOTOGRAPHIE.)

la puissance de ces tribus indépendantes est toujours tenue en échec par la tribu des Antimerina. Cette cause générale, si favorable aux intérêts de l'Imerina, est l'état de division extrême où se trouvent tous ces territoires insoumis. Comme nous l'avons vu dans tout le Sud, comme cela existe dans l'Ouest sakalava, chaque village de cette côte antanosy constitue une petite principauté ayant à sa tête un chef absolu, le plus souvent indépendant de ses voisins. Ces États minuscules sont toujours en guerre les uns contre les autres. Il est vrai que cette lutte fratricide se borne à quelques vols de bœufs, à des coups de fusil tirés en l'air, et surtout à d'interminables kabary.

Ainsi le roi de Manantena, qui est en guerre depuis plus de vingt ans avec ses voisins, n'a pas eu un seul homme de son village tué pendant ce long espace de temps. Il est juste d'ajouter que pendant la même période sa petite armée n'a pas fait plus de tort aux ennemis. Quoi qu'il en soit, cette situation anormale, cette rivalité des agglomérations que l'on trouve dans toutes les tribus insoumises, est éminemment favorable à la politique des Antimerina. Ces hommes rusés nous donnent un bel exemple à Madagascar, ils ont mis en pratique sur tout le territoire de la grande île cet axiome célèbre : diviser pour régner. Je m'empresse d'ajouter que l'administration des Affaires étrangères, qui, suivant sa tradition immuable, se soucie fort peu des intérêts français à Madagascar, au lieu d'imiter cette sage conduite, s'est appliquée au contraire à fortifier dans l'île la puissance antimerina. Les Résidents Généraux, surtout le premier qui a inauguré cette façon d'agir, ont amené ce magnifique résultat : au lieu de nous trouver à Madagascar en face de plusieurs tribus rivales auprès desquelles, soit en offrant une médiation intéressée, soit en soutenant la plus faible contre la plus forte, on serait arrivé par la force des choses à jouer le rôle pondérant ; au lieu de tout cela, nous allons nous trouver en face d'une tribu que nous aurons tirée du néant pour le plus grand désavantage de notre influence coloniale.

Par suite de l'état de guerre continuel où se trouve la région de Manantena, tous les villages, petits et grands, de la contrée, sont entourés de défenses, pieux, palissades, haies de cactus ou d'autres plantes piquantes, fossés et murs de terre. Nous remarquons à Manantena un genre de fortifications que nous n'avions pas encore vu à Madagascar : des pieux dressés verticalement à 50 centimètres l'un de l'autre et maintenus par des traverses supportant des planches d'écorces de ravenala ; entre ces planches on a foulé des herbes et de l'argile rouge, formant ainsi un mur qui entoure complètement le village. De distance en distance, on a ménagé le long de cette enceinte des sortes de réduits ou de blockhaus, dans lesquels peuvent se tenir à l'abri des coups de l'ennemi des sentinelles ou des guerriers.

Le mardi 5 août, en sortant de Manantena, nous obliquons un peu vers l'ouest, pour aller chercher, le long du Manampany, un endroit où l'on puisse aisément effectuer sa traversée. Dans cette marche, nous avons devant les yeux, et à 30 ou 40 kilomètres au plus, la silhouette de la chaîne de partage des eaux. Comme partout, ses flancs sont couverts de forêts, mais ici ses sommets déchiquetés et rocheux, les mornes de ses pics se montrent arides et pelés. Les cimes émergent donc des grands bois, qui ne peuvent empiéter sur ces masses rocheuses, impropres à toute végétation. Mais bientôt nous arrivons à un gros village de 200 cases. C'est Moramanga, où nous prenons des pirogues pour traverser le Manampany. Nous partons de l'autre rive, et en quelques minutes nous arrivons à un village plus grand encore, Imatio. Avant d'y pénétrer, nous avons de nouveau traversé en pirogues le fleuve Iavibola. Ce cours d'eau, qui mesure, à l'endroit où nous venons de le traverser, 250 mètres de large, s'élargit beaucoup en aval d'Imatio et forme une sorte de lac dont la surface est parsemée de petits îlots boisés, véritables bouquets de verdure qui, posés çà et là sur cette grande nappe liquide, sont du plus agréable aspect. Les rives du lac sont des collines de faible hauteur, boisées partout. Le site est un des plus jolis que j'aie jamais vus à Madagascar. Du reste, je n'en suis plus à compter mes agréables surprises de voyageur dans ce pays du Sud-Est.

Imatio est fortifié comme Manantena. Le roi du village, un vénérable Antanosy, nous fait l'honneur de venir nous voir, et nous raconte, comme son cousin de Manantena, mille prouesses de ses guerriers, plus insignifiantes les unes que les autres. J'ai dit que dans toutes ces populations antanosy on trouvait de nombreux usages betsimisaraka. L'architecture notamment est absolument analogue. Tout le long de cette côte, ce sont des cases élevées sur pilotis, de tous points semblables à celles des Betsimisaraka. La seule différence que l'on puisse observer après un examen attentif est que, dans ces maisons antanosy du Sud-Est, le faîte est peut-être un peu plus élevé, la pente du toit un peu plus rapide.

Ces Antanosy Antaiavibola atteignent des tailles très élevées, j'ai mesuré souvent des hommes de 1 mètre 80 et 1 mètre 85 ; ces hommes grands sont forts en proportion, le type général est fort beau, ce type antanosy est le plus joli que l'on puisse voir à Madagascar. Le chef d'Imatio, qui prétend descendre d'une ancienne famille du Matitanana, est absolument blanc. J'ai trouvé aussi dans ce village plusieurs indigènes qui parlaient français. A ce propos, je dois dire que ce Sud-Est, et surtout la région de Fort-Dauphin, est remarquable par les souvenirs vivaces qu'y a laissés l'ancienne occupation française. Sans insister encore sur les ruines qu'on y rencontre, les murs d'enceinte, les batteries et les ouvrages divers de fortification dont quelques-uns sont assez bien conservés et utilisés, je devrais dire profanés, par les Antimerina, j'ai été frappé des traces profondes, des réminiscences curieuses que le peuple antanosy a conservées de notre ancienne domination. Souvent, dans les plus petits hameaux comme dans les gros villages, les femmes et les enfants m'interpellent : « Salut, monsieur ; bonjour, monsieur ; adieu, monsieur ». Mille petites choses analogues, petits faits insignifiants sans doute, mais qui montrent surabondamment que ces indigènes ont entendu depuis longtemps de telles expressions, ont vu de tels usages. La femme antanosy est la seule indigène malgache que j'ai vue embrasser son enfant et ne pas craindre de montrer pour lui les sentiments et les actions extérieures de l'affection la plus vive. Depuis de longues années déjà, un grand nombre d'indigènes antanosy s'en vont chaque année dans l'île de la Réunion, soit comme engagés à temps, soit comme travailleurs libres. Dans cette colonie de l'océan Indien, ils apprennent vite le français, et reviennent chez eux quand leur travail est terminé, possédant notre langue parfaitement. De retour à Madagascar, comme leur dialecte est pauvre et qu'ils manquent souvent de mots pour exprimer les objets nouveaux, l'Antanosy qui revient de la Réunion donne son appellation française, bientôt adoptée par sa famille, par son village, par une partie de la contrée. On ne s'étonnera donc pas des nombreux mots français que l'on pourrait entendre dans ce pays des Antanosy, surtout si l'on songe que les indigènes de cette tribu allant et venant à la Réunion sont très nombreux.

JEUNES FILLES ANTANOSY DE LA CÔTE SUD-EST.

Le mercredi 6 août, dès notre départ, nous entrons de suite dans ces défrichements récents dont j'ai déjà parlé. Nous cheminons quelque temps dans une forêt de grands arbres morts aux troncs carbonisés ou pelés, nous passons ensuite, près de son embouchure, la petite rivière d'Andengitana, et nous arrivons sur les bords de la rivière de Sandravinany. Nous passons un premier cours d'eau d'une cinquantaine de mètres de large, nous abordons dans une première île, au sortir de laquelle il nous faut traverser un deuxième cours d'eau. Cela se répète encore une fois avant d'arriver devant une île plus élevée, mais moins étendue que les autres et qui est couverte de maisons, c'est le village de Sandravinany. Nous allions y aborder enfin, lorsque nos pirogues, peut-être trop chargées ou mal conduites, chavirent avec ensemble, et nous voilà tous à barboter à qui mieux mieux dans la rivière de Sandravinany à la recherche de nos bagages. Nous sommes aidés et secourus par des Antanosy, braves gens qui viennent nous prêter assistance. Mouillés et dans un triste équipage, nous abordons enfin au pied du village de Sandravi-

DÉFRICHEMENT PRÈS DE MANAMBONDRO.

nany. Ce village, qui compte plus de 200 cases, n'est pas fortifié : sa situation sur un îlot au milieu de l'estuaire de la rivière Sandravinany rendait superflu tout autre moyen de défense. L'estuaire de la rivière Sandravinany mesure plus de 2 kilomètres de large; il est vrai que, après s'être élargie de la sorte, la rivière ne communique plus avec la mer que par de petits déversoirs qui ont coupé les roches calcaires du rivage. Le bain forcé que nous venions de prendre en arrivant à Sandravinany s'est répété plusieurs fois en cours de voyage sur cette côte sud-est. Une telle route dans cette zone littorale n'est pas sans présenter quelques difficultés; on rencontre à chaque instant de puissantes rivières, qui descendent des montagnes de l'est; ces rivières, empêchées dans leur cours, forment près de leur estuaire de véritables lacs, nappes tranquilles, il est vrai, mais étendues. Il faut les traverser dans les mauvaises pirogues du pays. Les Antanosy se servent, comme les Betsimisaraka, de pirogues (*lakana*) petites et grandes, taillées dans un seul tronc d'arbre, et sans balancier. Les indigènes manœuvrent très bien ces pirogues; mais, lorsqu'elles sont chargées ou lorsque des lames trop fortes agitent les eaux, ils ne peuvent pas toujours empêcher les accidents. La vérité m'oblige à dire que souvent les indigènes, en voyant le mauvais état des lacs ou des lagunes, m'avaient prié d'attendre et de laisser les eaux se calmer; mais en cours de voyage, il est très désagréable, sinon impossible, d'attendre deux ou trois jours sur les bords de chaque lagune la réunion des circonstances les plus favorables. Tous les voyageurs feraient comme moi et, au risque d'un bain, voudraient tenter le passage. Dans ces moments-là, ce qui me faisait le plus de peine était certainement le triste état dans lequel je voyais réduits nos bagages. Nos herbiers, nos papiers divers, offraient un aspect lamentable.

Le 7 août, une petite étape dans les défrichements nous conduit à Ambalafandrana. Nous marchons au bord de la mer pendant quelques instants. A cette hauteur sur la côte sud-est, les falaises de roches calcaires ont disparu et nous sommes rentrés dans le terrain primitif; je m'en suis aperçu hier aux émergences rocheuses trouvées sur la route. Le littoral se ressent de ce changement géologique : il est bas, et la plage sablonneuse, où se montrent de temps en temps des roches micaschisteuses décomposées, s'appuie du côté de la terre sur un bourrelet argileux et porte une pauvre végétation, des vakoas, des pandanus, quelques ravenala.

Le vendredi 8 août, nous arrivons en une bonne étape au gros village de Manambondro, établi sur une petite île, comme Sandravinany. L'îlot est situé dans une lagune formée par l'élargissement de la rivière Manambondro avant son embouchure. Ce village compte plus de 500 cases. En estimant la population à 2 500 habitants, on voit que c'est plutôt une ville pour Madagascar. Dans ce centre populeux de Manambondro est venu s'établir, il y a quelques années, un missionnaire norvégien; malheureusement, comme il est accompagné d'un instituteur antimerina, son protégé, il est détesté par tous les habitants de Manambondro. C'est ce que me raconte le chef du village qui est venu avec moi partager notre repas du

ANTANOSY A MANAMBONDRO. (GRAVURE DE BERG, D'APRÈS UNE PHOTOGRAPHIE.)

soir dans la belle case où nous sommes installés. Sa conversation est des plus intéressantes. Cet Antanosy, qui, comme tous les chefs, vient du pays de Matitanana, écoute avec intérêt le récit de nos excursions précédentes, et perd bientôt toute méfiance. Il regrette même que dans la dernière guerre que nous avons faite aux Antimerina on n'ait pas songé à lui demander, sinon des guerriers, du moins des porteurs. Je ne m'exagère pas l'importance de ces offres, et je ne pense pas que la France eût trouvé dans ces Antanosy de la côte sud-est des alliés bien précieux, mais au moins aurait-on dû se douter de leur existence.

A Madagascar, on a procédé en tout et pour tout, par des résolutions extrêmes. C'est ainsi que certains ont dépeint ce pays comme très fertile, d'autres au contraire ont affirmé qu'il n'y avait rien à faire ni même à tenter. Je pense avoir réussi à montrer que, entre ces deux opinions extrêmes, se plaçait une autre opinion plus exacte, pondérée, et raisonnable. Ce qu'on a dit pour la fertilité de l'île on l'a répété quand il s'est agi de prendre une attitude vis-à-vis des tribus insoumises. Certaines personnes ont voulu voir dans ces peuplades hostiles aux Antimerina, ont voulu trouver chez les Sakalava notamment des auxiliaires porteurs et guerriers que l'on pourrait opposer utilement aux Antimerina en cas d'expéditions dirigées contre eux; cette opinion était évidemment exagérée. Les Affaires étrangères et le premier Résident général français à Madagascar ont pris aussitôt la contre-partie et sont tombés dans une exagération non moins grande lorsqu'ils ont prétendu qu'il ne fallait tenir aucun compte des peuplades insoumises à Madagascar. Entre ces deux opinions extrêmes, il y a encore un juste milieu; il ne faut pas considérer, je le répète, que les Antimerina à Madagascar.

Dans les environs de Manambondro, je vois des tombeaux antanosy. Les Antanosy ont des rites funéraires analogues aux Betsimisaraka; le corps du défunt est placé dans un cercueil composé de deux troncs d'arbres grossièrement évidés. Ces

SÉPULTURES ANTANOSY DANS LES ENVIRONS DE MANAMBONDRO.

troncs d'arbres sont posés dans la brousse à un endroit quelconque et on les recouvre d'un petit toit de ravenala, en forme de livre ouvert, qui les cache complètement. Au bord des tombeaux, qui sont en plus ou moins grand nombre à côté les uns des autres, on dresse des madriers sculptés, effilés et le plus souvent ornés de cornes de bœufs. Des pieux analogues, mais d'une plus grande hauteur, remplacent souvent, chez ces Antanosy du nord, les pierres levées des autres tribus. Je pus encore faire à Manambondro une remarque intéressante. Tandis que, chez toutes les autres tribus de Madagascar, les jeunes filles à peine nubiles sont absolument libres d'elles-mêmes et qu'elles s'empressent alors de mener une existence peu compatible avec nos principes de morale, il en est le plus souvent tout autrement chez les Antanosy. Ici, en effet, il n'est pas rare de rencontrer des jeunes filles qui restent chastes jusqu'à leur mariage.

J'ai déjà dit quelques mots sur les vêtements les plus généralement adoptés par ces Antanosy et presque par toutes les autres tribus du sud. Tous ces indigènes, et ils sont nombreux, qui ne demanderaient pas mieux que d'acheter aux traitants européens ou créoles des toiles et des cotonnades nécessaires pour s'habiller, n'en trouvent pas et sont obligés de se couvrir plus ou moins avec des nattes faites des joncs des lagunes tressés. Le plus généralement, les hommes ont un lamba crasseux de cotonnade ou d'indienne, qu'ils vont chercher fort loin, puisque les commerçants ne se décident pas à aller dans leur pays. Les femmes, qui ne peuvent pas faire d'aussi longs voyages, sont moins bien partagées. Elles portent le plus souvent un *simbo* en nattes de roseaux, maintenu sur les reins par une large ceinture en

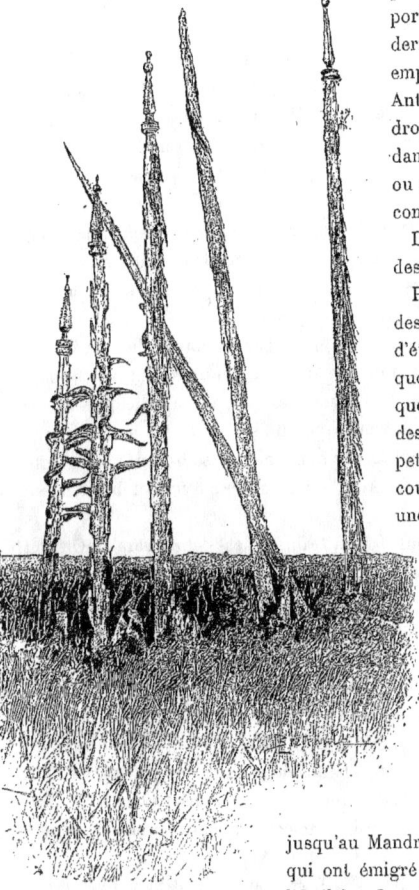

PIEUX DRESSÉS ANTANOSY
PRÈS DE MAKAMBONDRO.

peau de bœuf ; sur la poitrine et pour cacher les seins elles portent une large bandelette de nattes tressées, maintenue derrière le dos par des cordelettes de raphia. Nous avons vu employer ces vêtements en nattes, non seulement chez les Antanosy, mais encore chez les Antambolo, chez les Antandroy, chez les différentes tribus bara, chez les Tanala, et même dans le Sud-Betsileo, partout enfin où les traitants européens ou créoles n'ont pas, contrairement à leurs intérêts, établi des comptoirs ou des factoreries.

D'une manière générale, voici quel est le costume classique des Antanosy.

Pour les hommes, l'*anakesy* (salaka des Antimerina), *sikatra* des Antandroy, *sadika* des Betsimisaraka ; c'est une pièce d'étoffe faisant le tour des reins et passant entre les jambes; quelquefois une chemise en rabane ou en natte (*sehely*), enfin quelques-uns ont le *lamba*. Les femmes portent, roulé autour des reins, le *kitamby*, qui est le pagne africain, l'*akanzo volasaka*, petit caraco à larges raies verticales rouges, blanches et bleues, couvrant les épaules et les seins, mais laissant entre l'abdomen une solution de continuité. Quelques femmes portent le *helo* ou *helonzaza*, petite natte carrée jetée sur le dos, pour protéger les enfants contre le froid et le soleil.

Comme ornements, ils ont le *felana* et des colliers de verroterie; souvent un petit morceau de bois avec poils de chat sauvage (*vonsira*), est suspendu au cou; ils portent aussi des boucles d'oreilles (*kavina*), ce sont des anneaux d'or. Une petite pièce en or ou en cuivre placée sur le front est attachée derrière la tête au moyen d'un petit cordon noir.

Les Antanosy seraient au nombre de 200 000 établis dans les districts de Tolanara, d'Ambolo, de Vinanibe jusqu'au Mandrare. Il faut ajouter à ce nombre environ 100 000 Antanosy qui ont émigré vers 1845 et qui sont établis aujourd'hui sur les bords de l'Onilahy. Les Antanosy sont divisés en cinquante-deux royaumes. Le roi de Fort-Dauphin, Rabealy, habite à l'ouest de Vinanibe, il vint nous faire une visite pendant notre séjour à Tolanara. C'est un homme de 30 ans environ, à la figure fine et à l'air intelligent; il porte une barbiche et un collier de barbe sur les joues, comme unique ornement un grand *felana* sur le front; c'est un *zafiranony*, c'est-à-dire un descendant des Arabes (Ranony était la sœur de Mahomet)[1]. C'est parmi la classe des zafiranony que se recrutent les rois de Fort-Dauphin, ceux d'Ambolo appartiennent à la classe des Zafitomana, ceux de l'Androy à celle des Zafindravola; *zafin* signifie descendant.

Le lundi 11 août, en longeant la côte, nous arrivons à Vangaindrano, premier poste militaire antimerina que l'on trouve après Fort-Dauphin. Là nous séjournons deux jours; nous allons maintenant marcher dans l'est pour retourner à Fianarantsoa.

Les deux remarques les plus importantes que nous avons pu faire en marchant le long de cette côte sud-est, c'est d'une part l'énorme densité relative de cette population antanosy, et d'autre part la disposition des fleuves et des lagunes de cette côte sud-est. En effet, tandis que sur la côte est, dans la partie

---

1. D'après les Malgaches.

centrale et septentrionale, nous avions vu de nombreuses lagunes proprement dites situées entre la bande arénacée qui constitue partout les rivages de la mer, et le bourrelet argileux sur lequel s'appuie la côte proprement dite, là, quand ces lagunes formées par les petits ruisseaux qui descendent des collines voisines, atteignent un niveau trop élevé, elles séparent violemment les dunes de sable qui les séparent de la mer, et se créent ainsi un déversoir provisoire. En somme, sur ces côtes, c'est une succession d'étangs qui communiquent par intermittence avec l'Océan. Sur la côte sud-est au contraire, ce sont partout de grands fleuves, dont les dunes ou les falaises de la côte viennent gêner l'embouchure ; ils forment ainsi des lacs, élargissement de leurs estuaires près de la côte. Telles sont les lagunes du sud-est. Dans le sud, ces lagunes ont de l'eau douce à marée basse; dans le nord et dans le centre, c'est toujours de l'eau salée.

Le mercredi 13 août, nous quittons Vangaindrano et nous marchons le long du Mananara. Nous allons autant que possible suivre les rives de ce fleuve tant que nous serons dans le pays des Antaisaka ; puis arrivés sur les territoires bara, nous remonterons vers le nord-ouest pour gagner Ambohimandroso et Fianarantsoa.

Vangaindrano, comme tous les forts antimerina de la côte, n'est pas placé au bord de la mer, il est à quelques kilomètres dans l'intérieur des terres. Ce poste militaire de Vangaindrano se compose d'un rova palissadé et d'un village habité par les soldats du rova et leurs familles, et par quelques colons antimerina. A plus de 20 kilomètres autour du fort, on ne trouve pas un seul indigène antanosy. Les Antimerina vivent à Vangaindrano dans un isolement complet. Les indigènes ne se battent pas, ne sont pas hostiles et agressifs vis-à-vis de ces envahisseurs, mais ils font le vide autour d'eux, et ils les fuient comme des pestiférés.

Au sortir de Vangaindrano, nous retrouvons l'argile rouge et la brousse des Betsimisaraka. On voit que nous avons quitté définitivement ce sud-est si fertile, la patrie des Antanosy. A mesure que nous marchons, nous entrons dans une contrée excessivement peuplée. Nous rencontrons la rive droite du Mananara. Nous passons successivement les villages d'Ifonoloza et de Tsienfana. A midi, nous nous arrêtons au village de Nosy-Ambo.

Nous sommes entrés ici sur le territoire d'une autre tribu, encore bien indépendante, celle-là. Nous sommes chez les Antaisaka, les guerriers par excellence de Madagascar. Depuis Nosy-Ambo, les mille petites tracasseries, les kabary interminables, vont recommencer de plus belle, comme chez les Bara, les Antaivondro et les Manambia. Nous en avions presque perdu l'habitude. Depuis longtemps, en effet, nous traversions le vaste territoire des Antanosy, chez lesquels nous n'avons jamais eu d'ennuis. Bien au contraire, nous n'avons rencontré que de la sympathie au milieu de ces peuplades antanosy, douces et intelligentes.

Dès Nosy-Ambo, la végétation littorale cesse tout à fait, les arbres apparaissent bien loin devant nous, et nous sommes au milieu d'un îlot de zone dénudée. Ce fait n'a rien d'étonnant, étant donnée la très grande densité relative de la population antaisaka. Autour du village, les cultures sont nombreuses ; ce sont de belles rizières, de beaux champs de manioc et de patates. Près de là, nous montons sur une colline. La vue s'étend très loin vers l'ouest et nous découvrons le plateau central, le mont Ivohibe (Bara), et cependant nous ne sommes qu'à une faible distance de la mer, à moins de 150 mètres d'altitude. La ligne de partage des eaux ne nous cache pas ces détails. Elle s'abaisse en effet sensiblement à cette hauteur, et nos regards peuvent pénétrer en suivant la trouée faite dans ces montagnes par le Mananara. Ce relèvement du mont Ivohibe (Bara) nous est très précieux : il nous permet de déterminer exactement la direction que nous devons suivre.

Le jeudi 14 août, nous continuons à remonter la rive droite du Mananara, où nous voyons des chutes et des rapides. Jusqu'ici, en aval de ce point, ce grand fleuve roulait des eaux paisibles, sa largeur moyenne était supérieure à 100 mètres. Ici les rives s'encaissent, des émergences rocheuses viennent encombrer son lit ; il doit les franchir et contourner également des promontoires rocheux qui festonnent sa vallée déjà si étroite. Nous traversons à gué la rivière d'Andohanosiambo, qui, à 60 mètres de

GUERRIERS ANTAISAKA DE MANGIDY.

la route, se jette dans le Mananara. Près du village d'Ambalaomby, le Mananara a son lit parsemé d'îlots.

Cette contrée au milieu de laquelle nous marchons est absolument dénudée, partout couverte de cultures. Ce n'est qu'un accident dans la zone des brousses que nous pouvons distinguer à quelques kilomètres autour de nous. Au milieu du jour, nous arrivons au village de Mangidy, village qui occupe le sommet d'une colline boisée.

Les indigènes de Mangidy, qui de loin nous ont aperçus, nous ont pris pour une troupe antimerina, et après avoir appelé tous les habitants des hameaux voisins, ils nous attendent à l'entrée de leur village. Ils sont en costume de guerre, vêtus seulement d'un *salaka* en écorce, ou d'un morceau de natte, mais armés chacun de deux sagaies, d'un fusil et d'un bouclier en bois recouvert de peau de bœuf. C'est la première fois que nous voyons des naturels de Madagascar armés de boucliers. Ces indigènes sont très effrayés. Les femmes et les enfants vont se cacher dans les taillis de bambous qui couvrent les flancs de la colline; les hommes se réunissent en armes auprès de la case du roi. Nous envoyons Rainizanaka en avant pour expliquer que nous ne sommes pas des ennemis; enfin, après un kabary assez long, on nous donne une case; peu à peu tout le monde se rassure, et les femmes ne tardent pas à rentrer dans le village et à venir nous vendre des poules, des œufs, des bananes, etc. Au-dessus de notre porte est suspendue une toute petite corbeille en jonc contenant quelques grains de riz. On nous dit que c'est une offrande à *Zanahary*.

Parmi tous les auteurs qui ont écrit sur Madagascar, bien peu, pour ne pas dire aucun, se sont occupés de cette peuplade antaisaka. Cependant on aurait tort de la négliger, vu sa population qui, très dense et très serrée, compte certainement, sur quelques centaines de kilomètres carrés, plus de 200 000 habitants. Dans tout Madagascar, ce territoire que nous traversons est celui qui nourrit le plus d'habitants par kilomètre carré. En en mettant 60, je suis certainement au-dessous de la vérité. On voit donc combien il se distingue des grands territoires du nord et de l'ouest que nous avons traversés précédemment, et qui ne comptaient certainement pas plus d'une dizaine d'habitants au kilomètre carré. Pour préciser davantage, je dirai que ce pays des Antaisaka est plus peuplé que les environs immédiats de Tananarive, qui comptent pourtant de si nombreux et de si importants villages.

Les Antaisaka, qui font certainement partie de la grande tribu bara, ont pour voisins, au nord les

Tanala, à l'est et au sud les Antanosy, à l'ouest les Bara Antaivondro. Ces indigènes sont généralement de taille peu élevée; ils ont la peau très noire, le nez écrasé, les lèvres charnues. Plus que les Bara, ils présentent des caractères africains. Comme ces derniers, ils se coiffent de grosses boules, au nombre de sept environ; l'une se dresse en petites masses relevées sur le vertex. Comme chez beaucoup d'Antanosy du sud-est, les vêtements en toile et en cotonnade sont très rares chez eux; aucune marchandise ne pénètre dans leur pays, et cependant ils ne demanderaient pas mieux que d'en acheter. Les femmes, généralement fort petites, s'habillent toujours d'une natte cousue en sac, le *simbo* malgache, maintenu à la ceinture par une bande de toile; sur la poitrine elles portent une bande de natte attachée derrière le dos. Ces primitifs sont très avides d'ornements. Ce sont surtout des colliers et des perles de différents échantillons enfilés sur une ficelle. Les pauvres portent de petits morceaux de bois travaillés en guise de perles. Ces indigènes ont aussi des bracelets en cuivre ou en étain aux poignets et aux chevilles, des boucles d'oreilles, le plus souvent faites d'un anneau métallique (argent).

FEMME ANTAISAKA DE MANGIDY.

Les Antaisaka sont divisés en un grand nombre de tribus; leurs maisons, bâties comme celles des Antanosy, sont réunies en villages, le plus souvent situés sur le haut des collines et des mamelons; les Antaisaka forment une des tribus les plus guerrières de Madagascar; ils sont extrêmement jaloux de leur indépendance. Tandis que certains Antimerina qui se plaisent, non sans quelque raison, à faire aux Bara une réputation de sauvagerie et de brigandage, se hasardent quelquefois à traverser les territoires de cette tribu sous prétexte de commerce, les indigènes antimerina se risquent beaucoup moins souvent en territoire antanosy, bien plus rarement encore, si ce n'est jamais, sur les terres des Antaisaka.

On a pu voir par ce qui précède que Fort-Dauphin, la plus importante des possessions antimerina dans le sud de Madagascar, est complètement isolée de la province des Antimerina par un cercle ininterrompu de peuplades hostiles et indépendantes. Il en est de même de Tuléar dans la baie de Saint-Augustin, qui est comme Fort-Dauphin un point militaire du sud occupé par les Antimerina. Ceux-ci ne peuvent donc ravitailler leurs postes de la partie méridionale de l'île que par voies maritimes. Ils en éprouvent, on le conçoit sans peine, une certaine difficulté. Il est vrai que, pour enlever cette difficulté aux Antimerina, pour augmenter la puissance de ces ennemis de la France à Madagascar, l'administration des Affaires étrangères a établi dans ces deux postes antimerina du Sud, des résidents qui, aux yeux des indigènes habitant ces régions, indiquent quel appui nous portons à Madagascar, à nos bons amis les Antimerina. Il y a quelques années, il s'agissait de ravitailler Tuléar, de changer et de renforcer la garnison de ce poste. Les Antimerina firent courir le bruit chez les Sakalava que les hommes nouveaux et les approvisionnements allaient venir à Fort-Dauphin apportés par des bateaux français. Ce bruit serait certainement devenu un fait, si nos navires de l'océan Indien étaient sous les ordres du Ministre des Affaires étrangères.

Dans la soirée, continuant notre route, nous traversons plusieurs villages; le soir, nous nous arrêtons à Tangirika.

Le vendredi 15 août, une bonne étape nous conduit à Mahafasy, résidence du roi Antaisaka, Ratsimiola. Ce chef nous reçoit assez bien, dans son kabary, il a bien soin de nous dire qu'il a plus de 2 000 villages sous ses ordres et qu'il commande à plus de 6 000 guerriers; s'il le veut, nous serons toujours bien reçus sur notre route; sinon il peut nous créer partout de graves embarras : ses paroles ne sont rien moins que rassurantes.

Rainizanaka nous rassure un peu en nous disant qu'il connaît un moyen certain d'entrer dans les bonnes grâces de Ratsimiola; c'est de devenir, Maistre et moi, ses frères! Maistre, qui, chez les Antanosy émigrés de Tsivory, est entré dans une nouvelle famille par cette cérémonie du *fatidra*, se propose de suite. Ratsimiola accepte de grand cœur et nous voilà frères avec tous les Antaisaka.

Pour éclairer le lecteur, il me faut lui raconter ce que l'on entend par cérémonie du *fatidra*, ou fabrication des frères à Madagascar. Cette cérémonie a été connue et racontée depuis longtemps déjà par tous les auteurs qui se sont occupés de Madagascar; et pour ne pas répéter une centième fois, un récit connu de beaucoup, j'emprunte tout simplement à l'histoire et à la géographie de Madagascar, de M. Henry D'Escamps, la citation suivante :

« On appelle *fatidra* ou serment du sang, à Madagascar, l'engagement que prennent deux personnes de s'aider réciproquement pendant la durée de leur existence et de se considérer comme si elles avaient une origine commune. Cette coutume paraît être venue de Bornéo. Voici la manière dont on contracte cet engagement.

« Un vase contenant de l'eau est apporté; l'officiant, qui est ordinairement un vieillard, y plonge la pointe d'une sagaie, dont les deux néophytes tiennent la hampe à pleines mains; puis un autre individu jette alternativement dans le vase, de la monnaie d'argent, de la poudre, des pierres à fusil, des balles, plusieurs petits morceaux de bois et quelques pincées de terre prise aux quatre points cardinaux. En même temps, celui qui dirige la cérémonie, accroupi auprès du vase, frappe à petits coups, avec un couteau, la hampe de la sagaie, rappelant le sens attaché à chacun des objets ci-dessus mentionnés : l'argent, emblème de la richesse, signifie que les deux contractants devront partager leurs biens présents et futurs; la poudre, les pierres à fusil et les balles, emblèmes de la guerre, indiquent que les dangers doivent leur être communs; les fragments de bois et de terre ont aussi une signification particulière. Quand tous ces objets ont été mis dans le vase, le même individu demande aux deux futurs parents s'ils promettent de remplir les engagements imposés par le serment, et sur leur réponse affirmative, il les prévient que les plus grands malheurs retomberaient sur eux, s'ils venaient à y manquer. Puis, il prononce les conjurations les plus terribles, en évoquant Angatch, le mauvais génie. Ses yeux s'animent par degrés et prennent une expression surnaturelle, lorsqu'il adresse, d'une voix forte et sonore, cette imprécation : « Que le caïman vous dévore la langue, que vos enfants soient déchirés par les chiens des « forêts; que toutes sources se tarissent pour vous, et que vos corps abandonnés aux vouroundoules « (effraies), soient privés de sépulture, si vous vous parjuriez! »

« Cette première partie de la cérémonie terminée, le vieillard fait à chacun des impétrants, avec un rasoir, une petite incision au-dessus du creux de l'estomac, imbibe deux morceaux de gingembre du sang qui en coule et donne à avaler à chacun des deux le morceau de son vis-à-vis. Il fait boire après, dans une feuille de ravenala, une petite quantité de l'eau qu'il a préparée. En sortant, on se rend à un banquet de rigueur, servi sur le gazon, et on reçoit les félicitations de la foule. La cérémonie du fatidra, bien que la même, dans toute l'île, subit quelques modifications dans la forme, selon la peuplade chez laquelle elle a lieu. Ainsi quelquefois, le sang, au lieu d'être reçu sur un morceau de gingembre, est mêlé de suite avec l'eau que, dans le premier cas, l'on prend après.

« Quoique le serment du sang ne soit pas toujours observé religieusement par les Malgaches, il peut être utile à un étranger, bien qu'il ne soit pas toujours agréable, pour celui-ci, qui devient en butte aux importunités de son frère fictif. Les liens ainsi contractés sont, aux yeux des Malgaches, aussi sacrés et souvent plus respectés que ceux de la fraternité charnelle, dont le *fatidra* impose d'ailleurs tous les devoirs. Deux frères de sang doivent partager leur fortune, se soutenir dans le danger, mettre en commun tous les biens et tous les maux de la vie, enfin, se prêter assistance en temps de guerre, quand même ils appartiendraient à des tribus ennemies. Dans ce dernier cas, ils doivent non seulement éviter de se faire du mal, mais encore, si l'un des deux tombe entre les mains du parti ennemi, l'autre est obligé de le préserver de la fureur de ses compagnons, qui s'abstiennent ordinairement d'attenter aux jours du prisonnier, dès qu'ils connaissent le lien qui l'unit à son protecteur.

« Une femme peut faire le serment du sang avec un homme ; deux femmes peuvent aussi le faire entre elles, et rien ne s'oppose à ce qu'un étranger le contracte avec un indigène. Nous avons vu les agents anglais échanger ce serment avec Radama Ier. Nous l'avons vu échanger entre M. Lambert et Radama II. M. Grandidier a fait le serment du sang avec Razoumaner, roi des Antanosses, et avec Lahimeriza, roi du Fiéérègne. Ceux qui veulent voyager à Madagascar, ou s'y livrer à quelque opération de commerce trouvent avantage à le faire ; cette formalité facilite beaucoup leurs rapports avec les habitants, à qui ils inspirent tout d'abord une confiance plus grande.

« Dès que deux Malgaches se sont liés par le *fatidra*, les parents de chacun d'eux prennent à l'égard de l'autre le même titre de parenté qu'ils auraient, si la fraternité selon le sang avait existé naturellement entre les deux contractants. Il y a plus, les effets de cette alliance s'étendent aussi dans le même sens, aux membres des deux familles, les uns par rapport aux autres. De cette coutume résulte pour l'Européen qui visite ce peuple et l'observe superficiellement, une très grande difficulté à reconnaître les véritables liens de parenté qui existent entre les individus, et c'est pour lui une source d'erreurs fréquentes. »

Lorsque la cérémonie du *fatidra* fut terminée, Ratsimiola nous assura de son amitié et de son concours dévoué. Dès lors, grâce au concours de mon brave ami, que dès ce jour je n'appelai plus que : Maistre l'Antaisaka, nous ne devions trouver aucune difficulté sur notre route de retour.

Le samedi 16 août, nous reprenons notre route. La contrée change peu à peu ; nous sommes toujours dans la région des brousses, il est vrai, mais les arbres plus rapprochés, les buissons plus touffus et qui se réunissent en fourrés, tout cela nous indique que bientôt nous allons rentrer dans la zone forestière. Le sol est devenu maintenant argileux, en même temps qu'il se soulève en maints endroits en monticules, en mamelons, voire même en collines élevées. Nous approchons des hautes montagnes de la ligne générale de partage des eaux, nous sommes arrivés sur leur premier contrefort. C'en est fait aussi de la fertilité générale du pays, qui nous avait si vivement frappés sur les territoires antanosy. Loin de moi la pensée de dire que ces terres sont complètement stériles. Mais nous ne sommes plus en présence de cette végétation exubérante, nous ne sommes plus émerveillés par les produits du sol, comme nous l'avions été dans la vallée d'Ambolo, dans tout le Tanosy, en un mot. Nous rentrons à Madagascar, si j'ose m'exprimer ainsi.

Vers 10 heures, nous nous rapprochons des rives du fleuve et nous le passons dans de mauvaises pirogues par 230 mètres d'altitude. En cet endroit, le Mananara a 60 mètres de large sur 3 mètres de profondeur. Le fleuve précipite ses eaux en aval du passage et surtout en amont.

Dans la soirée, nous nous arrêtons au village de Mahalava. Là les maisons sur pilotis des Antanosy ont fait place aux maisons de roseaux et de *bararata* des gens du Centre. A Mahalava, nous sommes chez les Bara Antaivondro.

Le lendemain, nous passons, avec le Mananara, une haute chaîne de montagnes.

Le Mananara, ce grand fleuve de la côte orientale, peut être comparé, à tous les points de vue, au Mangoro du pays betsimisaraka. Comme le Mangoro, dont il a le volume d'eau, si ce n'est davantage, le Mananara traverse la haute chaîne côtière par une tranchée profonde, et les sources de son principal affluent, le Menarahaka, se trouvent non loin d'Ihosy, au sud des monts Analatelo, que nous avons franchis près de ce poste militaire antimerina. Cette coupée du Mananara à travers la grande chaîne côtière est particulièrement curieuse; sur une longueur de 30 kilomètres environ, la section a la forme d'un grand V. Le fleuve coule au fond; c'est un immense torrent qui précipite ses eaux mugissantes sur les roches dont son lit étroit et resserré est encombré. Les deux versants de la trouée sont presque lisses, ils sont taillés dans de puissantes assises de schiste cristallin.

Pendant deux jours, nous cheminons sur le flanc septentrional de la coupure; il nous faut nous accrocher aux parois rocheuses, utiliser les plus petites saillies pour avancer, car nous ne pouvons nous élever et gagner les sommets. Ceux-ci, en effet, des deux côtés du fleuve, sont recouverts d'une impénétrable forêt. Souvent il nous faut descendre au contraire, et côtoyer de très près le torrent furieux. Pendant deux jours, nous marchons, je ne sais comment, sur cette route épouvantablement difficile, et lorsque, le 18 août, nous arrivons à Imanity, nous sommes sortis de la forêt. Près de ce village, le Mananara coule à 690 mètres d'altitude; il a donc une chute de près de 500 mètres, dans ce couloir de 30 kilomètres.

Au village, nous retrouvons une population de Bara Antaivondro, mélangée dans une forte proportion avec des Tanala. Au sortir d'Imanity, le 18 août, nous marchons d'abord dans cette zone de défrichements qui se remarque souvent à Madagascar, de chaque côté des grands bois. Puis, vers midi, c'est la brousse, comme dans les environs d'Ankaramena; nous traversons beaucoup de villages. Nous marchons ainsi pendant plusieurs jours jusqu'au village bara d'Ivohibe, où nous retrouvons d'anciennes connaissances. Enfin c'est la zone dénudée, nous sommes dans le Betsileo méridional, et, le 25 août, nous faisons notre entrée à Ambohimandroso.

Les nouvelles se propagent vite à Madagascar. On était déjà avisé de notre retour. Toutes les femmes de nos porteurs les attendent aux premières maisons du village. Deux jours après, nous étions à Fianarantsoa, et j'allai présenter nos compliments au docteur Besson, qui, depuis un mois ou deux, était avisé de notre mort. C'est un fait absolument régulier dans la vie de l'explorateur. Depuis que je voyage, que de fois ne m'a-t-on pas cru décédé!

Après avoir payé nos porteurs du sud, Maistre et moi nous retournons à Tananarive. Fidèles à nos anciennes habitudes, nous retrouvons Rainimananabe, qui, de nouveau, nous loue sa maison pour un prix exorbitant. Pendant notre absence, Tananarive n'a pas beaucoup changé. Cependant la nouvelle maison du Résident général de France est presque terminée. Ce beau travail a été fait sous les ordres et sous la direction de M. A. Jully, jeune architecte de grand talent. Dans la capitale des Antimerina, nos compatriotes, comme par le passé, continuent à être en butte aux sarcasmes, aux quolibets, aux injures même de la population. Plusieurs personnes me demandaient si j'avais vu beaucoup de *fahavalo* dans le sud. Il est certain qu'il y en a beaucoup moins que chez les Antimerina.

Pendant ce quatrième séjour que je fais à Tananarive, la mission catholique est envahie par une bande de malfaiteurs; au milieu de la nuit, ils enfoncent la porte d'un père et le frappent de coups de sabre, parce qu'il se refuse à leur ouvrir le coffre-fort de la mission. Le R. P. Montaut manque de mourir de ses blessures. Toutes les nuits, ces attaques contre les Français se renouvellent; des soldats de l'escorte du Résident général, au nombre de trois ou quatre, sont obligés d'aller, chaque nuit, monter la garde autour de la maison du Comptoir d'escompte à Ambodinandohalo. On craint pour la caisse.

J'en arrive de plus en plus à regretter mes Bara, mes Antanosy, et mes Antaisaka. Là, on ne m'a jamais rien volé, et je me sentais mille fois plus en sûreté chez ces peuplades indépendantes que chez les Antimerina. Un primitif, couvert d'une natte de roseau, et les cheveux roulés en boules, m'inspire toujours plus de confiance qu'un nègre, qui porte même très mal, une redingote d'occasion, et dont la face simiesque est abritée d'un gibus [1].

---

[1]. Dans la capitale des Antimerina, non seulement nous ne sommes pas des protecteurs, mais nous ne sommes pas même les protégés. Tout au plus, sommes-nous les parias de ces sauvages.

A Tananarive, nous avons beaucoup d'ouvrage. Il nous faut mettre en ordre tous nos documents et nos collections. Mais, à la rigueur, je pouvais faire cette besogne tout seul et je renvoyai Maistre en France, au moment de la fête du Bain. Mon compagnon avait bien gagné un peu de repos. Les fatigues et les privations l'avaient complètement surmené.

Pour moi, mon travail terminé, je me rendis à Tamatave, où je pris le paquebot pour la France. Le 22 janvier 1891, je débarquai à Marseille de l'*Amazone*, ce même paquebot de la côte orientale d'Afrique qui m'avait emmené deux ans auparavant.

ANCIENNE BATTERIE FRANÇAISE A FORT-DAUPHIN.

CONCLUSION

Et maintenant, il me faut conclure. Je viens, dans cet ouvrage, de présenter à ceux qui me liront, l'île de Madagascar, telle que je l'ai vue. Cette terre, dont on s'occupe plus ou moins en France, depuis deux siècles, vaut-elle oui ou non les sacrifices qu'on est disposé à faire pour la tirer de la barbarie dans laquelle elle est plongée, et pour la mettre en valeur, si j'ose m'exprimer ainsi, et la faire concourir à l'accroissement de la patrie? Je le dis bien haut, oui! cent fois oui! Dans les différents chapitres de mon récit, j'ai montré ce que valaient les différentes régions que nous avons parcourues. Je ne veux pas répéter ici ce que j'ai dit plus haut, et passer en revue, comme on l'a fait trop souvent, les cultures possibles, les mines, les forêts, les différentes richesses; tout cela existe bien réellement, mais le tout ne vaudra quelque chose qu'autant qu'on saura le mettre en valeur.

Au commencement de toute tentative de colonisation, il y a une période de tâtonnements, d'essais improductifs, de spéculations malheureuses qui nuisent énormément à nos tentatives réitérées. Le Français se décourage beaucoup trop vite et surtout il n'apporte pas assez en argent et en travail, dans tout ce qu'il entreprend. Il faut savoir semer pour récolter. Avec un petit capital, il est difficile de réaliser de grands bénéfices. En envisageant Madagascar en particulier et en la supposant, ce qui n'est pas encore fait, annexée purement et simplement à notre domaine colonial, cette île formera certainement dans l'avenir l'une de nos plus belles possessions.

Tout d'abord sa position géographique dans la mer des Indes; voisine de la Réunion, en face de la côte du Moçambique, escale et refuge naturels de nos flottes en route pour l'Extrême-Orient, tout cela la place dans une situation incomparable.

Puis, Madagascar est une île, c'est beaucoup. Là, pas de voisins, une fois les naturels soumis, ce qui est la chose la plus facile du monde, pas de rébellions possibles et surtout pas de renforts, pas d'appuis de l'étranger; nous serons là absolument chez nous. En temps que colonie, Madagascar, quoi qu'on en dise, n'est pas un pays malsain. Sans doute, un corps expéditionnaire où les hommes ne jouiront certainement pas du confortable, où ils éprouveront des fatigues et subiront des privations journalières; évidemment, placés dans de déplorables conditions hygiéniques, nos soldats payeront un lourd tribut à la *malaria*. Mais qu'est-ce que cela prouve? Je pourrais dire que nos troupes d'occupation de Diego-Suarez ont un bulletin médical quotidien des plus satisfaisants. Maintenant que ces troupes sont au repos, bien logées, bien nourries, on y trouve très peu de malades. De toutes nos garnisons coloniales, Diego-

Suarez [1] est la plus salubre. J'en appelle aux chiffres officiels du Ministère de la marine. Je ne crains pas d'être démenti.

On a divisé nos possessions d'outre-mer en terre d'exploitation et en terre de peuplement. Madagascar tient de l'une comme il tient de l'autre. Cette île, qui possède plus de sept millions d'habitants et qui a donné comme chiffre de commerce général, importations et exportations, plus de trente millions [2] de francs, est un débouché qui n'est certes pas à dédaigner pour notre commerce national.

On a dit qu'on ne trouvait pas de main-d'œuvre à Madagascar. C'est une grande erreur. Il est évident que si l'on fait comme certains concessionnaires, si l'on va trouver le gouverneur de la province que l'on exploite et si, moyennant une certaine somme d'argent, on s'entend avec lui pour obtenir des travailleurs, on n'en trouvera pas beaucoup de sérieux. Le gouverneur en question usant du *fanampoana*, la corvée, désignera tel ou tel village pour fournir des hommes aux concessionnaires. Ces hommes, qui en fait de paiement ne reçoivent que des coups de bâton, désertent en masse, et n'osant plus retourner dans leurs villages, ils se font bandits dans la brousse. Voilà comme on devient *fahavalo* à Madagascar. Si, au contraire, on agit suivant la justice et l'équité, si à chaque indigène que l'on emploie on donne un salaire raisonnable, on obtient des Malgaches presque tout ce que l'on veut, et ils consentent parfaitement à travailler pour l'Européen. Comme preuve récente de ce que j'avance, choisie entre beaucoup d'exemples, je pourrais citer la construction de l'hôtel de la Résidence générale de France à Tananarive. M. Jully, l'architecte de ce beau monument, a obtenu des choses merveilleuses, une assiduité au travail, un entrain dans les chantiers, une application journalière suivie, véritablement remarquables pour les noirs de Madagascar. M. Jully a trouvé tous les ouvriers qu'il a voulus. Mais, je m'empresse de le dire à sa louange, il ne faisait pas comme beaucoup d'autres, il ne payait pas ses hommes à coups de bâton. Comme tous les primitifs, le noir de Madagascar est défiant au suprême degré. C'est aussi un enfant; la vertu donc, qu'il admire le plus, est la justice poussée jusqu'au scrupule. Je puis affirmer que tout négociant, tout industriel, qui irait s'établir à Madagascar, et qui désirerait de la main-d'œuvre indigène, devrait, pour l'obtenir, faire preuve d'une certaine douceur et surtout d'une grande justice. Bon poids, bonne mesure, doit être une règle absolue, pour tous les rapports qui peuvent s'établir entre l'homme civilisé et l'homme sauvage.

Après cette question de main-d'œuvre que je ne fais qu'ébaucher, disons quelques mots du sol de Madagascar, de sa fertilité probable. Je ne me fais pas d'illusion sur les difficultés que je trouve à traiter, même en résumé, un pareil sujet. On a dit là-dessus, pour Madagascar, les choses les plus erronées, les plus contradictoires. Certains auteurs ont parlé de Madagascar comme d'un Eldorado, d'autres nous l'ont présenté comme un Sahara. Ainsi qu'il arrive le plus souvent, la vérité est entre ces deux opinions extrêmes; les premiers voyageurs qui nous vantaient la beauté de l'île africaine exagéraient certainement. Mais, pour leur répondre, d'autres voyageurs, les pessimistes, tombaient dans une autre exagération.

Pour juger sainement la question, il ne faut pas envisager telle ou telle province, tel ou tel district; il faut voir Madagascar dans son ensemble : alors on pourra se faire une opinion raisonnable, saine et modérée. Il est évident que Madagascar a de bons pays, mais ce corps insulaire, comme toutes les con-

---

1. Si je reconnais que notre colonie de Diego-Suarez est un des points les plus sains de Madagascar et l'un des mieux choisis sous ce rapport, je n'hésite pas à affirmer que, malgré tout ce que l'on a pu dire, la rade de Diego-Suarez est une mauvaise station navale; je pourrai aussi ajouter que, placée comme elle se trouve à l'extrémité de la ligne de partage des eaux, creusée au milieu d'un promontoire stérile, battue des vents, brûlée du soleil, elle n'a aucun avenir comme colonie continentale pas plus que comme place maritime. Sans doute la rade est bonne, les fonds suffisants, la tenue parfaite, mais le tout est d'y entrer. A certaines époques de l'année, plus principalement au moment de la forte mousson du sud-ouest, il est absolument impossible à tous voiliers de doubler le cap d'Ambre, et un vapeur qui n'a que des dimensions moyennes a toutes les peines du monde à le faire. En somme, Diego-Suarez est une très belle rade, mais on ne peut ni y entrer, ni en sortir. Le poste maritime le meilleur de Madagascar, le mieux placé sous tous les rapports est sans contredit la magnifique baie de Passandava.

2. Ce chiffre officiel de trente millions est encore inférieur à la réalité. Il n'a pu être calculé que d'après les statistiques douanières forcément incomplètes; dans le calcul de ce chiffre, on n'a pu tenir compte, et pour cause, de la fraude qui, à Madagascar, se pratique sur une très vaste échelle.

CONCLUSION.

contrées d'une étendue considérable, présente des provinces pauvres et infertiles. Les uns compensent les autres. En somme, la grande île africaine est un pays d'une bonne moyenne dont le rendement du sol, sans être merveilleux, paraît cependant devoir être très rémunérateur. Il faudra savoir choisir les pays, tout est là.

On a aussi parlé d'une végétation luxuriante, puis après on est venu dire qu'il n'y avait pas un poil d'herbe à Madagascar. Là encore je constate de part et d'autre une exagération fort grande. Il y a d'immenses forêts, il y a des étendues plus considérables encore complètement défrichées. Ces déboisements viennent prouver justement que le sol de Madagascar n'est pas si ingrat qu'on veut bien le dire, et qu'il peut produire, mais non sans peine. C'est une loi inéluctable à Madagascar comme ailleurs. Sans travail on n'obtient rien.

Pour les richesses du sous-sol, je n'en veux point parler, j'en ai suffisamment entretenu le lecteur dans mon ouvrage. Je conclurai donc en m'appuyant non seulement sur les lignes qui précèdent, mais encore sur les faits, les documents que j'ai exposés tout au long dans les différents chapitres de cet ouvrage, pour dire que Madagascar est un bon pays et que la France fera une excellente spéculation en faisant entrer Madagascar dans ses possessions coloniales.

J'ai voyagé et séjourné fort longtemps dans ce pays malgache, j'y ai travaillé quelque peu, et j'ai pu, grâce aux circonstances, aux hasards heureux, aidé surtout par mes amis et vaillants collaborateurs G. Foucart et C. Maistre, réunir de nombreux documents et entasser beaucoup d'observations prises sur le vif. Mes conversations avec les gens du pays ont été multiples ; j'ai parcouru à Madagascar plus de 6 000 kilomètres et je suis revenu en France avec une riche moisson. Je m'applique à mettre à profit ce que j'ai pu rapporter de mes voyages dans ce pays lointain. Ce livre, pour lequel j'ai besoin de toute l'indulgence du lecteur, forme la première partie de mon travail. Au milieu de tous ses défauts, j'ai hâte de montrer sa grande qualité. On me le pardonnera, car j'en suis fier. Ce livre est vrai, j'ai raconté tel que j'ai vu ; j'ai écrit avec mes carnets de route ouverts sur ma table ; jour par jour, heure par heure, instant par instant, j'ai raconté mes voyages. Il y a sans doute des répétitions. Là-bas assis sur un mortier à riz, près du foyer malgache dont la flamme m'éclairait de sa lueur incertaine, je rédigeais mes notes de voyage. Ces notes, je les ai exposées au lecteur, dans toute leur simplicité, mais aussi dans toute leur véracité.

La deuxième partie de mon travail, que je suis encore loin d'avoir terminée, sera plus spécialement consacrée à la partie scientifique de ma mission. Cette deuxième partie comprendra l'anthropologie et l'ethnographie des différentes tribus madécasses, ainsi que quelques notions d'histoire naturelle sur des points encore obscurs de la grande île. Enfin, dans une troisième et dernière partie, je dirai quelques mots et j'écrirai quelques chapitres pour résumer l'histoire de Madagascar et plus spécialement l'histoire de notre protectorat depuis 1885 : elle est fort peu connue en France, elle a toujours été soigneusement tenue cachée ou elle a été dénaturée par ceux-là mêmes qui avaient pour mission de la propager dans la métropole.

La façon dont les Affaires étrangères administrent le protectorat de la France à Madagascar pourrait inspirer à un auteur, et sans que pour cela une imagination féconde soit bien nécessaire, le sujet d'un vaudeville, qui, malgré quelques notes tristes, offrirait un ensemble assez gai. Ce vaudeville pourrait prendre pour titre : « Le protégé par persuasion, ou l'Art de tromper ses concitoyens sur ce qui se passe à Madagascar ».

Au moment où j'écris ce dernier chapitre de mon ouvrage [1], on s'occupe vivement en France de la question malgache. Je crois donc devoir exposer tout de suite les conclusions résumées de mes travaux.

Par les lignes qui précèdent, je crois avoir établi que Madagascar en elle-même constituerait, pour la

---

[1]. Octobre 1894.

France, sinon le joyau, du moins l'un des plus beaux bijoux de notre parure coloniale. En examinant et en observant les peuples de la grande île africaine, j'ai été amené à conclure qu'il était absolument contraire à la vérité scientifique de considérer les Antimerina comme une race absolument supérieure au reste des Malgaches. Si je proclame bien haut que c'est une erreur scientifique, c'est justement parce que cela concorde absolument avec la conclusion à laquelle je suis amené dans la troisième partie de mon travail, je veux parler de l'histoire de notre protectorat à Madagascar. Là, je conclus en disant qu'un protectorat à Madagascar est une chose absolument néfaste [1], absolument contraire à nos intérêts. C'est faire le jeu de l'Angleterre que s'obstiner contre toute logique, contre toute expérience, à vouloir continuer à ne considérer à Madagascar que les Antimerina. Peut-être fera-t-on une expédition, peut-être se décidera-t-on enfin à comprendre en France que Madagascar ne doit pas être abandonnée, mais surtout, ce qu'il ne faut pas faire après cette expédition qui coûtera certainement très cher et qui sera la seconde, c'est de nous obstiner à vouloir établir à Madagascar un deuxième protectorat. Il serait vraiment regrettable, triste, j'oserai dire, de voir notre pays s'engager dans une expédition coloniale et dépenser tant de millions pour plaire à l'administration des Affaires étrangères et établir à Madagascar, au profit des Antimerina, un protectorat dispendieux où nous continuerons à voir comme par le passé un agent consulaire britannique accrédité officiellement auprès du souverain des Antimerina. Tant qu'à faire une expédition à Madagascar, tant qu'à y dépenser nos millions et à y voir mourir nos soldats, il faut au moins que ce ne soit pas en vain.

Parmi tous les avantages sérieux (?) que comporte un protectorat, un des plus beaux sans contredit est celui qui maintient à l'État protégé, les avantages ou désavantages des traités antérieurement conclus par lui avec les puissances étrangères. Ainsi, lorsque le traité de Kasar-Saïd a été signé avec la Tunisie, les accords douaniers entre le nouvel État protégé et les puissances étrangères ont été maintenus. En ce qui concerne les Anglais spécialement, ils ont les mêmes avantages que nous dans la Régence ; ils pourraient donc, toutes choses égales d'ailleurs, s'emparer très facilement de tout le haut commerce. S'ils ne l'ont pas fait, cela tient à des circonstances spéciales qui, en dehors de l'administration des Affaires étrangères, malgré elle, je devrais dire, font que dans ce pays nos nationaux sont privilégiés. Il n'en est pas de même à Madagascar et nous continuerons à voir, si l'on maintient le protectorat dans la grande île africaine, les grandes maisons de commerce anglaises, allemandes et américaines lutter victorieusement contre les nôtres avec lesquelles elles se trouveront placées, par ce traité néfaste, sur le pied d'égalité. Le résultat sera superbe ; nous allons dépenser des millions, sacrifier pas mal d'hommes pour permettre aux étrangers de venir nous battre à Madagascar.

Et pourtant cette égalité des droits de douane, pour nos compatriotes comme pour les étrangers, n'est qu'un des nombreux avantages que comporte ce système colonial absurde qui a nom : protectorat.

Certainement, après l'expédition qui sera heureuse, je n'en doute pas, l'administration des Affaires étrangères agissant *pro domo sua* viendra nous dire qu'un protectorat seul s'impose ; elle viendra, comme partout et toujours, faire le jeu de l'Angleterre, elle viendra aussi réclamer l'administration d'un pays pour y placer nombre de ses agents. Il est vrai que, depuis dix ans, elle n'a su rien faire dans ce pays, hypnotisée qu'elle est par le spectre britannique. Encore voit-on, par la plus étrange des aberrations, dans ce même ministère des Affaires étrangères, la direction des affaires politiques être chargée justement des protectorats ; ce même bureau des affaires politiques, qui vient peut-être de traiter une grave question avec une grande puissance, l'Angleterre par exemple, débat quelconque dans lequel notre direction politique a cédé comme toujours, comme c'est son habitude invétérée. Eh bien ! comment veut-on que ce même bureau puisse, en présence de la puissance devant laquelle il recule constamment, maintenir haut et ferme le drapeau de la France ! Il en sera toujours ainsi. Il est évident que ces mêmes gens ont pour mission d'apaiser des conflits éventuels entre les peuples, d'assouplir les rapports internationaux, d'éviter en un mot toute cause, si petite qu'elle soit, qui viendrait détruire plus ou moins

---

1. Voir le chapitre V des Antimerina.

CONCLUSION.

la bonne harmonie qui doit toujours régner entre nous et nos voisins. Comment veut-on que ces gens chargés de tout cela puissent, à un moment donné et sans y être forcés absolument, défendre nos droits envers ces puissances étrangères! Je m'empresse d'ajouter que les Affaires étrangères sont très bien pénétrées de leur mission, trop bien même, car pour ne pas donner aux étrangers un motif quelconque de se plaindre de la France, cette administration, par tradition et par habitude, défend aussi mal que possible les intérêts, les personnes même de nos compatriotes à l'étranger. J'en appelle à toutes les personnes qui ont quitté la France : qui donc a vu un ministre, un consul protéger sérieusement à l'extérieur les intérêts français? Les fonctionnaires d'un protectorat ne tiennent pas du tout à voir leur pays prendre de l'extension, ils ne tiennent pas du tout à y voir la colonisation se développer, le commerce et l'industrie y prendre un certain essor. Et cela se conçoit aisément. Là un agent du ministère des colonies se réjouira de la venue d'un colon français dans son gouvernement. Cet agent n'y verra qu'un accroissement de puissance, en somme, une augmentation de bien, apportée au pays qu'il dirige; un agent consulaire, au contraire, verra toujours la venue d'un Français d'un mauvais œil, c'est toujours une cause éventuelle d'échange de notes diplomatiques [1].

Et puis encore un agent d'un protectorat français qui a été, je suppose, consul, ou vice-consul en Chine ou au Japon ou dans tout autre pays, y aura traité toujours les consuls anglais, par exemple, comme des collègues jouissant des mêmes droits que lui-même. Ce même agent, transporté dans un protectorat, n'oubliera pas du jour au lendemain ce qu'il a vu dans toute sa carrière précédente, il sera toujours un consul français, l'égal sinon l'inférieur (comme d'habitude) du consul britannique près le gouvernement antimerina. La devise des Affaires étrangères a toujours été : pas d'affaires! pas d'affaires! Cette administration ne serait donc bonne, très bonne même (l'expérience le prouve), que dans un pays où il n'y aurait ni Français, ni intérêts français à protéger; dans ce cas, c'est le seul, l'administration des Affaires étrangères est toute indiquée, sa tenue est parfaite, sa correction irréprochable, je m'empresse de le reconnaître.

Combien donc faudra-t-il perdre de nos territoires d'Outre-mer? Combien faudra-t-il voir nos colons mal protégés et mal soutenus? Combien faudra-t-il dépenser de millions pour s'apercevoir que l'administration des Affaires étrangères, la moins démocratique de nos institutions, la plus inféodée à l'Angleterre, est la plus incapable de gérer nos intérêts dans tous pays soumis à notre influence, dans tout pays de protectorat? Nous avons un ministère des Colonies, pourquoi donc ne lui donner que des lambeaux de notre empire colonial et en réserver les plus beaux pour le ministère des Affaires étrangères?

Ce ministère, fait, si je ne m'abuse, pour traiter des rapports entre la France et les puissances étrangères, ne me semble pas du tout indiqué pour traiter des rapports entre la France et un pays protégé par elle. Il vaudrait tout autant et beaucoup mieux, j'oserai le dire, donner l'Administration des protectorats à un ministère quelconque, à l'Instruction publique, aux Postes et Télégraphes, etc., etc. Du moins chacun de ces départements ministériels, en administrant un pays de Protectorat, y trouverait des services dans lesquels il serait compétent. Il n'y a que deux ministères en France qui doivent rester absolument étrangers à toute administration extérieure, concernant des peuples soumis ou protégés par la France. Ces deux ministères sont : l'Intérieur et les Affaires étrangères. Ces deux rouages gouvernementaux qui fonctionnent très bien, je ne fais aucune difficulté pour le reconnaître, doivent rester chacun dans leurs attributions respectives : le premier s'occupant de l'Administration intérieure du pays de France ou des pays considérés comme sol métropolitain, et le second s'occupant des relations qui peuvent exister entre la France et les puissances étrangères. Or, les puissances protégées par nous ne nous sont pas étrangères, et une administration qui, par ses traditions, ses habitudes, ses tendances, est accoutumée à traiter d'égal à égal avec des puissances le plus souvent redoutables, me semble absolument impropre à présider à nos rapports avec des puissances amoindries par une conquête, et que nous

---

[1]. Au Quai d'Orsay, la devise générale est la suivante : surtout pas d'affaires! c'est une véritable consigne pour tout agent de Protectorat.

devons toujours tenir plus ou moins sous notre surveillance, sous notre tutelle. C'est là, il me semble, la définition même du protectorat [1].

Enfin l'expérience qui dure depuis dix ans est, je crois, concluante, elle coûte assez cher pour que la France ne tienne pas à la recommencer; je crois fermement qu'il faut aller à Madagascar prendre ce beau pays et en faire une colonie. Y établir un protectorat serait une pure folie.

Je suis donc convaincu, je le répète encore, que si l'île de Madagascar forme un jour une de nos plus belles colonies, elle ne formera jamais que notre plus mauvais pays de protectorat.

J'en appelle de cette conclusion à tous les colons et voyageurs qui ont résidé quelque temps dans la grande île. Il me faut toutefois récuser le témoignage d'une petite coterie d'individus qui vivent soit au crochet du gouvernement antimerina, soit en exploitant dans une large mesure la corvée dure et implacable, donnée par ce gouvernement de Tananarive, aux concessionnaires qui savent pécuniairement reconnaître ces bons offices. Pour ceux-là, tout va bien; ils ne demandent que le maintien du statu quo, du protectorat.

Pour terminer mon livre, il ne m'est pas besoin de faire de grands efforts pour chercher une phrase qui résume en quelques mots ce à quoi tendent tous mes efforts, toutes ces pages écrites pour éclairer mes compatriotes, leur montrer Madagascar sous son vrai jour, leur faire toucher du doigt l'inanité de cette politique de protectorat à outrance au profit des Antimerina, dans laquelle le ministère des Affaires étrangères nous a si légèrement engagés, ligne de conduite immuable dont il ne voudra jamais s'écarter.

L'honorable M. Chautemps, rapporteur de la commission des crédits de Madagascar, a terminé son éloquent discours par cette phrase qu'il me permettra de placer à la fin de mon livre, dont elle sera le couronnement :

« La vieille France nous a laissé sur Madagascar des droits qui remontent jusqu'au temps de Richelieu, à une date où il n'était question encore ni d'une cour de Tananarive, ni d'un gouvernement hova ni d'une reine de Madagascar. »

Il est fort probable, sinon certain que, lors de la discussion devant notre Parlement des crédits nécessaires pour une expédition armée à Madagascar, le ministre des Affaires étrangères viendra communiquer un grand secret à la commission chargée de l'enquête. Il dira fort probablement que l'Angleterre ne consentirait pas à voir la France annexer Madagascar, sinon elle ferait toutes ses réserves pour sa prise de possession de l'Égypte; mais, en revanche, elle admettrait très bien un protectorat. N'est-ce pas là une des plus éclatantes confirmations de mes observations relatives au régime politique mauvais que nous appliquons à Madagascar? Pour tout homme tant soit peu versé dans les choses extérieures, il est évident que du moment, que l'Angleterre reconnaît à la France (dans ce cas, le protectorat de Mada-

---

1. Certaines personnes ont voulu trouver dans ce système colonial qu'on appelle Protectorat, beaucoup d'avantages administratifs et financiers. Ces avantages sont bien plutôt apparents que réels. Mais, sans m'attarder à en donner une démonstration longue et minutieuse, admettons-les provisoirement. Ceci étant posé, les partisans à outrance des Protectorats admettront peut-être de leur côté que leur système provisoire de colonisation ne sera pas amoindri si, au lieu d'être dirigé par l'administration des Affaires étrangères, il est conduit par les Colonies. Or l'expérience a suffisamment montré, je crois, la façon dont l'administration des Affaires étrangères soutient nos nationaux et leurs intérêts dans les pays de Protectorat.

Or, pourquoi a-t-on voulu néanmoins conserver aux Affaires étrangères l'administration des pays de Protectorat? Pour une seule raison, la suivante : on a prétendu que les agents des Affaires étrangères, les traditions constantes de ce département ministériel éviteraient ou viendraient remédier dans une certaine mesure aux froissements, aux haines, aux motifs de désaccord quelconque qui pourraient survenir entre la République française et les Puissances étrangères, jalouses de l'extension de notre domaine colonial. Donc on admet qu'il faut dans ces entreprises de Protectorat faire des concessions incessantes, défendre avec mollesse les intérêts de nos nationaux, en somme nous établir dans un pays sans avoir l'air de le prendre et surtout sans avoir l'air de nous y poser en maîtres. Pour obtenir ce résultat, était-il nécessaire de venir à Madagascar pour la seconde fois, d'y envoyer quinze mille hommes et d'y dépenser 65 millions?

On comprend si bien qu'un Protectorat n'est pas un système définitif de colonisation que tout le monde en France n'y voit qu'un acheminement pur et simple vers l'annexion totale. On oublie trop volontiers que nous ne sommes pas seuls au monde et pour établir quelque part notre Protectorat il faut faire une première concession, puis vingt ou trente ans plus tard, lorsque nous serons amenés par la force des choses à annexer ce pays de Protectorat, il faudra faire encore une deuxième concession aux puissances jalouses de notre extension coloniale. On voit donc que, tout bien considéré, les Protectorats coûtent énormément plus cher que les colonies.

CONCLUSION.

gascar) un avantage quelconque, on peut être sûr qu'il n'est pas bien sérieux. Si, au contraire, le Royaume-Uni crie, tempête, hurle, menace même lorsque nous entreprenons quelque chose, il est certain que ce quelque chose est bon. C'est un critérium infaillible.

Bref, après avoir séjourné cinq ans à Madagascar, après avoir parcouru dans ce pays plus de 6 000 kilomètres, je suis convaincu que : 1° cette grande île africaine formera un jour notre plus belle colonie, tant pour le peuplement que pour l'exploitation ; 2° je suis aussi convaincu que la France ne pourra administrer utilement ce beau et bon pays qu'en en confiant les destinées à un département ministériel indépendant des pressions extérieures, non hypnotisé et pas davantage médusé par le spectre britannique.

J'ai voyagé quelque peu en Asie, beaucoup en Amérique, davantage en Afrique, de toutes mes pérégrinations à travers le monde, j'ai rapporté par-dessus tout la croyance absolue en cet axiome, pour nous Français :

EN MATIÈRE COLONIALE, LA CRAINTE DE L'ANGLETERRE N'EST PAS LE COMMENCEMENT DE LA SAGESSE.

Dr LOUIS CATAT.

FIN.

APPENDICE I

Il me semble intéressant et utile tout à la fois de donner comme appendices les itinéraires que mes compagnons et moi avons suivis dans la grande île africaine. Ces itinéraires sont bien indiqués tout au long dans mon récit de voyage, mais il y manque certaines données numériques, distance et altitude, qui peuvent être utiles à consulter dans certaines circonstances. D'autre part, réunis en un tableau et présentés sous une forme abrégée, ces tableaux des itinéraires se présentent mieux aux yeux et à l'esprit.

Dans la première colonne de gauche figurent les noms de villes, villages, localités traversées, rivières rencontrées sur la route, etc. La deuxième colonne et la troisième contiennent les heures et minutes de marche. A Madagascar plus que partout ailleurs, l'évaluation de la distance en temps employé pour la franchir est plus exacte en quelque sorte qu'une évaluation kilométrique approximative, mais, dans bien des cas, elle ajoute à cette donnée linéaire, lorsqu'elle est un peu connue ou soupçonnée d'autre part, une notion assez exacte des difficultés que l'on rencontrera sur la route parcourue. Dans la quatrième colonne j'ai placé en mètres l'altitude du point géographique considéré. Il faut remarquer que cette altitude est le plus souvent la lecture brute fournie par un baromètre holostérique altimétrique compensé de première qualité. Cet instrument a d'ailleurs été confronté aussi souvent que possible avec un baromètre étalon à mercure (système Fortin de l'observatoire de Tananarive), mais mes observations corrigées de l'erreur instrumentale ne sont pas réduites à zéro : il y aurait donc lieu de tenir compte d'une légère variation dans ces chiffres. La cinquième colonne (à droite de la page) contient quelques observations sur la route parcourue, ses aspects différents, la contrée traversée, les localités rencontrées.

LOCALITÉS — Villages, Rivières, etc.	HEURES	MINUTES	ALTITUDE EN MÈTRES	OBSERVATIONS
ITINÉRAIRE N° I.				
DE TAMATAVE A TANANARIVE (*le plus généralement suivi par ceux qui se rendent de Tamatave à la capitale des Antimerina*).				
Tamatave (*Départ*)........	»	»	»	Route sablonneuse, herbe rare, quelques arbrisseaux.
Mananaresa....	»	15	»	Petit village de 10 cases, à 200 mètres à droite de la route.
Mananaresa..............	»	1	»	Petit cours d'eau 150 m. × 0 m. 60 [1] (18 mars); après l'avoir traversé, la route le laisse à gauche et le suit quelque peu à 50 mètres de son cours.
Hofa......................	»	12	»	Hameau, 5 cases à 100 mètres sur la droite de la route, une case immédiatement à gauche.
Apetainomby........... ..	»	5	»	Petit hameau de 10 cases.
Mananaresa.............	»	3	»	On traverse une deuxième fois ce cours d'eau, puis on suit sa rive gauche; à cet endroit et à gauche de la route, on trouve deux ou trois maisons.

[1]. Toutes les fois que ma route traverse un cours d'eau, j'indique par un premier chiffre la largeur du fleuve ou de la rivière, un second donne la profondeur moyenne au gué considéré. Il faut remarquer que ces indications n'ont de valeur qu'à l'époque où les mensurations ont été prises; époque mentionnée d'ailleurs à chaque guéage. On sait en effet que suivant les saisons le débit aqueux d'un cours d'eau varie dans de grandes proportions.

LOCALITÉS — Villages, Rivières, etc.	HEURES	MINUTES	ALTITUDE EN MÈTRES	OBSERVATIONS
Seraka................	»	40	»	Traversée d'un petit ruisseau, le sentier pénètre dans des bois marécageux.
Ampasimandreva.........	»	32	»	Village de 10 cases à 500 mètres à droite de la route.
Atapakala................	»	1	»	Village de 10 cases.
Ivondrona................	»	7	»	Gros village, 240 cases. La route longe ensuite la rivière du même nom.
Ivondrona................	»	2	»	Traversée de l'Ivondrona en pirogues.
Ambodinisiny............	»	8	»	Village de 200 cases. Avant d'y arriver on traverse pendant un kilomètre environ un bois assez touffu.
Andramany...............	»	33	»	Village de 10 cases, groupées en trois groupes à gauche de la route; à droite un marais.
Andramanatsimo........	»	23	»	Village de 10 cases.
Ankorondrano............	»	24	»	Village de 10 cases à gauche de la route. Champ de manioc.
Ankarefa................	»	59	»	30 cases, grand marais à droite.
Tanambao................	»	20	»	Village de 10 cases à droite de la route.
Tranomaro...............	»	38	»	Village de 5 cases à gauche de la route.
Antapoly................	»	29	»	Village de 50 cases à 1 500 mètres à l'ouest du rivage de la mer; nous traversons le Tapoly, 20 m. × 0 m. 60 (19 mars).
Itampy..................	»	38	»	Village de 200 cases, la route en forme la rue principale.
Ampanirana..............	»	25	»	Village de 20 cases, une longue lagune se trouve à 500 mètres de la route en cet endroit.
Andranokoditra..........	1	33	»	Village de 50 cases. La route forme la rue principale.
Mangoka................	1	50	»	Arrivée au bord de la lagune de Mangoka, depuis Andranokoditra nous avons fait les deux tiers de la route sur le rivage de la mer, un tiers le long de la lagune. Il y a 7 minutes de traversée en pirogue, puis on entre dans un bois touffu.
Ampanotoamaizina......	»	44	»	Village de 300 cases, établi de chaque côté de la route dans une plaine ondulée.
Vavony..................	»	55	»	Gros village. — Le trajet de Vavony à Andavakamenarana peut se faire en pirogue.
Andavakamenarana.....	2	10	»	Village de 200 cases. Il faut traverser une lagune pour arriver au village, la traversée qui ne dure pas une minute se fait en pirogue.
Andovoranto............	1	47	»	Gros village commerçant de plus de 300 cases [1].
Iaroka..................	»	38	»	Nous arrivons au gué de l'embouchure de l'Iaroka 800 m. × ? (20 mars), traversée en pirogues.
Ambatsy................	»	11	»	Cours d'eau affluent de gauche de l'Iaroka. Traversée en pirogues, 10 m. × 1 m. 80.
Tanimandry.............	»	5	»	Village de 200 cases. Andovoranto est le village commerçant de la contrée. Tanimandry, plus pauvre et moins important, est un poste militaire antimerina, c'est le siège du gouvernement de la province.
....	1	23	30	Depuis Tanimandry on marche très lentement sur des troncs d'arbres et des fascines jetés sur un marais profond, puis on arrive dans une plaine ondulée.
Bemasoana..............	»	27	»	Petit village de 5 cases. Fourrés de ravenala.
Iaroka..................	»	10	»	Arrivée à la rive droite de l'Iaroka.
....	»	48	»	Bac de l'Iaroka, traversé en pirogue, 500 × 1 m. 80 (21 mars); à côté de la rivière est un petit village de 10 cases : Ambanatrano.
Nomoka................	»	34	»	Village de 12 cases, la route suit de petites vallées, escalade des mamelons, pays mouvementé.
Manambonitra..........	1	55	15	Village de 30 cases.
....	»	1	»	Traversée de la rivière du Manambonitra en pirogues, 100 × 1 m. 50 (22 mars).
Ranomafana............	1	43	65	Traversée à gué du Ranomafana 50 m. × 1 m. 10.
Ranomafana............	»	26	»	Village de 100 cases, eaux thermales. Avant d'arriver au village, on traverse une rivière.
Bedara................	»	50	100	Village de 35 cases. 2 minutes après la sortie du village, on traverse une rivière coulant de droite à gauche. La route est pénible, les mamelons plus élevés que précédemment sont très rapprochés les uns des autres.

1. On a l'habitude dans ce trajet de Tamatave à Tananarive de prendre à Andovoranto des pirogues qui, remontant l'Iaroka, vont rejoindre au village de Maromby la route terrestre de Tamatave à Tananarive. Cette route fluviale raccourcit de beaucoup le trajet, elle est aussi un véritable soulagement pour les porteurs, qui en pirogues se reposent. On peut continuer le long de la côte jusqu'au village de Tanimandry et de là, se dirigeant directement vers l'ouest, arriver à Maromby. Cette route terrestre est très pénible, elle traverse des marais profonds. C'est la moins connue et pour cela nous l'avons choisie.

APPENDICES.

LOCALITÉS — Villages, Rivières, etc.	HEURES	MINUTES	ALTITUDE EN MÈTRES	OBSERVATIONS
Ambatoarana............	1	35	150	Village de 20 cases, au centre d'une petite plaine cultivée.
....	»	10	»	Traversé un petit ruisseau coulant de droite à gauche.
....	»	9	»	On traverse une deuxième fois ce ruisseau qui coule de gauche à droite. En cet endroit il y a des rizières, une case est à droite de la route.
Antanzombato............	»	10	»	Village de 30 cases, plantations de cannes à sucre.
Tanambao...............	»	18	»	Village de 10 cases situé à droite de la route.
....	»	20	330	On traverse un bouquet de bois, puis 6 minutes après un ruisseau coulant de gauche à droite.
Mahela.................	»	43	»	Traversée à gué du Mahela, 50 m. × 1 m. 30, fort courant, eau jaunâtre; de l'autre côté de cette rivière, on arrive au village de Mahela, 40 cases.
Ampasimbe..............	1	9	310	150 cases. La route devient un peu moins mauvaise; commencent à apparaître des petits bouquets de bois qui annoncent prochainement la grande forêt.
....	»	26	»	La route laisse à droite une profonde vallée; quelques cultures, 3 cases.
....	»	35	590	On entre dans la forêt.
Antampomadilo..........	»	31	530	Hameau de 3 cases à droite de la route
....	»	28	600	Passage difficile, la route monte très rapidement, le sentier suit le fond d'un couloir sinueux, creusé profondément dans l'argile rouge par les passages des voyageurs et les eaux sauvages; cette tranchée est profonde de plus de trois mètres, des arbres sont accrochés à ses parois supérieures, retenus faiblement par leurs racines, ils menacent de tomber d'un instant à l'autre. Une boue rouge épaisse et visqueuse remplit le fond de la tranchée; les difficultés de la marche sont vraiment pénibles.
Marazevo...............	»	»	510	Village de 60 cases, assez propre et bien situé sur le versant d'une vallée.
....	»	57	470	On traverse un ruisseau torrentueux en sautant sur de gros blocs de rochers, à 20 mètres en amont du gué une belle cascade.
Beforona...............	»	39	520	Village important, plus de 100 cases.
....	»	25	»	3 cases à gauche de la route, qui en cet endroit suit la rive droite d'un ruisseau.
Rihitra................	1	2	»	Petit hameau.
Ambavanirana...........	»	56	690	Petit hameau dans la forêt.
....	»	40	»	Après l'avoir dépassé on traverse un petit ruisseau coulant de droite à gauche, petite cascade en amont du gué.
Nevoka.................	1	39	»	Village de 50 cases dans la forêt, on traverse un petit ruisseau coulant de droite à gauche avant d'entrer au village.
....	1	40	1020	Point culminant de la forêt.
....	1	14	»	Traversé une rivière qui coule de gauche à droite, 20 m. × 1 m. 10 (25 mars), petite plaine avec herbe courte.
Analamazaotra..........	»	23	980	Village de 70 cases, route très mauvaise, pays très montagneux.
....	»	46	910	Traversé un ruisseau coulant de droite à gauche, plaine déboisée et marécage.
Ampasimpotsy...........	1	27	880	Village d'une centaine de cases au milieu d'une vallée bien cultivée. La route forme la rue principale, dans cette vallée de larges espaces sablonneux.
Behena.................	1	12	910	Pauvre village de 15 cases. Marne blanchâtre, route très difficile.
Ambodiviavy............	»	28	»	Petit village de 10 cases. Après, la route rentre dans la forêt.
Moramanga.............	1	2	900	150 cases disposées de chaque côté de la route, après Moramanga la route traverse la grande vallée du Mangoro.
Andranokobaka..........	1	13	»	Hameau de 6 cases.
....	1	7	920	Contrée plus accidentée, broussaille et bruyère.
Andakana et Mangoro.....	»	19	800	Village situé sur la rive gauche du Mangoro, le fleuve (150 mètres de largeur, 27 mars) a un courant assez rapide, il se traverse en pirogues.
....	»	12	»	A gauche de la route sur un mamelon, 6 cases, montée rapide dans l'argile rouge.
....	»	30	1100	La route rentre dans la forêt.
Ambodinifody...........	»	22	920	Village de 60 cases au pied du mont Ifody.
....	1	48	920	Traversé une rivière sur un pont de troncs d'arbres.
Sabotsy................	»	10	940	Petit village de 30 cases au sommet d'un plateau, entouré de cultures et de rizières.
Ambodinangavo..........	»	28	890	Pauvre village de 20 cases.

LOCALITÉS — Villages, Rivières, etc.	HEURES	MINUTES	ALTITUDE EN MÈTRES	OBSERVATIONS
Ambodimanara	»	12	»	Hameau de 10 cases, la route commence à monter.
....	»	40	1240	Point culminant de cette partie de la route, le sentier passe au pied du pic de l'Angavo. Nous sommes dans la forêt.
....	»	10	»	Traversée d'un torrent coulant de droite à gauche. Passage sur un tronc d'arbre.
Ankeramadinika	»	48	»	Premier village antimerina que l'on rencontre sur la route, 450 cases. Au sortir du village, on traverse un petit ruisseau, la route serpente dans une contrée déboisée, herbe courte et rare, gros blocs de rochers.
....	1	22	1460	Nous passons sur les contreforts du mont Ambatomba, puis nous arrivons au milieu des cultures de manioc et de patates, dans le fond des vallées beaucoup de rizières, nous sommes dans l'Imerina.
Manzakandriana	»	28	1390	Village de 150 cases.
Amboboasy	»	30	1490	Village de 60 cases.
Ampanatakely	»	16	»	Hameau.
Tanifotsy	»	6	1510	Hameau.
Marihidaza	1	6	1510	Village de 60 cases.
Ambohimalaza	1	32	1340	Gros village antimerina de 200 cases.
....	4	5	1420	Arrivée à Tananarive, capitale des Antimerina.

Cet itinéraire, suivi par le docteur Louis Catat et ses deux compagnons, comporte un développement approximatif de 392 kilomètres. Il a été effectué du 18 mars au 30 du même mois, il comprend 63 heures et 40 minutes de marche.

ITINÉRAIRE N° II.

A TRAVERS LA PROVINCE DES ANTIMERINA.

LOCALITÉS	HEURES	MINUTES	ALTITUDE EN MÈTRES	OBSERVATIONS
Tananarive	»	»	1420	Départ.
Ikopa	»	45	»	Traversée en pirogues du fleuve.
Ambohimany	»	12	»	Gros village de 200 cases.
Ikopa	»	9	»	Traversée en pirogues.
Ampitantafy	»	3	»	Gros village de 200 cases.
Alatsinaina	1	5	»	Village, et grand marché des environs de Tananarive.
Andromba	»	45	»	Nous traversons en filanjana la rivière d'Andromba dont nous remontons depuis 20 minutes la rive droite. Au gué l'Andromba mesure 80 m. × 1 m. 20; fort courant, eau jaunâtre.
Tsirangano	1	58	1320	Petit village.
Tiatsoaka	»	33	»	Passage de la rivière Tiatsoaka sur un pont de deux arches.
Mandrosoa	»	25	1300	Vieux village d'une vingtaine de cases.
....	2	55	1560	La contrée traversée n'est plus la même, les cultures deviennent rares, il n'y a presque plus de rizières, herbe moyenne, gros mamelons et plateaux.
Ankadivavala	»	35	1750	Petit hameau de 8 cases situé au pied du massif de l'Ankaratra.
Ambatodrano	»	10	1700	Hameau de 6 cases, à gauche de la route. Anorana, 3 cases à droite de la route, contrée désolée.
Ambohizamba	»	35	»	Pic élevé à droite de la route.
Tsiafajavona	5	10	2610	Arrivée au sommet du Tsiafajavona, le plus haut sommet de Madagascar.

RETOUR A ANKADIVAVALA.

LOCALITÉS	HEURES	MINUTES	ALTITUDE EN MÈTRES	OBSERVATIONS
Marirano	2	25	1630	Petit hameau de 6 cases.
Ankaratsaito	»	15	»	Hameau de 6 cases.
Ambodinangavo	»	25	1590	Village de 20 cases, au pied du mont Angavo.
Andraraty	2	15	1590	Petit village d'une douzaine de cases bâti sur une éminence peu élevée, au milieu d'une vaste plaine.
Andranomaria	1	4	»	Hameau de 6 cases situé dans une grande plaine allant de l'Est à l'Ouest.
Kelilalina	2	59	»	Hameau.
Ambatotsipihina	»	7	1590	Hameau de 8 cases.
....	1	52	»	Traversé un affluent de gauche de l'Onibe, 30 m. × 1 m. 30.

APPENDICES.

LOCALITÉS — Villages, Rivières, etc.	HEURES	MINUTES	ALTITUDE EN MÈTRES	OBSERVATIONS
Ankisatra	»	40	»	Village de 30 cases.
Onibe	»	15	1500	Passage à gué de l'Onibe, 60 m. × 1 m. 30.
Andranovohitra	»	55	»	Village de 16 cases près duquel se trouve un petit lac.
Talata	1	25	»	Marché important de la région.
Autsirihibe	»	55	1550	Hameau de 5 cases à droite de la route.
Ambohimanjaka	»	35	»	Le mont Ambohimanjaka se profile par le travers à gauche de la route.
Sarobaratra	1	»	1590	Village de 40 cases auprès duquel le gouvernement antimerina fait laver des alluvions aurifères.
Bemasoandro	1	24	1580	Hameau de 5 cases.
Sahanamandry	»	43	1520	Petit hameau.
Ranamalo	»	37	1500	Traversée à gué de la rivière Ranamalo, 20 × 1 m. 30 (8 mai), 3 maisons à 300 mètres du gué.
Kambana	1	22	»	Hameau de 10 cases à droite de la route.
Tsinjoarivo	1	17	1550	Village de 40 cases célèbre par une maison de campagne de la reine des Antimerina. Tsinjoarivo est bâti au sommet d'une colline élevée au pied de laquelle l'Onibe roule des eaux torrentueuses, nous l'avons traversé à gué avant de monter au village.

N. B. — Cette première partie de l'itinéraire a été suivie par le docteur Catat et ses deux compagnons. A Tsinjoarivo, M. Foucart se dirige dans l'Est explorer la vallée inférieure du Mangoro. M. Maistre va dans l'Ouest faire une reconnaissance des territoires sakalava au delà d'Ankavandra. Le docteur Catat continue seul son voyage à travers la province de l'Imerina.

LOCALITÉS	HEURES	MINUTES	ALTITUDE EN MÈTRES	OBSERVATIONS
Tsinjoarivo	Départ	»	1630	Au sortir du village, à 80 mètres en dessous environ, nous traversons les deux bras de l'Onibe; le premier mesure 100 m. × 1 m. 80, le second 60 m. × 1 m. 50 (11 mai).
Belandra	»	20	1630	Hameau d'une dizaine de cases.
Sabotsy	1	45	»	Petit village, marché important.
Mahatsinjo	1	45	»	Village de 20 cases.
	»	55	1610	Arrivée au pied du mont Ambohitompoina. Campement du 11 mai.
Ilaka	»	»	»	Groupe de 6 maisons.
Anjamanga	»	»	1670	Petit village de 12 cases.
Andranofito	2	»	1740	Hameau de 8 maisons.
Sahabe	»	48	»	3 cases à droite du mont Iankina.
Alarobia	»	47	»	La route traverse l'emplacement du marché dit Alarobia.
Androhifotaka	»	36	1760	Hameau de 6 cases à 7 kilomètres au nord du mont Iankina.
Bemasoandro	1	15	1720	Hameau de 7 cases au N.-N.-E. du mont Iankina, qui se trouve à 7 kilom. 5 (ascension de l'Iankina).
Befanala	»	42	1770	Cinq maisons.
Soandrarina	2	12	»	Village de 50 cases au pied du Vontovorona (ascension du Vontovorona).
Ambohidramandriana	2	5	1540	Village en ruine, vestige de fortifications.
Andranokobaka	»	»	»	Passage à gué de cette rivière qui coule de droite à gauche, 15 m. × 1 m. 10.
Ambohimasana	1	»	»	Village de 8 maisons à droite de la route, sur le versant d'une colline que nous descendons.
Sahatsio	1	10	»	Passage à gué de cette rivière, 10 m. × 0 m. 60 (16 mai).
Antsirabe	»	20	1490	Gros village, le plus important de la contrée.
Manandona	3	35	»	Traversée à gué de cette rivière qui descend sur la droite des hautes collines entourant la belle vallée où nous cheminons, en cet endroit belle cascade du Manandona.
Manjaka	1	50	»	Petit village de 10 cases.
Amboavato	»	30	»	Traversée à gué de l'Amboavato, affluent du Betsiriry.
Ambohiponana	1	30	1430	Village fortifié de 500 habitants, situé au sud du mont Ibity (ascension de l'Ibity).
Isandra	4	19	1680	Petit village fortifié, non loin du volcan éteint de Tritriva (ascension du Tritriva).
Iavonarivo	»	45	»	La route laisse à gauche ce petit village d'une douzaine de cases.
Voenana	»	30	»	Hameau de 10 cases à gauche de la route. On descend ensuite en face du mont Savoko dans la plaine de Betafo.
Alakamisy	»	40	»	La route traverse l'emplacement de ce marché.
Alatsinaina	»	40	»	La route traverse l'emplacement de ce marché, 4 belles pierres levées.
Betafo	»	25	1430	Après avoir longé la rive d'un petit lac, on entre à Betafo, gros village de 150 cases, source chaude.

VOYAGE A MADAGASCAR.

LOCALITÉS — Villages, Rivières, etc.	HEURES	MINUTES	ALTITUDE EN MÈTRES	OBSERVATIONS
Ihadilanana...............	2	30	»	Hameau de 12 maisons à droite de la route.
Soavina...................	1	35	1370	Village de 40 cases.
Manohasana.............	2	25	1510	Arrivée au mont Manohasana.
Ambohimanambola........	2	25	1490	Village fortifié d'une trentaine de cases.
Ambovona................	2	10	»	Hameau de 5 ou 6 maisons.
Andrantsay..............	2	15	1110	Traversée à gué de l'Andrantsay, 80 m. × 1 m. 30 (28 mai).
Andrantsaimahamasina....	2	45	1270	Village de 60 cases, à l'Est du mont Ivohibe.
Inanatonana.............	2	20	1330	Petit hameau.
Ambatomainty............	1	30	1350	Id.
Avarabatolaya...........	»	10	1340	Id.
Ambohiperenana...........	»	40	1335	Pauvre village d'une quinzaine de maisons.
Ambohibe................	»	50	»	Petit hameau.
Ambohimarina............	»	20	1440	Id.
Antoby..................	»	40	1440	Village d'environ 30 cases.
Anivorana...............	2	55	?	La route laisse le hameau de Anivorana à droite.
Ambatoloha..............	»	10	»	La route laisse le hameau de Ambatoloha à gauche.
Sahasarotra.............	»	20	»	Traversée à gué de cette rivière coulant de droite à gauche, 50 m. × 1 m. (31 mai).
Zoma....................	»	40	»	La route traverse l'emplacement du marché de Zoma.
Fenoarivo...............	»	55	1470	Village assez important de plus de 100 cases.
Sahaomby................	»	45	1510	Traversée à gué du Sahaomby, 20 m. × 0 m. 80 (1ᵉʳ juin).
Voabaza.................	»	50	»	Hameau à 800 mètres à gauche de la route.
Antenibe................	1	5	»	Hameau.
Kitsamby................	1	10	1090	Traversée à gué du Kitsamby, 80 m. × 0 m. 70 (1ᵉʳ juin).
Mahasiniray.............	1	47	1410	Village fortifié d'une vingtaine de cases.
Ambohimarina............	»	49	»	Hameau.
....	2	10	»	Terrain volcanique et sources chaudes.
Kasanga.................	»	30	»	Le lac Kasanga est à 800 mètres à droite de la route.
Mahatsinjo..............	»	55	1440	Gros village de 150 cases situé sur une éminence.
....	2	55	»	Le mont Kasige dans l'Ouest, c'est un cône volcanique à formes très régulières.
Ambodifarihy............	»	12	1290	Hameau.
Manjakaravanina.........	»	11	1240	Hameau.
Ambohipolo..............	»	58	1270	Village de 20 cases.
Lily....................	»	10	»	Suivons le Lily en le laissant à 500 mètres à gauche.
Sangarana...............	1	»	»	Hameau, 400 mètres à droite de la route.
Ambarakely..............	»	5	»	Hameau à gauche de la route.
Lily....................	»	15	»	Passage du Lily, le déversoir du lac Itasy, 100 m. × 0 m. 70, fort courant (4 juin).
Itasy...................	»	39	1255	Arrivée sur les bords du lac Itasy.
Atsinandalana...........	»	17	»	Hameau à gauche de la route.
Mangabe.................	»	30	»	Pauvre hameau de 6 maisons.
Janadanta...............	3	40	»	Petit hameau.
Manazary................	1	12	1320	Village de 20 cases, construit sur une haute colline qui domine le lac dans l'Ouest.
Ambatavo................	»	40	»	Hameau à gauche de la route.
Ierana..................	»	30	1360	Petit village.
Sahabenarivo............	»	30	1320	Id.
Kianzamalaza............	1	15	1340	Petit village.
Imoratsihazo............	»	30	»	Hameau, 500 mètres à droite de la route.
Soamahamarina...........	»	33	1430	Pauvre village d'une vingtaine de cases.
....	1	45	»	Petite contrée boisée de *tapia* (chrysopia).
Alatsinaina.............	»	45	1320	La route traverse l'emplacement d'un marché.
....	»	15	1270	Passage à gué de l'Onibe, 60 m. × 0 m. 60.
Andranomanga............	»	20	»	Hameau à gauche de la route.
Ambohibeloma............	1	40	1350	Village assez important, de plus de 300 cases, construit en haut d'une colline.
Andrianambo.............	»	30	»	La route passe près des chutes de l'Ombifotsy.
Ombifotsy...............	»	15	1190	Passage à gué de l'Ombifotsy, il coule de droite à gauche, 20 m. × 0 m. 60 (12 juin).
Ankadilalamasina........	1	35	»	Hameau.
Ambatotsangana..........	»	25	»	Id.
....	»	5	»	Arrivons au bord de l'Ikopa.
Andramatoakapila........	1	55	1220	Village d'une trentaine de cases à 1 kilomètre au Sud de l'Ikopa.
....	»	10	1130	Traversée de l'Ikopa en pirogues, 80 m. × 2 m. (13 juin).
Matahitra...............	1	50	1280	Hameau.
Mampitoby...............	1	25	»	Hameau.

LOCALITÉS Villages, Rivières, etc.	HEURES	MINUTES	ALTITUDE EN MÈTRES	OBSERVATIONS
Tafaina	»	35	1150	Village de 12 maisons.
Maridaza	2	30	»	Hameau.
Fiahonana	1	30	1330	Village de 70 maisons.
Babay	2	55	1430	Village de plus de 100 maisons construit sur une colline très élevée.
Fantokana	»	50	»	Hameau.
Sabotsy	»	25	»	La route traverse l'emplacement d'un marché.
Soavinimerina	1	35	1270	Gros village de 80 cases.
	1	30	1250	Passage de l'Ikopa en pirogue, 50 m. × 2 m.
Anisovainto	2	20	»	Petit village perché sur un bloc de granite.
Fenoarivo	1	20	1290	Grand village important des environs de Tananarive.
	»	55	1250	Traversons l'Ikopa à gué, 70 m. × 0 m. 40 (18 juin).
Ambohimamary	2	10	»	Hameau.
	»	15	»	Passage de l'Ikopa en pirogues.
	»	30	»	Retour à Tananarive.

Cet itinéraire, entièrement suivi par le docteur Catat, représente 156 heures de marche, soit, à une moyenne calculée de 5 kilom. 400, une distance parcourue de 842 kilom. 4, à travers la province des Antimerina pendant 51 jours.

ITINÉRAIRE N° III.

DE TSINJOARIVO A TANANARIVE PAR MAHANORO.

LOCALITÉS	HEURES	MINUTES	ALTITUDE EN MÈTRES	OBSERVATIONS
Tsinjoarivo	»	»	1550	Départ.
Ambolondrano	2	30	1520	5 cases. Terrain légèrement ondulé, bouquets d'arbres espacés, rizières dans les vallées.
Tanimalaza	1	15	»	15 cases.
Ambatolampy	2	50	1475	20 cases. Terrain généralement dénudé avec de nombreuses émergences rocheuses.
Mananjary	1	30	1370	15 cases. Sur le trajet un ruisseau important coulant vers le N.-O.
Tsiazompaniry	2	40	1400	15 cases. Au S.-O. du village, à peu de distance d'une rivière, s'élève le mont Iharamalaza.
Miantsoarivo	»	55	1420	20 cases.
Sahanaly	3	40	870	10 cases. Terrain tourmenté et descendant rapidement. Forêt épaisse. Le village est au bord d'un ruisseau dans une vallée déboisée.
Sahamampay	5	30	640	8 cases. Mauvais chemin à travers la forêt qui reste épaisse jusque dans le voisinage du Mangoro.
Ambohimanatriky	»	55	585	6 cases. Chemin facile sur la rive droite du fleuve.
Mangoro	»	10	580	Traversée en pirogue, le fleuve est semé d'îlots et de rochers
Andakana	»	5	590	10 cases. Village situé entre la forêt et le Mangoro.
Ambodihara	2	40	»	18 cases. Buissons et bois clairsemés. Nombreux ruisseaux.
Andohasahafary	»	25	»	6 cases.
Anosibe	1	55	555	160 cases. Grand village bâti dans une île escarpée au milieu du Manavo. Rova important et nombreuse garnison hova. Beaucoup de commerce.
Bemangahazo	»	50	600	7 cases. Bois clairs, le sentier suit pendant 500 mètres le lit d'un ruisseau.
Andravoravo	»	10	»	6 cases. Collines boisées.
Ampihakarenimbona	2	10	»	Collines boisées.
Andranomangatsiaka	1	20	»	5 cases. Bois en partie brûlés.
Andranogavola	»	35	520	10 cases. Hautes herbes, buissons et bouquets d'arbres.
Ambonandrano	1	»	680	8 cases. Chemin accidenté et rocheux.
Analatsimay	1	5	620	10 cases.
Isahanivona	»	30	540	10 cases, petit village au bord d'un ruisseau.
Ambahalaniro	»	45	»	8 cases, collines ondulées, limite des ravenala.
Manampontsy	»	30	240	Rivière guéable de 30 mètres de largeur.
Imanakana	1	40	»	12 cases.
Antanambao	2	»	170	Traversée de plusieurs affluents du Manampontsy. 35 cases. Village important renfermant une école.
Ambonanjana	»	50	»	10 cases. Nombreux ravenala, fougères arborescentes, orchidées.
Ambodimanga	1	20	140	14 cases. Quartzites.
Betongolo	1	10	»	8 cases. Hautes herbes, longoza.
Vohibola	1	45	95	15 cases.
Manadiro	1	40	»	12 cases. Ravenala et bambous.
Mangazohazo	»	30	45	18 cases.

VOYAGE A MADAGASCAR.

LOCALITÉS Villages, Rivières, etc.	HEURES	MINUTES	ALTITUDE EN MÈTRES	OBSERVATIONS
Ankonhaona............	2	»	13	Terrain marécageux.
Ambemanarivo..........	»	30	»	14 cases. Sol sablonneux. Orangers, calebassiers.
Beparasy..............	»	30	»	120 cases. Traversée de la lagune en pirogue. Village important et commerçant, plantations de vanille aux environs.
Tandroho..............	2	»	»	60 cases. Grand bois de copaliers.
Ambilabe..............	»	40	»	35 cases. Chemin plat entre les lagunes et la mer.
Abalabe...............	»	50	»	15 cases. Pêcherie dans les lagunes. Elevage du bétail.
Androranga Mahanoro...	1	»	»	Ville commerçante d'environ 6 000 habitants, gouvernement hova, nombreux Européens.
Betsizarainy..........	1	30	»	150 cases. Trajet en pirogues dans un bras sans courant du Mangoro.
Cascades du Mangoro...	1	20	»	Trajet en pirogues sur le Mangoro. Iles basses sablonneuses. Deux grandes îles, Mosindrava et Nosy-Antitera. Largeur, 600 à 800 mètres.
Ambodiramiavy...... R. D.	2	»	»	10 cases. Collines aplaties. Ravenala et bambous.
Ambanavola........ —	1	»	»	Collines plus élevées. 8 cases.
Ambodijaka........ —	»	20	20	15 cases. Village au bord du Sandakarina, affluent du Mangoro. Terrain micaschisteux.
Marohariena....... —	1	20	»	25 cases. Trajet sur la berge du Mangoro (R. D.). Le fleuve est encombré de rochers et d'îles basses couvertes de végétation.
Ambatoramiangity... —	»	45	»	15 cases. Village situé sur une île escarpée au milieu du Mangoro.
Ambonandrano...... —	»	10	»	20 cases. Dans le voisinage du village, petites chutes et rapides.
Ambonampandry.... —	»	30	»	8 cases. Terrain couvert de longoza
Ambodijandrigy.... —	2	»	35	8 cases. Trajet sur la berge du Mangoro.
Andehona.......... —	»	15	»	5 cases. Village situé en face du confluent du Mangoro et d'une large rivière.
Antauambao........ —	»	50	»	15 cases. Traversée d'un petit affluent de droite, le Voanashary.
Analakondro....... —	»	20	»	10 cases.
Ambodimanga...... R. G.	1	30	»	12 cases. Traversée du Mangoro en aval du confluent de l'Onibe.
Sahandileny....... R. D.	»	30	60	10 cases. Nombreux filons de basalte.
Marondrony Ampasimaneva............	1	50	»	12 cases chacun. Beaucoup de raphia.
Sarandrano........ —	1	25	260	Terrain accidenté. 10 cases.
Imarivato......... —	1	5	400	20 cases. Montagnes boisées.
Maromandy......... —	1	10	190	12 cases. Chemin difficile. Argile rouge avec émergences granitiques.
Sakalava.......... —	1	35	180	Chute du Mangoro.
Ambalavero........ —	1	30	220	20 cases. Terrain accidenté et boisé.
Anosiarivo........ R. G.	1	»	240	15 cases. Traversée du Mangoro. En amont du village, belle chute du Mangoro.
Ambonanlokohy .... R. D.	»	50	»	10 cases. Hautes herbes et longoza.
Salaimana......... —	1	23	270	7 cases. Chutes du Mangoro près du confluent de Manambondro (R. G.).
Ambonansandramanana —	»	50	»	10 cases. Longues îles se succédant dans le lit du fleuve.
Tsaravinangy...... —	1	25	290	Coteaux boisés. 20 cases.
Morafeno.......... —	2	25	550	6 cases. Terrain montagneux et boisé.
Antranobaka....... —	2	20	460	15 cases. Montagnes avec bois en partie détruits par le feu.
Ambohimanarivo.... —	1	20	510	Nombreux marécages. 25 cases.
Tsaralampohina ... —	1	50	680	10 cases. Terrain très accidenté.
Tsaravinany....... —	1	5	455	8 cases.
Ambonandrano..... —	2	30	480	5 cases. Hauts rochers venant jusqu'au bord du Mangoro en aval du confluent du Ranomainty (R. D.). En amont, les berges sont peu élevées et le Mangoro coule presque en ligne droite.
Antandromkomby... —	1	40	495	12 cases. Traversée du Sandramora, affluent de droite du Mangoro.
Ambonamambamba.. —	2	5	»	6 cases. Chemin facile sur la rive droite du Mangoro, de ce côté les montagnes s'arrêtent à une assez grande distance du fleuve; celles de la rive gauche viennent jusqu'au bord.
Marontety......... —	1	20	500	7 cases. Traversée du Manambamba.
Ambohimanatriky ... —	4	30	590	8 cases. Chemin difficile au milieu des collines boisées. Depuis Marontety, un seul petit village de trois cases. Chemin plus facile en se rapprochant du Mangoro.
Sahamampay........ —	»	50	640	8 cases. Chemin facile longeant le fleuve.
Andranotsara...... —	1	45	660	20 cases. Terrain plus accidenté.
Manakana.......... —	»	50	670	18 cases. Village situé au bord de l'Isahana.
Antanambao........ —	1	25	750	6 cases. Montagnes boisées. Rochers.
Ambaninazava...... —	»	25	880	15 cases. Forêt.
Beparasy.......... —	»	30	760	70 cases. Mauvais chemin. Village important où réside un gouverneur hova.
Ambohibato........ —	1	40	740	10 cases. Terrain couvert d'herbes et de fougères.
Ambohimahatsinjo... R. G.	2	50	730	5 cases. Chemin assez plat. Traversée du Mangoro.

APPENDICES.

LOCALITÉS — Villages, Rivières, etc.	HEURES	MINUTES	ALTITUDE EN MÈTRES	OBSERVATIONS
Morarano .... —	2	20	740	Coteaux couverts de bois clairs. Le village est sur la rive gauche du Sahanarirano.
Ampango .... —	1	»	830	Hautes herbes et fougères. Traversée de plusieurs petits ruisseaux.
Moramanga .... —	3	20	920	Terrain en pente douce.

Cet itinéraire entièrement suivi par M. G. Foucart comporte 122 heures de marche, soit, à une vitesse moyenne calculée de 4 kilom. 6 à l'heure, une distance parcourue de 561 kilom. 2.

ITINÉRAIRE N° IV.

DE TSINJOARIVO A TANANARIVE PAR ANKAVANDRA ET TSIROANOMANDIDY.

Localités	Heures	Minutes	Altitude	Observations
Tsinjoarivo	Départ	10 mai.	»	Au sortir du village traversée de l'Onibe.
Antseva	2	50	1480	Hameau de 3 cases.
Fierenana	»	15	1480	Hameau de 6 cases.
....	»	40	»	A 300 mètres à droite de la route, village d'Ambohitrambo.
Morarano	1	27	1500	Hameau de 7 cases, plusieurs cultures.
Ambohimandroso	»	13	»	La route qui passe au pied du pic de Laka laisse à droite ce hameau de 8 cases.
Lakana	»	38	1520	Village d'une dizaine de cases, sur les bords du Sahanaly, affluent de droite de l'Onibe.
Ambatomena	4	37	»	Hameau de trois cases, sur les bords d'un ruisseau venant du Sud-Ouest.
Mananzary	»	35	1530	Hameau de 5 cases.
Antsiramondy	»	»	1530	Hameau de 6 cases.
Soandrarina	3	55	1650	Village d'une cinquantaine de cases.
Ambohiponana	7	46	1430	Grand village d'une centaine de cases.
Antsirabe	5	51	1490	Gros village de plus de 100 cases.
Betafo	4	18	1450	Gros village de 150 cases, sources chaudes
Andzazafotsy	1	30	»	Hameau de 10 cases. La route longe la rive droite de l'Andrantsay.
Andrantsay	»	30	1230	Traversée à gué de cette rivière, 25 m. × 0 m. 80 (16 mai), courant rapide.
Ambohibary	1	»	»	Village de 15 cases; à 1 kilomètre à gauche, petit village d'Andjojo.
Tanisarotra	»	11	1180	Traversée à gué de cette petite rivière, à 100 mètres plus loin elle se jette dans l'Andrantsay.
Soavina	1	5	»	Village d'une vingtaine de cases.
Sambaina	1	21	»	La route laisse ce village à droite.
Mahamavo	1	55	1140	Hameau de quelques cases.
Ambohimanambola	»	44	1490	Village fortifié d'une trentaine de cases.
Andrantsay	3	5	1000	Traversée de cette rivière, 17 m. × 1 m. (18 mai).
Akeladrano	»	29	1020	Hameau d'une dizaine de cases.
Inanatonana	2	6	1260	Poste militaire antimerina d'une cinquantaine de cases. Dans l'Ouest du village coule la rivière d'Ipandro, qui va se jeter dans l'Andrantsay.
Ambohitovalana	»	45	1220	La route laisse à gauche ce village.
Antanatana	»	19	1210	Village d'une dizaine de cases.
Fiesinana	2	20	1240	Grand village de 150 cases.
Ingalava	4	»	1020	Traversée à gué de cette rivière, 20 m. × 1 m. 50 (19 mai).
Ambodivato	»	35	1100	Hameau de 6 cases.
Saronenana	1	1	1270	Hameau de 6 cases.
Masoandro	»	24	»	Hameau de 10 cases.
Sahasarotra	»	»	1210	Traversée de cette rivière coulant du S.-E. au N.-O., lit encombré de rochers, 32 m. × 0.60 (19 mai).
Ambidrano	»	24	1380	Hameau de 6 cases.
Antanetobe	»	33	1310	Hameau d'une dizaine de cases, à 500 mètres environ dans le Nord, grand village de Fenoarivo, pays fertile et peuplé.
Ambohitompona	»	22	1310	Grand village d'une centaine de cases. Un autre village, Ambatomainty, est à côté.
Sahaomby	»	39	1210	30 m. × 0.50 (20 mai).
Antanambao	»	20	1250	Village d'une dizaine de cases.
Vohabaza	»	45	1260	Village d'une trentaine de cases.
Kitsamby	2	10	970	Traversée de cette rivière, 80 m. × 0. 60 (21 mai).
Masindra	1	55	1280	Grand village d'une centaine de cases, belle culture, contrée peuplée.

LOCALITÉS — Villages, Rivières, etc.	HEURES	MINUTES	ALTITUDE EN MÈTRES	OBSERVATIONS
....	1	30	»	Le sentier passe à 500 mètres à l'Est du pied du Vinany.
Kasanga..................	»	45	»	Le sentier passe à 500 mètres de ce petit lac.
Mahatsinjo...............	4	»	1300	Village d'une centaine de cases.
Antaboka.................	1	50	1180	Village d'une trentaine de cases.
Lerano...................	»	25	1180	Village fortifié d'une trentaine de cases.
Lily......................	3	52	»	Traversée de cette rivière, 19 m. × 0 m. 50. C'est le déversoir du lac Itasy, pays fertile et peuplé.
Ambohimarina.............	»	20	950	Village d'une dizaine de cases.
Antanety.................	2	17	»	Hameau de 6 cases.
Ambohitsara..............	1	40	»	Village d'une dizaine de cases à 1 kilomètre au sud de la montagne d'Ikiby, montagne terminée par une aiguille de granite de plus de 40 mètres de haut.
Antanio..................	1	55	880	Village d'une dizaine de cases.
Mazo.....................	»	25	830	Traversée de cette rivière, 40 m. × 0 m. 25.
Sakay....................	1	20	820	Traversée de cette rivière, 35 m. × 0 m. 90 (23 mai).
Antamena.................	»	50	850	Hameau de 6 cases, à côté un lac : Farihy Lava, communiquant par le Sud-Est avec la rivière Sakay. Ce lac large de 150 à 200 mètres s'étend loin vers le Nord; vers le Sud il se termine par des marécages, et ses rives disparaissent sous une abondante végétation.
Bangalesa................	»	50	890	Village d'une dizaine de cases.
Anosibe..................	1	54	900	Hameau de 4 cases.
Tongabato................	»	21	950	Hameau de 10 cases.
Mahatsinjo...............	»	22	960	Village de 15 cases.
Tsiasompaniry............	1	40	940	Hameau de 8 cases.
Passandava...............	4	45	820	Traversée de cette rivière à gué, 50 m. × 0 m. 16 (24 mai).
Bevato...................	»	40	»	Gros village de plus de 200 cases près de la haute montagne du même nom.
Avaradrano...............	3	12	900	Hameau de 15 cases.
Ambarovato...............	1	50	760	Village d'une douzaine de cases, culture, contrée peuplée.
Ambalarivo...............	»	35	760	Hameau d'une dizaine de cases.
Tsiroanomandidy..........	»	43	790	Grand village de 200 cases, poste militaire antimerina.
Imarovatana..............	4	25	840	Hameau de 8 cases.

De ce point jusqu'à Ankavandra M. Maistre ne rencontre pas de villages sur sa route, pendant 2 jours il marche dans la brousse, campant le soir au bord d'un ruisseau ou près d'un petit bouquet de bois. Jusqu'à Ankavandra mon compagnon de voyage fournit 22 heures de marche.

Ankavandra...............	»	»	»	Village de 3 ou 400 cases, population en majorité formée par les Sakalava.

D'Ankavandra M. Maistre pousse encore une reconnaissance dans l'Ouest, il traverse le Manambolo, un des plus grands fleuves de Madagascar. Dès ce jour, abandonné de tous ses porteurs, il est obligé de revenir à Tananarive.

DÉPART D'ANKAVANDRA.

LOCALITÉS	HEURES	MINUTES	ALTITUDE EN MÈTRES	OBSERVATIONS
Tsiroanomandidy..........	»	»	»	Arrivée à Tsiroanomandidy après 25 heures 25 minutes de marche, il n'y a pas de villages, la contrée traversée appartient à la zone des brousses.
Avaradrano...............	3	»	»	Village de 20 cases.
Betavo...................	3	»	»	Village d'une centaine de cases.
Passandava...............	»	25	750	35 × 80 (4 juillet).
Ankadimelo...............	2	40	»	La route laisse à droite à 300 mètres ce hameau de 10 cases.
Tsiazopanirana...........	1	55	930	Village d'une vingtaine de cases.
Ampararana...............	»	50	920	Hameau de 12 cases en terre, rentrée dans l'Imerina et de la zone dénudée.
Ambalanira...............	»	30	920	Village d'une cinquantaine de cases en roseau.
Ambohitromby.............	1	55	910	Village d'une vingtaine de cases.
Ambohibohangy............	»	40	990	Village d'une dizaine de cases.
....	»	16	900	Le sentier laisse à droite le village de Fiarangano et à gauche celui de Miarikafeno, tous deux d'une vingtaine de cases environ.
Moratsihazo..............	»	24	»	Hameau d'une dizaine de cases en roseau.
Miandrarivo..............	4	50	1140	Le pays est devenu montagneux, village d'une vingtaine de cases en terre, dans l'Est la contrée redevient très peuplée et cultivée.
Tsaravihazo..............	2	»	1110	Petit hameau d'une dizaine de cases établi sur le sommet d'un mamelon dont le pied est baigné par un affluent de l'Ikopa.

LOCALITÉS Villages, Rivières, etc.	HEURES	MINUTES	ALTITUDE EN MÈTRES	OBSERVATIONS
Bemasoandro...........	»	45	»	Hameau de 8 cases.
Mafana................	1	30	1180	Hameau de 8 cases en terre.
Alatsinaina...........	4	15	1100	Hameau de 6 cases.
Ankadilalana..........	3	10	1150	Hameau de 6 cases.
Ambohimasina..........	4	40	»	Hameau de 5 cases.
Itampolo..............	1	10	»	Village d'une dizaine de cases édifié sur le flanc d'une colline qui domine l'Ikopa; de ce coteau on découvre la vallée de l'Ikopa large et bien cultivée.

En cet endroit, M. Maistre et ses hommes (quatorze) prennent une pirogue et remontent l'Ikopa pendant 5 heures 1/2 avant de rentrer à Tananarive.

Cet itinéraire, entièrement suivi par M. Maistre, comporte 158 heures de marche, soit, à une distance moyenne calculée de 4 kilom. 9 à l'heure, une distance parcourue de 774 kilomètres.

ITINÉRAIRE N° V.

Cet itinéraire devrait comporter la route suivie par M. Maistre, de Tamatave à Ambazaka, le long de la côte orientale de l'île, puis de ce point M. Maistre suivant la rive du Manangoro atteint le lac Alaotra qu'il explore et revient ensuite à Tananarive par la vallée supérieure du Mangoro. Je n'ai pu malheureusement avoir assez à temps de mon ami les renseignements nécessaires pour publier cet itinéraire en détail. Au moment où je lui écrivais, mon compagnon de voyage à Madagascar était dans l'Afrique centrale, quelque part dans les environs du lac Tchad. Ma lettre n'a donc pu lui arriver dans ces contrées lointaines. L'itinéraire de M. Maistre de la côte Est à Tananarive par le lac Alaotra comporte approximativement 470 kilomètres.

ITINÉRAIRE N° VI.

DE TANANARIVE A TAMATAVE (ROUTE DE RADAMA).

....	»	»	1450	Départ de Tananarive (3 août).
Soamanandriana........	»	»	»	Petit village, 20 cases.
....	»	10	»	La route laisse à gauche une fontaine dont l'eau est réservée pour les souverains antimerina.
Alatsinaina...........	»	30	»	La route traverse l'emplacement du marché d'Alatsinaina.
Andranosoa............	»	33	1390	Gros village de 50 cases.
Ambatomena............	»	23	1510	Village d'une cinquantaine de cases.
Mananara..............	»	20	1390	Traversée à gué du Mananara, 10 × 0 m. 70 (4 août).
....	1	35	1570	La route passe au nord-ouest et à 250 mètres environ du sommet du Sompatra.
Fenoarivo.............	2	36	»	Hameau.
Antaranabe............	»	25	»	Traversée à gué de l'Antaranabe, 4 m. × 0 m. 60 (5 août).
Ambodivato............	4	30	1310	Pauvre village de 15 cases à la lisière de la première zone forestière.
....	»	32	»	Nous entrons dans la forêt, route très mauvaise.
....	4	»	1060	Sortie de cette première forêt.
Ambohitravoka.........	»	52	»	Hameau de 6 cases.
Sahara................	»	45	940	Nous traversons à gué du S.-O. au N.-E. 15 m. × 1 m. 10 (7 août).
Manakana..............	»	14	»	Manakana ou Andapa, hameau de 20 cases. La route monte depuis ce dernier village.
Ambilombe.............	1	22	»	Hameau de 6 cases à gauche de la route.
Betsiriry.............	»	40	»	Hameau de 8 cases à 800 mètres dans le N.-O. de la route.
Antsahamantra.........	1	8	930	Petit village d'une douzaine de cases habité par des Bezanozano.
Sapanavy..............	»	55	890	Traversée du Sapanavy, ruisseau coulant de l'Ouest vers l'Est; à droite de la route, un mamelon sur lequel se trouve le hameau Ambohiponana.
Ambodivoara...........	1	12	»	La route passe à droite de ce hameau de 5 cases.
Sapanavy..............	»	13	»	Traversée de cette rivière, sur une poutre 4 m. × 1 m. 80 (7 août).
Ambongabe.............	»	5	930	Hameau de 12 cases.
Andriamanito..........	2	29	»	Traversée de cette rivière sur un tronc d'arbre, 7 m. × 2 m. 50 (8 août).
Amboanjo..............	1	30	950	Village de 20 cases.

LOCALITÉS — Villages, Rivières, etc.	HEURES	MINUTES	ALTITUDE EN MÈTRES	OBSERVATIONS
Marovato	»	19	»	Hameau de 9 cases.
Amberomanga	1	28	»	Village de 10 cases à 500 mètres à gauche de la route; nous sommes ici dans la vallée du Mangoro.
Mangoro	»	35	940	Traversée du Mangoro à gué, 20 m. × 0 m. 60 (8 août).
Ambonga	»	23	»	Petit village d'une dizaine de cases; non loin de là grand amas de sable blanc.
Beraketa	1	40	»	Village de 12 cases.
Andaingo	»	15	»	Village de 25 cases.
Ankasy	»	32	»	Hameau de 8 cases.
Ambohimanjaka	5	10	1010	Village important d'une centaine de cases.
	3	50	»	Arrivée au bord du marais du Didy qui forme les sources du Mangoro et de l'Ivondrona.
Ambohitrinisoa	»	30	»	Nous nous sommes embarqués dans des pirogues et nous arrivons dans ce hameau de 6 cases bâti sur une colline qui surgit du marais.
Tanimena	»	55	1070	Après une deuxième navigation nous arrivons dans un autre îlot.
	»	50	»	Troisième navigation pour gagner la terre ferme à l'Est du marais.
Didy	»	30	»	Réunion de 2 ou 3 hameaux qui, réunis, comprennent une soixantaine de cases. Immédiatement au sortir du village on entre dans la forêt, prolongement de celle d'Analamazaotra.
	3	58	960	Nous arrivons à un endroit choisi pour le campement.
	5	8	870	Arrivée au camp près d'un ruisseau nommé Saratonga. Pas de village.
Tolongainy	2	45	830	Arrivée au lieu dit Tolongainy où nous nous arrêtons pour camper.
Ivondrona	2	35	820	Passage à gué de l'Ivondrona, 150 m. × 0 m. 70 (18 août).
Ambatoarana	1	55	830	Arrivée au lieu dit Ambatoarana. Campons.
Sahavelona	»	55	»	Traversée du ruisseau Sahavelona.
	»	50	»	Arrivée au camp dit Sahavelona.
Mariany	2	10	»	Passons au sommet du mont Mariany.
	»	55	1010	Arrivée au camp.
Asivora	»	55	»	La route passe à gauche d'une cascade.
	»	43	»	Traversée de l'Asivora.
Fito	3	40	410	Village betsimisaraka de 30 cases.
Sahafatra	»	10	»	Traversons le Sahafatra, affluent de droite de l'Ivondrona.
	1	35	»	Arrivée au village de Sahafatra.
Ambinansaviany	1	10	»	La route traverse le hameau de Ambiansaviany.
Ambodibonara	»	2	»	Hameau d'une dizaine de cases.
Ambodigiavo	6	10	»	Arrivée à Ambodigiavo, hameau de 8 cases.
Marovato	»	55	»	Hameau de 6 cases.
Laniranana	»	38	»	Hameau de 4 cases.
Akosibe	3	52	»	Hameau de 6 cases.
Sahatsara	1	10	»	Village de 15 cases.
Ambodinonka	2	33	»	Hameau de 6 cases.
Anjiro	2	27	»	Hameau de 6 cases.
Lomboka	1	7	»	Hameau de 8 cases.
Belomboka	»	12	»	Petit village d'une quinzaine de cases.
Saranasy	»	2	»	Hameau d'une vingtaine de cases; à côté de ce village coule le Saranindo, affluent de droite de l'Ivondrona. Nous prenons à Saranasy des pirogues qui, par voies fluviales, nous amènent à Ivondrona où nous retrouvons la route ordinaire de Tananarive à Tamatave. La durée du trajet est de 7 heures. **Arrivée à Tamatave.**

Cet itinéraire entièrement suivi par le docteur Catat et M. C. Maistre représente 92 heures de marche, soit, à une moyenne calculée de 4 kilomètres à l'heure, une distance parcourue de 368 kilomètres pour aller de Tananarive à Tamatave par la route dite de Radama Ier.

ITINÉRAIRE N° VII.

DE TAMATAVE A LA BAIE D'ANTONGIL.

LOCALITÉS Villages, Rivières, etc.	HEURES	MINUTES	ALTITUDE EN MÈTRES	OBSERVATIONS
Départ de Tamatave.				
Ampanalava	1	»	»	Gros village d'une centaine de cases, puis la route suit le bord d'une lagune formée par l'Ivolohina.
Ivolohina	1	30	»	Traversée de l'embouchure de l'Ivolohina en pirogues.
....	»	35	»	Traversée d'une lagune (pirogues).
Vohidotra	»	10	»	Village de 50 cases.
Angazavo	2	5	»	Traversée à gué de la rivière Angazavo, le sentier est tracé dans une contrée boisée (végétation côtière).
Betafo	»	10	»	Hameau de 6 cases. La route suit toujours la bande de terre, située entre des lagunes à gauche, et la mer à droite.
Ifontsy	1	40	»	Traversée en pirogues de l'embouchure de l'Ifontsy. Immédiatement après, on arrive au petit village du même nom.
Fasendia	»	5	»	Après avoir traversé en pirogues une petite lagune, on arrive au village de Fasendia, 10 cases.
Ankadirano	»	25	»	Village de 12 cases.
Antetezana	1	35	»	Village de 30 cases où on arrive après avoir traversé une petite lagune en pirogues.
Antaratasy	1	15	»	Village de 25 cases où on arrive également après avoir traversé une lagune en pirogues.
Foulepointe	2	15	»	Foulepointe ou Marofototra, village important de plus de 150 cases.
Mahavelona	»	5	»	La route passe près du fort antimerina de Mahavelona.
Marifarihy	1	»	»	La route traverse ce village de 20 cases.
....	»	5	»	Traversée d'une grande lagune.
Manakaribahiny	»	28	»	Village de 12 cases.
Ambatovato	»	37	»	Hameau de 6 cases.
Mahasoa	1	5	»	Traversée d'une lagune après laquelle on arrive au village de Mahavelona.
Ambatomalama	»	55	»	La route traverse ce hameau de 10 cases.
Mahambo	1	10	»	Village important de plus de 200 cases.
Itsiritra	»	20	»	Passage de cette rivière à son embouchure (pirogues).
Iazafy	»	30	»	Passage en pirogues à son embouchure de l'Iazafy.
Fenoarivo	1	55	»	Arrivée à Fenoarivo, village important de plus de 200 cases.
Sahavola	1	»	»	Gros village de 150 cases.
Antendro	»	20	»	Traversée de l'embouchure de l'Antendro.
Tampolo	2	25	»	Village de 10 cases à 100 mètres de la mer.
....	»	15	»	Traversée à son embouchure du Tampolo 100, m. × 3 m.
Manangoro	1	10	»	Traversée en pirogues du Manangoro, le déversoir du lac Alaotra; de l'autre bord à 500 mètres se trouve le village de Ambinany Manangoro, 12 cases.
Manarampotsy	1	15	»	Village de 10 cases.
Ambalakazaha	»	20	»	10 cases.
Manansatrana	1	20	»	Village de 25 cases au sud de la rivière du même nom.
....	»	4	»	Passage du Manansatrana en pirogues.
Fatadrano	»	22	»	La route traverse ce village de 40 cases.
Manankatafana	1	25	»	Traversée de cette rivière en pirogues.
....	»	5	»	Village du même nom, 30 cases.
....	1	20	»	Passage difficile sur des falaises rocheuses.
Ivongo	3	25	»	Gros village de plus de 100 cases.
Marimbony	»	10	»	Traversée du Marimbony (en pirogues).
Rasabe	»	8	»	Hameau de 12 cases.
Tanambao	»	10	»	Village de 10 cases.
Rangazava	»	42	»	Traversée d'une lagune en pirogues et arrivée à Rangazava, hameau de 6 cases.
Antsiraka	3	8	»	Village de 40 cases à l'extrémité de la Pointe-à-Larée.
Fandrarazana	3	7	»	Village de Fandrarazana, 10 cases; au sortir du village, passer la rivière du même nom en pirogues.
Manompa	»	47	»	Traversée en pirogues de la rivière Manompa, puis entrée sur l'autre bord dans le village du même nom, 30 cases. Manompa se trouve à l'ouest du port de Tintingue.

LOCALITÉS Villages, Rivières, etc.	HEURES	MINUTES	ALTITUDE EN MÈTRES	OBSERVATIONS
Anonive..................	2	45	»	Village de 10 cases; au nord de ce village nous traversons en pirogues la rivière du même nom.
Anonive..................	»	3	»	De l'autre côté de la rivière un autre village de 12 cases portant encore le même nom.
Mahafahia...............	2	28	»	Hameau de 6 cases; traversons une lagune, puis arrivons de l'autre côté à Manambato.
Lapilava.................	»	40	»	Hameau de 10 cases.
Vohiambo................	»	27	»	Hameau de 6 cases.
Mandrisy................	1	»	»	Hameau de 4 cases.
Lohatrozana.............	»	40	»	Village de 10 cases.
Antanambe..............	»	58	»	Village de 12 cases à 100 mètres du rivage de la mer, la route est difficile, à chaque instant il faut traverser des lagunes, des embouchures profondes.
Sahasoa.................	5	12	»	Hameau de 8 cases.
Menatany...............	1	13	»	Traversée en pirogues de l'embouchure de la rivière Menatany.
Ivotaka.................	»	43	»	Traversée de la rivière Ivotaka.
Antseranambe..........	2	5	»	Village de 10 cases.
Maromby................	3	3	»	Village de 12 cases.
Mananara..............	»	57	»	Arrivée à Mananara sur les bords de la baie d'Antongil.

Cet itinéraire entièrement suivi par M. C. Maistre et le docteur Catat comporte 66 heures de marche, soit, à une vitesse calculée de 4 kilom. 8 à l'heure, 314 kilomètres de distance parcourue du 2 septembre au 21 du même mois.

ITINÉRAIRE N° VIII.

DE LA BAIE D'ANTONGIL A MAJUNGA.

Départ de Mananara (24 septembre).

Soavinarivo............	1	14	»	De Mananara à Soavinarivo le chemin se fait en pirogues.
Mananara..............	1	3	»	Traversée de la rivière Mananara en pirogues.
Aniribe.................	1	3	»	Traversée à gué de cette rivière, 20 m. × 0 m. 40 (26 septembre).
Sahave.................	1	14	»	Passage à gué du Sahave, affluent du Mananara, 6 m. × 0 m. 35.
Andongo...............	»	5	50	La route traverse ce hameau de 15 cases, puis traverse des fourrés de ravenala.
Ambodiampambe......	2	1	60	Village de 15 cases.
Manahivo..............	2	42	70	Traversée à gué de la petite rivière Manahivo, 12 m.×0.40 (27 septembre).
Antaikely...............	»	3	»	Hameau de 12 cases.
Manakana.............	»	18	»	Village de 20 cases.
Manevarivo............	»	32	»	Passons au nord et à 200 mètres du mont Manevarivo.
Iringa..................	»	48	»	Hameau de 8 cases.
Ambodimanevarivo....	1	44	»	Village de 14 cases.
....	1	25	»	Entrée dans la forêt.
....	2	25	430	Point culminant de la forêt.
Andasibe..............	»	40	»	Village de 20 cases.
Masakasana...........	»	6	»	Traversée à gué du Masakasana.
Malotorano............	»	59	»	Traversée à gué du Malotorano.
Ambavala.............	»	57	»	Village de 12 cases, voyage dans la forêt.
....	7	28	»	Arrivée dans un espace défriché où nous campons.
Marovitsika...........	3	44	690	Traversée à gué de cette petite rivière.
....	1	55	»	Sortie de la forêt.
Saorana...............	1	7	»	Hameau de 8 cases.
Troboko...............	»	10	»	Village de 12 cases.
Andavatsoky..........	2	50	»	Hameau de 10 cases.
Ambodimadiro........	5	»	»	Village d'une vingtaine de cases.
Maroandriana.........	2	48	»	La route passe à 100 mètres à droite du village de Maroandriana.
Mangarahara.........	»	25	340	Traversée à gué du Mangarahara, 35 m. × 0.40 (4 octobre).
Mandritsara..........	»	52	»	Village important de plus de 200 cases.
Mangarahara.........	»	15	»	Traversée à gué du Mangarahara; ensuite le sentier suit la rive gauche de la rivière.
Tsiandrorano.........	»	20	»	Hameau de 10 cases.
Amboaboa............	1	30	»	Traversée de cette rivière à 500 mètres de son embouchure dans le Mangarahara.
Marangebato........	2	45	290	Village de 20 cases.
Ambodivongo........	1	33	»	Hameau de 12 cases.

APPENDICES. 421

LOCALITÉS — Villages, Rivières, etc.	HEURES	MINUTES	ALTITUDE EN MÈTRES	OBSERVATIONS
Androkabe	1	2	»	Hameau de 12 cases.
Ambatomilatra	1	»	280	Hameau de 8 cases.
Antsomiky	2	35	»	Village sakalava d'une douzaine de cases.
Ambondrona	»	35	»	Hameau de 10 cases.
Anahidrano	3	10	»	Village de 15 cases.
Andengalenga	2	18	»	Le sentier passe près des monts Andengalenga.
Mahetsenfaly	2	2	»	Village de 18 cases.
Ambodivongo	»	58	»	Village de 12 cases.
Bevala	2	40	»	Village de 50 cases. Route dans la brousse, dans les lataniers de l'Ouest.
Sophia	3	»	»	Le sentier côtoie la rive gauche du Sophia.
Beroitra	2	10	150	Village de 12 cases.
Ankazomena	4	18	»	Hameau de 8 cases.
Ambarijevo	»	50	»	Hameau de 6 cases.
Ambararatabe	1	35	»	Hameau de 6 cases.
Bezony	2	15	»	Hameau de 8 cases.
Marovato	1	8	»	Id.
Angado	2	20	»	Village de 15 cases.
Anjobiny	1	»	50	Passage à gué de cette rivière, 70 m. × 0.40 (14 octobre), affluent du Sophia.
Belalitra	1	23	»	Village de 30 cases environ.
Ambahibe	3	45	»	Hameau de 12 cases.
Bemarivo	3	17	30	Traverser à gué le Bemarivo, 60 × 0.40 (17 octobre).
Betsisiky	»	57	»	Village de 20 cases.
....	2	33	»	Dans les bongalava.
Beleingo	7	40	»	Arrivée au campement au lieu dit Beleingo (pas de village).
Ankoby	3	30	»	Hameau de 6 cases.
Antatamo	2	15	»	Hameau de 10 cases.
Andoanboary	1	35	»	Village de 20 cases.
Mahajamba	1	10	50	Traversée en pirogues du Mahajamba, 80 × 1 m. 30 (20 octobre).
	1	»	»	Campement sur les bords du fleuve.
Tsaramaso	»	47	»	Hameau de 15 cases.
Madirombohana	»	55	»	Hameau de 10 cases.
Ambohimena	2	45	»	Hameau de 8 cases.
Marokira	1	32	»	Village de 14 cases.
Magnerenza	6	10	»	Village de 20 cases.
Bemakamba	3	45	»	Hameau de 5 cases.
Tananatafy	1	33	»	Hameau de 8 cases.
Majunga	6	»	»	Arrivée à Majunga (24 octobre).

Cet itinéraire entièrement suivi par le docteur Catat comporte 140 heures de marche, soit, à une vitesse calculée de 5 kilomètres à l'heure, 700 kilomètres de distance parcourue du 23 septembre au 24 octobre.

ITINÉRAIRE N° IX.

DE MAJUNGA A TANANARIVE.

Départ de Majunga (30 octobre).

....	»	30	»	Traversée à gué des terrains submergés à marée haute, couverts de palétuviers.
				Village d'une douzaine de cases.
Amparehingidro	1	45	»	Camp retranché au sommet d'une colline, établi là par les Antimerina lors de la dernière guerre.
Ambohitromby	3	50	200	
Ambatokely	1	50	60	Petit village de 15 cases.
Maevarano	1	45	»	Village d'une trentaine de cases non loin des bords du Betsiboka.
Miadana	3	25	»	Village d'une soixantaine de cases.
Andranolava	1	20	»	Passage en pirogues de cette rivière, 12 m. × 2 m. 50 (1er novembre); le sentier se déroule dans la brousse, marche facile, terrain argileux, sec et dur, traversons beaucoup de ruisseaux desséchés.
Marovoay	2	45	»	Ville importante de plus de 3 000 habitants.
Tsimahajao	»	33	»	Traversée de ce ruisseau sur un tronc d'arbre.

LOCALITÉS Villages, Rivières, etc.	HEURES	MINUTES	ALTITUDE EN MÈTRES	OBSERVATIONS
Marovoay [1]...............	»	35	»	Traversée en pirogues de cette rivière, 80 × 4 (2 novembre). De l'autre côté du bac, arrivons à un village de 23 cases : Ambohibary. Nous cheminons ensuite dans les rizières.
....	2	30	»	Dans une contrée boisée.
Androntsy...............	»	10	30	Village sakalava d'une quinzaine de cases.
Befotaka...............	5	10	50	Village de 15 cases ; d'Androntsy à Befotaka, la route traverse une grande plaine, hautes herbes et lataniers, route facile, mais étape pénible par suite du manque d'eau.
Trabonjy...............	1	10	»	Village sakalava de 40 cases. Non loin de là, Mahatombo, fort antimerina.
Ambato...............	»	35	»	Village de 20 cases sur les bords d'un affluent du Betsiboka.
Ikamoro...............	»	12	»	Traversée en pirogues de l'Ikamoro, 70 × 2 (4 novembre).
....	»	42	»	Le sentier suit les bords du Betsiboka.
Antifantry...............	1	50	»	Hameau de 6 cases.
....	2	25	»	Le sentier longe le Betsiboka sur un terrain sablonneux.
Bepako...............	4	30	»	Hameau de 6 cases.
Amparihibe...............	2	28	70	Traversée en pirogues d'un bras du Betsiboka, 50 m. × 2 m. 50 (5 novembre) ; abordons dans l'île où se trouve au sommet d'une colline le village de Amparihibe.
....	»	9	»	Traversée du deuxième bras du Betsiboka, 220 m. × 0.40 (6 nov.).
Anandronzia...............	3	40	»	Traversé à gué l'Anandronzia, 20 m. × 0.30 (6 novembre).
Maevatanana...............	»	40	»	Village d'une centaine de cases, région désolée et stérile, très montagneuse, chaleur très forte. Pays très malsain.
Tsarasoatra...............	5	30	290	Village de 35 cases.
Nosy-Fito...............	»	20	»	Le long de l'Ikopa, qui en cet endroit a son cours obstrué par des îlots nommés Nosy-Fito.
Andranokely...............	1	55	»	Traversé à gué cette petite rivière.
Mandendamba...............	»	44	»	Traversé à gué cette rivière, affluent de l'Ikopa, 30 m. × 0 m. 40 (8 novembre).
Mandendamba...............	»	5	»	Village d'une quinzaine de cases.
Ampasiria...............	2	20	»	Traversé à gué cette rivière, 20 × 0.15, puis on arrive immédiatement après au village du même nom (30 cases).
Morokolohy...............	2	40	»	Village de 20 cases, au sortir duquel on traverse à gué la rivière du même nom, pays très montagneux.
Malatsy...............	4	10	»	Village fortifié antimerina d'une soixantaine de cases.
Kamolandy...............	»	10	600	Traversé à gué de cette rivière, 30 m. × 0.40 (10 novembre).
....	»	15	»	Traversons un petit ruisseau affluent du Kamolandy.
Andriba...............	»	17	»	A 800 mètres au nord du mont Andriba.
Antsahamena...............	»	53	700	Hameau de 8 cases.
Alakasimy...............	»	47	»	Village de 10 cases.
Marcharona...............	»	43	»	Village d'une vingtaine de cases.
Mamokomita...............	»	25	»	Le sentier remonte la rive droite du Mamokomita.
....	1	5	»	Traversé à gué cette rivière, 38 × 0.30 (10 novembre).
Ampotaka...............	1	30	»	Village antimerina de 50 cases.
Ambohinora...............	8	45	»	Village abandonné.
Firingalava...............	»	5	»	Traversée à gué du ruisseau le Firingalava. Ruines d'ancien village.
Manankazo...............	1	22	1040	Passage d'un col, descendons ensuite dans la vallée du Manankazo.
Kangara...............	»	10	»	La route laisse à droite et à 200 mètres un hameau de 15 cases : Kangara.
Manankazo...............	1	18	»	Passage à gué de cette rivière, 20 × 0.30 (11 novembre).
Kinajy...............	1	34	1050	Gros village fortifié de 80 cases.
Maridaza...............	3	15	»	Village d'une vingtaine de cases.
Talata...............	3	45	»	La route traverse l'emplacement du marché de Talata, à 500 mètres à droite le mont Ambodinangavo.
Ambatoarana...............	»	51	1200	Village de 25 cases.
Ankazobe...............	2	34	»	Village d'une vingtaine de cases, sommes rentrés dans la province de l'Imerina.
....	11	»	»	Arrivée à Tananarive.

Cet itinéraire entièrement suivi par le docteur Catat comporte 102 heures de marche, soit, à une vitesse moyenne calculée de 4 kilom. 7 à l'heure, une distance parcourue de 479 kilom. 4, du 30 octobre au 14 novembre.

1. Le Marovay, l'Andranolava et en général tous les cours d'eau et les marigots de cette partie de la côte ont une profondeur très variable et un volume d'eau proportionnel à la hauteur de la marée.

APPENDICES.

ITINÉRAIRE N° X.

DE TANANARIVE A FIANARANTSOA.

Départ de Tananarive le 22 mars.

LOCALITÉS — Villages, rivières, etc.	HEURES	MINUTES	ALTITUDE EN MÈTRES	OBSERVATIONS
Ikopa	»	30	1330	Traversée de l'Ikopa, 70 × 2 (22 mars).
Antanjombato	»	4	»	Village de 200 cases, au sortir de ce village on passe l'Ikopa sur des troncs d'arbres, 40 m. × 1 m. 50 (22 mars).
Sabotsy	»	23	»	La route traverse l'emplacement du marché de Sabotsy.
Amboanzobe	»	50	»	La route laisse ce village à 200 mètres à gauche.
	»	55	»	Rizières inondées, passage difficile.
Fisaoha	»	15	»	Traversée en pirogues de cette rivière, 45 × 2 (22 mars).
Andromba	1	25	»	La route longe le versant est de la vallée de l'Andromba, en face sur l'autre versant le mont Ianarandriana.
	»	30	»	Traversée en pirogues de l'Andromba, fort courant. En amont du passage, belle cascade; 25 m. × 2 (22 mars).
Amboasary	»	8	1440	Village de 25 cases.
Behenzy	1	12	»	Village de 40 cases.
Andriambilana	2	6	»	Traversé à gué cette rivière, 10 m. × 1 m. 60 (23 mars).
Ambatolampy	1	50	»	Village de 20 cases.
Iazolava	1	15	»	Village de 15 cases, au sortir de ce village on traverse en pirogues une rivière du même nom, 10 m. × 2 (24 mars).
Kelilalina	1	30	»	Traversée en pirogues de cette rivière, 10 × 2 (24 mars).
Ankazomenahavahata	»	30	1630	Traversée à gué de cette rivière, 10 m. × 1 m. 60 (24 mars), courant violent.
Maromoka	1	33	»	Hameau de 15 cases.
Ankisatra	»	58	1630	Traversée en pirogues de cette rivière, 10 m. × 2 (24 mars).
Ankisatra	»	45	»	Village de 20 cases.
Begoika	»	42	»	Village de 25 cases.
Onibe	»	28	»	Passage en pirogues de l'Onibe, 50 × 2 m. 50 (25 mars), fort courant; à 300 mètres du gué, 10 cases : Antancty.
Tanifotsy	»	31	»	Passage en pirogues de cette rivière, 25 m. × 2 (25 mars).
Antanifotsy	»	12	»	Village de 15 cases.
Ambatomainty	2	40	»	Hameau de 12 cases. Région des hauts plateaux.
Betampona	1	5	»	Hameau de 10 cases.
Ambodiriana	»	52	»	Traversé l'Ambodiriana sur un tronc d'arbre, 5 m. × 2 (25 mars).
Ambatomena	»	18	»	La route laisse à 200 mètres à droite un hameau de 12 cases.
Soanarandrarina	1	5	»	Village de 50 cases.
Talikiatsaka	»	55	»	Hameau de 12 cases.
Sahanivotry	»	50	1690	Hameau de 5 cases. Très belle route sur ces hauts plateaux. Région mamelonnée, presque pas de culture, beaucoup de ruisseaux et de rivières.
Ambodifiakarana	2	10	1450	Après une descente rapide, arrivée au village de Ambodifiakarana, 50 cases.
Alakamisiavaratra	»	42	»	Hameau de 12 cases.
Alakamisiatsimo	»	50	»	Id. A deux kilomètres à l'est, le mont Kiroka.
Ambohimatiaty	1	12	1320	Traversé à gué cette rivière, 25 m. × 0. 50 (27 mars).
Mania	1	14	»	Passage du Mania sur un pont, courant rapide.
Amoromania	»	8	»	Village de 20 cases.
Sandranda	»	40	»	Traversé sur un tronc d'arbre cette rivière, 14 m. × 1 m. 50 (26 mars).
Alarobia-Sandranda	»	8	»	Village de 25 cases.
Iary	2	5	»	La route passe à 200 mètres à gauche de ce village de 20 cases.
Ambositra	2	5	»	Village important de plus de 200 cases.
Ivato	1	2	»	Traversé cette rivière sur un pont (madrier), 10 m. × 2 (27 mars).
	»	2	»	Traversé quelques bouquets d'arbres.
Zoma	2	25	»	Village important d'une cinquantaine de cases.
Sabotsy	2	50	»	Sabotsy-Kely et Ikiangara sont des hameaux d'une douzaine de cases.
Fanindro	5	»	1130	Passage à gué de cette rivière, 20 × 1 m. 10 (28 mars).
Ambohinamboirina	1	»	»	Village d'une cinquantaine de cases.
Ankona	1	15	1110	Passage à gué de cette rivière, courant violent, 20 m. × 0.50 (29 mars).

LOCALITÉS Villages, Rivières, etc.	HEURES	MINUTES	ALTITUDE EN MÈTRES	OBSERVATIONS
Talata Inkiala	1	20	»	Village de 15 cases.
Alarobia	3	47	»	Village de 60 cases.
Matsiatra	»	22	1110	Passage en pirogues de cette rivière, 80 × 2 m. 50 (30 mars).
Ibita	2	2	»	Passage à gué de cette rivière, 15 × 0.20 (30 mars).
Manalafaka	1	45	»	Passage à gué de cette rivière, 15 × 0.20 (30 mars).
	1	16	1230	Arrivée à Fianarantsoa (30 mars).

Cet itinéraire entièrement suivi par le docteur Catat et M. C. Maistre comporte 61 heures de marche, soit, à une vitesse moyenne calculée de 5 kilomètres à l'heure, une distance parcourue de 305 kilomètres, du 22 mars au 30 du même mois.

ITINÉRAIRE N° XI.

DE FIANARANTSOA A FORT-DAUPHIN.

Départ de Fianarantsoa (24 mai).

LOCALITÉS	HEURES	MINUTES	ALTITUDE EN MÈTRES	OBSERVATIONS
Ambalafeta	3	55	»	Petit village d'une vingtaine de cases.
Ambohimandroso	6	»	»	Village important de plus de 100 cases.
Manambolo	2	19	»	Village de 15 cases.
Manambolo	»	14	»	Traversé à gué cette rivière, 10 m. × 0. 35 (27 mai).
Andranovoronloha	3	47	»	Hameau betsileo d'une dizaine de cases.
	»	5	»	La route laisse au nord à 1 kilomètre le village de Tongay.
Vintalala	2	20	1110	Passé près du mont Vintalala à 500 mètres du sommet.
Vohibola	»	20	»	La route traverse ce hameau de 10 cases.
Tsimandoa	»	7	830	Passage à gué de cette rivière, 25 × 0.30 (29 mai).
Ankaramena	»	8	»	Village betsileo de 60 cases.
Mafaitra	2	»	»	Village betsileo de 50 cases.
Sabanona	1	10	790	Traversé à gué cette rivière, 25 × 0.30 (1er juin).
Ankazomsidika	4	20	»	Ruisseau près duquel on campe.
Zazafotsy	1	33	»	Hameau bara d'une dizaine de cases.
Ivandrika	3	32	»	Hameau de 12 cases.
Ambararata	1	53	»	Village bara de 12 cases.
Ihosy	3	37	»	Fort antimerina d'une centaine de cases.
Ihosy	»	30	»	Traversée à gué de cette rivière, 18 × 0.70 (8 juin).
Antsambibo	»	25	»	Village bara de 15 cases.
Ivoka	»	30	»	Id.
Antanambao	»	45	»	Village de 15 cases.
Horombe	2	»	»	Entrée dans l'Horombe.
Ambalavato	2	31	»	Campement au lieu dit Ambalavato.
	6	45	»	Campement au bord d'un ruisseau.
Ambohitrakolahy	6	15	930	Campement dans un petit bois près du mont Ambohitrakolahy.
Betroky	4	20	»	Village d'une quarantaine de cases.
Volotaraby	1	15	»	Traversé cette rivière à gué, 10 m. × 0.30 (15 juin).
Analasoa	»	15	»	Village bara d'une quinzaine de cases.
Ambalatany	3	5	»	Id.
Analafisaka	1	10	»	Id.
Ivahona	»	30	»	Village de 60 cases.
Betanimena	1	15	»	La route laisse à droite le village bara de Betanimena.
Sakoarohy	»	10	»	La route passe à 200 mètres à gauche de ce village de 60 cases, et traversée de la rivière du même nom, 15 × 0.40 (16 juin).
Iaborano	4	23	»	Village de 50 cases.
Irina	»	20	»	Passage à gué de cette rivière, 8 × 0.55.
Imiarina	»	50	»	Village bara de 20 cases.
Andriandapy	1	10	»	Id.
Andramena	»	40	»	Id.
Tanimalaza	»	15	»	Village bara de 40 cases.
Mangoky	3	20	880	Traversé à gué le Mangoky ou Onilahy, 3 m. × 0.50 (8 juin).
Tamotamo	6	10	»	Village de 80 cases.
Tsivory	3	10	»	Village de 70 cases.

APPENDICES.

LOCALITÉS — Villages, Rivières, etc.	HEURES	MINUTES	ALTITUDE EN MÈTRES	OBSERVATIONS
				RETOUR A TAMOTAMO.
Ambalamarina............	»	17	»	L'itinéraire laisse ce village à 200 mètres à gauche.
Andrianaboatsa..........	»	45	»	Village de 20 cases.
Ianakaomby.............	1	5	310	Traversé à gué cette rivière, 6 × 0.15.
Tamotamo...............	»	30	»	Traversé à gué cette rivière, 10 × 0.50 (26 juin).
Tsiesetra...............	»	31	»	Village de 60 cases.
Vorokasy...............	2	17	»	Traversé à gué de cette rivière, 15 × 0.50.
Sahanona...............	1	»	290	Traversé à gué cette rivière, 6 × 0.60 (27 juin).
....	»	10	»	Campement.
Mandrare...............	1	20	»	Traversé à gué cette rivière, 50 × 0.70.
Iaramamy...............	5	40	»	Village de 50 cases.
....	»	15	»	L'itinéraire laisse à droite à 300 mètres un village de 30 cases : Antsofa.
Imitray................	2	55	»	Village de 20 cases.
Simieba................	»	15	»	L'itinéraire laisse à gauche à 1 kilomètre le village de Simieba (50 cases).
Esela..................	»	25	»	A gauche encore le village d'Esela.
Ambatomasina...........	»	15	»	Village de 25 cases.
Imanevy................	5	10	»	Village de 50 cases.
Mandrare...............	»	9	680	Traversée à gué du Mandrare, 10 × 0.30 (1er juillet).
Andevoroka.............	2	1	»	Traversé un ruisseau, l'Andevoroka.
Imandroaka.............	3	30	»	Traversé à gué cette rivière, 8 × 0.70 (1er juillet); nous sommes dans la forêt depuis deux heures, nous arriverons demain dans la vallée d'Ambolo.
....	2	40	»	Sorti de la forêt.
Izama..................	1	50	»	Village de 50 cases.
Tarafasy...............	2	15	»	Village de 35 cases.
Manampany..............	»	50	»	Traversée à gué de cette rivière, 30 × 1 m. 10.
Rivoa..................	»	22	»	L'itinéraire laisse ce village à 500 mètres à gauche.
Andreneinga............	2	53	»	Depuis ce village, entrons dans la végétation côtière.
Andramanakana..........	5	»	»	Village antanosy de 25 cases.
Tsiarony...............	3	15	»	Village de 20 cases.
Belavena...............	»	37	»	Village de 60 cases.
Ambarano...............	4	10	»	Village de 30 cases.
....	3	40	»	Arrivée à Fort-Dauphin (3 juillet).

Cet itinéraire entièrement suivi par le docteur Catat et M. Maistre comporte 148 heures de marche, soit, à une vitesse moyenne calculée de 4 kilom. 7, une distance parcourue de 695 kilom. 6. du 24 mai au 5 juillet.

ITINÉRAIRE N° XII.

DE FORT-DAUPHIN A VAINGAINDRANO.

Evatra.................	2	15	»	Traversée en pirogues de l'embouchure de la rivière d'Evatra, 20 mètres de large.
Lokaro.................	»	52	»	Traversée en pirogues de la rivière Lokaro (22 mètres de large).
Itapera................	»	55	»	Village antanosy de 30 cases.
Iandranana.............	2	17	»	Village de 15 cases.
Sainte-Luce............	»	2	»	Traversée en pirogues de la rivière de Sainte-Luce.
Manafiafa..............	»	20	»	Village de 60 cases.
Manakana...............	1	13	»	Traversée en pirogues de cette rivière.
Itangotra..............	1	30	»	Traversée en pirogues de cette rivière.
Ambaniazo..............	»	10	»	Village antanosy de 150 cases; au sortir de ce village, on traverse une rivière du même nom.
Manambato..............	4	»	»	Village de 12 cases, puis au sortir du village on traverse une rivière du même nom, 60 mètres de large.
Efotaka................	3	28	»	Village de 50 cases.
Izama..................	2	»	»	Traversée de cette rivière en pirogues, à son embouchure de 15 mètres de large.
Marohao................	2	5	»	Grand village de 250 cases.
Sarota.................	»	50	»	Traversée en pirogues de cette rivière, 10 m. × 2 (4 août).
Manantena..............	»	5	»	Gros village de plus de 200 cases.
Maromanga..............	»	16	»	Village de plus de 150 cases.
Manantena..............	»	4	»	Traversée du Manantena ou Manampany, 350 mètres de large.
Iavibola...............	3	10	»	Traversée en pirogues de cette rivière, 200 mètres de large.
Imatio.................	»	2	»	Village de 300 cases.

LOCALITÉS — Villages, Rivières, etc.	HEURES	MINUTES	ALTITUDE EN MÈTRES	OBSERVATIONS
Andingintana............	2	20	»	Traversée à gué de cette rivière, 12 × 0.60.
Sandravinany............	1	31	»	Passage en pirogues de cette rivière (largeur, 45 mètres) et arrivée dans un îlot où se trouve le village du même nom (250 cases). Au sortir du village, on passe de nouveau un bras du Sandravinany.
Ambalafandrana..........	2	20	»	Village antanosy de 40 cases.
Anakondro...............	»	45	»	L'itinéraire laisse ce village à 1 kilomètre à gauche.
Anakondro...............	»	15	»	Passons à gué l'embouchure de l'Anakondro, 20×1 m. 50 (8 août).
Mahabo..................	2	5	»	Gros village de 500 cases.
Manambondro.............	1	»	»	Traversée de la rivière de Manambondro, deux bras (150 mètres de large chacun), ils laissent entre eux un îlot où est bâti le village du même nom (200 cases).
Betroka.................	1	40	»	Village de 150 cases.
Ivato...................	1	15	»	Village de 50 cases.
Masianaka...............	2	50	»	Traversée en pirogues de cette rivière (350 mètres de large).
Ambatomena..............	»	30	»	L'itinéraire laisse ce village de 50 cases à 250 mètres à gauche.
Nositromby..............	»	30	»	Village de 60 cases.
Saronona................	3	5	»	L'itinéraire laisse ce village de 20 cases à 300 mètres à gauche.
Antarapasy..............	1	25	»	Village de 40 cases.
....	1	38	»	Arrivée à Vaingaindrano (11 août).

Cet itinéraire entièrement suivi par le docteur Catat et M. C. Maistre comporte 48 heures de marche, soit, à une vitesse moyenne calculée de 4 kilom. 6 à l'heure, une distance parcourue de 220 kilom. 8, du 30 juillet au 13 août.

ITINÉRAIRE N° XIII.

DE VAINGAINDRANO A FIANARANTSOA.

Départ de Vaingaindrano (13 août).

LOCALITÉS	HEURES	MINUTES	ALTITUDE EN MÈTRES	OBSERVATIONS
Ifonolaza...............	1	20	»	Village de 80 cases. Contrée très peuplée.
....	»	30	»	Longeons la rive gauche du Mananara.
Tsiefana................	2	25	»	Village antaisaka de 50 cases.
Nosi-Ambo...............	»	40	10	Hameau antaisaka de 12 cases.
Andohanosiambo..........	»	30	20	Passage à gué de cette rivière, 25 m. × 0.50 (14 août).
Ambalaomby..............	»	35	70	L'itinéraire laisse ce village de 50 cases à 100 mètres à droite.
Ambandrika..............	1	53	»	Village de 25 cases.
Mangidy.................	1	13	140	Village de 60 cases.
Imahity.................	1	10	70	Village de 25 cases.
Tangirika...............	»	25	»	Village de 20 cases.
Anondandava.............	1	25	»	Village de 20 cases.
Ivohitratrano...........	»	15	»	Village de 50 cases.
Akarambelo..............	»	19	»	Village de 30 cases.
Tananareny..............	»	30	»	Id.
Iozendava...............	»	18	60	Village de 15 cases.
Ianakony................	1	10	40	Traversée à gué de cette rivière, 10 × 0.40 (15 août).
Mahafasy................	»	10	»	Village antaisaka de 100 cases.
Mananara................	2	50	40	Traversée à gué de ce fleuve, 45 mètres de large (16 août). Nous traversons la forêt en longeant le cours du Mananara.
Mandrotra...............	»	25	150	Village bara de 20 cases.
Analapatry..............	1	38	»	L'itinéraire laisse ce village de 15 cases, à 50 mètres à gauche.
Mahalava................	1	15	110	Village de 50 cases.
Ivohibola...............	3	55	560	Village de 50 cases. Nous sommes sortis de la forêt.
Ikioma..................	1	5	»	Village de 60 cases. A droite à 500 mètres : Iaborano, 30 cases.
Imanity.................	»	10	»	Village de 50 cases.
Morafeno................	»	8	»	Village Antevondro de 60 cases
Sahapindra..............	2	40	530	Traversé cette rivière sur un tronc d'arbre, 10 × 1 m. 7 (18 août).
Iabofotaka..............	»	35	570	Village bara de 40 cases. Entrons dans la zone dénudée.
Vondrokely..............	4	10	»	Village bara de 50 cases.
Sakoatoka...............	1	5	700	L'itinéraire laisse ce village à 100 mètres à droite.
Antaramena..............	3	15	710	Village bara de 80 cases.
Ankazobe................	1	15	580	Village bara de 150 cases.
Mahasoa.................	»	45	»	Petit village, pays très peuplé.
Vohimarina..............	2	50	670	Village bara de 60 cases.
Amparilava..............	6	20	»	Village de 15 cases.
Menarahaka..............	»	50	700	Traversé à gué cette rivière, 12 m. × 0 m. 30 (22 août).

LOCALITÉS — Villages, Rivières, etc.	HEURES	MINUTES	ALTITUDE EN MÈTRES	OBSERVATIONS
Antananarivokely	6	5	»	Village betsileo de 10 cases.
Sahanambo	2	35	890	Passage à gué de cette rivière, 15 m. × 0 m. 4 (23 août); puis on arrive à un village du même nom, 15 cases.
Ambatomainty	2	10	880	Village betsileo de 50 cases.
Manambolo	4	5	1250	Traversé à gué cette rivière, 12 m. × 0 m. 3 (25 août).
....	2	40	»	Arrivés à Ambohimandroso.
....	9	55	»	Retour à Fianarantsoa par Ambalafeta (27 août).

Cet itinéraire entièrement suivi par le docteur Catat et M. C. Maistre comporte 77 heures de marche, soit, à une vitesse moyenne calculée de 5 kilomètres à l'heure, une distance parcourue de 385 kilomètres, du 13 août au 27 août.

RÉCAPITULATION.

Si l'on vient à grouper les itinéraires suivis par MM. le docteur Catat, Maistre et Foucart on obtient le résultat suivant :

	D' CATAT	MAISTRE	FOUCART
Itinéraire n° I. — De Tamatave à Tananarive, par la route ordinaire	392	392	392
— II. — Dans l'Imerina, de Tananarive à Tsinjoarivo	194	194	194
— — De Tsinjoarivo à Tananarive	842	»	»
— III. — De Tsinjoarivo à Tananarive, par Mahanoro	»	»	561
— IV. — De Tsinjoarivo à Tananarive, par Ankavandra	»	774	»
— V. — De Tamatave à Tananarive, par le lac Alaotra	»	470	»
— VI. — De Tananarive à Tamatave (route de Radama)	368	368	»
— VII. — De Tamatave à la baie d'Antongil	314	314	»
— VIII. — De la baie d'Antongil à Majunga	700	»	»
— IX. — De Majunga à Tananarive	479	»	»
— X. — De Tananarive à Fianarantsoa	305	305	»
— XI. — De Fianarantsoa à Fort-Dauphin	695	695	»
— XII. — De Fort-Dauphin à Vangaindrano	220	220	»
— XIII. — De Vangaindrano à Fianarantsoa	385	385	»
— — Retour de Fianarantsoa à Tananarive	305	305	»
— — Retour de Tananarive à Tamatave	392	392	392
	5591	4814	1539

Enfin j'ajouterai à ces itinéraires faits par nous un itinéraire obtenu par renseignements des indigènes, que j'ai pu vérifier par le récit de nombreux Betsileo, itinéraire d'ailleurs d'une route fréquentée à Madagascar, puisqu'elle met en communication Fianarantsoa, la seconde capitale de l'île, avec Masindrano, point de la côte Est, malheureusement encore plus inhospitalier pour le marin que Tamatave.

ITINÉRAIRE N° XIV.

DE FIANARANTSOA A MASINDRANO.

Fianarantsoa	»	»	1320	Départ.
Alakamisy	5	40	»	Collines et plaines couvertes d'herbes, traversée du Matsiatra en pirogues; pendant la saison sèche, cette rivière peut être traversée à gué.
Ivatolalana	4	20	»	Quelques bouquets d'arbres.
Ranomafana	4	40	»	Plaines couvertes d'herbes, on traverse près de ses sources la rivière d'Inamorona; la route traverse la grande forêt; à Ranomafana, sources chaudes; à partir de Ranomafana on entre dans le pays des Tanala.
Ambalafasana	8	20	»	La route descend la vallée boisée de l'Inamorona.
Ambasimpotsy	6	20	»	Vallées boisées, traversée de nombreux ruisseaux, route difficile.
Imaroavy	3	»	»	Id.
Ivatovavy	6	»	»	Vallées boisées, descente rapide; plus loin on sort de la forêt et on entre chez les Betsimisaraka.
Antanambao	4	40	»	Plaines couvertes d'herbes.
Mananjara	»	»	»	Traversée en pirogue.
Itsiatosika	4	»	»	Plaines couvertes d'herbes avec bouquets de bois.
Masindrano	3	20	»	En pirogues sur le Mananjara.

APPENDICE II

Au moment où paraîtra ce livre, les collections d'objets d'histoire naturelle, que, avec le concours de MM. Maistre et Foucart, j'ai pu rapporter de Madagascar ne sont pas déterminées toutes au point de vue scientifique. Cependant je crois utile de donner, parmi les échantillons déterminés, ceux qui peuvent avoir une certaine valeur documentaire et servir ainsi à l'histoire naturelle et géographique de la grande île africaine.

GÉOLOGIE ET MINÉRALOGIE

Quartz résinite avec limonite	Environs de Fianarantsoa.
Quartz	Pied du Vontovorona.
Calcaire avec empreinte de bivalve	Route de Majunga à Mandritsara (24 octobre).
Prisme de quartz pyramidé	Fianarantsoa.
Quartz en cristaux sur calcédoine	Route de Mandritsara à Majunga (19 octobre).
Quartz avec tourmaline noire	Route d'Ankavandra, chaîne des Bonga-lava.
Quartz hyalin	Forêt de Mandritsara (28 septembre).
Quartzite	Tananarive. — Route d'Ambohipo.
Pyroxène augite gros cristal	Ambositra (Betsileo).
Quartz grisâtre	Mahamanina (Imerina).
Quartz de filon	Kitsamby (Imerina).
Quartz de filon	Ankisatra (Imerina).
Silex altéré	Ambositra (Betsileo).
Quartzite	Mont Ibity (Imerina).
Calcédoine	Route de Mandritsara à Majunga (18 octobre).
Feldspath orthose rose	Sommet du mont Iankina (Imerina).
Feldspath altéré	Tananarive.
Jaspe jaune avec veines de quartz	Imarivo (vallée du Mangoro).
Quartzite	Tananarive. Route d'Ambohipo.
Gneiss (gros éléments)	Tananarive.
Gneiss (petits éléments)	Manjaka (Imerina).
Gneiss avec cristaux de disthène	Ivongo (Betsimisaraka).
Gneiss (en voie de décomposition)	Tananarive, route de Soamanandrarina.
Gneiss	Tananarive, route d'Ambohipo.
Pegmatite	Environs d'Ankavandra.
Diorite avec mica noir à gros éléments	Manjaka (Imerina).
Diorite à grains fins	Tananarive.
Pegmatite	Ampanaovampirika (Betsileo).
Gneiss	Betafo (Imerina).
Gneiss décomposé	Soamanandrarina (Imerina)
Gneiss	Antsirabe (Imerina).
Gneiss à gros grains	Mahambo (Betsimisaraka).
Stalactite calcaire	Route de Majunga à Tananarive (30 octobre).
Calcaire très poreux	Fort-Dauphin (Tanosy).
Calcaire avec grains de quartz	Fort-Dauphin (Tanosy).
Calcaire spathique avec mica blanc	Ambositra (Betsileo).
Calcaire oolithique rouge	Route de Majunga à Tananarive (4 novembre).
Calcaire (pierre à chaux)	Majunga.
Calcaire avec cuivre carbonaté vert	Ambatofangehena (Betsileo).
Calcaire compact	Route de Majunga à Mandritsara (23 octobre).
Calcaire siliceux	Antsirabe (Imerina).
Gneiss	Analakondro (vallée du Mangoro).
Calcaire spathique	Ambositra (Betsileo).
Calcaire spathique rose	Environs de Tananarive.
Stalactite (calcaire concrétionné)	Vallée de Bemazemba (à gauche du Mania)
Calcaire corrodé	Route de Majunga à Tananarive.
Calcaire cristallin jaunâtre	Route de Majunga à Tananarive (4 novembre).

APPENDICES.

Schiste graphitique	Ampanaovampirika.
Basalte	Forêt de Vodivato (Imerina).
Basalte avec péridot	Soavina (Imerina).
Basalte	Tsiafajavona (massif de l'Ankaratra).
Basalte vacuolaire	Ambositra (Betsileo).
Diorite schistoïde	Ivongo (Betsimisaraka).
Basalte	Fort-Dauphin (Tanosy).
Sanidophyre	Ampanaovampirika (Betsileo).
Mica blanc à grandes lames	Sahabe (Betsileo).
Kaolin	Nord d'Ambositra (Betsileo).
Chalkopyrite et malachite (minerai de cuivre)	Ambatofangehena (Betsileo).
Ponce	Côtes Betsimisaraka.
Lingot de plomb	Ambatofangehena (Betsileo).
Magnétite et quartz	Ambatofangehena (Betsileo).
Lignite	Vatomandry (Betsimisaraka).
Lave avec péridot	Antsirabe (Imerina).
Lignite pyriteux	Moramanga (Bezanozano).
Scorie volcanique	Kasige (Imerina).
Galène argentifère	Ambatofangehena (Betsileo).
Amiante	Ambohimanga-Asimo (Betsimisaraka).
Cuivre natif	Ambongo (Sakalava).
Schiste charbonneux	Ambavatobe (près de la rivière Ampero).
Serpentine	Vohinana (Betsileo).
Malachite	Betafo (Imerina).
Lignite et sulfate de fer	Amparihibe (Boeny).
Lave scoriacée péridotique	Antsirabe (Imerina).
Calcaire cristallin avec mica blanc	Environs de Tananarive.
Granite rose	Ambohimalaza (Imerina).
Pegmatite	Ankisatra (Imerina).
Pegmatite	Soamahamanina (Imerina).
Granite	Ilafy (Imerina).
Calcaire cristallin	Ambohimirakatra (Betsileo).
Granite	Massifs de l'Ankaratra.
Gneiss avec cristaux de disthène	Ankisatra (Imerina).
Labradorite	Analamahitsy (Imerina).
Pegmatite	Antsirabe (Imerina).
Granite rose	Ankisatra (Imerina).
Granite	Tananarive.
Granite	Analamahitsy (Imerina).
Syénite	Tananarive.
Basalte altéré	Analakondro (vallée du Mangoro).
Limonite	Ambatotsipihina (Imerina).
Hypérite	Ampanaovampirika (Betsileo).
Trachyte porphyroïde	Antsirabe (Imerina).
Roche péridotique	Ambositra (Betsileo).
Leptynite	Vontovorona (Imerina).
Dolomie	Ampanaovampirika (Betsileo).
Trass	Antsirabe (Imerina).
Amphibolite	Nosy-Ndrava (vallée du Mangoro).
Trachyte	Lac Itasy (rive méridionale).
Turite	Sarobaratra (Imerina).
Micaschiste	Ambodipaka (vallée du Mangoro).
Amphibolite altérée	Mangojohòjo (vallée du Mangoro).
Dolérite	Betafo (Imerina).
Ponce avec huîtres	Côtes betsimisaraka près de la Pointe-à-Larée.
Tourbe	Moramanga (vallée du Mangoro).
Lave scoriacée	Tritriva (Imerina).
Malachite (cuivre carbonaté vert)	Betafo (Imerina).
Azurite (cuivre carbonaté bleu)	Ampanaovampirika (Betsileo).
Valves d'huîtres	Route de Mandritsara à Majunga (24 octobre).
Magnétite	Imarovatana (Imerina).
Lave cloisonnée	Ambavatobe (Antankarana).
Lave trachytique	Tritriva (Imerina).
Pyrite (fer sulfuré)	Tananarive.
Minerai de plomb	Ampanaovampirika (Betsileo).
Limonite caverneuse	Ambatotsipihina (Imerina).
Quartz de filon	Ambatotsipihina (Imerina).
Amphibolite	Andranofito.
Pegmatite	Ankisatra (Imerina).
Quartzite micacé	Ambatofangehena (Betsileo).
Pegmatite	Id.
Quartzite	Route d'Ambohipo.
Leptynite	Id.

Quartzite	Route d'Ambohipo
Gneiss	Antsirabe (Imerina).
Lave péridotique	Id.
Lave scoriacée péridotique	Id.
Lave basaltique avec péridot	Id.
Trachyte porphyroïde	Id.
Granite	Id.
Calcaire siliceux	Id.
Plombagine	Antsefa (Imerina).
Granite gris	Ankaratra (Imerina).
Limonite	Ambatotsipihina (Imerina).
Calcaire spathique rose	Tananarive.
Labradorite à grains fins	Analamahitzy.
Diorite	Ambatorato.
Pegmatite	Bongo-Lava (Sakalava).
Granite rose	Ambohimalaza.
Calcaire	Fort-Dauphin.
Calcaire empâtant des grains de quartz	Id.
Mica en lames	Fenoarivo.
Diorite	Fenerive.
Jaspe jaune	Horombe (Bara).
Magnétite	Ivohibe (Bara).
Amphibolite schistoïde	Ivongo (Betsimisaraka).
Gneiss et cristaux de disthène	Id.
Leptynite	Id.
Eurite	Iankina (Imerina).
Feldspath orthose	Id.
Diorite	Id.
Quartz en filon	Kitsamby.
Calcaire compact avec empreinte de bivalve	3 kilomètres au sud de Majunga.
Jaspe jaune avec veine de quartz	Bassin du Mangoro.
Quartz résinite	Vallée du Mangoky.
Sadninophyre	Route de Tamotamo à Tsivory.
Argile à porcelaine (terre bleue nettoyée)	Tananarive.
— — argile blanche, *Tany manga fotsy*.	Id.
— — argile blanc-jaunâtre, —	Id.
— — argile jaune, *tany manga vony*	Id.
— — argile violette	Tandraholatra (Imerina).
Bois fossile	Pointe sud-ouest de la baie de Bombetoke.
Calcaire fossilifère (tertiaire)	Id.
Concrétions calcaires	⎫
Ostrea santoniensis	⎪
Ostrea frons	⎬ Ambohitromby (Boeny).
Ostrea columba	⎪
Fragment d'Ammonite	⎪
Fragments de Bélemnites	⎪
Quartz	⎭

ZOOLOGIE

MAMMIFÈRES

Setiger setosus.
Cynonycteris dupreana.
Indris brevicaudatus, 3 éch.
Hemicentetes variegatus.
Vesperugo minutus.
Propithecus (foetus).

Lemur catta.
Lemur mongoz.
Lemur rubriventer.
Lepilemur mustelinus.
Pteropus Edwardsii.
Felis caffra.

Viverra Schlegeli.
Hemicentetes variegatus. var. Buffoni.
Centetes ecaudatus. 2 éch.
Potamochoerus Ewardsii.

OISEAUX

Dicrurus forficatus.
Cora copsis nigra.
Milvus Korschum.
Baza madagascariensis. 3 éch.
Astur Francesi. 2 éch.
Tinnunculus Nerotoni.
Circus Maillardi.
Strix flammea. 2 éch.

Coua coerulea.
Centropus madagascariensis.
Brachypteracias leptosomus.
Eroessa tenella. 2 éch.
Pratincola torquata. 3 éch.
Motacilla flaviventris.
Copsychus albospecularis.
Hypsipetes madagascariensis. 3 éch.

Tylas Edwardsii.
Terpsiphone mutata. 2 éch.
Dicrurus forficatus. 2 éch.
Foudias madagascariensis. 3 éch.
Funingus madagascariensis.
Turnix nigricollis.
Numida tiarata.
Margaroperdix striata. 2 éch.

APPENDICES.

Coturnix communis.
Ardea purpurea.
Ardea gularis. 8 éch.
Ardea alba. 6 éch.
Ardea (bubulcus) ibis. 3 éch.
Gallinula chloropus, var. pyrrhorhoa.
Rallus gularis.

Gallinago nigripennis (var. Bernieri). 4 éch.
Rhynchœa capensis. 2 éch.
Actitis hypoleucus. 2 éch.
Charadrius tricollaris.
Podiceps minor var. Pelzelni. 4 éch.
Dendrocygna viduata. 2 éch.

Anas Mulleri.
Dendrocygna arcuata, var. major.
Anas erythrorhyncha. 2 éch.
Querquedula hottentota. 2 éch.
Aythia nyroca. 2 éch.
Sarcidiornis melanotus.

REPTILES

CROCODILIENS

Crocodilus robustus. Vaill. et grand.

LACERTILIENS

Chamœleon Oustaleté, Mocq.
— lateralis, Gray.
— campani, Grand.
— nasutus, Gray.
Brookesia superciliaris, Kuhl.

Phelsuma cepedianum, Gray.
Hemidactylus mabouia, Mor. de J.
Hophurus Seboe, D. B.
Zonosaurus madagascariensis, Gray.
Mabnia Gravenhorsti, D. B.

Sepsina Johannœ, Günth.
— macrocercus, Günth.
— melanura, Günth.

OPHIDIENS

Lioheterodon madagascariensis, D. B.
Dromicus sexlineatus, Günth.

Leptophis lateralis. D. B.
Pseudoxyrhopus tritœmatus, Mocq.

BATRACIENS

Rana guttulata, Boulgr.
— mascareniensis, D. B.

Rhacophorus Goudoti, Toch.
Rappia Horstocki, Schley.

Megalixalus madagascariensis, D. B.
Calophrynus sp.?

POISSONS

Gobuis ocellaris, Brouss.

Ambassis Commersonii, C et V.

INSECTES

LÉPIDOPTÈRES

Papilio. 4 éch.
Pieris. 3 éch.
Terias. 3 éch.
Vanessa. 2 éch.
Danaïs. 12 éch.
Hypanis. 2 éch.

Acraea. 12 éch.
Glaucopis. 10 éch.
Lithosia. 1 éch.
Sphinx. 5 éch.
Urania ripheus. 6 éch.
Macroglossa. 1 éch.

Chenilles de Vanesse. 12 éch.
Chenilles de Sphingides. 4 éch.
Chenilles de Lasiocaupa. 5 éch.
Chrysalides. 100 éch.
Cocon de Saturnia. 1 éch.

ORTHOPTÈRES

Blatta. 1 éch.
Periplaneta. 8 éch.
Panchlora. 6 éch.
Mantides. 15 éch.
Conocephalides. 2 éch.

Phaneroptérides. 8 éch.
Truxalides. 10 éch.
Phymateus. 9 éch.
Poecilocera. 4 éch.
Acridides. 44 éch.

Brachytrypus. 3 éch.
Gryllides. 7 éch.
Gryllotalpa. 9 éch.

NÉVROPTÈRES

Libellulides. 32 éch.

Myrmeleo. 1 éch.

DIPTÈRES

Lucilia. 1 éch.
Musca. 1 éch.

Tabanus. 1 éch.
Hippobosque. 1 éch.

HYMÉNOPTÈRES

Apides. 5 éch.
Xylocopides. 2 éch.
Vespides. 3 éch.

Pompilius. 1 éch.
Sphégides. 2 éch.
Ammophila. 1 éch.

Ophion. 1 éch.
Formicides. 1 éch.
Larves d'hyménoptères. 2 éch.

HÉMIPTÈRES

Fulgorides. 1 éch.
Flatta. 1 éch.
Anisoscelis. 2 éch.
Mictis. 3 éch.
Pentaloma. 16 éch.

Scutellarides. 1 éch.
Belostoma. 1 éch.
Nepa. 3 éch.
Cidnus. 1 éch.
Pirates. 1 éch.

Lygeides. 13 éch.
Corisa. 16 éch.
Hydrometra. 4 éch.

COLÉOPTÈRES

Cetonides. 8 éch.
Melalonthides. 12 éch.
Larves de Lamellicornes. 6 éch.
Nymphe. 1 éch.
Oryctes. 11 éch.
Passalus. 1 éch.
Onthophagus. 11 éch.
Dermestes. 3 éch.

Cybister. 2 éch.
Hydrocanthares. 6 éch.
Scarites. 17 éch.
Chlaennis. 1 éch.
Blaps. 1 éch.
Opatrum. 4 éch.
Buprestides. 7 éch.
Elaterides. 3 éch.

Malacodermes. 1 éch.
Lagria. 6 éch.
Lixtus. 4 éch.
Longicornes. 0 éch.
Gulérucides. 1 éch.
Cassida. 2 éch.
Coccinelides. 6 éch.

MYRIAPODES

Zephronia. 7 éch.
Geophilus. 2 éch.

Julus. 5 éch.
Scolopendra. 6 éch.

CRUSTACÉS

Grapsus. 3 éch.
Gelasimus. 4 éch.

Hippa. 1 éch.
Palemon. 10 éch.

Astacus madagascariensis. 2 éch.
Oniscus. 3 éch.

ARACHNIDES

Mygale. 1 éch.
Phrynos. 1 éch.
Scorpionides. 1 éch.
Argyope. 9 éch.

Nephila. 36 éch.
Epeira. 9 éch.
Oxyopa. 25 éch.
Olios. 18 éch.

Lycosa. 12 éch.
Thomisus. 1 éch.
Gasteracantha. 8 éch.

ANTHROPOLOGIE

BETSILEO (*de la caverne d'Ifandana*).

50 crânes.
2 omoplates.
5 humérus.
3 cubitus.
5 radius.

1 bassin.
4 os iliaques.
2 sacrums.
7 fémurs.
6 tibias.

4 péronés.
1 lot de mâchoires inférieures isolées.
1 lot de vertèbres et de côtes.

ANTIMERINA (*de Tananarive*).

2 crânes.
2 voûtes craniennes.
1 mâchoire inférieure.

2 humérus.
2 radius.
1 os iliaque.

5 fémurs.
2 tibias.

SAKALAVA (*route de Majunga à Kinajy*).

4 crânes.

ANTANOSY (*de Fort-Dauphin*).

3 crânes.

BETSIMISARAKA (*d'Antsiraka*).

1 crâne.

BARA

2 têtes dans l'alcool.

2 mains.

TABLE DES GRAVURES

I.	Femmes betsimisaraka	1
II.	Jeune Sakalava musulman de l'Ouest	1
III.	M. le docteur Catat	5
IV.	Nos fidèles à Tananarive	10
V.	Rade de Tamatave	11
VI.	Porteur	11
VII.	Avenue n° 1, à Tamatave	13
VIII.	Vue générale de Tamatave	15
IX.	Embarquement des bœufs	17
X.	Un « borizana » ou porteur	21
XI.	Village sur la route de Tananarive	25
XII.	La cruche d'Ambodinisiny	27
XIII.	Dans les lagunes	31
XIV.	Porteurs de peaux de bœufs	36
XV.	La caravane après le départ de Tananarive	37
XVI.	Enfants malgaches	37
XVII.	Vue prise sur la route d'Andovoranto à Tananarive	41
XVIII.	Filanjana dans la forêt	43
XIX.	Marchands de manioc	47
XX.	Bœufs de Madagascar	49
XXI.	Vallée de Sabotsy	51
XXII.	Vue générale de Tananarive	53
XXIII.	Le palais de la Reine	55
XXIV.	Les vieux canons	57
XXV.	Un coin du Zoma	59
XXVI.	Élégantes de Tananarive	63
XXVII.	Rainimananabé	65
XXVIII.	Maisons du lac Anosy	66
XXIX.	Un fanataovana	67
XXX.	Femme portant son enfant	67
XXXI.	Village des environs de Tananarive	69
XXXII.	Danse des borizana	73
XXXIII.	Sarobaratra	79
XXXIV.	Place de Soandrarina	85
XXXV.	Esclaves vannant du riz	87
XXXVI.	Pic du Vontovorona	89
XXXVII.	Léproserie d'Antisirabé	90
XXXVIII.	Condamnés aux fers	91
XXXIX.	Pierre levée à Ambohiponana	92
XL.	Revue des troupes à Ambohiponana	93
XLI.	Cratère de Tritriva	95
XLII.	Crocodile	98
XLIII.	Village de Mahatsinjo	99
XLIV.	Pierre levée à Betafo	99
XLV.	Le gouverneur de Betafo	101
XLVI.	Le lac Itasy	103
XLVII.	Bœuf-cheval et porte fortifiée	107
XLVIII.	Porte de Fenoarivo	111
XLIX.	M. Maistre	113
L.	M. Foucart	115
LI.	Pieux dressés à Andranogavola	117
LII.	Moulin à Betsabetsa	125
LIII.	Chutes du Mangoro à Anosiarivo	127
LIV.	Groupe de femmes malgaches	132
LV.	Famille antimerina	133
LVI.	Noble antimerina	133
LVII.	Famille antimerina	135
LVIII.	Types antimerina	139
LIX.	Tombeau antimerina	149
LX.	Femme antimerina	151
LXI.	Un jeune Antimerina	152
LXII.	Observatoire d'Ambohidempona	153
LXIII.	Coiffure bezanozano	153
LXIV.	Village d'Ambohiboka	157
LXV.	Un lépreux d'Ambohiboka	159
LXVI.	Le 14 juillet à Tananarive	161
LXVII.	Tombeaux antimerina à Ambatomena	163
LXVIII.	Un « tsikafara »	165
LXIX.	Notre maison à Didy	166
LXX.	Notre ami Raininosy	167
LXXI.	Le Rangahy Be	168
LXXII.	Types bezanozano	169
LXXIII.	Campement de Tolongainy	175
LXXIV.	Exploration d'une lagune	180
LXXV.	Le cap Bellones	181
LXXVI.	Le gouverneur d'Ivongo	181
LXXVII.	Jeu du katra ou fifangha	185
LXXVIII.	Village d'Ivongo	191
LXXIX.	Forêt à l'est de Sahasoa	195
LXXX.	Le chemin d'Andasibe	199
LXXXI.	Village d'Ambodimadiro	203
LXXXII.	Les officiers de Mandritsara	205
LXXXIII.	Mandritsara vu de l'Ouest	207
LXXXIV.	Cimetière betsimisaraka	210
LXXXV.	Village d'Ambohimena	211
LXXXVI.	Femme sakalava de Majunga	211
LXXXVII.	Troupeau de bœufs parqué	215
LXXXVIII.	La soif	219
LXXXIX.	Tsievala et ses soldats	223
XC.	Les grands lataniers de l'Ouest	227
XCI.	Village des Bongalava	229
XCII.	Dans la vallée du Mahajamba	231
XCIII.	En parlementaire devant les fahavalos	233
XCIV.	Campement au bord d'un étang	237
XCV.	Panorama de Majunga	240-241
XCVI.	Sakalava de Majunga	247
XCVII.	Village dans la brousse	248
XCVIII.	Chutes de l'Ikopa à sa descente du plateau central	249
XCIX.	Jeune fille de Trabonjy	249
C.	Tombeaux arabes à Majunga	251
CI.	Femme sakalava de Marovoay	254
CII.	La musique du gouverneur de Marovoay	255
CIII.	Le capitaine de la Douane	257
CIV.	Jeunes filles antankara	261
CV.	Rue d'Ampotaka	265
CVI.	Notre maison à Tananarive	266
CVII.	Rue d'Imarivolanitra, à Tananarive	267

CVIII.	Église des Jésuites à Tananarive	273	CXLI. Notre guide bara	343
CVIX.	Mon professeur de « fanorona »	275	CXLII. Les sources de l'Onilahy ou Mangoky	348
CX.	Porte de Kinajy	276	CXLIII. Cases bara manambia, à Tamotamo	349
CXI.	Village d'Alakamisy	277	CXLIV. Indigènes bara manambia, à Tamotamo	350
CXII.	Coiffure betsileo	277	CXLV. Le pays de Tamotamo	351
CXIII.	Palais de Soanierana	279	CXLVI. Case et grenier à riz chez les Antanosy émigrés	355
CXIV.	Pierres levées au sud de Sabotsy	284	CXLVII. Femme de Zoromanana : face et profil	357
CXV.	Vue générale de Fianarantsoa	287	CXLVIII. Au pays des plantes grasses	361
CXVI.	Marché de Fianarantsoa	289	CXLIX. Un Antandroy : face	363
CXVII.	Ambatolahikisoa et type des maisons betsileo	291	CL. Un Antandroy : profil	363
CXVIII.	Porte du rova à Fianarantsoa	293	CLI. Un « bontona » chez les Bara Manambia	365
CXIX.	Maison d'un Vala	294	CLII. Pierre levée chez les Antanosy émigrés	367
CXX.	Femme betsileo	295	CLIII. Village d'Iaramamy	368
CXXI.	Mendiant betsileo	299	CLIV. La côte, près d'Ambalafandrana	369
CXXII.	Ifandana : roche du sommet	301	CLV. Jeune fille antanosy de Fort-Dauphin	369
CXXIII.	Types tanala	308	CLVI. Les monts Beampingaratra	371
CXXIV.	Type tanala	309	CLVII. Fort-Dauphin	373
CXXV.	Ifandana	314	CLVIII. Les remparts et l'avenue de Fort-Dauphin	375
CXXVI.	Notre maison dans l'Horombe	315	CLIX. Maison du gouverneur antimerina à Fort-Dauphin	376
CXXVII.	Le frère du roi d'Ambararata	315	CLX. Pierres levées d'Ambaniaza	381
CXXVIII.	Montagnes rocheuses du Sud-Betsileo	319	CLXI. Types antanosy du Sud-Est	383
CXXIX.	Au village d'Ankaramena. Pileuses de riz	322	CLXII. Jeunes filles antanosy de la côte Sud-Est	386
CXXX.	Au village d'Ankaramena	323	CLXIII. Défrichement près de Manambondro	387
CXXXI.	Betsileo d'Ankaramena	324	CLXIV. Antanosy à Manambondro	388
CXXXII.	Coiffure betsileo d'Ankaramena	325	CLXV. Sépultures antanosy dans les environs de Manambondro	389
CXXXIII.	Femme bara	332	CLXVI. Pieux dressés antanosy près de Manambondro	390
CXXXIV.	Sur les bords du Lalanana	335	CLXVII. Guerriers antaisaka de Mangidy	392
CXXXV.	Bara de Betroky	336	CLXVIII. Femme antaisaka de Mangidy	393
CXXXVI.	Le roi de Betroky et ses guerriers	337	CLXIX. Ancienne batterie française à Fort-Dauphin	397
CXXXVII.	Deux chefs de Betroky	339		
CXXXVIII.	Un sanglier de l'Horombe	340		
CXXXIX.	« Sakoa » et nids de termites dans la brousse	341		
CXL.	Jeune fille chez les Antanosy émigrés	341		

TABLE DES CARTES

Madagascar, carte générale, en couleurs... En tête du volume.
Carte du voyage de MM. Catat, Maistre et Foucart à Madagascar. D'après les itinéraires construits par M. Grandidier, membre de l'Institut, sur les carnets de route des voyageurs.. 83
Itinéraire de L. Catat, de Mananara à Majunga... 225
Itinéraire de L. Catat, de Marovoay à Antananarive par la vallée de l'Ikopa.. 253

TABLE DES MATIÈRES

Avant-propos.. 1

Chapitre I. — Arrivée à Tamatave. — Débarquement des voyageurs et des marchandises. — La musique du gouverneur. — Formalités de douane. — Monnaie coupée et balances. — Le commencement de la saison sèche. — Commerce, importations et exportations. — Embarquement des bœufs. — Voies de communication à Madagascar. — Les borizana et les filanjana. — Départ de Tamatave. — Rainivoavy et Jean Boto. — Ivondrona. — Pirogues malgaches. — Ambodinisiny. — Légende de Darafély. — La cruche géante. — Ankarefa. — Vavony. — Les lagunes littorales. — Végétation côtière. — Andovoranto. — Tanimandry. — Ligne télégraphique de Tamatave à Tananarive. — Le marais de Tanimandry... 11

Chapitre II. — A travers les dunes sablonneuses. — La tribu des Betsimisaraka. — Ranomafana. — Ampasimbe. — La forge malgache. — Beforona. — Première zone forestière d'Analamazaotra. — Ampasimpotsy. — Moramanga. — Province de l'Ankay. — Passage du Mangoro. — Vallée de Sabotsy. — La deuxième forêt. — Ankeramadinika. — Dans l'Imerina. — Arrivée à Tananarive. — Panorama de la capitale. — Place d'Andohalo. — Aviavy et vieux canons. — Quartier d'Ambatovinaky. — Tombeau du premier ministre. — Maisons de Tananarive. — La population. — Marché du Zoma. — Industries antimerina. — Costumes européens. — L'élément étranger à Tananarive. — Une audience au Palais. — Départ de Tananarive... 37

Chapitre III. — La province de l'Imerina. — Ankadivavala. — Le massif de l'Ankaratra. — Ankisatra. — Passage de l'Onive. — Sarobaratra. — Tsinjoarivo. — Un *fanataovana*. — Habitants du Vakinankaratra oriental. — Hameau de Bemasoandro. — Les *Vazimba*. — Soandrarina. — Le Vontovorona. — Antsirabe. — Vallée de l'Amboavato. — Les pierres levées. — Ambohiponana. — Village d'Isandra. — Le volcan de Tritriva. — La légende du Lac.. 67

Chapitre IV. — Départ d'Isandra. — Betafo. — Une pierre levée. — Les sources chaudes de Betafo. — Vallée de l'Adrantsay. — Dans les grandes herbes. — Village de Mahatsinjo et pic d'Ambalavato. — Sur les bords du lac Itasy. — Village de Mananzary. — Chutes de l'Ikopa à Farantsana. — Voyage de Maistre en pays sakalava. — Retour à Tananarive. — Le Mangoro. — Types et costumes des Betanimena. — Anosibe. — Entrée à Ambodimanga. — Les copaliers. — Mahanoro. — La vanille et le café. — Les cascades du Mangoro. — Le caoutchouc. — La région des chutes. — Les modes à Ambalavero. — La région des îles. — Beparasy......... 99

Chapitre V. — Coup d'œil historique sur la peuplade des Antimerina. — Agissements britanniques. — Les gouverneurs de l'île Maurice. — Le piège de sir Robert Farquhar. — Civilisation apparente des Antimerina. — Quelques réflexions sur ce qui suivit notre expédition de 1885. — Ce que vaut un protectorat à Madagascar. — Légende sakalava sur les origines des Antimerina. — Organisation politique et sociale de cette tribu. — Les grands dignitaires. — Gouvernement, armée, finances, justice. — Ce qu'il faut faire à Madagascar. — Pas de protectorat... 133

Chapitre VI. — Retour à Tananarive. — Commencement de la saison sèche. — Retour de Foucart et de Maistre. — Collège et observatoire d'Ambohipo. — Ambohiboka ou village des lépreux. — La lèpre à Madagascar. — Fête du 14 juillet 1889. — Les réjouissances populaires. — Préparatifs de voyage. — La route de Radama. — Départ de Tananarive. — Ambatomena et ses tombeaux. — Un *tsikafara*. — Chez les Bezanozano. — A Didy. — Un campement dans la forêt. — Les *Dimatika*. — Aperçu général de la vallée du Mangoro. — Dans les défrichements. — Culture du riz chez les Betanimena. — Descente de l'Ivondrona en pirogues. — Arrivée à Tamatave... 153

Chapitre VII. — Une semaine à Tamatave. — Préparatifs pour la route du Nord. — Ampanalava. — Ifontsy. — Foulepointe. — Tombeau betsimisaraka. — Mahambo. — Sépulture et enterrement betsimisaraka. — Fénoarivo. — Les serpents. Colonels et capitaines. — Ivongo. — La pointe à Larrée. — Le port de Tintingue. — Les légendes du *babakoto* d'après les Betsimisaraka et d'après les Antimerina. — Au cap Bellones. — Mananara. — Fort antimerina de Vohizanahary. — Les *fahavalo*. — Dans le Longoza. — Attaque d'un village par les rats. — La forêt de Mananara à Mandritsara. — Ambodimadiro. — Arrivée à Mandritsara. — Réception et parade antimerina. — Le Rova et ses portes. — Population de Mandritsara. — Le gouverneur et son état-major. — La cérémonie du Mamadika. — Circoncision à Madagascar.. 181

TABLE DES MATIÈRES.

CHAPITRE VIII. — Départ de Mandritsara. — Récolte du raphia. — Région dénudée. — Zone forestière, la brousse. — Le *satrana* (latanier de Madagascar). — Les troupeaux de bœufs. — Incendie des brousses. — Arrivée à Belalitra. — Tsievala. — Caractères ethniques des Sakalava. — Mœurs et coutumes. — Pillage d'Ambahibe. — Les *bongalava*. — Traversée des grands *bongalava*. — Dans la vallée du Mahajamba. — Perdu dans la brousse. — Attaqués par les *fahavalo*. — Mon ami Sélim. — Chez le roi Diriamana. — Passage du Mahajamba. — Pirogue à balancier de la côte Ouest. — Les moustiques à Madagascar. — Bemakamba. — Les étangs de la côte. — Arrivée à Majunga. — La ville et sa population. — Commerce du Majunga. — Départ..................... 211

CHAPITRE IX. — La pierre de Radama. — Dans les palétuviers. — Amparchingidro. — Camp retranché d'Ambohitromby. — Maevarano et les moustiques. — Marovoay, la ville et ses habitants. — Chez le capitaine de la douane. — Musique antimerina. — Ambohibary. — La statue d'Androntsy. — Chez la reine de Trabonjy. — Passage de la Betsiboka. — Amparihibé et Maevatanana. — Fièvre rebelle. — Malatsy. — Le mont Andriba. — Marché d'Alakamisy. — Andriba. — Un enterrement sakalava. — *Fanalaovana* sakalava. — Ampotaka. — Kinajy. — Arrivée sur le plateau central. — Le bain de la reine. — Musique et jeux antimerina. — Le *fanorona*. — En route pour Fianarantsoa.. 249

CHAPITRE X. — Départ de Tananarive. — Traversée de l'Ikopa. — Antanjombato. — Le marché de Sabotsy. — Traversée de l'Andromba. — Au village de Behenzy. — Ambohimanjaka. — Ankisatra. — Ambodiflakarana. — Traversée du Mania. — Alarobia. — Ambositra. — Pierres levées betsileo. — Ambohinamboarina. — Arrivée à Fianarantsoa. — Division de la province. — Industrie des lamba. — Excursions à Ifandana. — Excursions dans le pays tanala et à Ambondrombe. — Peuplade tanala. — Ville d'Ikongo. — Préparatifs de voyage dans le Sud. — Recrutement des porteurs, leur solde. — Départ de Fianarantsoa..................................... 277

CHAPITRE XI. — Départ de Fianarantsoa. — Anbohimandroso. — Kabary des Borizana. — Les monts dénudés du Betsileo. — Massifs de l'Andringitra et chaîne des Lohatrafo. — Village d'Ankaramena. — Vallée du Tsimandao. — Les sauterelles à Madagascar. — Sur le territoire bara. — Dans la brousse. — Le plateau des Lamboany. — Les mpanjaka bara. — Le roi de Zazafotsy devient notre ami. — Au village d'Ambararata. — Ihosy. — Village d'Antanambao. — Chez les Bara. — Sur le plateau de l'Horombe. — Sur les rives du Lalana. — Attaque des Bara. — Village de Betroky. — Ivahona... 315

CHAPITRE XII. — Renseignements et noms géographiques à Madagascar. — Village d'Ivahona. — Mangoky ou Onilahy, sa vallée, ses sources. — Iaborano. — Tamotamo. — Au pays des Antanosy émigrés. — Le mont Tsiombivositra. — Tsivory. — De Tamotamo à Tsivory. — Séjour à Tsivory. — Les Antanosy. — Visite au roi de Tsivory. — Retour à Tamotamo. — Nous reprenons la route du sud. — Un commerce de ody. — Fabrication d'une amulette. — Dans la brousse, nids de termites. — Chez les Bara Manambia. — Tsicsetra. — Au pays des Antandroy. — Arrêtés par les cactus. — La grande plaine du sud. — Au village d'Imitray. — Pierres levées des Antanosy émigrés. 341

CHAPITRE XIII. — La vallée d'Ambolo. — Izama. — Les monts Beampingaratra. — Tsiarony et Belavena. — Arrivée à Fort-Dauphin. — Le pays de Tolanara. — Mœurs et coutumes des Antanosy. — Evatra et Lokaro. — Sainte-Luce ou Manafiafy. — Pieux et pierres dressées antanosy. — Village et rivière d'Ambaniaza. — Village de Manambato. — Les défrichements de la côte sud-est. — Manantena. — Traversée du Manampany. — Imatio et son lac. — Sandravinany. — Naufrage dans la rivière. — Centre populeux de Manambondro. — Vangaindrano. — Végétation littorale. — Le long des rives du Mangidy. — Au pays des Antaisaka. — Tangirika et Mahafasy. — Retour à Fianarantsoa. — Quatrième séjour à Tananarive. — Retour en France.. 369

CONCLUSION.. 399

APPENDICE I. — *Itinéraire N° I* : de Tamatave à Tananarive; 407. — *Itinéraire N° II* : à travers la province des Antimerina; 410. — *Itinéraire N° III* : de Tsinjoarivo à Tananarive par Mahanoro; 413. — *Itinéraire N° IV* : de Tsinjoarivo à Tananarive par Ankavandra et Tsiroanomandidy; 415. — *Itinéraire N° V*; 417. — *Itinéraire N° VI* : de Tananarive à Tamatave (route de Radama); 417. — *Itinéraire N° VII* : de Tamatave à la baie d'Antongil; 419. — *Itinéraire N° VIII* : de la baie d'Antongil à Majunga; 420. — *Itinéraire N° IX* : de Majunga à Tananarive; 421. — *Itinéraire N° X* : de Tananarive à Fianarantsoa; 423. — *Itinéraire N° XI* : de Fianarantsoa à Fort-Dauphin; 424. — *Itinéraire N° XII* : de Fort-Dauphin à Vaingaindrano; 425. — *Itinéraire N° XIII* : de Vaingaindrano à Fianarantsoa; 426. — *Récapitulation*; 427. — *Itinéraire N° XIV* : de Fianarantsoa à Masindrano; 427.

APPENDICE II. — Géologie et minéralogie; 428. — Zoologie; 430. — Anthropologie; 432.

Coulommiers. — Imp. PAUL BRODARD. — 607-94.

COULOMMIERS
Imprimerie Paul Brodard.

www.ingramcontent.com/pod-product-compliance
Lightning Source LLC
Chambersburg PA
CBHW060932230426
43665CB00015B/1917